हिंदी दलित साहित्य संचयिता

ज्ञान शांति मैत्री

महात्मा गांधी अंतर्राष्ट्रीय हिंदी विश्वविद्यालय, वर्धा (महाराष्ट्र)

हिंदी दलित साहित्य संचयिता

संपादक
डॉ. प्रीति सागर

राजकमल प्रकाशन

ISBN : 978-81-267-2871-8

मूल्य : ₹ 850

पहला संस्करण : 2015

प्रकाशक : राजकमल प्रकाशन प्रा. लि.
1-बी, नेताजी सुभाष मार्ग, दरियागंज
नई दिल्ली-110 002

शाखाएँ : अशोक राजपथ, साइंस कॉलेज के सामने, पटना-800 006
पहली मंजिल, दरबारी बिल्डिंग, महात्मा गांधी मार्ग, इलाहाबाद-211 001
36 ए, शेक्सपियर सरणी, कोलकाता-700 017

वेबसाइट : www.rajkamalprakashan.com
ई-मेल : info@rajkamalprakashan.com

मुद्रक : बी.के. ऑफसेट
नवीन शाहदरा, दिल्ली-110 032

HINDI DALIT SAHITYA SANCHAYITA
Edited by Dr. Preeti Sagar

भूमिका

बीसवीं सदी में दलितों की सामाजिक, सांस्कृतिक, राजनीतिक एवं आर्थिक स्थिति में परिवर्तन लाने के लिए दलित आंदोलन चलाया गया। दलित आंदोलन की शुरुआत उन्नीसवीं शती में ही हो चुकी थी, जब सामाजिक अस्पृश्यता, दलितों की शिक्षा एवं मंदिर-प्रवेश आदि समस्याओं के समाधान की ओर कदम बढ़ाए गए।

वस्तुतः दलित आंदोलन जातिविहीन समाज की रचना के लिए प्रतिबद्ध सांस्कृतिक, सामाजिक एवं राजनीतिक आंदोलन रहा है। दलित आंदोलन का वैचारिक आधार महात्मा बुद्ध एवं फुले का दर्शन और डॉ. अंबेडकर का जीवन-संघर्ष है। बुद्ध के दर्शन से सिद्ध एवं नाथपंथियों ने प्रेरणा ग्रहण की और इसी परंपरा में मध्ययुग के संत साहित्य को भी गिना जा सकता है। कबीर, रैदास, चोखामेला आदि संतों ने अपने काव्य द्वारा सामाजिक समानता पर जोर दिया। अंबेडकर ने बुद्ध, कबीर एवं फुले की चिंतन परंपरा को आत्मसात् किया। उन्होंने अपने चिंतन में स्वतंत्रता, समानता और बंधुत्व तथा लोकतांत्रिक मूल्यों का समावेश किया और सामाजिक लोकतंत्र की अवधारणा मजबूत करने की बात कही। उन्होंने भारतीय संविधान में न केवल दलितों के अधिकारों को जगह दिलाई वरन् संविधान के मौलिक अधिकारों के द्वारा भी दलितों के अधिकारों की रक्षा करने का प्रयास किया। इस तरह आधुनिक भारत में दलितों के अधिकारों की लड़ाई की जिम्मेदारी डॉ. अंबेडकर ने निभाई। ज्योतिबा फुले ने जहाँ भारतीय दलित समाज में अपने अधिकारों की प्राप्ति के प्रति चेतना जाग्रत् की तो अंबेडकर ने उन्हें अपने अधिकारों की प्राप्ति के लिए संघर्ष का रास्ता दिखाया और समाज की मुख्य धारा के साथ चलने पर बल दिया। उन्होंने ही सबसे पहले राजनीति और सत्ता में दलितों के प्रत्यक्ष हस्तक्षेप और हिस्सेदारी निर्मित करने के लिए अलग प्रतिनिधित्व की माँग की। जिस हिंदू धर्म और जातिप्रथा ने दलितों को सदियों तक अमानवीय जीवन जीने को विवश किया, सत्ता, संपत्ति एवं शिक्षा के अधिकार से वंचित रखा, उसी के विरुद्ध उन्होंने दलितों को जाग्रत् किया। अपने भाषणों एवं पत्रिकाओं में व्यक्त विचारों द्वारा दलितों से जाति-मुक्त होकर स्वाभिमान के साथ जीने का आह्वान किया। जाति के नाम पर सवर्ण जातियों द्वारा दलितों के साथ जो अमानवीय व्यवहार किया जा रहा था, उनसे मुक्ति प्राप्त कर सामाजिक हैसियत पाने के स्वप्न के साथ दलित संघर्ष के लिए आगे बढ़े। इस चेतना ने दलितों को वैचारिक, सामाजिक, राजनीतिक, सांस्कृतिक, आर्थिक एवं साहित्यिक सभी स्तरों पर समृद्ध किया।

प्राचीन भारतीय संस्कृति में समाज के सभी वर्गों को सामाजिक, राजनीतिक एवं आर्थिक विकास के अवसर नहीं मिल सके थे। वस्तुतः समाज के दलित, शोषित एवं उत्पीड़ित वर्गों के संघर्षों ने ही दलित साहित्य की प्रेरणा-भूमि तैयार की। साहित्य के आगे 'दलित' विशेषण जुड़ने पर निर्मित पद 'दलित साहित्य' एक विशिष्ट अर्थ की व्यंजना देता है। रमणिका गुप्ता

के शब्दों में, ''दलित साहित्य दलित की पीड़ा, उत्पीड़न, शोषण और उसके विरुद्ध उनके आक्रोश तथा परिवर्तन के संकल्प का साहित्य है, जो जातिविहीन समाज का सपना पालता है।''

हिंदी दलित साहित्य शुरुआत से ही कठघरे में खड़ा किया जाता रहा है। कभी उस पर परंपरागत सौंदर्यशास्त्र की कसौटी पर खरा न उतरने का आरोप लगाया जाता है तो कभी हिंदी दलित साहित्य को मराठी दलित साहित्य की नकल मानते हुए उसकी स्वतंत्र सत्ता से इनकार किया जाता है। दलित साहित्य के अस्तित्व को लेकर वरिष्ठ कथाकार कमलेश्वर ने 'दूसरी दुनिया का यथार्थ' पुस्तक की भूमिका में एक महत्त्वपूर्ण टिप्पणी की है, ''हिंदी में अभी दलित साहित्य की अवधारणा का सवाल ही उठाया जा रहा है। यह एक साजिश और दुष्चक्र है। आखिर इस मसले को उलझाया क्यों जा रहा है? सीधा उत्तर है कि नदी है, तो पानी है, फिर चाहे वह नदी बारिश में ही नदी दिखाई देती हो! उसी तरह अगर देश में दलित हैं तो दलित साहित्य भी है, फिर चाहे उसे 'साहित्य' की कसौटी पर कसकर खारिज किया जाए या मंजूर किया जाए।''

बीसवीं शताब्दी के अंतिम दशक में हिंदी दलित साहित्य ने स्वयं को स्थापित किया और कई आरोपों को तार्किकता से खारिज किया चाहे वह स्वानुभूति या सहानुभूति का प्रश्न हो या फिर दलित सौंदर्यशास्त्र का। अब दलित साहित्य अखिल भारतीय स्वरूप ग्रहण कर चुका है। वस्तुतः दलित विमर्श हिंदी की ऐकांतिक स्थापना नहीं है। इसके बीज साहित्य के आदिकाल में भी दिखाई देते हैं। तब से आज तक निरंतर इसका विस्तार ही हुआ है। दलितोद्धार की व्यापक चेतना संत-काव्य में देखी जा सकती है। उन्नीसवीं सदी के पूर्वार्द्ध में जन्मी दलित चेतना का प्रखर रूप महात्मा ज्योतिबा फुले के रचनाकर्म और सामाजिक कार्यों में देखा जा सकता है। महात्मा ज्योतिबा फुले एवं डॉ. अंबेडकर ने दलित समाज को शोषण एवं अवमानना के चक्रव्यूह से बाहर आने के लिए प्रेरित किया।

आधुनिक हिंदी दलित साहित्य की शुरुआत सन् 1914 में 'सरस्वती' में प्रकाशित हीरा डोम की कविता 'अछूत की शिकायत' से मानी जाती है। अठारहवीं और उन्नीसवीं शताब्दी के जनचेतना जगानेवाले सामाजिक आंदोलनों का प्रभाव तत्कालीन साहित्य पर भी पड़ा। भारतेंदुयुगीन पत्र-पत्रिकाओं में समाज-सुधार की बातें मिलती हैं। आजादी के आंदोलन के साथ ही गांधी जी के हरिजनोद्धार आंदोलन ने दलितों में आत्मसम्मान की लहर पैदा की। गांधी जी ने दलितों को हरिजन नाम दिया और छुआछूत का विरोध किया। तत्कालीन हिंदी कथा साहित्य में भी दलितों के प्रति सहानुभूति-संपन्न साहित्य रचा गया, यहाँ तक कि दलित पात्रों को चरितनायक भी बनाया गया। प्रेमचंद का अधिकांश कथा साहित्य दलित चेतना से संपन्न है। कालांतर में भारतीय दलित साहित्य अकादमी के गठन से दलित साहित्य के प्रचार-प्रसार को गति मिली। इस दृष्टि से 'सारिका' का भारतीय दलित साहित्य विशेषांक (अप्रैल-मई 1975) और 'संचेतना' का मराठी दलित साहित्य विशेषांक (दिसंबर 1982) महत्त्वपूर्ण है।

दलित साहित्य का आधार वह वैचारिकी है जो संवैधानिक मूल्यों, आधुनिक मान्यताओं और प्रजातंत्र में विश्वास रखती है। शिक्षा के प्रचार-प्रसार ने सदियों से शोषित, पीड़ित एवं सामाजिक अवमानना के शिकार दलितों के मन में एक चेतना जगाई है, अधिकार-प्राप्ति की चेतना, स्वाभिमान से जीने की चेतना। आजादी के बाद संवैधानिक प्रावधानों के कारण दलितों को अपनी स्थिति मजबूत करने का अवसर मिला और आज विविध क्षेत्रों में श्रेष्ठ प्रतिभाएँ

सामने आ रही हैं। दलित साहित्य ने मानव-विरोधी पक्षों के चेहरे से नकाब हटा दिया है। दलित साहित्य इतना जीवंत और प्राणवान इसलिए लगता है क्योंकि इसमें रचा गया यथार्थ समाज में उपस्थित है। दलित साहित्य में दलितों के कष्ट और संताप ही नहीं वरन् सदियों के शोषण के विरुद्ध विद्रोह और कहीं-कहीं प्रतिहिंसा का स्वर भी है। भारत की किसी भी भाषा में लिखे जा रहे दलित साहित्य में उनके समाज की पीड़ा, संघर्ष और समतामूलक समाज की स्थापना के स्वप्न का चित्रण देखा जा सकता है।

दलित साहित्य का लक्ष्य समतामूलक समाज की स्थापना रहा है। प्रारंभ से ही उसमें ऐसे बीज बोए गए हैं जो स्वतंत्रता, समता और बंधुत्व के वटवृक्ष का रूप ग्रहण करें और सामाजिक कुरीतियों का निर्मूलन करते हुए मानवाधिकार को सुरक्षित रखें। दलित साहित्य की आवश्यकता को रेखांकित करते हुए कमलेश्वर ने लिखा है–"...दलित साहित्य का उन्मेष मात्र साहित्यिक पुनर्मूल्यांकन करना चाहता है। दलित साहित्य उन निरपेक्षतावादियों, सौंदर्यवादियों और निराशावादियों के लिए भी एक उत्तर है, जो यह समझ बैठे हैं कि साहित्य की कोई सक्रिय भूमिका नहीं रह गई है।" दलित साहित्य ने एक उम्मीद पैदा की है। यही उम्मीद उसको ऊर्जावान और संभावनापूर्ण बनाए हुए है। ओमप्रकाश वाल्मीकि ने अपनी पुस्तक 'दलित साहित्य का सौंदर्यशास्त्र' में दलित साहित्य को भविष्य का साहित्य कहा है तो कँवल भारती ने अपने लेख 'दलित साहित्य की अवधारणा' में दलित साहित्य को जीवन का और जिजीविषा का साहित्य कहा है।

दलित साहित्यकारों के लिए कविता, कहानी, उपन्यास, आत्मकथा, निबंध आदि विधाएँ अपनी संवेदनाओं और व्यथाओं को कहने का अच्छा माध्यम सिद्ध हुई हैं। अपनी रचनाओं में उन्होंने अतीत की रोशनी में वर्तमान को जाँचा-परखा है और एक स्वस्थ, समतामूलक भविष्य की कामना की है।

हिंदी दलित कविता

बुद्ध, ज्योतिबा फुले तथा अंबेडकर की चिंतन-धारा को अपनी वैचारिकता का आधार बनानेवाले हिंदी दलित साहित्य का आरंभ कविता से हुआ। दलित साहित्य का लक्ष्य स्वांतः सुखाय न होकर सदियों से संताप झेलती दलित जनता को जगाकर आंदोलनधर्मी बनाने का रहा है। इसीलिए दलित कविता का मूल स्वर विद्रोह का है। हिंदी दलित कविता में दलितों की वेदना, उनका असंतोष तथा इस शोषणकारी व्यवस्था के प्रति आक्रोश विस्फोटक ढंग से व्यक्त हुआ है। यही कारण है कि हिंदी दलित कविता आनंद की कविता न होकर आक्रोश की कविता बन जाती है। इतिहास पर दृष्टिपात करें तो पाएँगे कि नवीं सदी में सिद्धों-नाथों ने सामाजिक कुरीतियों के विरोध में साहित्य रचा। मध्यकाल में कबीर, रैदास आदि दलित संतों ने सामाजिक विषमता एवं छुआछूत और अंधविश्वास के विरुद्ध काव्य रचना की। रैदास कहते हैं–

रैदास जन्म के कारणै, होत न कोई नीच।
नर को नीच करि डारि है, औछे करम की कीच॥

आधुनिक हिंदी दलित कविता पर बात करते हुए सबसे पहले हमारी नजर हीरा डोम की 'अछूत की शिकायत' पर जाती है। दलित कविता का पहला कवि स्वामी अछूतानंद को माना

जाता है, लेकिन यह ध्यान देना होगा कि सन् 1914 में आचार्य महावीरप्रसाद द्विवेदी ने 'सरस्वती' पत्रिका में हीरा डोम की कविता 'अछूत की शिकायत' प्रकाशित की थी। हीरा डोम का लगभग वही समय है, जो अछूतानंद का है। हीरा डोम अपनी कविता में राजसत्ता और धर्मसत्ता के शोषणकारी रूप की पहचान करते हुए उसके द्वारा उत्पीड़न से मुक्ति की आस छोड़ते दिखाई देते हैं। मनुष्य-मनुष्य के बीच के विभेद को नकारते हुए और ब्राह्मणवाद के छद्म चरित्र को उद्‌घाटित करते हुए वे मार्मिक शब्दों में ईश्वर से शिकायत करते हैं–

हड़वा मसुइया के देहिया है हमनी के,
ओकारै के देहियाँ बभनऊ के बानी।
ओकरा के घरे घरे पुजवा होखत बाजे,
सगरै इलकवा भइलैं जजमानी।
हमनी के इनरा के निगिचे न जाईलेजाँ,
पाँके में भरि-भरि पिअतानी पानी।

हीरा डोम की यह प्रसिद्ध कविता दलित साहित्य की पहली कविता मानी जाती है, लेकिन प्रसिद्ध दलित चिंतक और आलोचक कँवल भारती ने सन् 1913 में प्रकाशित अछूतानंद की कविता को पहली कविता माना है। हीरा डोम की 'अछूत की शिकायत' के बारे में प्रो. मैनेजर पांडेय ने लिखा है, "दलित चेतना को ठीक-ठाक अभिव्यक्त करनेवाली रचना सबसे पहले 'सरस्वती' पत्रिका में छपी थी।" प्रो. चौथीराम यादव के अनुसार, "हिंदी-पट्‌टी में जो नवजागरण है, उसमें राष्ट्रीय जागरण के साथ ही दलित जागरण के स्वर भी प्रस्फुटित हुए थे, जिनकी नोटिस ही नहीं ली गई। उत्तर भारत में एक समय स्वामी अछूतानंद के दलित आंदोलन का काफी जोर था, जिसे दबाने के लिए सत्ताधारी कांग्रेस के महानायकों ने अनेक छल-छद्‌मों का सहारा लिया।" सन् 1876 में उत्तर प्रदेश के फर्रुखाबाद जिले के सौरिख गाँव में जन्मे और आदि हिंदू आंदोलन के प्रवर्तक स्वामी अछूतानंद हरिहर को एक तरह से मध्यकाल के दलित संत कवि कबीर और रैदास की परंपरा में ही माना जा सकता है। बीसवीं शताब्दी के प्रारंभ में स्वामी अछूतानंद ने दलितों को मूल निवासी बताते हुए सामाजिक भेदभावों का प्रतिकार किया और दलितों को अपनी दशा सुधारने के लिए प्रेरित किया। स्वामी जी ने अछूत और हरिहर दोनों नामों से कविताएँ लिखीं। इनकी कविताएँ दलित समुदाय में आत्मविश्वास और आत्मगौरव का भाव जगा रही थीं। 'मायानंद बलिदान', 'रामराज्य न्याय', 'आदिवंश का डंका' इत्यादि इनके काव्य संग्रह हैं। इसमें 'आदिवंश का डंका' काफी चर्चित हुआ। इसी संग्रह की एक कविता में वे लिखते हैं–

इसी नीति पर वर्ण-व्यवस्था रच के धर्म चलाई चाल।
रखें गुलामी में फुसलाकर धर्म आड़ में करें हलाल।
यही सब व्यापार द्विजों ने, अपने रखा गोल के हाथ।
जिससे धन बढ़े न विद्या, ऊपर उठें न होंय सनाथ।
जो आजाद हों तुम चाहो तो अब छाँट देउ सब छूत।
आदिवंश मिल जोर लगाओ, पंद्रह कोटि सछूत 'अछूत'॥

अछूतानंद एवं हीरा डोम से प्रेरित कवियों में पं. बख्शीदास, बंसीराम मुसाफिर, स्वामी शंकरानंद, केवलानंद, अयोध्यानाथ दंडी, मौजी लाल मौर्य, बिहारी लाल 'हरित' आदि प्रमुख हैं। जनकवि बिहारीलाल हरित ने अछूतानंद की परंपरा को 'जय भीम' के नारे के साथ आगे

बढ़ाया। बिहारी लाल 'हरित' को जनता के कवि के रूप में पहचान मिली। उनकी एक प्रसिद्ध कविता है–

उठोगे गर अपने पैरों जाति सुधारोगे,
डूबती हुई कौमी को किस्ती से उबारोगे,
लेकर बल्ली विद्या की तुम कौमी को उभारोगे।

सवर्णवादी व्यवस्था के खिलाफ चुनौती बनकर खड़े होनेवाले, हिंदी दलित कविता के आरंभिक दौर के, ये कुछ ऐसे क्रांतिकारी कवि हैं, जिनसे समकालीन हिंदी दलित कविता प्रेरणा ग्रहण करती है। दलित कविता या यह कहें कि दलित साहित्य के विकास के संदर्भ में उत्तर भारत के पेरियार कहे जानेवाले ललई सिंह यादव और पं. चंद्रिका प्रसाद 'जिज्ञासु' को इसलिए याद किया जाना चाहिए कि 1960-70 के दशक में दलित साहित्य के प्रचार-प्रसार की लौ को इन लोगों ने जलाए रखा। जब अभिजन समाज के प्रेस दलितों-पिछड़ों की रचनाएँ छापने से कतराने लगे तब इन लोगों ने खुद ही प्रेस स्थापित कर दलितों-पिछड़ों की रचनाएँ छापनी शुरू कीं। पं. चंद्रिका प्रसाद 'जिज्ञासु' ने अछूतानंद के योगदान पर लिखकर उन्हें स्थापित किया और डॉ. अंबेडकर के कार्यों को हिंदीभाषी क्षेत्रों में उजागर किया। प्रारंभिक दलित कवियों ने प्रायः रैदास, फुले और अंबेडकर के जीवन और कार्यों का गुणगान किया या पौराणिक दलित पात्रों को कतिपय परिवर्तनों के साथ पुनर्जीवित किया। शिक्षा के प्रचार-प्रसार के कारण आई चेतना ने उन्हें उनकी अपनी स्थितियों के प्रति सचेत किया। बाद में उनकी रचनाओं में दलित समाज के प्रति भेदभाव की नीति और उसकी प्रगति में रोड़ा अटकानेवाली समाज-व्यवस्था का खुला विरोध है। धार्मिक और सामाजिक रूढ़ियों का विरोध और अपने समाज के विकास के लिए योजनाएँ हैं। रसिक बिहारी मंजुल ने 'अंबेडकर अग्निशतक', 'अग्निकिरण', बाबूलाल सुमन ने 'अंबेडकर महाकाव्य' तथा राजपाल सिंह राज ने 'अंबेडकर भजनावली' आदि कविताएँ लिखीं।

आठवें और नवें दशक में अनेक दलित कवियों, जैसे–मनसा राम विद्रोही, श्री लालचंद राही, डॉ. मनोज सोनकर, डॉ. रामशिरोमणि होरिल, डॉ. सुखबीर सिंह, डॉ. प्रेमशंकर, डॉ. दयानंद बटोही, हरिकिशन संतोषी, डॉ. सोहनपाल सुमनाक्षर, श्री नवेंदु, श्री रघुनाथ प्यासा, मोहनदास नैमिशराय, कँवल भारती, ओमप्रकाश वाल्मीकि, जयप्रकाश कर्दम, सी.बी. भारती, मलखान सिंह, सूरजपाल चौहान, एन.. सिंह, तेज सिंह, कुसुम वियोगी आदि के लिखित एवं संपादित कविता संग्रह सामने आए। आरंभिक दलित कवियों की तुलना में इन कवियों की कविताओं का शिल्प प्रौढ़ है। अधिकांश दलित कवियों को लगभग एक जैसी सामाजिक अवमानना का शिकार होना पड़ा है। इसलिए कविताओं में भी एक जैसी संवेदनाएँ प्रकट हुई हैं।

वर्तमान में जयप्रकाश लीलवान, असंगघोष, रजनी तिलक, सुशीला टाकभौरे, रत्नकुमार सांभरिया, ईश कुमार गंगानिया, अनिता भारती, कर्मशील भारती, मुकेश मानस, मुसाफिर बैठा, रजनी अनुरागी, कौशल पँवार, सुरेश पंचम, हेमलता महीश्वर, सुदेश तनवर, गोवर्धन बिहारी, राज वाल्मीकि, शिवनाथ 'शीलबोधि', विपिन बिहारी, रूप नारायण सोनकर, पद्‌माराम परिहार, पूनम तुषामड, सुधीर सागर, अजय नावरिया, कुंती आदि हिंदी दलित कविता को समृद्ध कर रहे हैं। आज की हिंदी दलित कविता एक लंबी यात्रा तय कर चुकी है। हिंदी दलित कविता के वर्ण्य-विषय में विस्तार हुआ है और अभिव्यक्ति में नयापन है।

हिंदी दलित कविता ने भारतीय मानस में परिवर्तन की प्रक्रिया को गति दी है। हिंदी दलित कविता के केंद्र में मानव है और वह निरंतर मनुष्यता के पक्ष में जयघोष कर रही है। दलित कविता का जोर सामाजिकता पर है। इनमें व्यक्त की गई निजी संवेदनाएँ वृहद् सामूहिक संवेदनाओं की वाहक बन जाती हैं। हिंदी दलित कविता के बारे में ओमप्रकाश वाल्मीकि जी लिखते हैं, "भारतीय समाज-व्यवस्था की असमानता पर आधारित जीवन की विषमताओं-विसंगतियों के बीच से दलित कविता का जन्म हुआ है जो नकार, विद्रोह और संघर्ष की चेतना के साथ सामाजिक बदलाव के लिए प्रतिबद्ध है। वह जीवन-मूल्यों की पक्षधर है, दलित समाज को दलित कविता ने मुखर किया है। दलित कविता ने उनके भीतर चेतना का विस्फोट किया है, जो दलित कविता की सबसे महत्त्वपूर्ण उपलब्धि है।" सदियों से दलित समाज को सवर्ण समाज द्वारा घृणा एवं अवमानना मिलती रही है। आज उसके रूप, तीव्रता एवं अनुपात में कमी आई है लेकिन व्यावहारिक जीवन में कहीं न कहीं प्रकट हो ही जाती है। दलित कविता में उस घृणा के प्रति सशक्त विरोध दर्ज किया गया है। इसीलिए दलित कविता में पैनापन है, प्रहार है, आक्रोश है और कहीं-कहीं हिंसा भी लेकिन याद रखना चाहिए कि दलित कविता में केवल विद्रोह और नकार ही नहीं, सृजन भी छिपा है। वह रूढ़िगत अंधविश्वासों पर चोट करते हुए नवनिर्माण की प्रेरणा भी देती है।

प्रस्तुत संचयिता में नए-पुराने कुल उनतीस कवियों की कविताएँ सम्मिलित हैं। इन कविताओं का फलक दलित मुद्‌दों के आस-पास होते हुए भी व्यापक है। समतामूलक समाज की निर्मिति के स्वप्न के साथ ये कविताएँ सामाजिक यथार्थ का वर्णन हैं। सामाजिक परिवर्तन का आग्रह इन कविताओं में निहित है। ये सभी कवि आशावान हैं। उनके हृदय में करुणा और वाणी में ओज है। दलित जीवन के विविध पक्ष इन कविताओं का विषय बने हैं। ये कविताएँ पाठक की अनुभूति को झकझोरती हैं। अधिकांश कविताओं की अंतर्वस्तु दलित समाज के दुखों में डूबी है। कुछ में संघर्ष की चेतना तो कुछ में विद्रोह का तीखा स्वर भी है। अर्थ-व्यंजना की दृष्टि से ये कविताएँ बहुत सहज हैं और एकदम पाठक की संवेदना को छू लेती हैं। संचयिता की कविताओं की सही अर्थ-व्यंजना के लिए दलित जीवन की विसंगतियों पर नजर रखना जरूरी है। याद रखना होगा, "दलित कविता में आक्रोश, संघर्ष, नकार, विद्रोह अतीत की स्थापित मान्यताओं से है। वर्तमान के छद्‌म से है, लेकिन जीवन में घृणा की जगह प्रेम, समता, बंधुता, मानवीय मूल्यों का संचार करना ही दलित कविता का लक्ष्य है।" गरिमापूर्ण मानवीय जीवन के लिए संघर्ष इन कविताओं का केंद्रीय भाव है।

भारतीय इतिहास का दलित पाठ शोषण के तमाम उपागमों तथा सवर्णवादी व्यवस्था के छद्‌म को जनता के सामने रख रहा है। इसमें दलित कविता की भी भूमिका महत्त्वपूर्ण है।

हिंदी दलित कहानी

हिंदी दलित कहानी ने हिंदी कहानी साहित्य में एक बड़े अभाव की पूर्ति की है। हिंदी दलित कहानियों में उन विषयों को प्रस्तुत किया गया जो मुख्यधारा की कहानी से नदारद थे। प्रेमचंद और कई समकालीन कहानीकारों ने दलितों की सामाजिक दुरवस्था का चित्रण तो किया है लेकिन उन कहानियों के दलित पात्रों में चेतना और संघर्ष लगभग नहीं के बराबर है।

हिंदी दलित कहानी ने दलितों के दर्द की यथार्थ अभिव्यक्ति के साथ-साथ उनके संघर्ष को स्वर दिया और सामाजिक परिवर्तन की पृष्ठभूमि निर्मित की।

बीसवीं शताब्दी के सातवें दशक में पत्र-पत्रिकाओं में दलित कहानियाँ प्रकाशित होनी शुरू हो गई थीं। हिंदी की पहली दलित कहानी के संबंध में रजत रानी मीनू ने लिखा है, "1975 में सतीश की वचनबद्ध कहानी को हम अब तक की अपनी शोधपूर्ण जानकारी के अनुसार पहली दलित कहानी मान सकते हैं।" हिंदी दलित कहानी एक ओर जातिगत प्रश्नों से जूझती रही है तो दूसरी ओर सामाजिक, आर्थिक एवं धार्मिक शोषण के विरुद्ध चेतना जगाने का काम करती रही है। ओमप्रकाश वाल्मीकि के मत में, "दलित कहानियाँ समाज में रचे-बसे जातिवाद की भयावह स्थितियों से संघर्ष करने के साथ-साथ समाज में घृणा की जगह प्रेम की पक्षधरता दिखाती हैं।"

हिंदी के प्रारंभिक दलित कहानीकारों में ओमप्रकाश वाल्मीकि, पुरुषोत्तम सत्यप्रेमी, मोहनदास नैमिशराय, दयानंद बटोही, रघुनाथ प्यासा, शिवचंद्र उमेश, कालीचरण स्नेही, बी.एल. नय्यर आदि उल्लेखनीय हैं। इनकी कहानियों में परंपरा के प्रति विद्रोह और सामाजिक परिवर्तन का आह्वान है। प्रारंभिक दौर की कहानियों में दलितों के दुख, पीड़ा आदि का अंकन है और परिस्थितियों के आगे विवशता या समाधान के तौर पर समस्या से पलायन भी दिखाई देता है लेकिन जल्दी ही हिंदी दलित कहानी ने यथास्थितिवाद का दामन छोड़कर विद्रोह एवं आक्रोश के तेवर अपना लिये।

आठवें दशक में जो हिंदी दलित कहानियाँ सामने आईं, वे प्रारंभिक कहानियों की अपेक्षा अधिक सशक्त एवं प्रौढ़ हैं और उनमें दलित जीवन की त्रासद स्थितियों का यथार्थ अंकन मिलता है। इन कहानियों का कथानक हमारे आस-पास के जन-जीवन से ही लिया गया है। इनमें परंपराओं से, ऐसी परंपराएँ जो आज भी दासत्व के कुहासे में खींच रही हैं, मुक्ति का आह्वान है।

नवें दशक की हिंदी दलित कहानियों में जाति-व्यवस्था में पिसते दलितों का संघर्ष और विरोध प्रमुखता से चित्रित है, साथ ही सामाजिक परिवर्तन की राह भी दिखाई गई है। प्रमुख कहानीकारों में हैं– मोहनदास नैमिशराय, ओमप्रकाश वाल्मीकि, कालीचरण स्नेही, श्यौराज सिंह 'बेचैन', सूरजपाल चौहान, रमेशचंद्र जलौनियाँ, प्रेम कपाड़िया, कुसुम वियोगी, अजय सतीश, दयानंद बटोही, सुशीला टाकभौरे, प्रेमकुमार मणि, चंद्रेश्वर कर्ण, जयप्रकाश कर्दम, सत्यप्रकाश, रजत रानी मीनू, रत्नकुमार सांभरिया, कावेरी, कुसुम मेघवाल आदि। इनकी कहानियों में पाठकों को झकझोर देनेवाला यथार्थ है, सोचने को विवश कर देनेवाली जीवन स्थितियाँ हैं और सामाजिक परिवर्तन के लिए तीव्र आग्रह है। समकालीन हिंदी दलित कहानियों में राजनीतिक भ्रष्टाचार, दलितों में घुसपैठ करता ब्राह्मणवाद, दलितों की आपसी गुटबाजियाँ, आधुनिक जीवन शैली से उपजे तनाव, संघर्ष आदि का चित्रण है।

प्रस्तुत संकलन में अनिता भारती की 'एक थी कोटेवाली', ओमप्रकाश वाल्मीकि की 'गौकशी', जयप्रकाश कर्दम की 'नो बार', दयानंद बटोही की 'सुरंग', मुकेश मानस की 'जमीण खात्तर', मोहनदास नैमिशराय की 'अपना गाँव', रजत रानी मीनू की 'वह एक रात', रजनी दिसोदिया की 'चारपाई', श्यौराज सिंह बेचैन की 'शोध-प्रबंध', सत्यप्रकाश की 'दलित ब्राह्मण', सुधीर सागर की 'भंगन डॉक्टरनी', सुशीला टाकभौरे की 'छौआ माँ' और सूरजपाल चौहान की 'बदबू' सहित कुल तेरह कहानियाँ शामिल की गई हैं। इन कहानियों में जातिगत भेदभाव,

दलित चेतना, संघर्ष एवं विद्रोह के स्वर स्पष्ट हुए है। 'एक थी कोटेवाली' में कोटे के कारण नौकरी पानेवाली अध्यापिका अपनी अस्मिता, अधिकार और सम्मान के लिए सचेत है और बराबरी की हिमायती भी है। 'गौकशी' के दलित सवर्ण समाज के व्यवहार से हतप्रभ हैं। 'नो बार' कहानी में अंतर्जातीय विवाह की समस्या के साथ समाज की जातिगत मानसिकता का उद्घाटन हुआ है। 'सुरंग' शिक्षा जगत् के छिपे हुए पहलू को उजागर करती है। 'जमीण खात्तर' गाँव के दलित की जीवनगाथा है। 'अपना गाँव' में वर्णित कथानक आज भी आए दिन अखबारों में स्थान पाता है। 'वह एक रात' दुखदायी अतीत का बयान है। 'चारपाई' मध्यवर्गीय शहरी दलित परिवार की कथा है। 'शोध-प्रबंध' शिक्षा जगत् में महिलाओं के शारीरिक और मानसिक शोषण का खुलासा करती है। 'दलित ब्राह्मण' शिक्षित दलितों में घुसपैठ कर रहे ब्राह्मणवाद का रोचक वर्णन है। 'भंगन डॉक्टरनी' दलितों में आई शैक्षिक चेतना के परिणाम को दर्शाती है। 'छौआ माँ' दाई छौआ की जीवन-संघर्ष कथा है। 'बदबू' एक विवश स्त्री की मार्मिक कथा है।

मानवीय अधिकारों की पैरवी करती इन कहानियों में दलित अस्मिता और चेतना का स्वर व्याप्त है, साथ ही सामाजिक भेदभाव एवं अंधविश्वास पर चोट की गई है। वर्तमान में अनेक संभावनाशील कथाकार सृजनरत हैं। अतीत और वर्तमान से संघर्षरत हिंदी दलित कहानी का भविष्य उज्ज्वल है।

हिंदी दलित उपन्यास

हिंदी दलित कविता की तरह हिंदी दलित उपन्यास की कोई लंबी परंपरा नहीं है पर बहुत ही कम समय में दलित उपन्यासों ने हिंदी साहित्य में अपनी मजबूत उपस्थिति दर्ज कराई है लेकिन एक कड़वा सच यह भी है कि हिंदी उपन्यासों की परंपरा पर बात करते हुए आज भी इन दलित उपन्यासकारों की कोई चर्चा नहीं होती। आजादी के बाद के हिंदी दलित उपन्यासों में डॉ. रामजी लाल सहाय के सन् 1954 में प्रकाशित उपन्यास 'बंधन मुक्ति' की गणना होती है। जयप्रकाश कर्दम का 'करुणा', 'छप्पर', डी.पी. वरुण का 'अमर ज्योति', डॉ. धर्मवीर का 'पहला खत', परदेशी रामवर्मा का 'डूब जाती है नदी', राणा प्रताप का 'भूमिपुत्र', नवल वियोगी के 'सुहाग सिंदूर', 'दूसरी जिंदगी', 'गिरे हुए लोग', मोहनदास नैमिशराय के 'क्या मुझे खरीदोगे', 'मुक्तिपर्व', 'झलकारी बाई', 'आज बाजार बंद है', 'महानायक डॉ. बाबा साहेब अंबेडकर', प्रेम कपाड़िया का 'मिट्टी की सौगंध', विपिन बिहारी का 'एक स्वप्नदर्शी की मौत', एस.के. पंचम का 'दलित दहन', कमल तेजस का 'गवाह तथागत', देवीदयाल जैन का 'मानव की परख', जयप्रकाश नवेंदु का 'दोहन', रघुवीर सिंह का 'आक्रोश', सत्यप्रकाश का 'जस तस भई सबेर', उमराव सिंह जाटव का 'थमेगा नहीं विद्रोह', रूपनारायण सोनकर का 'डंक', कावेरी का 'मिस रमिया', अजय नावरिया का 'उधर के लोग' और सुशीला टाकभौरे का 'नीला आकाश' आदि उल्लेखनीय दलित उपन्यास हैं।

आरंभ में हिंदी दलित साहित्य में उपन्यास विधा लगभग उपेक्षित रही लेकिन वर्तमान में उपन्यास लेखन ने गति पकड़ी है। नवल वियोगी रचित 'दूसरी जिंदगी' सन् 1989 में प्रकाशित हुआ। यह उपन्यास किसी दलित द्वारा हिंदी में लिखा गया संभवतः पहला दलित उपन्यास है। पहले हिंदी दलित उपन्यास के संबंध में रजत रानी मीनू लिखती हैं, ''देवी दयाल सेन द्वारा

सृजित 'मानव की परख' सन् 1954 में प्रकाशित हुआ। इसी वर्ष डॉ. रामजी लाल सहायक द्वारा रचित उपन्यास 'बंधन मुक्ति' प्रकाशित हुआ। इन दोनों में प्रथम किसे मानें, यह मुश्किल कार्य है, क्योंकि उक्त दोनों उपन्यासों में प्रकाशन का वर्ष ही प्रकाशित है, माह नहीं। इसलिए हम इन दोनों उपन्यासों को आधुनिक काल के प्रथम उपन्यास मानते हैं।"

प्रस्तुत संचयिता में सात उपन्यासों अजय नावरिया का 'उधर के लोग', उमराव सिंह जाटव का 'थमेगा नहीं विद्रोह', जयप्रकाश कर्दम का 'छप्पर', मोहनदास नैमिशराय का 'महानायक बाबा साहेब डॉ. अंबेडकर', रूपनारायण सोनकर का 'डंक', सत्यप्रकाश का 'जस तस भई सबेर' और सुशीला टाकभौरे का 'नीला आकाश' के अंश शामिल किए गए हैं। आत्मकथात्मक शैली में रचे गए 'उधर के लोग' का कथ्य शिक्षित दलित वर्ग से संबंधित है। महानगरीय दलित समाज की तस्वीर प्रस्तुत करता यह एक अच्छा उपन्यास है। दलित आंदोलन के उठान और वर्तमान स्थिति पर भी नजर डाली गई है और साहित्यिक राजनीति पर भी बात की गई है। दलित जीवन को केंद्र में रखकर लिखा गया 'थमेगा नहीं विद्रोह' एक गाँव के कई दशकों के जीवन का वर्णन है। मुख्य कथा के साथ और भी कथाएँ गुंफित हैं। 'छप्पर' की कथावस्तु रमिया और सुक्खा द्वारा अपने बेटे चंदन को शिक्षित करने के संघर्ष की है। गाँव के ब्राह्मण, बनिये एवं ठाकुर द्वारा प्रताड़ित सुक्खा मजदूरी के लिए विवश होता है। दलित उपन्यास की परंपरा में पहला ऐतिहासिक उपन्यास होने का दावा करनेवाले नैमिशराय जी ने 'महानायक बाबा साहेब डॉ. अंबेडकर' में अंबेडकर के जीवन तथा उनकी राजनीतिक विचार-यात्रा की प्रामाणिक तस्वीर पेश की है। 'डंक' उपन्यास में भी कई कहानियाँ हैं। उपन्यासकार ने वर्ण-व्यवस्था से उत्पीड़ित दलित, आदिवासी, पिछड़े एवं निर्धन सभी का चित्रण किया है। 'जस तस भई सबेर' समाज में व्याप्त अशिक्षा, अंधविश्वास और अंधश्रद्धा का चित्रण करते हुए यह स्पष्ट करता है कि दलितों के पतन के कारणों में शिक्षा, अंध-श्रद्धा और अज्ञान प्रमुख हैं। इसमें दलित जीवन की विवशता एवं विद्रोह का स्वर भी है। 'नीला आकाश' में दलित जीवन के कठोर यथार्थ का ताना-बाना बुना गया है, साथ ही मुक्ति की आकांक्षा का भी अंकन है।

इन उपन्यासों ने हिंदी उपन्यास की मुख्यधारा के बरक्स अपनी एक पहचान बनाई है और हिंदी दलित उपन्यासों की परंपरा को प्रौढ़ावस्था की तरफ मोड़ दिया है।

हिंदी दलित आत्मकथा

आत्मकथा हिंदी दलित साहित्य की प्रमुख विधा है। दलित आत्मकथाओं में जीवन का कठोर यथार्थ बेबाकी से प्रस्तुत किया गया है। हिंदी दलित आत्मकथाओं की समृद्ध परंपरा रही है। सबसे पहले भगवानदास की 'मैं भंगी हूँ' सामने आई। इसके बाद मोहनदास नैमिशराय की 'अपने-अपने पिंजरे' (1995) तथा 'अपने-अपने पिंजरे' (भाग-2, 2000), ओमप्रकाश वाल्मीकि की 'जूठन' (1997), कौसल्या बैसंत्री की 'दोहरा अभिशाप' (1999), के. नाथ की 'तिरस्कार' (1999), डी.आर. जाटव की 'मेरा सफर मेरी मंजिल' (2000), सूरजपाल चौहान की 'तिरस्कृत' (2002), माता प्रसाद की 'झोंपड़ी से राजभवन' (2002), श्यौराज सिंह 'बेचैन' की 'मेरा बचपन मेरे कंधों पर' (2009), डॉ. तुलसीराम की 'मुर्दहिया' (2010) एवं 'मणिकर्णिका' (2013) और सुशीला टाकभौरे की 'शिकंजे का दर्द' (2011) प्रकाशित हुईं। डॉ. किशोरी लाल रैगर

के अनुसार, "वस्तुतः दलित आत्मवृत्त दलित लेखकों के वो जीवनानुभव हैं, जिनको उन्होंने मजबूरन झेला है। ये आत्मवृत्त दलित समाज की हृदय विदारक पीड़ा का जीवंत दस्तावेज हैं और उत्तर हैं उन प्रश्नों का कि दलितों को दलित साहित्य लिखने की आवश्यकता क्यों पड़ी? दलित आत्मकथाएँ समाज का नग्न यथार्थ ही नहीं दलित साहित्य को सही रूप में व्याख्यायित करने का प्रयास भी हैं।"

दलित आत्मकथाओं में भले ही व्यक्तिगत अनुभव लेखनीबद्ध किए गए हों लेकिन उनके सामाजिक अर्थ अधिक महत्त्वपूर्ण हैं क्योंकि ये आत्मकथाएँ बताती हैं कि सवर्ण मानसिकता निम्न जाति के लोगों के प्रति घृणा और अवमानना से युक्त है। ये आत्मकथाएँ दलित समाज को निरंतर संघर्ष करने की प्रेरणा देते हुए आगे बढ़ने के लिए प्रेरित करती हैं। इन दलित आत्मकथाओं में प्रायः सामाजिक स्थितियों का वर्णन एक-सा है लेकिन व्यक्तिगत अनुभवों की अभिव्यक्ति का वैविध्य इनके वर्ण्य विषय और प्रस्तुति में भी वैविध्य ला देता है। दलित आत्मकथाओं में की गई अभिव्यक्तियों में कई अनखुले अर्थ समाहित हैं। आत्मकथा लेखन के कारण दलित साहित्यकारों को समाज का कोपभाजन भी बनना पड़ा है। मोहनदास नैमिशराय ने लिखा है, "दलित आत्मकथा लिखने के संकट दोहरे हैं। दलित कथाकार को पहले स्वयं अपने समाज, जाति, परिवार और रिश्तेदारों से भी जूझना पड़ता है। बाद में सवर्ण जाति के समीक्षकों, टीकाकारों से भी उलझना जरूरी हो जाता है, जो शालीनता तथा अश्लीलता की विपरीत शब्दावलियों के बहाने ऐसे कथाकारों को कोसना कतई नहीं भूलते। आत्मकथा छपने के पश्चात् ही मुझे अपने तथा परायों, दोनों ने अपनी-अपनी तीखी प्रतिक्रियाओं, लांछनों, दोषारोपणों तथा शील-अश्लीलता की कई पुरानी परिभाषाओं के साथ खूब घेरा।"

प्रस्तुत संचयिता में छह आत्मकथाओं– ओमप्रकाश वाल्मीकि की 'जूठन', कौसल्या बैसंत्री की 'दोहरा अभिशाप', डॉ. तुलसीराम की 'मुर्दहिया', मोहनदास नैमिशराय की 'अपने-अपने पिंजरे', श्यौराज सिंह 'बेचैन' की 'मेरा बचपन मेरे कंधों पर' तथा सुशीला टाकभौरे की 'शिकंजे का दर्द' के अंश शामिल किए गए हैं। इन दलित आत्मकथाओं में उनके अपने समय और समाज का जीवंत चित्रण है। कमलेश्वर के अग्रलिखित कथन को, "ये आत्मकथ्य किसी भी प्रदेश या भाषा की मानसिकता का नहीं बल्कि भारतीय मानसिकता का रचनात्मक और संघर्षपूर्ण विवरण पेश करते हैं– यह जितने आत्मीय हैं उतने ही अनात्म भी क्योंकि इनमें लेखक मात्र लेखकीय दर्प या दंभ का बाना पहनकर नहीं आता वह अपने को अपने समय के भारतीय सामान्य जन के समकक्ष रखकर उसकी ही तरह दुख, यातनाओं, अन्याय से भरी आत्मकहानी को समय की गर्दिश में देखता है।" इन दलित आत्मकथाओं पर भी लागू किया जा सकता है।

हिंदी दलित साहित्य में दलित स्त्रियों की आत्मकथाएँ बहुत कम हैं लेकिन दलित आत्मकथाएँ हिंदी दलित साहित्य का सुदृढ़ आधार हैं और भविष्य में निश्चित ही यह परंपरा और समृद्ध होगी।

हिंदी दलित आलोचना

हिंदी दलित आलोचना में कई महत्त्वपूर्ण कार्य किए गए हैं। प्रमुख आलोचकों में सोहनपाल सुमनाक्षर, डॉ. धर्मवीर, मोहनदास नैमिशराय, श्यौराज सिंह 'बेचैन', रजत रानी मीनू, ओमप्रकाश वाल्मीकि, विमल कीर्ति, विमल थोराट, कँवल भारती, रमणिका गुप्ता, तुलसीराम,

जयप्रकाश कर्दम, चमनलाल, चंद्रभान प्रसाद, दिनेश राम आदि हैं। हिंदी दलित साहित्य प्रारंभ से ही आरोपों और सवालों के कठघरे में खड़ा किया गया है और प्रायः दलित साहित्यकारों और विद्वान विचारकों ने बहुत तार्किकता के साथ दलित साहित्य पर लगे आरोपों का जवाब दिया है। इसलिए हिंदी में रचनात्मक दलित साहित्य के सृजन के साथ-साथ आलोचना भी लिखी जाती रही है।

प्रस्तुत संचयिता में आठ लेखों का संकलन किया गया है। ये हैं— ओमप्रकाश वाल्मीकि का 'दलित साहित्य का सौंदर्यशास्त्र', कँवल भारती का 'दलित साहित्य की अवधारणा', चंद्रभान प्रसाद का 'बौद्धिकता के अंकुर अभिजात वर्ग से', डॉ. जयप्रकाश कर्दम का 'दलित साहित्य, और डॉ. अंबेडकर', प्रो. तुलसीराम का 'बौद्धधर्म तथा वर्ण-व्यवस्था', दिनेश राम का 'मुक्ति की अवधारणा', माता प्रसाद का 'दलितों का अभिजातीकरण और अधिकारी वर्ग' और मोहनदास नैमिशराय का 'दोनों गालों पर थप्पड़'। लेखों का चयन करते समय प्रयास किया गया है कि दलित साहित्य की वैचारिकी को विविध दृष्टिकोणों से देखा-परखा जाए।

हिंदी के दलित साहित्य पर मराठी के दलित साहित्य का प्रभाव बहुत गहराई तक रहा है लेकिन आज हिंदी के दलित साहित्य ने अपनी खुद की वैचारिक, सामाजिक एवं सांस्कृतिक जमीन तैयार कर ली है। वर्तमान में दलित साहित्य के सामने यह चुनौती है कि वह किस तरह अपने अस्तित्व को चौतरफा हमलों से बचाए और बनाए रखे।

अस्सी के दशक में हिंदी साहित्य में वर्णगत विशेषण को आधार बनाकर एक नए साहित्य ने दस्तक दी, जिसे कालांतर में दलित साहित्य के रूप में पहचान और प्रतिष्ठा मिली। समाज के निचले पायदान पर स्थित दलितों को साहित्य में अपनी बात कहने का अवसर देर से मिला। प्रारंभ से ही यह साहित्य विवादों और आरोपों से घिरा रहा। प्रतिरोध एवं आक्रोश के साहित्य के रूप में समझे जानेवाले दलित साहित्य ने समय के साथ अपनी महत्ता स्थापित की। यहाँ तक कि सामाजिक सरोकारों के प्रति गहन प्रतिबद्धता के चलते यह विश्वविद्यालयी पाठ्यक्रमों का हिस्सा भी बना। जिस तरह संवैधानिक प्रावधानों के कारण दलितों के साथ प्रत्यक्ष भेदभाव दिखाई नहीं देता लेकिन अधिकांश सवर्ण समाज में आज भी दलितों के प्रति कहीं न कहीं मानसिक ग्रंथि है, उसी तरह हिंदी दलित साहित्य निरंतर समृद्ध हो रहा है लेकिन हिंदी साहित्य की उपेक्षा का शिकार रहा है। विपरीत परिस्थितियों के रहते हुए भी हिंदी दलित साहित्य का एक विशाल रूप तैयार हो चुका है। हिंदी दलित साहित्य के पाठकों, शोधार्थियों एवं अध्येताओं को लंबे समय से एक ऐसी संचयिता की आवश्यकता थी जिसमें दलित चेतना, पीड़ा और प्रतिकार की विविध संदर्भमूलक रचनाएँ संगृहीत हों।

हिंदी दलित कविता, कहानी तथा आत्मकथा अंशों को संपादित रूप में प्रस्तुत करने के प्रयत्न पूर्व में किए जा चुके हैं किंतु सभी प्रमुख साहित्यिक विधाओं में रचे जा रहे हिंदी दलित साहित्य को संचयिता के रूप में लाने का यह मेरी अल्प जानकारी में पहला प्रयास है। इस संचयिता के माध्यम से हिंदी दलित साहित्य की मुकम्मल तस्वीर सामने रखने की कोशिश की गई है। हिंदी दलित साहित्य की विविध साहित्यिक विधाओं में एक से बढ़कर एक रचनाएँ हैं, ऐसी स्थिति में चयन करना भी एक समस्या बन जाता है। प्रस्तुत संचयिता का संपादन इस उद्देश्य से किया गया है कि हिंदी दलित साहित्य का मूल स्वर कुछ प्रमुख साहित्यिक रचनाओं के माध्यम से सामने रखा जाए ताकि हिंदी दलित साहित्य की सभी प्रमुख विधाओं में लिखी गई रचनाओं से परिचय हो सके। प्रस्तुत संचयिता में उनतीस कवियों की कविताएँ,

तेरह कहानियाँ, सात उपन्यासों के महत्त्वपूर्ण अंश, छह आत्मकथाओं के अंश एवं आठ आलोचनात्मक लेख शामिल किए गए हैं। संचयिता में चयनित सामग्री का व्यवस्थापन रचनाकारों के अकारादि क्रम से किया गया है।

संचयिता के संपादन में आदरणीय प्रो. गंगा प्रसाद विमल, रमणिका गुप्ता, मोहनदास नैमिशराय, कँवल भारती, जयप्रकाश कर्दम, प्रो. गोविंद प्रसाद और अनिता भारती से अमूल्य सुझाव मिले। इन सभी विद्वानों के प्रति मैं धन्यवाद ज्ञापित करती हूँ। इस संचयिता की निर्मिति हेतु जिन साहित्यकारों एवं विद्वानों से संपर्क किया गया, उन सभी ने सहर्ष सहयोग प्रदान किया, उनके प्रति आभार। कुछ महत्त्वपूर्ण रचनाकार संचयिता में शामिल नहीं किए जा सके क्योंकि समय से उनकी रचनाओं को सम्मिलित करने की सहमति नहीं मिल सकी।

माननीय कुलपति श्री विभूति नारायण राय का विशेष आभार जिन्होंने इस संचयिता के महत्त्व को समझा और विश्वविद्यालय की प्रकाशन योजना के अंतर्गत 'हिंदी दलित साहित्य संचयिता' के प्रकाशन की अनुमति प्रदान की। मेरे प्रिय और अध्ययनशील शोधार्थी सुनील कुमार यादव ने सामग्री संकलन और चयन में हर संभव मदद की।

–प्रीति सागर

अनुक्रम

पहला भाग : कविताएँ

दूसरा भाग : कहानियाँ

तीसरा भाग : उपन्यास अंश

चौथा भाग : आत्मकथा अंश

पाँचवाँ भाग : आलोचनात्मक लेख

पहला भाग

कविताएँ

अनिता भारती की कविताएँ

भोर

बाबा, तुम रो रहे हो
राजनीति की कुचालों में
तुम्हारी दलित जनता
धक्का खाकर
कुचली भीड़-सी
चीत्कार रही है

तुम सोच में हो
कुचली भीड़-सी जनता
अपना आकार ले रही है
उसके सोए भाव
जाग रहे हैं
वह संगठित हो रही है...

तुम हँस रहे हो
दबी-कुचली जनता
मिट्टी से उठना सीख गई है
फूल खिल रहे हैं
चारों ओर
उठो!
यह भोर का आगाज है
हाँ, तुम हँस रहे हो बाबा।

किताब

रात-दिन रटते हो तुम
बाबा साहेब का नाम
राजनीति से लेकर साहित्य
साहित्य से लेकर धर्म

धर्म से लेकर प्रजातंत्र
प्रजातंत्र से लेकर वोटबैंक
वोटबैंक से लेकर लूटतंत्र
आरक्षण से लेकर जन्मजात प्रतिभा
यहाँ तक कि
पूँजीवाद सामंतवाद के समर्थन में भी
ले लेते हो बाबा साहेब का नाम

पर क्या सच में हम
आत्मसात् कर रहे हैं उन्हें
उनके मार्ग को
उनके रास्ते को
बस उलझे पड़े हैं
जातियों-उपजातियों के संघर्ष में

तुम्हारे अहं की लड़ाइयों में
श्रेष्ठताबोध के अहसास के साथ
तमाम असमानताओं को
कालीन के नीचे छुपाते वक्त
कहीं नहीं होता चिंतक अंबेडकर
बस उसकी एक छाया का कोर पकड़
भ्रम पालते हैं कि हमने पा लिया
पूरा बाबा साहेब को

रात-दिन सोते-जागते
खाते-पीते टहलते-ऊँघते
ख्वाब में प्रमाद में
रखते हैं उसे
एक कीमती पेन की तरह
सँभालकर
खर्च नहीं करना चाहते उसे
जिंदगी की किताब में
किताबों का क्या है
पढ़ो ना पढ़ो
पर घर की शोभा तो बढ़ाती ही हैं ना?

पुजारी

सुनो मैंने तुमसे कहा
ये भीम बाबा हैं

तुमने कहा
हाँ, ये हमारे भीम बाबा हैं
और झट उतारने लगे
उनकी आरती
तुमने खूब पहनाए
उन्हें हार
और खूब चढ़ाईं
धूप-बत्तियाँ

जबकि तुम्हारे पास
खड़ा था
उम्मीद से घिरा एक बच्चा
और दूर से दिखता एक स्कूल
जिसमें जा रही थीं
बच्चों पर बच्चों की कतारें
वह भी उसके पास
जाना चाहता था
उसमें बैठना चाहता था
क्या यह तुम्हारे लिए
सचमुच ही नामुमकिन था
कि वह जा पाए स्कूल
औरों की तरह
पर, छोड़ो...

तुम ले आए थे बाबा को
बाजार में
लगा रहे थे बोली
कह रहे थे देखो-देखो
हमारे बाबा ने झेले थे
दुख-तकलीफें
जो तुमने दी थीं उन्हें
अब तुम्हें भरना पड़ेगा
सबका हर्जाना
तकलीफें सुविधाओं में बदल रही थीं
कर रहे थे तुम विदेश यात्राएँ
बोल रहे थे सभा-सम्मेलनों में
धिक्कार रहे थे उन्हें
जो सदियों से कर रहे थे अत्याचार

पर
तुम्हारे पास एक अत्याचारग्रस्त
औरत खड़ी थी
लेकिन तुम्हारी आँखें उसकी पीड़ा से दूर
आसमान पर टिकी थीं
जो तुम्हें अभी मिलना बाकी था

अब तुम बाबा को
घसीट लाए हो
व्यापार में
लोगों को बाबा के अपनाने के
जंतर-मंतर, लाभ-हानि सिखा रहे हो
सिखा रहे हो उनको
सूदखोर की तरह लाभ बटोरना
जबकि तुम्हारे पास
तुम्हारे भाई-बहन
भूख से बिलख रहे हैं

हासिल की हैं तुमने
बिजनेस यात्राएँ
अपने इन्हीं भूखे भाई-बहनों के बूते

गले, हाथ, लॉकेट में लटकाए
भीम नाम की माला
ठीक स्वर्णकार की तरह
जो तुम्हारी ही तरह
सिद्धांतहीन लोगों को चाहिए
तुम्हारी ही तरह पहनने के लिए।

असंग घोष की कविताएँ

धर्म! तुम्हें तिलांजलि देता हूँ

धर्म!
तुम भी एक हो
मेरे पैदा होने के बाद
जाति के साथ
चिपकनेवाले।

कमबख्त जाति को
मैं नहीं त्याग सकता
यह सदियों पूर्व से
मेरे पुरखों के साथ
थोपी गई है।
यदि मैं
जातिबोधक शब्द न लगाऊँ तो
तुम्हारा घाघ पुरोधा
जासूसी कर
मेरी जाति खोज लाता है
लेकिन मैं
तुम्हें तो त्याग ही सकता हूँ
भले ही
तुम्हारा बाप बामन
घड़ियाली आँसू बहाए
लाख कहे हमारा दोष क्या है
हम बामन के घर पैदा हुए, पर
वह पीठ पीछे वार करना नहीं भूलता
तुम्हारा ठेकेदार जो है
फिर मैं
तुम्हें क्यों न छोड़ूँ,
लो
मैं तुम्हें तिलांजलि देता हूँ।

मुझे ही...!

जाति
खेतों में पैदा नहीं हुई
घर के अंदर-बाहर रखे
गमलों में नहीं खिली कभी
किसी पेड़ के फल से भी
पल्लवित नहीं हुई
ना ही किसी कारखाने में निर्मित हुई
यह बनी है
तुम्हारे ही बोए बबूल के काँटों की नोंक पर
बामन!
तुम्हारे ही स्वार्थ-पूर्ति के लिए
यह हरदम

मुझे दंश मारती है
तुम नहीं काटोगे
अपने बोए बबूल
मुझे ही डालना होना मट्ठा
तुम्हारी और इसकी जड़ों में।

रोको ब्राह्मण

रोको ब्राह्मण!
यदि तुम रोक सको तो
उस हवा को जो
मुझे छूकर
तुम तक आ रही है
जिसमें मेरे द्वारा छोड़ी गई
साँस भी
घुल-मिल गई है
तुम्हारा धर्म भ्रष्ट करने।

साफ कर सकते हो तो करो
नदी के उस पानी को
जिसमें नहाया है
पिता ने
पिछले गाँव में,
तो छोड़ दो
अपना यह ढकोसला
हर बहता पानी गंगा है।

रोक सको तो
रोको ब्राह्मण!
उस प्रकाश किरण को
जो तुम तक पहुँचने से पहले ही
मुझे छूकर गई है
तुम्हें अपवित्र करने।

रोक सको तो
रोको ब्राह्मण!
मेरे हिस्से की धूप व चाँदनी
तुम्हारे खेत की मानिंद
मेरे खेत में भी

समान रूप से
बरसता पानी।

तुममें हो हिम्मत तो
डालो गरम-गरम पिघला शीशा
मेरे कानों में
मैंने तुम्हारे ऋग्वेद की
ऋचाएँ पढ़ीं और सुनी हैं
रोको ब्राह्मण!
रोक सको तो।

मैं दूँगा माकूल जवाब

समय
माँगता है
मुझसे हिसाब

पढ़े क्यों नहीं!

नहीं है इसका जवाब
मेरे पास

तुमने अपनी वर्जनाओं से
काट ली थी मेरी जिह्वा
मेरे होंठ ही
सिल दिए थे

मेरे कानों में
पिघला हुआ शीशा भी
उड़ेल दिया था
मेरी आँखों में
गरम सलाखें भी
तुम्हारे ही कहने पर
घुसेड़ी गईं

तुम्हारी इस करनी पर
मेरी धमनियों में
खौल रहा है, बहता लहू

समय के साथ
इसका

मैं दूँगा माकूल जवाब
मेरी जगह
पढ़ेंगे मेरे बच्चे
जरूर।

ईश कुमार गंगानिया की कविताएँ

गुलामी की फसल

सदियों से
मल की टोकरी
बालिश्त भर
तन पर कपड़ा
गर्मी, सर्दी, बरसात
के थपेड़े
भूख का आलिंगन
फिर भी
अहिंसा में कैद
सींच रहा है तू क्यूँ
सनातनी परंपरा?
मत भूल
सदियों से ये तेरे
त्याग, निष्ठा, सहिष्णुता
को करती है दफन
उर्वरक की तरह
मिट्टी में
उगाने को
गुलामी की फसल
इसलिए, जाग
स्वयं को पहचान
जला दे बीज
गुलामी के
गर्भ में ही
और कर दे रोशन मशाल
अंबेडकरवादी संघर्ष की
और झपट ले अपना
मान-सम्मान-अधिकार

देने को विरासत में
अपने उत्तराधिकारियों को।

इतना समझ

हमने तुम्हारे घर बनाए
तुमने हमारे जलाए

हमने तुम्हारे लिए कुएँ खोदे
तुमने हमें वंचित किया पानी से

हमने तुम्हारे खेतों में फसल उगाई
तुमने छीनी हमारी ही रोटी

हमने बनाए तुम्हारे पैर के जूते
उन्हीं जूतों से तुमने हमें रौंदा

हमने साफ किया तुम्हारा मल-मूत्र भी
हमें विवश किया रहने को घूरे के पास

तुमने दी सदा उपेक्षा, अपमान और
पुकारा हमें राक्षस, चांडाल

बस इतना समझ—हमने ही जिया है यथार्थ में
इनसानियत, सहिष्णुता और सदाशयता को
और यदि यह अभिशाप रहा है हमारा
तो बहुत देर तक
और नहीं रह सकेंगे हम
सहिष्णु सदाशयी...

एन.आर. सागर की कविताएँ

अभिलाषा

हाँ-हाँ, मैं पुजारी बनना चाहता हूँ
देव-दर्शन के लिए नहीं,
पूजन-अर्चन के लिए नहीं,
केवल जानने के लिए
कि
देव-मूर्ति के सान्निध्य में रहकर
एक मानव कैसे बन जाता है

पाषाण-हृदय अमानव?
अपने भोग की सामग्री जोड़ने,
जन की श्रद्धा को अपनी ओर मोड़ने हेतु
वह धर्म का स्वाँग कैसे सजाता है?
सबल का दोहन करने
निर्बल का शोषण करने के लिए
कैसे-कैसे कुचक्र चलाता है?
कथित ईश्वरकृत ग्रंथों के
आधारहीन संदर्भों को
स्वरचित आख्यानों से
प्रामाणिक कैसे ठहराता है?
भोले-भाले सरल नागरिकों को
अनेकार्थक गूढ़ भाषा-प्रवचन से
मूर्ख कैसे बनाता है?

हाँ-हाँ, मैं चाहता हूँ पुजारी बनना
देवालय की चल-अचल संपत्ति पर
अधिकार के लिए
और
साथ ही एकछत्र स्वामी बनने
ईश्वर की प्रतीक देव-मूर्ति का
बदला चुकाने के लिए
नित्य प्रति अनादर करने के लिए
मुँह पर थूकने के लिए,
जूते लगाने के लिए
और सिर पर पेशाब करने के लिए
सामने उनके
जिन्होंने
धर्म का प्रतिनिधि,
समाज का ठेकेदार बनकर
रखा है मुझे दूर आज तक
मंदिर की दहलीज तक से
शून्य से उत्पन्न,
अपात्र ठहराकर।

एक प्रश्न

मैं बहुत हैरान हूँ,
परेशान हूँ यह देखकर कि

सदियों की दासता का पंक,
माथे पर लगा अधमता का कलंक,
अनवरत उत्पीड़न-शोषण,
अपमान का दंश, दरिद्रता, कुपोषण,
इतनी जल्दी भूल गए हो,
कथित प्रगति से इतना फूल गए हो
जो
उपेक्षित समाज को
एक सूत्र में न बाँधकर
जातियों-उपजातियों में बाँट रहे हो,
कहते हो अपने को अंबेडकरवादी
फिर भी जान-बूझकर
हिंदू धर्म की जूठन चाट रहे हो
संभवतः
नहीं! नहीं!
निश्चय ही, इसका कारण है—
सरकार,
दूसरे शब्दों में
हिंदू मानसिकता का
संवैधानिक आरक्षण को
अहसान या भीख के तौर पर प्रचारित करना
और इसी प्रचार के अनुसार
'अधिकारों' को सुविधाएँ घोषित करना
और इसी वजह से नहीं ला पाता
तुम्हारे मन-मस्तिष्क में ज्वार
जलते-सुलगते घरों से उठता धुआँ,
न्याय न मिलने की कसक,
अस्तित्व की रक्षा की ललक
अस्मिता के लिए शहीद
वीरों के परिजनों की आहें
बलात्कार की शिकार
माँ-बहन-बेटी की कराहें।

तुम्हारा
अस्मिता से क्या वास्ता?
चुन लिया है तुमने तो
अपने लिए अलग रास्ता,
बना लिया है एक पृथक् संभ्रांत वर्ग

क्योंकि तुम्हें प्रभुत्व चाहिए,
वर्चस्व चाहिए– उन पर,
जिनसे कर्ज लेकर
तुम पले-बढ़े हो
और इसीलिए नहीं देखा तुमने
अपने घर-गाँव की ओर मुड़कर,
बंधु-बांधवों के दुख-दर्द से जुड़कर।
जानते हो?
वे आज भी जी रहे हैं–
अभावों में,
कुंठाओं-तनावों में
दीनता-हीनता के अंक में,
बंदूकों के आतंक में
और सी रहे हैं
मन के उन घावों को
जो किसी और ने नहीं,
सिर्फ तुमने दिए हैं।

तुम्हारा दोहरा चरित्र
कितना विचित्र?
एक ओर कटे रहते हो
समाज के मूल से
और साथ ही दूसरी ओर
देकर यदा-कदा
तुच्छ आर्थिक अंशदान
उससे जुड़े रहने का
स्वाँग रचते रहते हो
वह भी इसलिए
कि जब तुम्हारे आका
तुम्हारे किसी आचरण-व्यवहार पर
गुस्सा खाकर
कमर पर लात जमाकर
तुम्हें कर दें अपने वृत्त से बाहर
तब तुम निराश्रित न होकर
वापस लौट सको अपने उस घर
जिसे
तुम स्वयं छोड़कर गए थे
और पा सको सहानुभूति और सुरक्षा

उस समाज की
जिसे
तुम जाहिल-गँवार कहते हो।

मेरे ये शब्द
किसी और को नहीं,
तुम्हें ही संबोधित हैं
और तुमसे ही पूछ रहा हूँ
मैं यह प्रश्न–
बताओ, ओ पढ़े-लिखे दलितो!
तुम्हें आज क्या हो गया है?
तुम्हारा संघर्ष का आह्वान,
क्रांति का तेवर
कहाँ खो गया है?

तब तुम्हें कैसा लगेगा?

यदि
तुम्हें ज्ञान के आलोक से दूर
अनपढ़-मूर्ख बनाकर रखा जाए,
धन-संपत्ति से कर दिया जाए वंचित,
छीन लिये जाएँ अस्त्र-शस्त्र
और विवश किया जाए
हीन-दीन,
अधिकार-विहीन जीवन जीने को
तब तुम्हें कैसा लगेगा?

यदि
तुम्हारे खेत-खलिहान,
मकान-दुकान लूट लिये जाएँ
या जलाकर कर दिए जाएँ खाक
और तुम्हें कर दिया जाए बाध्य
सपरिवार भूख से बिलखने को
तन जलाती धूप
तेज मूसलाधार बरसात
या पिंडली कँपकँपाती ठंड में
खुले आकाश में शरण लेने को
तब तुम्हें कैसा लगेगा?

यदि
तुम पर लाद दिया जाए
कर्तव्यों का भार,
निषेधों-प्रतिबंधों का अंबार
अवश हो जिनसे
करनी पड़े दासता-बेगार,
दिन-रात की हाड़-तोड़ मेहनत
और तब बदले में
खाने को दिया जाए बासी जूठन
या दो मुट्ठी सड़ा-गला अनाज,
तन ढकने को पुराने वसन-उतरन
ऊपर से डाँट-फटकार,
भद्दी-अश्लील गालियों की बौछार,
लात-घूँसों-डंडों की मार
तब तुम्हें कैसा लगेगा?

यदि
तुम्हारी बहनों-बेटियों को
सर्वथा निर्वस्त्र कर
घुमाया जाए,
गली-गली नचाया जाए,
कसे जाएँ गंदे फिकरे,
किया जाए बलात्कार
सड़कों-चौराहों पर
तुम्हारे सामने ही
तब तुम्हें कैसा लगेगा?

यदि
तुम्हारे षड्यंत्रों के अड्डे—
मंदिर-पूजागृह कर दिए जाएँ धूल-धूसरित,
देव-मूर्ति कर दी जाए विखंडित,
कुत्सित भावना के प्रतीक
तुम्हारे धर्म-ग्रंथ
जलाकर कर दिए जाएँ नष्ट
सदा-सर्वदा के लिए
तब तुम्हें कैसा लगेगा?

यदि
इतने से भी न भरे हमारा मन

और तब
हम कर दें तुम्हें मजबूर
रहने के लिए
गाँव-बस्ती से दूर
गंदगी के ढेर पर
कृमि-कीटों के समान
तब तुम्हें कैसा लगेगा?

एन. सिंह की कविताएँ

सतह से उठते हुए

सतह से उठते हुए मैंने जाना कि–
इस धरती पर किए जा रहे श्रम में
जितना हिस्सा मेरा है, उतना ही हिस्सा
इस धरती के, हवा, पानी और
इससे उत्पन्न होनेवाले, अन्न और धन में भी है।
अब मैं समझ गया हूँ, उस अंकगणित को
जिसके कारण, मेरे श्रम-कण
मिट्टी में मिलकर, दूसरों की झोली को
मोतियों से भर देते हैं और–
मेरी झोली में होती है, भूख, बेबसी और लाचारी
इसलिए अब मेरे हाथ की कुदाल
धरती पर कोई नींव खोदने से पहले कब्र खोदेगी
उस व्यवस्था की जिसके संविधान में लिखा है–
'तेरा अधिकार सिर्फ कर्म में है, श्रम में है,
फल पर तेरा अधिकार नहीं।'

अभी वक्त है

हमने तो अपने गीतों में, उस पीड़ा को गाया है!
जन-जीवन की साँस-साँस को, टूक-टूक जिसने खाया है!
समाजवाद के नारे भी हैं, राहत के दावे भी हैं,
फिर भी जाने साजिश कैसी? रमचन्ना का भूखा बेटा,
बिना फीस स्कूल नहीं जा पाया है!
दिन-भर खटता, गाली खाता, दो मुट्ठी अन्न के दानों को,
बेगारी में उम्र कट गई, कभी भर पेट नहीं खा पाया,
रोटी के टुकड़ों पर लिखी जिस व्यथा को,

अब तक यह देश नहीं पढ़ पाया है!
किसका पाप पेट में लेकर, भरे बाजारों घूम रही अपनी आजादी,
खड़े तमाशा देख रहे हैं, बड़े-बड़े नैतिकतावादी!
जाने क्या कैसी मजबूरी! कोई कुछ भी बोल नहीं पाया है।
आज नहीं तो कल जरूर, ये भूखी मानवता जागेगी,
अपनी सारी मेहनत का, तुमसे जरूर हिसाब माँगेगी।
इन लपटों को अभी सँभालो, लो अभी वक्त है,
वरना इस ज्वाला को कोई रोक नहीं पाया है।

मुझे देवता न बनाओ

जरा झाँकने की कोशिश तो करो, अतीत के झरोखे से, अपने वर्तमान में
तुम्हारी शिराओं में दौड़ता हुआ रक्त, खौलने लगेगा मेरी ही तरह।
धधक उठेगी ज्वाला, तुम्हारे मन और मस्तिष्क में, कि कैसे एक-एक अक्षर के लिए
मंदिर की दीवारों में बंद, पत्थर के स्पर्श नहीं, केवल दर्शन के लिए, शताब्दियाँ
तड़पी हैं।
हमारी पीढ़ियों ने घूँट-घूँट पिया है अपमान को, धर्म के नाम पर जिया है अधर्म को!
मेरे बाद फिर कभी ऐसा न हो इसलिए लड़ा हूँ मैं
बहुत ही कच्ची जमीन पर खड़े होकर तुम्हारे हितों के लिए
विरोध और अपमान के प्रहार से ली है
बुद्धि केवल बुद्धि के ही कवच पर।
सामाजिक सम्मान की इस पगडंडी के निर्माण में कितनी बार हुए हैं लहूलुहान
मेरे मन, हाथ और चेतना।
अपने उन्हीं लहूलुहान हाथों को तुम्हें सौंप आया था मैं
6 दिसंबर, 1956 को ताकि बना सको तुम
इस पगडंडी को राजमार्ग जिस पर चल सकें मेरी संतानें
बेखौफ होकर लेकिन आज मेरी संतानें वर्ष में एक बार पूजती हैं मुझे
देवता बनाकर और बाँट लेती हैं राजनीतिक लड्डुओं का प्रसाद आपस में ही।
मुझे इनसान ही रहने दो, देवता न बनाओ, मेरी पूजा न करो
मेरे छोड़े गए काम को पूरा करो।

ओमप्रकाश वाल्मीकि की कविताएँ

ठाकुर का कुआँ

चूल्हा मिट्टी का
मिट्टी तालाब की
तालाब ठाकुर का।

भूख रोटी की
रोटी बाजरे की
बाजरा खेत का
खेत ठाकुर का।

बैल ठाकुर का
हल ठाकुर का
हल की मूठ पर हथेली अपनी
फसल ठाकुर की।

कुआँ ठाकुर का
पानी ठाकुर का
खेत-खलिहान ठाकुर के
गली-मुहल्ले ठाकुर के
फिर अपना क्या?
गाँव?
शहर?
देश?

बस्स! बहुत हो चुका

जब भी देखता हूँ मैं
झाड़ू या गंदगी से भरी बाल्टी-कनस्तर
किसी हाथ में
मेरी रगों में
दहकने लगते हैं
यातनाओं के कई हजार वर्ष एक साथ
जो फैले हैं इस धरती पर
ठंडे रेत-कणों की तरह।

मेरी हथेलियाँ भीग-भीग जाती हैं
पसीने से
आँखों में उतर आता है
इतिहास का स्याहपन
अपनी आत्मघाती कुटिलताओं के साथ।

झाड़ू थामे हाथों की सरसराहट
साफ सुनाई पड़ती है भीड़ के बीच
बियाबान जंगल में सनसनाती हवा की तरह।

वे तमाम वर्ष
वृत्ताकार होकर घूमते हैं
करते हैं छलनी लगातार
उँगलियों और हथेलियों को
नस-नस में समा जाता है ठंडा-ताप।

गहरी पथरीली नदी में
असंख्य मूक पीड़ाएँ
कसमसा रही हैं
मुखर होने के लिए रोष से भरी हुई।

बस्स!
बहुत हो चुका
चुप रहना
निरर्थक पड़े पत्थर
अब काम आएँगे संतप्त जनों के!

सदियों का संताप

दोस्तो,
बिता दिए हमने हजारों वर्ष
इस इंतजार में
कि भयानक त्रासदी का युग
अधबनी इमारत के मलबे में
दबा दिया जाएगा किसी दिन
जहरीले पंजों समेत।
फिर हम सब
एक जगह खड़े होकर
हथेलियों पर उतार सकेंगे
एक-एक सूर्य
जो हमारी रक्त शिराओं में
हजारों परमाणु क्षमताओं की ऊर्जा
समाहित करके
धरती को अभिशाप से मुक्त कराएगा!

इसीलिए, हमने अपनी समूची घृणा को
पारदर्शी पत्तों में लपेटकर
ठूँठे वृक्ष की नंगी टहनियों पर
टाँग दिया है

ताकि आनेवाले समय में
ताजे लहू से महकती सड़कों पर
नंगे पाँव दौड़ते
सख्त चेहरों वाले साँवले बच्चे
देख सकें
कर सकें प्यार
दुश्मनों के बच्चों से
अतीत की गहनतम पीड़ा को भूलकर।

हमने अपनी उँगलियों के किनारों पर
दुःस्वप्न की आँच को
असंख्य बार सहा है
ताजा चुभी फाँस की तरह
और अपने ही घरों में
संकीर्ण पतली गलियों में
कुनमुनाती गंदगी से
टखनों तक सने पाँव में
सुना है
दहाड़ती आवाजों को
किसी चीख की मानिंद
जो हमारे हृदय से
मस्तिष्क तक का सफर तय करने में
थककर सो गई हैं।

दोस्तो,
इस चीख को जगाकर पूछो
कि अभी और कितने दिन
इसी तरह गुमसुम रहकर
सदियों का संताप सहना है!

कँवल भारती की कविताएँ

तब, तुम्हारी निष्ठा क्या होती?

यदि वेदों में लिखा होता
ब्राह्मण ब्रह्मा के पैर से हुए हैं पैदा।
उन्हें उपनयन का अधिकार नहीं।
तब, तुम्हारी निष्ठा क्या होती?

यदि धर्मसूत्रों में लिखा होता
तुम ब्राह्मणों, ठाकुरों और वैश्यों के लिए
विद्या, वेद-पाठ और यज्ञ निषिद्ध है।
यदि तुम सुन लो वेद का एक भी शब्द
तो कानों में डाल दिया जाए पिघला शीशा।
यदि वेद-विद्या पढ़ने की करो धृष्टता,
तो काट दी जाए तुम्हारी जिह्वा,
यदि यज्ञ करने का करो दुस्साहस,
तो छीन ली जाए तुम्हारी धन-संपत्ति,
या, कत्ल कर दिया जाए तुम्हें उसी स्थान पर।
तब, तुम्हारी निष्ठा क्या होती?

यदि स्मृतियों का यह विधान लागू हो जाता
तुम ब्राह्मणों, ठाकुरों और वैश्यों पर
कि तुम नीच हो,
श्मशान-भूमिवत् हो,
तुम्हारे आवास हों गाँवों के बाहर
तुम्हारे पेशे हों घृणित—
मरे जानवरों को उठाना,
मल-मूत्र साफ करना,
कपड़े धोना, बाल काटना,
हमारे खेतों-घरों में दास-कर्म करना।
तब, तुम्हारी निष्ठा क्या होती?

यदि यह विधान लागू हो जाता (तुम द्विजों पर)
कि तुम्हें धन-संपत्ति रखने का अधिकार नहीं।
तुम जिंदा रहो हमारी जूठन पर,
हमारे दिए हुए पुराने वस्त्रों पर,
तुम्हें अधिकार न हो पढ़ने-लिखने का,
तुम्हारे बच्चे सेवक बनें हमारे
पीढ़ी-दर-पीढ़ी
हम रहें तुम्हारे शासक।
तब, तुम्हारी निष्ठा क्या होती?

यदि यह विधान लागू हो जाता
कि तुम अस्पृश्य हो
तुम्हारी छाया भी अमंगल है,
हमारे शरीर, वायुमंडल और धरा के लिए।
इसलिए तुम्हें गले में लटकाकर हाँड़ी।

और कमर में बाँधकर झाड़ू
सड़कों पर चलने की राजाज्ञा हो,
तुम्हारा वर्जित हो मंदिरों में प्रवेश
सार्वजनिक कुओं, तालाबों से लेना पानी।
तब, तुम्हारी निष्ठा क्या होती?

यदि यह विधान लागू हो जाता कि
तुम्हारे जीवन का कोई मूल्य नहीं।
कोई भी कर सकता है तुम्हारा वध
ले सकता है, तुमसे बेगार
तुम्हारी स्त्री, बहन और पुत्री के साथ
कर सकता है बलात्कार
जला सकता है घर-बार।
तब, तुम्हारी निष्ठा क्या होती?

यदि रामायण में राम
तपस्वी धर्मनिष्ठ ब्राह्मणों का करते कत्लेआम
तुलसीदास मानस में लिखते
पूजिए सूद्र सील गुन हीना।
विप्र न गुन गन ग्यान प्रवीना।
तब, तुम्हारी निष्ठा क्या होती?

तुम क्या कहोगे?

जिसमें जन्म लेते ही
अभिशप्त हो जाते हैं अस्पृश्यता से
लागू हो जाती हैं निर्योग्यताएँ
दासता बन जाती है नियति
अपमान जिंदगी

उस धर्म को तुम क्या कहोगे?

जिसमें समर्थन हो कोटि मनुष्यों की नीचता का
आदेश हो उन्हें दास-कर्म करने का
निषेध हो पढ़ने और धन कमाने का
साफ कपड़े पहिनने, सभ्यता से रहने का

उन धर्मशास्त्रों को तुम क्या कहोगे?

जिन्होंने प्राणिमात्र के कल्याण के लिए नहीं
गौओं और विप्रों की रक्षार्थ लिया था जन्म

मनुष्यता को किया था विभाजित
न्याय को सीमित

उन देवताओं को तुम क्या कहोगे?

मुक्ति संग्राम जारी है

मैं उस अतीत को
अपने बहुत करीब पाता हूँ
जिसे जिया था तुमने अपने संघर्ष में
मैं उस अंधी निशा की भयानक पीड़ा का
जब भी अहसास करता हूँ
तुम्हारे विचारों में
मुखर होता है एक रचनात्मक विप्लव
जो समाता है
मेरे रोम-रोम में
बाबा तुम मरे नहीं हो
जीवित हो
हमारी चेतना में
हमारे संघर्ष में
जो मुक्ति संग्राम लड़ा था तुमने
वह जारी रहेगा उस समय तक
जब तक कि हमारे मुरझाए पौधों के
हिस्से का सूरज
उग नहीं जाता है।

पिंजड़े का द्वार खोल देना

शायद ऐसा हो कि तुम्हारे हृदय में
धधकी हो कोई ज्वाला
भस्म करने को वर्जनाएँ
कि तभी कोई बदली मर्यादा की
बरस गई होगी
और तुम्हारा अंतर्मन शीतल हो गया होगा।

शायद ऐसा हो
कि तुम्हारी अनुभूति अचानक हो गई हो मार्मिक
पढ़ या सुनकर कोई दलित हत्याकांड
पीड़ित मनुष्यता का पक्ष

तुम्हारी चेतना का बन गया हो केंद्र-बिंदु
कि तभी कोई टुकड़ा सुख
जगा गया होगा परंपरा बोध
और तुम्हारी शिराओं में रक्त थम गया होगा।

शायद ऐसा हो कि मंदिर की दीवारों के बीच
तुम्हारी आस्थाएँ विचलित हो गई हों
पैदा हुआ हो स्थापना का अस्वीकार
कि तभी अनास्था का कोई अज्ञात भय
समा गया होगा तुम्हारे अंतस में
और जन्मते ही मर गए होंगे विद्रोह के स्वर।

शायद ऐसा हो कि तुम्हारी अंतरात्मा ने
पिंजड़े में फड़फड़ाते पक्षी की वेदना को समझा हो
खोलना चाहा हो उसकी मुक्ति का द्वार
कि तभी किसी वृद्ध सदस्य ने कहा होगा,
यह पिंजड़ा खानदानी है
बरसो-बरस से हमारे सम्मान का प्रतीक है।
और तुम्हारी अंतरात्मा सलीब पर टँग गई होगी,
प्रतिष्ठा के प्रश्न पर।

इस शायद और तभी के बीच कोई भावना
बुलबुले की नियति जीती है।
प्रतिरोधों से अविचलित
आस्था से अपराजित
कोई व्यक्ति-चेतना
यदि जन्म ले तुम्हारे भीतर
तो तुम सिर्फ इतना करना
पिंजड़े का द्वार खोल देना।

कर्मशील भारती की कविताएँ

जाति से तौबा

वह
पैदा हुआ था जब
मनुष्य था।
कुछ भी नहीं था उसके पास

माथे पर 'अहंकार' का 'वैदिक तिलक'
न शरीर पर
किसी 'श्रेष्ठता का जनेऊ'
न सिर पर किसी 'साहेब ग्रंथी' की पगड़ी
न बर्बर आदिमकाल की 'पशुता का खतना'
न गले में लटका
किसी प्रकार की 'विवशता का क्रॉस'।
वह मनुष्य था
निरा कोरा मनुष्य।
वह नहीं जानता था
कोई धर्म/वर्ण/जाति/लिंग
भाषा और विभेद।
अब उसे सीखनी थी 'मानवता'।
सीखना था
मनुष्य होने का सार्थक अर्थ।
बचपन में उसे
घुट्टी में पिला-पिलाकर
द्वेषपूर्ण जातिवाद का विष
खोटे संस्कारों के द्वारा
मस्तिष्क में भर दिया गया
दूसरों के प्रति दुराव
'भौंडे कर्मकांडों' और अवैज्ञानिक
आडंबरों ने बना दिया
उसे मानसिक रूप से दीन-हीन
असामाजिक
बना दिया उसे
कट्टर जातिवादी
'पूर्ण अवैज्ञानिक'
मानवता का घोर विरोधी
बन गया वह समाज और राष्ट्रद्रोही
बन गया वह
अन्याय का पक्षधर
शोषण और अत्याचारियों के समक्ष
घुटने-टेकू संस्कृति का समर्थक
यानी जातिवादी 'हिंदुस्तानी'
धत्त, तेरी जाति की 'ऐसी की तैसी'
तौबा ऐसी जाति से तौबा
मनुष्य भी नहीं बनने दिया

जाति से तौबा।
जाति से तौबा।

मानवता नहीं है जिसमें

'मुझे'
मनुष्य मानने/कहने/समझने में
अब तक अवहेलना/संकोच करता रहा
'वह'
सदियाँ बीत गईं
मर-खप गईं
मेरी भी असंख्य पीढ़ियाँ
इस सवाल को
समझने/सुलझाने में।
मुझे
मनुष्य क्यों नहीं समझता/मानता
'वह'
क्यों नहीं मानवता का व्यवहार करता
'वह'
मेरे साथ।
मैं और मेरी पीढ़ियाँ
बार-बार सोचती/समझती रहीं
इस सवाल का उत्तर है शायद
उसके पास
मैं गलती पर था क्योंकि
स्वयं नहीं समझ पाया जो
'मानवता', मनुष्य होने का अर्थ
नहीं समझ पाया जो 'राष्ट्रीयता'
सच्चा राष्ट्रप्रेमी होने का अर्थ
समझ नहीं पाया जो 'सामाजिकता'
समाज में रहने का अर्थ
संवेदना होते हुए भी
बन गया 'संवेदनहीन'
निरा जातिवादी
बन गया आक्रामक/हिंसक
असामाजिक, मानव और 'राष्ट्र-विरोधी'
एक बीमार मानसिकता की सुरंग
मानवता आज भी नहीं है जिसमें

मैं कहता/समझाता/सलाह देता हूँ 'उसे'
मनुष्य बन
सीख मानवता
'बहुजन हिताय, बहुजन सुखाय'
का मंत्र।

कुंती की कविताएँ

अंधे खरीदार

क्यों देते हो मंदिर की
पवित्रता की दुहाई
जबकि नींव से लेकर
कलश तक की, निर्माण-गाथा में
तथाकथित, अस्पृश्य कहे जानेवाले
हाथों की है स्वेद-गाथा
ये कैसी विडंबना है?
जिस घट से कर रहे हो अभिषेक
उसी घट का निर्माता
खड़ा है मंदिर से बाहर
निर्माता भी चाहता
निर्मिति से मिलना
पर ये अंधे खरीदार कहाँ मानते हैं!

भागीरथ प्रयास

कई बार गिरा पसीना
घायल हुए हाथ
छलछला आया खून
माटी में मिल गया।
यकायक सर्र से निकली
पानी की धार
खूब पिया जी भर के
नहाया भी खूब रामू का परिवार
सर से लगाया जल
जै बोली गंगा माई की
आखिरी बार क्यूँकि

तथाकथित सवर्णों द्वारा पूजे जाते ही
कुएँ के जल से
वंचित हो जाएगा
हर वो दलित
निकालने को इस जल को
जिसने भी किया था
भागीरथ प्रयास।

बदलना पड़ेगा

माँ,
तुम क्यों जाती हो कमाने
रोटी माँगने/क्या नहीं
पका सकती रोटी घर में
मेरे दोस्त कहते हैं।
तुम घर-घर जाती हो/माँगने खाना
अवाक्, माँ निरुत्तर
फिर सोचा–
जब बदल रही हूँ/बच्चों का जीवन
तो बदलना पड़ेगा खुद को
नहीं जाऊँगी/कभी नहीं जाऊँगी
कुछ नहीं तो/ढो सकती हूँ ईंटें
तोड़ सकती हूँ पत्थर।

कुसुम वियोगी की कविताएँ

तुम्हारे महलों को

नथिया ने,
नागफनी से कँटीले
95वें बसंत देखे हैं
अपनी फूस की मड़ैया में
खूब समझने लगी है
तुम्हारी शतरंज की शातिर चालें
अब उसकी हँड़िया में
साग नहीं खदकता
खिचड़ी खदकती है
विप्लव की।

अब
जब भी उसकी फूस की मड़ैया जलेगी
आग की लपटें
धुएँगी तुम्हारे महलों को
गाय रँभाएगी
सोन-चिरैया भुनेंगी—
चटर-पटर चबेना-सी
बंब-बारूद की फसलें उगेंगी—
तुम्हारे खेत-खलिहानों में!

पिंजरे

मैं तुम्हारी
व्यवस्था के पिंजरे में
सदियों से कैद—
उकता गया हूँ
चातुर्वर्ण्य के कैदखाने में
तुम्हारे लिए घोषित
पूर्ण स्वतंत्रता
एक खाने से चौथे खाने तक
करने को विचरण
और
मेरे ऊपर लाद दिए
अनेकों प्रतिबंध
तुम्हारी अड़ियल मनुवादी व्यवस्था ने
ये तुम्हारी—
व्यवस्था के पिंजरे
तुम्हें ही मुबारक
अब तो मैं
बुनकर ही रहूँगा—
सामाजिक पुनः संरचना की चादर
समता के धागों से!

अनुभूतियों के बिंब

जिंदा हैं!
अभी भी
दलितों में

इनसानियत की
संवेदनाएँ।
वरना
हाथों में बंब
हवाओं में
बारूद की
गंध होती।

कौशल पँवार की कविताएँ

भंगी महिला

भंगी महिला सहती है
मैला ढोने का दंश
उठाती है मल से भरी टोकरी
घुटने से होती हुई
छाती के बल से
सिर तक पहुँचाती है
भंगी महिला।
भंगी महिला के ऊपर
गिरता है
टप-टप-टप-टप मल-मूत्र
कभी पल्लू से पोंछती
कभी पल्लू को खसकाती
कहीं ढल न जाए
कहीं अँट न जाए
इज्जत सरे-बाजार
भंगी महिला
कुरड़ी पर पहुँचकर
थोड़ी देर पहुँचकर
थोड़ी देर रुकती है
ठहरती है उसकी नजर
सोचती है भंगी महिला
मैं, मल-मूत्र से भी गई-गुजरी
अरे! मल-मूत्र तो धन्य है
जो कम-से-कम सिर पर तो है
और भंगी महिला

उठाती है मल-मूत्र से भरा बोझा
और चल पड़ती है
तिलांजलि देने
उस सभ्य कहे जानेवाले समाज को
धिक्कारती है
हुंकारती है इस व्यवस्था पर
सदियों की यातना का
हिसाब माँगती है
फेंक देना चाहती है
मल-मूत्र से भरा बोझा
सभ्य (?) समाज के ऊपर
छीन लेना चाहती है
अपने हिस्से का खुला आसमान
ऐ! व्यवस्था के ठेकेदारो,
अब सँभल जाओ
देखो, देखो! वे आ रही हैं
भंगी महिलाएँ
हाथ में झाड़ू की जगह
कलम उठाए भंगी महिलाएँ।

एकलव्य

एकलव्य!
अकेले नहीं हो तुम,
तुम्हारा तरकश भी नहीं,
तुम्हारे तीरों की नोक ने
बिद्ध कर रख दिया है
थोपी गई संस्कृति को
सभ्य (?) कहलाने वाले
उस समाज को,
बदल गया है इतिहास
लौटा लाए अपनी संस्कृति को।

झूठ, फरेब, पाखंड
नहीं है हिस्सा तुम्हारे पूर्वजों का
गवाह हैं इसके पेड़-पौधे
डाल-डाल पत्ते-पत्ते
जिसे बिद्ध दिया था तुमने

अपनी प्रतिभा से
चीख-चीखकर आज
मुहर लगा रहे हैं
तेरी कुर्बानियों पर
मेरिट की शुरुआत भी
शुरू हुई थी न!
तुम्हारे विरुद्ध
सदियाँ देंगी गवाही
अपना इतिहास बनाकर
देना होगा हिसाब
हर अन्याय, जुल्म का।

एकलव्य!
देख रहे हो तुम
उग आए हैं
सैकड़ों, करोड़ों हाथ
विद्रोह के स्वर को
मुखर करने के लिए।

जयप्रकाश कर्दम की कविताएँ

मैं हरिजन नहीं हूँ

परमपिता है यदि हरि (ईश्वर)
और सब उसकी संतान हैं
तो क्यों नहीं हैं सब हरिजन?
क्यों कहा जाता है
'हरिजन मुझे ही'?
मैंने ईश्वर को नहीं देखा
न उसे जानता हूँ, न मानता हूँ
मैं जानता हूँ अपने पिता को
और
अपनी माँ को
पैदा किया था जिसने मुझे– अपनी कोख से
अपने माँ-बाप का जना
मैं उनकी संतान हूँ; ईश्वर मेरा पिता नहीं
मैं हरिजन नहीं हूँ।

वर्णवाद का पहाड़ा

मास्टर जी!
हम शुक्रगुजार हैं कि तुमने
हमें पढ़ाया
जाहिल से आदमी बनाया
एक पूरी उम्र तुमने
हमको पढ़ाने में लगाई
एक नहीं, दो नहीं
हमारे गाँव की तीन पीढ़ियाँ
तुमने पढ़ाईं
पढ़ाई-लिखाई के अलावा
दुनियादारी की बहुत-सी बातें भी
तुमने सिखाईं
मास्टर जी! तुम नहीं जानते
तुम्हारे लिए हमारे मन में
कितनी श्रद्धा थी, कितना सम्मान था
तुम हमारे लिए कितने 'बड़े' थे
तुम्हारी सेवा को
हम अपना धर्म समझते
'मास्टर जी का काम
कौन पहले करेगा'
इस बात पर/हम आपस में झगड़ते
हम खुशी-खुशी
तुम्हारा हुक्का माँजते
तुम्हें चिलम भरकर देते
तुम्हारे लोटे में
पानी भरने को भी
हम लालायित रहते
किंतु तुमने पानी पीने के
अपने पीतल के लोटे को
हमारा हाथ कभी नहीं लगने दिया
लोटे में पानी सदैव
सवर्ण छात्रों से ही भरवाया
मास्टर जी!
हम शुक्रगुजार हैं कि तुमने
हमें पढ़ाया,
प्रगति का रास्ता दिखाया
लेकिन समता के मार्ग पर तुम

खुद नहीं चल पाए
हमने रखा तुम्हें
वर्ण और जाति से ऊपर
पर नहीं उठ पाए तुम अपनी
जातीय अहंमन्यता की संकीर्णता से
तुमने सुनाईं हमें/प्रेम की कहानियाँ
सिखाया भाई-चारे का सबक
जगाए तुमने/राष्ट्रीयता के भाव भी
हमारे भीतर
लेकिन, नहीं चूक पाए तुम
पढ़ाने से–
वर्णवाद का पहाड़ा।

गूँगा नहीं था मैं

गूँगा नहीं था मैं
कि बोल नहीं सकता था
जब मेरे स्कूल के
मुझसे कई क्लास छोटे
बेढंगे से एक जाट के लड़के ने
मुझसे कहा था–
'अरै ओ मोरिया!
ज्यादै बिगड़ै मत,
कमीज कू पैंट में दबा कै
मत चल।'
और मैंने चुपचाप अपनी कमीज
पैंट से बाहर निकाल ली थी।
गूँगा नहीं था मैं
न अक्षम, अपाहिज या जड़ था
कि प्रतिवाद नहीं कर सकता था
उस लड़के के इस
अपमानजनक व्यवहार का
लेकिन,
अगर मैं बोल जाता
जातीय अहं का सिंहासन डोल जाता
सवर्ण छात्रों में
जंगल की आग की तरह
यह बात फैल जाती कि

'ढेढ़ों का दिमाग चढ़ गया है,
मिसलगढ़ी का एक चमार का लड़का
काजीपुरा के
एक जाट के छोरे से
अड़ गया है।'
आपसी मतभेदों को भुलाकर
तुरत-फुरत, स्कूल के
सारे सवर्ण छात्र
गोलबंद हो जाते, और
खेल-अध्यापक से हॉकियाँ ले-लेकर
दलित छात्रों पर हमला बोल देते
इस हमले में
कई दलित छात्रों के हाथ-पैर टूटते,
कइयों के सिर फूट जाते
और फिर,
स्कूल-परिसर के अंदर
झगड़ा करने के जुर्म में
हम ही स्कूल से
'रस्टीकेट' कर दिए जाते।

जयप्रकाश लीलवान की कविताएँ

बारूद का गोदाम

वे हमें बारूद के गोदाम
समझते हैं तो जरूर समझें
मगर इतना भी समझें
कि हमारे गोदाम का बारूद
'वर्णधर्म' के पक्ष में खड़े
उस हिजड़े के लिए है
जिसकी सत्ता के मूढ़े के पीछे लिखा है–
'सत्यमेव जयते' जो
सामने पड़ी मेज पर
सोमवार से इतवार के बीच
आने-जानेवाली हर तारीख को
घूस के पैसे गिनने के बाद
गद्‌गद हो उठता है।

इतना ही समझो।
हमारे गोदामों का बारूद
उनकी पीठ जला देने के लिए है
जो 'मनु धर्म' के रुतबों की बदौलत
इस देश की देह व आत्मा पर
आगे और पीछे से 'चढ़ने' के बाद
'चरने-जैसी' क्रियाओं को छोड़कर
बाकी कुछ करने से
सदैव इनकार करते आए हैं।

जनपथ

वर्णाश्रम की जाँघ चाटनेवाले
सतयुगी शासक अब
राजपथ के इर्द-गिर्द बनी
माँदों में घुस चुके हैं।

पक रही हैं यहाँ
मृत इतिहास की जहरभरी
चाशनियाँ, उठाते हैं वे
जिंदगी का हर लुत्फ
और समता भरे भारत के लिए
की गई हर लड़ाई को
कहते हैं जो व्यभिचार।

देवताओं और देशभक्ति के
अर्घ्यों में, कारखाने बेचकर
पैदा की गई बेरोजगारी के
यज्ञ को कहते हैं जो 'नई क्रांति'
नाशपीटों की यह धोखेबाज सेना
इतना भी नहीं जानती
कि मेरिडियन होटलों की बगल से
गुजरनेवाली कोई भी सड़क
'जनपथ' नहीं हो सकती
जनपथ तो उन्हें बनाना है
जिनके हाथों में '50-साला'
आजादी के बाद भी
तख्तियाँ दिया जाना शेष है।

दयानंद 'बटोही' की कविताएँ

द्रोणाचार्य सुनें : उनकी परंपराएँ सुनें

सुनो! द्रोण सुनो!
एकलव्य के दर्द में सनसनाते हुए घाव को
महसूसता हूँ
एकबारगी दर्द हरियाया है
स्नेह नहीं, गुरु ही याद आया है
जिसे मैंने हृदय में स्थान दिया
हाय! अलगनी पर टँगे हैं मेरे तरकश और बाण
तुम्हीं बताओ कितना किया मैंने तुम्हारा सम्मान!
लेकिन! एक बात दुनिया को बताऊँगा
तुम्हीं ने छल कर
दान में माँगा अँगूठा
यह विघ्न नहीं लाऊँगा
सच कहता हूँ
मेरी भुजाएँ फड़कती रहती हैं
जब किसी शूर-सूरमा को देखता हूँ,
मैं अछूत नहीं हूँ
नहीं हूँ
नहीं हो सकता जानता हूँ
तुम्हीं ने बताया था गुर
'कोई नहीं अछूत होता है जन्म से
यहीं हम बनाते हैं
अंधे स्वार्थ में लीन हो
मैं भी यह मानता हूँ तुम अछूत नहीं हो।
लेकिन स्वार्थ के वशीभूत हो कहता हूँ अछूत हो।'
मेरी रग-रग तुम्हारी गुरु-भक्ति की टकराहट से
गद्‌गद है
मौन हो मैं तुम्हारी गुरु-भक्ति को मानता हूँ
तुमने घाव दिए, दर्द दिया
फिर भी मैंने शाप नहीं, वरदान माना
हे गुरु!
तुम्हारी परंपराएँ अब बहुत दिन तक नहीं चलेंगी
क्योंकि अब एकलव्य कोई नहीं बनेगा
मैं आगाह कर दिया करता हूँ

बनना ही है तो द्रोणाचार्य जैसे गुरु का शिष्य
कोई क्यों बने?

बनना ही है तो डॉ. अंबेडकर के शिष्य बनो
बाईस घंटे उन जैसा पढ़ो
गढ़ो संविधान और कानून
धरती काँपती है।
काँपती है पूरी शक्ति
जिसके पास छद्म रूप में है,
सच कहता हूँ
शिष्य बना मैं
स्वार्थ में लीन हो कदापि नहीं
मैं सच को सच मान पूजता था
अपने भीतर द्वंद्व से जूझता था
अब तुम भी जूझते हो
अभी भी पूरी व्यवस्था द्रोणाचार्य जैसी है,
द्रोण की परंपरा के पृष्ठपोषक सुनो
अब और जाल मत बुनो!

जाल को रहने दो
अँधेरे की गहन गुफा को घाव सहने दो
जाओ द्रोण जाओ, दर्द को हरियाने दो
एकलव्य मैं पहले था, आज भी हूँ
अब जान गया हूँ
अँगूठा दान क्यों माँगते हो?
अभी भी प्रैक्टिकल में पास-फेल की नीति है
द्रोण! यही तुम्हारी परंपरा की दुर्नीति है,
परंपराएँ अच्छी होती हैं या बुरी
मुझे कुछ नहीं कहना
मैं सिर्फ
द्रोण तुम्हारे रास्ते पर चले गुरु से कहता हूँ
अब दान में अँगूठा माँगने का साहस कोई नहीं करता
प्रैक्टिकल में फेल करता है
प्रथम अगर आता हूँ तो, छठा या सातवाँ स्थान देता है
जाति-गंध टाइटिल में खोजता है,
वह आत्मा और मन को बेमेल करता है।

परंपराओं को निभाने में
अब कोई विश्वास नहीं करता

जो नई राह पर चलता है, चलने दो
द्रोण अपनी काया को मत कलपाओ
मैं एकलव्य अब भी वही गुरु-भक्त हूँ
जो पहले था
आज भी हूँ।

एक पत्र तुम्हारे नाम

भूखों के पेट भरनेवाले गांधी
लोगों को वस्त्र देनेवाले गांधी
और राष्ट्रपिता महात्मा गांधी मार्ग पर
आज सुबह-सुबह
दो कंगालों को 'ईश्वर अल्ला तेरे नाम' कहकर
आँखें बंद करते देखा है मैंने
बापू की प्यारी संतानें
सड़क की नाली में पड़ी
एक तरफ नाली से
दूसरी ओर हाथ से
अपने अंगों को ढकने का असफल प्रयास
नम्रता पर लोग हँसेंगे
विवश हो आँखें बंद कर लीं!
बापू का काता हुआ सूत
उनके बड़े लड़कों ने हथिया लिया
उनको निकम्मा कहकर
अयोग्य सिद्ध कर दिया
अब वे अपना बोझ नहीं ढो सकते
हाथ-पाँव तोड़कर बैठ गए
पेट पीठ से सट गया
हड्डियाँ धँस रही हैं
तुम्हारे नाम पर बड़े लड़कों ने
बहुत से अनाथालय, वाचनालय,
आश्रम बनवाए हैं।
वहाँ धर्म के बड़े-बड़े ठेकेदार
तुम्हारे नाम का प्रचार करते हैं
और तुम्हारी संतानों को
घर से मारकर निकाल देते हैं।
माघ-पूस की सर्दियाँ
सावन-भादों की अँधेरी रातों में

तुम्हारे बच्चे कीड़ों की तरह
ठिठुरकर मर जाते हैं
या किसी विषधर दंश से तड़पकर मर जाते हैं
तुम्हारे नाम पर बड़े-बड़े भाषण दिए जाते हैं,
मेहतर की बिटिया को राष्ट्रपति बनाया जाता है
उस प्यारी बिटिया की कमर टूट गई है
तुम्हारे बड़े बड़ों का गंदा ढोते-ढोते
उसमें जवानी-बुढ़ापा
एक साथ आई और चली गई
उसकी छोटी बिटिया
जिसके कंधे पर तुम हाथ रखकर चलते थे
उसकी भी कमर टूट जाएगी
क्योंकि तुम्हारे बेटों की लंबी लाइन है।

सच

आई गाड़ी मैला ढोनेवाली
दहाड़ती-चिंघाड़ती
धीरे-धीरे ठहरी
शौच स्थान के पास,
उतरे कई लोग
काले सिर्फ काले ही
टीन के बर्तन रखे थे ढके हुए
हरेक ढक्कन खोल देखते गए,
किसी ने नहीं उठाया उसे
एक ने उठाया,
नाक सिकोड़ते हुए थूका
और नकारकर कहा,
नहीं ढोऊँगा मैं

याद आए उसे तब
घर-परिवार के लोग और
'ओऽ ओऽऽ' कर उठाने लगा वह
उठा नहीं उससे
शायद वजनदार था
तब तक सफाई इंस्पेक्टर आया
डाँटकर कहा–
पान की पीक थूकते हुए

'चल बे हरामी के बच्चे
तू नहीं उठाएगा
फिर...कौन?'
तब मुझे लगा मैं भी उठा सकता हूँ
हर आदमी उठा सकता है
यह इंस्पेक्टर भी उठा सकता है
गंदगी...?

नवेंदु महर्षि की कविताएँ

शूद्रों के जो हाथ

शूद्रों के जो हाथ
चट्टान तोड़ते हैं

क्या वे
दमनकर्ता का
सिर नहीं तोड़ सकते

जो हाथ
लोहा पीटते हैं

जो हाथ
जानवर के शरीर से
खाल उतारते हैं

क्या वे दमनकर्ता के
शरीर की खाल
नहीं उतार सकते

जो हाथ
मिट्टी कूट सकते हैं
क्या वे दमनकर्ता की
हड्डियाँ नहीं कूट सकते

जो हाथ
लकड़ी चीर सकते हैं

क्या वे दमनकर्ता का
गला नहीं चीर सकते

जो हाथ
खदान से कोयला खींचते हैं
क्या वे दमनकर्ता के
हलक से जीभ
नहीं खींच सकते

जरूर खींच सकते हैं
दलितों के हाथ में
शक्ति होती है

मगर वे किसी को
पीड़ा पहुँचाना नहीं चाहते

लेकिन खुद पर होते
जुल्म के खिलाफ तो
उठ ही सकते हैं

ब्रह्मा के मुख से

वर्ण-व्यवस्था की तुमने
बिलकुल सही व्याख्या दी है

कि ब्राह्मण ब्रह्मा के
मुख से पैदा हुए हैं

उन्हें इसीलिए
भोजन भाता है

क्षत्रिय हाथों से
उन्हें इसीलिए
लूटना भाता है

वैश्य पेट से
उन्हें इसीलिए
संग्रह सुहाता है

और शूद्र पैरों से
उन्हें इसीलिए
उपार्जन आता है।

शूद्र आदमी

तीन आदमियों के आगे
भोजन की थाली है
चौथे के आगे
थाली खाली है

तीन आदमियों के बदन पर
रेशमी परिधान है
चौथे का बदन
उघड़ा है

तीन आदमियों के बिस्तर
बँगलों के भीतर
गद्दों पर हैं

चौथे आदमी का बिस्तर
बँगले के बाहर
फुटपाथ पर है

तीन आदमी देश के
प्रथम दर्जे के
नागरिक हैं

चौथा आदमी देश का
दोयम दर्जे का
नागरिक है

यह चौथा आदमी
इन तीनों की
आँख की किरकिरी है

मेरे देश की आजादी
सिरफिरी है।

पुरुषोत्तम सत्यप्रेमी की कविताएँ

जीवन का चेहरा

बहुत-सी चीजें
मसलन स्वाभिमान और अस्मिता कोई चीज है
मैं कभी नहीं जान पाता
अगर पैदा नहीं हुआ होता
दलित-वंचित जाति-पाँति में
मुझे लगता है
तमाम जी-हुजूर शोर के बीच
खामोशी का सन्नाटा ओढ़नेवालों में
नहीं कहनेवाले
दलित बुद्धिजीवी – कलम के सिपाही
अब उठ खड़े हुए हैं
कलम को कुदाल बनाकर
जिसके कारण
किरच-किरच बिखरे टुकड़ों के दर्पण में
पहचानना आसान है
अब मनुवादी साहित्य के जीवन का चेहरा।

जीवन-लक्ष्य

पहाड़ ने
पास तक पसरे मैदान से कहा–
क्यों चाहते हो तुम
मेरी ऊँचाई-ढिठाई को मिटाना
तुम्हारा अस्तित्व मिट जाएगा
नहीं मिलेगा तुम्हें खाने को एक दाना
जो तुम खून-पसीना बहाते रहे हो
अब तक संतोष एवं भाग्य-लेखा का जाप कर जीवन में
करते रहे हो सदियों से अहर्निश संघर्ष
दिन-रात झेलते रहे हो आग
दो जून की रोटी जुटाने को चैन नहीं मिलता तुम्हें
जैसे हो, वैसे ही रहो, अपना पथ गहो।
मैदान ने कहा–
सामाजिक न्याय का सपना साकार होगा
तुम्हारे गरूर को चूर-चूर कर

शिक्षा, संगठन और संघर्ष की आग में
एक दिन अवश्य तुम्हारा परान्नजीवी अस्तित्व
राख हो जाएगा
अगड़े-पिछड़े और शोषक-शोषित का भेद मिट जाएगा
श्रमरत हूँ मैं रात-दिन
नहीं चाहिए मुझे तनिक भी विश्राम
करूँगा अथक संघर्ष
तुम्हारी छाती पर मूँग दलूँगा
और तुम्हारे दर्प के दर्पण को किरचे-किरचे कर
समता, बंधुता और स्वतंत्रता का पाठ पढ़ाऊँगा
यही तो है मेरा जीवन-लक्ष्य।

मलखान सिंह की कविताएँ

मुझे गुस्सा आता है

मेरी माँ मैला कमाती थी
बाप बेगार करता था
और मैं मेहनताने में मिली जूठन को
इकट्ठा करता था, खाता था

आज बदलाव इतना आया है कि
जोरू मैला कमाने गई है
बेटा स्कूल गया है और–
मैं कविता लिख रहा हूँ

इस तथ्य को बचपन में ही
जान लिया था मैंने कि–
पढ़ने-लिखने से कुजात
सुजात नहीं हो जाता
कि पेट और पूँछ में
एक गहरा संबंध है
कि पेट के लिए रोटी जरूरी है
और रोटी के लिए पूँछ हिलाना
उतना ही जरूरी है
इसीलिए जब किसी बात पर बेटे को
पूँछ तान गुर्राते देखता हूँ
मुझे गुस्सा आता है
साथ ही साथ डर भी लगता है

क्योंकि गुर्राने का सीधा सपाट अर्थ
बगावत है
और बगावत
महाजन की रखैल नहीं
जिसे जी चाहा नाम दे दो, रंग दे दो
और न ही है हथेली का पूआ
जिसे मुँह खोलो—गप्प से खा लो

आज
आजादी की आधी सदी के बाद भी
हम गुलाम हैं पैदायशी गुलाम
जिनका धर्म
बेअदबी पर कँटीले डंडे की चोट
चाकरी करना है
थूथड़ पर खाना है या
भूखे मरना है
मेरी खुद की थूथड़ पर
अनगिनत चोटों के निशान हैं
जिन्हें अपने बेटे के चेहरे पर
नहीं देखना चाहता मैं
बस इसीलिए उसकी गुर्राहट पर
मुझे गुस्सा आता है
साथ ही साथ डर भी लगता है

मरते समय बाप ने
डबडबाई आँखों से कहा था कि बेटे
इज्जत, ईमान और बुनियादी हकूक
सबके सब आदमी के आभूषण हैं
हम जैसे गुलामों के नहीं
मेरी बात मानो—
अपने वंश के हित में
आदमी बनने का ख्वाब छोड़ दो
और चुप रहो

तब से लेकर आज तक
मैं चुप हूँ
सुलगते बुत की तरह चुप
लेकिन जब किसी कुठौर चोट पर
बेटे को फफकते देखता हूँ तो

सूखे घाव दुसियाने लगते हैं
बूढ़ा खून हरकत में आ जाता है
और मन किसी बिगड़ैल भैंसे-सा
जुआ तोड़ने को फुँकार उठता है।

हमारे गाँव में

हमारे गाँव में भी
कुछ हरि होते हैं
कुछ जन होते हैं
जो हरि होते हैं
वह जन के साथ
न उठते हैं
न बैठते हैं
न खाते हैं
न पीते हैं
यहाँ तक कि जन की
परछाईं तक से परहेज करते हैं

यदि कोई प्यासा जन
भूल या मजबूरी बस
हरि कुएँ की जगत पर
पाँव भी रख दे
तो कुएँ का पानी
मूत में बदल जाता है।

हमारे गाँव में
जो जन होते हैं
वह जूता बनाते हैं
कपड़ा बुनते हैं
मैला उठाते हैं
जो हरि होते हैं
जूता पहनते हैं
कपड़ा पहनते हैं
शास्त्र बाँचते हैं
दुर्गंध पोंकते हैं।

इसके अलावा हरि हवेली की
लिपाई-पुताई,

गली-कूचे की सफाई
चौका-बरतन
बालों की कटाई
कपड़ों की धुलाई
जन ही करते हैं।
और कुछ, उसके मीलों पसरे खेतों की
जुताई, बुवाई, गहाई कर
हरि खत्ती को
धन-धान्य से भरते हैं।
खुद नंगे पाँव
नंगे बदन
कच्ची दीवार टँगी
फूसिया छतों में
पत्थर पेट बाँध सोते हैं।

हमारे गाँव में नम्रता
जन की खास पहचान है
और उद्दंडता हरि का बाँकपन
तभी तो वह—बोहरे का लौंडा
जो ढंग से नाड़ा भी नहीं खोल पाता
को दूर से ही आता देख
मेरा बाबा
'कुँवरजू पाँव लागूँ' कहता है
और वह अशिष्ट
अपना हर सवाल
तू से शुरू करता है
तू पर ही खत्म करता है।

इसका मतलब
यह हरगिज नहीं कि—
जन को गुस्सा नहीं आता है।
आता है बहुत-बहुत आता है
लेकिन अफसोस! यह गुस्सा
साँपिन बन अपनों को ही खाता है।
जब हरि की साजिश से
दूसरी पाँति का जन, ताल ठोंक
मैदान में उतर आता है।

लेकिन भैया!
पेट की मार

सयानी उँगलियों की बँटवार—
को जन क्या?
दुधमुँहा जानवर भी भाँप जाता है।
ऊपर से दादा की
झुकी कमर ने बताया कि—
बेगार चाहे चिलम थमाकर ली जाए
या लाठी दिखाकर
दोनों में बुनियादी फर्क नहीं है।

आपने जो—
ओझाई की बात कही है
सो हमारे गाँव पर भी
सौ फीसदी रही है।
यह ससुरी ओझाई ही तो है
जिसके कारन जन आज भी
उस खूँटे से बँधा है
जिसका एक पाँव
शैतान की आँत में
दूसरा पाँव—
धरती की काँख में धँसा है।

वह खूँटा वनराज है
हमारे गाँव के खेत
खलिहान और हाट में
बस उसी की सत्ता चलती है
देश का सर्वोच्च पंचायत-घर
उसी की तर्जनी पर टँगा है।
और गाँव के दगड़े में
कछुआ-सी रेंगती
बोझा-गाड़ी की धुरी में
वह खूँटा ही धँसा है
जिसे जन खींचता है
लथपथ पसीने में
माथा ठोक रोज-रोज
भैंसे-सा हाँफता है।

वह अव्वल दर्जे का
बहुरुपिया है
अपने दुर्ग को बचाने हेतु
कहीं रामनामी ओढ़

कीर्तन गाता है
कहीं गिरजा की सीढ़ी से
रास्ता मोक्ष का दिखाता है
कहीं गुरु तख्त से
'सत श्री अकाल' का नारा लगाता है
कहीं मस्जिद में सूअर
मंदिर में गौकशी करा
जन-जन के हाथों में
गँड़ासे थमाता है
कहीं जन कल्यान का
खूबसूरत अँगरखा पहन
झोंपड़पट्टी के अँधेरों में
सपने उगाता है।

हरामखोर!
विश्व को कपोत-घर
बनाने की बात करता है
खुद बंजी
हथियारों की करता है
और आजादी तक जानेवाले
हर रास्ते पर
बबूल वन बोता है।

सुनो ब्राह्मण

(1)
हमारी दासता का सफर
तुम्हारे जन्म से शुरू होता है
और इसका अंत भी,
तुम्हारे अंत के साथ होगा।

(2)
सुनो ब्राह्मण
हमारे पसीने से
बू आती है तुम्हें।

फिर ऐसा करो
एक दिन
अपनी जनानी को

हमारी जनानी के साथ
मैला कमाने भेजो।

तुम! मेरे साथ आओ
चमड़ा पकाएँगे
दोनों मिल-बैठकर।

मेरे बेटे के साथ
अपने बेटे को भेजो
दिहाड़ी की खोज में।

और अपनी बिटिया को
हमारी बिटिया के साथ
भेजो कटाई करने
मुखिया के खेत में।

शाम को थककर
पसर जाओ धरती पर
सूँघो खुद को
बेटे को
बेटी को
तभी जान पाओगे तुम
जीवन की गंध को,
बलवती होती है जो
देह की गंध से।

(3)
हम जानते हैं
हमारा सब कुछ
भौंडा लगता है तुम्हें।

हमारी बगल में खड़ा होने पर
कद घटा है तुम्हारा
और बराबर खड़ा देख
भवें तन जाती हैं।

सुनो भूदेव
तुम्हारा कद
उसी दिन घट गया था
जिस दिन कि तुमने

न्याय के नाम पर
जीवन को चौखटों में कस
कसाईबाड़ा बना दिया था।
और खुद को शीर्ष पर
स्थापित करने हेतु
ताले ठुकवा दिए थे
चौमंजिला जीने से।
वहीं बीच आँगन में
स्वर्ग के – नरक के
ऊँच के – नीच के
छूत के – अछूत के
भूत के – भभूत के
मंत्र के – तंत्र के
बेपेंदी के – ब्रह्म के
कुतिया, आत्मा, प्रारब्ध
और गुण-धर्म के
सियासी प्रपंच गढ़
रेवड़ बना दिया था
पूरे के पूरे देश को।

तुम अक्सर कहते हो कि
आत्मा कुआँ है
जुड़ी है जो मूल-सी
फिर निश्चय ही हमारी घृणा
चुभती होगी तुम्हें
पके हुए शूल-सी।
यदि नहीं–
तो सुनो वशिष्ठ!
द्रोणाचार्य तुम भी सुनो!
हम तुमसे घृणा करते हैं
तुम्हारे अतीत
तुम्हारी आस्थाओं पर थूकते हैं।

मत भूलो कि अब
मेहनतकश कंधे
तुम्हारा बोझ ढोने को
तैयार नहीं हैं
बिलकुल तैयार नहीं हैं।

देखो!
बंद किले से बाहर
झाँककर तो देखो
बर्फ पिघल रही है।
बछेड़े मार रहे हैं फुर्री
बैल धूप चबा रहे हैं
और एकलव्य
पुराने जंग लगे तीरों को
आग में तपा रहा है।

छत की तलाश

इस अपरिचित बस्ती में
घूमते हुए मेरे पाँव थक गए हैं
अफसोस! एक भी छत
सर ढकने को तैयार नहीं।

हिंदू दरवाजा खुलते ही
कौम पूछता है और—
नाक-भौं सिकोड़—
गैर-सा सलूक करता है।

नमाजी-दरवाजा
बुतपरस्त समझ
आँगन तक जानेवाले रास्तों पर
कुंडी चढ़ाता है।

हर आला दरवाजे पर
पहरा खड़ा है और—
मेरे खुद के लोगों पर
न घर है, न मरघट।

अब! केवल यही सोच रहा हूँ मैं
कि सामने बंद दरवाजे पर
दस्तक नहीं, ठोकर दूँगा।
दीवालें चूल से उखाड़
जमीं पर बिछा दूँगा।
चौरस जमीं पर
मकाँ ऐसा बनाऊँगा
जहाँ हर होंठ पर

बंधुत्व का संगीत होगा
मेहनतकश हाथ में–
सब तंत्र होगा
मंच होगा
बाजुओं में–
दिग्विजय का जोश होगा।
विश्व का आँगन
वृहद् आँगन
हमारा घर बनेगा
हर अपरिचित पाँव भी
अपना लगेगा।

मुकेश मानस की कविताएँ

हमारा इनकार

जहाँ वेदों और स्मृतियों की भेड़ियाधसानें हैं
जहाँ जात ही इनसान की एकमात्र पहचान है
और ऊँची जात का हैवान भी महान है
हम ऐसे देश के वारिस नहीं हैं।
जहाँ न्याय के मुँह पर अन्याय का ताला है
जहाँ इनसानियत की जगह हिंसा का बोलबाला है
और हर कुर्सी पर कुटिल पैसे वाला है
हम ऐसे देश के वारिस नहीं हैं।
जहाँ सदियों से भेड़ियों के सिर पर ही ताज है
जहाँ तानाशाही शासन का असली अंदाज है
और बस कहने को जनता का राज है
हम ऐसे देश के वारिस नहीं हैं।

वर्तमान हैं हम

इतिहास वहाँ से शुरू करो
जहाँ हम थे अपने समूचे जिस्म
और पूरे व्यक्तित्व के साथ
जिन्हें हर लिया था तुमने
अपनी कुटिलताओं से
इतिहास वहाँ से शुरू करो

जहाँ सिर थे हमारी गर्दनों पर
जिन्हें कब्जा लिया था
तुम्हारी क्रूर इच्छाओं ने
इतिहास वहाँ से शुरू करो
जहाँ से काट लिये गए थे
हमारे हाथ, उँगलियाँ और अँगूठे
इतिहास वहाँ से शुरू करो
जहाँ से हमारे घर हमारे नहीं रहे
हमारे बच्चे, हमारे सपने
हमारे नहीं रहे
इतिहास वहाँ से शुरू करो
जहाँ से अपने गुलाम शरीर
और अपंग व्यक्तित्व के साथ
हमने शुरू किया था
एक दुर्बोध और यातनापूर्ण सफर
हम इस सभ्यता की
उपेक्षित अस्मिताएँ हैं
यही हमारी सभ्यता है
हम इस इतिहास से
निकाले गए नायक हैं
यही हमारा इतिहास है
मगर हम भुला चुके इतिहास
इतिहास गया बीत
बीत गए इतिहास से
अब कुछ नहीं हासिल
अब वर्तमान हैं हम, इतिहास नहीं
शक्तिमान हैं हम, उपहास नहीं।

मुसाफिर बैठा की कविताएँ

बुद्ध फिर मुस्कुराए

अपने जीवनकाल में किसी सामाजिक प्रसंग पर
कभी मुस्कुराए भी थे बुद्ध
यह आमद प्रश्न इतिहास सच के करीब कम
कल्पना सृजित ज्यादा है

यदि कभी मुस्कुराए होंगे बुद्ध
तो इस बात पर भी जरूर
कि धन-वैभव, राग-विलास जैसा भंगुर सुख भी
हमारी जरा-मृत्यु की अनिवार गति को
नहीं सकता लाँघ
और इसी निकष पर पहुँच
इस महामानव ने किया होगा
इतिहास प्रसिद्ध महाभिनिष्क्रमण

बुद्ध फिर मुस्कुराए–
अव्वल तो यह कथन ही मिथ्या लगता है
बुद्ध की हेठी करता दिखता है यह
अबके समय में
मनुष्य जन्म की बारंबारता को
इंगित करता है यह कथन
जबकि एक ही नश्वर जीवन के
यकीनी थे बुद्ध
अहिंसक अईश्वरीय जीवन के
पुरजोर हिमायती थे वे

अगर होते तो
अपने विचारों के प्रति
जग के नकार भाव पर ही
सबसे पहले मुस्कुराते बुद्ध

पोखरन के परमाणु विस्फोट पर
बुद्ध के मुस्कुराने का
बिंब गढ़नेवालों की सयानी राजबुद्धि पर भी
कम नहीं मुस्कुराते बुद्ध

बामियान की बुद्धमूर्ति शृंखला को
हत-आहत करनेवाली शासक बुद्धि की
बल्कि विधर्मियों, ईश-उदासीनों की संख्या
को घटाकर और भी कम लोगों का
फिर भी हम रहे सदियों
विद्या वंचित अकिंचन धनहीन
क्यों कर पाता कोई हमारा
हक, हिस्सा और स्वत्व ले छीन

क्या यह एक सवाल हो सकता है
कि औरों से मुँह फेरे जो ईश्वर
समाज-सत्ता संचालकों के घर जा बैठता है
ईश्वर उनका ही परिकल्पित-मनोकामित
उनके ही गुणसूत्रों का धारक
कोई अनगढ़ अन्यमनस्क पैदावार तो नहीं

हमीं में से जो लोग
ईश्वर की सत्ता शक्ति लौट आने के इंतजार में हैं
इंतजार की अनगिन घड़ियाँ गिनते रहें
फिर जाएँ मंदिर
पाते रहें प्रसाद ईश-प्रीत के
मैं तो अब महसूस गया हूँ
कि दरहकीकत यह कमबख्त ईश्वरीय सत्ता ही
प्रभुवर्ग की प्रभुता का सबब है
और हमारी अशक्यता, हमारे पराभव का कारक भी
अब हमें किसी गैरदुनियावी, अलौकिक
शक्ति सहायता की दरकार नहीं
किसी का इंतजार नहीं करना
अपने बाजुओं का ही अहरह भरोसा है।

सुनो द्रोणाचार्य

सुनो द्रोणाचार्य सुनो
अब लदने को हैं दिन तुम्हारे
छल के
बल के
छल-बल के

कि लँगड़ा ही सही
अब लोकतंत्र आ गया है
जिसमें एकलव्यों के लिए भी
पर्याप्त स्पेस होगा
मिल सकेगा अब जैसा को तैसा
अँगूठा के बदले और
हनुमानकूद लगाना लगवाना अर्जुनों का
न कदापि अब आसान होगा

तब के दैव राज में
पाखंडी लँगड़ा था न्याय तुम्हारा
जो बेशक तुम्हारे राग दरबारी से उपजा होगा
था छल स्वार्थ-सना तुम्हारा गुरुधर्म
पर अब गया लद दिन-दहाड़े हकमारी का
वो पूरा खयाल पूरा जमाना

अब के लोकतंत्र में तर्कयुग में
उघड़ रहा है
छलात्कारों, हत्कर्मों, हरमजदगियों का कच्चा चिट्ठा
जो साफ-शफ्फाफ बेदाग बनकर
अब तक अक्षुण्ण खड़ा था
तुम्हारे द्वारा सताए गयों के
अधिकार अचेतन रहित होने की बाबत

चेता डरो या कि कुछ करो द्रोण
कि बाबा साहेब के सूत्र संदेश
पढ़ो शिक्षित बनो संघर्ष करो
की अधिकार पट्टी पढ़-गुनकर
इंकलाबी प्रत्याक्रमण बुभुक्षु युयुत्सु
तुम्हारे सामने भीमकाय जत्था खड़ा है।

मोहनदास नैमिशराय की कविताएँ

एक शव का बयान

मेरी बस्ती में
जब गोली चली
नजदीक के कच्चे मकान से
मैंने किसी के कराहने की आवाज सुनी थी
और पुलिस के खौफनाक दस्ते के
पास आने की भी।
खिड़की, दरवाजे
सब बंद कर लिये थे मैंने
गोलियाँ चलने की आवाजें
नजदीक आने लगी थीं।
मैंने भयभीत हो

लिहाफ में मुँह डाल लिया था
मेरा मकान, किसी खँडहर की तरह
काँप रहा था।
पुलिस वैसे ही दरिंदगी में थी
दहशत में डूबा हर व्यक्ति
बिना आँसुओं के रो रहा था
महिलाएँ घर के कोनों में दुबकी थीं।
बच्चे खेलने की सुध भूल चुके थे
जिनकी आँखों में विवशता थी
मुट्ठियों में बंद आक्रोश था
दरवाजे पर दस्तक नहीं हुई
उसे तोड़ा गया था।
मैं अभी भी बिना हिले-डुले
मौत का इंतजार कर रहा था।
मौत जो आनी ही थी
मेरी ही नहीं
मेरी जाति के हर व्यक्ति की।
महिलाओं को
बलात्कार का शिकार होना था
और बच्चों को अनाथ।
अगले ही पल
मैं पुलिस की गिरफ्त में था।
हममें से हर कोई
अपने ही खून में डूबा था
पुलिस की राइफल के कुंदे
अभी भी मेरे जख्मों के भीतर
गड़ रहे थे।
धीरे-धीरे हम
लाशों में तब्दील होते जा रहे थे।
पुलिस की बंद गाड़ियाँ
हमें नदी की ओर ले जाने लगी थीं।
मौत से जूझते हुए दर्दनाक पल
और पानी में डूबती-उतराती लाशें
हम सभी विवश थे।
कुछ पल बाद
हम सब
जिंदा आदमी से
शवों में बदल गए थे

और जिंदा कौम का इतिहास
मुर्दों के बीच लिख रहे थे।

आग

तुम आग को
हाथ में लेकर देखो
वह तुम्हारी हथेली जलाएगी।
तब तुम्हें पता चलेगा
आग का तेवर कैसा होता है...।
तुम्हें महसूस होगा
आग लोगों के शरीर/मकान/और दुकान को
आग उनकी अपनी छोटी-सी, नन्ही-सी
लंबे अरसे से,
सहेजी हुई दुनिया को,
कैसे जलाकर राख कर देती है?
तब तुम्हारे अंदर भी
एक आग होगी।
और तुम चुप नहीं बैठोगे
उस समय,
तुम घोषणा करोगे
साझी लड़ाई की।
तुम आंदोलन करोगे,
आग से जलते हुओं को
बचाने के लिए,
तुम साथियों के बीच
संवाद बनोगे।
आग किसी भी समय
कहीं भी लग सकती है
आग से जूझने के लिए
तुम्हें आग को महसूस करना होगा
तुम आग को...।

आंदोलन

शब्दों के आंदोलन की धार
तुम्हें और तेज करनी होगी,
क्योंकि तुम्हारे जख्मों को

फिर से कुरेदा जा सकता है।
तुम्हारे पास केवल शब्द हैं
संघर्ष को जारी रखने के लिए
वही तुम्हारी ऊर्जा है।
तुम सामंत तो नहीं हो
न ही कोई माफिया
फिर तुम्हारे पास
हथियारबंद गिरोह कहाँ से होंगे
तुम्हारे पास केवल शब्द हैं
उन्हीं को तुम्हें आंदोलन बनाना है
क्रांति हथियारों से नहीं
शब्दों से ही आती है।

रजनी अनुरागी की कविताएँ

एकलव्य का बयान

हमेशा झुकाता रहा हूँ मैं अपना सिर
शताब्दियों से तुम्हारी आज्ञाएँ ढोता हुआ
तुमने जो कहा मैंने वही किया

तुम्हारे अहं की तुष्टि में
विगलित करता रहा अपने स्वाभिमान को
करता ही रहा तुम्हें संतुष्ट
मगर कभी संतुष्ट नहीं हुए तुम

तुम्हारी बात, तुम्हारी लात
मेरे लिए सब शिरोधार्य
चुपचाप करता रहा सेवा

हमेशा ही काटे जाते रहे अँगूठे
मैं ठूँठा बनकर जीने को मजबूर
अपनी अस्मिता की लड़ाई हारता रहा

तुम हाथ फैलाकर माँगते हो
और मैं गर्व से शीश उठाकर
दान कर देता हूँ सर्वस्व

और भूल जाता हूँ कि मेरी आनेवाली नस्लें
भुगतेंगी खामियाजा

काश! मैंने कर दिया होता इनकार
न दिया होता अँगूठा,
ठेंगा दिखा दिया होता
तो इतिहास कुछ और होता
मैं यूँ मरकर जीने को अभिशप्त न होता

अगर मैं कर देता इनकार
हो जाता स्वीकार सर्वजन में
अभिप्रेरक बनकर
हजारो-हजार हाथ उग आते जमीं पर
जिनकी अपनी जड़ें होतीं
अपना इतिहास होता...
अगर मैं अँगूठा न देता
तो मेरा अपना इतिहास होता...।

जब भी योग्यता की बात हुई

जब भी योग्यता की बात हुई
कमतर आँका गया है मुझे
और जातिवाद प्रतिमानों से मापा गया है मुझे

मैं वर्षों से करता आया हूँ प्रतिभादान
और उठाता आया हूँ सभ्यता का बोझ...
मेरे कंधे रहे हैं सदा ही जख्मी
किंतु मरहम मुझे मिला नहीं कभी
एक आँसू भी मेरे लिए गिरा नहीं कभी

मेरा ही लहू धरा को रँगता आया है
मेरा लहू जहाँ-जहाँ गिरा
खिले हैं वहाँ फूल
और उनकी खुशबू से मैं सदा रहा वंचित

मैं बहिष्कृत हूँ सदियों से
अपनी ही जमीन, और अपने आपसे
ज्ञान और संपदा से वंचित किया गया मुझे

लेकिन अब मैं जाग चुका हूँ
अपनी ताकत भाँप चुका हूँ
खुद पर है मुझको विश्वास
और इसी विश्वास पर
सिर उठाकर चलने का करता हूँ निरंतर प्रयास...

रजनी तिलक की कविताएँ

बुद्ध चाहिए युद्ध नहीं

क्यों खड़ी की तुमने
बारूद के ढेर पर हमारी दुनिया
मुझे जीवन की आस है।

मैं सावन को आँखों में भरकर
बहारों में झूलना चाहती हूँ
शांति, ज्ञान, करुणा मेरा गहना
युद्ध, क्रूरता, तृष्णा तुम्हारा हथियार
हिरोशिमा की तड़प मैं भूलना चाहती हूँ।

तुमने ये मृत्यु-बीज
परमाणु युद्ध क्यों बोया?
यह घृणा-मृत्यु का वटवृक्ष
पल में लाखों को लीलेगा,
बुद्ध के देश में
पंचशील संकल्प टूट जाएगा।

मैं जीवन को हथेलियों में
दुलारना चाहती हूँ,
मैं अपने बच्चों को
इनसान बनाना चाहती हूँ,
उस देश में भी मेरी सी माँएँ
अपने बच्चों पर अरमान सजाती होंगी
वो भी उन्हें 'कुछ' बनाने की
ललक लिये दुलारती होंगी।

हिरोशिमा की माँओं की सिसक
अभी बाकी है
ये जंग की तलवार

हमारे सिर से हटा दो
बारूद के ढेर पर
क्यों खड़ी हो हमारी दुनिया?

हम जंग नहीं चाहते,
जीना चाहते हैं
हम विनाश नहीं सृजन चाहते हैं
हम युद्ध नहीं
बुद्ध चाहते हैं।

वो बाँट देना चाहते हैं

वो हमें भी बाँट देना चाहते हैं
उपजातियों के मिथ्या झंझट में
वाल्मीकि, रैगर, चमार, खटीक
धानुक, कंजर, आदिवासियों में।
कहे मनुवाद करो घृणा निचले से
हीन समझो दूसरे और तीसरे को
तभी रह सकेगा वर्चस्व 'उनका'
और पनपेगा जातिवाद।

उनकी बात में न आना
मकसद है उनका हमें लड़ाना
असमानता ही है जिसका आधार
ब्राह्मणवाद का वटवृक्ष
ना फले-फूले चारों ओर।

लड़ना है हमें असमानता से
गढ़नी है भाषा, बढ़ाना है विज्ञान,
तभी बनेगा जातिविहीन समाज।

वजूद है

आज जब अखबारें देती हैं खबरें
हमारी अस्मिता लुट जाने की
बर्बरता और घिनौनी चश्मदीद
घटनाओं की
खून खौल क्यूँ नहीं उठता हमारा?

सफेदपोशी में ढकते-ढाँपते
हम मुर्दा ही हो चले हैं।
खाक होना है एक दिन सबको
फिर आज ही लड़कर
खाक क्यों नहीं होते?

जानते हो न?
एक जमाने में अखबारों में
हमारी परछाइयाँ भी वर्जित थीं
अभिव्यक्ति पर पाबंदी थी
अशिक्षा-अंधकार नियति थी
तब मुर्दों से अछूतों में
स्वाभिमान की चिनगारी
फूटती थी
चिथड़ों से लिपटे कंकालों ने
तुम्हारे-हमारे लिए दो गज जमीन
स्वाभिमान और आजादी
की जंग जीती थी
चिथड़ों में लिपटे इनसान आज भी हैं
उनकी भूख और बूढ़ी आँखें देख
मुँह फेरकर चल सकते हो।
परंतु ये हमारा अतीत है
हमारी सफेदपोशी
उनके संघर्षों का वजूद है।

सुधीर सागर की कविताएँ

बस! एक बार सोचो

थूक, गंदगी
कूड़े-करकट
और सड़ायँध भरे कचरे
जो साफ करता
उस मानव की कल्पना
कीजिए
सर पर रख तसला
दुर्गंधयुक्त

मैले का,
अगर गुजर जाए
गंध उसकी, पास से
उबकाई आने लगती है
नथुने फड़फड़ाने लगते हैं
और वो
कभी सोचा
अगर ये न होते
बड़ी-बड़ी कॉलोनियों या कोठियों
के पास बनी मलिन बस्ती में
या न होते हमारे शहर
के मोहल्ले में
तब बदबू आ रही होती
कॉलोनियों या कोठियों के पास से
या सड़ रही होतीं मोहल्ले
की गलियाँ
चारों तरफ दम घोटनेवाली हवा
मरघिल्ले कुत्ते की सड़ायँध
से मिश्रित,
फैल जाता संक्रमण
किसी रोग की चपेट में
दम तोड़ देते सरकारी अस्पताल
के बिस्तर पर
बस एक बार सोचो
उस इनसान के बारे में।

आक्रोश

तुम्हारा आक्रोश
सिर्फ इतना था
तुम लोग, खोखले दंभ के लिए
नग्न कर सकते हो
एक दलित महिला को
लेकिन भूल गए
तुम सबके सब, नग्न हो
सदियों से
तभी तो ओढ़ते हो, आवरण
जाति, धर्म और पितृ सत्ता का।

कलम

तुम्हारा भूगोल
तुम्हारा गणित
तुम्हारा ढोंग
और आडंबर
सबका सब, धरा रह जाएगा
क्योंकि, अभी-अभी
दलित महिला ने
पकड़ी है, कलम।

सुशीला टाकभौरे की कविताएँ

मेरा अस्तित्व

मैं
सवर्णों की बस्ती में
अपने तिमंजले घर की
छत पर खड़ी
आस-पास के घरों और लोगों को
देख रही थी।
मुझे सब छोटे-छोटे और
बौने नजर आ रहे थे

तभी दिखाई दी सड़क पर
हाथ में झाड़ू लिये
सफाईवाली
मैं अपने आप धड़ाम से
औंधे मुँह सड़क पर गिर गई।

बगल में दबाए
बाँस की लंबी झाड़ू
रंगीन चटक फूलदार साड़ी
मुँह में पान, हथेली पर तंबाकू मलती
वह देख रही थी छत पर मेरी ओर।

नजर मिलते ही
मुस्कराकर जोर से बोली—

'नमस्ते मैडम'
वह जानती है
मैं और वह एक ही जाति के हैं।

अपनेपन का तकाजा
गौरव के साथ उसने मुझे
जोर से पुकारा
और मैं गिर गई धड़ाम से
उसके पैरों के पास।

मेरी जात-जमात तो यह है
मैं चाहे कितनी ही
ऊँचाई पर पहुँच जाऊँ
पाँव उसी जमीन पर हैं
जहाँ मेरी बिरादरी है।

मेरा अस्तित्व शर्म से
चूर-चूर होकर बिखर जाता है
और वह
निःसंकोच हँसती, मुस्कराती
इठलाती, पान चबाती
खर्र-खर्र...झाड़ती
धूल-मिट्टी, कचरा समेटती
ले जाती है मेरे अस्तित्व को भी
बटोरकर।

अजीब विरोधाभास है
उसके चेहरे पर गर्व है
मेरे चेहरे पर संकोच
मैं उसको ऊँचा उठाना चाहती हूँ
वह मुझे पहुँचा देती है पल भर में
रसातल में।

मैं आमने-सामने
उससे बात करना चाहती हूँ
पूछती हूँ—
'क्यों शर्म नहीं आती तुम्हें
अपने आप पर?

कब तक, कितनी पीढ़ियों तक
लगाती रहोगी झाड़ू?
कब समझोगी
सम्मान और अपमान में अंतर?'

मेरी बिरादरी चुप है
वह नहीं जानती दिशा ज्ञान
नहीं जानती प्रगति परिवर्तन का मार्ग
आश्चर्य में डूबी वह सब सुनती है
टुकुर-टुकुर देखती है
फिर भी
विश्वास करती है भाग्यवाद पर
दैववाद पर, हिंदुत्ववाद पर
वह सोचती है
लग जाएगा बेड़ा पार अपने आप।

मगर
मैं निश्चिंत नहीं रह सकती
अपने अस्तित्व की चिंता में डूबी
ललकारती हूँ अपनी कौम को
'अब तो जागो!'

आखिर
मेरी बिरादरी का अस्तित्व ही
मेरा अस्तित्व है!

हम दलित

हम दलित
बरसों से
दया-सहानुभूति के चिथड़ों में
लिपटे हुए थे
उन चिथड़ों को
हमने उतार फेंका है।

आदम रूप होकर आदम भाषा में
पूछना चाहते हैं सवाल
मानव सभ्यता और

संस्कृति का आधार क्या है?
क्यों किया अब तक
हम पर अत्याचार?

ये सब तुम्हारी साजिश थी
बगुला भगतों की मिलीभगत
चुकानी होगी तुम्हें
हर बात की कीमत
फिर न कहना हमने तुम्हें
अपशब्द कहे, गाली दी।

बगलें न झाँककर
अपने गिरहबान में झाँको
झूठ का पर्दाफाश करके
सच के लिए
हम तुम्हारी नीतियों को
नंगा कर देंगे।

साहस

चेतना है हमारे बीच
सदियों से
पर
साहस का अभाव है
रूढ़ियों को तोड़ने की बात
हम
करते अवश्य हैं
पर उस लहर की तरह नहीं
जो सागर तट को
हर क्षण
काटती रहती है।

सागर बड़ा है
उसका तट बड़ा है
उसी तरह
गुलामी की हमारी बेड़ियाँ
अन्याय-अत्याचार की रूढ़ियाँ बड़ी हैं।

हमें
सागर के पल्लर की तरह
लाट की तरह
हर क्षण
अपनी बेड़ियों को काटना है।

सूरजपाल चौहान की कविताएँ

मेरी माँ

भोर होने से पहले
सड़क पर झाड़ू लगाती
मेरी माँ,
जैसे खरोंच रही हो
चुपचाप सीने को
फौलादी व्यवस्था के
अपने नाखूनों से।

सड़क के उस पार जाती वह
सिर पर बजबजाती
गंदगी की टोकरी रखे
उठाए हो जैसे शव–
मरी व्यवस्था का।

न्यौता

तुम–
कहते हो बहुत गर्व से
कि बसती है/गाँवों में आत्मा भारत की
स्वर्ग है कहीं/तो वह है गाँव में!

पर, मैं
और मेरा स्वर्ग?
तुम आओ–सिर्फ चंद रोज के लिए
उसी स्वर्ग की भंगी बस्ती में।

सच कहता हूँ—
मर जाएगी तुम्हारी नानी
फट जाएगी तुम्हारी नाक
बदबू से जी मितलाने लगेगा
देखकर बजबजाती गंदगी।

कीचड़ से लिथड़े/सूअरों की ढों-ढों
कीचड़ में लिसड़ते/कुत्तों की भों-भों
पता बताएगी तुम्हें एक नए स्वर्ग का
आओ, एक बार चले आओ
मेरे गाँव की भंगी बस्ती में
न्यौता है तुम्हें।

मेरा गाँव

मेरा गाँव, कैसा गाँव?
न कहीं ठौर, न कहीं ठाँव!

कच्ची मड़ैया, टूटी खटिया
घूरे से सटकर
बिना फूस का मेरा छप्पर
मेरे घर न पेड़ की छाँव।
मेरा गाँव, कैसा गाँव?
न कहीं ठौर, न कहीं ठाँव ॥

उनके आँगन गइया, बछिया
मेरे आँगन सूअर, मुर्गियाँ
मेरा सिर उनकी लाठी
बेगारी करने को गाँव।
मेरा गाँव, कैसा गाँव?
न कहीं ठौर, न कहीं ठाँव ॥

उनका खेत, उन्हीं का बैल
और उन्हीं का है ट्यूबवेल
मेरे हिस्से मेहनत आई
उनके हिस्से है आराम।
मेरा गाँव, कैसा गाँव?
न कहीं ठौर, न कहीं ठाँव ॥

ब्याह-बरात का काम कराते
देकर जूठन बहकाते
जब मरता है कोई जानवर
दे-देकर गाली उठवाते
दिन-रात गुलामी कर-करके
थक गए बिवाई फटे पाँव।
मेरा गाँव, कैसा गाँव?
न कहीं ठौर, न कहीं ठाँव॥

उनका दूल्हा चढ़ घोड़ी पर
घूमे सारा गाँव-गली
मेरी बेटी की शादी पर
कैसी आफत आन पड़ी
जिन पैरों चल घोड़ी चढ़ आया वो
अलग पड़े हैं दोनों पाँव।
मेरा गाँव, कैसा गाँव?
न कहीं ठौर, न कहीं ठाँव॥

दारू की बोतल के भीतर
सिसकी भर-भरकर रोता गाँव
फटे-पुराने चिथड़ों जैसा
सूखे तन पर लिपटा गाँव।
मेरा गाँव, कैसा गाँव?
न कहीं ठौर, न कहीं ठाँव॥

सोहनपाल सुमनाक्षर की कविताएँ

बाबा ने कहा था

बलि
भेड़-बकरियों की दी जाती है
कभी शेर की नहीं,
इसलिए/बाबा ने कहा था–
'बेटो, शेर बनो,
भेड़-बकरी नहीं।
शेर बनोगे तो तुमसे
डरेगा जमाना,
फिर तुम पा सको,

धन, शक्ति, सम्मान, सत्ता और
लक्ष्य जिस पर,
तुम्हें है जाना।'
बाबा ने कहा था–
'जिस मंदिर में जाने से,
भगवान अपवित्र होते हों,
उस मंदिर के भगवानों से तो
झोंपड़ियों के दरिद्र नारायण उत्तम हैं।'
बाबा ने कहा था–
'अशिक्षा अँधेरा है,
शिक्षा प्रकाश है,
अशिक्षित रहना
पराधीनता है
शिक्षित बनना
उज्ज्वल भविष्य की आस है।'
इसीलिए बाबा ने कहा था–
'बेटो! शिक्षित बनो,
शिक्षा से तुम्हारे
अज्ञानता के नेत्र खुलेंगे
तुम विवेकी बनोगे,
तभी/पराधीनता से मुक्त हो
आगे बढ़ोगे।'
उन्होंने कहा था–
'संगठन ही शक्ति है,
विघटन विनाश है।
संगठन में ही विजय है/और
लक्ष्मी का वास है।
इसीलिए बेटो! संगठित होकर
तुम एक और एक मिल ग्यारह हो जाओ
और इसी तरह मिलकर, संगठन की कड़ी बनाओ।
जब तुम्हारा सुदृढ़ संगठन होगा
तब न कहीं तुम्हारा दमन होगा
अन्यायी, अत्याचारी सब भाग जाएँगे
फिर, समता भरा प्यार, सभी जगह तुम पाओगे।'
बाबा ने कहा था–
'अधिकार न माँगे मिलते हैं,
अधिकार तो छीने जाते हैं,
जिन्हें अधिकार मिल जाते हैं

वे सदा सुख पाते हैं।
इसीलिए
तुम्हें अगर अपने अधिकार चाहिए,
तो संगठित होकर संघर्ष करो,
बिना अधिकारों के भी तुम मरे बराबर हो,
फिर संघर्ष करने से तुम क्यों डरो?
अगर, मिलकर संघर्ष करोगे तो
अपने खोए अधिकार पा जाओगे
धन-संपदा मिलने पर
सब जगह आदर पाओगे
समता, सम्मान, प्यार के साथ
सुख-चैन की बंसी बजाओगे।
इसीलिए,
बेटा, शिक्षित बनो,
संगठित हो,
और
संघर्ष करो?
बहुजन हिताय, बहुजन सुखाय
इन्हें गाँठ बाँध आगे बढ़ो,
आगे बढ़ो, आगे बढ़ो।'

क्या हुआ?

मेरे लोग, आज भी गुलाम हैं
बेगार ढोते हैं, गुलामी करते हैं समाज में
तुम/समृद्ध जनों की
कुछ धन-संपन्न हो गए तो क्या हुआ?
मेरे लोग, आज भी चौबीस घंटे
तुम्हारी तीमारदारी करने के बावजूद
एक जून भूखे सोते हैं
उनके बच्चे, कुपोषण के शिकार हुए
भूखे मरते हैं/वे, बिना दवा-दारू के
जवानी में ही चल बसते हैं
कुछ के पेट भर गए तो क्या हुआ?
मेरे ब्रच्चे, बचपन में ही
झोंक दिए जाते हैं, तुम्हारे कारखाने-फैक्टरियों में
या फिर, होटल, ढाबे, चाय की दुकानों में
काम करने को

पेट की आग बुझाने को, अपनी
और अपने परिवार के लोगों की
इनमें कुछ प्राइमरी तक पढ़ गए तो क्या हुआ?
वे/तुम्हारे समाज की नींव हैं
अर्थ-व्यवस्था की रीढ़ हैं
देश के आधार हैं
फिर भी बेकार हैं, लाचार हैं
तुम सभी/हमें ही रौंदते हैं, तुम सभी/हमें ही नोंचते हैं
समाज से भी दुत्कार है, धर्म से भी लताड़ है
फिर भी कुछ आगे बढ़ गए तो क्या हुआ?

पूर्वजन्म का ढकोसला

मेरे परदादा
मर गए
जूठन खाते
उतरे चिथड़े पहनते
नंगे पाँव
जमींदार का
खेत
बोते-जोतते
इसे पूर्वजन्मों का फल
मानते-मानते
और जमींदार
फूलता गया
उनके शोषण पर
उनकी
अज्ञानता पर
अपने शब्द-जाल से।
मेरे दादा
गुजर गए भूखे पेट
नंगे बदन
झोंपड़े में
धरती पर सोते-सोते
इसे/पिछले जन्मों का फल
मानते-मानते
जमींदार की तीमारदारी में
उनकी खेती काटते

अनाज उठाते
पैरी गाहते
मैला उठाते
मुर्दे ढोते
जूती और खद्दर पहनाते
और
जमींदार का वंश
बढ़ता गया
आकाश-बेल की तरह
उनका खून चूसते-चूसते
धर्म का भय दिखाकर
नीच कर्मों का फल बताकर।
मेरा बाप
चल बसा था
मेरी ही आँखों के सामने
बिना दवा-टहल के
जमींदार का बूँगा बाँधते-बाँधते
खाली पेट की आग
पानी से बुझाते-बुझाते
इसे/अपने पूर्वजन्मों के/दुष्कर्मों का फल
मानते-मानते
और
जमींदार के बेटे
बढ़ रहे हैं आगे
मेरे बाप की कमाई पर
उनके पसीनों पर
बन गए/तहसीलदार
कलेक्टर
थानेदार/या/मिनिस्टर
पिछले जन्मों के कर्मों का/फल बताकर।
पर अब
मेरी आँख खुल चुकी है
उनमें
मेरे दादा
परदादा
बाप की
बेवक्त मौत का
खून उतर आया है

उनमें पूर्वजन्मों के
कर्मों का
ढकोसला
मुझे साफ
नजर आया है
मुझमें/इनसानियत
स्वाभिमान/जाग उठा है
और/अब पूर्वजन्मों का
झूठा भय/भाग चुका है
अब मैं
पूर्वजन्म नहीं
वर्तमान/देखता हूँ
असमानता
अन्याय
दुराचांर को
निरखता हूँ/परखता हूँ
जमींदार की नवपीढ़ी
अब मेरा शोषण
दमन
नहीं कर पाएगी
अपने वर्तमान कर्मों से
मैं जो चाहूँगा
बनूँगा
जिसे चाहूँगा/मिटाऊँगा
अब मेरी आगामी पीढ़ी
कायर नहीं
'शूरवीर' कहलाएगी।

स्वामी अछूतानंद की कविताएँ

खरी-खरी फटकार

मैं अछूत हूँ, छूत न मुझमें, फिर क्यों जग ठुकराता है?
छूने में भी पाप मानता, छाया से घबराता है?

मुझे देख नाकें सिकोड़ता, दूर हटा वह जाता है।
'हरिजन' भी कहता है मुझको, हरि से विलग कराता है॥

फिर जब धर्म बदल जाता है, मुसलमान बन जाता हूँ।
अथवा ईसाई बन करके, हैट लगाकर आता हूँ॥

छूत-छात तब मिट जाती है, साहब मैं कहलाता हूँ।
उन्हीं मंदिरों में जा करके, उन्हें पवित्र बनाता हूँ॥
क्या कारण इस परिवर्तन का, ऐ हिंद बतला दे तू?
क्यों न तजूँ इस अधम धर्म को, इसे जरा जतला दे तू?

नहीं-नहीं, मैं समझ गया, क्या मेरा-तेरा नाता है।
तू है मेरा शत्रु पुराना, अपना बैर चुकाता है॥
उत्तर ध्रुव से, तिब्बत होकर, तू भारत में घुस आया।
छीन लिया छल-बल से सब कुछ, बहुत जुल्म मुझ पर ढाया॥

हो गृहहीन फिरा मैं वन-वन, फिर जब बस्ती में आया।
कह 'अछूत दूर-दूर हट' जालिम, तूने मुझको ठुकराया॥
कड़े-कड़े कानून बनाए, बस्ती बाहर ठौर दिया।
बदल गया अब सब कुछ भाई! पर तेरा बदला न हिया॥

उसी भाव से अब भी जालिम! तू मुझको कलपाता है।
भाईपन का भाव हिये में, तेरे कभी न आता है॥
रस्सी जली न ऐंठन छूटी, तेरा यही तमाशा है।
घर में घृणा, गैर की ठोकर, करता सुख की आशा है॥

समझ-सोचकर चेत, अरे अभिमानी! कर ईश्वर का ध्यान।
मिट जाएगा तू दुनिया से, अरे! समझता नर को श्वान॥
कभी न तेरा भला होएगा, जो मुझको ठुकराएगा।
दुर्गति के खंदक में 'हरिहर' तू इक दिन गिर जाएगा॥

सवर्णों को चेतावनी

राम-कृष्ण की पूजा करके चंदन-तिलक लगाते हो।
किंतु कुकर्मों के करने में, नेक न कभी लजाते हो॥
लकड़ी और नमक को धोकर चौके में ले जाते हो।
पर हमने आँखों-देखा है, होटल में तुम खाते हो॥

यद्यपि हमारे लिए कुओं का, पानी बंद कराते हो।
पार्टियों में पर तुम जूठा पानी भी पी जाते हो॥
मंदिर में हम जाते हैं, तो बाहर हमें भगाते हो।
बड़ी-बड़ी शानें भरते हो, हमें अछूत बताते हो॥

किंतु मंदिरों में तुम पशु बन, अपनी लाज गँवाते हो।
देवदासियों के संग में नित काले पाप कमाते हो॥
संड-मुसंड पुजारी रखकर अबलों को फुसलाते हो।
इस प्रकार तुम धर्म नाम पर महाठगी कर खाते हो॥

छाया पड़े हमारी तुम पर, तो दो बार नहाते हो।
किंतु यवन के साथ खुशी से हँसकर हाथ मिलाते हो॥
हम सेवा करते हैं जब तक, तब तक तुम ठुकराते हो।
किंतु विधर्मी बन जाने पर अपने साथ बिठाते हो॥

हमको देख घृणित भावों को मन में सदा जगाते हो।
पास बिठाते हो कुत्ते को, हमको दूर भगाते हो॥
हमको तो ठुकराते हो तुम, उनको गले लगाते हो।
जिनको गोभक्षी कहते हो, जिनको यवन बताते हो॥

दंगे जब होते हैं, तब तुम दुबक घरों में जाते हो।
बहू-बेटियों तक की लज्जा डरकर नहीं बचाते हो॥
कभी जनेऊ को तुड़वाकर चोटी तक कटवाते हो।
ठाकुर-पूजा तिलक लगाना, भूल सभी तब जाते हो॥

त्राहि-त्राहि कर घर भीतर से तब हमको चिल्लाते हो।
काम हमीं तब आते, पर तुम हमको ही लड़वाते हो॥
होकर ऋणी हमारे ही तुम, हम ही को ठुकराते हो।
हम सेवा करते हैं, पर तुम हमको नीच बताते हो॥

हम तो शुद्ध-बुद्ध मानव हैं, पर तुम परख न पाते हो।
घुसे छूत के कीड़े सिर में, इससे तुम चिल्लाते हो॥
हम करते अब छूत-झड़ौवल, ठहरो, क्यों घबराते हो?
सँभलो! क्यों अपने ही हाथों नष्ट हुए तुम जाते हो॥

हीरा डोम की कविता

अछूत की शिकायत (लोकगीत)

हमनी के राति-दिन दुखवा भोगत बानी,
हमनी के सहेबे से मिनती सुनाइबि।

हमनी के दुख भगवनओं न देखताजे,
हमनी के कबले कलेसवा उठाइबि।
पदरी सहेब के कचहरी में जाइबि जाँ,
बे-धरम होकर रँगरेज बनि जाइबि।
हाय राम! धरम न छोड़त बनत बाजे,
बे-धरम होके कैसे मुँखबा दिखाइबि ॥1॥

खँभवा के फारि पहलाद के बचवले जाँ,
ग्राह के मुँह से गजराज के बचवले।
धोती जुरजोधना कै भैया छोरत रहै,
परगट होकै तहाँ कपड़ा बढ़बले।
मरले रवनवाँ कै पलले भभिखना के,
कानी अँगुरी पै धर के पथरा उठवले।
कहवाँ सूतल बाटे सुनत न वारे अब,
डोम जानि हमनी के छुए से डेरइले ॥2॥

हमनी के राति-दिन मेहनत करीले जाँ,
दुइगो रुपयवा दरमहा में पाइबि।
ठकुरे के सुख सेत घर में सुतल बानी,
हमनी के जोति-जोति खेतिया कमाइबि।
हाकिमे के लसकरि उतरल बानी,
जेत उहओ बेगरिया में पकरल जाइबि।
मुँह बान्हि ऐसन नौकरिया करत बानी,
ई कुलि खबर सरकार के सुनाइबि ॥3॥

बमने के लेखे हम भिखिया न माँगव जाँ,
ठकुरे के लेखे नहिं लउरि चलाइबि।
सहुआ के लेखे नहि डाँड़ी हम मारब जाँ,
अहिरा के लेखे नहिं गइया चोराइबि।
भँटऊ के लेखे न कबित्त हम जोरबा जाँ,
पगड़ी न बान्हि के कचहरी में जाइबि।
अपने पसीनवा के पैसा कमाइब जाँ,
घर भर मिली-जुलि बाँटि-चोंटि खाइबि ॥4॥

हड़वा-मसुइया के देहिया है हमनी के;
ओकारै कै देहियाँ बभनऊ के बानी।
ओकरा के घरे-घरे पुजवा होखत बाजे,
सगरै इलकवा भइलैं जजमानी।

हमनी के इनरा के निगिचे न जाइले जाँ,
पाँके में भरि-भरि पिअतानी पानी।
पनहीं से पिटि-पिटि हाथ गोड़ तुरि दैलैं,
हमनी के एतनी काही के हलकानी? ॥5॥

हेमलता महीश्वर की कविताएँ

सावधान

जाना था अर्थ
समता का
वह एक आवाज
थी एक पुकार
और
अपने पैरों में पड़ी
अटूट बेड़ी
मैंने तोड़ दी थी
उस दिन
चवदार तालाब का पानी
छूकर
अपना पानी
बनाने निकली थी।

जाना था अर्थ
स्वतंत्रता का जब
हजारों लोगों की
मूक व्यथा का
गवाह बना
खड़ा रहा
कालाराम मंदिर
और
जान लिया था
ईश्वर का रहस्य
मिट्टी रही मिट्टी
और
पत्थर पत्थर ही

रुक न सका
रक्त प्रवाह
उस पत्थर को
ढोने के लिए
रथ चलाने की
थी जहाँ
अदम्य चाह
हाँ तोड़ दी थी
उसी दिन
दिमागी गुलामी अपनी
जलाई थी जब
मनु स्मृति

जाना था अर्थ
बंधुता का जब
धर्मांतरण के दिन
भरी सभा में
खचाखच
निकाल फेंकी थी मैंने
अपने हाथों से चूड़ी
गले से मंगलसूत्र
मैं तुम्हारी
और तुम मेरे
हो गए हमराह
और निकल चली है
समता, स्वतंत्रता
बंधुता की राह

परिवर्तन

गार्गी
चुप हो जाओ
वरना
टुकड़े तुम्हारे सिर के
नीचे गिर पड़ेंगे
याज्ञवल्क्य ने
भरी सभा में

निडरतापूर्वक
कहा था

पानी तो
जाने कितना
बहा है
इस अर्द्धशताब्दी में
बिजली और
प्रधानमंत्री सड़क योजना की
सड़क पहुँच गई है
शहर में ही नहीं
गाँवों में भी
लड़की पढ़ेगी
खूब बढ़ेगी
साथ हम भी
इक्कीसवीं सदी की ओर
बढ़ आए हैं

हम औरतों ने
धीरे-धीरे
ह से हवाईजहाज चलाना
मुक्केबाजी करना
और तो और
अंतरिक्ष में जाना
सीख लिया है
अपने विकास में
तुम्हारे सहयोग से नहीं इनकार
पर यह भी तो करो स्वीकार
आधी दुनिया में याज्ञवल्क्य
तुमसे कुछ ज्यादा हैं
लोकतंत्र में
अमर्त्य सेन के
आर्गुमेंटेरियन इंडियन
धमकाते नहीं
हमारे हर तर्क
सुनने के पहले
नकारने को अब
एक जुमला उछाल देते हैं

'आप नहीं जानती हैं'
'अरे! हमसे पूछती नहीं
फिर भी सुन तो लो
हम बताते हैं ना...'

हम औरतें
अब तुम्हें दिलाती
हैं याद
भूल जाते हो तुम
बार-बार
इस देश में
है थेरियों का
उदात्त इतिहास।

दूसरा भाग

कहानियाँ

एक थी कोटेवाली

अनिता भारती

आर्य बालिका विद्यालय है तो प्राइवेट पर सरकारी सहायता प्राप्त। सरकार अनुदान देती है इसलिए विद्यालय सरकारी नियम मानने को बाध्य है। बहुत सारे सरकारी नियमों में एक नियम यह भी है कि जितनी भी रिजर्व सीट हैं, वे रिजर्व कैंडीडेट से ही भरी जाएँगी। पिछले दो सालों से विद्यालय में साइंस टी.जी.टी. की रिजर्व पोस्ट पड़ी है पर अभी तक नहीं भरी गई। अप्रैल से फिर नया सत्र शुरू होनेवाला है पर विद्यालय की प्रधानाचार्य और प्रबंधन समिति दोनों मिलकर एस.सी. उम्मीदवारों का इंटरव्यू लेकर तमाम उम्मीदवारों को अयोग्य घोषित कर रिपोर्ट भेज देते हैं– चूँकि बच्चों के कैरियर का मामला है अतः हम किसी अयोग्य अध्यापक को नहीं ले सकते। अतः हमें सामान्य वर्ग से भर्ती करने की आज्ञा दी जाए। उधर शिक्षा अधिकारी इस विषय पर मौन साधे ना 'हाँ' में उत्तर देते हैं ना 'ना' में। शायद इसका कारण वे किसी झमेले में फँसना नहीं चाहते। इस नए सत्र के लिए विद्यालय में फिर से भर्ती के लिए आवेदन माँगे गए हैं। इस बार इंटरव्यू बोर्ड में शिक्षा विभाग की तरफ से एक दलित शिक्षा अधिकारी को भी भेजा गया है। साइंस टी.जी.टी. के लिए मैदान में 22 उम्मीदवार हैं। इंटरव्यू कमेटी ने बारी-बारी सभी उम्मीदवारों का इंटरव्यू लिया। 15वें नंबर पर इंटरव्यू देने आई मिस गीता ने इंटरव्यू बोर्ड में बैठे मिस्टर पासवान को बहुत प्रभावित किया। गीता ने अपनी उपलब्धियों में बताया कि वह दिल्ली विश्वविद्यालय से एम.एस-सी. फर्स्ट क्लास व जामिया मिल्लिया विश्वविद्यालय से एम.एड. है। गीता का आत्मविश्वास से भरा व्यक्तित्व देखते हुए उन्होंने प्रधानाचार्य को कहा, मुझे लगता है गीता टी.जी.टी. साइंस के लिए बहुत ही योग्य है और मैं गीता को इस पोस्ट के लिए उपयुक्त उम्मीदवार समझता हूँ। आखिर में गीता से उन्होंने पूछा– "मिस गीता, तुमसे एक सवाल पूछना चाहता हूँ कि क्या शिक्षा से दलित समाज में पावर आई है।" गीता ने आत्मविश्वास के साथ कहा– "जी हाँ, मुझे लगता है शिक्षा पावर की सीढ़ी है। शिक्षा के बिना मनुष्य पशु समान है, शिक्षा से पद और पद से पावर का अद्‌भुत रिश्ता है।"

गीता ने हर क्षेत्र के सवाल का जवाब आत्मविश्वास के साथ दिया। मिस्टर पासवान तो बहुत खुश थे बाकी सबको भी उनकी हाँ में हाँ मिलानी पड़ी। इंटरव्यू समाप्त होने के बाद मिस्टर पासवान ने प्रधानाचार्य को कहा– "मुझे लगता है, गीता इस पोस्ट के लिए बहुत ही योग्य है और मैं गीता को इस पोस्ट के लिए उपयुक्त उम्मीदवार समझता हूँ।" इंटरव्यू कमेटी ने उनके शिक्षा विभाग से होने के कारण इसे स्वीकार करना ही मुनासिब समझा। इंटरव्यू कमेटी ने उनका चयन कर लिया और उन्हें नियुक्ति-पत्र भेज दिया। अब गीता को कुछ सरकारी औपचारिकताएँ पूरी करनी थीं। कुछ फॉर्म भरने थे, कुछ प्रमाण-पत्र भरने थे। यह सब काम छुट्टियों में निबट गया। आज विद्यालय का पहला दिन है। आज उसे आर्य बालिका विद्यालय

में जाना है। पहले दिन का इंप्रेशन आखिरी इंप्रेशन होता है। यह सोचकर उसने बढ़िया गुजराती एथनिक साड़ी पहनी। हाथों में काले धातु की सुंदर-सी चूड़ियाँ व माथे पर लंबी काली बिंदी लगाई। कोई एक नजर में देखकर उसे कह सकता था कि वह अच्छी पढ़ी-लिखी और संपन्न परिवार की है। विद्यालय में घुसते ही उसने प्रधानाचार्या को नमस्ते किया। विद्यालय में नई साइंस अध्यापिका आ गई है, यह सुनकर बच्चे भी उत्साहित थे। दूसरी तरफ विद्यालय की शिक्षिकाएँ नई अध्यापिका के बारे में जानना चाहती थीं। प्रार्थना में नई अध्यापिका का परिचय कराया गया। 'मिस गीता दिल्ली विश्वविद्यालय से एम.एस-सी. व जामिया से एम.एड. हैं। गीता जी ने विद्यालय और विश्वविद्यालय स्तर पर कई प्रतियोगिताएँ जीती हैं, मुझे उम्मीद है बच्चो! मिस गीता तुम्हें बहुत अच्छा पढ़ाएँगी। मेरा आपसे अनुरोध है कि आप सभी उन्हें पूरा सहयोग दें।'

प्रधानाचार्या ने गीता को ऑफिस में बुलाकर टाइम टेबल थमा दिया। उसका पहला पीरियड खाली था। वह स्टाफ रूम में जाकर बैठ गई। स्टाफ रूम में इक्का-दुक्का शिक्षक ही बैठे थे। वे भी अपने कार्य में मग्न थे। गीता अपने साथ लाई दसवीं कक्षा की साइंस की किताब पढ़ने लगी। उधर गीता को लेकर जोरों पर चर्चा थी। इस विद्यालय में प्रत्येक विद्यालय की रीत पर ही दो वर्ग बने हुए थे। एक था कोटेवाला और दूसरा था बिना कोटेवाला। कोटेवाली ग्रुप की लीडर श्रीमती सागर थीं जबकि बिना कोटेवाले ग्रुप की लीडर तारा ढोलकिया। आज नई अध्यापिका आई है। देखने में आकर्षक व्यक्तित्व की है। दिल्ली विश्वविद्यालय से एम.एस-सी. वो भी फर्स्ट क्लास। हो ना हो जरूर बिना कोटेवाली होगी। मिस तारा ढोलकिया बधाई देते घूम रही हैं–बधाई हो! हमारा एक सदस्य और आ गया। उधर बिना कोटेवालियों की संख्या उनके मुकाबले और कम हो गई। उन्हें इस बात का गहरा दुख था। पहला पीरियड बधाई और दुख में निकल गया। दूसरे पीरियड की घंटी बज गई। मिस गीता अपना बैग उठा दसवीं कक्षा में चली गईं। इधर कुछ बिना कोटेवाली इकट्ठी हुईं। उनका दिल बल्लियों उछल रहा था। उनकी बातचीत शुरू हो गई।

– मिस गीता के बारे में कुछ पता लगा।
– उसका सरनेम पूछना चाहिए, उसी से पता चल जाएगा।
– अरे भई, दिल्ली यूनिवर्सिटी से एम.एस-सी. है, वह भी फर्स्ट क्लास, सरनेम पूछने की क्या जरूरत, जरूर बिना कोटेवाली ही है।
– चाल-ढाल और शक्ल-सूरत से तो लगता है हमारे पंजाबियों में से ही होगी!
– मुझे तो उसकी मुस्कान बहुत अच्छी लगी।
– पर मैंने तो सुना है ये रिजर्व सीट थी।
– अरे रिजर्व सीट खत्म हो गई होगी, दो साल से कोई नहीं मिला।
– जरूर ये कोई बहुत बड़ी एप्रोच वाली होगी।
– अजी छोड़ो जी, हमें क्या? हमें तो पढ़ाना है। हमें दूसरों में इतनी नाक नहीं घुसानी चाहिए।

तीसरा पीरियड लग गया। स्टाफ रूम खाली हो गया, इधर कुछ आरक्षित वर्ग की अध्यापिका इकट्ठी हुईं। उन पर उदासी और क्षोभ छाया था। उनकी बातचीत जारी थी।

– अरे, मिसेज ढोलकिया की खुशी देखी, लगता है, नई अध्यापिका जनरल से है, तभी तो ये लोग खुशी के मारे इतना उछल रहे हैं!

– पर ये तो रिजर्व सीट थी, इस पर ये कैसे आ गई?
– दो सालों से इतने लोग आए पर इन्होंने एक को भी नहीं चुना।
– ये तो चाहते ही नहीं कि दलित लोग आगे आएँ।
– योग्य होने पर भी हमारे साथ भेद-भाव किया जाता है।

चौथा पीरियड लग गया। सारी कोटेवालियाँ अपना दुख दिल में समेटे कक्षाओं में चली गईं। उधर जब मिस गीता कक्षा से पढ़ाकर निकलीं तो मिसेज सागर से टकरा गईं। टकराते ही मिस गीता ने बड़े ही प्यार से सॉरी कहा। सॉरी के जवाब में मिसेज सागर ने अपना परिचय दिया, 'मैं कमला सागर टी.जी.टी. हिंदी।' मिस गीता ने मिसेज सागर का जोर से हाथ दबाते हुए एक गहरी मुस्कान दी जिससे मिसेज सागर को बहुत अच्छा लगा। उसे महसूस हुआ नई अध्यापिका बहुत ही अच्छी है। मेरा सरनेम सुनकर भी औरों की तरह दुखी नहीं हुई। मिसेज सागर खुशी से धड़कते हुए दिल को सँभाल अपनी कक्षा में चली गईं, इस सुखद अहसास के साथ कि कहीं मिस गीता अपनी तो नहीं? पर कैसे पता करे! कहीं बिना कोटेवाली निकली तो बड़ी भद्द पिटेगी? चौथा पीरियड खत्म होते ही लंच टाइम हो गया। शोर-शराबा पूरे स्कूल में समा गया। स्टाफ रूम में शिक्षिकाओं की चै...चै मची थी। मिस गीता ने मिसेज सागर के पास बैठने की कोशिश की परंतु मिसेज तारा ढोलकिया ने उन्हें अपने पास बैठने का पहले ही आमंत्रण दे दिया। गीता ना न कर सकी और तारा ढोलकिया के पास बैठ गई। स्त्री-सुलभ उत्सुकतापूर्ण सवाल दबादब गीता से पूछे जाने लगे...घर कहाँ है? अपना है या किराए का? स्कूल कैसा लगा? कितने भाई-बहन हैं? पिता क्या करते हैं? आदि-आदि। गीता एक-एक सवाल का जवाब धीरे-धीरे दे रही थी। गीता बता रही थी कि उसका एक भाई और एक बहन है। वह सबसे छोटी है। पिता सरकारी विभाग में बहुत ऊँचे ओहदे पर हैं। घर अपना है। बिना कोटेवालियाँ यह सुनकर बहुत खुश हुईं कि गीता उनके अनुसार संपन्न, शिक्षित और अच्छे घर से है। मिसेज तारा ढोलकिया को गीता का सरनेम जानने की जल्दी थी, परंतु तभी लंच ऑवर की घंटी बज गई। स्टाफ रूम के बाहर उन्हें प्रिंसिपल का चेहरा दिखने लगा तो वह दौड़-दौड़कर अपनी-अपनी कक्षाओं में जाने लगीं।

पाँचवाँ पीरियड शुरू हो गया। अभी तक गीता के बारे में किसी को कुछ पता नहीं चला कि वह कोटे से आई है या बिना कोटे से। दोनों तरफ से उत्सुकता थी पर जानें कैसे? सीधा पूछना असभ्यता की निशानी है जबकि घुमा-फिरा के पूछने से गीता भी घुमा-फिराकर बताती है। पाँचवें पीरियड में गीता और मिसेज सागर की फिर टक्कर हो गई। गीता ने फिर से मिसेज सागर को स्माइल फेंकी जैसे वह इशारों से कुछ बताना चाहती हो, परंतु मिसेज सागर समझ नहीं पाई। जब मिसेज ढोलकिया ने गीता और मिसेज सागर को बड़े प्यार से बातें करते देखा तो उसका माथा ठनक गया। उसे लगा कहीं ये कोटेवाली तो नहीं? अगर नहीं है तो वह सागर सरनेम देखकर भी कैसे उससे ऐसे हँस-हँसकर बात कर सकती है? पर दूसरे पल उसे खयाल आया कि शायद मिसेज सागर ने अपना सरनेम ही ना बताया हो? हाँ, यही होगा, यह सोचकर वह निश्चिंत हो गई। पर अब गीता से नहीं रहा जा रहा था। उसने सागर को बता ही दिया कि मैं भी आपके सरनेम वाली ही हूँ और इसके साथ पक्की अंबेडकरवादी भी हूँ। इतना सुनना था कि मिसेज सागर के मुँह से जोर से हँसी फूट पड़ी। उसे लगा जैसे उसने कोई किला जीत लिया हो। मिसेज सागर ने गीता का हाथ जोर से दबाया। अब उसके पेट में गुड़-गुड़ हो चली। वह अपने ग्रुप में बताना चाहती थी कि वह अपनी है, गीता अपनी है।

छठा पीरियड लगते ही मिसेज सागर के साथियों की कानाफूसी बढ़ गई। वे कानोकान एक दूसरे को गीता के बारे में खबर कर रहे थे व उसकी तारीफ कर रहे थे।

– कितनी होशियार है और सुंदर भी!

– अब देखो, हमारी बिरादरी में भी ऐसे लोग हैं जिन्हें देखकर कोई पहचान नहीं सकता!

– हमें बाबा साहब का धन्यवाद करना चाहिए जिनकी वजह से हम यहाँ तक पहुँच गए हैं वरना हम अभी तक उस कुएँ में पड़े होते!

– गीता को सावधान करना होगा कि वह अब इन लोगों से सावधान रहे।

अब सभी कोटेवालियाँ बारी-बारी से गीता को जाकर अपना परिचय देने लगीं। सातवाँ पीरियड लगते ही बिना कोटेवालियों में खलबली मच गई। तारा ढोलकिया ने बाकी बिना कोटेवालियों से कहा–

– अरे, ये तो मायावती निकली!

– क्या?

– फिर एक कोटेवाली आ गई!

– क्या कमाल है, देखने से तो नहीं लगती!

– जहाँ देखो वहीं कोटेवाली, पूरे देश का सत्यानाश कर दिया।

– अब हमारे बच्चों का क्या होगा?

सातवाँ पीरियड खत्म होने को था पर बिना कोटेवालियों की बहस रुकती ही नहीं थी। सातवाँ पीरियड खत्म होते ही स्टाफ-रूम में चहल-कदमी बढ़ गई। शिक्षिकाएँ घर जाने के लिए बैग उठाने आने लगीं। मिसेज सागर भी अपना सामान उठाने आईं। उन्होंने मिसेज ढोलकिया के विष बुझे शब्द सुने, “मैंने तो अपने लड़के से कह रखा है, शादी से पहले लड़की का सरनेम अच्छे से जान लेना। आजकल किसी की सूरत देखकर कुछ पता नहीं चलता।” इन शब्दों को सुनकर मिसेज सागर को गुस्सा आ गया। वह चिल्लाकर बोलीं– “आखिर कब तक आप लोग कोटेवालियों को कोसती रहोगी? इस स्कूल में तुम पचास हो और हम केवल पाँच।” गीता का आठवाँ पीरियड खाली था। तब तक वह भी स्टाफ-रूम में आ गई थी। उसे समझते पल-भर भी देर ना लगी कि लड़ाई उसके ऊपर ही हो रही है। वह सुबह से ही इस विद्यालय की अध्यापिकाओं को देख-परख रही थी। वह समझ रही थी कि कैसे हँसी-खुशी से शुरू हुआ दिन उसके कोटेवाली होने से तनावपूर्ण हो गया। वह यहाँ सबके साथ मिलकर रहने के लिए आई थी, उसने सारी नौकरियाँ छोड़ टीचिंग में आना केवल इसलिए अच्छा समझा कि कम-से-कम शिक्षा के क्षेत्र में जात-पाँत की बात नहीं होगी। वह बच्चों को अच्छे संस्कार देगी। वह बचपन से ही सुनती आई थी कि शिक्षक देश का भाग्य-निर्माता होता है। पर यहाँ देखकर लग रहा है कि शिक्षक भी जाति-निर्माता है। इन सबके कटाक्षों से उसका खून खौलने लगा। वह जोर से चिल्लाकर बोली– “ये क्या तुमने जात-पाँत की बातें लगा रखी हैं? क्या तुम शिक्षक कहलाने लायक हो? पूरा द्रोणाचार्य तुम्हारे मन में बैठा है।” गीता की शेर भरी हुंकार सुनकर बाकी कोटेवालियों को भी ताव आ गया, उनके भीतर छिपा गुस्सा बाहर आने लगा। मन में जमी अन्याय की परत एक-एक कर उखड़ने लगी।

– हम किसी से कम हैं क्या?

– क्या किसी से कम खाते हैं?

– तुम सिर्फ तीन प्रतिशत हो पर सब पर राज कर रहे हो, अब इस राज के जमाने लद गए।
– हम पूरी मेहनत करते हैं, हमसे टक्कर लेकर दिखाओ।
– एकलव्य का अँगूठा तुमने छल से काटा, हमें छलकर दिखाओ।
– एक बारी हमारी जगह पैदा होकर हमारे जितना बनकर दिखाओ।

सभी साथियों का पूर्ण सहयोग पाकर गीता ने तमककर कहा–"हमें अयोग्य कहते हो? हमसे कंपीटीशन करना चाहते हो? तो आओ मुझसे करो कंपीटीशन? देखते हैं कौन जीतता है, हम या तुम?"

गीता के चेहरे पर आत्मविश्वास झलक रहा था। अब बिना कोटेवालियों को साँप सूँघने लगा। आज तक उन्हें किसी ने इस तरह ललकारा ना था। मिसेज ढोलकिया जैसे होश में आ गईं। वे तुरंत इस विस्फोटक होती स्थिति और दुष्परिणामों से आशंकित हो उठीं। तभी स्कूल की घंटी बज गई। कक्षाओं से बच्चे ऐसे शोर मचाते निकले जैसे उन्हें कैद से छुट्टी मिल गई हो।

गौकशी

ओमप्रकाश वाल्मीकि

कई बार की कोशिशों के बाद भी कल्लू बीड़ी जला नहीं पाया था। ट्रक की तेज गति के कारण माचिस की तीली बार-बार बुझ जाती थी। ट्रक ऊपर से खुला हुआ था जिसके कारण हवा ज्यादा लग रही थी। पास बैठे राजबीरे से रहा नहीं गया तो उसने कल्लू के हाथ से माचिस छीनते हुए कहा, "यो काम तेरे बस का ना है। इसके लिए ताकत की नहीं दिमाग की जरूरत पड़ती है...वो तो तेरे धोरे है नी। ला इधर दे।"

कल्लू ने बीड़ी उसकी ओर बढ़ाते हुए कहा, "आध्धी माचिस खत्म होगी, जलाते ही बुझ री है। ले तू ही जला दे। ज्यादा शेखी क्यूँ दिखावे!"

राजबीरे हवा की तरफ पीठ करके बैठ गया था, और एक ही बार में बीड़ी सुलगा दी थी। बीड़ी कल्लू की ओर बढ़ाते हुए बोला, "ले थाम।"

उसके हाथ से बीड़ी लेते हुए बोला, "तू ना पीवे...?"

"क्यूँ कधी देक्ख्या बिड़ी पीत्ते हुए। इसमें धरा क्या है! इसका धुआँ तो जिगर को जला के राख कर दे।" राजबीरे ने ज्ञान बघारने की कोशिश की लेकिन कल्लू बीड़ी का सुट्टा मारने में खोया हुआ था। उसने राजबीरे की ज्ञान भरी बातों को अनसुना कर दिया था।

जित्ता उनसे थोड़ा फासले से गुमसुम बैठा था। उसकी चिंता में कई तरह की चीजें समस्याएँ बनकर मुँह बाये खड़ी थीं जिनसे वह जूझ रहा था। बापू महीने भर से घर में खाली बैठे थे। उनका काम छूट गया था। घर में बैठे-बैठे कुढ़ते-कलपते रहते थे। माँ का पुराना दमा भी उखड़ा हुआ था। घर का माहौल ही बदल गया था। हर समय तनातनी रहती थी। ऊपर से ये काम जो उसे नहीं करने थे, वे करने पड़ रहे थे। मरे जानवरों की खाल उतारना, उन्हें सुखाना, शहर ले जाना, उसे बिलकुल पसंद नहीं थे। मजबूरी में करने पड़ रहे थे क्योंकि इसके अलावा उसके पास कोई काम ही नहीं था। यदि वह इस काम को छोड़ भी दे तो घर का चूल्हा नहीं जल पाएगा। फाकों की नौबत आ जाएगी। इस जलालत की जिंदगी से वह क्या कभी मुक्त हो पाएगा, इसी उधेड़बुन में लगा रहता था। इसीलिए आस-पड़ोस के लोग, संगी-साथी उसे चुप्पा कहने लगे थे। कल्लू को बीड़ी पीते देखकर उससे रहा नहीं गया। उसकी भी तलब जाग गई थी, "कल्लू, एक बिड़ी मन्ने भी दे। घणी देर ते बिड़ी ना पी है।"

"दे यार उसे भी एक बिड़ी।" राजबीरे ने उसकी सिफारिश की।

कल्लू ने बंडल से एक बीड़ी निकालकर जित्ते की ओर उछाली।

"अबे, अकल के दुश्मन अपनी बिड़ी से ही सुलगा के दे देता। कम-से-कम माचिस की एक तिल्ली तो बच जाती।" राजबीरे ने कल्लू को नसीहत देते हुए कहा।

"रहणे दे मेरे धोरे लाइटर है। पिछली बार जिब मैं ठेकेदार के साथ माल लेके शहर आया

था, तो बाजार में पाँच-पाँच रुपए के लाइटर बिक रे थे। ठेकेदार ने दो खरीद लिये थे। उनमें से उसने एक मुझे दिया था।" जित्ते ने गर्वीले अंदाज में कहा।

"तू तो बड़ा छुपा रुस्तम निकला! इतने दिन से इसे जेब में डाल के घूम रा है, और जिक्र तक भी नी किया। वाह पट्ठे, मान गए! और क्या-क्या दिया है ठेकेदार ने...?" राजबीरे ने मजाक के लहजे में कहा।

जित्ते ने उसके मजाक का कोई जवाब नहीं दिया था। अपनी बीड़ी सुलगाकर चुपचाप ट्रक के एक कोने में बैठ गया था और बीड़ी के हर एक सुट्टे के साथ जैसे अपने भीतर उठती दुश्चिंताओं को पी जाने की कोशिश करने लगा था।

जगेसर ड्राइवर के केबिन में बैठा ऊँघ रहा था। ड्राइवर अब्दुल ठेकेदार के भरोसे का आदमी था। वैसे तो वह खुद माल के साथ शहर आता था, लेकिन कई बार किसी काम में फँसे रहने पर वह अपने नौकरों को ड्राइवर अब्दुल के साथ भेज देता। माल उतारने के लिए अब्दुल को मजदूर ढूँढ़ने नहीं पड़ते थे। न मजदूरी देने के लिए मोल-भाव ही करना पड़ता था। इस काम के लिए शहर में आसानी से मजदूर भी नहीं मिलते थे।

"ओए, जगेसर अगर नींद आ रही है तो जा पीछे जा के सो जा। यहाँ सोएगा तो मुझे भी झपकी आ सकती है। ड्राइवर को झपकी आने का मतलब तुझे पता है कि नहीं..." अब्दुल ने जगेसर को टोका।

"कल रात देर से सोया था। तड़के ही मुँह-अँधेरे ठेकेदार ने फिर हाँक मार ली। वो चौधरी जगत सिंह की भैंस मर गई थी रात में। उसे उठा के लाना पड़ा और फिर उसकी खाल उतारते-उतारते यो टेम हो गया। एक मिनट की भी फुरसत नहीं मिली कि घड़ी भर के लिए जरा कमर सीधी कर लें। फेर यो आदेश आ गया के सारी खाल आज ही शहर पहुँचानी है। पूरा दिन इसी भाग-दौड़ में बीत गया।" जगेसर ने अपनी उनींदी आँखों को मिचमिचाते हुए कहा।

उसके स्वर में गहरी वेदना दिखाई दे रही थी जिसे अब्दुल महसूस कर पाया था या नहीं, कहना मुश्किल था। दुबले-पतले, लेकिन चुस्त और फुर्तीले अब्दुल का काम जित्ते, कल्लू, जगेसर और राजबीरे से अलग ड्राइवरी का था। ट्रक ठेकेदार का था लेकिन अब्दुल ही उसे चलाता था। ठेकेदार भी उस पर भरोसा करता था। जब से ठेकेदार ने पाँच-छह गाँव के मरे जानवरों को उठाने का ठेका लिया था, काम कुछ ज्यादा ही बढ़ गया था। जानवरों की उतरी खाल के पैसे भी अच्छे मिल रहे थे। इस काम के लिए अपने आठ-दस जवान लड़कों को काम पर रख लिया था। जो गाँव में मरनेवाले बैल, भैंस, गाय आदि को उठाकर गाँव के बाहर लाने से लेकर, उनकी खाल उतारने तक का काम बेहद कुशलता से करते थे। उन्हें ठेकेदार ने दैनिक दिहाड़ी पर रखा हुआ था। जो एकदम मामूली था। जिन्हें ठेकेदार ने काम पर रखा था, उनके पास करने के लिए गाँव में कोई काम ही नहीं था। इसलिए वे ठेकेदार के लिए सस्ते और टिकाऊ साबित हो रहे थे।

पिछले दो-तीन साल से ठेकेदार का काम अच्छा चल रहा था। गाँव से बाहर उसने एक गोदाम भी बनवा लिया था। जहाँ ताजा उतारी गई खालों को शहर में बेचने से पहले नमक लगाकर रखा जाता था जिससे वे खराब न हो जाएँ, यह प्रक्रिया बहुत तकलीफ वाली होती थी। इस काम के लिए उसने दो बुजुर्ग रखे हुए थे, जो इस काम में बहुत कुशल थे।

अचानक ट्रक की स्पीड कम हो गई थी। जित्ते ने अब्दुल से पूछा, "क्या हुआ उस्ताद जी?"

"अरे, वह देख, सामने हरामी खड़ा है।" अब्दुल ने पुलिसवाले की ओर इशारा किया।

"तो, खड़ा रहण दे, हम कोई गलत काम कर रहे हैं!" जगेसर ने सहज भाव से कहा।

"अरे तू न जाणे इसे, उगाही के बगैर नी छोड़ता।" अब्दुल ने पिछले अनुभवों के आधार पर दलील दी।

एक बार तो उसके मन में आया भी कि वापस लौट चलें, लेकिन ठेकेदार की हिदायत थी कि आज ही इन खालों को शहर छोड़कर आना है। उसने हिम्मत करके फिर से स्पीड बढ़ा दी। उसके मन में यह विचार भी आया कि वह चाहे जितना रोकने की कोशिश करे, ट्रक रोकना नहीं है लेकिन इसका अंजाम बुरा भी हो सकता है। ठेकेदार ने कुल दो सौ रुपए दिए थे चलते वक्त, इसी में से पुलिस को दक्षिणा भी देनी है और ट्रक में तेल भी डलवाना है।

दूर से आते ट्रक को देखते ही सिपाही चंदगी राम की गिद्ध-दृष्टि ने भाँप लिया था कि जो जेब सुबह से खाली थी, अब खाली नहीं रहेगी। वह सड़क के पास आ गया था जैसे कोई शिकारी अपने शिकार पर झपट्टा मारने की तैयारी कर रहा हो!

अब्दुल ने भी अपनी अनुभवी नजरों से ताड़ लिया था कि अब बचने का कोई रास्ता नहीं है। इसलिए वह भी हमले से बचाव की तैयारी में लग गया था।

मोटे और नाटे कद का चंदगी राम देखने में जितना भद्दा और उजड्ड दिखता था, दिमाग उसका उतना ही तेजी से चलता था। सिपाही चंदगी राम की शहर से बाहर कहने को तो गश्त लगती थी, लेकिन मुख्य काम उगाही करना ही था। इस काम में उसका किसी से मुकाबला नहीं था। कानून के ऐसे दाँव-पेच उसे जबानी याद थे कि सामने वाला खुद को असहाय समझने लगता था। यदि कभी कोई गुनहगार हत्थे चढ़ भी जाए तो उसे कैसे छोड़ना है, उसे सब पता था। इसीलिए पुलिस महकमे में उसकी बहुत प्रतिष्ठा थी।

सिपाही चंदगी राम ने ट्रक को रुकने और किनारे लगाने का इशारा किया। अब्दुल ने ट्रक किनारे लगाकर इंजन बंद कर दिया था। अब्दुल को देखते ही सिपाही चंदगी राम बोला, "क्या है ट्रक में? कागज निकालो।"

"सलाम दीवान जी, आप तो जानते ही हो, ठेकेदार जी का सामान है। इस बार वे खुद नहीं आ पाए हैं। किसी जरूरी काम में फँस गए। इसीलिए हम लोग ही हैं।" अब्दुल ने धीमे स्वर में कहा।

सिपाही चंदगी राम ने ऊँचे अफसर की तरह गर्दन हिलाई और ट्रक का मुआयना करने लगा। जैसे ही ट्रक के पीछे गया बदबू के एक तेज झोंके ने उसकी नाक से दिमाग तक को हिला दिया। उसने एक भद्दी-सी पुलिसिया गाली दी और उधर से हटकर दूर खड़ा हो गया। "कितनी खालें हैं?" सिपाही ने अपना गणित भिड़ाने के लिए तेजी से सवाल दागा।

"दीवान जी दस-बारह हैं।" अब्दुल ने जल्दी से उत्तर दिया।

"कुछ और भी है?" सिपाही ने धमकाते हुए कहा।

"नहीं जी, खाल ही हैं।" अब्दुल ने सफाई दी।

"ज्यादा होशियारी मत दिखा, थारे जैसे लोगों को मैं अच्छी तरह जाणू!" सिपाही ने दबका दिया।

"डाला खोल देता हूँ। आप खुद ही देख लो..।" अब्दुल ने आश्वस्त करने की कोशिश की।

"ओए! अपणे कू ज्यादा तीसमारखाँ मत दिखा...चल ट्रक खाली कर। मैं चेक करूँगा। तू ऐसे नहीं मानेगा।" सिपाही ने चाल चली।

"दीवान जी, हमारा तो हमेशा का काम है। आप तो अच्छी तरह जाणो...ठेकेदार जी को भी आप जाणते हो, यह उनका ही सामान है।" अब्दुल नरम पड़ने लगा था। उसे पता था कि ट्रक खाली करने का क्या मतलब है।

"ठेकेदार को पता नहीं है, इस तरह सामान को लाना-ले जाना गैर-कानूनी है। इस पर चुंगी लगती है, वह चुकानी पड़ती है..." सिपाही ने सीधे-सीधे कहा।

अब्दुल ने जेब से पचास का नोट निकालकर सिपाही की ओर बढ़ाया। पचास के नोट को देखते ही सिपाही भड़क गया था।

"इसे अपनी...(एक भद्दी गाली) दस-बारह खाल ले जा रहे हो, पचास रुपए दिखा के किसे उल्लू बणा रहा है...पाँच सौ लगेंगे।" सिपाही ने साफ-साफ अपनी माँग रख दी थी।

अब्दुल ने सिपाही की झिड़की सुनकर हाथ पीछे खींच लिया था। डरते-डरते बोला, "दीवान जी, पाँच सौ तो बहुत ज्यादा हैं। ठेकेदार जी ने तो इतने ही दिए थे। आप चाहो तो तलाशी ले लो।"

"तू ऐसे नहीं मानेगा, ठेकेदार को बुला...उससे पहले ट्रक खाली कर। मैं पूरा ट्रक चेक करूँगा। वह सामणे कोण बैट्ठा है, उसे भी नीचे उतार। पीछे भी कोई है तो उसे भी बाहर कर। गाड़ी के पेपर निकाल।" सिपाही चंदगी राम अपनी पूरी ताकत दिखा देने के मूड में आ चुका था। दिन-भर में एक असामी फँसा और वह भी सिर्फ पचास का ही एक नोट दिखा रहा है। मतलब चंदगी राम के इतने बुरे दिन आ गए हैं। अपने ऊपरवाले अधिकारियों के सामने कौन-सा मुँह लेकर जाऊँगा। चंदगी राम के मन में तरह-तरह के सवाल उठ रहे थे।

अब्दुल के दिमाग में कोई जुगत नहीं बैठ रही थी कि इस मुसीबत से कैसे निबटा जाए। उसने लगभग गिड़गिड़ाते हुए कहा, "दीवान जी, यकीन मानिए, ठेकेदार जी ने इतने ही रुपए दिए थे। आज जाने दीजिए, अगले फेरे पे ठेकेदार जी को लेकर आऊँगा, उस वक्त आप जो भी कहेंगे आपकी सेवा में हाजिर कर देंगे।"

अब्दुल के गिड़गिड़ाने का कोई भी असर सिपाही पर नहीं हुआ था। उसने डंडा फटकारते हुए ट्रक के डाले पर चोट की, "तूने सुणा नहीं मैंने क्या कहा...चल फटाफट ट्रक से सारा माल नीचे उतार।"

डाले पर पड़नेवाली चोट की आवाज सुनकर कल्लू, राजबीरे और जित्ते उठकर खड़े हो गए थे। उनकी समझ में अभी तक कुछ नहीं आया था। ट्रक क्यों रुका हुआ है, वे यह भी नहीं जानते थे। सिपाही की नजर उन पर पड़ी। वह जोर से चिल्लाया, "अबे हरामियों की औलाद, तुम लोग अभी तक ट्रक पर आराम फरमा रहे हो। सालों नीचे उतरो, तुम सबकी चर्बी मैं ढीली करूँगा। उतरो नीचे।"

उसने एक बार फिर से डंडा डाले पर मारा। जिसकी आवाज से वे चारों डरकर नीचे उतर आए थे। उनकी समझ में नहीं आ रहा था कि हो क्या रहा है। वे घबराकर एक-दूसरे का मुँह देख रहे थे जिसमें एक ही सवाल था कि 'क्या हुआ?' इससे आगे उनकी बुद्धि काम ही नहीं कर रही थी। न उनका कभी किसी पुलिसवाले से पाला पड़ा था।

अब्दुल ने आखिरी कोशिश की, "दीवान जी, आप यकीन मानिए, हमारे पास और रुपए नहीं हैं..."

उसकी बात पूरी भी नहीं हुई थी, सिपाही जोर से दहाड़ा, "तू, मुझे क्या समझ रहा है! ये जो डंडा है मेरे हाथ में, पूरा का पूरा हलक में उतार दूँगा। साँस भी नहीं ले पाएगा। समझ में न आ रहा हो तो दूसरे तरीके से समझा दूँ और तुम लोग क्या दीदे फाड़-फाड़ के देख रहे हो, इधर आ के एक लाइन में खड़े हो जाओ। अभी थोड़ी देर में तुम लोगों को नानी याद न दिला दी तो मेरा नाम भी चौधरी चंदगी राम नहीं। तुम्हारे जैसे कमीनों को सबक सिखाना मुझे अच्छी तरह आवे है।"

उन चारों की आँखों में भय के तारे नाचने लगे थे। जित्ते कुछ ज्यादा ही भयभीत दिख रहा था। पुलिस के बारे में बड़े-बड़ों से जो सुन रखा था, वह उसे साक्षात् दिखाई दे रहा था। गाँव

की जिंदगी में ऐसी यातनाओं से हर रोज पाला पड़ता था। उसकी स्मृति में बेकार घर में बैठे बापू और दमे से बेहाल खाँसती माँ का चेहरा घूम गया था। अनजानी आशंकाओं ने उसे बेचैन कर दिया था। सिपाही का चेहरा उसे डरावना लगने लगा था। उसके चेहरे पर पसीने की बूँदें दिखाई देने लगी थीं।

इसी बीच उस सड़क से गुजरनेवाले ट्रकों से सिपाही की छोटी-मोटी उगाही जारी थी। बीच-बीच में वह अब्दुल को हिदायत भी दे रहा था कि तुम्हारे पास पैसे नहीं हैं तो ठेकेदार को बुलाओ। ठेकेदार को बुलाए जाने का मतलब था कि यह ट्रक यहीं छोड़कर जाना होगा और फिर रात-भर का टंटा लेकिन सिपाही अपनी जिद पर अड़ा था। पता नहीं उसके मन में क्या चल रहा था।

अचानक सिपाही के मन में कुछ कौंधा, और उसने उन चारों की ओर रुख किया, जो अभी भी डरे हुए खड़े थे। सिपाही को अपनी ओर आता देखकर उनकी साँसें तेज हो गई थीं। सिपाही ने सबसे पहले राजबीरे, जो उनमें सबसे ज्यादा तंदुरुस्त दिख रहा था, को अचकचाकर एक थप्पड़ जड़ दिया। अचानक इस हमले के लिए वह तैयार नहीं था। गिरते-गिरते बचा। दूसरा थप्पड़ उसके साथ खड़े कल्लू के गाल पर पड़ा। एक-एक करके उसने चारों को अपनी ताकत का एहसास करा दिया। राजबीरे के मन में एक गुबार-सा उठा। वह जानना चाहता था कि पुलिस का सिपाही उनको थप्पड़ क्यों मार रहा है लेकिन उसके मन में उठनेवाला विचार जन्मने से पहले ही मर गया था। कल्लू इतनी जोर से चिल्लाया था जैसे सिपाही ने उसकी गर्दन मरोड़ दी हो। उसकी चीख ने राजबीरे के मन में उठनेवाले तमाम सवालों को मौत की गोद में सुला दिया था।

इधर पुलिस की वर्दी गाँव के गरीब, बेरोजगार युवकों को अपनी ताकत दिखा रही थी दूसरी ओर शहर की ओर से आती तीन मोटरसाइकिलों पर सवार नौ युवा वहाँ से गुजरे, एक-एक बाइक पर तीन-तीन सवार, वह भी सौ किलोमीटर की गति से लेकिन सिपाही ने उनकी तरफ देखा तक नहीं लेकिन उन युवकों की दृष्टि उन पर जरूर पड़ी। उन्हें लगा कुछ जरूर उत्तेजक मामला है। एक सिपाही चार लोगों को पंक्ति में खड़ा करके पीट रहा है।

एक ने कहा, "चलो, चलकर देखा जाए माजरा क्या है?"

वे जिस गति से वहाँ से गुजरे थे, उसी गति से लौट आए थे। उनकी बाइक पर पीले झंडे लगे थे, सिर पर लाल रंग की पट्टियाँ बँधी थीं। ऐसा लग रहा था जैसे वे किसी रैली से लौट रहे थे। उन्होंने जिस झटके से अपनी बाइक रोकी थी उसने इस सुनसान जगह को दहला दिया था। जगेसर को उनके लौट आने पर एक अजीब-सा डर महसूस हुआ था लेकिन सिपाही चंदगी राम पर जैसे उनकी इन हरकतों का कोई असर दिखाई नहीं दिया था। वे एक-एक बाइक पर तीन-तीन लोग, बिना हेलमेट पहने हाई वे पर सौ किलोमीटर की गति से बाइक चला रहे थे, साथ ही तीन में से दो बिना नंबर प्लेट की बाइक थीं। फिर भी, सिपाही का ध्यान उनकी ओर नहीं था। शायद ये सभी कानून के दायरे से बाहर थे सिपाही चंदगी राम के लिए।

बाइक से उतरते ही उनके नेता ने पूछा, "क्या मामला है दरोगा जी?"

"मामला...मामला तो गौकशी का है। जुल्म हो रहा है दिन-दहाड़े, खुलेआम गाय की खालें शहर पहुँचाई जा रही हैं। मेरे होते तो ये गुनाह नहीं होगा। इसके लिए जो भी होगा, मैं करूँगा।" सिपाही चंदगी राम ने गजब की पटखनी दी थी।

अब्दुल ने मुँह खोलने की कोशिश की, "दीवान जी, ये क्या कह रहे हो...ट्रक में तो..."

उसके मुँह खोलते ही सिपाही चिल्लाया, "एक तो चोरी ऊपर से सीना जोरी...हलक में डंडा घुसेड़ दूँगा।"

अब्दुल की बोलती बंद हो गई थी लेकिन सिपाही ने जो इल्जाम लगाया वह सुनकर अब्दुल के पाँव के नीचे से जमीन हिल गई थी। सारा मामला ही पलट गया था। उसके हौसले पस्त हो गए थे। उसे लगा जैसे सिपाही ने सरेआम उसके ईमान पर चोट करके उसके जमीर को तहस-नहस कर दिया है। उसका दिमाग सुन्न हो गया था।

गौकशी शब्द सुनते ही उन नौजवानों का खून खौल उठा था। बिना एक पल भी गँवाए वे बाइक सवार उन देहाती लड़कों पर टूट पड़े थे। उन्होंने उन पाँचों को धुनक डाला था। लात-घूँसों की ऐसी बौछार ने, उन्हें सँभलने का भी मौका नहीं दिया। न वे भाग ही पाए थे। बचकर भागने तक का उन्हें समय ही नहीं मिला था।

दरअसल कल्लू, राजबीरे, जित्ते और जगेसर की समझ में ही नहीं आया था कि सिपाही गौकशी का इल्जाम किस पर लगा रहा है क्योंकि वे तो गाँव-देहात में मर गए पशुओं को ही उठाने का काम करते हैं, वह भी सिर्फ ठेकेदार के लिए, फिर सिपाही ने ऐसा क्यों कहा...यह उनकी समझ से बाहर था। जब तक वे ठीक से कुछ समझ पाते कि उन लोगों ने उन्हें मार-मार कर अधमरा कर दिया था।

सिपाही इत्मीनान से बाइक सवार लड़कों की कार्यवाही को देख रहा था। जैसा उसने चाहा था, ठीक वैसा ही हो रहा था। दरअसल उसने एक गणित भिड़ा लिया था।...क्यों न इन्हें थाने ले चलें। जब ठेकेदार को पता चलेगा तो वह इन्हें छुड़ाने की कोशिश तो करेगा ही...बीस-पच्चीस हजार का हिसाब बन सकता है कि मामला गौकशी का है तो अपनी इज्जत और धंधे के लिए इन्हें छुड़ाने जरूर आएगा। उसकी तो आमदनी इन कमीनों पर ही टिकी है। इस विचार के पनपते ही उसने बाइक सवारों को रोकने की कोशिश शुरू की, "रुको! इनको जान से मार देने पर समस्या खत्म नहीं होगी, इनके सूत्र कहाँ जुड़े हैं, उन्हें भी तो ढूँढ़ना है...इन्हें लेकर थाने जा रहा हूँ। वहीं तहकीकात होगी। जब थाने में मार पड़ेगी तो ये अपने आप सब उगल देंगे...छोड़ो इन्हें।"

बाइक सवारों का नेता कुछ ज्यादा ही जोश में दिखाई दे रहा था। गुस्से में लाल-पीला हुए बोला, "हाँ, ये तो सरकार के दामाद हैं, ले जाओ थाने, करो खूब सेवा-टहल। थोड़े दिन अखबारों में आएगा, कुछ दिन बाद सब भूल जाएँगे, किसी को याद नहीं रहेगा। मैं तो कहता हूँ यहीं फैसला हो जाने दो। ताकि इनके बाद फिर कोई गऊ माता की तरफ उँगली भी न उठा सके..." वह लंबा-चौड़ा भाषण देने की मुद्रा में आ गया था, "दरोगा जी, मैं तो कहता हूँ खत्म करो सालों को। न रहेगा बाँस, न बजेगी बाँसुरी..." उसने जुमला उछाला।

नेता का दूसरा साथी बार-बार अपनी मुट्ठियों को दबा रहा था। शायद दर्द कर रही थीं क्योंकि पहली बार किसी पर घूँसे चलाने का मौका मिला था उसे। वह भी मेहनतकशों के मजबूत शरीर पर। चोट तो लगनी ही थी नरम हाथों में। अपनी पीड़ा को भुला देने की कोशिश में बोला, "ऐसे कमीनों को तो एक लाइन में खड़ा करके गोली से उड़ा देना चाहिए..."

"नहीं...इन्हें थाने ले चलते हैं। थाना यहाँ से ज्यादा दूर भी नहीं है।" सिपाही ने समझाने की कोशिश की।

थोड़ी बहस के बाद वे मान गए थे। उन्हें धकियाते हुए वे थाने की ओर चल दिए। लेकिन कल्लू को बहुत ज्यादा चोटें आई थीं। वह चल नहीं पा रहा था। बार-बार गिर रहा था।

एक ने सलाह दी, "यह तो गया। इसे यहीं पड़ा रहने दो। इसके तो मुँह से खून बह रहा है।"

दूसरे ने कहा, "अरे डाल मोटरसाइकिल पर यहाँ छोड़ने से अच्छा है थाने ले चलना। ला इधर डाल मेरी बाइक पर इसकी बची-खुची हड्डियाँ भी तोड़ दूँगा।"

वे एक जुलूस की शक्ल में चल रहे थे। शहर के बाहर ही थाना था। उसके पास पहुँचने से पहले ही उन्होंने नारेबाजी शुरू कर दी थी...गद्दारों की यही सजा...गाय हमारी माता है...!

सिपाही सबसे आगे कुछ ऐसे चल रहा था जैसे अभी-अभी पाकिस्तान को फतह करके लौटा है। उसके पीछे अब्दुल, राजबीरे, जित्ते और जगेसर को मारते-पीटते ले जा रहे थे, कुछ और तमाशबीन भी साथ लग गए। राजबीरे के भीतर जैसे एक ज्वालामुखी उबल रहा था लेकिन उसे फूटकर बाहर आने का मौका नहीं मिल रहा था। भीड़ के बीच उसकी समूची चेतना जैसे विलुप्त होने लगी थी। उसका चेहरा बुरी तरह से लहूलुहान हो चुका था। आँखों में खून की बूँदें भरी हुई थीं जो किसी भी वक्त टपक सकती थीं। वह चल नहीं रहा था, घिसट रहा था।

थाने तक पहुँचते-पहुँचते, यह खबर पूरे शहर में फैल गई थी कि 'पुलिस ने गाय की खालों से भरा एक ट्रक पकड़ा है जिसमें ट्रक ड्राइवर के साथ चार लोगों को भी गिरफ्तार किया गया है। शहर किनारे मुख्य सड़क से सटे थाने की जर्जर पुरानी इमारत को देखकर लग रहा था जैसे बरसों से इस भवन पर लगे मकड़ी के जालों की ओर किसी का ध्यान ही नहीं गया है।

पुरानी टूटी-फूटी बदरंग कुर्सी-मेज पर झुके, अधलेटे-से पुलिस विभाग के सुस्त कर्मचारियों में जैसे थोड़ी देर के लिए गति आ गई थी।

गिरफ्तार किए गए लोगों को देखने के लिए भीड़ थाने में घुस गई थी। भीड़ में से कुछ लोगों ने गिरफ्तार किए गए लोगों पर पत्थर मारने शुरू कर दिए थे। एक बार पत्थरबाजी शुरू हुई तो रुकने का नाम ही नहीं ले रही थी। पुलिस थाने में मौजूद सिपाही और इंस्पेक्टर एक किनारे खड़े होकर मूक तमाशबीन बने हुए थे।

उन पाँचों की बुरी हालत हो चुकी थी। वे चीखना-चिल्लाना तो दूर की बात, उनके शरीर पर जो मैले-कुचैले कपड़े थे, वे भी तार-तार हो चुके थे लेकिन भीड़ फिर भी अपना जोश दिखाने में बढ़-चढ़कर हिस्सा ले रही थी। लोगों का गुस्सा पूरे जुनून पर था। पुलिस थाने में पुलिस की नहीं भीड़ की सत्ता कायम हो चुकी थी। धार्मिक उन्माद ने सच्चाई को कहीं दूर धकेल दिया था। जिसके साये में मानवीय संवेदना भी खो गई थी।

पत्थरों की मार से जख्मी अब्दुल की चेतना विलुप्त होने लगी थी। भीड़ का हरेक चेहरा उसे काले साये की तरह दिखाई दे रहा था। उसने आँखें खोलने की कोशिश की थी लेकिन उसी वक्त एक पत्थर उसकी आँख पर जोर से लगा और उसकी चेतना काले घने अँधेरे में डूब गई।

राजबीरे ने काफी देर तक पत्थरों के प्रहारों को अपने हाथों से रोकने की कोशिशें की थीं लेकिन आखिर शरीर ने हार मान ली थी। खून इतना ज्यादा बह चुका था कि वह स्वयं को खड़ा रख पाने में असमर्थ हो गया था। आखिरी बार उसने भीड़ के चेहरों को पहचानने की कोशिश की थी लेकिन वे अजनबी चेहरे थे, जिनके साथ उनकी कोई दुश्मनी नहीं थी फिर भी वे उस पर पत्थर बरसा रहे थे। वे तमाम चेहरे मौत के सायों में तब्दील हो गए थे, जिन्हें देखने और पहचानने की हिम्मत खत्म हो गई थी।

भीड़ ने पाँचों को जान से मार दिया था।

देर रात तक पुलिस थाने में भीड़ ने अपना जौहर दिखाया था जिसमें पुलिस के सारे गणित और समीकरण गड़बड़ा गए थे। जब भीड़ छँटने लगी तो वहाँ न मोटरसाइकिल सवार थे, न सिपाही चंदगी राम। थाने में पड़ी थी सिर्फ पाँच लावारिश लाशें जिनके बारे में कोई नहीं जानता था कि वे यहाँ आईं कैसे और इन्हें मारनेवाले कौन लोग थे। शहर से बाहर खड़े ट्रक में मरे जानवरों की खालें सड़ने लगी थीं जिन पर भूखे गिद्ध मँडराने लगे थे।

गौकशी की इस घटना ने पूरे शहर को झकझोर दिया था लेकिन दूर गाँव में बैठे ठेकेदार को कोई खबर नहीं थी, न मरनेवालों के घरवालों को इस बात का एहसास था कि उनके जवान लड़कों को उन्मादित भीड़ ने पुलिस की मौजूदगी में पत्थरों से पीट-पीटकर मार डाला है।

पुलिस इन लावारिश लाशों को ठिकाने लगाने की जुगत में लग गई थी और शहर के नेताओं को कुछ दिन के लिए मुद्दा मिल गया था लेकिन लाशों की आँखों में जो एक सवाल जिंदा था कि गौकशी किसने की? उत्तर किसी के पास नहीं था। जित्ते, कल्लू, राजबीरे, जगेसर और अब्दुल के घर में चूल्हा नहीं जला होगा।

नो बार

जयप्रकाश कर्दम

वांटेड सूटेबल ग्रूम फॉर एम.ए., 25 ईयर्स, 158 सेंटीमीटर, ह्वीटिश, स्लिम, शार्प फीचर्ड, ब्यूटीफुल गर्ल, एक्सपर्ट इन हाउस होल्ड, हाइली एजुकेटेड प्रोग्रेसिव फैमिली, कास्ट नो बार—'टाइम्स ऑफ इंडिया' के मैट्रिमोनियल्स कॉलम पर नजर दौड़ाते हुए उसकी नजरें इस विज्ञापन पर ठहर गईं। दो-तीन बार उसने इस विज्ञापन को पढ़ा और पेन से उस पर एक निशान लगाने के बाद वह कुछ देर तक पेन को अपनी उँगलियों में नचाता रहा और फिर पेन को मेज पर रखकर सोफे में लगभग धँसते हुए विज्ञापन के विषय में सोचने लगा।

जिस तरह की शिक्षित, सुंदर और स्मार्ट लड़की वह चाहता था, यह लड़की उसके एकदम अनुकूल थी। वह प्रगतिशील विचारों का था और चाहता था कि उसकी पत्नी भी प्रगतिशील विचारों की हो। अंतर्जातीय विवाह की बात वह तभी से सोचने लगा था, जब वह यूनिवर्सिटी में पढ़ता था। बाद में नौकरी में आने के बाद उसने अपना पक्का मन बना लिया था कि वह शादी किसी योग्य लड़की से ही करेगा, चाहे वह अपनी जाति की हो या किसी अन्य जाति की।

विज्ञापन से पूरी तरह संतुष्ट हो जाने पर उसने पेन उठाया और उस मैट्रिमोनियल्स के जवाब में पत्र लिखने बैठ गया। पत्र में अपना बॉयोडाटा—शिक्षा, उम्र, स्वास्थ्य, लंबाई, रंग-रूप, नौकरी, वेतन, शौक, अभिरुचि से लेकर माता-पिता, गाँव आदि तक यानी अपने निजी और परिवार के बारे में सब जरूरी बातें उसने लिखीं। जाति के बारे में लिखते-लिखते वह अटक गया। एक बार उसका मन हुआ कि उसको अपनी जाति का उल्लेख भी कर देना चाहिए। उसने सोचा यह ठीक है कि सामने वाले के लिए जाति कोई बंधन नहीं है, लेकिन फिर भी अपनी ओर से जाति का उल्लेख कर देने में क्या बुराई है। जब पूरा विवरण लिखकर भेजा जा रहा है तो यथासंभव अपने से संबंधित सब जानकारियाँ पूर्ण और स्पष्ट रूप से लिखकर भेजनी चाहिए लेकिन तुरंत यह सोचकर कि, 'जब विज्ञापनदाता जाति की भावना से पहले ही मुक्त है तो उसके लिए अपनी जाति लिखने का क्या औचित्य है! ऐसे में अपनी ओर से जाति का उल्लेख करना हल्कापन होगा।' और यह विचार कर उसने जाति का विवरण लिखते-लिखते काट दिया था।

पहले वह हर रविवार को केवल मैट्रिमोनियल्स पढ़ने के लिए कई-कई अखबार खरीदता था और कई-कई घंटे विज्ञापनों में उलझा रहता था लेकिन इस विज्ञापन के बाद उसने पत्र-पत्रिकाओं में मैट्रिमोनियल्स के विज्ञापन देखने बंद कर दिए थे, उसकी तलाश जैसे खत्म हो गई थी। उसे विश्वास था कि उसके प्रस्ताव को स्वीकार कर लिया जाएगा। उसका वह सोचना अपनी जगह पर सही भी था, क्योंकि वह एम.एस-सी. पास आयकर अधिकारी था।

शरीर से भी स्वस्थ, सुंदर और आकर्षक था। वह हर तरह से किसी भी मिडिल क्लास फैमिली की लड़की के साथ विवाह हेतु उपयुक्त था।

करीब डेढ़ सप्ताह बाद ही उसे अपने पत्र का जवाब मिला। लड़कीवालों ने उसे अपने घर आमंत्रित किया था। वह उनके घर पहुँचा। लगभग एक घंटे तक वह वहाँ रहा, उसने लड़की को देखा। जैसा विज्ञापन में उल्लेख था, लड़की बिलकुल वैसी ही थी बल्कि उससे भी कहीं ज्यादा सुंदर और सौम्य। पहली नजर में ही लड़की उसे भा गई थी। उसका मन किया कि वह तुरंत हाँ कह दे, लेकिन लड़की के पिता ने जैसे उसके मन की बात भाँप ली हो, उन्होंने कहा, "देखिए राजेश जी, हम बड़े खुले विचारों के आदमी हैं। जाति-पाँति, धर्म-संप्रदाय किसी प्रकार के बंधन को हम नहीं मानते। ये सब बातें पिछड़ेपन का प्रतीक हैं। हमारे परिवार में जितनी भी शादियाँ हुई हैं, वे सब अंतर्जातीय हुई हैं। अब देखो मैं ब्राह्मण हूँ और मेरी पत्नी कायस्थ परिवार से है। हमारी बड़ी बेटी की शादी अग्रवाल लड़के के साथ हुई है और हमारे घर में जो बहू आई है, वह पंजाबी क्षत्रिय है। हमारी नजर में लड़का और लड़की एक-दूसरे को अच्छी तरह देखें, परखें और बातचीत करें। यदि वे दोनों एक-दूसरे को पसंद करते हैं, एक-दूसरे से संतुष्ट होते हैं और उन्हें लगता है कि वे एक-दूसरे के साथ एडजस्ट कर सकते हैं, बस यह काफी है। इसके अलावा सब चीजें गौण हैं। वैसे भी विवाह जन्म-भर का बंधन होता है, इसके बारे में निर्णय अच्छी तरह परख-पड़ताल करके और पूरी तरह संतुष्ट होने के बाद ही लिया जाना चाहिए। इसमें किसी तरह की कोई जल्दबाजी नहीं की जानी चाहिए। आप दोनों पढ़े-लिखे हैं। समझदार हैं। अपना भला-बुरा अच्छी तरह समझते हैं। इसलिए हम चाहेंगे कि कोई भी निर्णय लेने से पहले आप दोनों आपस में बातचीत करें, एक-दूसरे को जानें-समझें। इसके लिए आप पूरा समय लें। एक बार नहीं, दो बार, तीन बार, चार बार, आप मिलें, लेकिन जो भी निर्णय लें, पूरी संतुष्टि के बाद ही लें। मैं समझता हूँ, आप भी मेरे विचारों से सहमत होंगे।" उन्होंने प्रश्नसूचक दृष्टि से राजेश की ओर देखा।

उनकी यह बात राजेश को बहुत उपयुक्त लगी थी। उसने उनके विचारों के प्रति अपनी सहमति जताई, "जी हाँ, आप ठीक कहते हैं। मैं आपके विचारों से पूरी तरह सहमत हूँ।"

उस दिन चाय पीकर और थोड़ी देर ठहरकर वह चला गया था। उसके बाद कई बार लड़की के साथ डेटिंग पर उसकी मुलाकात और बातचीत हुई। जैसे-जैसे उनकी बातचीत का सिलसिला आगे बढ़ रहा था, वे औपचारिकता के आवरण से बाहर निकल अनौपचारिक होने लगे थे और एक-दूसरे के काफी नजदीक आ रहे थे।

पिछली मुलाकातों की तरह उस दिन भी वे मिले। कई घंटे वोट क्लब की नरम हरी घास पर बैठे बतियाते रहे। एक-दूसरे की आँखों में झाँकते, दिल से दिल का संवाद जोड़ते, एक-दूसरे को गुदगुदाते रहे। दूब के तिनकों को दाँतों से कुचलते या उनसे दाँतों को कुरेदते विचार-सागर में उठते-गिरते रहे। भावी जीवन का खाका बनाते, उसमें जोड़-घटाव करते रहे। सिर पर टोकरी रखे चने-मूँगफली बेचनेवाले हॉकर, हाथों में हाथ डाले पास से गुजरते हुए जोड़े, पेड़ों की शाखाओं पर चहचहाते पक्षी और सामने राजपथ की चिकनी सड़क पर धुआँ छोड़ते वाहनों की आवाज से कभी-कभी उनका ध्यान उचटता, लेकिन क्षण-भर पश्चात् ही वे फिर से अपनी बातों में तल्लीन हो जाते।

"शादी के बाद हनीमून मनाने कहाँ चलोगे?" लड़की का प्रश्न था।

"नैनीताल, मसूरी, कहीं भी, जहाँ तुम चाहो।" उसने तपाक से कहा।

"ऊँह, ये भी कोई जगहें हैं हनीमून के लिए।" लड़की ने मुँह बिचकाया, "ये तो इतनी नजदीक हैं कि वहाँ तो कभी भी जाया जा सकता है।"

"तो कुल्लू-मनाली चले चलेंगे।" उसने विचार रखा।

"नहीं, कुल्लू-मनाली भी नहीं। वहाँ तो मैं जा चुकी हूँ। हनीमून के लिए किसी नई जगह पर चला जाए। साउथ में कैसा रहेगा? साउथ में कभी गई भी नहीं हूँ मैं। मेरी एक फ्रेंड ऊटी गई थी हनीमून के लिए। कहती है, ऊटी बहुत प्यारी जगह है।" और कहकर उत्सुकतापूर्ण दृष्टि से उसने राजेश की ओर देखा।

"तो ऊटी चले चलते हैं।" उसने लड़की के साथ सहमति जताई।

"चले चलते हैं तो ऐसे कह रहे हो, जैसे अभी ही जा रहे हो। अरे, पहले शादी हो जाए, तभी तो कहीं चलोगे।" लड़की ने प्यार भरे अंदाज में कहा।

"शादी होने में अब देर कितनी है! तुम मुझे पसंद करती हो और मैं तुम्हें। क्यों, है न?" उसने लड़की की आँखों में झाँका।

"इसमें भी कुछ शक है?" उत्तर में लड़की ने प्रश्न किया।

"तो फिर तुम अपने माता-पिता को जाकर अपनी राय बता दो, जल्दी से कोई तारीख तय करके शादी कर लेते हैं। क्यों, क्या खयाल है?"

"हाँ, मैं आज ही जाकर मम्मी-पापा को अपनी राय बता दूँगी कि तुम मुझे पसंद हो।"

उस दिन सुबह देर तक वे एक-दूसरे के साथ रहे। अंत में शीघ्र ही एक-दूसरे के साथ विवाह-बंधन में बँधने की आशा और उमंग के साथ वे दोनों अलग हुए। अपने कमरे में आकर भी देर रात तक राजेश इस लड़की को लेकर अपने भावी जीवन के बारे में सोचता रहा था—

'भले ही अपने भविष्य के बारे में निर्णय मुझे खुद लेना है और ले लिया है, फिर भी माता-पिता ने मुझे पढ़ाया-लिखाया है, मेरे लिए इतने कष्ट सहे हैं, मुझे उनका मान-सम्मान भी रखना चाहिए। मुझे उनको भी बताना चाहिए कि मैंने अपने लिए लड़की ढूँढ़ ली है। वे कितने खुश होंगे।' मन में यह विचार कर उसी हफ्ते छुट्टी लेकर वह अपने माता-पिता से मिलने गाँव चला गया था।

पिछले काफी दिनों से माता-पिता उसको शादी के लिए बार-बार टोकने लगे थे। पिछली बार वह घर गया था तो पिताजी ने उससे कहा था, 'देखो बेटा, हर काम का एक टैम होता है। टैम पर ही सब काम अच्छे लगते हैं। शादी-ब्याह की भी एक उमर होती है। तुम खूब पढ़-लिख गए हो, दो पैसे का हिल्ला भी लग गया है। अब तुम्हें शादी कर लेनी चाहिए।'

और माँ ने कहा था, 'बेटा, म्हारी जिनगी की तै अब साँझ है। पके पाँव हैं म्हारे, आज मरे कल कू दूसरा दिन। तेरी ओर सै आत्मा हर तरह सै परसन्न है। बस एक ही कमी है। जल्दी सै घर में लिच्छमी आ जावै तै आँख बंद होने सै पहले पोती-पोता का मुँह देख लूँ।'

'चलो, माता-पिता की इच्छा अब पूरी हो जाएगी।' उसने सोचा।

घर पहुँचकर उसने माता-पिता को यह खबर सुनाई कि उसने उनके लिए एक बहू देख ली है और लड़की बहुत सुंदर, पढ़ी-लिखी और अच्छे परिवार की है, तो दोनों बहुत खुश हुए थे। माँ ने जमीन चुचकारी थी और शीतला देवी को याद किया था, "शीतला मइया, तू बड़ी दयालु है। जैसे तैनें म्हारी अब तक सुनी है, आगे भी सुनिए।"

बातचीत के दौरान पिताजी ने जानना चाहा था, "लड़कीवाले कहाँ के रहनेवाले हैं?"

"यह मुझे पता नहीं।" राजेश ने कहा।

"क्यूँ? तुमने पूछा ही नहीं उनसे।" पिताजी ने पूछा।

"नहीं, मैंने पूछा ही नहीं, पर कहीं के भी हों, आदमी बड़े अच्छे हैं। सवर्ण हैं, पर जाति-पाँति को तनिक भी नहीं मानते।"

"क्या?" चौंके थे पिताजी यह सुनकर, "क्या वे अपनी बिरादरी के नहीं हैं?" आशंका भरी जिज्ञासा के साथ उन्होंने पूछा।

"नहीं, पर आदमी बहुत अच्छे हैं।" राजेश ने उनकी जिज्ञासा को शांत करने की कोशिश की।

"सो तो ठीक है बेटा, पर क्या उनको पता है कि तुम किस जात के हो?" इस बार उनकी आवाज कुछ दबी हुई थी।

"नहीं, न उन्होंने कभी पूछा और न कभी ऐसा मौका ही आया कि मैं उन्हें बतलाता। दरअसल जाति-पाँति और भेदभाव का यह रोग अनपढ़ लोगों में ही है, पढ़ा-लिखा समाज कहाँ जाति को मानता है? पढ़े-लिखे और शिक्षित समाज में व्यक्ति को जाति से नहीं, उसकी शिक्षा, योग्यता और आर्थिक स्थिति के आधार पर जाना और माना जाता है और फिर जब सवर्ण लोग स्वयं जाति के भेदभाव से ऊपर उठकर हमारे साथ घुल-मिल रहे हैं तो हमारे द्वारा अपनी ओर से जाति का जिक्र करने का कोई औचित्य नहीं है।" उसने पिताजी को समझाया।

"बेटा, मैं अनपढ़-गँवार आदमी हूँ, ज्यादे नहीं जानता। तुम जिन लोगों की बात कर रहे हो, उनके बारे में मैं कुछ नहीं कह सकता, पर दुनियादारी को जो थोड़ा-बहोत मैंने देखा है, उसके आधार पर मेरा सुझाव है कि वे ना पूछें तब भी तुम्हें अपनी सै उनकू अपनी जात बता देनी चाहिए।"

"बिना पूछे यदि मैं उनको अपनी जाति बताऊँगा तो यह मेरा पिछड़ापन होगा। पिताजी, दुनिया इक्कीसवीं सदी की ओर बढ़ रही है। पुरानी मान्यताओं और विश्वासों का महत्त्व खत्म हो रहा है। आज केवल उन्हीं बातों का अर्थ और महत्त्व है, जो बातें प्रासंगिक हैं, जो संकीर्णताओं से ऊपर तथा प्रगतिवाद से जुड़ी हुई हैं। आप जिस दुनियादारी की बातें कर रहे हैं, वह पुरानी लीक को पीटनेवाली अनपढ़ लोगों की दुनिया है। वही जाति-पाँति के झमेले में पड़ी हुई है। हमारे लिए तो यह सौभाग्य की बात है कि हमारा संबंध एक ऐसे परिवार से हो रहा है, जो इतना शिक्षित, सभ्य और प्रगतिशील है।"

"तुम पढ़े-लिखे हो, दुनिया को देखते हो। अपना भला-बुरा अच्छी तरह समझते हो। तुम जो भी करोगे, ठीक ही करोगे। यदि तुम्हें अच्छा लग रहा है, तुम्हारा मन ठुक रहा है तो हमारे लिए भी अच्छा है। तुम्हारी खुशी में ही हमारी खुशी है।" और इतना कहकर वह चुप हो गए थे।

माता-पिता की सहमति ले राजेश शहर लौट आया था। लड़की ने भी अपने माता-पिता को बतला दिया था कि उसे राजेश पसंद है।

अभी तक सब कुछ अनौपचारिक तरीके से हो रहा था। अब बात औपचारिक रूप से आगे बढ़नी थी। बात को औपचारिक रूप से अंतिम रूप देने के लिए लड़की के पिता ने एक दिन राजेश को फोन पर कहा, "मैं समझता हूँ कि अब किसी दिन मिल-बैठकर हमें बात को अंतिम रूप देना चाहिए। आप चाहें तो हम आपके पास आ सकते हैं लेकिन चूँकि आप अकेले हैं और आपको कुछ असुविधा हो सकती है इसलिए आपको बुरा न लगे तो आप हमारे घर ही आ जाएँ।"

"नहीं-नहीं, इसमें बुरा लगने की क्या बात है! आप जब भी चाहेंगे, मैं आपके घर आ जाऊँगा।"

"तो फिर शाम को ही आ जाइए, कोई और प्रोग्राम न हो तो!"

"ठीक है, मैं आ जाऊँगा।"

उस दिन शाम को ऑफिस से निकलकर वह सीधा लड़कीवालों के घर पहुँचा। परिवार के सभी सदस्यों ने गर्मजोशी के साथ उसका स्वागत किया। उसने महसूस किया कि पहली बार जब वह उनके घर आया था, तब सब कुछ जितना असहज और औपचारिक था, आज उतना ही सहज और अनौपचारिक था। परिवार के सब लोग उससे खुलकर बात कर रहे थे। यूँ पिछली बार भी चाय के साथ बिस्कुट, नमकीन और मिठाई सर्व की गई थी, लेकिन इस बार इन सबके अलावा काजू, चिलगोजे और अन्य कई प्रकार के मेवे और मिठाइयों से मेज सजी हुई थी।

काफी देर तक राजेश और लड़की के माता-पिता के बीच इधर-उधर की बातें होती रहीं। लड़की के पिता राजेश से उसके विभाग और सेवा के बारे में जानकारी लेते रहे और रिटायरमेंट से पूर्व के, कार्यालय के अपने अनुभव सुनाते रहे। लड़की की माँ राजेश को भावी दामाद के रूप में देख रही थी और बड़े स्नेह और ममत्व से उसकी ओर देखते हुए, "यह लो बेटा, यह लो, और लो।" कह-कहकर उसको कभी मिठाई, कभी मेवे और कभी नमकीन खिलाए जा रही थी।

लड़की के पिता भी, "लो बेटा, हाँ-हाँ, और लो" कहकर कभी एक और कभी दूसरी प्लेट उसकी ओर सरका रहे थे।

उनके उस स्नेह और आत्मीयता से राजेश का मन बहुत अभिभूत था। वह स्वयं को बहुत सौभाग्यशाली समझ रहा था कि उसे इतने अच्छे और आत्मीय लोग मिले हैं। उसने सोचा, 'यदि सब लोग इस तरह के हो जाएँ तो दुनिया कितनी अच्छी हो जाए, यह धरती स्वर्ग बन जाए।'

हालाँकि अनौपचारिक रूप से लड़की के जरिए उसके माता-पिता को यह पता चल गया था कि लड़का और लड़की दोनों एक-दूसरे को पसंद करते हैं और एक-दूसरे के साथ विवाह करने को सहमत हैं किंतु बातचीत के दौरान उन्होंने औपचारिक रूप से भी राजेश की राय पूछी, "राजेश जी, मैं समझता हूँ आपने अनिता को काफी कुछ देख और समझ लिया होगा और अब अपनी राय व्यक्त कर सकने की स्थिति में होंगे। क्या राय है आपकी?"

"जी अनिता बहुत अच्छी हैं।"

"क्या आप उसे पसंद करते हैं?"

"जी, जी हाँ।" संकोच के साथ उसने कहा।

"खुशी हुई आपसे यह जानकर। अनिता भी आपको पसंद करती है। बड़ी तारीफ की है उसने आपकी। चलो अच्छी बात है, आप दोनों एक-दूसरे को पसंद करते हैं। मैं समझता हूँ, अब हमें सगाई का कोई दिन निश्चित कर लेना चाहिए और आप सगाई कहाँ कराना चाहेंगे, यहीं पर या गाँव में, यह भी आप देख लें।"

"जी, मैं चाहूँगा कि आप एक बार गाँव चलें तो अच्छा होगा। वहाँ मेरे माता-पिता हैं। हालाँकि निर्णय तो मुझे ही लेना है और मैं ले चुका हूँ, लेकिन फिर भी आप जरा वहाँ तक चलेंगे तो उनका सम्मान रह जाएगा।"

"हाँ-हाँ, क्यों नहीं! यह भी कोई कहने की बात है। बड़ों का सम्मान पहली बात है, उनका सम्मान तो होना ही चाहिए। हम आपके गाँव चलेंगे, बताओ कब चलें?"

"वह मैं आपको बाद में बतला दूँगा। पहले मुझे अपने गाँव खबर भिजवानी होगी। आप जानते ही हैं, दो-चार रिश्तेदार भी ऐसे मौके पर आते ही हैं।"

"हाँ-हाँ, बिलकुल। आप खबर भिजवाइए और जो भी आपको उपयुक्त लगे, वह दिन और तारीख हमें बता दीजिए, हम उसी दिन आपके गाँव चलेंगे।"

"जी ठीक है। अब आप इजाजत दें, मैं चलना चाहूँगा।"

"नहीं-नहीं, खाना खाए बिना आप नहीं जाएँगे। थोड़ी देर बैठिए, खाना तैयार हुआ जाता है। खाकर ही अब आप जाएँगे।" कहकर उन्होंने आवाज लगाई, "बहू, जल्दी से खाना तैयार करवाओ।" उनके इस प्यार और आग्रह के आगे कुछ नहीं कह सका राजेश।

किचेन में बर्तनों की खटर-पटर शुरू हो गई थी। लड़की की माँ भी उठकर अंदर चली गई थी। राजेश और लड़की के पिता के बीच जरूरी बात हो चुकी थी किंतु राजेश बोर न हो, इसलिए समय व्यतीत करने के लिए कुछ-न-कुछ बातचीत जरूरी थी। चर्चा के लिए राजनीति सबसे गरम विषय था, अतः लड़की के पिता ने राजनीति पर ही चर्चा शुरू की, "क्या पोजीशन है इलेक्शन की?"

"कुछ क्लीयर नहीं है। लगता है, इस बार भी हंग पार्लियामेंट रहेगी।"

"और फिर साल-भर के भीतर देश को दोबारा चुनाव की त्रासदी झेलनी पड़ेगी।"

"लगता तो यही है! क्लीयर मैजॉरिटी गेन करने की किसी भी पार्टी को कोई पॉसिबिलिटी नजर नहीं आ रही है! बीजेपी को सबसे ज्यादा सीटें मिल जाएँगी, लेकिन 200 से ऊपर वह भी शायद ही जा पाए! इसलिए अधिक चांसेज हैं कि कोलीशन गवर्नमेंट बनेगी।"

"वो तो है पर गवर्नमेंट बनेगी किसकी और चलेगी कितने दिन? मैं नहीं समझता ऐट प्रजेंट बीजेपी के अलावा और कोई पार्टी स्थायी सरकार दे सकती है!"

"लेकिन सरकार का स्थायी होना ही जरूरी नहीं है, बल्कि जरूरी यह है कि समाज और राष्ट्र के प्रति उसका दृष्टिकोण भी स्वस्थ, सकारात्मक और प्रगतिशील हो। बीजेपी के बारे में यह धारणा है कि उसकी सोच साम्प्रदायिक और विघटनकारी है। मुस्लिम और दलित बीजेपी को लेकर सशंकित हैं। उनको लगता है कि बीजेपी की सरकार का रुख उनके प्रति सकारात्मक नहीं रहेगा। मुस्लिम तो खैर बीजेपी को वोट देंगे ही नहीं, जहाँ तक दलितों का सवाल है, वे स्वयं पिछड़ों के साथ मिलकर सत्ता में आने के लिए जोड़-तोड़ कर रहे हैं। बिहार में लालू और यूपी में मुलायम और मायावती बीजेपी के रास्ते में सबसे बड़े हर्डल हैं।"

"बीजेपी क्या? ये समाज के रास्ते में हर्डल हैं। ये सब जातिवाद फैला रहे हैं, समाज को तोड़ रहे हैं। जाति की राजनीति कर रहे हैं।" और फिर एक क्षण रुककर, "अच्छा-खासा सब कुछ चल रहा था, समाज प्रोग्रेसिव हो रहा था। जातिवाद अपनी मौत मर रहा था, लेकिन वी.पी. सिंह के बच्चे ने मसीहा बनने के चक्कर में मंडल कमीशन लागू कर जातिवाद को फिर से जिंदा कर दिया। कोई देश की बात नहीं करता, सब अगड़े-पिछड़ों की बात करते हैं। लालू और मुलायम की तो फिर भी गनीमत है। कांशीराम और मायावती को देखो, ये तो बिना जाति के बात ही नहीं करते। वी.पी. सिंह ने आग लगाई, ये आग में घी डालकर उसे भड़का रहे हैं।"

"नहीं, ऐसा तो नहीं है कि कांशीराम और मायावती जातिवाद को भड़का रहे हैं। जातिवाद तो समाज में पहले से रहा है। हर चुनाव में उम्मीदवारों के चयन से लेकर मंत्रिमंडल के गठन तक सब जगह जाति का फैक्टर काम करता है। हाँ, कांशीराम, मायावती या दूसरे नेताओं के आने से इतना अंतर अवश्य आया है कि पहले दलितों की अपनी पार्टी नहीं होती थी, इसलिए उनका वोट कांग्रेस या दूसरी पार्टियों को जाता था, लेकिन आज उनकी अपनी पार्टी है और वे अपनी पार्टी को वोट दे रहे हैं।"

राजेश के साथ बातों से लड़की के पिता को लगा, 'यह लड़का जिस तरह की जबान बोल रहा है, कहीं यह शेड्यूल्ड कास्ट तो नहीं है। इस तरह की बातें एस.सी. ही करते हैं, वे ही पक्ष लेते हैं कांशीराम और मायावती का।' यह विचार मन में आते ही सहसा वे असहज से हो गए और "अरे अनिता!" कहते हुए अंदर चले गए। अनिता ड्राइंग रूम में पर्दे के दूसरी ओर डाइनिंग टेबल पर बर्तन लगा रही थी। उसने वहीं से उत्तर दिया, "येस पापा!"

"बेटी, एक बात तो बताओ!"

"क्या पापा?"

"इस लड़के की कास्ट क्या है?"

"आई कांट से पापा। मैंने उससे कभी पूछा ही नहीं।"

"फिर भी, बातचीत के दौरान कहीं कोई प्रसंग आया हो और तुमने कुछ नोट किया हो!"

"नहीं पापा, मेरा तो इस ओर कभी ध्यान ही नहीं गया। मैंने तो बस यही देखा कि उसका नेचर बहुत अच्छा है। उसे एटीकेट्स आते हैं और उसमें कोई बुराई नहीं है, स्मोकिंग तक वह नहीं करता और फिर पापा, हमारे एड में पहले ही 'नो बार' छपा था, इसलिए उसकी कास्ट के बारे में जानने की या इस ओर ध्यान देने की कोई तुक ही नहीं थी।"

"फिर भी तुमको इस ओर ध्यान देना चाहिए था बेटी।"

"पर क्यों पापा, जब हम जाति-पाँति को मानते ही नहीं तो फिर वह किसी भी कास्ट का हो, उससे क्या फर्क पड़ता है!" लड़की ने बड़ी सहजता से कहा।

"वह सब तो ठीक है कि हम जाति-पाँति को नहीं मानते और हमने मैट्रिमोनियल में 'नो बार' छपवाया था, लेकिन फिर भी कुछ चीजें तो देखनी ही होती हैं। आखिर 'नो बार' का यह मतलब तो नहीं कि किसी चमार-चूहड़े के साथ...।" तभी फोन की घंटी बजी और वह फोन सुनने के लिए ड्राइंग-रूम में चले गए। अनिता वहीं खड़ी रह गई थी।

सुरंग

दयानंद बटोही

मैं जानता हूँ, मुझे बराबर उलाहना-परतरा लोग देते रहे हैं, गोया कि मैं आदमी न होकर अन्य जीव हूँ। फिर भी मैं हार नहीं माना हूँ, ना ही मान रहा हूँ, क्योंकि मुझे मालूम है कि मुझे अभी तनिक-सा परिश्रम नहीं, बल्कि अभी तो ढेर सारे संघर्ष मुझे करने हैं। मुझे कतई दुख नहीं कि मुझे रिसर्च करने नहीं दिया गया।

मुझे बराबर जाति-पाँति के पचड़े के कारण टकराना पड़ा है। अच्छा भी है– एक-दूसरे को हम नहीं जानते, तब तक खूब गोल-गोल बातें होती हैं, लेकिन ज्यों ही जाति की गंध लोगों को मिलती है, लोग अपना मुँह सुअर जैसा बिदोरने लगते हैं। जाति की गंध टाइटिल से मिलती है, यदि टाइटिल नहीं है तो रंग, पहनावा पर धावा बोला जाता है। मेरे शरीर में जाति के ठेकेदारों द्वारा जाति पूछने पर जहर फैल जाता है। इस समय मैं अपने को अकेला समझ रहा हूँ, फिर भी मैंने दम नहीं तोड़ा है। तोड़ूँ भी कैसे? डॉ. विष्णु ने जब पूछा, "आपके एम.ए. के नंबर कैसे हैं?" तब बिना झिझक के झट कह दिया, "नंबर तो अच्छे नहीं हैं।" उनके नाक-भौं में कोई बदलाव नहीं आ रहा है, मैं यह देख रहा हूँ। वे सिर्फ लिज-लिज ताक रहे हैं। साक्षात्कार सात बजे सुबह से चल रहा है। इस समय दस बजकर बीस मिनट हुए हैं। मुझसे पहले कई लड़के-लड़कियों का इंटरव्यू हो चुका है। मुझसे दूसरा प्रश्न पूछते हैं, "आप कुछ लिखते भी हैं?"

"लिखता तो हूँ।" मैं कहकर ऊहापोह में न पड़कर प्रेमचंद, मुक्तिबोध, डॉ. अंबेडकर, गांधी, बुद्ध के चित्र पर आँखें गड़ा देता हूँ।

"ठीक है!" डॉ. पासवान ने कहा, "इनकी कई रचनाओं को मैंने पढ़ा है, देखा है। छोटी-बड़ी पत्रिकाओं में, अच्छा लिखते हैं।"

डॉ. विष्णु ने इतना अधिक नमक-मिर्च मेरे कान में डाल दिया कि मैं बहरा-सा हो गया। "लिखते हैं तो क्या हुआ, आखिर हरिजन ही तो हैं!" मेरी नसों में दर्द के कीड़े कुलबुलाने लगे।

डॉ. सुखदेव अपनी टोपी को टेढ़ी करते हुए कहते हैं, "हरिजन हैं आप?"

"जी, हाँ! आप लोगों को क्या लग रहा है?" मैंने चुटकी ली, हालाँकि रिसर्च के लिए इंटरव्यू बोर्ड के सामने बैठा हूँ।

डॉ. पासवान ने अँगुली दिखाते हुए कहा, "हरिजन रहें या दुर्जन, समाज के लोगों ने बहुत धोखा दिया है आज तक।"

डॉ. विष्णु सिर हिलाते हुए कहते हैं, "कोई हो, सरकार भले कानून बना दे, घोड़े की रस्सी तो हमारे हाथ में है। आपका रिसर्च नहीं होगा।" उन्होंने मेरी ओर देखकर कहा। वह मुझे जला देना चाहता है। मेरा सोया हुआ दर्द पिघलने लगा है और दर्द की बेचैनी में संतुलित रहना मेरे बस की बात नहीं है। मैंने भी ईंट का जवाब पत्थर से देना मुनासिब समझा।

"गुलाम हूँ। पराधीनता की जंजीर टूटनी है। आज तक आप जैसे तानाशाहों ने अँधेरे में हम लोगों को रखा है। अब मैं आपसे पूछता हूँ, आप क्यों मुझे रिसर्च नहीं करने देंगे?"

उन्होंने हाँफना शुरू कर दिया। बगैर थूक फेंके, सब थूक अंदर घोंट गए और कहा, "क्योंकि आपके एम.ए. के नंबर अच्छे नहीं हैं। क्लास द्वितीय है।"

"द्वितीय क्लास आप लोगों ने रखी ही क्यों है?"

"मैंने थोड़े ही रखी है।"

"ठीक है, आप नहीं, आप जैसे लोगों ने ही तो रखी है।"

बात बढ़ना स्वाभाविक है, क्योंकि खौलते तेल के कड़ाह में एक बैंगन को डाला जा रहा है। मैं अंतर्मन से महसूस कर रहा हूँ, टेबुल पर हाथ पटकते हुए कह रहा हूँ, "डॉ. साहब अब आप पुराने दिन भूल जाएँ। अब तक आप लोग अँधेरे के बीच कुतर-कुतरकर हम दलितों को खाते-डकारते रहे हैं, अब पचेगा ही नहीं आपको।"

"शटअप!" विष्णु चिल्लाते हुए चश्मा उतारने लगे हैं। टाई ठीक कर रहे हैं, चेहरा काँप रहा है, सुर्ख हो गया है।

मैं इत्मीनान से उन्हें पूछता हूँ, "व्हाई? प्लीज डोंट हर्ट मी...।"

चेहरे पर पसीने की बूँदें पपड़िया रही हैं। मुझे लगता है, अब इनका दिल पसीज रहा है, लेकिन तुरंत खामोशी को तोड़ते सुखदेव भी हाँ में हाँ मिला रहे हैं।

"आप वाइस चांसलर के यहाँ जाइए।"

"क्यों जाऊँ?"

"क्योंकि आप सेकंड क्लास एम.ए. हैं, मार्क्स कम हैं। रिसर्च नहीं कर सकते हैं।"

"केवल मैं या और कोई, सभी डिपार्टमेंट में थर्ड क्लास रिसर्च कर रहे हैं। मेरी तो सेकंड क्लास है, केमिस्ट्री, फिजिक्स, हिस्टरी, इकोनामिक्स में...।"

विष्णु हाँफ रहे हैं, मैं ऐसा महसूस कर रहा हूँ। वह भी भावावेश में आ गए हैं, कहते हैं– "हाँ- हाँ, वैसे तो डॉ. रूप्ने सक्सेना, डॉ. गजेंद्र, डॉ. फगुनी सिंह थर्ड क्लास एम.एस-सी. हैं किंतु वे तो ऊँचे परिवार के हैं।" अब उन्हें लगा कि कुछ अधिक कहना अपना भंडाफोड़ करना है। वे हाँफ रहे हैं।

मुझे लगा वाइस चांसलर के पास जाने से पहले अपने अंदर खौलते खून को उगल दूँ, तब ठीक रहेगा। मैंने टेबुल पर जोर से मुक्का मारा। वे लोग घबरा रहे हैं, लेकिन कुटिल हँसी हँस रहे हैं।

"डॉ. साहब, यह भूल जाइए कि आप से दया की भीख माँग रहा हूँ। मैं पूछता हूँ, आप लोग हरिजन कल्याण का ढिंढोरा क्यों पीटते हैं? आरक्षण कहाँ दे रहे हैं आप? जब लोग अच्छा कर रहे हैं तो आप कल्याण क्या करेंगे? चौदह प्रतिशत सुरक्षित का फतवा क्यों देते हैं? हरिजनों, आदिवासियों के कल्याण के नाम पर सरकार और मानवता की आँख में धूल क्यों झोंक रहे हैं?" मेरे जेहन में खून तेज हो गया है। विभागाध्यक्ष जँभाई ले रहे हैं। पट-पट अँगुलियों को तोड़ते हैं और कहते हैं– "मुझसे नहीं वाइस चांसलर से पूछिए।"

"ठीक है!" कहकर मैं कुर्सी को धकेलते हुए चला आया। मुझे लगता है, इस जमाने में भी लोग कितना बड़ा छल पाले हुए हैं। कहते हैं, "मैं हरिजन कल्याण चाहता हूँ।" इस पर भी वे डीन फैकल्टी ऑफ स्टूडेंट्स वेलफेयर हैं।

वाइस चांसलर का दरवाजा बंद है और मैं पीतल की चमकती प्लेट पर पढ़ रहा हूँ 'आउट'।

'आउट' शब्द से मेरे अंदर चिनगारी फैल रही है। विश्वविद्यालय से तमाम तनावों को झेलता हुआ मैं थका-थका छात्रावास आ गया हूँ। मैं सोचता हूँ—नब्बे प्रतिशत लोग इसी तरह दबाए जा रहे हैं।

कि तभी रसोइया अयोध्या पं. आकर हाथ जोड़ देता है, "बाऊजी! खाना संझा में खाइब कि नाहीं, पैसा कुछ देव।"

मैं पसीने में भीग जाता हूँ। पैसे तो परसों ही समाप्त हो गए थे। घर में पिताजी भी बीमारी से लड़ रहे हैं। माँ भी आजकल साँसें गिन रही है। पत्नी उलाहना देती है कि दो बच्चों के बाप होकर भी पढ़ रहे हो। मैं पुनः सोचने लगता हूँ, 'आखिर अँधेरी सुरंग में हम लोग कब तक रहेंगे? हम लोग हाथी और हाथी की सूँड़, दोनों को सुई के छिद्र से निकालना चाहते हैं। कुल कितना वजीफा मिलता है हमें? वह भी हील-हुज्जत के बाद। जिन्हें सदियों से दबाया-कुचला गया है, रोशनी नहीं दी गई, जिन्हें सभ्यता, देश और दुनिया से जाति के नाम पर दूर रखा गया है, लोग कहते फिर रहे हैं, उन्हें बीस वर्षों से सुविधाएँ दी जा रही हैं। जिन्हें सैकड़ों वर्षों तक अँधेरे में रखा गया है, ये चाहते हैं कि वे तुरंत दौड़ने लगें...ऐसे संस्कार तो इन लोगों का भी धीरे-धीरे ही बदला होगा। ये लोग भी तो कभी अछूत थे। आज भी सभी तेज नहीं हैं, ढेर सारे पिद्दी नकलची हैं। आरक्षण गलत है तो यह भी गलत क्यों नहीं कि एक ही वर्ग का आरक्षण मंदिर में क्यों? मूर्ख भैंसे भी क्या विद्वान हैं? मुझे लगा मेरे अंदर जहर फैल रहा है। मैंने रसोइया पं. को कुछ नहीं कहा तो भी वह भाँप जाता है।' मैंने साफ कहा, "पैसे नहीं हैं, खाना नहीं खाऊँगा।"

"पैसे नहीं हैं?" उसने हाथ जोड़ दिए और कहा, "सरकार, भूखे रहिहौ, खाना तो खाहे के परी।" मैं बिना खाए रात में यों ही सो जाता हूँ। तमाम चिंताएँ हाँ-हूँ की ही हैं। माँ, पिता, भाई-बहन, पत्नी-बच्चे और मिट्टी का ढहता मकान बारिश में झर-झर चूता हुआ रिरिया रहा है। एम.ए. तक पढ़ाने में पिताजी ने बँधुआ मजदूर की जिंदगी जी है। आज तक उनकी आकांक्षाएँ बनी हैं कि मैं अच्छी नौकरी पा जाऊँगा। इसी आशा में तिल-तिल जी रहे हैं। नींद में भी शांति कहाँ? सिर्फ दुश्चिंताएँ!

सुबह हार्वर्ड हॉल से जयशंकर के साथ मैं गेट के बाहर आ रहा था कि इत्तिफाक से नगेंद्र वर्मा मिला। हाथ में चुनाव के परचे लिये था। हम लोग ताड़ गए, कनवेंसिंग करने आया है। मेरे साथ तो नहीं के बराबर ही बात हुई।

"ठीक! जीत होगी आपकी ही! पहले एक काम तो कराइए, तब पूरा हार्वर्ड हॉल आपको ही वोट देगा!"

जयशंकर की बातों से वाकिफ होना लाजिमी समझकर उसने पूछा, "कौन-सा काम है?"

"ये हरिजन हैं, इन्हें हिंदी में रिसर्च करने नहीं दिया जा रहा है। हम सभ्य कहलानेवालों के परिवार के थर्ड क्लास लड़के-लड़कियों को रिसर्च करने दिया जा रहा है। यूनियन के अध्यक्ष रघुनाथ की बहन एम.ए. में थर्ड क्लास लाई है, उसे हिंदी में रिसर्च करने दिया गया है, जबकि ये हरिजन सेकंड क्लास के हैं तथा हिंदी की प्रायः सभी पत्र-पत्रिकाओं में इनकी कहानियाँ, कविताएँ और साहित्यिक निबंध लोग चाव से पढ़ते हैं।"

"आखिर प्रथम श्रेणी कितने हैं और कितनों को अच्छे अंक आते हैं! मापदंड क्या है विष्णु जी का, पता नहीं चलता। भाई, सरकार की आरक्षण नीति को तो वे बराबर टालते ही रहते हैं!"

नगेंद्र वर्मा ने भी हरिजन जानकर कतराना चाहा, मगर जयशंकर ने साफ कहा, "भाई, काम पर ही जीत-हार है। हरिजन जन्म से तो कोई नहीं।"

हम तीनों विश्वविद्यालय के अहाते में हैं और वाइस चांसलर की गाड़ी लगी है। वाइस चांसलर मिश्रा कुछ लिख रहे हैं।

"क्या हम लोग अंदर आ सकते हैं?" हम लोगों ने पूछा।

"हाँ-हाँ आइए, कहिए?"

"बात ये है कि हम लोग यह जानने आए हैं कि हरिजनों के लिए सुविधा क्या सिर्फ कागज पर है या कि व्यवहार में भी?"

मिश्र जी गौर फरमाते हुए कहते हैं, "साफ-साफ कहिए।"

"सर, ये गरीब हरिजन जाति के हैं, हिंदी में सेकंड क्लास एम.ए. पास हैं। इन्हें विभागाध्यक्ष रिसर्च करने नहीं दे रहे, जबकि अन्य लोग (हरिजन छोड़कर) हिंदी क्या विज्ञान में भी जो थर्ड क्लास हैं, रिसर्च कर रहे हैं।"

मिश्रा ने कहा, "क्या हिंदी में भी थर्ड क्लास रिसर्च कर रहे हैं?"

"जी हाँ, लीना, नरोत्तम सिंह थर्ड क्लास वाले छात्र हैं, वे रिसर्च कर रहे हैं? सेकंड क्लास तो कई हैं, जो इनसे कम अंक पानेवाले हैं।"

वाइस चांसलर मिश्रा ने न चाहते हुए भी लिखा, "हेड, प्लीज कंसिडर द केस।"

हिदी विभागाध्यक्ष के सामने जब मैंने कागज पेश किया, तब उनकी नानी मरने लगी। उनके चेहरे पर अजीब दहशत छा गई। पढ़ने के बाद पूरा सन्नाटा छा गया, फिर कहा, "क्या कंसिडर करें?"

अभी भी उनका पत्थर-सा हृदय नहीं पिघल रहा था। बहुत कहा-सुनी करने पर उन्होंने आठ दिनों बाद मुझे बुलाया और लाइब्रेरी कार्ड के लिए अनुमति दी। ऐसी बात नहीं कि मैंने ज्यादा हो-हा नहीं किया।

मुझसे जब विश्वविद्यालय की यूनियन का सेक्रेटरी मिला तो उसने कहा, "रिसर्च में एडमिट करा देंगे, लेकिन विष्णु कहते हैं– अधिकार की माँग क्यों करता है, वह तो हरिजन होकर पढ़े-लिखों जैसी बात करता है। भंडाफोड़ कर रहा है।"

मैंने कहा, "आरक्षण लागू नहीं करने पर मुझे इस बात से सर्वाधिक दुख होता है कि वे लोग अभी भी द्रोणाचार्य की परंपरा कायम रखने पर तुले हैं।" और मैं छात्रावास चला आता हूँ।

घर से चिट्ठी आई है, "अकाल में हालत खराब है, सभी बँधुआ मजदूर गाँव छोड़कर शहर भाग रहे हैं। मैं खर्च कहाँ से भेजूँ, कोई कर्ज नहीं देता। सभी कहते हैं–हरिजन होकर भी बेटे को इतना पढ़ा दिया।" मैं अपने गाँव वापस आ जाता हूँ।

पुनः जब मैं जनवरी में गया और मैंने कहा, "अब तो इनरोल कर लीजिए।" तो लगा जैसे उनमें जहर-सा फैल गया।

वे झट से कह उठे, "जुलाई में आइए।"

मैंने अब अधिक टाल-मटोल को बेकार समझा और कहा, "आप भी मनु की तरह कान में शीशा उड़ेलना चाहते हैं या द्रोणाचार्य जैसा अँगूठे का दान चाहते हैं। मगर याद रखिए, हम अँधेरों का सैलाब पार कर अपना हक लेंगे। आप जैसे कुटिल लोगों ने ही हरिजन-दुर्जन का भेद बनाने में सहयोग दिया है। हम आपका घेराव करेंगे।"

उन्होंने ताव में कहा, "जो चाहे करो, जब तक मैं हूँ हरिजनों को रिसर्च नहीं करने दूँगा।"

मुझे लगा यह शख्स बहुत काँइयाँ है, इसलिए मैंने तुरंत यूनियन में आकर बातचीत करना मुनासिब समझा। यूनियन के प्रेसिडेंट-सेक्रेटरी चुने जा चुके थे और वैसे भी वे ऐसे संस्कारों से मुक्त थे लेकिन जब उन लोगों ने भी मुकरना चाहा तो गंगा झा ने झट से कहा, "नहीं, यह तो हम लोग जात-पाँत के नाम पर अन्याय कर रहे हैं। साहब ये हरिजन हैं तो क्या हुआ, हम भी तो हरिजन हैं। इन्हें अभी मौका मिलना चाहिए। लोगों ने हमें मौका दिया, तभी तो आज हम तेज भी हैं और सभ्य भी, पहले कितने तेज-सभ्य थे, सबको मालूम है।"

"ठीक है भाई, झा जी, लड़कों से घेराव के लिए कहिए। यह सारा खेल मानवता और नियम-कानून के खिलाफ, दही का रखवाला बिलाड़रूपी विष्णु खेल रहे हैं। हिंदी क्या सभी विभागों में थर्ड क्लास रिचर्स कर रहे हैं, सिर्फ गाइड तैयार हो और फिर इनके लिए डॉ. अवस्थी गाइड तो तैयार ही हैं।"

देखते-देखते भीड़ उमड़ने लगी। पूरा विश्वविद्यालय शोरगुल से गूँजने लगा। डॉ. विष्णु पाखाना के बहाने बाथरूम में जो बंद हुए तो सात बजे निकले और माफी माँगते हुए दाँत निपोरकर कहने लगे, "आप लोग घेराव क्यों कर रहे हैं? आखिर आप सब हरिजन तो नहीं हैं? आप इनका साथ क्यों दे रहे हैं?"

सभी की आवाज गूँज गई, "हम सब मानवतावादी हैं। अब पुराना ढोंग नहीं चलेगा, हम सब एक हैं।"

एक छात्र ने गरजते हुए कहा, "दही का रखवाला बिलाड़। हरिजन होना गुनाह नहीं है। गुनाह तो आप कर रहे हैं पूरी मानवता के साथ।"

एक आक्रोश भरे स्वर में प्रश्न दागा, "आप अपने विभाग में थर्ड क्लास रिसर्च करा रहे हैं और हरिजन सेकंड क्लास भी रास नहीं आया? रामनगीना की पत्नी सुदेश की बहन एम.ए. में कौन क्लास लाई है?"

हवा में पूरा शोर तैरने लगा, "डॉ. विष्णु मुर्दाबाद! मानवता जिंदाबाद!"

डॉ. विष्णु को लगा, यदि वे अब नहीं झुकते हैं तो ये लोग पूरी मांस-हड्डियाँ चबा जाएँगे। उन्होंने नहीं सोचा था कि आज एकलव्य पूरी बात को जान गया है। फिर उन्होंने मन-ही-मन कुछ सोचा और बत्तीसी, जिसमें खैनी और पान का मिश्रित टुकड़ा अपनी तथा अपनी गंध की उपस्थिति दे रहा था, निकालते हुए कहा, "भाई, मैं तो सरकार की आरक्षण नीति को लागू करना चाहता हूँ। अभी तक तो वास्तव में एक भी हरिजन छात्र रिसर्च नहीं कर सका। मैं तो गलत रोस्टर बनाकर भेजता रहा हूँ। मैं तो चाहता हूँ सभी जातियों के लोग तरक्की करें। आप तो जानते ही हैं कि मैं गांधीवादी हूँ, उनके आश्रम में कुछ दिन रह भी चुका हूँ।"

तभी रघुनाथ सिंह का स्वर उभरा, "बस-बस, रहने दीजिए अपनी फिलॉसफी, अनुमति देते हैं या मैं आऊँ।"

उन्हें लगा—अब लोग पूरा वाकिफ हो गए हैं। फिर टालने पर कुछ भी हो सकता है। वे धीरे से बोले, "ठीक है, इन्हें रिसर्च करने की अनुमति देता हूँ, लाइए एप्लीकेशन।" और कुछ ही क्षणों में भीड़ इधर-से-उधर होने लगी।

दूसरे रोज मुझे रिसर्च के लिए इनरोल करने की अनुमति मिल गई। रिसर्च के लिए मैंने अपना विषय, 'हिंदी साहित्य में अछूत साहित्यकारों का योगदान' चुना था। बीच-बीच में बहुत बाधाएँ आईं।

अंत में एक बार डॉ. विष्णु एक लड़की के साथ पकड़ा गया और उन्हें सजा हो गई। सोचता हूँ—वे सफेद होकर भी कितने काले थे, लेकिन दूसरों को साफ रहने की सीख देते थे।

मेरी पुस्तक 'सुरंग' उनके यहाँ समीक्षार्थ गई थी। उन्होंने काफी साफगोई के साथ समीक्षा की है। ऐसा लगता है, अब वे मुझे नहीं पहचानते, ना ही जानते हैं। पी-एच.डी. की डिग्री लेकर अब मैं व्याख्याता हूँ। साक्षात्कार के लिए विश्वविद्यालय में आया हूँ। मुझसे पैंतालीस मिनट तक साहित्य के विभिन्न विषयों पर पूछा गया है।

डॉ. सुखदेव झेंपकर भी संतुष्ट हैं, ऐसा लग रहा है।

जमीण खात्तर

मुकेश मानस

I

रामफल जब मैदान-फरागत से लौटा तो पूरा का पूरा वाल्मीकि मुहल्ला करीब-करीब जाग चुका था। रात का अँधेरा छँट गया था। सुबह की भोर चारों तरफ अपनी उज़ास बिखेर रही थी। घर के आँगन में घुसने से पहले वह एकाएक देहरी पर ठिठककर खड़ा हो गया।

गाँव के मुहाने पर बने हाईस्कूल के बड़े दरवाजे के सामने से एक रास्ता गाँव के पिछवाड़े की तरफ सीधा चलता गया है। जहाँ तक गाँव के ऊँची जातियों के लोगों के घर बने हुए थे वहाँ तक रास्ता पक्का है। उस पर खड़ंजा बिछा हुआ है। जहाँ से रास्ता कच्चा है वहाँ से निचली जातियों के लोगों के घर हैं। इस रास्ते के आखिरी छोर पर वाल्मीकियों का मुहल्ला बसा हुआ है जिसे गाँव की ऊँची जातियों के लोग 'चमरौटा' कहते हैं। वाल्मीकियों के मुहल्ले से पहले जाटवों का मुहल्ला है। जाटवों के घर ठीक-ठीक बने हुए हैं और थोड़े साफ-सुथरे भी हैं। जाटव मुहल्ले के कई लोग करनाल, पानीपत, कुरुक्षेत्र, जगाधरी जैसे छोटे शहरों में काम करने जाते रहते हैं। इसलिए उनकी आर्थिक स्थिति वाल्मीकियों से थोड़ी बेहतर है। जाटवों का मुहल्ला पार करते ही वाल्मीकियों का मुहल्ला पड़ता है। जाटवों की तुलना में वाल्मीकियों का मुहल्ला थोड़ा बड़ा है। मगर वहाँ गंदगी बहुत है। हर तीसरे घर के आगे छोटा-मोटा सूअरबाड़ा बना हुआ है जो इस बात की ताकीद करता है कि यह वाल्मीकि मुहल्ला है। वाल्मीकि मुहल्ले से बाहर जाकर मजदूरी करनेवाले बहुत कम ही हैं।

रामफल अपनी देहरी पर खड़ा पूरे मुहल्ले का निरीक्षण कर रहा है। तभी उसके सामने के घर से सुज्जन निकला। आँखें मींचते हुए सुज्जन ने अपने घर के बाहर बने सूअरबाड़े का छोटा-सा दरवाजा खोला और हुर-हुर करके उसमें से सूअरों को बाहर निकलने के लिए उकसाने लगा। सूअरबाड़े में से एक-एक करके सूअरों की पूरी की पूरी रेवड़ निकली और पूरी गली में फैल गई। पूरी गली में 'घुर-घुर' की आवाजें गूँजने लगीं। सब सूअरों को बाहर निकालकर सुज्जन फिर अपने घर के भीतर घुस गया।

'अच्छा-खासा मुस्टंडा है लेकिन कमान खातिर शहर जाण की हिम्मत ना पड़ती। शहर में कुछ ना कुछ काम मिल जाएगा पर ऽऽऽऽऽ। सुसरा सूअराँ माँ खुश सै या फेर खेताँ में मंजूरी...! जवान छोरों का यो हाल सै तो...?'

वह सोच में पड़ गया। आखिर ये जवान लड़के इतने पस्तहिम्मती क्यों हैं? जो मिला, जितना मिला उसी में खुश!

"राम-राम रामफड़ भाई।"

सुनकर रामफल मुड़ा। दूसरी तरफ से जीवण चला आ रहा था। बगल में फोल्डिंग कुर्सी को दबाए। जीवण उसके पास आकर रुक गया। कुर्ते की ऊपर की जेब से बीड़ी का बंडल निकाला और दो बीड़ियाँ सुलगाईं।

"कित्त जा रे सो? कोई मीटिंग-वीटिंग सै के?" बीड़ी लेते हुए उसने पूछा।

"हाँ, ग्राम सभा की मीटिंग सै।" जीवण ने कश लगाते हुए उत्तर दिया।

"सरकार तै कुछ पैसा आया सै नल लगाण खातिर। पर देखो ऽऽऽऽ" उसकी आवाज में मायूसी भरी थी।

"म्हारे मुहल्ले में भी एक नल लगना चाहिए।" रामफल ने गुहार लगाई।

"लगणा तो चाहिए पर म्हारे हाथ में के सै? पिछली बार सड़क बनाण खातिर पैसा आया था। जयसिंह ने कही थी कि पक्की म्हारे मुहल्ले से बणनी शुरू होगी पर के हुआ? सड़क रोड़ों के मुहल्ले से शुरू हुई और यहाँ तक आते-आते पीसा खतम।"

"खागे होंगे?"

"जयसिंह पर इत्ता भरोसा था। था तो रोड़ पर लगे था अपना आदमी। पर सरपंच बनते ही बिलकुल रोड़ बण गया।" जीवण की आवाज में जो मायूसी थी वह अब उसके चेहरे पर उभर आई थी।

"म्हारे हाथ में कुछ ना है। जाके हाथ में जोर, वोई जबर हो जा सै। फिर ऊँची जातवाला तो ऊँची जातवाले के बारे में ही सोचैगा।"

"ठीक कै सो भाई। कितनी फजीहत हुई थी पिछले चुनाव में इसी जयसिंह खातिर। हजारा तो आके धमकी भी दे गया था कि अगर जयसिंह को जिताया तो म्हारे से बुरा ना होगा।"

"उसी को जितावें थे हर बार। इस बार सोचा इस जयसिंह को भी देख-भाण लें। पर नतीजा के निकणा। वोई ढाक के तीन पात।" रामफल की बीड़ी बुझ गई। मुँह कसैला हो गया। उसने गले को खँखारा।

"हमसे हर कोई धोखा ही करे है और हम भी कुछ ना कर सकें।" उसने कुर्सी उठाई और चलते हुए बोला, "ठीक सै तब मैं चलूँ।"

"इस बार कोसिस करणा। एक हेंडपंप म्हारे मुहल्ले में भी आणा चाहिए।" रामफल ने फिर जीवण को जोश दिलाने की कोशिश की।

"ठीक सै।" पर जीवण ने मरी हुई आवाज में उत्तर दिया।

'जमाना कहाँ का कहाँ आ गया! सरकार हमणें भी ग्राम सभा का सदस्य बना री सै। पर ये लोग चलने ना देते। जीवण को अपने से दूर बिठावें हैं। ददूदा गंगाधर ने उसे सही सलाह दी थी कि अपणी कुर्सी ले जा और उस पर बैठ। पर इससे के होवे है जद रोड़ जीवण को बराबर का ना मानें।' रामफल ने सोचा। वह काफी देर तक देहरी पर उसी तरह खड़ा रहा और जीवण को जाते हुए देखता रहा।

II

रामफल घर के भीतर दाखिल हुआ। आँगन के एक कोने में टूटी मटकी में पानी भरा रखा था। उसने मैदान-फरागत के लोटे को वहाँ रखा। बगल में पड़ी राख हाथों पर मली और हाथ धोए। कंधे पर पड़े अँगोछे से उसने हाथ पोंछे। फिर आँगन में पड़ी खाट पर जाकर बैठ गया। एकाएक उसे तेज प्यास लगने लगी। वह घर की दीवार पर बनी पड़ैली में रखे मटके की तरफ

बढ़ा। उसने घड़े की बगल में रखे गिलास को उठाया और घड़े को उचकाया। घड़ा खाली था। उसे थोड़ी झुँझलाहट होने लगी।

तभी उसकी घरवाली सिर पर मटका उठाए आँगन में दाखिल हुई। उसने अपनी झुँझलाहट पर काबू किया और घरवाली के सिर से मटका उतरवाया। घरवाली ने पड़ैली में रखे मटके में ताजा पानी डाला। फिर पानी से भरा गिलास लाकर उसे थमा दिया। रामफल गटागट पानी पी गया। मगर उसकी प्यास बुझी नहीं थी। वह खुद ही पानी लेने उठा।

"ला मन्ने दे।" यह कहकर घरवाली ने उसके हाथ से गिलास ले लिया। गिलास भरकर फिर उसे थमा दिया। घरवाली तब चूल्हे को जलाने में जुट गई। चूल्हे में से धुआँ उठने लगा। रामफल अपनी घरवाली के बारे में सोचने लगा।

अभी उमर ही के सै पर अभी से बुढ़िया-सी दिखने लगी। यह सोचते हुए उसे खुद पर भी तरस आने लगा। अभी पैंतीस का भी न हुआ था मगर शरीर जवाब देने लगा था।

उसने बीड़ी सुलगा ली। अभी एक कश मारा ही था कि उसके घर के बाहर तेजी से आता हुआ एक ट्रैक्टर रुका। फिर एक भद्दी सी आवाज उसके कानों में पड़ी– "ओ रामफड़।"

"आऊँ सूँ।"

ट्रैक्टर पर जगदीश रोड़ था। पिछले सरपंच हजारा का बेटा। उमर रामफल के बराबर ही थी। रामफल ने उसे राम-राम ठोकी।

जगदीश रोड़ की आँखें लाल थीं। उसने होंठों में सिगरेट दाब रखी थी। सिगरेट का कसैलापन उसके चेहरे पर छलक रहा था। सिगरेट का धुआँ उसकी आँखों में तैर रहा था।

"जल्दी आणा से।"

"आऊँ सूँ।"

"ठीक सै तब। मैं खेताँ माँ जा रा सूँ। अपने आदमियों को लेकर जल्दी आइयो। काम खतम करणा सै आज।" जगदीश ने सिगरेट रामफल की तरफ फेंक दी। ट्रैक्टर को धड़धड़ाते हुए आगे बढ़ गया।

एक पुराना सपना रामफल की आँखों में तैर गया। वह भी कब से एक ट्रैक्टर का मालिक होने का सपना देखता आ रहा है। ट्रैक्टर खेत के लिए चाहिए पर खेत कहाँ था उसके पास?

नहीं, खेत नहीं है उसके पास, ऐसा नहीं कहा जा सकता। वह अब भी आठ बीघे खेत का मालिक है। मालिक तो है पर बस कहने भर को। उसके पास खेत का पट्टा है। उसमें लिखा है कि रामफल वल्द धनसिंह आठ बीघे उपजाऊ जमीन का मालिक है। मगर पट्टा महज एक कागज था। उसका एक कागज से ज्यादा कोई मोल नहीं था।

कुछ साल पहले चकबंदी में रामफल को आठ बीघे जमीन का पट्टा मिला था। उसे ही क्यों गाँव के लगभग सारे वाल्मीकियों को भूदान की जमीन मिली थी। उसे बस पट्टा मिला था। उसकी जमीन पर जगदीश रोड़ का कब्जा था। वह अपनी ही जमीन पर मजूरी करता था। मुहल्ले के सारे वाल्मीकियों का यही हाल था। किसान सभा की मार्फत रामफल और दूसरे वाल्मीकियों ने अपनी जमीन पर कब्जा पाने की कोशिश की थी। कोर्ट-कचहरी हुई। जिला कलेक्टर गाँव में कब्जा दिलाने आया भी था। मगर एक दिन पहले ही गाँव के रोड़ों ने वाल्मीकियों को धमका दिया था। कलेक्टर के आश्वासनों के बावजूद कोई भी वाल्मीकि अपनी जान के डर से कब्जा लेने नहीं पहुँचा था। जमीनें उन्हीं के नाम थीं मगर जमीनों पर कब्जा उनका नहीं

था। कभी-कभी वाल्मीकि लोग अपनी चौपाल पर अपनी करनी पर पछताते भी थे। मगर इससे क्या हो सकता था। रोड़ों ने मिलकर उस कलेक्टर का ट्रांसफर भी करवा दिया था। फिर कोई दूसरा कलेक्टर हिम्मत ना दिखा सका था।

रामफल किसान सभा का मेंबर था। किसान सभा ने उसे काफी समझा-बुझाकर उसका केस जिला कोर्ट में दाखिल करवाया था। किसान सभा का जिला अध्यक्ष नरसिंह रोड़ था। मगर था एकदम किसानों का हितैषी। उसका कहना मानकर ही रामफल तैयार हुआ था।

"देखो रामफल, जमीन ऐसे नहीं मिलेगी। संघर्ष करना पड़ेगा। किसी न किसी को तो हिम्मत करनी ही पड़ेगी। जान का खतरा है। मगर एक को जमीन मिल गई तो फिर बाकियों को भी मिल जाएगी। तुम्हारी हिम्मत से बाकी साथी वाल्मीकि भी उठ खड़े होंगे। फिर इन सुसरे बिगड़े रोड़ों की ना चलेगी।"

"आप तो अपने ही जात-बिरादरवालों को गाली दे रे सो।" रामफल ने बड़ी मासूमियत से नरसिंह को कहा था। उसके भोलेपन पर नरसिंह हँस पड़ा था।

"काहे के जात-बिरादर। ये लोग म्हारे किसान भाइयों के दुश्मन सैं। म्हारे भी दुश्मन सैं।"

रामफल ने पूरी कोशिश की थी कि इस बात की किसी को खबर ना हो। मगर जाने कैसे पूरे गाँव में ये खबर फैल गई थी। मुहल्ले के बड़े-बूढ़ों ने उसे काफी समझाया था कि गाँव के रोड़ों से झगड़ा मोल लेने में कोई भलाई नहीं है। एक-दो रोड़ों ने भी आकर उसे समझाया था। मगर रामफल अपनी जिद पर अड़ा था। रामफल सोचता था—अगर खेत मिल गया तो उसकी गरीबी दूर हो जाएंगी। फिर वह कर्ज लेकर ट्रैक्टर खरीदेगा। किसान सभा के अध्यक्ष ने उससे वायदा किया था कि वह अपनी गारंटी पर उसे ट्रैक्टर के लिए बैंक से कर्ज दिलवा देंगे।

"रोट्टी खा लो।"

रामफल की घरवाली ने उसका ध्यान तोड़ा।

"के सोच रहे हो?"

"कुछ ना।" रामफल से कोई जवाब नहीं बन पड़ा। वह गुमसुम-सा उठा।

"जीतू कित सै?" उसने अपनी घरवाली से अपने बेटे के बारे में पूछा।

"सो रा सै।"

रामफल सीधा कमरे में घुस गया। कमरे के भीतर बिछी खाट पर उसका बेटा अभी सो रहा था। उसे अपने बेटे पर प्यार आ गया।

"जीतू, ओ ऽ ऽ जीतू, उठ बेटा। स्कूल का बखत हो गया।"

"सोण दो। टैम सै इब्बे।" उसकी औरत ने उसे समझाने के लहजे में कहा।

पर वह नहीं माना। उसने प्यार से जीतू को झकझोरा।

उसका बेटा कसमसाया।

"बेटा, जल्दी उठ। स्कूल की घंटी बजने वाली सै।"

"अच्छा।" कहकर जीतू उठ गया।

III

जीतू बगल में बस्ता दबाए स्कूल की तरफ चला जा रहा था। उसकी उमर के और दो-तीन बच्चे उसके पीछे-पीछे चले आ रहे थे। मंदिर देखकर जीतू ठिठककर खड़ा हो गया। मंदिर का

पुजारी सुबह की आरती कर रहा था। उसने एक हाथ में दीया-बत्ती पकड़ रखी थी और दूसरे में एक छोटी-सी घंटी। वह आरती गाते हुए दीये को ठाकुर जी की मूर्ति के आगे गोलाकार वृत्त में घुमा रहा था और घंटी बजा रहा था। पुजारी के बगल में खड़ा उसका लड़का तवानुमा घंटे पर लकड़ी के डंडे से जोर-जोर से वार करते हुए उसे बजा रहा था। ठन ऽ ऽ ऽ ऽ ठन ऽ ऽ ऽ ऽ टिन ऽ ऽ टिन ऽ ऽ.. । घंटे और घंटी के साथ पुजारी के गले की आवाज एक मिले-जुले संगीत की प्रतीति करा रहे थे। जीतू को यह सब अच्छा लगा। इसलिए वह रुककर सुनने लगा। उसने वहीं खड़े-खड़े आँखें मूँद लीं और मन ही मन आरती दुहराने लगा। उसके पीछे आ रहे बच्चे भी उससे थोड़ा अलग हटकर खड़े हो गए।

आरती खत्म होने पर पुजारी मंदिर के बाहर खड़े बच्चों को प्रसाद बाँटने लगा। जीतू को मीठे बतासे की मिठास का तीव्र अहसास हुआ। जीतू प्रसाद बाँटते पुजारी की ओर श्रद्धामयी नजरों से ताकता खड़ा रहा। पुजारी ने उसे हिकारत-भरी नजर से देखा और लगभग डाँटने के अंदाज में बोला, "क्यों रे? क्यूँ खड़ा सै।"

जीतू ने अपनी दोनों छोटी-छोटी हथेलियाँ जोड़कर आगे कर दीं। पुजारी उसका मतलब समझ गया।

"परसाद चइये?"

जीतू ने आँखों ही आँखों में उसे 'हाँ' कहा।

पुजारी ने आँखें लाल-पीली करते हुए कहा, "चल भाग अड़े तै। परसाद चइये। चल भाग, नहीं तो दूँगा एक...!"

जीतू उसकी दहाड़ सुनकर लगभग रुआँसा हो गया।

"परसाद चइये। सुसरे अपनी जात भी ना देखते। आ जावें हैं...परसाद चइये।"

पुजारी मंदिर के भीतर चला गया। अभी यही पुजारी भला दिख रहा था। एक पल में ही क्रूर बन गया। जीतू खड़ा-का-खड़ा रह गया।

तभी कंधे पर अँगोछा डाले रामफल उधर से गुजरा। जीतू को वहाँ खड़ा देखकर पहले उसे आश्चर्य हुआ, फिर उसे उस पर गुस्सा आया। फिर एकाएक उसे अपने बेटे पर प्यार हो आया– "क्यूँ रे क्यूँ खड़ा सै? सकूल ना जाणा सै के?"

अपने बाप को सामने देखकर जीतू को अपनी गलती का अहसास हुआ। उसने अपने बस्ते को पकड़ा और तेजी से रामफल के आगे-आगे दौड़ गया। रामफल आगे और कुछ न कह सका। वह अपने बेटे को जाते हुए देखता रहा अब तक पुजारी प्रसाद भीतर रखकर बाहर आ चुका था। वह रामफल को ताकने लगा। रामफल ने हिकारत-भरी नजर से पुजारी को देखा और गले में इकट्ठा हो चले थूक को सटककर आगे बढ़ गया। पीछे से पुजारी उसे मन ही मन हजार गालियाँ देता रहा।

IV

दुपहरी चढ़ आई थी। रामफल पसीने से तर-बतर था। लाई काटते-काटते वह बुरी तरह से थक चुका था। वह मन ही मन हिसाब लगा रहा था कि अगर वह लाई उसकी अपनी होती तो उसके पास कितना पैसा आता। वह पूरी मेहनत से अपने खेत में बिना थके काम करता। गेहूँ शहर जाकर बेचता और खूब सारे रुपए लेकर घर आता। फिर उसे घर में किसी चीज की कमी नहीं

रहती—ना कपड़े-लत्ते की ना खाण-पीण की। तभी उसे एक तेज दर्द का अहसास हुआ। पैनी दराँती से उसने अपनी हथेली में जख्म कर लिया था। उसने दराँती रख दी और थोड़ी सी मिट्टी अपनी हथेली पर लगा ली। जख्म से खून का बहना रुक गया। मगर उसके भीतर गुस्सा खदबदाने लगा। उसे अपने ऊपर गुस्सा आया। फिर अपनी समूची कौम पर उसे गुस्सा आने लगा। वह मन ही मन खुद को, फिर अपनी कौम को और फिर रोड़ों को गालियाँ बकने लगा।

उसे एक दुख भीतर ही भीतर बहुत साल रहा था। जिस जमीन का वह मालिक था, उसी पर उसे मजदूरी करनी पड़ रही थी और मजदूरी भी सही कहाँ मिलती थी। शहर जाकर काम करने पर उसे पचास-साठ रुपए रोज के मिल जाते हैं। यहाँ बीस-पच्चीस भी रोज के नहीं मिलते हैं। वह सोचता जा रहा था। जितना सोचता था उतना ही उसे खुद पर गुस्सा आता जाता था। तभी उसे सामने से जगदीश रोड़ आता दिखाई दिया।

'साला, कमीना, बेईमान, चोर साला!'—रामफल ने मन ही मन उसे खूब गालियाँ दीं। जगदीश उससे उमर में काफी छोटा है। मगर एकदम उजड्ड। 'दूसरों की जमीन पर कब्जा करके इतराता है। बेईमान कहीं का, न अपने से बड़ों की उमर का खयाल करता है और न इज्जत। ऐसे पेश आता है जैसे हम इसके गुलाम हों।'

जगदीश जब एकदम पास आ गया तब रामफल ने खुद को संयत किया।

"के बात सै? हाथ क्यूँ रोक के बैठा सै?" कहते हुए जगदीश ने जेब से बीड़ी का बंडल निकाला और एक बीड़ी सुलगाकर जल्दी-जल्दी कश मारने लगा। रामफल ने उसकी ओर न देखने का अभिनय करते हुए अपने हाथ में गेहूँ की बालियाँ दबाईं और उन्हें दराँती से काटने लगा।

"रामफड़?"

"हाँ।" रामफल ने सुना-अनसुना दिखाने की कोशिश की।

"सुना सै तेरे मुहल्ले के लोग शहर जा रे सैं मजूरी खात्तर।"

"हाँ। ठीक सुणा सै।" रामफल ने उससे संवाद करने के लिए खुद को तैयार किया।

"तू उन्हें समझाता कोन्या। शहर जांग्गे तो ये लाई कौण करेगा?"

"म्हाँ के समझाऊँगा, म्हारी कौण सुनेगा?"

"क्यूँ तू मुखिया ना सै उनका?"

रामफल थोड़ा झेंप गया।

"मैं कहाँ का मुखिया? मुखिया तो आप सो।"

"वाल्मीकियों का मुखिया तो तू ही है। उन्हें समझा। यहाँ कमी पड़ जागी लोगां की। फेर के कमी से अड़े।"

"कमी तो जो है सो आप जाणो हो। मजूरी कम सै अड़ै। पूरा ना पड़ता।"

"पूरा ना पड़ता। के पूरा ना पड़ता। तुम्हारा पेट कदे भरे सै। मैं सब जानूँ सूँ। किसान सभा वालों ने दिमाग खराब कर दिया है। समझा दे लोगों नै। वाल्मीकियों को इसी गाँव में रहना है। समझा दे सबको। म्हारे मुहल्ले की एक राय सै। बाहर ना जाएँ, नहीं तो अच्छा नहीं होगा। दिमाग फिरगै सैं सब चूहड़ों के। ठीक करणा हम जाणें सै।"

जगदीश की बात सुनकर रामफल को भी ताव आ गया। पर उसने खुद को सँभाल लिया।

"देखो जगदीश जी, यूँ ताव तो दिखाओ मत ना। लोग तुम्हारे गुलाम ना सैं। जित ज्यादा मजूरी मिलेगी लोग जाएँगे। आप रोक नहीं सकते। उनकी मजूरी बढ़ा दो फिर शहर क्यूँ-कर जावेंगे!"

"मजूरी ना बढ़े एक पैसा भी। इसी पर काम करना होगा। ना करोगे तो हम करवा लेंगे।" जगदीश रोड़ गुस्से में पाँव पटकता हुआ चला गया।

V

शाम के वक्त रामफल थका-माँदा घर लौटा। उसका बेटा चारपाई पर लेटा हुआ था। उसका माथा ठनका। घरवाली चूल्हा जलाए बैठी थी। उसने पानी लेकर मुँह धोया। अँगोछे से मुँह पोंछते हुए उसने घरवाली से पूछा, "इन्नै के हो गया। शाम के बखत पाटी पर पड़ा सै।"

"बुखार में पड़ा सै।" उसकी घरवाली ने लंबी साँस खींची।

"सुबह तो ठीक था।" वह चूल्हे के पास बने चौके पर जाकर बैठ गया।

"दोपहर को स्कूल से लौटा तो काफी बुझा-बुझा था। आते ही पाटी पर लेट गया। मैणें पूछा तो रुआँसा हो आया। कुछ ना बोला। मणे माथा छुआ तो गरम था। सकूल में दो-तीन मास्टर बहुत खराब सै। बच्चों कूँ शहतूत की संटी से मारे सै। कह रहा था बड़ी खराब-खराब गाली देवे सै। आज इसे भी खूब मारा। पूरे आध घंटा मुर्गा बणाया। मुँह लाल था इसका। सकूल के मास्टर ना सै कसाई सै। भला ऐसे भी कोई मारे सै बच्चों कूँ!" रामफल की पत्नी उदास हो आई।

रामफल का गुस्सा फिर उफान मारने लगा। तभी पतीली के ढक्कन को खौलती भाप ने नीचे गिरा दिया।

"ऊँची जात के सै मास्टर सारे। यो ना चाते चूहड़े-चमारों के बच्चे पढ़ें। इसी खातिर इतनी पिटाई करें सै।"

रामफल जैसे खुद को समझा रहा था, मगर उसका गुस्सा कम नहीं हो रहा था।

तभी उसे बाहर के दरवाजे पर किसी के खँखारने की आवाज आई। फिर उसे लगा पुकार सुनाई पड़ी–

"चाचा सै के?"

रामफल ने आगंतुक की आवाज पहचानी और बोला, "आजा, खचेरा भीतर नै आजा।"

खचेरा भीतर आ गया। रामफल ने बाखर में खाट बिछाई।

"कद आया"

"सीधा आ रा सूँ।" खचेरा खाट पर बैठते हुए बोला।

खचेरा करनाल में एक बाजा पार्टी में काम करता है। बाजा बजाता है। बाजे में फूँक मार-मार के उसके गाल भीतर की तरफ पिचक गए हैं।

"और सुणाँ।"

"आज सुबह नरसिंह जी आए थे म्हारे कमरे पै। बोले रामफल को कै दे कि अगले दिन किसान सभा के दफ्तर में आ जागा। आप वाले पिटीशन पर अगले हफ्ते सुणवाई होनी सै। सब कागज-पत्तर ले के जाणा पड़ेगा शहर। कचहरी में पेश होणा पड़ेगा जिब ही कोई कारवाई होगी। हो सकता है इस पेशी के बाद कलक्टर गाँव आए।"

"भाई, यो तो अच्छी खबर सै!" रामफल को लगा उसके गुस्से का कुछ तो नतीजा निकला।

"ठीक सै। तब ऐसा कर औरों को भी यो खबर दे दे। धरमसिंह के घर जाकर भी बता आ यो बात। मैं खाणा खाके चौपाल पे आऊँ सूँ।"

रामफल की पत्नी कुछ बुदबुदाई।

"हाँ बेटा! रोट्टी खा के जा।" रामफल ने खचेरा की तरफ प्यार से देखा।

"ना चाचा, रोट्टी फिर कदे खा लूँगा। माँ बाट देख री होगी।" खचेरा यह कहकर चलने लगा। रामफल उसे बाहर तक छोड़ने आया।

खाणा-पीणा करके रामफल चौपाल जा पर पहुँचा। चौपाल पर कई लोग जमा थे।

"तो इब के करना सै रामफड़ काका?" जग्गी ने कहा।

"करना के है! अब तो कोरट माँ फैसला होगा!"

सब रामफल का मुँह ताकने लगे।

"वो तो ठीक सै। जमीन म्हारी सै। सब जाणें हैं। पर कोरट जाने से गाँव में रार न बढ़ेगी?" बूढ़े महतार ने समझाने के लहजे में कहा।

"बढ़ती है तो बढ़े! रार के डर से के हम अपना हक छोड़ दें?"

"यों तो ठीक सै पर कोर्ट-कचहरी का फैसला यो रोड़ ना मानते।" जगन्नाथ सिंह बूढ़े हो चले हैं। मगर उमर अभी कम है। झुर्रियाँ दिखने लगी हैं चेहरे पर।

"पर चाचा, जमीन तो म्हारी सै। पिछली बार कलक्टर आया था। पर हम गवाही देंण खातिर घराँ से ना निकले।" सोहन का जवान खून है। उसकी आवाज में दम है।

"पिछली बार तू कित्त छुप गया था।" दद्दा गंगाधर के तर्क पर हँसी का फव्वारा छूट गया।

"पिछली बार मन्ने खबर कोन्ना थी।"

"सारी दुनिया जाणे थी। तन्ने खबर कोन्या थी?" हँसी और तेज हो गई।

रामफल का गुस्सा फिर उछाल मारने लगा।

"यो हँसण की बात ना है! यो आखिरी मौका सै। यो छूटा तो फिर ना मिलती जमीन। ईब जाण के डर से चुप न रहना है।"

"चाचा ठीक कैरा सै।" अबकी बार खचेरा बोला। शहर जाकर खचेरा भले ही बाजा बजाता है पर काफी समझदार हो गया है।

"किसान सभा के नरसिंह जी कै रे थे। इबके गड़बड़ ना हुई तो जमीन मिल जाग्गी। रामफल काका को मिलेगी तो सबने मिल जागी।"

"पर जान का खतरा सै। रोड़ बड़े बदमाश सै।" जगन्नाथ सिंह फिर समझाने के लहजे में बोले।

"अब जो हो। मनै ठाण ली सै। एक बार गलती की सो सजा भुगत रे सै। अबकी बेर जान के डर से चुप ना रहेंगे।" रामफल को जोश आ गया, "किसी न किसी को तो बढ़णा ही पड़ेगा।"

"देख ले बेटा! जो भी करणा सोच-समझ के करणा।" बूढ़े महतार सिंह को एकाएक रामफल की हिम्मत पर प्यार आ गया। उनकी आँखें भर आईं। तभी खचेरा की नजर चौपाल की छोटी दीवार पर बैठे बनिए के लड़के रामनाथ पर गई।

"तू के कर रा सै अड़े?"

"कुछ ना काका, मैं तो बैठा सूँ।" बनिए का लड़का चोरी पकड़े जाने पर थोड़ा डर गया।

"चल भाग अड़े तै। तेरा काम ना सै कोई अड़ै।" जग्गी दहाड़ा।

बनिए का लड़का भीत से उतरा और भाग गया।

"अब यो जाके सब बता देगा रोड़ाँ नै।"

"बता देता तो बता दे। कोई गलत काम ना कर से अड़ै।"

अगले दिन रामफल दो लोगों को साथ लेकर करनाल गया। किसान सभा वाले किसी वकील के पास ले गए। सब कागज-पत्तर पूरे हो गए। उस दिन वह वहीं रहा। दिन-भर करनाल में घूमा और रात को किसान सभा के दफ्तर में ही सो गया। उस दिन रामफल ने सुख की भरपूर नींद ली। उसके साथ गए दोनों जने वहीं करनाल में ही रुक गए। पर रामफल दूसरे दिन सुबह गाँव को चल पड़ा। उसके गाँव पहुँचने से पहले गाँव-भर में हड़कंप मच गया। जगदीश रोड़ अपने ट्रैक्टर को पूरे गाँव में दौड़ा रहा था। दो-तीन बार रामफल के घर के आगे ट्रैक्टर रोककर रामफल की घरवाली से रामफल के बारे में पूछ चुका था।

VI

दूसरे दिन रामफल हाईस्कूल के साथ बने झोड़ से गाँव की तरफ चला आ रहा था। दोपहर का एक-डेढ़ बजा था। बहुत तेज धूप पड़ रही थी। गाँव में घुसते ही रामफल ने चैन की साँस ली। उसने पसीने से तर-बतर मुँह और माथे को अँगोछे से पोंछा। उसका दिल तेज-तेज धड़क रहा था। वह अपने मुहल्ले की तरफ तेज कदमों से बढ़ा जा रहा था। अपने मुहल्ले से वह अभी पचास-साठ कदम दूर ही था कि उसे सामने से जगदीश रोड़ अपने ट्रैक्टर पर बड़ी तेजी से आता दिखाई दिया। रामफल की धड़कनें और बढ़ गईं।

ट्रैक्टर को अपनी तरफ आता देख रामफल एक तरफ हो गया। मगर उसे देखकर जगदीश रोड़ ने ट्रैक्टर की गति और बढ़ा ली। एक पल तो रामफल को हैरानी हुई मगर जल्दी ही उसने खुद को सँभाल लिया। उसने आव देखा ना ताव और तेजी से पीछे की तरफ मुड़ा और भागने लगा। जगदीश रोड़ ने ट्रैक्टर उसके पीछे दौड़ा दिया। रामफल का शरीर जवाब दे गया। उसकी साँस फूलने लगी। फिर भी हिम्मत करके वह बगल के छोटे से खाली मैदान में कूद पड़ा। इससे पहले कि वह सँभल पाता जगदीश रोड़ ने ट्रैक्टर उसके ऊपर चढ़ा दिया। उसकी दोनों टाँगें ट्रैक्टर के पिछले पहिए के नीचे आ गईं। वह दर्द के मारे तड़पने लगा। तब तक वहाँ काफी लोग जमा हो गए थे। वाल्मीकि मुहल्ले के लोग भी भागे चले आ रहे थे। जब तक जगदीश रोड़ ने ट्रैक्टर मोड़ा और तड़प रहे रामफल पर दुबारा चढ़ा दिया और सीधे ट्रैक्टर को भगाकर ले गया। रामफल जमीन पर पड़ा था। उसका मुँह खून से सना था और टाँगें टूट चुकी थीं। जब तक कोई उसके पास पहुँचता वह मर चुका था। शाम को जब उसके मुहल्ले के लोगों ने उसकी लाश उठाई तो उसकी बंद मुट्ठियों में भरी मिट्टी नीचे गिरने लगी।

अपना गाँव

मोहनदास नैमिशराय

सारे गाँव की आँखों में आश्चर्य और दहशत के मिले-जुले चिह्न थे। महिलाओं की चीखें निकल गई थीं। कुछ जोड़ी आँखों में आक्रोश उभर आया। उनके जबड़े गुस्से में भिंचने लगे थे। बूढ़ी आँखों में रोशनी न थी, पर उन्होंने महसूस किया था कि गाँव में कुछ अनचाहा हो गया है। गाँव में शोर उभरने लगा था। उसी शोर में कबूतरी का अंतर्नाद दब-सा गया था।

जिस गाँव ने आज तक कबूतरी का मुँह तक न देखा था, कलाई में पड़ी चूड़ियों की भी केवल आवाज सुनी थी, उसी को मादरजाद नंगा देखना पड़ा था। देवर, सास, ननद सभी तो इकट्ठा हो गए थे। बच्चे, बूढ़े और जवान अधिकांश औरतें तो यह सब देखते ही चीखते हुए भाग गई थीं। कुछ लुक-छिपकर देख रही थीं। माँओं ने अपनी बेटियों को पहले से ही छिपा लिया था। उन्होंने अपने-अपने घरों के दरवाजों को बंद कर साँकल लगा ली थी। सामने से आते जुलूस में लौंडे-लुँगाड़े अधिक थे। हर एक की आँखों में अलग-अलग भाव, शर्म से लेकर जिज्ञासा की अनुभूतियाँ, संदेह और आक्रोश। सबकी आँखों के सामने कबूतरी का शरीर बर्फ की तरह पिघलने लगा था। शरीर का एक-एक अंग खुल गया था। अस्मिता कतरा-कतरा होकर बिखर गई थी।

अस्सी साल के हरिया ने शोर सुनकर अपनी आँखें मिचमिचाते हुए देखा। वह धुँधली-सी छाया को पहचानने का प्रयास करने लगा। यह तो उसकी पौत्रवधू कबूतरी थी। उसके बदन पर एक भी कपड़ा न था। पर वह नंगी क्यों हो गई? उसकी बूढ़ी आँखें आश्चर्य से और अधिक सिकुड़ गईं। आस-पास ठाकुर के चार लठैत खड़े थे। पास ही ठाकुर का मँझला बेटा भी। उसका सर घूम गया। आक्रोश में सारा शरीर काँप उठा। हरिया की स्थिति उस बीमार बूढ़े घोड़े जैसी हो गई थी, जिसके बदन पर तड़ातड़ चाबुक पड़ रहे थे, पर दौड़ा न जा रहा था। बूढ़ी हड्डियाँ सुन्न-सी हो गई थीं। डबडबाई आँखों से उसने आकाश की ओर देखा। आकाश तो वहीं पर था, बिलकुल वैसा ही। वह समझता था कि बस अब गिर ही जाएगा। धरती फट जाएगी। पर न आकाश गिरा और न धरती फटी। धुलिया की चौपाल पर खड़ा पेड़ भी अपनी जगह स्थिर था, पहले की तरह ही। उसके पत्ते जरा भी हिल-डुल नहीं रहे थे। बिलकुल चुपचाप थे। वे जैसे आनेवाले खतरे को भाँप गए हों। एक-एक पत्ते पर खौफ की भाषा पढ़ी जा सकती थी। आगे-आगे कबूतरी और पीछे-पीछे लठैत, लौंडे-लुँगाड़े। नंगेपन का जुलूस उसकी तरफ ही आ रहा था। एक को शरीर से नंगा कर दिया गया था, शेष अपने मन से नंगे हो गए थे। उसने सुना, एक लठैत कह रहा था, "सालो ढेंढ़-चमारो! हमसे ही सीनाजोरी, हमें ही आँखें दिखाते हो।"

अबकी दूसरा लठैत बोला था, "अब अपने-अपने घर में ही हगना-मूतना, ससुरो!"

फिर गुर्राते हुए ठाकुर का मँझला बेटा कहता सुनाई पड़ा, "इस कबूतरी की तरह तुम सबकी औरतों को नंगा किया जाएगा, तभी तुम्हारे दिमाग ठिकाने आएँगे।"

वे अब पास आ गए थे। हरिया ने अपनी लाठी जमीन पर टेकते हुए उन्हें रोकना चाहा। ठाकुर का एक कारिंदा उसे गालियाँ देते हुए धकेल देता है, "हट बुड्ढे, नई तो तेरी भी गाँड़ में लाठी कर देंगे।"

हरिया को जमीन पर गिरते देख कबूतरी फिर चीख उठी, "ददुआ...।" पर उसकी चीख शोर से दब गई। हरिया उसका ददिया ससुर था। वह एक पल ठहरी। जमीन पर उसे लाठी से आगे की तरफ ठेल दिया गया। नंगाई का जुलूस आगे निकल गया। दलितों की बस्ती पीछे रह गई। ठाकुर के मँझले बेटे के हाथ में बंदूक थी। उसने दो-तीन बार फायर भी किया था। गोली चलने पर तो सब जड़ हो गए थे। बारूद की गंध हवा में घुल गई थी।

शाम होते-होते कबूतरी घर लौट आई, वैसे ही नंगे बदन। घर के दरवाजे खुले थे। ओसारे के नीचे ठंडे चूल्हे के पास उसके जेठ-जेठानी उदासी की चादर में लिपटे बैठे थे। कच्चे आँगन में ननद ने पाँव के अँगूठे से ढेर सारी मिट्‌टी खोद डाली थी। देवर भीतर चारपाई पर औंधे मुँह लेटा था और ददिया ससुर अपनी कोठरी में अभी भी आल-बबाल बक रहा था। खौफ खाई आँखों ने कबूतरी को भीतर आते तो देखा, पर किसी की उससे निगाहें मिलाने की हिम्मत न हुई, सबकी आँखें शर्म में डूबी थीं। सबके देखते-देखते सारे गाँव में कबूतरी को नंगा घुमाया गया और वे कुछ न कर पाए। कहाँ गई रिश्तों की गरिमा, एक-दूसरे के प्रति सुरक्षा भाव? सभी तमाशबीन हो गए थे। तमाशबीन होना उनकी विवशता बन गई थी।

हरिया के बाद घर में हरफूल ही मुखिया था। वह हरिया का बड़ा बेटा था। क्या जवाब देगा आखिर वह, जब छोटा भाई शहर से लौटकर आएगा?

चूल्हा ठंडा था और उसमें पड़ी राख भी ठंडी पड़ चुकी थी, वैसे ही हरफूल का सारा शरीर भी ठंडा हो गया था। गर्मी का आग बरसाता महीना और उनके शरीर ठंडे होते जा रहे थे। कोठरी से हरिया के खाँसने और बड़बड़ाने की आवाजें अभी भी आ रही थीं। घर में आज दीया-बाती कुछ भी न जला था। अँधेरा धीरे-धीरे बढ़ रहा था। अँधेरे के साथ सन्नाटा भी।

आधी रात बीत गई थी, पर कबूतरी की आँखों में नींद न थी। वह बार-बार अपने शरीर पर खुरदरे हाथ की उँगलियाँ तथा हथेली का स्पर्श करती। कपड़े पहनने के बाद भी उसे अपना शरीर नंगा ही महसूस हो रहा था। जैसे सारे शरीर की खाल कपड़े में बदल गई हो। उसी खाल को जैसे गिद्ध खींच रहे थे। उनके तेज पंजों में मांस के टुकड़े थे और मुँह खून से सना था।

उसे याद आया एक सप्ताह पहले ठाकुर की हवेली से हुक्म आया था, 'तेरा घरवाला शहर जाते हुए पाँच सौ रुपए ले गया था। हमारे खेतों में काम करके अपने खसम का कर्जा उतार।' उसी समय उसने देवर से कहकर ठाकुर के खेतों में काम करने से मना करवा दिया था। एक दिन शांति से बीता। दूसरे दिन दोपहरी में जंगल से जलावन की लकड़ियों का गट्‌ठर सर पर रखे हुए वह घर लौट रही थी कि ठाकुर के बेटे ने अकेला देखकर रास्ते में ही रोक लिया। वह घोड़े पर सवार था और यह पैदल थी, सर पर बोझ अलग। घोड़े को नजदीक लाते सुल्तान सिंह बोला था, 'देख री कबूतरी, या तो सीधी हमारे खेतों में काम करने आ जा, वरना हम चमारों से जबर्दस्ती भी काम लेना जानते हैं। फिर तेरा घरवाला तो हमसे कर्ज ले गया है। उसका मूल न सही, ब्याज तो तू चुका सकती है।'

ठाकुर का बेटा उससे क्या चाहता था, वह अच्छी तरह से जान-समझ चुकी थी। इससे पहले कि सुल्तान सिंह कुछ और कहे वह गाँव की ओर लौट पड़ी थी। उसकी टाँगों में गजब की ताकत आ गई थी। वह हिरणी की तरह दौड़ने लगी थी। सारा शरीर पसीने से लथपथ हो गया था। घर आकर सर का बोझ कच्चे आँगन में फेंककर कोठरी में नंगी खाट पर अपने पसीने से भीगे शरीर को पटक-सा दिया था। एकाएक चारपाई पर वजन पड़ने से चर...की आवाज हुई थी। पर उसके भीतर की आवाज को कौन सुन रहा था? चीत्कार उठी थी वह। आँखों में आँसू भर आए थे। मंन किया खूब रोए, पर यहाँ किसे सुनाए? उसका घरवाला तो बीस दिन पहले से ही नौकरी की तलाश में शहर गया हुआ था।

रात में अजीब-अजीब सपने आते रहे। कभी अजगर उसके शरीर को अपनी गिरफ्त में लेकर ऐंठता। कभी साँप बार-बार उसकी ओर फुफकारता। ऐसा भी लगता कि ढेर सारे बिच्छू उसके शरीर पर चढ़ आए हैं। आधी रात में ही नींद उचट गई थी उसकी। फिर सवेरा होने तक वह सो न पाई थी। सुबह होने पर ननद ने पूछा भी था, 'भाभी, रात में क्या बड़बड़ा रही थी?' अब सपने में देखे हुए अजगर, साँप-बिच्छुओं के बारे में क्या बताती! दोपहर होने तक रात में देखे हुए भयावने सपनों को वह भूल चुकी थी, पर जंगल से लकड़ियाँ चुनने के लिए घर से निकलते हुए उसके मन में संशय के बादल मँडराने लगे थे। रास्ते भर वह इधर-उधर चौकन्नी होकर देखती गई। इक्के-दुक्के लोग कच्चे रास्ते में आते-जाते मिले। जैसे ही कोई व्यक्ति सामने नजर आता, देखकर वह अपना मुँह साड़ी के पल्लू से ढँक लेती। ग्यारह बजे होंगे। ऊपर सूरज और नीचे गरम रेत। पैरों में पहनी रबर की चप्पल और भी गरम हो गई थी। जंगल गाँव से पूरे दो मील की दूरी पर था। जंगल पहुँचते-पहुँचते हवा अच्छी-खासी गरम हो गई थी। जंगल भी कुछ खास न था। बीस-तीस पेड़ ही बचे थे। बीस-बाईस एकड़ जगह में छितराए से पेड़। अधिक पेड़ नीम के ही थे। उसके बाद आम और जामुन के। इस जंगल से बहुतेरे चूल्हे जलते थे। बारीक लकड़ियों के साथ उपले धू-धू कर जल उठते थे। गैस और स्टोव शायद ही गाँव में किसी के घर था। ठाकुर के यहाँ भी नहीं।

पेड़ों की छाया ने सूरज की किरणों को रोका हुआ था। उसे अच्छा लगा। छाया तले गर्मी भी कम थी। उसने देखा-कुछ दूरी पर एक औरत आठ-दस गाय-भैंसें चरा रही थी। अकेले जंगल में उसे देखकर उसके मन को ढाढ़स मिला। हाथ में पक़ड़ा हुआ ईंढ (ईंडुरी) पेड़ के नीचे रख, वह सूखी लकड़ियाँ चुनने लगी। भरी दोपहरी में दो औरतें बिना एक-दूसरे से बोले-बतियाए कैसे रह सकती थीं भला? कुछ दूरी पर गाय-भैंसें चरा रही औरत ने उसे देखा तो वह उसके पास आ गई, कबूतरी ने सूखे पत्तों पर चलने की आवाज सुनी तो देखा, वही औरत पास खड़ी थी। कुछ पल दोनों ही एक-दूसरे की तरफ टकटकी लगाए देखती रहीं। दोनों का रंग गोरा था, नयन-नक्श तीखे थे, पर उम्र में अंतर था।

"किसकी बहू है री तू...?" उसके स्वर में अधिकार जैसा भाव था। कबूतरी चुप, क्या जवाब दे। कुछ पल चुप्पी के बाद उसने फिर पूछा, "बतलाती क्यों नहीं, क्या नाम है तेरे घरवाले का?"

"संपत...।" बड़ी मुश्किल से कह पाई थी वह।

सामने खड़ी औरत ने दोहराया, "संपत!"

"चमारों की बस्ती से आई है तू...?" अगला सवाल था।

उत्तर में केवल 'हाँ' कह पाई कबूतरी।

"अच्छा, वही, जो चमारों में दस किताब पास है...।" उसका स्वर उभरा था।

"हाँ।" कबूतरी ने खुशी-खुशी हामी भर दी थी।

"जो बड़े ठाकुर से पाँच सौ रुपए लेकर शहर गया है, उसकी घरवाली है तू...?" उसने फिर सवाल किया।

कबूतरी के सीने पर पत्थर-सा लगा। आहत से स्वर में उसने हाँ कह दिया।

कुछ देर दोनों के बीच चुप्पी रही। इस बीच कबूतरी लकड़ी के छोटे-बड़े टुकड़े चुनती रही।

"तुझे पता है...।" उसका स्वर पुनः उभरा था, "ठाकुर अपना करज कैसे वसूलता है?"

उसकी पहेली जैसी बात सुनकर वह पूछ बैठी, "कैसे वसूलता है ठाकुर अपना करज?"

उस औरत ने हल्के-से मुस्कुराते हुए कहा थां, "ठाकुर मूल तो मूल, ब्याज भी नई छोड़ता। एक-एक पाई की कीमत चुकानी पड़ती है असामी को और उसकी नई घरवाली को सबसे पैले।"

"क्या...?" कबूतरी के मुँह से अचानक निकल पड़ता है।

"हाँ, अभी तू नासमझ है। क्या तुझे ठाकुर ने अपने घर पर काम करने नई बुलाया अभी तक...?"

पर इस बार स्वर में अधिकार न था। धीरे से पूछा था उसने।

"भेजा था एक कारिंदा ठाकुर ने।" कबूतरी को अंततः कहना ही पड़ा था।

"तू गई?" उसका अगला सवाल था।

"ना।" कबूतरी बोली थी।

दोनों जैसे एक-दूसरे के और करीब आ गई थीं। अब वे परस्पर खुलने लगी थीं। वार्तालाप में ठंडापन न था। वही औरत फिर बोली, "आखिर कब तक नाय करेगी? पानी में रहकर मगरमच्छ से कब तक बैर...? मैं भी भौत दिनों तक 'नाय' करती रही थी पर...।"

"पर क्या...?" कबूतरी की उत्सुकता बढ़ने लगी थी।

"पर एक दिन 'हाँ' कहनी ही पड़ी।" जैसे उसके बहुत भीतर से स्वर उभरा हो।

"तब से मैं बड़े ठाकुर की आधी घरवाली हूँ।"

"आधी घरवाली...।" आश्चर्य में कबूतरी का मुँह खुला का खुला रह गया। आँखों में सवाल-दर-सवाल तैर उठे थे।

"हाँ, आधी घरवाली।" उसकी आवाज भारी होने लगी थी।

"मेरे घरवाले ने पाँच साल पहले ठाकुर साहब से करज लेकर भैंस खरीदी थी। पर ऊपरवाले को कुछ और ही मंजूर था। भैंस एक महीने में ही मर गई, सुना यह भी गया था कि ठाकुर ने गोली देकर मरवाया था।"

"क्या...?" कबूतरी का मुँह आश्चर्य से खुला रह गया था।

"हाँ भैना, चार-पाँच रोज बाद ही ठाकुर का कारिंदा करज उगाही करने आ धमका था। अब करज भला कहाँ से देते? फिर ठाकुर ने हम दोनों को काम पर लगा दिया। मुझे अपने घर में और मेरे मरद को खेतों पर। भला कब तक बचती!"

"तो ठाकुर ने तेरे साथ...?" कबूतरी ने पहली बार उससे सवाल किया था।

"हाँ।" जवाब देकर, कुछ पल ठहरकर उसने पूछा, "पर तेरे घरवाले की शहर में नौकरी नई लगी अभी तक?"

"बीस दिन हो गए। कोई खत भी नहीं आया, पता नई क्या हुआ...?" चिंता में डूबी-सी कबूतरी कहती है।

दोपहरी भर आई थी। सूरज सर पर आ गया था। कबूतरी ने अब तक कुछ सूखी लकड़ियाँ इकट्ठा कर ली थीं। पहले सर पर कपड़े का बनाया हुआ ईंढा रखा और फिर लकड़ियों का बोझ। "अच्छा भैना, अब चलना चइये, घर पर जिठानी बाट देख री होगी। रोटी भी बनानी है अभी।"

जंगल से फिर दो मील घर लौटना था उसे। वह कच्चे रास्ते पर उतर आई थी। पीछे जब कोई साइकिलवाला टुनन-टुनन घंटी बजाता तो वह किनारे हो जाती। रास्ते में उसके अलावा और कोई न था। लगभग आधा मील रास्ता पार किया था, तभी पीछे से कुछ मिली-जुली आवाजें आईं।

"ओ जानेवाली, रुक जा।"

उसने पीछे मुड़कर देखा। सामने से ठाकुर का मँझला बेटा और उसके चार कारिंदे आ रहे थे। वह हक्का-बक्का रह गई, अब तक वे पास आ गए थे।

"तूने म्हारे खेतों में काम करने को क्यों मना किया?" ठाकुर का मँझला गरजा था। उसके कंधे पर बंदूक थी।

"मुझे जाने दे।" कहते हुए कबूतरी ने जैसे ही आगे पाँव बढ़ाया, उसने उसका हाथ पकड़ लिया। एक हाथ से बोझ पकड़े उसने अपना हाथ छुड़ाया। लकड़ियों का बोझ नीचे जमीन पर गिर पड़ा।

"तू मुझे जाने क्यों नहीं देता?" कहते हुए वह लकड़ियाँ उठाने के लिए झुकी, पर ठाकुर का मँझला फिर उसे पकड़ते हुए बोला, "चल आज से ही म्हारे खेतों में काम कर, तुझे अपने खसम का कर्ज नहीं चुकाना क्या?"

"मैंने किसी से कोई करज-वरज नहीं लिया, जिसने लिया है, वही देगा भी।" वह फिर जाने के लिए बढ़ी। चारों तरफ खड़े कारिंदे बेशर्मी से हँस रहे थे।

"मैं फिर कहता हूँ, तू म्हारे खेत पर चल वर्ना...।" उसने फिर उसका हाथ पकड़ा।

"वर्ना क्या करेगा तू?" कबूतरी ने अपना हाथ छुड़ाते हुए कहा।

"स्साली, चमारी, ठाकुर से जबान लड़ाती है।" अगले ही पल वे बाज की तरह झपटे थे उस पर। पहले ठाकुर के मँझले ने झपट्टा मारा। बाज पाँच थे और वह अकेली। पल भर में ही उसके बदन के कपड़े खींच-खींचकर फाड़ दिए गए। गाँव से दूर वीरान से रास्ते में वह बहुत चीखी-चिल्लाई, पर उन्होंने उसे पूरी तरह नंगा करके ही छोड़ा था। भागने का प्रयास करती तो उसे लाठी से धकेला जाता।

"चल गाँव, सारे लोग इसी हालात में देखकर तुम पर थूकेंगे।" ठाकुर का मँझला किसी हिंसक जानवर की तरह गुर्राया था।

गाँव का नाम सुनकर तो उसका कलेजा मुँह को आ गया था। उसकी आँखों के सामने अँधेरा-सा छाने लगा। वह धम्म से वहीं बीच रास्ते में बैठ गई, वह क्या करे? कैसे इनसे पीछा छुड़ाए? किस तरह भागे? वे पाँचों तो यमराज की तरह उसके सर पर थे। कुछ देर वह यूँ ही बैठी रही। तभी चारों ओर से उसके नंगे शरीर में लाठियाँ गड़ाई जाने लगीं।

"चल उठ, नई तो तेरी...में ये सभी लाठियाँ डाली जाएँगी।" ठाकुर का मँझला फिर दहाड़ा।

"तेरे पाँव पड़ती हूँ। हाथ जोड़ती हूँ। मुझे मेरे कपड़े दे दे।" कहते हुए कबूतरी की आँखों से आँसुओं की नदी बहने लगी थी। वह दहाड़ मार-मारकर रोने लगी थी। सारा मुँह आँसुओं से भीग गया। पर उनके मन वैसे ही पत्थर जैसे थे। वे न पसीजे। ठाकुर के कारिंदों ने उसके

शरीर में हो-हो करते हुए लाठियाँ गड़ानी शुरू कर दीं। अंततः उसे उठकर गाँव की ओर नंगे बदन चलना ही पड़ा।

पहले जोहड़ आया, फिर बिटोड़े और तब गाँव। सारे गाँव में वह नंगी हालत में घुमाई गई थी। कुछ लोग तो कुत्तों की तरह उसके पीछे-पीछे चल रहे थे। शाम तक यही नंगा खेल खेलना पड़ा था उसे। पर उसने हिम्मत की थी जिंदा रहने की और वह पत्थर बन वापस लुकती-छिपती घर लौट आई थी।

पड़ोस से मुर्गे की बाँग बता रही थी कि सवेरा हो गया है। नींद तो कबूतरी को आई ही नहीं थी। आँखें लाल अलग हो गई थीं। सर भारी-भारी सा। मन और तन दोनों से अभी भी पीड़ा और आक्रोश उभर रहे थे। वैसे अकेली कबूतरी की ही ऐसी स्थिति न थी। घर में सभी के मन की यही हालत थी। एक-दूसरे से कुछ कह भी तो नहीं सकते थे। बस अकेले और अपने आपमें सिमटे-से। सभी ने महसूस किया, अभी सवेरा नहीं होना चाहिए था।

कम-से-कम अँधेरे में वे किसी को मुँह तो न दिखाते। काश! फिर से अँधेरा हो जाए। काली चादर से समूचा गाँव ढँक जाए!

"बऊ..." कबूतरी ने सुना, कोई आवाज दे रहा था। यह तो सास की आवाज थी। वह वैसे ही लेटी रही। रामकली के मन में संशय था। कहीं कबूतरी ने रात में कुछ कर न लिया हो। अतः जैसे ही उसे सुध आई, वह कबूतरी की कोठरी की ओर चली गई, कोठरी में थोड़ा उजाला था। वह दोबारा आवाज देती है..."बऊ!"

पास आकर देखती है। कबूतरी आँखें खुली रख लेटी थी। वह हिचकती-सी पास जाती है। फिर पुकारती है। कबूतरी अभी भी मौन थी। उसकी आँखें ऊपर कड़ियों की ओर लगी थीं।

"बऊ, तुझे क्या हो गया है! बोल न कुछ। हमें गालियाँ दे, जूते मार, म्हारी आँखें फोड़ दे। हम सबने तुझे नंगे होते देखा। तेरी बेइज्जती होते देखी।" कहते-कहते उसकी आवाज भारी हो गई थी। गला भर्राने लगा था। आँखों में आँसू और फिर जोरों से रुलाई, कबूतरी सास को रोते देख उठ बैठी थी। वह भी कब तक रोके रखती अपने आँसुओं की बाढ़। अंततः बाँध टूट ही गया। दोनों के रोने की आवाजें सुन पहले ननद आई फिर देवर। उन दोनों की आँखें नीची थीं। दोनों को रोते देख वे भी रोने लगे। आँसू देवर की आँखों में भी थे। बाहर ससुर और ददिया ससुर उनकी आँखें भी तो गीली थीं। पर उन्होंने आँसुओं को रोकने की अभी तक हिम्मत जुटाई हुई थी।

रोने की मिली-जुली आवाजें बढ़ीं तो आस-पड़ोस में भग्गी मच गई, कल की घटना का तो सबको मालूम था। कुछ ने अपनी नंगी आँखों से भी सब कुछ देखा था। रात में कोई अनहोनी घटना तो नहीं घट गई, यही सोच उसी तरफ दौड़ पड़े सब। हरिया और हरफूल अवाक् थे। भीड़ घर के आँगन में भरने लगी थी। पहले औरतें आईं, फिर मर्द, बच्चे और जवान होती उम्र की लड़कियाँ। सबकी जुबान पर यही शब्द थे, "कल भौत बुरा हुआ। आज तक गाँव में ऐसा तो नहीं हुआ था!" कोठरी के भीतर सभी औरतें घुसने का प्रयास कर रही थीं। जो भीतर जा चुकी थीं, उनकी आँखें गीली होने लगी थीं, बाहर रह गई औरतों और लड़कियों की आँखें भी भर आई थीं। वे आपस में बतिया रही थीं।

"हम तो समझे कबूतरी ने कुछ कर लिया है।" एक बूढ़ी दूसरी से कह रही थी।

"नई ताई, भौत हिम्मतवाली है वह, दूसरी होती तो अब तक कुएँ में कूदकर जान भी दे देती।" दूसरी ने जवाब में कहा था।

"पर हुआ तो बुरा ही उसके साथ!" तभी तीसरी बोल उठती है।

भीतर से अभी भी रोने की आवाज आ रही थी। फिर बीच में कम उम्र की एक लड़की कहती है, "लगे है रात रोट्टी भी नहीं खाई इन्होंने!"

"चल जरा चूल्हे को तो देख।" फौरन एक बुजुर्ग औरत बोल उठी।

वही लड़की भागी-भागी ओसारे में ठंडे चूल्हे की ठंडी राख को हाथ में लेकर महसूस करती है। आस-पास लकड़ियाँ भी न थीं। चूल्हे के पास जूठे बर्तन भी न थे। चिमटा, फूँकनी मिट्टी की दीवार के सहारे खड़े थे। वही लड़की फिर भागी-भागी आती है और उदास से स्वर में कहती है, "ना ताई, रोट्टी तो कतई ना बनी।"

ताई को जैसे अफसोस हुआ था, "रोट्टी क्या खाई होगी?"

बीच में कोई और बोली, "ऐसे में रोट्टी भला हलक के नीचे उतरे है किसी के, जो वे बिचारे खाते!"

"पर अब तो उन्हें रोट्टी चइये। कल से सब भुक्खे हैं।" वही लड़की फिर कहती है।

भीतर से कुछ औरतें बाहर आईं। उन सभी की आँखें गीली थीं, इधर हरफूल और हरिया के आस-पास लोग जुटे थे। उनमें से अधिकांश दिलासा ही दे रहे थे। कुछ भाग्य को कोस रहे थे तो कुछ किस्मत को। अचानक बीच में कोई युवक बोल उठता है, "पर ऐसे कब तक चलेगा? कल संपत की घरवाली को नंगा किया, आज किसी और की भैन-बेटी को भी वे गाँव में नंगा घुमा सकते हैं!"

"पर गरीब-गुरबा लोग कर भी क्या सके हैं?" हरिया के पास बैठा एक बूढ़ा उत्तर में कहता है।

"भौत कुछ कर सकते हैं, अब सब चाहें तो!" अबकी अधेड़ उम्र का व्यक्ति बोला था। उसी युवक को जैसे बल मिला। वह और ऊँची आवाज में कहता है, "हमें पुलिस में रपट लिखानी चइये।"

"पुलिस तक मत जाओ। बात गाँव की है। गाँव में ही निपटाओ।" एक और व्यक्ति ने अपनी राय दी।

"सब पंच मिलकर तै करेंगे हमें क्या करना चइये। जल्दबाजी में कोई भी कदम उठाना ठीक नई।" तीन-चार व्यक्ति एक साथ बोल उठे थे। इसी पर आपस में बहस खत्म हो गई थी। पर सबके मन में मारे गुस्से के उबाल आ रहा था। युवकों की तो मुट्ठियाँ भिंच रही थीं। बूढ़े आदमी उन्हें धीरज रखने की अपनी-अपनी राय दे रहे थे। थोड़ी देर बाद भीड़ छँटने लगी। पर मर्दों के बीच किसी को भी उन्हें रोटी की बात पूछनी ध्यान नहीं रही। जबकि दो-तीन औरतों ने अपने-अपने घर जाकर उनके लिए रोटी-सब्जी बनाने के लिए चूल्हे भी जला लिये थे।

घर में वे फिर अकेले रह गए। भीतर की चुभन ऐसी थी, जैसे काँच के बहुत सारे टुकड़े उनके खून में मिल गए हों। हरिया अभी भी अपनी कोठरी में था। बाहर निकलने को मन न था। बूढ़ी टाँगों में अब ताकत ही कितनी रह गई थी! इन्हीं टाँगों से कभी वह पूरे गाँव में घूमा करता था। गाँव में दलितों की बस्ती में सबसे अधिक उम्र थी उसकी। सबसे अधिक मौतें देखी थीं उन बूढ़ी आँखों ने। किस-किसकी अर्थी को कंधा नहीं दिया था उसने! कितने लोगों की आँखों से आँसू पोंछे थे उसने, कितनों को दिलासा दिया था और आज स्वयं अपने आपको ही दिलासा न दे पा रहा था।

हरफूल तो और भी दुखी हो गया था। कल की घटना से तो बच्चे की तरह बिलख-बिलखकर उसका रोने को मन कर रहा था। बेटा जब जवान हो जाए तो बाप का हमजोली बन जाता है। कई बार हरफूल ने बाप के साथ बैठकर हुक्का भी पिया था। अपने मन की बात कही

थी और हरिया की सुनी थी। पर इस बार न जाने क्यों...उसका मन। उसे याद आया दो साल पहले ही तो बेटे की शादी कर कबूतरी को लाया था। सगाई में ही भरे आँगन में हरफूल ने कहा, 'संपत, तेरे लिए कबूतरी देखकर लाया हूँ। खूब गोरी-चिट्टी बऊ है।' और उसी दिन से छमिया का नाम कबूतरी पड़ गया था। घर तो घर, बाहर भी यही नाम, आस-पड़ोस की औरतें भी घर में घुसते ही इसी नाम से पुकारतीं। देवर और ननद तो खूब छेड़ते। कबूतरी थी भी तो ऐसी ही। मैके से ही छम-छम करती आई थी। समूचे गाँव में शोर हो गया था। दूर की भाभियाँ-चाचियाँ संपत को छेड़तीं, 'देख लल्ला, कबूतरी को अपने हाथ में ही रखियो, हाथ से निकली कि उड़ते देर नई लगेगी।' और संपत उनकी बातें चुपचाप सुन लेता। घर जाकर नमक-मिर्च लगाकर कबूतरी को कहता। यह सब सुन कबूतरी का चेहरा शर्म से लाल हो जाता। बस्ती में निकलती तो उसकी पायल की छम-छम हर किसी का ध्यान आकर्षित कर लेती थी।

कुछ देर बाद ही बस्ती की औरतें रोटी-सब्जी ले आई थीं। भीतर जाकर उन्होंने सबसे रोटी खाने के लिए कई बार कहा, खुशामद भी की, पर किसी ने रोटी को हाथ तक न लगाया। थककर वे वहीं रोटी रख अपने-अपने घर लौट गईं।

कुछ देर बाद मर्द आए। उनमें बूढ़ों की संख्या अधिक थी। अलग-अलग तरह से वे समझाते रहे। कबूतरी के पास भी कुछ औरतें बैठी थीं। वे ऊँच-नीच समझा रही थीं। गाँव की परंपरा की बात रह-रह बतलातीं। गाँव में आरंभ से ही ठाकुर खानदान का दबदबा रहा था, यह भी बतलाना न भूलतीं। एक-दो के मुँह से गालियाँ भी निकल रही थीं, "कीड़े पड़े सुसरे के जन्म में, अपने बड़े बेटे की बऊ तक को भी न छोड़ा। वह आदमी थोड़े ई है, आदमी के जनम में निरा शैतान है।"

कबूतरी चुपचाप उनकी बातें सुन रही थी। कभी-कभी उसकी हिचकी भी निकल जाती थी। रोते-रोते आँखें लाल हो गई थीं। "चल बेट्टी, रोटी खा ले।" बीच में फिर कोई बोलती पर रोटी खाने का न कबूतरी का मन था और न उसकी सास, ननद, देवर में से किसी का। पानी तक उनके मुँह में न गया था। लगता था जैसे भूख-प्यास का उनके जिस्म से नाता ही टूट गया था।

इसी गहमा-गहमी में दोपहरी भी बीत गई। घर में लोगों का आना-जाना अभी भी जारी था। कुछ लोगों ने राय दी, "संपत को शहर से बुलवा लिया जाए।"

पर हरफूल ने यह कहते हुए मना किया, "कौन जाने वह आते ही ठाकुर से झगड़ा कर बैठे। गरम खून है, फिर शहर की हवा लगी है! कहाँ सहन होगा उससे यह सब! हम तो गाँव में रहते हैं। गाँव की परंपराओं को जानते हैं। चुप रहना सीखा है। जुल्म-अत्याचार भी सहते रहे हैं। पर वह तो यह सब चुपचाप नहीं सहन कर पाएगा। जरूर कुछ टंटा-बखेड़ा होगा उसके आने पर।"

अधिकांश बड़े-बूढ़े उसकी बात से सहमत थे पर कम उम्र के लोग सहमत नहीं थे। वे तो बार-बार इसी बात पर जोर दे रहे थे कि, "उसे जल्द-से-जल्द तार देकर बुलवा लिया जाए। अरे उसकी घरवाली के साथ इतना सब हो गया और उसे खबर तक न दी जाए! यह तो निरा अत्याचार होगा उस पर। उसके आने के बाद गाँव में क्या होगा, यह बाद की बात है। पहले उसे खबर करनी ही चाहिए।"

बूढ़े लोगों पर संपत को शहर से बुलानेवालों का दबाव बढ़ता ही जा रहा था। बात भी तो वाजिब थी। जिसकी घरवाली को सरेआम नंगा कर दिया, उसके आस-पास पत्ता खड़कने

की भी आवाज न हो, यह कहाँ का इंसाफ था! वे लोग कमजोर हैं, यह तो सही है। पर इतना सब होने पर चूँ तक भी न करें, यह सब कुछ अजीब पहेली जैसा था।

और अँधेरा घिरने से पहले उन्होंने ऐलान कर दिया, "हम अनशन करेंगे। भूख-हड़ताल करेंगे। हमारी समाधियाँ यहीं बनेंगी। अन्न का दाना भी न खाएँगे। उनके मरने के बाद ही अब गाँव के लोग उनकी अर्थियों को कंधा दें। बहुत सह लिया ठाकुरों के पीढ़ी-दर-पीढ़ी जुल्म। अब और न सहेंगे।" संयुक्त आह्वान था उनके मन में।

यह बात पूरे गाँव में फैल गई। बच्चे-बच्चे की जबान पर चर्चा थी। अपनी-अपनी कोठरियों में बैठे बूढ़ों के माथे पर चिंता उभर आई थी। वे अनमने से हुक्के की नली मुँह में रखते, पर हुक्के का स्वाद कसैला-सा लगता। बूढ़ी औरतें कली पीते हुए आपस में बतिया रही थीं। जवान बहू-बेटियों को तो कल की घटना के बाद बाहर ही नहीं निकलने दिया गया था। धुलिया की चौपाल पर कोई न था। अँधेरा हो गया था। वहाँ दीया-बाती कुछ भी न था। आज चौपाल भूतखाना लग रही थी। बैठक के दरवाजे पर ताला लगा था, जिसकी चाबी धुलिया के पास थी और धुलिया अपनी कोठरी में लेटा हुआ था। उसकी आँखों के सामने ठाकुर की तीन पीढ़ियों द्वारा गाँववालों पर किए गए जुल्मों के चित्र अभी भी तैर रहे थे। धुलिया की उम्र सत्तर साल को पार कर गई थी। गाँव का शायद ही कोई ऐसा आदमी ढूँढ़ने से मिले, जिसकी पीठ पर ठाकुर या उसके कारिंदों के चाबुकों के निशान न पड़े हों। वे निशान उनकी दरिंदगी के चश्मदीद गवाह थे।

उसकी जात की बहुत कम औरतें ऐसी होंगी, जिन्हें ठाकुर के बुलावे पर हवेली में न जाना पड़ा हो। एक-एक के बदन ने अनचाहे वह सब झेला था। इसलिए गाँव में कम उम्र की बेटियों के हाथ पीले कर उन्हें ससुराल भेज दिया जाता था। जो बाहर से इस गाँव में बहू बनकर आती थीं, उनके पहले दो-तीन साल अजीब-से धर्मसंकट में गुजरते थे। गाँव में पहले से ही कुछ ऐसी ही परंपरा थी। उन्हीं परंपराओं को गाँव के लोग ओढ़ने-बिछाने के लिए मजबूर थे।

अँधेरा होने तक हवेली में भी यह खबर पहुँचे बिना न रह सकी। हवेली में रह रहे एक-एक आदमी को तब तक पता चल चुका था कि हरिया के घर में कल से ही भूख-हड़ताल चल रही है। पर पुरुषों पर इसका जरा भी असर न हुआ था। उनकी तरफ से तो ढेरों गालियाँ ही हरिया के परिवारवालों के हिस्से में आई थीं। कारिंदे और लठैतों ने तो मजाक उड़ाया था।

रात के दस बजते-बजते सन्नाटे को चीरते हुए संपत आ गया, गाँव-भर में शोर हो गया था।

गाँव के युवकों ने जैसे ही सुना उनके मन में दबी हुई आग शोला बनकर भड़कने लगी थी। हरिया के घर के भीतर और बाहर भीड़ होने लगी। तभी एक बात और पता लगी। गाँव में कल की घटना अखबारों में छप गई थी। जिसे पढ़कर संपत भागा-भागा चला आया था। सभी उस अखबार को देखने को लालायित थे। पर अखबार संपत के पास था और संपत को उसके परिवारवालों ने घेर रखा था। एक तरफ घरवाली तथा दूसरी ओर माँ, सामने मंगली तथा सुरेश खड़े हुए रो रहे थे। हरफूल की आँखें अभी गीली ही थीं। वे भीतर से रो रही थीं। धीरे-धीरे भीड़ भीतर आने लगी थी। पड़ोस से कोई एक लालटेन और ले आया था। हरिया अपनी बूढ़ी आँखों से बस संपत को ही देखे जा रहा था। उनमें से अधिकांश समझा रहे थे। संपत को पता चल गया था कि घर में कल से ही किसी ने रोटी का एक टुकड़ा तक न तोड़ा था। सबकी थालियों में अलग-अलग रखी रोटियाँ सूख गई थीं। फिर उठा था संपत, "अरे, तुम मर जाओगे तो कौन-सा ठाकुर को कुछ फर्क पड़ जाएगा। उसके घर के बर्तनों में कमी तो नहीं आ जाएगी।

हवेली की एक ईंट पर भी कुछ असर नहीं होगा।" बीच में किसी ने उफ तक न की। सब समझते थे। संपत का बोलना वाजिब था, "और सच बात तो यह है कि तुम सब तो पहले से ही मरे हुए हो। मुर्दे न होते तो मेरी बीवी को नंगे होते हुए देखते रहते?"

तभी बीच में हरिया का स्वर उभरा था, "मेरा पोता ठीक कहता है। हम सब मुर्दे हैं।"

कई स्वर उभरे, "संपत की बात तो अपनी जगह ठीक ही है।" कहीं से फुसफुसाहट होती है और कहीं से वाद-विवाद भी।

रोटी की बात बीत गई थी। उसे फिर बिरमो ताई ने छेड़ा। सभी ने उसकी हाँ में हाँ मिलाई। कुछ ही देर में भीड़ घटने लगी। दो-तीन औरतें अपने-अपने घर जाकर फिर रोटी बनाने लग गईं। आधी रात हो गई थी। फिर से चूल्हे गरम होने लगे थे। रोटियाँ बनानेवाली औरतों के चेहरे पर खुशी और संतोष के चिह्न थे। कहीं से छाछ जुटाई गई तो कहीं से सब्जी और कहीं से गुड़। पच्चीस-तीस रोटियाँ जल्दी-जल्दी सेंक दी गईं, सबने एक साथ मिलकर खाया।

रात काफी बीत गई थी पर संपत की आँखों में नींद न थी। कबूतरी उसके बराबर में ही लेटी थी। नींद उसे भी नहीं आ रही थी। लालटेन में मिट्टी का तेल खत्म हो गया था। वह खुद-ब-खुद बुझ गई थी। चारों ओर अँधेरा हो गया था। उसी अँधेरे में डूबा था संपत। अँधेरे के भीतर नुकीले पंजे निकल आए थे और वह उन पंजों से लड़ रहा था। पंजों की संख्या उसके चारों ओर बढ़ रही थी।

यूँ वह दस सालों से बराबर लड़ रहा था, गाँव की परंपराओं से, जिन्हें ठाकुरों तथा बामनों ने मिल-जुलकर बनाया था। गाँव में उसी न्याय के प्रतीक थे मंदिर और हवेली। मंदिर बामनों का था और हवेली ठाकुरों की। शेष गाँव पर बनियों, कायस्थों, यादवों, कुर्मियों और राजपूतों का कब्जा था, अधिकार था। इन्हीं अधिकार-संपन्न जातियों ने उसकी बस्ती के एक-एक आदमी-औरत, बच्चे-बूढ़े को वस्तु बना दिया था। जिसका जब जी चाहा, इस्तेमाल कर लिया और जब मन किया, एक तरफ फेंक दिया।

सुबह होने पर संपत की एक ही जिद थी। पुलिस में रिपोर्ट लिखानी है। वह कबूतरी से बार-बार कह रहा था, "जल्दी कर, कस्बे चलना है। वहाँ पुलिस चौकी में सब बताना। जो तेरे साथ उस ठाकुर के मँझले ने किया। एक-एक लठैत का नाम भी एफ.आई.आर में आना चाहिए।"

और कबूतरी डरते-डरते तैयार हो रही थी। बाहर कच्चे आँगन में हरफूल समझा रहा था, "संपत, याद रख, कोई तेरी रिपोर्ट नई लिखेगा और रिपोर्ट लिख भी ली किसी भले मानस इंस्पेक्टर ने तो क्या बिगड़ जाएगा ठाकुर का? सुना है, ठाकुर की पहुँच चीफ मिनिस्टर तक है।"

और संपत आक्रोश के मारे उबल पड़ा, "भैया, ठाकुर की पहुँच चीफ़ मिनिस्टर तक हो या प्राइम मिनिस्टर तक। हम पर जुल्म हुआ है और उसकी रिपोर्ट पुलिस में लिखानी जरूरी है।"

अब तक अपनी कोठरी से बाप-बेटे की आपस में होती तकरार सुनकर हरिया भी लाठी टेकते हुए आ गया था। साथ ही अन्य लोग भी। हरफूल ने फिर प्रतिवाद किया था, "पर पुलिस किसकी? यह भी उनी की है, गाँव में जिनकी लाठियों में दम है।"

"पुलिस सबके लिए है। उस पर हर किसी की सुरक्षा की जिम्मेदारी है।" संपत ने अभी अपनी बात पूरी ही की थी कि हरिया बीच में बोल उठा।

"हाँ संपत, तू जरूर रिपोर्ट लिखा।" हरिया ने दो-टूक उत्तर में अपना फैसला दे दिया था।

हरफूल ने सुना तो उसके बदन में आग लग गई, वह थोड़ा तेज स्वर में कह उठा, "तो फिर दादा-पोते दोनों कर लो करांती।"

"भैया, क्रांति लानेवाले तो आज संसद और विधानसभाओं में जाकर सो गए हैं। हम तो केवल हम पर जो जुल्म और अन्याय हुआ है, उसके खिलाफ कुछ करना चाहते हैं।" संपत के स्वर में अभी भी आक्रोश था, जबकि हरफूल के स्वर में टूटन बढ़ गई थी।

"जो कमजोर हैं, वे कुछ नहीं कर सकते।" वह फिर उसे समझाना चाहता है।

"भैया, हम कब तक कमजोर बने रहेंगे? कब तक गुलामों की तरह रहेंगे?"

उन सबके कस्बे जाने और ठाकुर के खिलाफ पुलिस में रिपोर्ट लिखाने के प्रसंग से गाँव की दलित बस्ती में हड़कंप-सा मच गया था। जो संपत और कबूतरी के साथ जाने को तैयार हुए, उन सभी के घरों में अलग तकरार होनी आरंभ हो गई थी। अकेली बिरमो ने अपने बेटे के जाने पर कोई एतराज न किया था, बल्कि वह स्वयं भी साथ जाने को तैयार हो गई थी। वह विधवा थी और घर में एक वही बेटा था। बिरमो के आदमी को दस साल पहले ठाकुर ने ही मरवा दिया था। तब वह ठाकुर के खिलाफ रिपोर्ट न लिखा सकी थी, पर आज वह तैयार थी, अगली-पिछली दोनों रिपोर्ट लिखाने के लिए। पुरानी याद उसके सोए हुए जख्म के कहीं बीच से उभर आई थी।

अभी दस ही बजे थे, पर सूरज की किरणें आग बरसाने लगी थीं। नीचे रेत तपने लगी थी। हवा गुम थी। वे पसीने-पसीने हो गए थे। रास्ते में कई ट्यूबवेल पड़े, उनमें से किसी ने भी पानी तक न पिया। सबके सर पर एक ही जुनून सवार था। जल्दी-से-जल्दी कस्बे जाकर ठाकुर के खिलाफ रिपोर्ट लिखाना। वही जुनून अब उनकी ताकत बन गया था। वे एक नहीं, दो नहीं, तीन नहीं, पूरे ग्यारह थे। उनके भीतर, बाहर आग लगी थी। बाहर से अधिक अंदर का सूरज बेचैन कर रहा था उन्हें, जो संपत के शहर से लौटने के बाद उन सबके भीतर उग चुका था।

कस्बे के बीच में थी पुलिस चौकी। खपरैल की छत के नीचे नंगी दीवारें और उन दीवारों पर पान की पीक के बदरंग निशान। वैसे इनमें कुछ खून के भी निशान थे। कहीं-कहीं से दीवारें काली पड़ गई थीं। पुलिस चौकी के आगे कच्चे आँगन में पेड़-पौधों के साथ एक मंदिर भी उग आया था, जिसमें पत्थर का कोई देवता विराजमान था। उसी पत्थर की मूरत के आगे गर्दन झुकाए हाड़-मांस का कोई वर्दीधारी दोपाया खड़ा था। सामने उत्तर की ओर बान की नंगी खाट पर दूसरा वर्दीधारी जीव औंधे मुँह लेटा था। उसी के बराबर के बड़े कमरे में मेज के सामने तीसरा किसी आदमी को डाँट-डपट रहा था। चौथा वर्दीधारी एक कोने में खड़ा कुल्हड़ में से रसगुल्ले निकालकर मुँह में डाल रहा था। इस कस्बे की पुलिस चौकी में फिलहाल पाँच कर्मचारी तैनात थे, जिनमें से एक कुर्सी पर सामने बैठे किसी देहाती को डाँट-डपटकर, ड्यूटी पूरी कर रहा था। उसी पुलिस कर्मचारी ने अचानक ग्यारह लोगों को एक साथ पुलिस चौकी में प्रवेश करते देखा तो वह वहीं से चिल्ला उठा, "अरे...ये कहाँ घुसे चले आ रहे हो? यह पुलिस चौकी है घुड़साल नहीं।"

सबसे आगे संपत था। वही उसका उत्तर देता है, "हम घुड़साल नहीं, पुलिस चौकी समझकर ही आए हैं।"

संपत का उत्तर सुन वह उखड़-सा गया था, "ठीक है, क्या बात है बताओ।"

अब तक वे उसी बड़े कमरे में आ गए थे, जो छोटा पड़ रहा था।

"हमें रिपोर्ट लिखानी है।" संपत कहता है।

वही वर्दीधारी फिर उखड़ गया था, "पर क्या हुआ, क्या हुआ? या ऐसे ही हवा में रिपोर्ट लिखानी है।"

अब संपत का स्वर भी थोड़ा गरमा गया, "हवा में रिपोर्ट नहीं लिखाएँगे, हम पर जुल्म हुआ है।"

"क्या जुल्म हुआ है, जल्दी से बतला।" वही कर्मचारी रूखे स्वर में बोला। तब तक तीनों वर्दीधारी भी 'हटो, हटो' करते हुए उसी कमरे में आ गए थे। इंस्पेक्टर को आया देख दीवान उठ खड़ा होता है, अब उसी कुर्सी पर इंस्पेक्टर बैठते हुए सवाल ठोक देता है, "क्या बात है...?"

"इंस्पेक्टर साहब, हम लहना गाँव से आए हैं।"

"तो...।" इंस्पेक्टर हल्के से कहता है।

"यह मेरी पत्नी है।" कबूतरी की ओर संकेत कर संपत कहता है।

"तू जल्दी बतला, यहाँ क्यों आया है, अपना पूरा टाबरा लेकर।" इंस्पेक्टर भी उखड़ने लगा था।

"लहना गाँव के ठाकुर के मँझले लड़के ने मेरी बीवी को सारे गाँव में नंगा किया।"

अंततः संपत कह ही डालता है। लहना गाँव के ठाकुर का नाम सुनकर इंस्पेक्टर की आँखें चमक-सी उठती हैं। उसके मुँह से अचानक निकल पड़ता है, "कौन जात हो?"

"चमार हैं।"

"फिर हम क्या करें?" उपहास के स्वर में इंस्पेक्टर कहता है।

"हमारी रिपोर्ट लिख लीजिए।" संपत पुनः कहता है।

कुछ देर कमरे में चुप्पी रहती है। अचानक इंस्पेक्टर का स्वर गरमाने लगता है, "जाओ जैसे गाँव से आए हो, वैसे ही लौट जाओ। यहाँ किसी की रिपोर्ट-विपोर्ट नहीं लिखी जाएगी।"

संपत तथा अन्य को इंस्पेक्टर से ऐसे उत्तर की उम्मीद न थी। फिर भी अपने स्वर को संयमित करते हुए उसने कहा, "इंस्पेक्टर साहब, हम पर ठाकुर के मँझले ने जुल्म किया है। हमारी रिपोर्ट तो लिख ही लीजिए।"

इसी बीच बिरमो का बेटा भी बोल पड़ता है, "इंस्पेक्टर साहब, रिपोर्ट तो आपको लिखनी ही पड़ेगी।"

उसकी बात सुन इंस्पेक्टर भभक उठता है, "अबे तू कौन है?"

बीच में से बिरमो आगे आकर बेबाकी से कहती है, "म्हारा बेट्टा है।"

इंस्पेक्टर की त्योरी और भी चढ़ जाती है। "और तू किस खेत की मूली है?"

"हम लहना गाँव के हैं।"

इंस्पेक्टर ने उन सबकी ओर एक-एक कर देखा-- अंत में कबूतरी पर उसकी निगाहें आकर थम जाती हैं।

"तू इसकी बीवी है ना!" संपत की तरफ संकेत कर इंस्पेक्टर ने पूछा।

"हाँ।" कबूतरी उत्तर देती है।

"तुझे ठाकुर के मँझले ने नंगा किया। अब और नंगा होना चाहती है क्या?" इंस्पेक्टर रुआब से उसकी आँखों में आँखें डालकर कहता है।

"इंस्पेक्टर साहब, आप यह कैसी बातें कर रहे हैं।" संपत को बीच में बोलना पड़ा था।

"इंस्पेक्टर साहब, हमारे बेटे की घरवाली को गाँव भर में नंगा किया और आप...।" इस बार हरफूल भी बोल उठा था। उससे सहन नहीं हो पा रही थीं इंस्पेक्टर की ऊटपटाँग बातें।

"अच्छा तो तुझे भी बोलना आता है। दीवान जी, इन सालों को बाहर निकाल दो।"

"इंस्पेक्टर साहब, आपका यह व्यवहार ठीक नहीं है।" संपत भभक उठा है।

"तू कौन होता है बे हमें व्यवहार सिखानेवाला?"

"इंस्पेक्टर साहब, आपको अपनी ड्यूटी निभानी चाहिए।" बिरमो का बेटा भी आगे आकर भभका।

"इंस्पेक्टर साहब जी, चाहे तो हमें बंद करो या म्हारी रिपोर्ट लिखो।" बिरमो भी कब पीछे रहनेवाली थी।

अब तक इंस्पेक्टर भीतर से पूरी तरह से खौल चुका था।

"दीवान जी, लाना जरा मेरा डंडा। इन साले चमारों के होश ठिकाने लगाने ही होंगे!" कहते हुए वह उन पर पिल पड़ता है। पहले लात, फिर घूँसे। शेष तीनों भी डंडे उठाकर उन्हें मारने दौड़ते हैं। अब तक पाँचवें वर्दीधारी की भी हल्ले से नींद उचट गई थी। उसने चौकी के भीतर मारा-मारी देखी तो बंदर की तरह उछलकर उनके बीच जा पहुँचा।

पुलिस चौकी में अजीब हाय-हुल्ला मच गया था। आस-पास भीड़ इकट्ठा होने लगी थी। यह पता चलते ही लहना गाँव के चमारों की पिटाई हुई है। भीड़ में शामिल चमार, खटीक, वाल्मीकि सभी अपनी-अपनी बस्तियों की तरफ भागे।

पुलिस चौकी में ग्यारह के ग्यारहों को चोटें आई थीं। उनके कपड़े फट गए थे। बिरमो के साथ कबूतरी तथा रामकली को भी नहीं छोड़ा गया। उनको तो बाल खींच-खींचकर बेदर्दी से मारा-पीटा गया था। सबसे अधिक चोटें संपत, हरफूल और बिरमो के बेटे को आईं। उन सभी को चौकी के पिछवाड़े में जहाँ दीवान जी की भैंस बँधती थी, बंद कर दिया गया था। वहाँ गोबर तथा पेशाब की दुर्गंध भरी थी। वे सब बाड़े के भीतर थे और बाहर इंस्पेक्टर गुस्से में बड़बड़ा रहा था, "स्सालो चमारो, अब तुम्हें जबान भी लड़ाना आ गया! एक-एक की गाँड़ में मैंने डंडा न करवा दिया तो मेरा नाम एस.पी. त्यागी नहीं।"

दोपहर ढल गई, गाँव से गए लोग अभी तक न लौटे थे। उनका कुछ ब्योरा भी न मिला था। पूरी बस्ती में चिंता थी। हरिया बाहर कच्चे आँगन में बैठा था। किसनी ने कई बार अपने छोटे को भेजकर खबर मँगाई थी। पर हरिया भला क्या बतलाता! वह स्वयं घर से गए पाँच लोगों के लौटने की बाट जोह रहा था। कितने लोग उसके पास आए और चले गए। कुछ आधा-एक घंटे बैठते, बोलते, बतियाते। बार-बार वह लोगों से घिरता, जुड़ता और फिर अकेला हो जाता। ऐसे में उसका मन और भी व्याकुल हो जाता। दुख की घड़ियाँ काटनी मुश्किल हो जातीं। वह किससे बात करे— नंगी दीवारों से, कच्चे आँगन से या तीन दिन से पड़े ठंडे चूल्हे से?

वह इसी गाँव में पैदा हुआ था। जवान हुआ और फिर बूढ़ा भी। अब इसी गाँव के मरघट में एक-न-एक दिन लकड़ियों के साथ जला दिया जाएगा। पर इस गाँव में मिला क्या उसे तथा उसकी जात के लोगों को? बार-बार बेइज्जती और जलालत की जिंदगी। उसे नफरत-सी हो गई गाँव से। ठाकुर के लोग पीढ़ी-दर-पीढ़ी उनकी जात के लोगों पर अत्याचार करते रहे और वे उनकी गुलामी। उसकी जात के दस लोगों को सौ-सौ गज जमीन मिली थी, ठाकुर ने प्रधान से मिल-मिलाकर अपने नाम लिखा ली। वे पहले भी ठाकुर के जरखरीद गुलाम थे, अब भी। गाँव में कितने लोगों के पास जमीन होगी? न जमीन, न घर, न कुआँ, न पोखर। गंदे जोहड़ से पानी पीना पड़ता है आज भी। गाँव में कोई स्कूल भी नहीं, न डिस्पेंसरी है और ना ही डॉक्टर है। क्या है आखिर इस गाँव में? केवल हवेली और मंदिर! दोनों ही उनके लिए बेकार। मंदिर नया था, पर हवेली बहुत पुरानी। हरिया को अभी भी याद था। उसके बाप ने एक दिन बतलाया था, जब यह हवेली बनी थी तो इसी बस्ती से उसकी जात के एक आदमी की बलि दी गई थी।

शाम हो गई थी। हरिया की विचार-तंद्रा टूट गई, उसने देखा, सामने हुक्मी खड़ा था। वह अपने बेटे की बाबत पूछ रहा था। थोड़ी देर में रामऔतार भी पूछते-पूछते आ गया। फिर किसनी भी। गाँव के कुछ लोग वहीं जुट गए थे। कोई हरिया के लिए गिलास में चाय ले आया था।

तभी बस्ती में हल्ला मच जाता है। कुछ घरों से रोने की आवाजें भी आने लगती हैं। हरिया को छोड़ सभी उस तरफ भाग खड़े होते हैं। हरिया आश्चर्य में रह जाता है। कहीं कस्बे में कुछ हो तो नहीं गया है? हो सकता है पुलिस ने गिरफ्तार कर लिया हो या ठाकुर के लोगों ने...।

कस्बे से चूड़ी लेकर मनियार आता था। मनियार ने उनकी पिटाई से लेकर हवालात में बंद करने तक की कहानी नमक-मिर्च लगाकर सुना दी थी। जैसे स्वयं उसने अपनी आँखों से सब कुछ देखा हो पर देखा उसने कुछ भी न था। जिस दुकान से वह चूड़ी खरीदने गया था, वहीं पर दूसरे मनियार ने बतलाया था।

ग्यारह लोगों के कस्बे से वापस न लौटने की कशमकश से जूझते गाँव के लोगों ने वह रात जागकर ही काटी थी। हरिया के घर ठंडे और उदास चूल्हे के साथ-साथ, आठ-दस घरों में भी आज रात चूल्हे न जले थे। बस्ती में मातम-सा छा गया था। अजीब-सी वीरानी में एक-एक घर डूब गया था। कहीं-कहीं बिल्लियाँ रोने लगतीं या आपस में लड़ती-झगड़तीं, तो पहले से जले-भुने लोग-लुगाई उन्हें मारने दौड़ते और लड़ती हुई वे बिल्लियाँ छलाँग लगाकर फुर्ती से भागतीं, उनके पीछे घात लगाकर कुत्ते भागते। दूर खेतों में गीदड़ हू-हू कर रहे थे। कुत्ते अलग रो रहे थे। आज रात गाँव में अजीब-अजीब बातें हो रही थीं, जिन सबके कारण गाँववालों के बदन में सिहरन दौड़ जाती थी।

सुबह के नौ बजे होंगे। ग्यारह लोग सामने से आते दिखाई दिए। हरिया अपनी कोठरी में अकेला था। संपत के साथ वह सभी को एक-एक कर देखता है। संपत और हरफूल के हाथ और कमर में चोटें आई थीं। पर वे हरिया को बतलाना नहीं चाहते थे। बताने से भी क्या...। बूढ़ा जिस्म है। कितना तो टूट चुका है! पुलिस चौकी में हुई घटना को सुनकर और दुखी होगा। पर हरिया के मन में जो सवाल उपज रहे थे, उनका जवाब भी तो देना पड़ेगा लेकिन हरिया ने कोई सवाल नहीं किया। बस इतना ही कहा, "मुझे मालूम है। तुम्हारी रिपोर्ट पुलिस चौकी में नई लिखी गई।"

हरिया की बात सुन संपत को आश्चर्य हुआ। उसने पूछा, "पर तुम्हें कैसे मालूम दद्दा?"

"अस्सी साल का हो गया हूँ मैं संपत। मुझे पता है।"

"पर दद्दा तुमने ही तो कहा था, जाने को।" सवाल था उसके स्वर में।

"हाँ, कहा था। इसलिए कि हमें कोशिश करनी चइये। कोशिश करना म्हारा काम है।"

संपत सोच रहा था। कितनी बड़ी बात कह दी थी दद्दा ने। हरिया निपट गँवार, अनपढ़, पर अस्सी साल का तजुर्बा उसके भीतर से बोल रहा था। संपत जब-जब कोई काम शुरू करता था, उसे अपने दद्दा से ही सहयोग मिलता था। हरिया ने ही उसे शहर भिजवाया था। पहले ही दिन उसने कहा था, 'संपत, अब इस गाँव में कुछ नहीं रखा। यहाँ बेगारी और बेइज्जती के अलावा कुछ नहीं है।' वैसे दद्दा की बात ठीक ही थी। गाँव में उसकी जाति के लिए क्या है? शुरू से ही गाँव के हाशिए पर रहे थे वे और अब भी वही स्थिति है। गाँव में उसके अलावा और कौन पढ़ सका है? किसने हिम्मत की...?

कल कस्बे की पुलिस चौकी में उनके साथ घटना से लहना गाँव की दलित बस्ती के लोगों की हिम्मत कम नहीं हुई थी, बल्कि बढ़ी थी। उनमें ठाकुर और पुलिस के खिलाफ आक्रोश

और भी बढ़ गया था। बाहर कस्बे में मालूम हो गया था कि पुलिस चौकी में ठाकुर के खिलाफ रिपोर्ट लिखाने आए ग्यारह दलितों की जमकर पिटाई हुई और वे वहीं बंद भी हैं। कस्बे में दलितों की अच्छी-खासी जनसंख्या थी। पढ़े-लिखे कम थे। कुछ नौकरीपेशा थे। दस-बीस लोगों ने तुरता-फुरती में पुलिस चौकी से ग्यारह लोगों को छुड़ाने के लिए लखनऊ से दिल्ली तक फोन खड़खड़ा दिए। विपक्षी पार्टी का मौर्य भी तो कस्बे में ही रहता था। शाम होते-होते उनकी जमानत हो गई थी। रात में वे कस्बे में ही रहे। डॉक्टरी भी हुई थी एक-एक की। पुलिस इंस्पेक्टर को मुअत्तल करने की भी माँग की गई। सुबह कस्बे से वे चले तो उन्हें हरसंभव मदद करने की बातें की गईं, ठाकुर के खिलाफ उनकी रिपोर्ट भी दर्ज हो गई थी।

शाम हुई तो गाँव में हरिया के घर पर फिर एक पंचायत जुड़ी। पंचायत में वे सभी थे, जो कल कस्बे गए थे। बिरमो भी सर पर पल्लू लिए अपने बेटे के पीछे बैठी थी। कल और परसों का दिन नौकरी पेशावालों के लिए छुट्टी का दिन था। परसों इतवार था। गाँव के चार-पाँच लोग शहर में चपरासीगिरी किया करते थे। उनसे भी सलाह-मशवरा करना था। गाँव में कई वारदातें हुई थीं ठाकुर की तरफ से, पर आज तक पंचायत न जुड़ी थी। इस बार सभी के मन में ठाकुर के प्रति जबर्दस्त आक्रोश उभर आया था। कल शाम तक शहर से लोग भी आ जाएँगे। सुबह से लोगों को सूचना देने के लिए कह दिया गया था। हरिया ने आज ज्यादा कुछ न कहा था। उसे जो कहना होगा वह परसों भरी पंचायत में ही कहेगा। वह अपने मन की बात अभी कहकर हल्की न करना चाहता था।

सुबह शहर से अखबारवाले भी आ गए। चौबीस वर्षीय एक लड़का और साथ में लड़की। दोनों ने जींस पहनी हुई थी।

दो-तीन लोग पास आए तो अनुपम ने अपने यहाँ आने का उद्देश्य बतलाया। थोड़ी देर बाद उनमें से एक व्यक्ति पूछ बैठता है, "पानी पिएँगे आप लोग।"

"हाँ।" दोनों के मुँह से एक साथ निकल पड़ता है। थोड़ी देर में ही एक बच्चा लोटे में पानी ले आता है। पानी पीकर उन्हें तृप्ति होती है।

हरिया के घर में कच्चे आँगन में झंगोला-सी हुई खाट पर वे दोनों बैठे थे। अब तक गाँव के और लोग भी जुट गए थे। कच्चे कोठों के ऊपर सर पर पल्लू रखकर औरतें बैठी हुई थीं। मोनिका ने कैमरा निकालकर उनके चित्र लेने आरंभ किए तो उनकी जिज्ञासा और भी बढ़ी। कबूतरी के दो-तीन चित्र वह अलग से लेती है।

अब तक अनुपम ने सभी सवालों को लिख लिया था।

उसने पूछा, "कब हुई यह घटना?"

"मंगलवार को।"

"उसका क्या नाम है, यानी जिसने इनको (कबूतरी की तरफ इशारा करते हुए) नंगा किया।"

"दीपक सिंह।" संपत ने जवाब दिया था।

"पर क्यों किया उसने इनको नंगा?" अनुपम ने अगला सवाल किया था और जवाब दिया था हरिया ने, "म्हारी जात की औरतों को पैले से ही ठाकुरों के द्वारा नंगा किया जाता रहा है। उनकी बेइज्जती की जाती रई है। गाँव का रवाज बन गया है ये।" हरिया की बात कहने के बाद लोगों में फुसफुसाहट बढ़ गई थी।

"बिलकुल सौलहाने सई है।" कुछ स्वर उभरे थे।

"पहले ऐसी कोई घटना हुई?" अनुपम पूछता है।

"हाँ साब, गाँव में सबसे पैले मेरे पोते की बऊ को ही नंगा किया गया। कुछ म्हारी बहू-बेटियों को हवेली में नंगा किया गया। दिन के उजाले में भी और रात के अँधेरे में भी। अब किस-किस का नाम बताऊँ! सारे गाँव ने झेला है उसे। म्हारी बियरबानी मुँह से न कहें, पर मन जानता है उनका।"

हरिया के कहने के बाद अजीब-सा सन्नाटा तैर गया था वहाँ।

"सुना है कि तुम्हारी तरफ से ठाकुर से कर्ज लिया गया था।" अनुपम का अगला सवाल था।

"हाँ, लिया था पाँच सौ रुपल्ली का करज। मेरा पोता पाँच साल से दस किलास पास करके बैठा है। उसी की खातिर, सहर भेजा था, काम-धंधे के लिए।" हरिया का स्वर फिर उभरता है।

वे किस सदी के गाँव में आ गए थे। आस-पास टूटे मकान, फटे-पुराने कपड़े पहने लोग, नंग-धड़ंग धूल-मिट्टी से सने बच्चे। लंबे-लंबे घूँघट काढ़े औरतें। मोनिका और अनुपम दोनों को आश्चर्य हुआ था। कस्बे की पुलिस चौकी में कल हुई घटना का ब्योरा भी बता दिया था संपत ने। जिन्हें चोटें आईं, उनके भी चित्र लिये गए थे। जाने से पूर्व मोनिका ने अलग से कबूतरी से चार-पाँच सवाल किए थे— जैसे ठाकुर के मँझले ने उसके साथ बलात्कार तो नहीं किया, उसे कितने बजे नंगा किया गया, कौन-कौन वहाँ उस समय मौजूद थे आदि-आदि। मोनिका और अनुपम को अभी ठाकुर की हवेली भी जाना था। वे उठ खड़े होते हैं। एक आदमी रास्ता बताने के लिए साथ हो लिया था।

"बाबूजी, यई है ठाकुर की हवेली। सँभलकर जाना। यह आदमी निरा दरिंदा है दरिंदा!" वह आदमी वहाँ ठिठककर खड़ा हो जाता है और वे कौतूहलवश हवेली की ओर बढ़ जाते हैं।

लहना गाँव में लगभग एक हजार परिवार थे। जितना पुराना गाँव उतनी ही लंबी जड़ों वाली फलती-फूलती परंपराएँ ग्रामीण समाज में नागफनी की नुकीली शाखाओं की तरह रची-बसी थीं। परंपराओं और रूढ़ियों की गिरफ्त में फँसे गाँव तथा गाँववालों पर जाति-भेद की अमिट छाप देखी जा सकती थी। गाँव दो हिस्सों में बँटा था। एक हिस्से में सवर्ण तथा दबंग जाति यानी बामन, बनिया, ठाकुर, राजपूत, जाट, त्यागी, यादव, गूजर, कायस्थ तथा कुर्मी जाति के लोग रहते थे। दूसरे में अवर्ण और निर्बल जातियाँ यानी चमार या चामड़, वाल्मीकि, खटीक, तेली, नाई, जुलाहे, खटबुने, मनियार आदि थे। एक हिस्से में गाय-भैंसें थीं, दूध-दही, बड़े चौड़े मकान, पलंग, मसहरी, चाँदी के बर्तन, पेंचदार हुक्के, दूसरे हिस्से में टूटे-फूटे मकान, झंगोला हुई चारपाई, मिट्टी के हुक्के, पीतल, काँसे के बर्तन। एक हिस्से की औरत बीस-बीस गज की घाघरी पहनती, चाँदी के गोटे की चमकीली बॉर्डरवाली ओढ़नी, दूसरे हिस्से की औरतों को फटे-पुराने कपड़े ही मयस्सर होते। गाँव में मंदिर और कुआँ सवर्ण जातियों के हिस्से में ही था। एक जोहड़, जिसे गाँव के लोग तालाब भी कह देते थे, वही पानी के नाम पर अवर्णों के हिस्से में था, जिसमें जानवर और आदमी एक साथ नहाते तथा पानी पीते थे। अवर्णों के खेत न थे। वे सब सवर्णों की संपत्ति थे। उन्हीं में दलित जाति के लोग मजदूरी करते थे। अलबत्ता श्मशान भूमि गाँव के दोनों हिस्सों में थी। सवर्णों की अलग और अवर्णों की अलग। यानी सवर्णों और अवर्णों के मुर्दों की भी जात बनी रहती थी। अपनी-अपनी जाति को सीने से चिपकाए वे मिट्टी में मिल जाते थे। गाँव में जन्म लेनेवाले हर बच्चे को धीरे-धीरे पता हो जाता था कि वह किस जाति का है, उसका गोत्र क्या है, पेशा क्या है, उसे शोषितों की पंक्ति में बैठना है या शोषकों की।

जैसे ही रात हुई धुलिया की चौपाल में लोग जुड़ने लगे थे। एक तरफ औरतों के बैठने की जगह बनाई गई, दूसरी तरफ पुरुषों के। दो लालटेनें पहले ही मँगा ली गई थीं, जिनमें तेल

भर लिया गया था। चार-पाँच हुक्के भी रख दिए गए थे। इस बार पंचायत में आने से न औरतों को मना किया गया था, न बच्चों को।

सबसे पहले हरफूल उठकर बोला, "पंचो, तीन साल पहले जिस बहू को तुम सब हींगना गाँव से बिहाकर लाए थे उसे मंगल के दिन ठाकुर के मँझले ने सारे गाँव में नंगा कर घुमाया। अब पंच तो परमेश्वर होवे हैं। तुमी सब्ब मिलकर तै करो कि क्या करना चइये?"

बीच में तभी किसना कह उठता है, "हरफूल! तुमारी इकले की बऊ न है वो, सारे गाँव की है। उसकी इज्जत सारे गाँव की, सारी बस्ती की है।"

"हाँ, बात तो ठीक है।" कुछ लोगों ने समर्थन किया, औरतों के बीच से फुसफुसाहट उभरी, "सई बात है भैना, किसके घर में बऊ-बेटी ना है! सारे गाँव की इज्जत को धूल में मिला दिया है उस कुत्ते ने।"

बिरमो उन्हीं के आगे बैठी थी। गुस्से में वह बड़बड़ाती है, "सुसरे के आग लगी हुई है बाप-बेटे को। म्हारा जी तो ऐसा करे है कि उनका वोई दराँती से काट दें।"

पंचायत में मर्द और औरतों के खेमे में अलग-अलग शोर होने लगा था। बीच में किसना को बोलना पड़ा, "अब यूई रोला-रुक्का करते रओगे कि कुछ फैसला भी करोगे।" उसकी बात सुन पंचायत में हो रहा शोर थम गया था।

"मेरी मानो तो उनकी बियरबानी को भी ऐसैई नंगा कर देना चइये।" कोने में बैठा हुक्मी बोला था।

"होस की बात कर हुक्मी! तू पगला गया है क्या, म्हारी और उनकी बियरबानी क्या अलग-अलग हैं?" बीच में बैठे हरिया को बोलना पड़ा था।

"बात तो बूढ़ा सई कहवै है।" औरतों के बीच से कुछ स्वर उभरे थे। अचानक बिरमो का कुंदन आक्रोश में कहता है, "ठाकुर की खेतों में खड़ी फसल जला देनी चइये हमें।"

हरिया फिर चमका, "अन्न को भी कोई तबाह करे है क्या?"

"फिर हमें क्या करना चइये?" रामऔतार खड़ा होकर बोलता है।

"उतावली मत मचाओ, जो करेंगे पंच ही करेंगे।" हरिया के बराबर में बैठा सिरिया बोला था इस बार।

"हमें रात में जाकर ठाकुर की हवेली जला देनी चइये।" अबकी किसनी का बेटा बोला था।

"तुम सब बच जाओगे क्या?" हरफूल ने टोका।

"उनके जिनावर कस्बे में ले जाकर बेच देने चइये।" कोई बीच में कह उठता है।

"यै तो चोरी हुई।" बूढ़ों में से किसी ने कहा।

"भले राम जी फिर क्या करें?" गिरधारी वाल्मीकि ने बीच में उठकर कहा था।

"डूब मरो सुसरो।" अस्सी साल के हरिया की सफेद मूँछें फड़की थीं।

"डूब करने के अलावा अब बचा ही क्या है।" बीच में कोई कहता है।

"तुम कैसे जवान हो कमबख्तो, म्हारी बऊ को नंगे होते देखते रहे! जरा-भी सरम लिहाज नई आई, अब कोई कुछ कहवै, कोई कुछ। तुम्हारी गाँड़ में तब गू ना था, जो अब निकला जावै है!"

हरिया की बात सुन सारी पंचायत में सन्नाटा उतर आता है। एक-एक व्यक्ति जैसे बुत बन गया हो। हुक्के पर रखा चिलम के बीच में पड़ा तंबाकू जल गया था। बाहर बोरसी में

उपले सुलगकर अंगारे बन दहकने लगे थे। किसी ने आज हुक्कों को मुँह न लगाया था। तभी दोनों लालटेनें बुझ जाती हैं। पंचायत में बैठे लोग-लुगाइयों में हलचल-सी मच जाती है। लालटेन को हिलाकर देखा जाता है। उसमें तेल समाप्त हो गया था। पर कोई आदमी-औरत बाहर न गया था। सब वैसे ही बैठे रहे पूर्व स्थिति में। हरिया फिर चमका था, "कोई अपनी जगै से न हिलै, अँधेरा हो गया तो क्या, हमें किसी का मूँ न देखना है।"

कुछ देर के सन्नाटे के बाद परसा ने अपना सुझाव रखा था, "हमें शहर चले जाना चइये।"

"पर शहर में मिलेगा क्या?" छिद्दा ने बीच में टोका था। उसकी बात पूरी की हरफूल ने, "शहर में क्या है, न ढंग का रोजगार, न रहने को जगै। झुग्गियों में रहोगे। सूअरों की तरै कूड़ों में मूँ मारते फिरोगे। कलिया का लौंडा गया था पारसाल। कैसी दुर्गति हुई थी उसकी।"

अब तक संपत चुप था। अचानक खड़ा होकर वह कह उठता है, "शहर में होने को तो बहुत-कुछ है, पर सबको वह मिल नहीं पाता। हमें शहर जाकर कोशिश तो करनी चाहिए।"

"तूने कितनी कोशिश करके देख ली? कुछ हुआ, बता?" हरफूल का स्वर गुस्से में था।

"पर भैया, शहर में छुआछूत, जात-पाँत तो नहीं है।" संपत ने फिर अपनी बात रखी थी, जिसका समर्थन उसकी उम्र के युवकों ने किया था।

"जात-पाँत की बीमारी सब जगै है। क्या गाँव और क्या शहर!"

"पर हियाँ के बरब्बर तो नई होगी।" बीच में बिरमो का कुंदन बोल उठा था।

तभी किसी ने सुझाव दिया, "कबूतरी से भी तो सलाह-मशवरा करना चइये कि नहीं।"

"हाँ, बात तो सई है। यह तो बिचारी सबसे दुखी होगी।" कोई अँधेरे में ही कहता है।

तभी कबूतरी की रुलाई फूट पड़ती है। अँधेरे को चीरते हुए उसकी आवाज वहाँ बैठे सभी स्त्री, पुरुष, जवान, बच्चों के हृदय को कंपित कर दूर-दूर तक चली जाती है। कबूतरी को रोते सुन एक बार फिर संपत का मन भारी हो गया था।

कबूतरी को चुप कराने में लगी थीं बिरमो तथा रामकली। जितना वे चुप करातीं, उतनी ही हिचकी बँधती। आँसुओं के साथ उसका कातर स्वर उभर रहा था, "भैया...मेरा तो गाँव में कोई भी नई है। मुझे ठाकुरों ने नंगा कर दिया और सब देखते रै गए।"

जैसे सबको साँप सूँघ गया था। बहुत देर तक कोई न बोला था। हरिया की भभकी ने अचानक माहौल को तोड़ दिया था, "अब म्यै रोना-धोना छोड़ो, भौत हुआ। सबने अपनी-अपनी बात कह ली। अगर मैं कुछ कहूँ तो, मेरी बात मानोगे?" हरिया कुछ चुप रहा। गाँव में सबसे अधिक उम्र का बूढ़ा था हरिया। आज उसी को पंचायत का प्रमुख बनाया गया था। हरिया फिर अँधेरे में लोगों की धड़कनों की जैसे टोह लेना चाहता था, "मैं कुछ कऊँ, तुम सब मानोगे...?"

"हाँ, हम सब मानेंगे।" पंचायत में बैठे सभी स्त्री-पुरुषों का सामूहिक स्वर उभरता है जैसे जयघोष किया हो उन्होंने।

"तो हम नया गाँव बसाएँगे।" अंततः हरिया ने अपना फैसला दे ही दिया था।

"नया गाँव और अपना गाँव।" गाँव के लोग-लुगाई हक्के-बक्के दोहराते हैं।

सचमुच लहना गाँव के दलितों को गुलामी का अहसास हो गया था।

वह एक रात

रजत रानी मीनू

घर इतना बड़ा न था कि कमरे में रहनेवाले की आवाज किचन में ठीक से सुनी न जा सके, या कमरे से किचन वाले की कोई बात ठीक से सुनाई न पड़े। ऊषा किचन में व्यस्त थी कि उसे सुबकने की आवाज सुनाई पड़ी। वह समझ गई कि आज गुलाबो गाँव जाने के लिए फिर रो रही है। वह पिछले पाँच-छह दिनों से गाँव जाने की जिद कर रही थी। आटा गूँधते हुए ऊषा के हाथ कुछ शिथिल हो गए। वह उदास मन से परात में हाथ उलटती-पलटती रही। उसके मन में रह-रहकर सवाल उठ रहे थे, कि गुलाबो हमारे साथ क्यों नहीं रहना चाहती है या मैं ही उसे नहीं रख पा रही? क्या मुझमें ही कमी है? आखिर गलती कहाँ हो रही है? वह पुनः सोचने लगी कि इसका मन बहलाने के लिए हम दोनों ने क्या-क्या नहीं किया! अपने बच्चे से बढ़कर उसका ध्यान रखा। हर रोज टॉफी, चॉकलेट, बिस्कुट, फल इत्यादि खाने को दिए। अपने घर के बजट की चिंता किए बगैर। चिड़ियाघर, अप्पूघर, मार्केट सब जगह घुमाया-फिराया ताकि इसका मन लगे, पर इसका मन नहीं लग रहा, अब क्या किया जाए! यह सोचते हुए ऊषा ने किचन से ही आवाज दी–

"गुलाबो! क्या बात है? क्यों रो रही हो? चुप हो जाओ। अच्छे बच्चे रोते नहीं हैं। इधर मेरे पास आओ, लो ये क्रीम वाले बिस्कुट खा लो।"

जब वह नहीं आई, तो ऊषा ने उसे पुनः पुकारा– "गुलाबो! जल्दी आओ, चुपो जल्दी।"

गुलाबो ने न तो भाभी ऊषा की आवाज सुनी और न ही पास गई, बल्कि उसकी सुबकियाँ और तेज होने लगीं, "ऊँ ऊँ हूँ ऊ हूँ हूँ। मैं यआँ नाँय रहुँगी, मोय यआँ अच्छौ नाँय लागत। भाभी मोय भइयन के संग गाँव पठै देउ। मोय अम्मा की याद आवै है।"

रोते-रोते वह बिफरने लगी। चुप होने का तो नाम ही नहीं ले रही थी। तब ऊषा आटे में सने हाथों को जल्दी-जल्दी धोकर कमरे में आई और उसे प्यार से अपने पास बैठाते हुए, समझाने के लहजे में बोली, "अच्छा बताओ, तुम्हें क्या चाहिए?"

"कछु नाँय मोय झाँ अच्छौ नाय लागत।"

"अच्छा पहले तुम चुपो और लो ये बिस्कुट खाओ।"

इस तरह ऊषा ने उसका ध्यान बँटाने का प्रयास किया, परंतु गुलाबो ने मुँह बिगाड़ते हुए कहा, "मैं नाँय खाउँगी तुमारे जे बिस्कट-फिस्कट। मैं तो घर जाउँगी अपनी अम्मा के ढिंग। मोय पठै देयो भाभी।"

ऊषा ने उसके बालहठ को देखते हुए कहा–"हाँ-हाँ, भेज दूँगी, लेकिन तुम पहले चुपो तो सही।"

जब वह धीरे-धीरे चुप हुई तो ऊषा ने समझाया, "गुलाबो, गाँव में क्या रखा है? पिताजी के पास कौन सी जमीन-जायदाद है? वे भी बिचारे मजूर आदमी हैं। तुम्हारा क्या ध्यान रख

पाएँगे? यहाँ रहोगी तो शहर के बच्चों की तरह स्कूल जाओगी, अच्छे साफ कपड़े पहनने को और अच्छी-अच्छी चीजें खाने को मिलेंगी। पढ़-लिखकर तुम्हारी नौकरी लग जाएगी और तुम्हें तुम्हारी कमाई के बहुत से पैसे मिला करेंगे।"

ऊषा बोलती रही। उसने ऊषा की एक भी बात पर ध्यान नहीं दिया और वही रट लगाए रही, "मैं गाँव जाउँगी, आजु ही और अबई जाउँगी।"

उसका फूल-सा चेहरा रो-रोकर मुरझा गया था। आँखें लाल हो गई थीं और दुपट्टा आँसुओं से गीला हो गया था। जब वह किसी तरह चुपने को तैयार नहीं हुई, तो ऊषा ने उसे यह आश्वासन देकर शांत किया– "गुलाबो, अभी चुप हो जाओ। शाम को तुम्हारे भैया घर आएँगे। तब मैं उनसे बात करके गाँव भिजवा दूँगी।"

गाँव जाने का फैसला सुनकर गुलाबो का चेहरा गुलाब जैसा खिल गया था। उसके चेहरे पर आँसू सुबह की ओस की भाँति सूखने लगे। ऊषा को उस समय की बातें याद आने लगीं, जब सुरेश गुलाबो को गाँव से लाया था, तो कह रहा था, 'ऊषा! हमें गुलाबो को अपने पास रखकर पढ़ाना है, ताकि वह शहर के उन्नत तौर-तरीके सीख सके। अपने नाम के अनुरूप हमेशा गुलाब जैसी खिलती रहे। बड़े भाई के नाते यह न सिर्फ मेरा कर्तव्य है, बल्कि यह मेरी दिली इच्छा भी है कि यह पढ़-लिख जाए, नहीं तो बड़ी बहन की तरह अनपढ़, पराश्रित और दरिद्र बनकर मेहनत-मजदूरी करने को विवश होगी। शिक्षा के बिना न तो किसी अच्छे लड़के से इसकी शादी हो सकेगी और न वह खुद किसी लायक बन सकेगी।'

सुरेश जब भी गाँव जाता था तो पूरे मोहल्ले के लड़के-लड़कियों की स्थिति देखकर क्षुब्ध हो जाता था कि कौम का उद्धार कैसे होगा? एक-दो की समस्या नहीं, यहाँ तो पूरी कौम को गुलामी की दलदल से बाहर निकालने की आवश्यकता है। यही सोचकर वह क्लर्क बनते ही गुलाबो को गाँव के नरक से निकालकर लाया था, कि कम-से-कम अपनी बहन को शिक्षा दिलाकर उसका जीवन सँवार सके।

शाम को सुरेश जब ऑफिस से लौटा, तो उसे घर में कुछ खामोशी सी महसूस हुई। उसने ऊषा से पूछा, "क्या बात है? आज घर में सन्नाटा कैसा है? स्वीटी और गुलाबो कहाँ हैं?"

"वह दोनों सो रही हैं।"

"तुम इतनी मायूस सी क्यों हो, तबीयत तो ठीक है?"

"हाँ, तबीयत ठीक है।" ऊषा ने मरियल स्वर में जवाब दिया। बात आगे बढ़ाते हुए वह बोली, "आज गुलाबो फिर गाँव जाने की जिद करके खूब रोई। मैंने उसे बहुत समझाया, पर वह कोई बात सुनने को तैयार ही नहीं थी। बस्स एक ही रट लगाए रही–भाभी मोय गाँव भेज देयो। मुझे उस पर तरस आता है। अब लग रहा है कि गुलाबो को गाँव छोड़ना पड़ेगा। वह हमारे पास रहना नहीं चाहती।"

सुरेश ने घर की स्थिति का जायजा लेते हुए प्रत्युत्तर में कहा, "यदि ऐसा ही है, तो छोड़िए छुट्टियों के अवसर की प्रतीक्षा। मैं ऑफिस में फोन करके छुट्टी ले लेता हूँ और इसे छोड़ने कल ही हम सब गाँव चलते हैं। तुम्हें भी गाँव गए बहुत दिन बीत गए हैं। तुम भी साथ चलो।"

सुबह जल्दी पहली बस से गाँव जाना निश्चित किया, तो गुलाबो का स्वर तेज हो गया था। चेहरे पर रौनक लौट आई थी। वह सुबह जल्दी उठने के इरादे से रात में ठीक से सो भी नहीं पाई। सोते-सोते बड़बड़ाती रही थी, "भैया मैं बस से नाँय जाऊँगी। मोय कै आवत है।"

सुरेश ने गुलाबो की बात सुनकर पलंग पर लेटते हुए कहा, "तो हमें अपने जाने के कार्यक्रम में कुछ तब्दीली करनी पड़ेगी। ट्रेन का तो अभी समय नहीं है, अलीगढ़ जानेवाली ट्रेन लगभग दोपहर 12:10 पर है। तब फिर आराम से नहा-धोकर दस-साढ़े दस बजे घर से निकलेंगे।"

जब वे स्टेशन पर पहुँचे तो टिकट खिड़की पर ऐसी भीड़ थी मानो समस्त देशवासी आज यात्रा पर ही निकल पड़े हैं। लाइन बाहर तक लग रही थी। महिलाओं की लाइन में भी तू-तू, मैं-मैं हो रही थी। पुलिसवाला डंडा खटका-खटकाकर धमका रहा था। एक डेढ़-घंटा लाइन में लगकर ऊषा को जैसे-तैसे टिकट मिला, परंतु वे 11 नं. प्लेटफॉर्म पर पहुँचे तो देखा कि ट्रेन उनके सामने से प्रतिक्षण तीव्र होती, साँपिन सी रेंगती जा रही थी। यात्री के सामने से ट्रेन जा रही हो और वह उसे दौड़कर भी पकड़ न पाए, तो उसको ठीक वैसी ही पीड़ा होती है जैसे एक पत्नी के सामने उसके पति की बाँह पकड़कर कोई अन्य स्त्री ले जाए और वह प्रयास करने पर भी कुछ न कर पाए। यहाँ तक कि पति पत्नी की एक न सुने। सुरेश और ऊषा की परेशानी उस असफल पत्नी की भाँति स्थायी और गहरी तो नहीं थी, पर तात्कालिक अवश्य थी। उन्हें बार-बार पश्चात्ताप हो रहा था, "यदि हम आधा घंटा पहले घर से निकले होते, तो ट्रेन नहीं निकलती।"

पुरुष स्वभाव के अनुसार सुरेश ऊषा पर ही बिगड़ रहा था, "तुम्हीं ने देर की थी। तुम कभी समय से तैयार हो ही नहीं पाती हो। औरतों को तो मेकअप ही करने से फुरसत नहीं होती!"

जबकि ऊषा नहीं चाहती थी कि सार्वजनिक स्थल पर तमाशा बने। ऐसी स्थिति में उसने धैर्य, नम्रता और समझदारी से कहा, "अकेले यात्रा के लिए कपड़ों व अन्य आवश्यक चीजों की पैकिंग करना, खाना बनाना, कपड़े धोना, घर व रसोई की सफाई करना, बालकोनी की आवश्यक वस्तुएँ घर के अंदर रखना और नन्ही स्वीटी को तैयार करना। तब जाकर स्वयं तैयार होने में कुछ देर तो हो ही जाती है! कहीं जाना हो तब भी आप तो आराम से अखबार पढ़ते रहते हो, और मैंने जल्दी में पढ़ना तो क्या देखा तक नहीं। साड़ी के बजाय, सलवार-सूट डालकर, बस बाल सीधे किए हैं। ठीक से नाश्ता तक नहीं किया।"

हल्की नोक-झोंक के उपरांत सुरेश दूसरी ट्रेन का पता करने इन्क्वारी काउंटर पर गया, तो वहाँ उसे पता चला कि अलीगढ़ जानेवाली अब दूसरी ट्रेन शाम पाँच बजे है, किंतु एक पैसेंजर गाड़ी करीब एक-डेढ़ बजे यहाँ से जाएगी। वह भी खुर्जा तक है।

सुरेश ने ऊषा को आकर बताया, "यदि आज की यात्रा स्थगित कर घर वापस नहीं लौटना है, तो चलो टुकड़ों में ही सही, पैसेंजर ट्रेन से ही चलते हैं। इसके अलावा कोई चारा भी तो नहीं है। यहाँ शाम तक बैठे-बैठे थक जाएँगे। पैसेंजर से 4-5 बजे तक खुर्जा पहुँच जाएँ, तो वहाँ से किसी लोकल बस या किसी सवारी से अलीगढ़ होते हुए 6-7 बजे तक गाँव पहुँच सकते हैं।"

आम स्त्री की भाँति ऊषा ने भी पति की हाँ में हाँ मिलाते हुए कहा, "ठीक है।"

यदि वह हाँ नहीं करती तो कोई दूसरा विकल्प भी तो नहीं था उसके पास।

रास्ते में ट्रेन 20-25 किलोमीटर चलकर एकाएक रुक गई तो कुछ पैसेंजर जनवरी की हल्की धूप सेंकने और कुछ अचानक गाड़ी रुकने की वजह जानने के लिए डिब्बों से नीचे उतरने लगे। कारण पता चला कि ट्रेन का इंजन खराब हो गया है। दूसरा इंजन दिल्ली से आएगा, तब ट्रेन चल पाएगी। यानी एक-दो घंटे लेट होना तो तय ही था।

ऐसी स्थिति में सुरेश सोचने लगा, 'अब ट्रेन अपने निर्धारित समय पर पाँच बजे खुर्जा पहुँचने के बजाय छह के बाद ही पहुँचेगी। वह भी तब जब कोई अन्य बाधा न आए। पैसेंजर ट्रेन से

चलने का फैसला शायद हमने गलत किया, क्योंकि अलीगढ़ पहुँचते-पहुँचते सात और अतरौली तक आठ-नौ भी बज सकते हैं। वहाँ से भी गाँव के लिए कोई सवारी मिलेगी या नहीं?' इसी अंतर्द्वंद्व में वह ट्रेन में अपनी सीट पर चुपचाप बैठा रहा। वह एक पल के लिए भी ट्रेन से हिला नहीं।

स्वीटी रो-रोकर हिलाने-डुलाने की लगातार माँग कर रही थी। ऊषा बच्ची को इधर-उधर घुमाकर चुप कराने का प्रयास कर रही थी परंतु इस प्रक्रिया में वह काफी थक चुकी थी। थर्ड क्लास डिब्बे में यात्रियों की बेशुमार ठूँस-ठास और बच्ची की रुलाई से ऊषा परेशान थी। गुलाबो से थोड़ी मदद जरूर ली थी। उसने बच्ची को थोड़ी देर ट्रेन के अंदर ही हाथों पर हिलाया जरूर था, किंतु वह उससे चुपने का नाम ही नहीं ले रही थी। वह थककर चूर हो गई थी। ऊषा सुरेश की चिंतन मुद्रा या उसके आराम के समय में अपनी तरफ से किसी प्रकार की कोई सेवा नहीं लेती थी। अभी भी वह उसको अपनी समस्या से अवगत कराकर परेशान करना नहीं चाहती थी, किंतु स्वयं गोया उसके कानों में बच्ची के रोने की आवाज ही नहीं जा रही हो। उसकी एकाग्रता की वह दाद देती थी। वह उसके इस स्वभाव से पिछले तीन-चार वर्षों से भली-भाँति परिचित व आदी हो गई थी और अब बर्दाश्त करने की अभ्यस्त भी। उसने अपने आपको परिस्थितियों के अनुसार ढाल लिया था, किंतु इस समय उसकी शारीरिक क्षमता जवाब दे रही थी। उसने आखिरकार हिम्मत करके सुरेश के पास खिसकते हुए कहा, "आप स्वीटी को थोड़ी देर ट्रेन के बाहर घुमा लेते तो मैं भी कुछ राहत महसूस कर लेती और स्वीटी भी चुप हो जाती। वह बाहर खुले में घूमना चाहती है। मैं बहुत थक गई हूँ, हाथ दर्द करने लगे हैं और पैर अकड़ गए हैं।"

सुरेश ने स्वीटी को गोद में उठाते हुए गुलाबो की ओर मुखातिब होकर कहा, "ले पकड़ इसे, थोड़ी देर खड़ी होकर हिला ले।"

सुरेश का मन किसी भारी बोझ से दबा हुआ था। वह चाहकर भी बोझ मुक्त नहीं हो पा रहा था। तभी उनको अचानक हल्का-सा झटका लगा। वे समझ गए कि इंजन आकर जुड़ गया है और कुछ ही देर में ट्रेन चलने लगी। तब जाकर सुरेश ने कुछ राहत की साँस ली। फिर भी उसकी चिंता कम नहीं हो रही थी। वह बार-बार अपनी कलाई में बँधी घड़ी की तरफ निहार रहा था।

उसके चेहरे के भावों को पढ़ते हुए ऊषा सोचने लगी, 'ये बार-बार घड़ी क्यों देख रहे हैं? ऐसा तो कभी नहीं करते, आज क्या बात है?' ऊषा के मन की शंका उसकी जीभ पर आ गई। उसने पूछा, "क्या बात है? घड़ी बार-बार क्यों देख रहे हो?"

सुरेश ने टालते हुए कहा, "कुछ नहीं। ऐसे ही टाइम देख रहा हूँ, कि ट्रेन खुर्जा कितने बजे पहुँचेगी।" वह चाहकर भी मन की बात ऊषा से कह नहीं पा रहा था। फिर वह ऊषा को भी परेशान नहीं करना चाहता था। इसी अंतर्द्वंद्व की स्थिति में साढ़े छह बज चुके थे। सर्दियों का छोटा दिन था, सूर्य अस्त हो चुका था। अँधेरा होना शुरू हो गया था। खुर्जा स्टेशन आने ही वाला था, उन्होंने अपना सामान व्यवस्थित करना शुरू किया। ट्रेन जैसे ही खुर्जा स्टेशन पर रुकी वे जल्दी से उतरे। सुरेश उन्हें प्लेटफॉर्म पर खड़ा करके स्वयं इन्क्वारी की तलाश में तेजी से चल पड़ा। उसे लग रहा था कि एक-दो मिनट भी गँवाना ठीक नहीं। यही सोचकर वह दौड़ना चाह रहा था, लेकिन संकोचवश दौड़ा नहीं। तेज चाल से चलकर इन्क्वारी काउंटर पर पहुँचा, उसे वहाँ पता चला कि अभी जल्दी में अलीगढ़ जानेवाली कोई ट्रेन नहीं है। वह तुरंत दौड़ता हुआ वापस आया। कपड़ों का एक बैग हाथ में उठाते हुए, ऊषा की तरफ मुखातिब

होकर बोला, "अभी अलीगढ़ जानेवाली कोई ट्रेन नहीं है। क्या करें बस से चलने पर गुलाबो को उल्टियाँ होंगी?"

ऊषा ने जैसे समाधान देते हुए अपना निर्णय सुनाया, "बस से तो चलना ही पड़ेगा। कोई और विकल्प भी तो नहीं है, रात होनेवाली है। सर्दी बढ़ रही है। गुलाबो को खिड़की के पास बिठा देंगे।"

गाड़ी से उतरते ही वे शीघ्र रिक्शा पकड़कर बस अड्डा पहुँचे। संयोग से अतरौली की सीधी बस उन्हें मिल गई। बस में पिछली सीट ढूँढ़कर सुरेश ने ऊषा और गुलाबो को बैठाया और वह स्वयं बीच की एक रॉड पकड़कर खड़ा हो गया। तब उसके दिल की धड़कनें कुछ कम हुईं।

तभी बराबर में बैठे यात्रियों की बातें उसके कानों में पड़ीं, "कल अतरौली के पास झंडापुर गाँव में हरिजन के घर में घुसकर कुछ लोगों ने लूटपाट, मारपीट और औरतों के साथ बदसलूकी की। यहाँ तक कि छोटी-छोटी छोरियाँ भी नाँय छोड़ी। बुरौ हाल करिदौ।"

उसकी बात सुनकर एक बराबर में बैठा दूसरा यात्री बोला, "दद्दा! तुम्हें मालूम है?"

"का?"

"कल शामपुर गाँव जानेवाली बस की कछु सवारिन को गुंडन ने लूट लयौ। उन्हें जाति पूछि-पूछि के मारौ। तमंचा की नोंक पै उनकी बहू-बेटी के संग कालो मों करिवे की कोशिश करी। आदमिन को बाँध के डारि दयै। उनहीं कै सामने उनकी इज्जत लुटती रही और बिन पानी की मछरी की तरह तड़पत रहै। वे एक नहीं, पूरे छहै हते।"

उस यात्री की बात में दखल देते हुए चालक की पीठ पीछे बैठे नौजवान ने कहा, "अरे काए कूँ कुफर बोलि रए हौ, का चोर-बदमास काउ की जाति तें वास्ता रखंगे, कै पैसा तें? का वे देस के नेता हैं, जो जात-पाँत के समीकरण भिड़ाइकें वोट बटोरंगे।"

तभी झटके के साथ बस रुकी। यहाँ कुछ यात्री चढ़े-उतरे पर अतरौली वाले बैठे रहे। बस पुनः पूर्ववत् चलने लगी। वे वही किस्सा दोहराने लगे।

अधेड़ उम्र का व्यक्ति नौजवान की बात काटता हुआ बोला, "का तमनें अँगरेजनु कौ जमानों देखौ हतौ? अँगरेजनु कौ छोड़ौ आजादी मिलन के बाद के चालीस-पचास साल में कमीनी कौमें देखीं? हिम्मति और खुद्दारी तो इनकी अंबेडकर के संग ही मरि गई, गे तौ मायावती और कांशीराम की जब तें सरकार बनी है तब से इन पासी-चमार, भंगि-लुहार, धोबी कहार सब के दिमाग चढ़ि गए हैं। सीधे मों तौ बात नाँय कत्त। बड़ी जातन की इज्जत करिवौ भूल गए हैं। इनको सबक सिखानो ही पड़ैगौ। बावन कहत है कि देश में अंबेडकर आग लगाए गयौ। तभी तो आरक्षन से नौकरियों में आय कैं बाबू बने घूमत हैं ये चमार-भंगी। अब बड़िनु की बराबरी कौ रौब शहर में भले चले पर गाम में नाय चलैगो, शहर के पहनावे मैं तो पतौ ही नायि चलतु है कि कौन बावन है और कौन भंगी हैं?"

पहला यात्री थोड़ा नजदीक आकर धीरे से बोला, "दद्दा, एक बात है कि वे आदमी हते तो चोर-उचक्के पर बात पते की कह रहे थे। इसमें सोलह आना सच है। एकौ बात झूठ नाहीं।"

सुरेश को लगा कि बस में बैठे सहयात्री नहीं बल्कि सवर्ण समाज के गुंडे ही हैं। उनके हाथों में लाठी, डंडे और तमंचे हैं और उसकी ओर घूम रहे हैं। पता नहीं कब उस पर और उसके परिवार पर बाज की तरह टूट पड़ें। वह अपने परिवार के साथ उनके बीच फँस गया है। उसने एक बार तो अपना सिर झटका कि मैं और मेरा परिवार सब ठीक से तो बैठे हैं। यह तो पड़ोसी यात्री हैं, दुश्मन थोड़े ही हैं और बदमाश भी नहीं हैं।

उसका मन नहीं माना तो समझाने को बोला, "गुलाबो-ऊषा! सब लोग ठीक से तो बैठे हो, कोई परेशानी तो नहीं है?"

इसी अंतर्द्वंद्व में वे गंतव्य स्थान पर पहुँच चुके थे। समय करीब साढ़े आठ हो चुका था। महीने का शुक्ल पक्ष था और हल्की सी बूँदाबाँदी होने लगी थी। इसलिए अँधेरा कुछ ज्यादा ही स्याह होने लगा था। हालाँकि वे गाँव कर्मपुरा वाले बस अड्डे पर पहुँच चुके थे, लेकिन वहाँ पहुँचते ही उन्हें पता चला कि आखिरी बस अभी-अभी जा चुकी है। वहाँ एक ताँगा खड़ा था, पर उसमें पहले ही दर्जन भर सवारियाँ सवार थीं। घोड़ा कमजोर था और खचाखच था, परंतु चालक का मन नहीं भरा था। हम उसमें किसी तरह टिक जाना चाहते थे, किंतु हम चार थे और वह एक-दो सवारी लेकर ताँगे का संतुलन बना लेना चाहता था। अतः वहाँ उसी वक्त आ पहुँचे एक बुजुर्ग को लेकर चलता बना। वे अब किंकर्तव्यविमूढ़ बने खड़े थे। वहाँ एक-दो पैदल राहगीर रह गए थे और बीड़ी-तंबाकू के खोखे वाले उन्हें बंद कर रहे थे।

सुरेश ने उनमें से एक व्यक्ति से पूछा, "कर्मपुरा या उसके आस-पास तक जानेवाला क्या अब कोई ट्रैक्टर, ताँगा या अन्य कोई सवारी मिलेगी?"

वहाँ मौजूद लोगों में से एक व्यक्ति ने बताया, "कवउ-कवउ ट्रैक्टर या डल्लप मिल तो जात हैं। बखत तो नाँय रयौ है। अब तुम्हारे भागते कोई आय जाए तो बैठाये लै जांइगौ, पर पक्को नांय कह सकत। अँधेरो जादा है रयौ। तुम लोगन को संग कच्चो है। एक तो जनानी सवारी और छोटे बच्चउ हैं।"

यह कहते हुए वह साइकिल पर चढ़ा और पैडल मारता हुआ अपने गंतव्य की ओर चल दिया, और वे लोग ऐसे खड़े थे मानो घने जंगल में फँस गए हों। उससे निकलने का रास्ता ढूँढ़ तो रहे थे, पर वह नजर नहीं आ रहा था। वे मन ही मन संभावित असुरक्षा से भयाक्रांत थे।

उनको सवारी के इंतजार में उदास मन से खड़ा देखकर वहाँ उपस्थित पान-बीड़ी वाले आखिरी आदमी ने बड़ी आत्मीयता से सलाह देते हुए कहा, "साब देर-सबेर सवारी मिल भी गई तो आज-कल रस्ता ठीक नाँय है। चोर-उचक्के मुँह-अँधेरो होत ही लूटन-खसोटन को निकर पत हैं। वैसे हूँ तुम्हारो संग कच्चो है। मेरी मानो तो तुम अतरौली की धर्मशाला में रात काटि लेउ। सबेरे बहुतेर सवारी मिल जांगी। तड़के उठके पकर लइयौ।"

सुरेश को सलाह नेक लगी। वह सोचने लगा कि अनजान कस्बे में रात काटने के लिए कोई पनाह ढूँढ़ने के अलावा हमारे पास अन्य कोई समाधान भी तो नहीं है। धर्मशाला का नाम जुबान पर आते ही उसने पूछा, "हाँ, यहाँ आस-पास कोई ठीक-ठाक धर्मशाला है क्या?"

उसने आगे बढ़ते हुए सुरेश के पास आकर कहा, "साहब, सेठ धर्मदास पाठक की धर्मशाला पूरी अतरौली में मानी भई है।"

वे तुरंत पीछे हटे और धर्मशाला की तलाश में निकल पड़े। धर्मशाला पर पहुँचते ही उन्हें दरवाजे पर एक साधु जैसा व्यक्ति दिखाई दिया। सुरेश ने उसे अपना परिचय देते हुए कहा, "मैं दिल्ली में सरकारी नौकरी करता हूँ। रास्ते में ट्रेन लेट हो जाने के कारण गाँव के लिए आखिरी बस निकल गई। इसलिए हम लोग यहाँ मात्र एक रात काटना चाहते हैं। मेरे साथ मेरी पत्नी, एक छोटी बच्ची और बहन है।"

बुजुर्ग ने सुरेश की समस्या को ध्यान से सुनने के उपरांत आत्मीयता के स्वर में कहा, "बेटा, राहगीरों की खातिर ही यह धर्मशाला बनी है। सेठ धर्मदास पाठक दरियादिल इनसान हैं, और सच्चे गांधीवादी भी। उन्होंने चंदा करके राहगीरों की रातों का सहारा बना दिया है।

वे इसके ट्रस्टी भी हैं। आप खुशी से यहाँ रहो, कोई परेशानी नहीं होगी। तुम लोग यहीं रुको मैं अभी आता हूँ।" यह कहकर वह अंदर के कमरे में गया। वहाँ से लौटकर आया तो उसके हाथ में एक रजिस्टर था। उसे सुरेश की तरफ बढ़ाते हुए कहा, "बेटा, इस रजिस्टर में अपनो नाम-पतो, कहाँ से आए हो, कहाँ जाओगे, सब भर दोउ।"

सुरेश ने अपना नाम, पता, सदस्य संख्या सभी कॉलम भर दिए। जाति कॉलम पर आकर उसका हाथ अचानक रुक गया, कुछ क्षण उपरांत उसने औपचारिकताएँ पूरी करके रजिस्टर उसे पकड़ा दिया।

तब वह बोला, "यह कोने वाले कमरे का ताला मैं खोले देता हूँ, आप लोग इसमें आराम से रात काटौ। लेटन-बैठन को एक तख्त पड़ौ है। तुम चाहोगे तो गद्दा-रजाई की व्यवस्था यहाँ मामूली किराए पै उपलब्ध है। आँगन में नल है और कोने में पाखाना।"

उन्होंने अपना सामान कमरे में जमाया। ऊषा ने तख्त पर शॉल बिछाकर स्वीटी को लिटा दिया और स्वयं भी अपनी कमर सीधी करने के लिए शरीर को तख्त पर टिका दिया। पैर जमीन पर ही लटके रहे। गुलाबो बराबर में गुमसुम बैठी थी। वैसे उसे बोलने की आदत कम तो नहीं थी। अपनी सखी-सहेलियों के साथ खूब बतियाती थी।

सुरेश ने कमरे से बाहर निकलते हुए ऊषा से कहा, "कुछ खाने-पीने को बाहर से ले आता हूँ। अभी एक-दो हलवाई की दुकान या होटल शायद खुला हो! मैं देखकर आता हूँ।"

ऊषा ने लेटे हुए जवाब दिया, "ठीक है।"

सुरेश जैसे ही वापस आया, तो धर्मशाला का वह प्रभारी उसके पास आकर बोला, "बेटा हमारी धर्मशाला में राम-लखन, सीता-माता और राधा-कृष्ण मुरारी का मंदिर भी है। आप सभी जने हाथ-मुँह धोय कर भगवान के दर्शन अवश्य कर लियो। इससे मन प्रसन्न रहत है।"

सुरेश ने मौन स्वीकृति दी। वह सोचने लगा—पहले उसने मंदिर में पूजा-अर्चना बहुत की थी, किंतु जब से कम्युनिस्ट साहित्य और दलित साहित्य के प्रभाव में वह धर्म और उसके प्रतीकों जैसे— देवी-देवताओं को जनता में कूपमंडूकता की स्थिति को बढ़ावा देने का माध्यम मानने लगा था। खासकर बाबा साहब के परिनिर्वाण के दिन धार्मिक स्थल ध्वस्त होने के बाद धर्मोन्मादियों से वह बिदकता था। हालाँकि उसने धर्म को दिमाग से निकाल तो दिया था, किंतु वह सोचता था कि देश में लोगों को एकत्र करने के उद्देश्य से धर्म का सहारा लिया जाए तो शायद बुरा नहीं होगा। वह अपने एक भिन्न धर्म की कल्पना भी करता था, पर कल्पना को कोई आकार नहीं दे पा रहा था, किंतु अभी नए धर्म को स्थापित करने की समस्या नहीं, बल्कि हिंदू मंदिर में जाकर पूजा-अर्चना का प्रदर्शन करना था।

इधर वह यह सब सोच ही रहा था, उसने बातों ही बातों में अपनेपन का प्रदर्शन करते ही पूछ ही लिया, "साहब, कर्मपुरा गाँव में किस टोला और किसके घर जाना है?"

सुरेश बड़े असमंजस की स्थिति में पड़ गया कि पहले तो महाशय ने पूजा-अर्चना करने का दबाव डाला, अब गाँव-टोला पूछकर जाति जानना चाहते हैं। आँखों ही आँखों में उसने ऊषा व गुलाबो को चुप रहने का संकेत किया। ऐसे नाजुक समय में स्वयं उसने विवेक से काम लिया। अपने सिद्धांत को थोड़ी देर के लिए पीछे रखकर परिस्थिति के अनुसार कहा, "बाबा, हमें वहीं जाना है, जिनका पता रजिस्टर में दर्ज किया है। यानी हमें प्रधान सुखीराम चौधरी के घर जाना है।"

वह फिर सोचने लगा कि यदि इसे जात का पता चल गया तो हो सकता है उसे बुरा लगे।

सुरेश जब नाटकीय पूजा-पाठ से निपटा, तो उसे बुजुर्ग प्रभारी ने अपने पास बिठाते हुए उसकी पीठ थपथपाकर कहा, "शहरी बेटा एक रोज तुम्हारी तरह सूट-बूट पहने मियाँ-बीबी का एक जोड़ा यहाँ रुकने को आया था। दिखने में वे लोग ऊँची जाति के लग रहे थे, पर बेटा! फिर भी मेरौ मन नाँय मानो। पूछ ही बैठो कि तुम लोग कौन गाँव में जा रहे हो?

''तो उवाकी लुगाई बोल पड़ी–'वसंत गाँव जा रहे हैं।'

''मैंने फिर पूछौ–'वसंत गाँव के कौन टोला में जाओगे।'

''तो उवाको आदमी बोल्यो–'पाठक टोला जांग्गे।'

''पहले तौ मेरी समझ में कुछ नाँय आयओ। फिर मोयो अपने गाँव के पाठक द्वारा बनवाए गयौ पाखाने याद आए। तब मेरो माथो ठनको। कि अरे गे तौ विदेशी पैसा से भंगीपन दूर कन्न वाले पाठक की बात कर रययौ है! ये जरूर कोई नीची जात को है! जब मैंने तहकीकात करी तब मेरौ शक सही लिकारो। चार उल्टी-सीधी सुनाई तो बक्कुर गयौ–

'' 'किशनगढ़ कौ वाल्मीकि हूँ। गाँव में भाई-बंधु सेवा-सफाई का काम करके, मेहनत की रोटी खाते हैं।' ''

वह पुनः बताने लगा, "बेटा, उस आदमी में इतनी ज्यादा अकड़ हती, कि मैं आज तक इतनी हेकड़ी आदमी में नाँय देखी। पर मैंनेऊ तो अपने बार धूप में सफेद नाँय करे हैं। वाकी अकड़ एक झटके में ढीली करि दई।"

सुरेश ने पूछा, "वह कैसे?"

वह अपनी वार्ता को ऑन टेप के समान बिना कुछ भूले सुनाने लगा, "होगे ससुरे कहूँ के वाल्मीकि। लिखी होंगी तुमहीं ने रामायन पर, यहाँ तो भंगिया हो। कड़ा रुख अपनाते हुए मैंने कहा–'तुरंत उठ बाहर निकल जा। तेरौ सामान छूनो पड़ैगो नाँय तो उठाइ के फेंक देतो।' लठिया की नोक से मैंने वाको सामान धर्मशाला से बाहर ढकेलो।"

पुजारी की राम-कहानी सुनकर सुरेश के पैरों के नीचे की जमीन खिसक गई। उसके शरीर में बिजली सी दौड़ गई, रोंगटे खड़े हो गए और रूह काँप गई। वह उसकी बातें सुनकर ऊपर से हूँ-हूँ, हाँ-हाँ तो करता रहा, लेकिन वह उसे टालना चाह रहा था। बुजुर्ग की बातों को वह मानो अनसुना कर रहा था, फिर भी उसके कान खुले हुए थे। उस वृद्ध ने भी महसूसा कि मैंने इतनी महत्त्वपूर्ण बातें बताईं पर इस भले मानस की ओर से कोई प्रतिक्रिया नहीं हुई।

वह पूछने लगा, "बेटा, का बात है? तबीयत तो ठीक है?"

सुरेश बोला, "हाँ, तबीयत तो ठीक है। यूँ ही सफर की कुछ थकान है, सिर भारी हो रहा है। थोड़ा लेटने की इजाजत चाहूँगा।"

यह कहकर सुरेश अंदर कमरे में चला गया। ऊषा ने लाइट बंद कर दी। वह चुपचाप आँखें बंद करके लेटे रहना चाहता था किंतु उसे नींद नहीं आ रही थी। ऊषा, गुलाबो, स्वीटी और पुजारी सभी सो चुके थे। रात आधी हो रही थी, पर बाहर किसी के आने का आभास होने पर कुत्ते अपनी ड्यूटी पूरी कर रहे थे। सन्नाटे भरे एकदम शांत वातावरण में झींगुर भनभनाने लगे थे। अँधेरा इतना कि अपना हाथ भी नजर नहीं आ रहा था। बादलों के घिर जाने से कृष्ण पक्ष की कालिमा और बढ़ गई थी। सुरेश को अपने घर में जीरो वाट का बल्ब जलाकर सोने की आदत पड़ गई थी। सभी सो चुके थे, थकान के बावजूद उसे नींद नहीं आ रही थी। वह सोना चाहता था, किंतु पुजारी की कहानी उसे बार-बार याद आ रही थी। आखिर उसे भूलने और सोने का उपक्रम करते-करते नींद आ गई। कुछ ही देर बाद वह

बड़बड़ाने लगा, 'पुजारी जी, हमें यहाँ से मत निकालो, कृपा करके हमें एक रात गुजार लेने दो। मेरे साथ मेरी बीवी और मेरी मासूम बच्ची है। पुजारी जी, ईश्वर के लिए मुझे इन लोगनु तें मत मरवावौ, हाँ, मैं चमार हूँ। पर इसमें मेरा क्या कसूर? मैं आपका तख्त खाली किए देता हूँ। जमीन पर लेट जाऊँगा। रात के अँधेरे में हमें धर्मशाला से बाहर मत करो। रास्ते में चोर-डाकू हमें मार डालेंगे।'

उसकी चीख सुनकर ऊषा की नींद उचट गई। उसने लाइट जलाई तो सुरेश घबराया हुआ सा बैठा-बैठा बुदबुदा रहा था।

ऊषा ने पूछा, "क्या बड़बड़ा रहे हो, तुम्हें इतनी सर्दी में पसीना क्यों आ रहा है? हम तो ठंड से मरे जा रहे हैं! क्या कोई बुरा स्वप्न देखा था?"

वह बोला, "हाँ, मैंने एक डरावना स्वप्न देखा है।"

ऊषा ने कहा, "हाथ दब गया होगा या सोते-सोते छाती पर रख गया होगा, अब सो जाओ बल्ब जलने देती हूँ।"

यह कहकर ऊषा सो गई, किंतु सुरेश की आँखों से नींद गायब थी। वह चाह रहा था कैसे भी जल्दी से रात कट जाए और दिन निकल आए। सोचते-सोचते उसे झपकी आई ही थी कि वह पुनः चीख उठा, "ऊषा, देखो, देखो पंडित जी कुछ गुंडों को साथ लिये आ रहे हैं। उनके पास लाठी, बंदूक और डंडे हैं। यहाँ से जल्दी निकल चलो नहीं तो गुंडे हम सबको मार देंगे।"

सुरेश की चीख सुनकर ऊषा की नींद पुनः खुल गई। वह अबकी बार उठकर सुरेश के पास आकर बैठ गई। घड़ी पर नजर डाली तो करीब साढ़े बारह बज रहे थे।

"अभी दिन निकलने में पाँच-छह घंटे बाकी हैं ऊषा।"

"क्या बात है, आज डरावने स्वप्न बहुत देख रहे हो? अच्छा, एक बात बताइए। जब से हम लोग दिल्ली से आए हैं, आप कुछ ज्यादा ही परेशान लग रहे हो, बात क्या है? मुझे भी तो कुछ बताओ!"

सुरेश ने धीरे से कहा, "क्या तुमने पुजारी की बातें नहीं सुनी थीं? वह कह रहा था–हम जैसे एक युगल को रात के अँधेरे में इसलिए बाहर निकाल दिया था क्योंकि वह जात से वाल्मीकि था। यदि इसे जरा भी शक हो गया कि हम लोग चमार हैं, तो कल्पना कर सकती हो कि वह हमारे साथ क्या सलूक करेगा? पता नहीं किस नीचता पर उतर आएगा!"

इस पर ऊषा ने उसे समझाते हुए कहा, "ऐसा कुछ नहीं होगा। तुम चिंता क्यों करते हो? उसे हमारे बारे में बगैर बताए कैसे पता चलेगा? चिंता छोड़ो। अच्छा ऐसा करते हैं, अब हम थोड़ी देर सोएँगे नहीं, कुछ और सोचते हैं। कोई और बात करते हैं। कोई किताब लाए हो तो बैग से निकालकर उसे पढ़ लो। ध्यान दूसरी तरफ जाएगा तो डर भी नहीं लगेगा।"

वह नींद आने की उम्मीद छोड़कर बैग में रखी मैगजीन ढूँढ़ रहा था। अचानक स्वीटी दो-ढाई घंटे सोकर उठ गई। ऊषा उसके पास से उठकर स्वीटी के पास गई, तो उसे याद आया कि इसे बाहर बाथरूम में पेशाब करा देना चाहिए, नहीं तो कपड़ों पर कर देगी।

सुरेश को धर्मशाला के प्रांगण में किसी के बोलने का आभास हुआ तो वह कान लगाकर सुनने का प्रयास करने लगा। उसने सोचा रात में दरवाजा खोलना उचित नहीं है।

ऊषा स्वीटी को गोद में उठाकर बोली, "मैं स्वीटी को बाहर पेशाब कराने ले जा रही हूँ।"

सुरेश ने उसे रोकते हुए कहा, "रुको, तुम मत जाओ, रात ज्यादा है। वैसे भी बाहर कोई बातें कर रहा है। इसलिए तुम यहीं रुको मैं करा लाता हूँ।"

जब वह कमरे का दरवाजा खोलकर बाहर निकला, तो देखा पुजारी के समक्ष अधेड़ उम्र का एक व्यक्ति खादी का सफेद धोती-कुर्ता पहने गांधीवादी स्टाइल में खड़ा है। दूसरा व्यक्ति बीच में एक थैला पकड़े खड़ा देखा, वह पहले तो ठिठका बाद में हिम्मत करके बोला, "पुजारी जी क्या बात है, आप सोए नहीं? ये लोग कौन हैं?" यह कहकर वह बाथरूम की तरफ बढ़ा चला गया।

पुजारी के पास खड़े व्यक्ति को सुरेश की शक्ल कुछ धुँधली, पहचानी-सी याद आने लगी। वह सोचने लगा कि इस व्यक्ति को कहीं देखा है। उसने अपनी स्मृति को ताजा करने के लिए पुजारी से पूछा, "गे आदमी यआँ कब से रुको है?"

पुजारी ने बताया, "रात अपने बाल्कन के संग आयौ हतौ। काह आप इसे जानत हो?"

"याकू ही नाएँ जाके बाप-दादा को भी जानत हूँ।"

"काह मतलब?"

"मतलब गे है कि तुम सेठ धर्मदास की धर्मशाला में चमार-भंगिन को हू घुसावन लगे तो हम ऊँची जात के लोग कहाँ ठहरेंगे?"

पुजारी को कुछ गड़बड़ी लगी तो वे अपनी सफाई देते हुए बोले, "गे तौ अपने को प्रधान सुखीराम चौधरी कौ रिश्तेदार बताबत हतौ।"

"झूठ कह रयौ, गे तौ सेवकराम चमरा कौ नाती सुरेश चमार है।"

सुरेश की जात का पता चलते ही पुजारी के मुँह से एकाएक ध्वनि निकली, "घोर अनर्थ हो गया, सत्यानास हो या कपटी कौ। तेरी हिम्मत कैसे भई? सेठ धर्मदास की धर्मशाला में घुसिवे की। मान्यौ कि वे दरियादिल हैं बेशक उननें धर्मशाला धर्मार्थ बनबाई है, पर याकौ मतलब गे तौ नाँय हतुइ कि जो कोई भंगी-चमार मुँह उठाए चलो आवे हम सब की सेवा करिबे कूँ बैठे हैं। बाप के नौकर लगे हैं का? गे धर्मशाला है? पवित्र हिंदू मंदिर वारी धर्मशाला बीसियों गामनु में मशहूर है, विलायती होटल नाँए हतुइ जामें सब जातिनु के लोग एक संग बैठि के जैमि लें।"

फिर उसने अपने लठैतों को आवाज दी, "सुनो रे! बुधुआ, चरना, मगूरा जल्दी दौड़ के आओ रे! गे कहिं चपरि न जाए...।"

वहाँ देखते ही देखते नजारा कुछ से कुछ हो गया था।

सुरेश और ऊषा अब भारी मन से गुलाबो और स्वीटी को उठाकर बिखरे हुए सामान को जल्दी-जल्दी बटोरने में लगे थे। बाहर बेमौसम बारिश शुरू हो गई थी और अँधेरा घटाटोप होने लगा था। ऊषा का रुख घर की ओर, सुरेश के कदम स्थानीय पुलिस स्टेशन की ओर बढ़ रहे थे।

चारपाई

रजनी दिसोदिया

सारा सामान ट्रक में लादा जा रहा था और वह टूटी चारपाई अभी बालकनी में ही खड़ी थी। बूढ़े रामस्वरूप बाहर, नीचे कुर्सी पर बैठे, वहीं से बालकनी में खड़ी चारपाई को देख रहे थे। ऊपर से नीचे सामान लानेवाले मजदूरों को वे बार-बार हिदायत दे रहे थे कि बालकनी में रखी चारपाई भी ट्रक में रखनी है। उस चारपाई की हालत देखकर मजदूर यह अनुमान नहीं लगा पा रहे थे कि क्या सचमुच उसे ट्रक में लादा जाना है। उनका अनुमान था कि ये लोग इस कबाड़ को यहीं छोड़ जाएँगे तो हम इसे यहाँ से ले जाएँगे, गर्मियों में झुग्गी के बाहर एक चारपाई पड़ी रहे तो आए-गए को ठहराने में कुछ आराम रहेगा। किंतु हर बार के चक्कर में रामस्वरूप उन्हें वह चारपाई भी नीचे उतार लाने की जो हिदायत दे रहे थे उससे उनका मन डोलने लगता था। सीढ़ियों पर आते-जाते एक-दूसरे को मजाक में ठेलते हुए कह बैठते, "कंजूस बुड्ढा खाट के पीछे पड़ा है, इस टूटी खाट को क्या अपनी अर्थी के साथ ले जाएगा?"

रामस्वरूप उन सबकी इस बातचीत को सुनकर भी अनसुना कर रहे थे। उनकी नजरें उस चारपाई पर ऐसे अटकी पड़ी थीं कि जैसे परियों की कहानी में राक्षस की जान पिंजरे के तोते में अटकी पड़ी रहती है। जैसे-जैसे सामान नीचे आ रहा था और चारपाई ऊपर बालकनी में ज्यों की त्यों रखी दिखाई दे रही थी वैसे-वैसे रामस्वरूप का पारा भी ऊपर चढ़ने लगा था। वे मन ही मन तय कर रहे थे कि यदि यह चारपाई साथ नहीं ले जाई गई तो वे भी बहू-बेटे के साथ नए घर में नहीं जाएँगे, अकेले यहीं रह लेंगे। रामस्वरूप अपने जमाने के कम जिद्दी इनसान नहीं रहे। एक बार जो ठान लिया बस ठान लिया फिर समझानेवाला लाख समझाता रहे कि उनका निर्णय उन्हीं के लिए नुकसानदायक है तो भी अंगद का पाँव अपनी जगह से हटे तो रामस्वरूप अपनी जिद से टलें।

रामस्वरूप बखूबी जानते थे कि यह सरकारी मकान है और उनके बेटे को अब इससे बड़ा मकान मिल गया है तो इसे तो छोड़ना ही होगा, पर उनकी जिद के सामने कभी उनके बाप की नहीं चली तो फिर ओमप्रकाश तो वैसे भी बेटा है। एक मजदूर जो रामस्वरूप की ताजा झिड़की से तिलमिला गया था, "ले जाने दो साले बुड्ढे को, इस टूटी खाट के लिए इतनी घुड़कियाँ क्यों खाएँ?" उसने बूढ़े के बेटे ओमप्रकाश से पूछा– "साहब, बाबाजी कह रहे हैं वह बालकनी में खड़ी खाट भी ट्रक में रखनी है।" उसने इस तरह पूछा था जैसे कह रहा हो आप लोगों को क्या शरम नहीं आती इतने बड़े आदमी होकर इस कबाड़ को भी बाँधकर ले जा रहे हो। ऐसा नहीं था कि ओमप्रकाश के कानों में अपने पिता का शोर, उनकी सख्त से सख्त होती आवाज नहीं पहुँच रही थी पर उस चारपाई को देखते ही उनकी हिम्मत पस्त हो जाती थी। चारपाई क्या थी बिलकुल ऐंटिक पीस था। उसकी एक बाई आगे बढ़ रही थी तो दूसरी उससे

बँधी होने के कारण उसके पीछे घिसट रही थी क्योंकि दोनों की उम्र में दस बरस का अंतर तो जरूर था। उसके चारों पाए तक एक डिजाइन के नहीं थे। साफ पता चलता था कि जरूरत के हिसाब से जब जो मिल गया उसे ठोककर काम चलाया गया है। रस्सी भी पुरानी होते-होते काली पड़ चुकी थी और बीच से टूट-टूटकर लटक रही थी। कुल मिलाकर वह ओमप्रकाश को अपनी उस बेचारगी व मुफलिसी का प्रतीक नजर आती थी जिससे कड़े संघर्ष के बाद उन्होंने पीछा छुड़ाया था और उनके पिता थे कि वे अब भी उससे चिपटे हुए थे। वे खुद मन में ठाने बैठे थे कि नए घर में तो इस कबाड़ को वह बिलकुल नहीं ले जाएँगे। वसंत कुंज इलाके में उन्हें टाइप फोर का बड़ा मकान मिला था और मिलता भी क्यों ना, भारत सरकार के संस्कृति विभाग में वे उच्च पदाधिकारी थे। ऐसी जगह में उन्हें अपनी भद्द नहीं पिटानी थी कि वे इस कबाड़ को उठाकर वहाँ ले जाते। वे पूरी तौर पर जानते थे कि एक बार यह चारपाई वहाँ पहुँची तो पिताजी को इसे बाहर आँगन में बिछाकर बैठने से कोई रोक नहीं पाएगा। मजदूर ने साहब को ध्यानमग्न देखा तो फिर से पूछा, "साहब, बताएँ क्या करना है?" ओमप्रकाश को कुछ समझ नहीं आया, अभी उन्होंने बला टालने की गरज से कहा कि उसे उठाकर कमरे में रख दो। उनका अनुमान था कि नीचे से बालकनी में चारपाई खड़ी नजर नहीं आएगी तो पिताजी के ध्यान से भी उतर जाएगी और वहाँ पहुँचकर वे कह देंगे कि गलती से कमरे में रखी रह गई।

ट्रक में जब सारा सामान लद चुका तो ओमप्रकाश पत्नी, बेटी और पिता सहित अपनी कार में नए घर की ओर निकल पड़े। बेटा पीछे ट्रक के साथ अपनी बाइक पर आ रहा था। नया घर यूँ कोई बहुत दूर नहीं था। बस सरोजिनी नगर से निकलकर वसंत कुंज की ओर जाना था। पर कोई साथ ना हो तो मजदूर बीच रास्ते में कुछ सामान गायब कर देते हैं। पिछली बार आज से आठ साल पहले जब उन्होंने उत्तम नगर से सरोजिनी नगर शिफ्ट किया था तो रास्ते से उनका एकमात्र ट्रांजिस्टर गायब हो गया था। इस बार इसीलिए उन्होंने बेटे को ट्रक के साथ कर दिया था। उधर जब रामस्वरूप को वह चारपाई बालकनी में खड़ी नहीं दिखाई दी थी तो उन्होंने उसी मजदूर से पूछ लिया था कि वह चारपाई रख दी क्या? जिसका जवाब–'हाँ रख दी' उसने कुछ उसी प्रकार दिया जैसे अश्वत्थामा मारा गया 'नरो वा कुंजरो वा' का आधा वाक्य श्रीकृष्ण के शंख की गूँज में छिप गया था। इसीलिए तसल्ली कर लेने के लिए उन्होंने अब बराबर बैठे बेटे से पूछा, "वा खाट धर ली थी के ना!" उसी समय ओमप्रकाश का फोन बज गया जिसका फायदा उठाते हुए ओमप्रकाश ने स्वीकृति में सिर इस तरह हिलाया जिसका अर्थ हाँ भी हो सकता था और ना भी। ओमप्रकाश फोन पर अपने मित्र से बतियाने लगे और इधर रामस्वरूप को ना जाने क्यों किसी षड्यंत्र की बू आने लगी। इस अनुमान मात्र से कि वह चारपाई वहीं छोड़ दी गई है, वे आपे से बाहर हो गए।

"तू ठीक-ठीक जवाब क्यूँ ना देता, साहब होगा तू अपणे घर का, उरै (यहीं) ही डाट (रोक) गाड्डी नै, मन्नै कौन्या (नहीं) जाणा थारे साथ, मैं तो ओड़ेही (वहीं) एकला पड़ा रहूँगा।"

ससुर की ऊँची आवाज से विद्या (ओमप्रकाश की पत्नी) के कान खड़े हो गए। उसने पिछली सीट से उचककर पूछा, "के होया बाऊजी?"

"अरै मनै थारा दोनुआँ से न्यूँ कह राक्खी थी कि वा खाट भी लए के चालणी सै।"

रामस्वरूप की बात खत्म भी नहीं हुई थी कि विद्या बोली, "वो खाट तो ट्रक मैं गेर (डाल) राक्खी सै।"

विद्या की बात से रामस्वरूप को कुछ राहत मिली फिर भी जब तक घर पहुँचकर वे वह चारपाई अपनी आँखों से नहीं देख लेंगे तब तक उनके प्राण उनके शरीर में किराए पर ही रहेंगे। अब वे घर पहुँचने का इंतजार करने के लिए खिड़की से बाहर झाँकने लगे। अभी पिता के गुस्से के डर से ओमप्रकाश का चेहरा पीला पड़ गया था तो अब विद्या की बात से वह सफेद हो गया। उनकी कनपटियाँ गरम होने लगीं। उन्हें लगा वह चारपाई भूत की तरह उनका पीछा कर रही है।

ओमप्रकाश को याद है कि अभी पिछले छह दिसंबर को जब कुछ मित्र लोग उनके घर में इकट्ठा हुए तो उस दिन भी पिताजी इस चारपाई पर बड़े डठोरे से (गर्वित भाव से) बैठे थे। उनके लिए वह चारपाई उनका वजूद थी जिसे शहर से गाँव आकर भी उन्होंने सँजोकर रखा था। जबकि ओमप्रकाश के लिए वह उनके पिताजी की वह जिद थी जिसके द्वारा वे उनकी सारी उपलब्धियों को धता बताते थे। उस समय पिताजी अपनी ऊँची आवाज में लोगों को अपने जमाने के किस्से सुना रहे थे कि हफ्ते भर तक ना नहाने वाली वो बामणियाँ जिनके घाघरों से सड़ायँध आती थी वो भी जब आस-पास से गुजरतीं तो घाघरों को यूँ उकसा (उठाकर समेट लेना) लेतीं कहीं किसी से भिड़ (छू) ना जाए। वे बता रहे थे कि अब तो क्या छुआछूत है वो तो उनके जमाने में हुआ करती थी। उस समय मि. रंगा, जो ओमप्रकाश के परम प्रिय मित्र हैं, ने उन्हें एक कोने में ले जाकर कहा था, "क्या यार, कम-से-कम पिताजी को एक ढंग की चारपाई या फोल्डिंग तो ला दे।" उसका भाव भी यही था, 'साले ढेढ़ पढ़-लिख तो गए पर ढंग से रहना नहीं आया।' उनका मानना था कि दलितों को समझना चाहिए कि क्यों बाबा साहब थ्री-पीस सूट पहनते थे। उस समय ओमप्रकाश के लिए अपने मित्र को यह समझाना भारी हो गया था कि समस्या नए फोल्डिंग की नहीं है बल्कि...खैर, रंगा तो फिर भी उनका दोस्त था जिसके मन में बात आई तो जबान पर भी आ गई, पर उनका क्या जो इशारों से एक-दूसरे को वह खाट दिखाते और ओमप्रकाश को यह लगता कि जैसे सरेआम किसी ने उनके कपड़े उतार लिये हों। उन्हें यह चारपाई एक ऐसा लेंस मालूम पड़ती जिसके भीतर से उनका आज-कल सब दिख जाता था जिसे वे बड़े जतन से ढके थे। उन्होंने सोचा था कि अब नया घर तो मिलने ही वाला है तो वहाँ इस चारपाई को लेकर ही नहीं जाएँगे और इधर विद्या ने उनकी सारी योजना पर पानी फेर दिया।

नए घर में आए एक हफ्ता निकल चुका था। लगभग सारा सामान अपनी-अपनी जगह ले चुका था पर वह चारपाई कभी इधर तो कभी उधर खड़ी होती पूरे घर में भटक रही थी, और उसके साथ रामस्वरूप भी। आज शनिवार था ओमप्रकाश ने सोचा था कि आज सभी छोटे-बड़े काम निपटा देंगे। इतनी तैयारी के बावजूद रोज-रोज सुनने को मिल ही जाता था कि बाथरूम में टॉयलेट का सिसटर्न खराब है, कभी रसोई के पीछे की खिड़की की काँच टूटी पड़ी है। छत पर पानी इकट्ठा है। आज उन सबका इंतजाम करना था। उधर रामस्वरूप भी आज का ही इंतजार कर रहे थे। दिन चढ़ते ही उन्होंने ओमप्रकाश को घेर लिया।

"रै ओमप्रकाश, उरै सुण।" (यहाँ आकर सुन)

"हाँ, पिताजी।" उनके दिमाग के एंटिना खड़े हो गए। वे पिताजी की आवाज के रूप को पहचानते थे।

"ऐं घर मैं कितणा कमरा सैं?"

"चार।" उन्होंने संक्षिप्त-सा उत्तर दिया।

"इन चार कमरा मैं उस चारपाई खातर (के लिए) कोई जगह नहीं?"

ओमप्रकाश का अनुमान ठीक था, मुँह से कोई शब्द न निकला। जवाब न सुनकर रामस्वरूप का स्वर और ऊँचा हो गया।

"तनै बेरा (पता) भी सै वा कित (कहाँ) पटक राखी सै? सबेरा की धूप साम तक खाट पै ही रहवै से (रहती है) थमनै वा कंडम (बेकार) करके बगाणी (फेंकनी) हो तो साफ बता दो।"

"तो पिताजी अब उसमैं बच भी के रह्या सै।" ओमप्रकाश ने हिम्मत करके कह तो दिया पर...।

"तो भाई न्यू (ऐसे) तो मेरा मैं के बच रह्या सै, तम (तुम) मनै भी बगा (फेंक) दो।"

अब रामस्वरूप भावुक होकर लगभग काँपने लगे थे। ओमप्रकाश यूँ ही पिता के सामने ज्यादा बहस नहीं करते थे और अब तो वह असंभव थी। यह रामस्वरूप का वह ब्रह्मास्त्र था जिससे वे जब तब ओमप्रकाश को निहत्था कर देते थे। अपने बेटे विवेक को यह हिदायत देकर कि दादाजी जहाँ हैं उनकी चारपाई वहीं डाल दी जाए, ओमप्रकाश वहाँ से निकल आए। उधर पीछे से विवेक ने दादाजी को कंधों से पकड़कर कुर्सी पर बिठाया और अंततः पूछ ही डाला, "क्या बात है दादाजी, आप क्यों उस चारपाई के पीछे पड़े हो, आपके कमरे में लेटने को दीवान है, बैठने को कुर्सियाँ हैं...।"

वह अपनी बात पूरी भी नहीं कर पाया था कि डबडबाई आँखों से रामस्वरूप ने उसकी ओर देखा, "पर भाई लेट-बैठ कै जिंदगी कोन्या (नहीं) कटती।" फिर वे उठे और उन्होंने अपनी लाठी सँभाली। "थम अभी क्यान्हैं (क्यों) समझोगे...।" कहकर धीरे-धीरे बाहर निकल गए।

विवेक ने भी समझ लिया कि कुछ बातों के तर्क तीर की तरह सीधे नहीं जाते बल्कि अनेक तहों के नीचे आड़े-टेढ़े चलते हैं कि ऊपर से दिखाई नहीं देता कि निशान कहाँ है। उसने पिता के कहे अनुसार वह चारपाई दादाजी के कमरे में लगा दी।

विद्या रसोई सँभाल रही थी। पिछले घर की अपेक्षा इस घर की रसोई काफी बड़ी थी। पिछवाड़े की खिड़की से इतनी रोशनी और हवा अंदर आती थी कि गर्मी में भी वहाँ काम करना अच्छा लगता था। बेटी सुमन भी माँ के साथ लगी कुछ मदद करा रही थी। ओमप्रकाश पिता के हाथों परास्त होकर इधर ही आ निकले। अब उनका सारा आक्रोश विद्या पर उतर जाने को उतारू हो रहा था। वह ही उस चारपाई को इस घर में लेकर आई थी। इसी कारण ओमप्रकाश पिता के आगे जो नहीं बोल पाए वह सब उसे सुनाने को आए थे।

"हो गई तसल्ली!" उन्होंने आते ही तीर-सा छोड़ा।

"किस बात की?"

विद्या पूरे एक हफ्ते से घर की सेटिंग में लगी थी। बच्चे और पति अपने-अपने काम पर चले जाते थे, दिन-भर वह अकेली खट रही थी। उस पर यह इनाम उसे मंजूर न था। इसलिए उसने उस तीर को वहीं तोड़-मरोड़कर फेंक दिया।

"तुम्हें आखिर किसने कहा था, वो चारपाई ट्रक में रखवाने के लिए?"

वे सीधा मतलब की बात पर आए।

"अब इस चालीस बरस की उम्र में भी हर काम आपसे पूछ-पूछकर करूँगी क्या?"

विद्या सीधा उत्तर देने को तैयार ही नहीं थी। विद्या के स्वर की तेजी और तल्खी से ओमप्रकाश कुछ मद्धिम पड़े। जानते थे कि आखिर उसी के पिता का मन रखने को विद्या उस चारपाई को यहाँ लेकर आई है पर यह घर उनका भी तो है। कम-से-कम उनकी इच्छा भी जान ली जाती। पति को चुप देखकर विद्या को भी अपने ऊपर अफसोस हुआ।

वह रसोई से दूध उठाकर बाहर डायनिंग टेबुल पर रखने आई और बोली, "शांति रखो सब ठीक हो जाएगा।"

ओमप्रकाश चुपचाप घर के पिछवाड़े की ओर चले गए। अपना ध्यान बँटाने को वे सोचने लगे कि यदि इस पूरे स्थान पर घास लगवा दी जाए तो चार लोगों के बैठने लायक जगह बन जाएगी।

उधर सुमन ने अपनी माँ से पूछा, "माँ, दादाजी को उस चारपाई से इतना अटैचमेंट क्यों है? पापा इतने बड़े अफसर हैं, कितने लोग हमारे घर आते हैं, वे सब क्या सोचेंगे?" सुमन ने वही सब कुछ उगल दिया जो अक्सर जब-तब अपने पिछले घर में इस-उससे सुनती रहती थी।

विद्या ने इस प्रश्न के जवाब में दूसरा प्रश्न किया, "तुम क्यों अपने सारे टूटे-फूटे खिलौने बटोरकर यहाँ ले आई जबकि अब तो तुम उनसे खेलती नहीं?"

सुमन बारह साल की वह बच्ची जो बचपन की पकड़ से छूट किशोरावस्था की दहलीज पर खड़ी थी, यह समझ ही ना पाई कि माँ क्या कहना या समझाना चाहती है और रूठ गई।

"आप तो जब देखो मेरे खिलौनों के पीछे पड़ी रहती हो। कहीं रखो दादाजी की चारपाई पर मेरे खिलौनों की ओर देखना भी मत।" कहकर वह पाँव पटकती हुई बाहर चली गई। पर विद्या का उद्देश्य पूरा हो गया।

जुलाई का महीना था। बारिश एक या दो बार तो हुई पर उसके बाद बादल ना जाने किस ट्रैफिक जाम में फँस गए। दिन-भर उमस बनी रहती। पसीना एक बार जो आता फिर सूखने का नाम ना लेता। घर में केवल एक ही ए.सी. था वो भी मास्टर बेड रूम में जिसमें आजकल मेला सा लगा रहता था। बच्चे स्कूल-कॉलेज से आकर वहीं धमक जाते। विद्या भी फटाफट बाहर काम निपटाकर अंदर आ जाती। ऐसा नहीं था कि रामस्वरूप को उमस परेशान नहीं करती थी। पर क्या करते ए.सी. उनकी सेहत को रास नहीं आता था। दिन-भर चारपाई पर करवटें बदलते पर चैन नहीं पड़ता। आज उन्होंने अपनी चारपाई घर के बाहर वाले छोटे से खुले आँगन में लगवा ली थी। यहाँ चार बजे के बाद से ही छाया आ जाती थी और सात बजे तक अच्छा बैठने लायक माहौल बन जाता था। उस पर आस-पास के पेड़ों से कुछ हवा निकल आती तो जैसे मजा ही आ जाता। बाहर चारपाई की खटर-खटर सुनकर सुभन ने गर्दन बाहर निकाली और दादाजी को बाहर बैठा देखकर वह भी उनके पास आ गई और मचककर उनके साथ बैठ गई। पर यह क्या चारपाई तो एकदम झूला हो रखी थी। उसने वापस उठते हुए दादाजी से पूछा, "दादाजी, आप इस पर सोते कैसे हो, ये तो बीच में से बिलकुल लटकी पड़ी है।"

रामस्वरूप आज अच्छे मूड में थे। हँसकर बोले, "तूने वो बाणिये वाली बात (कहानी) कोन्या सुणी।"

दादाजी के किस्से-कहानियाँ सुमन की कमजोरी थे। वह तपाक से बोली, "सुनाओ ना वो कहानी।"

अगर कोई सुनने को तैयार होता तो रामस्वरूप घंटों ऐसी कितनी ही कहानियाँ कितने ही अलग-अलग अंदाज में सुना सकते थे। पर इस नई दुनिया में समय किसके पास था। टी.वी. के सामने बैठकर लोग दूसरों के घरों की कहानियाँ जानना पसंद करते थे, अपनों की कहानियाँ उन्हें पसंद न थीं। वे झट से तैयार हो गए।

"एक बाणिया (गाँव का दुकानदार) था। उसकै धोरै (पास) भी इसी ही खाट थी। उसके छोरा नै भी एक दिन इसी तरहियाँ (तरह) पूछी, 'बापू यो खाट तो झूला बरगी (जैसी) हो रही सै। तू इसनै परै गेर (दूर फेंक) दें।' तो बाणिया बोला, 'तनै ना बेरा (मालूम) यो खास बात सै इस खाट मैं, गर कोई रात-बिरात घर में चोर बड़ जाँ (घुस जाए) और मेरे सुत्ता कै (सोते हुए पर) ऊपर लट्ठ (मोटा मजबूत डंडा) मारैं तो मेरे लागै क्यों ना, लट्ठ बाईया पै ही टिक के रह जा।' (मुझे चोट नहीं लगेगी डंडे की चोट चारपाई की दोनों तरफ की लकड़ी पर लगेगी) तो फेर बाणियो का छोरा बोला, 'ओर बापू गर चोर तेरे खाट कै निच्चा सै ही मारैं तो?' बाणिया गुसा मैं भर गया, 'साला, तू जायकै बताया, उननै ना बेरा हो तो!' (बेवकूफ तू जाकर बता आ यदि उन्हें ना पता हो तो)।"

सुमन हँसते-हँसते लोट-पोट हो गई। उसकी और दादाजी की मिश्रित हँसी सुनकर विद्या और विवेक भी बाहर आ गए। दो कुर्सियाँ लाकर वहाँ रख ली गईं।

विवेक को वहाँ खड़ा देखकर रामस्वरूप ने कहा, "रै विवेक, इस खाट की पंगात (जिस ओर पैर रहते हैं।) ही खींच दे। तेक ठीक-ठाक हह ज्यागी (हो जाएगी) नहीं तो हमारी सुमन भी इसका मजाक उड़ावै सै।"

सुमन वहाँ कुर्सी पर बैठी-बैठी अपने पाँव हिलाने लगी।

विवेक ने सुमन के सिर पर एक चपत लगाई और बोला, "आप बता दो कैसे खींचनी है।"

विद्या को याद है कि ये चारपाई ओमप्रकाश के उस पुराने मकान मालिक के यहाँ पड़ी थी जिसके यहाँ वे कभी अपनी पढ़ाई के दौरान किराए पर रहा करते थे। नौकरी लगी, ब्याह हुआ, और एक के बाद दूसरा, दूसरे के बाद तीसरा किराए का मकान बदलते कभी इस चारपाई का किसी को ध्यान ही नहीं आया। वो तो जब आठ साल पहले उन्हें सरोजिनी नगर में सरकारी मकान मिला और वे लोग गाँव जाकर माँ-बाऊजी को भी अपने साथ रहने के लिए ले आए तो माँ ने ही एक दिन कहा, 'अरै ओम, मेरी वा चारपाई कित (कहाँ) सै जो हम घराँ से तेरे खातर लाया था।' और फिर ढूँढ़-ढाँढ़ कर इस चारपाई को घर लाया गया। अभी पिछले दो साल पहले जब इसकी रस्सी इतनी पुरानी पड़ गई कि उसकी फाँस भी जब-तब हाथ में चुभने लगी तो माँ-बाऊजी की नाराजगी की परवाह न करते हुए उसे छत पर वहाँ रखवा दिया गया जहाँ से धूप-पानी से बचकर वह अपनी जिंदगी के बाकी दिन निकाल सके। दुबारा वह चारपाई छत से उतरकर कब घर में दाखिल हो गई, इसके बारे में कोई ठीक-ठीक नहीं जान सका पर विद्या को पता है कि माँ के जाने के कोई दो तीन दिन बाद बाऊजी बालकनी में उसी चारपाई पर बैठे रूमाल से अपने आँसू पोंछ रहे थे। विद्या ने कुछ नहीं पूछा और न किसी को कुछ पूछने दिया। आज विद्या का मन हुआ कि बाऊजी से इस चारपाई के बारे में बात की जाए। वह उठकर चारपाई की पंगात कसने में बेटे की मदद करने लगी। पंगात कपड़े की रस्सी की बनी थी। उसे छूते हुए विवेक ने कहा, "दादाजी, ये रस्सी तो कपड़े की बनी है।"

रामस्वरूप ऊपर आसमान की ओर देखने लगे जैसे वह आसमान उनकी पलकों पर टिका हो फिर वहीं उसको अपनी पलकों पर टिकाए बोले, "हाँ भई, इसी रस्सी तो गाम्मा (गाँवों) में ही बणा करें..." फिर थोड़ा उत्साहित होकर बोले कि "या रस्सी तेरी दादी नै बणाई थी जब तेरा पापा खात्तर हम इसनै गाम से ठायकै दिल्ली लाए थे। तेरी दादी नै उरै (यहाँ) आयके इसकी नई पंगात भरी कदै छोरा का पावाँ मैं फाँस ना चाल जाँ।" (पाँव में रस्सी की फाँस ना चुभ जाए।)

"क्या...? आप इस चारपाई को गाँव से यहाँ लाए थे? अमेजिंग दादाजी!" विवेक के मुँह से निकला, "सचमुच आप तो कमाल हो!"

सचमुच यह अचंभा था। विद्या ने भी नहीं सोचा था कि इस चारपाई ने इतना लंबा सफर तय किया होगा। भले ही उनका गाँव हरियाणा में था पर चार-पाँच घंटे का रास्ता तो था ही। उस पर बस या गाड़ी में उसने किसी को चारपाई लेकर सफर करते नहीं देखा था। तो किस तरह इस चारपाई को उठाकर ये लोग गाँव से यहाँ लाए होंगे यह जानने के लिए उसने पूछा, "पर बाऊजी, आप इसे उठा के किस तरह लाए?"

रामस्वरूप की आँखें चमक उठीं, इस चमक में साकार हो उठी वह यात्रा जिसमें वह चारपाई जिसके चारों पाए निकालकर बाँध दिए गए थे और जिसकी चारों बाईयों को उसकी रस्सी समेत इस तरह समेटा गया था कि वह कम-से-कम जगह घेरे। पर इसके बावजूद ट्रेन में चढ़नेवाली हरेक सवारी उससे ठोकर खाती और रामस्वरूप और उनकी पत्नी की ओर हिकारत से देखती हुई 'कि ना जाने कहाँ-कहाँ से आ जाते हैं' आगे बढ़ जाती और वो टी.टी. जो रामस्वरूप की भाषा में बिलकुल गैल (पीछे पड़ जाना) ही हो लिया था। उसे कैसे चकमा दिया गया, यह बताते-बताते रामस्वरूप की आँखों में हँसते-हँसते आँसू आ गए थे। इस उम्र में इतना हँसने से उनकी साँस फूलने लगती थी। बीच-बीच में वे अपनी उखड़ती साँस को भी सँभालते जाते। आज पिछले साल भर के बाद रामस्वरूप पहली बार इतना हँसे थे। दोनों बच्चों के साथ विद्या वर्षों की दूरियाँ पार करके वहाँ जा पहुँची थी जहाँ से इस चारपाई की जीवन-यात्रा शुरू होती थी। रामस्वरूप ने बताया कि उन्हें पत्नी का गौना कराने जाना ही था कि उससे कुछ दिन पहले उनके पिता ने किसी तकरार के बाद उन्हें न्यारा (परिवार से अलग) कर दिया पर बाँटे (बँटवारे) में एक मटका अनाज तक नहीं दिया। नई-नवेली दुल्हन को कहाँ बैठाऊँगा, क्या खिलाऊँगा, यह सोचकर उनके हाथ-पाँव फूल गए। कहीं से अपनी गृहस्थी शुरू की। फिर इसी चारपाई पर उनके एक के बाद एक सात बच्चे गरीबी और अज्ञान के चलते, आते रहे, जाते रहे। केवल एक यह ओमप्रकाश ही बचा जिसने भी इसी चारपाई की बाई पकड़कर चलना सीखा। विवेक ने हिसाब लगाया कि इस हिसाब से इस चारपाई की उम्र कोई साठ साल के करीब ठहरती है। अब वह खूब कसकर पंगात को खींच रहा था। कुर्सी पर बैठे रामस्वरूप उसे मुग्ध भाव से देख रहे थे। चारपाई में आया झोल भरने लगा था। वह फिर से बैठने लायक हो रही थी।

चारपाई की उम्र का अंदाजा लगाकर विवेक ने कुछ संदेहपूर्वक पूछा, "दादाजी, जब आपने यह चारपाई खरीदी..."

उसकी बात पूरी भी नहीं हो पाई थी कि रामस्वरूप ने बीच में ही टोका, "रै बेकूप, खरीदी कोन्या सिरफ रस्सी खरीदी थी। यो चारपाई तो अपना हाथा सै बणाई थी।"

विवेक और सुमन की आँखों में प्रश्नवाचक चिह्न देखकर उन्होंने खुलासा किया—"खेत में दो किक्कर खड़े थे। कुल्हाड़ी से उसकी लकड़ी काटी और समारकै (सँवारकर) पाए और बाई बणाई और फेर तेरी दादी और मैन्नै दोनुआँ ने यो रस्सियाँ सै बण (बुन) दी।" रामस्वरूप के स्वर में गर्व और दर्प की द्वाभा सी तैर गई। उन्होंने पास खड़ी सुमन की पीठ पर धौल देकर कहा, "तैने बेरा है तेरी दादी की उमर उस बखत कुल जमा पंद्रहाँ साल थी और के चटाचट भाज-भाज (भाग-भागकर) के काम करा करती। और थम बालक, पाणी गिलास भी ठाता थारे जोर पड़ै सै।" (पानी गिलास उठाना भी तुम्हें भारी पड़ता है।)

"फिर भी दादाजी, तब से अब तक यह चारपाई टूटी नहीं?" विवेक ने अपनी जिज्ञासा पुनः प्रकट की।

"टूटती तो जब भाई जब हम टूटण दाँ..., जब जो बाई टूटती नई घाल (डाल) देता। या देख," उन्होंने चारपाई की एक बाई की ओर इशारा किया, "इस उरली (इस तरफ वाली) बाई के नीचे हमने सरिया बाँध राख्या सै।" कहते-कहते रामस्वरूप यूँ जी उठे जैसे कल की ही बात हो और वे अपने हाथों को इस तरह देखने लगे कि उनके हाथों में लोहे की तार को खींच-खींच बाँधने के निशान फिर से उभर आए हों। विवेक ने नीचे झुककर उस बाई के नीचे बँधे तीन पतले सरियों को देखा जो लोहे की तार से इस तरह बँधे थे कि ऊपर से देखने पर पता ही नहीं चलता था कि यह चारपाई इतनी मजबूत है।

"वाह दादाजी! आप तो पढ़े नहीं अगर आपको मौका मिलता तो आप जरूर इंजीनियर होते।" विवेक ने उस बाई पर हाथ फिराते हुए कहा।

विवेक इंजीनियरिंग कर रहा था और अब अपने भीतर इंजीनियर बनने के पुश्तैनी गुण तलाश रहा था। विवेक की बात से रामस्वरूप की आँखों में एक तड़प सी उठी। अनपढ़ होने के कारण फैक्टरी में उनकी कभी कोई तरक्की नहीं हुई जबकि साहब लोगों का मानना था कि यदि एक कागज का टुकड़ा उनके पास भी होता तो रामस्वरूप भी किसी ठीक-ठाक ओहदे पर होता। इसके बावजूद उन्हें आज भी अपने उस निर्णय पर कोई अफसोस नहीं है जिसकी वजह से उन्हें अनपढ़ रहना पड़ा। हुआ यह कि दस साल की उम्र में उनका दाखिला स्कूल में कराया गया तो उन्होंने सारी नीच जात के लड़कों के साथ संडास के साथ बैठना मंजूर नहीं किया। वे पहले ही दिन उस साले मास्टर के माथे में पत्थर मारकर भाग आए। इसके बाद उन्होंने गाय चराना मंजूर किया, पत्थर फोड़ना मंजूर किया पर पिता के लाख डराने-धमकाने के बावजूद स्कूल जाना मंजूर नहीं किया।

यूँ गर्मियों के दिन थे और आठ बजते-बजते अँधेरा दस्तक देने लगता था। चारों प्राणी उस समय इस देश और काल से परे अपना नया देश-काल गढ़ रहे थे कि उसी समय ओमप्रकाश ने अपने दो सहकर्मियों के साथ प्रवेश किया। नजर सीधी चारपाई पर पड़ी। हल्के धुँधलके का फायदा उठाकर वे दोनों आगंतुकों को सीधे अंदर कमरे में ले गए। पीछे-पीछे विद्या भी चाय-पानी का इंतजाम करने के लिए रसोई की ओर चली गई। उसने भीतर जाकर चाय का पानी चढ़ाया ही था कि पीछे से तीर की तरह एक वाक्य आया—"सही जुलूस निकाल रखा है।"

"आप भूल जाते हैं कि आप कल्चरल डिपार्टमेंट में हैं।" इस मामले में विद्या उस दीवार की तरह थी जिस पर जितने वेग से बॉल फेंकी जाती वह उसी वेग से उसे लौटा देती। ओमप्रकाश उसके व्यंग्य को समझ गए थे।

"तुम्हें तो कहीं लेक्चरर होना चाहिए था। अच्छा भाषण दे लेती हो।"

"बन ही जाती अगर तुमने बीच में टाँग न अड़ाई होती।"

ओमप्रकाश वास्तव में अंदर से बड़े दुखी थे और उन्हें आशा थी कि विद्या उनकी पीड़ा को जरूर समझेगी। पर उनका प्रयास ही सही नहीं था तो अंजाम तो बुरा होना ही था। इसलिए अपनी बात को वे बाद में शांति के साथ समझाएँगे ऐसा सोच वे पुनः ड्राइंगरूम में आ गए।

रात का सारा काम निपटाते-निपटाते साढ़े दस बज गए थे। यह समय ओमप्रकाश और विद्या का था जिसमें दिन-भर के थके पथिकों की भाँति वे एक-दूसरे को सारे दिन का हाल-चाल सुनाते थे। कमरे में ए.सी. चल रहा था। थोड़ी देर बाद दोनों का दिल और दिमाग ठंडक से

भर गया। साथ के फोल्डिंग पर सुमन सो रही थी। उसकी बस सुबह सात बजे तक आ जाती है। अचानक ओमप्रकाश को लगा कि आज बाऊजी के कमरे से कोई आवाज नहीं आ रही। अभी वे वहाँ से गुजरकर आए थे तो वहाँ की छोटी बत्ती भी नहीं जल रही थी। विवेक अपने कमरे में था, वहाँ की लाइट भी जल रही थी। ए.सी. की आवाज के बावजूद पिताजी के कमरे में होने की आहट उन्हें मिलती रहती है। उन्होंने विद्या से पूछा, "क्या बात है, पिताजी की कोई खाँसने तक की आवाज नहीं आ रही?"

"कहीं बाहर ही तो नहीं सो गए!" विद्या को अफसोस हुआ कि आज मेहमानों के चक्कर में वह बाऊजी को भूल ही गई।

"क्यूँ, बाहर क्यों सो गए, बाहर तो बिना पंखे और मच्छरदानी के मच्छर जान खा जाएँगे।" उन्होंने जल्दी से उठकर अपने पैरों में चप्पल डाली। उनके दिमाग में अगले ही पल यह खयाल आया कि आज वह चारपाई क्योंकि बाहर ही थी तो कहीं उसी पर तो वे नहीं सो गए। जब सुबह लोग उठेंगे तो क्या सोचेंगे। यही ना कि इतने बड़े घर में इस बूढ़े बाप के लिए कोई जगह नहीं। उनके दिमाग में गरम पानी के बुलबुले उठने लगे। बाहर आकर देखा तो उसी टूटी चारपाई पर बैठे रामस्वरूप अपने कुर्ते से मच्छरों को उड़ा रहे हैं। चारों ओर घुप्प अँधेरा है और कोई पत्ता तक नहीं खड़क रहा जैसे तूफान के आने के पहले का सन्नाटा हो। ओमप्रकाश के दिल के किसी कोने में एक टीस-सी हुई।

"क्या पिताजी आप अभी तक बाहर ही बैठे हैं, इतने मच्छरों में आप सो ही नहीं पाओगे।"

बाहर मच्छरों और गर्मी से रामस्वरूप भी परेशान थे। वे भी अंदर जाना चाहते थे पर क्या करते चारपाई तो बाहर थी और उसे उठाना बस में ना था। ओमप्रकाश ने बिना कुछ आगे पूछे, कहा, "आप अंदर चलो मैं चारपाई लेकर आता हूँ।"

रामस्वरूप भी बिना कुछ कहे उठ खड़े हुए और अंदर की ओर चल दिए। जब पिताजी की चारपाई उनके कमरे में लगाकर ओमप्रकाश वापस अपने कमरे में आए तो उनके दिमाग में गरम पानी के बुलबुले फिर से बनने और फूटने लगे—"पता नहीं क्या बताना चाहते हैं इस चारपाई से चिपटे रहकर!"

"वे माँ को भूल नहीं पाते।" विद्या ने समझाने की गरज से कहा।

"माँ तो कमरे में है।" ओमप्रकाश ने चिढ़कर कहा। उनका इशारा उस बड़ी तस्वीर की ओर था जिसे उन्होंने माँ की मृत्यु के बाद पिताजी के लिए ही बनवाया और उन्हीं के कमरे में लगा दिया।

"वो माँ की तस्वीर है, चारपाई में माँ खुद मौजूद हैं।" विद्या का आर्द्र स्वर जैसे ही बाहर आया घर के बाहर जोर से बिजली चमकी और खिड़की से इतनी रोशनी अंदर फेंक गई कि एक बार घर के अंदर का सारा अँधेरा दूर हो गया। उसके बाद उस चमक का पीछा करती हुई बिजली की जोरदार कड़क सुनाई दी। शायद बारिश आनेवाली है। इतनी उमस के बाद उसे आना ही था।

शोध-प्रबंध

श्यौराज सिंह 'बेचैन'

हर तीसरे दिन वही झिक-झिक कि– 'थीसिस पूरी करो', कि– 'थीसिस पूरी करो', कि– 'अब तुम्हें एक्सटेंशन नहीं मिल सकता', कि– 'अब यदि तुम डी. रजिस्ट्रेशन कराओ तो अगली बार तुम्हें बतौर गाइड मैं तो नहीं मिल सकूँगा, तुमने महीने भर से शक्ल नहीं दिखाई, क्या बस डिग्री लेने में ही दिलचस्पी है?' वगैरह-वगैरह उलाहने सुन-सुनकर रीना तंग आ गई थी। आखिर उसने प्रोफेसर प्रतापसिंह से मिलने का निश्चय कर ही लिया।

प्रोफेसर अभी बिस्तर पर लेटे ही थे कि तभी किसी ने दरवाजे पर नाजुक दस्तक के साथ कॉल बेल बजा दी। वे बुदबुदाते हुए उठकर आगंतुक की ओर बढ़े।

'कौन कम्बख्त 11 बजे आ मरा?' अंदर से पर्दा उठाया तो देखते ही वह चौंके, 'अरे! यह तो रीना है।' अपनी रिसर्च स्टूडेंट रीना की यह अप्रत्याशित और बेवक्त उपस्थिति उन्हें दाल में कुछ काला होने के संकेत लगी क्योंकि वह पिछले पाँच-छह महीनों में बार-बार आग्रह करने के बावजूद किसी तरह की प्रगति रिपोर्ट नहीं दे पा रही थी, बल्कि एकदम गंभीर-सी हो गई थी।

"अच्छा रीना, तुम जरा बाहर ही ठहरो, मैं अभी आता हूँ।" प्रोफेसर ने चेहरे पर बनावटी प्रसन्नता ओढ़ते हुए कहा।

इतना बोलकर प्रोफेसर घर के अंदर चले गए। रीना को थोड़ा बुरा लगा, क्योंकि अब तक तीन-चार वर्षों की मुलाकातों में रीना के लिए यह पहला मौका था जब प्रोफेसर ने बात करने से पहले घर के अंदर आने को न कहा हो।

बजाय रीना को अंदर बिठाने के वे स्वयं ही चंद मिनटों में घर से बाहर निकल आए। अंग्रेज अफसरों जैसे अपने महल में इर्द-गिर्द फैले मनमोहक आलीशान लॉन के आखिरी छोर पर वह रीना को बुलाकर ले गए। मन की उथल-पुथल और हड़बड़ाहट को काबू करते हुए पूछा, "रीना, तुम बेवक्त अचानक कहाँ से अवतरित हो गईं? कोई खास वजह है तुम्हारे आने की, सब ठीक-ठाक तो है?"

"कुछ भी तो ठीक नहीं है, और उसकी वजह आप हैं। आप दो-दो चेहरे रखते हैं, सच कहूँ तो गिरगिट की तरह रंग बदल रहे हैं आप।"

रीना की वाणी में क्रोध, आत्मविश्वास और साहस था। प्रोफेसर जी कुछ विचलित हुए, तत्काल उन्होंने खुद पर काबू किया और कृत्रिम मधुर शब्दावली में बोले, "रीना, तुम एस.सी. तो हो, पर आम दलितों की तरह नहीं हो, तुम्हारे परिवार में अच्छे लिखे-पढ़े और नौकरीपेशा लोग हैं, इसलिए तुम परिवार की इज्जत का ध्यान तो रखोगी।"

"तो क्या आपको मैं अपने परिवार के प्रति गैर-जिम्मेदार दिखाई देती हूँ? मैं तो यह जानना चाहती हूँ कि आपके व्यवहार में यह अचानक तब्दीली आई क्यों है? क्या मेरा इस वक्त

आना आपको इतना अप्रत्याशित लग रहा है जो आप उखड़ी-उखड़ी बातें कर रहे हैं?" रीना ने सवाल किए।

"नहीं-नहीं, ऐसी कोई बात नहीं है। मैं जानना चाह रहा था कि आखिर तुम्हारी कोई तो परेशानी होगी?" प्रोफेसर घबराए हुए स्वर में बोल रहे थे। वह बातों का सिलसिला जारी रखते हुए आगे बोले– "वैसे तो कोई बात नहीं पर तुमने आने से पहले फोन पर इन्फॉर्म कर दिया होता तो अच्छा होता।"

प्रोफेसर ने रीना से यह बात भी पहली बार कही थी, अन्यथा उसके लिए 24 घंटे प्रोफेसर के घर के दरवाजे खुले हुए थे। खैर, वह विगत पर न जाकर वर्तमान में बोली, "फोन तो मैंने बहुत बार मिलाया, पर हर बार एंगेज आ रहा था, शायद आपके यहाँ किसी ने रिसीवर ही उठाकर अलग रख दिया था।"

रीना ने भोलेपन से अपनी तरफ से की गई कोशिशों के बारे में बताया तो प्रोफेसर ने कबूल किया, "हाँ-हाँ, यू आर राइट, फोन कई दिन से खराब था या कुछ लाइन में गड़बड़ी थी।"

इतना बोलकर वह सवालों में डूब गए। काश, फोन खराब नहीं रहा होता तो इस बला को सिर पर आने से पहले ही टाल दिया होता!

रीना द्वारा टोके जाने पर प्रोफेसर की मुद्रा भंग हुई तो वह बोली, "सर, आप तो मुझे फोन कर सकते थे।"

रीना को सुनकर प्रोफेसर ने चेहरे पर परेशानी के बनावटी भाव प्रकट करते हुए कहा, "क्या बताएँ रीना, पिछले दिनों अपनी व्यस्तता तो थी ही, हमारे एक संपादक मित्र विदेश जाने के कारण डिलीवरी के बाद अपनी बीवी को हमारे यहाँ छोड़ गए। हमने भी औपचारिकता में न नहीं की? कहते भी कैसे, बड़े एहसान हैं उनके हमारे ऊपर। आज के जमाने में लेखक के लिए भगवान को नकारना संभव है, परंतु संपादक को नहीं नकारा जा सकता।"

प्रोफेसर अपने वाक्-चातुर्य के दम पर सफेद झूठ गढ़कर उस सरल स्वभाव वाली लड़की को बरगला रहे थे। बात रोकते हुए वह बोले, "खैर, वह छोड़ो, तुम बताओ किस परेशानी के चलते आई हो?" उन्होंने अनासक्त भाव से पूछा।

"परेशानी तो है, पर मेरे अकेले की नहीं है, उसके मूल तो आप हैं।" रीना ने सीधी भाषा में समस्या की पुनराभिव्यक्ति की तो वह उसका मंतव्य ताड़ गए।

एक बार को झटका-सा तो उन्हें लगा, परंतु वह बड़े खिलाड़ी थे, परेशान करनेवाली इस खबर को ऐसे पी गए गोया उन्होंने कुछ सुना ही न हो। अनभिज्ञ मुद्रा बनाकर बोले, "क्या कहा रीना, शायद तुम कुछ मेरे बारे में कह रही थीं।"

"वही जो आपने सुना।" रीना ने कहा।

"क्या मतलब?" प्रोफेसर ने चौंककर पूछा।

"मतलब यह कि मैं आपके बच्चे की माँ बननेवाली हूँ।" रीना बोली।

"हैं-हैं, यह...क्या कह रही हो तुम, ऐसा कैसे हो सकता है? नहीं-नहीं, ऐसा तो हो ही नहीं सकता, कदापि नहीं हो सकता। तुम मॉडर्न एज की लड़की हो, बर्थ-कंट्रोल के सारे रास्ते जान सकती हो, तुम नीच, जाहिल और गँवार औरतों जैसी मूर्खता नहीं कर सकतीं। मैंने जो किया तुम्हारी मर्जी से किया था, मैं इसके लिए बिलकुल जिम्मेदार नहीं हूँ। प्यार दो तरफा था। बच्चे की योजना हमारे बीच में थी ही नहीं। इसका बोझ मैं क्यों उठाऊँगा?" प्रोफेसर मतलबी भाषा पर उतर आए।

"खैर, जो होगा देखा जाएगा, तुम फिलवक्त रात को ठहरने की सोचो?"

प्रोफेसर येन-केन प्रकारेण रीना को टालना चाहते थे। वह इसी मंशा से बोले, "मैटर सीरियस है, इसे सीक्रेट रखना, कल 11 बजे मैं चैंबर में मिलूँगा, वहीं इस परेशानी का हल निकालेंगे। अभी तुम गर्ल्स हॉस्टल में अपनी किसी फ्रेंड के पास जाकर ठहर जाओ। हम कल पुनः मिलेंगे। इस वक्त घर में मेहमान हैं।"

उनका टरकाऊ व्यवहार देखकर रीना मन ही मन दुखी होकर बोली, "नहीं सर, मैं और कहीं नहीं जाऊँगी, मैं आपके ड्रांइगरूम में नहीं तो स्टडीरूम में अथवा बँगले की बाहरी गैलरी में रात गुजार लूँगी। मैं सुबह भी आपसे इसी मुद्दे पर बात करूँगी।"

रीना की सूचना ने प्रोफेसर के दिमाग में भारी उलझन पैदा कर दी थी। परिस्थितियों की नजाकत को ताड़ते हुए उन्होंने समझाया, "रीना, देखो, गेस्ट घर में हैं, हम उनके सामने ऐसी बातें नहीं कर सकते। ये बातें नए जमाने की बातें हैं और गेस्ट न प्रगतिशील विचारों के हैं और न वैज्ञानिक सोच के, वैसे इन्होंने ऊपरी तौर पर खुद को उत्तर-आधुनिकवादी भी बनाया हुआ है। पर भीतर से संस्कार, आचार-विचार सबके सब जड़ हैं। व्यवहार का ऊपरी दिखावा जरूर बदला है। कुल मिलाकर कुंद बुद्धि और बंद दिमाग के लोग हैं।"

"तो मुझे एक अलग रूम में जगह दे दीजिए, बात भले मत कीजिएगा, और अगर हिम्मत है तो अब ले चलिए न अपने ही रूम में। आखिर अपना घर है, रोकेगा कौन आपको? आप तो अंदर-बाहर से एक हैं। प्रबुद्ध हैं, दिलेर भी हैं।"

रीना ने तपाक से समाधान पेश किया, तो प्रोफेसर के जैसे पैरों के नीचे से जमीन ही खिसक गई। वह लड़खड़ाती आवाज में बोले, "नहीं, रीना, यह तो घोर अनर्थ हो जाएगा, ये लोग प्रेम-प्रसंग को पता नहीं अनाचार, पापाचार और दुष्कर्म वगैरह-वगैरह न जाने क्या-क्या नाम देंगे? तुम घर में बैठे-बिठाए नई मुसीबत को दावत मत दो।"

प्रोफेसर ने उपदेशात्मक शैली में कहा तो वह भीतर-भीतर क्रुद्ध होकर बोली, "असलियत जान लेंगे बस। इससे ज्यादा तो कुछ नहीं, और फिर आपने मुझसे प्रेम किया है। बड़े-बड़े दार्शनिक उद्धरणों के साथ संबंधों को पुष्ट किया है कि प्रेम में न उम्र देखी जाती है, न रंग-रूप, न जाति, न धर्म। बस एकमात्र दिल की दिलदारी देखी जाती है। तो उन दिनों आपके सीने से बाहर निकली पड़ रही दिलदारी को अब कौन-सा साँप सूँघे जा रहा है?" रीना ने एक के बाद एक सवालों की झड़ी लगा दी।

प्रोफेसर ने अपनी तर्कशक्ति का सहारा लिया और बोले, "रीना, आज के जमाने में तुम्हें थोड़ा प्रैक्टिकल भी होना चाहिए। क्या तुम नहीं जानतीं कि रिश्तों के मामलों में हर उम्र की अपनी अलग माँग होती है? क्या यह जरूरी है कि प्रेम की परिणति अनिवार्यतः शादी ही में हो? ये तुम्हारी स्टूडेंट लाइफ की मौज-मस्तियाँ हैं। इन्हें तुम जीवन की खास भूमिका में क्यों जोड़ना चाहती हो? हाँ, विवाहेतर प्रेम-संबंध अपवाद नहीं है आज के उन्नत समाज में।"

प्रोफेसर ने भविष्य के लिए संबंधों को सुरक्षित करने के निहित इरादे से कहा। इस पर रीना ने प्रतिक्रिया की—"तो विवाह कर लेने में क्या हर्ज है?"

"बहस के लिए वक्त नहीं है। घर में जच्चा एबनॉर्मल सिचुएशन में है। तुम्हें इस मौके की मजबूरी को समझना चाहिए। क्या तुम्हारी जाति में मेहमाननवाजी का चलन नहीं?" प्रोफेसर का स्वर रूखा होने लगा था।

"सॉरी सर, पर...मैं।" रीना की जुबान में वाक्य अटक गया।

"पर मैं, मैं क्या...?"

"कुछ नहीं, कुछ भी नहीं सर।" कहती हुई वह अपना माथा पकड़कर धप्प से बैठ गई।

प्रोफेसर ने फिर दोहराया, "रीना तुम गर्ल्स हॉस्टल में चली जाओ, इस वक्त मेरा फर्ज पुकार रहा है। मुझे घर में मेहमान की देखभाल करनी है।"

इसी बीच नौकरानी ने कहा, "सर, मैं कल नहीं आ सकती।"

रीना नौकरानी की बात सुनकर बोली, "नौकरानी का काम मैं ही कर दूँगी सर, वैसे भी मेरी माँ के छोटे बच्चे मेरे भाई-बहन जब पैदा हुए थे तो उनकी सारी देखभाल मैंने ही की थी।" रीना को लगा कि इस बहाने उसे ठहरने का मौका मिल जाएगा और समस्या का समाधान सोच लिया जाएगा।

प्रोफेसर कहाँ माननेवाले थे। वह तपाक से बोले, "तुम्हें नर्स ही बनना था तो हायर-स्टडी में क्यों आईं? तुम्हारे लिए तो वैसे ही सरकार ने सब तरह के रिजर्वेशन दे रखे हैं। काबिल से काबिल ब्राह्मण बेरोजगार घूमते हैं और थर्ड क्लास दलितों को सम्मानजनक नौकरियाँ आसानी से मिल जाती हैं।"

प्रोफेसर आवेश में भूल गए थे कि रीना भी एस.सी. है, उसे सुनकर रीना के दिल पर क्या गुजर रही होगी? उन्हें परवाह न रही। वह करनी को कथनी में प्रकट करने लगे थे। बोले, "तुम जानती हो हमारी संस्कृति में 'अतिथि देवो भव' की अवधारणा कितनी पुरानी और कितनी पवित्र है!"

"जानती हूँ सर, परंतु मैं कौन सी अतिथि हूँ?"

रीना ने तर्क दिया तो वह झुंझलाकर बोले, "प्लीज बच्चों की तरह जिद मत करो। मैं वार्डन को फोन किए देता हूँ, गर्ल्स हॉस्टल चली जाओ।"

"इस मेहरबानी की जरूरत नहीं है सर, मैं अपनी व्यवस्था खुद कर लूँगी। वार्डन मुझे भी जानती है और मेरी अनेक फ्रेंड्स मौजूद हैं।" रीना ने जवाब दिया।

तब प्रोफेसर पीछा छुड़ानेवाले अंदाज में बोले, "तब तो ठीक है। अभी मैं जल्दी में हूँ। प्लीज डोंट माइंड।" वह दबे पाँव अपने बँगले में चले गए।

प्रोफेसर ने रीना को टालकर उससे अपना पीछा तो छुड़ा लिया, लेकिन अचानक अप्रत्याशित संकट के साथ उपस्थित हुई इस कल्पनातीत मुसीबत ने उनकी नींद हराम कर दी, चैन छीन लिया। 'रीना के पेट में मेरा बच्चा, बड़ी मूर्ख लड़की निकली, माला-डी, सहेली, पर्ल वगैरह सैकड़ों उपाय उपलब्ध हैं आजकल। किसी का भी सहारा नहीं लिया। इन एस.सी. औरतों को वाकई कुछ नहीं आता-जाता। जितना मांस नहीं खातीं, उतनी हड्डियाँ गले में लटका लेती हैं। शायद इरादा ही गलत रहा होगा, सोचा होगा मोटा वेतन लेता है प्रोफेसर, उमरदराज भी है, जल्दी मर जाएगा। बीवी बनकर ही हड़पी जा सकती है मुफ्त की संपत्ति। हाँ, यही योजना रही होगी।' प्रोफेसर मन ही मन सोच रहे थे। वह बिस्तर पर जाकर जल्दी सामान्य नहीं हो पा रहे थे। उनके भीतर की बेचैनी ने इंदुमति के साथ गुजारे जानेवाले मधुर क्षणों का मजा किरकिरा कर दिया था। बल्कि जिस मधुमय अंदाज में वे अपनी प्रणय-लीला शुरू कर रहे थे, उसमें इस अप्रत्याशित घटना ने एकतरफा कड़वाहट भर दी थी।

उधर प्रोफेसर का मतलबी व्यवहार देखकर रीना के आत्मविश्वास को ठेस पहुँची। वह घायल शेरनी-सी तड़प रही थी। उसके भावुक हृदय में रह-रहकर अपनी भूल का प्रायश्चित्त करने की इच्छा कसमसा रही थी। गर्भपात को वह जीव हत्या समझती थी। प्रोफेसर को पति रूप में स्वीकार करने के लिए उसने अपने दैहिक समर्पण की भूल को प्रायश्चित्त मान लिया

था। इसके लिए भी उसे अंतरमन में लंबी संघर्ष प्रक्रिया से गुजरना पड़ा था परंतु प्रोफेसर के नकारात्मक व्यवहार के बाद पुरुष मात्र के बारे में उसकी धारणा यह बनी कि स्त्री के जीवन में सबसे मतलबी, छली-कपटी और शोषक तत्त्व यदि कोई है तो वह यही शातिर पुरुष है जो जितना ज्यादा लिखा-पढ़ा है उतना ही अधिक बेवफा है। अनेक प्रश्न उसके हृदय को गरम तीरों की तरह बींध रहे थे।

जिंदा लाश की मानिंद वह लॉन से उठकर हॉस्टल की ओर जा रही थी। आँखों में उदरस्थ वर्तमान का बोझ, अतीत की स्मृतियाँ और अनिश्चित भविष्य की आशंकाओं के लरजते हुए आँसू उसकी पलकों में तैर रहे थे। वह कभी रोती, कभी चुप होती विगत के उन मनहूस दिनों को कोस रही थी, जिन दिनों उसने कॉलेज की शिक्षा पूरी कर विश्वविद्यालय की ओर कदम बढ़ाया था।

'मेरी भी कैसी अकल मारी गई थी जब मैंने प्रशासनिक सेवा में जाने के अपने रुझान और माता-पिता की इच्छा को छोड़कर साहित्यिक सेवा में अपना योगदान करने का मन बनाया था!'

एक बड़ी पत्रिका में पढ़ लिया था कि एस.सी., एस.टी. कैंडीडेट उच्च शिक्षा, पत्रकारिता और साहित्यिक क्षेत्रों में जाने के बजाय, अफसर से लेकर मामूली क्लर्क तक बनना ज्यादा पसंद करते हैं, इसी कारण भारत का महान साहित्य और ज्ञान-व्यवस्था में इनका कोई प्रतिशत नहीं है। साहित्य के इस दर्पण में प्रतिबिंबित चेहरों में मुझे अपना चेहरा शामिल करने की धुन चढ़ी थी।

संपादक के उक्त विचारों का ऐसा असर पड़ा था कि निश्चय कर लिया कि 'मैं भरसक प्रयास करूँगी साहित्य की सेवा करने का। इसके लिए चाहे जो परेशानियाँ उठानी पड़ें।' शोध-कार्य को इस जिम्मेदारी का पहला कदम माना था। पिताश्री कट्टर अंबेडकरवादी थे, इसलिए वे अंबेडकर के अलावा किसी गैर को पढ़ना जरूरी नहीं समझते थे। गांधीजी के नाम से तो उन्हें चिढ़ सी थी। गांधीजी का नाम जुबान पर आते ही मुँह से दो-चार गालियाँ जरूर निकाल देते थे। कहते, 'इन्हीं के कारण हम न अल्पसंख्यक मुस्लिम समाज जैसे लाभ उठा पाए, न हिंदू समाज का हिस्सा बनकर समान अवसर प्राप्त कर सके। अर्थात् न अलग हुए, न संयुक्तता में आरक्षण के जरिए भागीदारी पा सके। कुल मिलाकर हमारी आजादी का रोड़ा ये गांधीजी बने और हमारी कौम न मुर्दों में शुमार वाली हुई न जिंदों में।'

'अंबेडकर गांधी दलित मुक्ति के संदर्भ में' अपने अध्ययन का यही विषय बनाया था उसने परंतु साक्षात्कार के समय चेयरपर्सन पं. धर्मचंद शर्मा ने अपने चैंबर में बुलाकर समझाया था या कहें कि मिसगाइड किया था। उन्होंने गुरु-गंभीर मुद्रा बनाकर विद्वानों की भाँति नाटकीय अंदाज में कहा था, 'देखो रीना, तुम्हें दाखिला तो मिल गया। रिजर्व सीट भरना इस बार हमारी मजबूरी थी परंतु यदि हम तुम्हें लेना नहीं चाहते तो एस.सी. की मेरिट में भी तुम्हारे नाम के ऊपर एक अन्य लड़का था। पर हमारी सोच यह है कि दलितों में दलित स्त्रियाँ अधिक दलित हैं। प्राथमिकता के साथ उन्हें ऊपर उठाना हमारा नैतिक कर्तव्य है।'

'सर, मेरे किसी भाई का हक काटकर आपने मुझे दिया, यह बात मुझे नैतिक रूप से ग्लानि पैदा करेगी।' रीना सकुचाती हुई बोली।

'अरे भाई, मैंने किसी ब्राह्मण को तो नहीं दे दिया एस.सी. का हिस्सा, जो तुम्हें दुख पहुँचा। तुम हमारी न्याय-प्रियता से परिचित नहीं हो। इसलिए ऐसा सोच सकती हो परंतु मैं तुम्हारी जानकारी के लिए बता देना चाहता हूँ कि मैं अकेला व्यक्ति हूँ जो यह सोचता हूँ कि इस विभाग में पिछले पचास साल से सारे रीडर-प्रोफेसर सवर्ण रहे हैं। अब आरक्षण क्यों, बल्कि सारे के

सारे पदों पर नीचे की जातियों के लोगों को बैठने का मौका मिले, ताकि संतुलन बने। हजारों साल सवर्णों ने राज कर लिया, अब दलितों, पिछड़ों और स्त्रियों को ही मौका मिलना चाहिए।' करनी-कथनी में जमीन-आसमान का अंतर रखनेवाले शर्मा की यह वाक्-चातुर्य की ही पराकाष्ठा थी, वह बोला, 'मैं तुम्हें एक नेह सलाह देना चाहता हूँ।'

'सलाह क्या, सर आदेश दीजिए, मैं निभाऊँगी।' रीना ने आदर भाव से कहा।

'तो तुम अपने शोध का विषय बदल दो, अंबेडकर और गांधी ये राजनीतिक व्यक्ति रहे हैं, तुम्हें साहित्य की गहराइयों में जाना चाहिए। भीड़ से हटकर कुछ करना चाहिए।' शर्मा ने सुझाया था।

'पर कैसे जा पाऊँगी मैं गहराइयों में?' रीना ने सवाल किया।

महोदय ने फरमाया था, 'देखिए क्या तुलसीदास ने अछूत कल्याण की चिंता की थी या नहीं? और क्या मनुस्मृति में कुछ भी दलित हित में नहीं है। इस विषय पर तुम काम करो, इसके लिए हमारे विश्वविद्यालय में प्रोफेसर प्रताप सिंह बहुत सक्षम व्यक्ति हैं, वे चूँकि प्रगतिशील हैं इसलिए सांप्रदायिकता के विरुद्ध उनकी विशेषज्ञता विश्व-स्तर की है। मंडल उभार के बाद से तो वे दलितों, हरिजनों पिछड़ों व अति पिछड़ों में भी पूरी रुचि लेने लगे हैं, पर हाँ, तुम चाहो तो, 'उत्तर-आधुनिकता और भारत की निरक्षर महिलाएँ' इस विषय पर भी विचार कर सकती हो। हाँ, मगर महिलाओं को दलित, गैर-दलित में बाँटकर मत देखना, नहीं तो उनके 35 प्रतिशत आरक्षण के मार्ग में अड़चनें आ सकती हैं। इसके लिए तुम उनसे मिल सकती हो, बड़ा ही व्यापक नजरिया है उनका।'

प्रतापसिंह से रीना की पहली मुलाकात उनके चैंबर में हुई थी। नाम-पते से लेकर कार्य-योजना इत्यादि सब कुछ पूछा था उन्होंने। शादीशुदा हो कि नहीं, घर में और कितनी बहनें हैं, कोई छोटा या बड़ा भाई इत्यादि हो। प्रोफेसर ने लंबा इंटरव्यू लेने के बाद निर्णय लिया था।

'ठीक है, मैं सहमत हूँ। काम तो हम करा देंगे पर...'

'पर क्या सर?' रीना ने भयातुर होते हुए पूछा था।

वे बोले, 'हमारे निर्देशन में शोध करने के लिए दिमाग खोलकर और दकियानूसी विचारों से मुक्त होकर काम करना पड़ेगा। वैसे तुम दलित फैमिली से हो, सुना जाता है वहाँ औरतें अपेक्षाकृत अधिक खुला जीवन जीती हैं।'

प्रोफेसर की धारणा सुनकर वह बोली, 'सर मैं पढ़ने आई हूँ, तो पढ़ूँगी ही। कोशिश करने में कमी नहीं करूँगी। इतना यकीन दिलाना चाहती हूँ।'

रीना की आश्वस्ति के बाद वे बोले, 'ठीक है मेरा फोन नंबर नोट कर लो—ट्रिपल थ्री, फाइव वन जीरो और निवास का पता—बँगला बाहरी, गेट नं. 10 ई, अगले संडे को रूपरेखा ले आना।'

रीना पहले दिन रूपरेखा के साथ प्रोफेसर सिंह के बँगले पर पहुँची थी। बँगले का बाहरी दरवाजा अधखुला था, वह सकुचाती हुई सोफे के एक कोने में सिमटी-सी बैठ गई थी। प्रोफेसर उस समय बाथरूम में स्नान कर रहे थे। अतिथि कक्ष की ओर खुलती बाथरूम की खिड़की के सूराख से उन्होंने झाँककर देख लिया था कि वह आ चुकी है। अंदर से हल्की-सी आवाज दी थी, 'अभी आ रहा हूँ रीना, तुम बैठो।' जल्दी ही प्रोफेसर आधे बदन से नीचे तौलिया लपेटकर सामने आ खड़ा हुआ था। पिताश्री की उम्र के यह उच्च शिक्षित व्यक्ति अतिरिक्त सभ्य हैं या मैं सांस्कृतिक रूप से अति पिछड़ी हूँ? रीना के मन में खयाल जागा था।

प्रोफेसर की छाती और बाकी बदन पर रीछ की तरह बाल चमक रहे थे। रीना का मन खराब करने के इरादे से, वह कपड़े पहनकर अपनी रेगिस्तानी खोपड़ी पर तेल मलते हुए हाल-चाल

पूछने लगा। रीना सोच रही थी कि वह अर्धनग्न अवस्था में मेरे सामने उपस्थित हुआ था, तो शायद यह उसकी योजना की पहली झलक थी। उसे यह अंग प्रदर्शन खराब लगा। स्त्रियों को ये पुरुष जरा उघड़ते ही उसे अश्लील करार दे देते हैं, परंतु यह पुरुषरूपी सर्प तो अश्लीलता के जहर से लबालब है। यह सब देखकर मैंने रिएक्ट क्यों नहीं किया था। इसलिए न कि प्रोफेसर कहीं यह न मान ले कि एस.सी. हूँ इसलिए एडवांस नहीं हूँ। पर अब सोचती हूँ कि एक तमीजदार व्यक्ति इतने असभ्य रूप में सामने नहीं आ सकता। यदि आ जाए तो उसे तमीज-तहजीब का एहसास कराया जाना चाहिए।

आखिर प्रोफेसर ने यह क्यों कहा था, 'आदिवासियों में मर्द ही नहीं, बल्कि औरतें भी अर्धनग्न रहती हैं। बड़ा मजा आता है आदिवासियों के बीच काम करने पर, मनोरंजन का मनोरंजन और क्रेडिट का क्रेडिट!' ये शब्द उसके जहन में टेप की तरह गूँज रहे थे।

जिस तरह उन्होंने एक छात्रा को बरगला-फुसलाकर भोगा है, यही उनकी दृष्टि में भोगकर लिखना है।

चलते, रुकते और सोचते रीना गर्ल्स हॉस्टल में पहुँच गई। सीधी अर्चना के कमरा नं. 114 में गई। अर्चना आई.ए.एस. की परीक्षा में बैठने की तैयारी कर रही थी। इसलिए रात को एक बजने पर भी उसके कमरे की लाइट जल रही थी और वह पढ़ाई में जुटी हुई थी।

दरवाजे पर चिपकी स्लिप पर लिखा था– 'प्लीज, डोंट डिस्टर्ब।' परंतु रीना के पास कोई विकल्प नहीं था। बिना अधिक विचार किए दरवाजा खटखटाया और बेतकल्लुफी से अंदर आ गई। अर्चना देखते ही चौंकी– "रीना, तू इस वक्त, और इतने दिन बाद अचानक कैसे रास्ता भूल गई?"

"सवाल मत करो, प्लीज, मुझे इस वक्त थोड़ा आराम चाहिए।" बोलकर कुर्सी-मेज से सटे हुए बेड पर लंबी साँस लेती हुई वह निढाल होकर लेट गई।

"सब ठीक-ठाक तो है?" अर्चना ने पुनः प्रश्न किया।

"कुछ ठीक-ठाक नहीं है।" रीना ने करुणा भरे स्वर में जवाब दिया।

"ऐसा क्या हुआ?" अर्चना कुर्सी से उठी और रीना के पास आकर पूछा।

"जो हुआ वह सब सुन लेगी तो धिक्कारेगी मुझे, जो मैं खुद कम नहीं धिक्कार रही हूँ अपने आपको।" रीना रुआँसी होकर बोल रही थी।

"हम स्त्रियों को किसी भी स्टेज पर किसी भी पुरुष द्वारा कभी भी छला जा सकता है।" अर्चना ने सार्वभौमिक बुराई की तरह संपूर्ण पुरुष जाति पर आक्षेप चस्पाँ कर दिए।

"क्या तू इस तथ्य को जानती है?" रीना ने अगला सवाल किया।

"न जानती सही, तेरे साथ क्या हुआ तू बता?" अर्चना ने पूछा।

"बताने बैठ गई तो रात बीत जाएगी, तेरी नींद खराब होगी? इसलिए अभी तू सो जा, मैं अभी कुछ बता भी नहीं पाऊँगी। मेरा सिर चकरा रहा है।"

प्रातः दोनों सहेलियों ने एक साथ मेस में चाय-नाश्ता लिया, और रूम में आकर अर्चना ने रीना को विशेष गंभीर समस्या में फँसा देखकर कहा, "मैं आज अपना क्लास मिस किए देती हूँ। तू डिटेल में सब कुछ सच-सच बता...तेरे साथ क्या हुआ है? तू रात कहाँ से आई थी? अकेली थी या तुझे कोई छोड़ने आया था और यह भ्रम तू पूरी तरह दिमाग से निकाल दे कि हर स्त्री हर पुरुष के लिए भोग्य-वस्तु है। हाँ, एस.सी. छात्राओं की विशेष समस्याएँ हैं और वे इसलिए ज्यादा गंभीर हैं, क्योंकि हमारे वर्ग से पूरे स्टूडेंट्स हायर स्टडी में नहीं हैं

और अध्यापक तो नाम लेने के लिए भी नहीं मिलते हैं। उच्च शिक्षा में हम अल्पसंख्यक हैं। इस कारण कुछ छात्र और अध्यापक दबे स्वर में बदतमीजी से पेश आते हैं। लड़की बोल्ड न हो तो मर्यादा से आगे बढ़ जाते हैं परंतु जबर्दस्ती कोई नहीं कर सकता। मुझे लगता है, तेरे साथ भी निश्चित तौर पर ऐसा कुछ अवांछित प्रसंग घटित हुआ है, पर तू बताएगी नहीं तो समस्या का समाधान कैसे होगा?"

अब रीना खुलना शुरू हुई, "मुझे मेरे गाइड प्रोफेसर प्रताप सिंह ने अपने चंगुल में फँसा लिया है।"

"और तू यूँ ही फँस गई!" अर्चना ने आश्चर्य के साथ वो सवाल किया।

रीना ने प्रोफेसर के व्यवहार में आए बदलाव और प्रेम-प्रसंग को सार रूप में कह सुनाया।

अर्चना ने सुनते ही प्रश्न किया– "तुमने ऐसा कैसे मान लिया? हो सकता है कि प्रोफेसर के घर में कोई गेस्ट वाकई बीमार हो और प्रोफेसर चाहकर भी तुझे घर में न बुलाने के लिए मजबूर हों, आखिर तुझे उनकी बेरुखी का एहसास कैसे हुआ?"

अर्चना वृत्तांत का खुलासा कराना चाहती थी। उसके सहानुभूतिपूर्ण आग्रह को समझते हुए रीना बताने लगी–

"शुरू से वे मुझे अपने घर बुलाया करते थे और देर रात तक काम में उलझाकर रखते थे। अगर दिन के दो बजे भी पहुँचती तो शाम के सात बजे तक तो मुद्दे की बात ही नहीं करते थे। हाँ, खातिरदारी में जरूर दिल खोलकर लगे रहते थे। तो मैं उनकी सीनियरिटी को देखकर शर्मिंदा होती थी। मैं चकित इस बात पर थी कि जब शुरू के दिनों मे चैंबर में मिलकर लौट जाती थी तो प्रोफेसर का मूड बिगड़ जाता था और घर पहुँचती तो वह अतिरिक्त आत्मीयता प्रदर्शित करते। चैंबर में लेकर पहुँचने वाली सारी सामग्री अप्रासंगिक बताकर काट देते थे और घर पर पृष्ठ दर पृष्ठ खुद ही लिखने बैठ जाते। अरुंधती राय, महाश्वेता, शिवानी, सागरिका घोष, उषा प्रियंवदा, मन्नू भंडारी, मंजुल भगत और मैत्रेयी पुष्पा जैसी बड़ी लेखिका होने की संभावनाएँ मेरे व्यक्तित्व पर आरोपित कर देते थे। तुरत-फुरत उन्होंने कई पत्रिकाओं में मेरे नाम से साहित्यिक लेख लिखकर छपवा दिए। मुझे खुश करने के लिए मेरी थीसिस के चैप्टर खुद लिखने बैठ जाते थे। मेरे मन पर उनकी बौद्धिकता का आतंक-सा सवार होने लगा था। मैं स्त्री-पुरुष के प्रेम की एकनिष्ठता और पवित्रता के पक्ष में कुछ लिखती तो वे इसे सामंती विचार बताते। मेरी सोच साफ नहीं है, ऐसा कहकर मेरी मान्यता खारिज कर देते।

"अस्तु, शनैः-शनैः मैं भी सोचने लगी कि गाइड के सहयोग से तैयार होगा प्रबंध तो उसकी बात ही कुछ और होगी। उन जैसी परिमार्जित भाषा-शैली भी नहीं थी मेरे पास। सर की कलम का कमाल मेरी शोध-साधना को सार्थक बना देगा। इसलिए मैं या तो उनके पास बैठ जाती थी, या उन्हें थोड़ी-थोड़ी देर बाद चाय बनाकर पिलाती रहती थी। वह कई बार एक हाथ मेरे हाथ पर रख लेते थे तो मैं पिता की उम्र से बड़े गुरु का हाथ शुद्ध स्नेह के रूप में साधे रहती थी और उनके संशोधन और पुनर्लेखनों को गौर से देखती रहती थी।

"एक-डेढ़ साल तक उन्होंने मुझसे कोई जिस्मानी हरकत करने की पेशकश नहीं की। इससे मेरे मन में उनके प्रति कोई संदेह की गुंजाइश नहीं थी। वैसे विश्वविद्यालय परिसर में उनके बारे में ये आम चर्चाएँ थीं कि प्रोफेसर सिंह अपने अंडर केवल लड़कियों को ही रखना पसंद करते हैं, कि प्रोफेसर सिंह बड़ा खद्-दिमाग (बिगड़े दिमाग का) आदमी है, वह न चाहे तो छात्र कितना भी प्रतिभाशाली और कुशाग्र बुद्धि क्यों न हो, दस साल में भी पी-एच.डी.

पूरी नहीं करने देता और यदि मेहरबान हो जाए तो महीना भर में प्रबंध तैयार। पर उनकी नाराजगी और मेहरबानी के निहितार्थ क्या हैं, यह जानने की ओर मेरा ध्यान नहीं था। मैं अपने कैरियर की चिंता के कारण बहुत-कुछ नजरअंदाज करके चलती थी। चाह यह रही थी कि बहुत जल्दी नहीं, तो कम-से-कम निश्चित समय में मेरा प्रबंध पूरा हो जाए और गाइड नामक जीव से मेरी जान छूटे।"

रीना बोले जा रही थी। उसका हर शब्द सीधा अर्चना के हृदय की गहराइयों में उतर रहा था। तभी अर्चना ने क्रुद्ध स्वर में कहा, "क्या प्रबंध-प्रबंध की रट लगाए जा रही है, असली प्रबंध तो तेरे पेट में तैयार कर दिया है प्रोफेसर ने। परंतु अब तू अपना फैसला सुना। तू अब उससे शादी करके उसके साथ रहना चाहती है या उसे कोर्ट-कचहरी में खींचकर सबक सिखाना चाहती है अथवा इस घटना को छिपाना चाहती है।"

अर्चना ने दो टूक बात कही और स्पष्ट जवाब माँगा। तो रीना अँसुआते स्वर में बोली, "वह शादी नहीं करेगा, रात उसने घर के अंदर नहीं घुसने दिया। उसे जब मेरी जरूरत थी तब अतिशय आत्मीयता प्रदर्शित कर रहा था और अब एकदम उलटा मतलबी और रूखा व्यवहार कर रहा है। उसके लिए मेरी समस्या कोई गंभीर समस्या नहीं है। जबकि मैं पूरी तरह लुट चुकी हूँ। मेरे लिए उससे शादी या आत्महत्या करने के अलावा जिंदा रहने का कोई विकल्प नहीं बचा है?" रीना के मुँह से घोर निराशा भरे शब्द निकल रहे थे।

"ऐसा तुम कैसे कह सकती हो कि प्रोफेसर ने तुम्हें केवल इस्तेमाल भर किया है और परिणाम के प्रति वह गंभीर नहीं है? आखिर कुछ ही दिन में वह हेड ऑफ दि इंस्टीट्यूट बनने वाला है। उच्च शिक्षा में राष्ट्रीय आरक्षण नीति पर एक-दो साल अमल और नहीं हुआ, जिसकी पूरी संभावना है तो वह कुलपति भी बन सकता है। इतनी बड़ी सफलता के शिखर पर बैठा व्यक्ति इतना लापरवाह नहीं हो सकता। तुम कुछ गलतफहमियों की शिकार हो।" अर्चना ने अपनी दो-टूक राय जाहिर की।

"अर्चना, तुम मुझे गलत मत समझो, मुझे कोई गलतफहमी नहीं हुई है। इस सबके बाद भी मैं पूरी तरह होशोहवास में हूँ। तुम इस परिस्थिति को पहचानकर मेरा साथ दो।" रीना ने कहा।

"अच्छा, तू ऐसा कर, उसे इसी वक्त यहीं से फोन कर। वह अभी घर में ही होगा। रिसीवर मेरे कान के पास ला, मैं भी सुनूँ कि वह कहता क्या है?" अर्चना ने कहा।

रीना फोन करने लगी, "हैलो-हैलो!"

उधर से आवाज आई, "कौन?"

रीना बोली, "गुड आफ्टरनून सर, मैं रीना बोल रही हूँ।"

"हाँ बोलो रीना, क्या समाधान किया?"

"किसका समाधान?" रीना ने पूछा।

"अरे वही, जो तुम रात परेशान होकर बता रही थीं।"

"सर, वह समाधान तो आपके करने से ही होगा?"

"मेरे करने से कैसे होगा?" उधर से पूछा गया।

रिसीवर के साथ कान लगाकर सुन रही अर्चना की आँखों में चमक आई। रीना आगे बोली, "सर आप कोर्ट मैरिज कर लीजिए? यही समाधान हो सकता है।" रीना ने आशान्वित शब्दों में कहा।

"देखो रीना, मांस खानेवाले गले में हड्डियाँ लटकाकर नहीं घूमते। ये इनसानी कमजोरियाँ हैं, कुदरत ने ज्यादातर स्त्री-पुरुषों के व्यक्तित्व में समाहित की हैं। शादी समेल हो तो जोड़ी जमती है। तुम रही 26 साल की और मैं 50 साल से ऊपर। दुनिया तुम्हारा मजाक उड़ाएगी। दो चार-साल में मैं लाठी टेककर चलूँगा और तुम्हारे यौवन की बगिया में बहार होगी। तुम जान-बूझकर उसमें पतझड़ को बुलावा क्यों दे रही हो?" प्रोफेसर ने एक साँस में लंबी बात कह दी।

सुनते ही रीना रो पड़ी। सुबकते हुए उसने कहा, "नहीं, आप अपना पल्ला नहीं झाड़ सकते हैं, मैं पूरी तरह उजड़ चुकी हूँ।"

तो प्रोफेसर ने जवाब दिया, "मैं कोई पल्ला नहीं झाड़ रहा। तुम्हें मेरी आधी रात भी जरूरत हो तो चली आना। पहले अपने पेट की सफाई यानी एबॉर्शन करा आओ। वैसे तुम्हारी जाति में उच्च शिक्षित लड़कियाँ होती ही कहाँ हैं, कोई भी एस.सी. अफसर तैयार हो जाएगा तुमसे शादी करने के लिए। हाँ, दहेज में बतौर गिफ्ट 10-20 हजार मैं भी भेंट कर दूँगा, समझीं। समस्या से निबटकर किसी दिन घर पर आकर डिनर करो और शौक से शादी करके सुख से वैवाहिक जीवन बिताओ, ओ.के.।" प्रोफेसर ने रिसीवर रख दिया।

अर्चना सब सुन चुकी थी अब उसे अलग से और कुछ बताने की आवश्यकता नहीं थी। वह आगबबूला हो उठी, "रीयली बड़ा धूर्त है, यह प्रोफेसर का बच्चा, अब सीधी उँगली से घी नहीं निकलेगा। उँगली टेढ़ी करनी ही पड़ेगी। पहुँचने दो इसे डिपार्टमेंट में, मैं चलूँगी मनवीर को साथ लेकर। जब उसकी गंजी खोपड़ी पर एक दर्जन चप्पलों की बरसात होगी तब पता चलेगा इस कमीने कुत्ते को, कि असल में नारी मुक्ति है किस चिड़िया का नाम!" अर्चना आक्रोश में भरकर बोली और समस्या पर विचार-विमर्श किया।

"बदमाश कहीं का, हम लड़कियों को पश्चिम की संस्कृति में सराबोर करके मॉडर्न बनने की सलाह देता है और खुद सामंती भेड़िया बना रहना चाहता है। ये लोग अपनी खोपड़ियों में कितना भी यूरोपियन लिटरेचर ठूँस लें, परंतु भेजे से दकियानूसी संस्कारों का कूड़ा कभी बाहर नहीं निकाल पाएँगे। पर हम इस संकटपूर्ण चुनौती का मुकाबला करेंगी।" अर्चना ने साहस दिखाया।

रीना अपनी व्यथा-कथा के सार्वजनिक होने के भय से आतंकित थी। वह जानती थी कि समाज में बदनामी का परिणाम विशेषकर लड़की को ही भुगतना पड़ता है। ऐसे केस में उसकी शादी तो हो ही नहीं सकती बल्कि उसके परिवार की छवि बुरी तरह खराब हो सकती है। वह दुविधा में थी, पेट में पक रही गुरु-कृपा की फसल का समाधान जो नहीं था उसके पास।

मनवीर ने हाल ही में 'दलित छात्र संघ' की स्थापना की थी, वह एक सुलझा हुआ छात्र नेता था।

प्रोफेसर अभी-अभी चैंबर में आकर बैठा ही था कि रीना को हाजिर देखते ही उसके चेहरे पर चमक आ गई, यह सोचकर कि शायद वह अब कोई ऐसा कदम नहीं उठाएगी जिससे उसके साथ मेरी बदनामी हो। पास आते ही धीरे से पूछा, "अस्पताल जा रही हो क्या?"

"नहीं।" रीना ने तपाक से जवाब दिया।

"नहीं क्यों? क्या तुम्हारी समझ में यह बात नहीं आई कि...तुम्हारी प्रॉब्लम का सॉल्यूशन एकदम जरूरी और सिंपल है। तुम अभी तुरंत जाओ और एबॉर्शन कराकर लौट आओ। मैं ड्राइवर को बुलाकर गाड़ी की चाबी उसे दिए देता हूँ। हाँ, उसके बाद कोर्स का काम तुम 10-15 दिन रोक सकती हो। पूरा स्वास्थ्य लाभ लेकर आ जाना, ठीक है।" प्रोफेसर ने समाधान सुझा दिया।

"और यदि मैं आपके बच्चे को जन्म देना चाहूँ तो?" रीना ने कड़े स्वर में कहा।

प्रोफेसर को करंट जैसा झटका लगा। वह अपनी गंजी खोपड़ी पर हाथ फेरता और सोचता हुआ बोला, "तो तुम किसी से जल्दी शादी कर लो। एक-दो दिन ससुराल में गुजार आओ फिर छह-सात महीने बाद जब बच्चा पैदा होगा तो मैं अपने मित्र प्रसूति विशेषज्ञ डॉ. तिवारी के 'नर्सिंग होम' में तुम्हें भर्ती करा दूँगा। वे साबित कर देंगे कि शिशु दो-ढाई महीने पहले आ गया है। इसका एक लाभ तो यह मिलेगा कि उसे 'सतमासा' मानकर तुम्हारे घर में उसकी विशेष केयर की जाएगी, दूसरे तुम्हारी परेशानी दूर हो जाएगी। तीसरे हम अपने संबंध भी कंटीन्यू रख सकेंगे और फिर बर्थ कंट्रोल करेंगे।"

रीना प्रोफेसर के चतुराई भरे उपदेशों को सुना-अनसुना कर गुस्से में भरकर चैंबर से निकल आई। बाहर खड़ी अर्चना और मनवीर के पास एकांत में गई और एक साँस में उन्हें प्रोफेसर की सारी मंशा कह सुनाई।

"धिक! तू चुप चली आई?" अर्चना ने सवाल किया, तो रीना तुरंत बोली, "तो क्या करती?"

अर्चना सुनकर क्रुद्ध हुई और कहने लगी, "पैर से उतारकर चप्पलें तो रसीद कर ही देती गंजे की खोपड़ी पर, उसे साफ बता देती कि मैं डी.एन.ए. टेस्ट कराकर तुमसे अपने बच्चे का पैतृक अधिकार दिलाकर रहूँगी। जब वह जायज संतान पैदा करने का प्रमाण-पत्र डॉ. तिवारी से दिलवाने की सलाह दे रहा था तब यह क्यों नहीं कहा कि हे महानता की प्रतिमूर्ति! साहित्य के मर्मज्ञ गुरुदेव! तुम फर्जी उपाधियाँ बाँट सकते हो, हमें नाकाबिल बताकर सरकारी नौकरियाँ अपने चमचों और जाति बंधुओं में अंधे की रेवड़ी बनाकर बाँट सकते हो लेकिन मेरे पेट में तुम्हारी असलियत है।"

"अब कहने से क्या होनेवाला है? अब तो कुछ उपाय करना पड़ेगा।" रीना ने सब कुछ लुटाकर होश में आनेवाली बात कही।

तब अर्चना ने पूछा, "तो अब तूने क्या निर्णय लिया है?"

"मेरा निश्चय यह है कि अब मैं संघर्ष करूँगी, 'महिला आयोग' और एस.सी./एस.टी. कमीशन से लेकर स्त्री संगठनों तक मैं जाऊँगी, पर गर्भपात नहीं कराऊँगी। संघर्ष में आत्महत्या करनी पड़ी तो प्रोफेसर को जिम्मेदार साबित करके मरूँगी। कोई तो पत्रकार होगा, दलित पक्ष सुननेवाला। सभी अखबारों को प्रोफेसर के प्रेम-पत्र सौंप दूँगी।" रीना ने मन का गुबार निकाला।

"ठीक है रीना, इस संकट की घड़ी में मैं तेरे साथ हूँ परंतु यह भी मत भूल कि कुछ ढील तेरी ओर से भी हुई थी। तूने कहा था कि प्रोफेसर का इरादा विश्वास करने योग्य नहीं है। वह थीसिस में स्त्री-मुक्ति के चैप्टर को केंद्रीय विमर्श का विषय बनाना चाहते हैं, स्त्री-मुक्ति फ्री सेक्स के बिना संभव नहीं है। उनकी यह पश्चिम की अतिवादी मान्यता मेरे गले नहीं उतरती और फिर मैं इससे कोई स्थापना देना चाहूँ तो थीसिस में इसकी जरूरत नहीं। मात्र बहस का विषय बताकर यही रोज-रोज मुझे जाने क्या समझाना चाहते हैं।

'मैंने उस वक्त यह भी कहा था कि तू अपना गाइड बदल ले। प्रोफेसर सिंह ऊपर से जितना चिकना साँप है, भीतर से उतना ही जहरीला है। पर तूने गाइड नहीं बदला, या तुझे कोई दूसरा गाइड मिल नहीं सका। तब मैंने कहा था कि तू सतर्क रहना। सावधान रहने पर वह तेरा कुछ नहीं बिगाड़ सकेगा। हाँ, हिप्नोटाइज कर सकता है पर बिना सहमति के रेप करने का दुस्साहस तो नहीं ही करेगा। उन दिनों की मेरी बातों पर तूने ध्यान नहीं दिया। अब परिणाम तेरे पेट में है।" अर्चना एक अच्छी दोस्त की भूमिका निभाती हुई बोल रही थी। मनवीर जल्दी

कुछ कर गुजरने के लिए बेताब था। भनक लगते ही प्रोफेसर चैंबर से खिसक गया था और ये तीनों आगे की योजना में लग गए थे।

रीना बोली, "हाँ, कुछ भूल मुझसे हुई है, खासकर विश्वास करने के मामले में। बचपन से गुरुओं की महिमा सुनते-सुनते उन पर अविश्वास करना कल्पनातीत हो गया था परंतु मैंने इस हद तक लिफ्ट नहीं दी थी कि वह मर्यादा की दीवार ही लाँघ जाए। दुर्भाग्य से उसने न जाने कहाँ से पढ़ लिया कि चमारियाँ तो होती ही चरित्रहीन हैं। अंग्रेज डब्ल्यू ब्रिग्स की किताब की सारी अच्छी बातें नजरअंदाज कर, उसने मेरठ की चमारियों के पतन का प्रसंग ही याद रखा। कैसे मुगलों ने और फिर अंग्रेजों ने विवश करके इस्तेमाल किया उन्हें। फिर अगर अफसर नफाजत साहब की किताब 'खास मेहरबान' मिल गई। नवाबों की जिंदगी में चमारियों और अहीरिनों का क्या स्थान था? उन्हें इस उद्धरण से समझ आया कि है कोई माई का लाल, बड़े से बड़ा सैयद या ब्राह्मण जो यह कहे कि उसने चमारिन के गाल नहीं चूमे।

''इन प्रसंगों के प्रभाव ने हर एस.सी./एस.टी. छात्रा को भोग्या समझ लिया था। एक दिन मैंने पूछ लिया था, 'सर मुंशी प्रेमचंद ने तो अछूत समस्या पर बहुत सही लिखा है...आपको क्या लगता है? उनके बारे में।' तो वे बोले थे...'हाँ-हाँ अच्छा लिखा है पर...।' 'पर क्या सर?' मैंने सवाल किया था।

'यही कि जिस तरह अंबेडकरी चेतना के मुख्य वाहक होने के कारण महार-चमार, बुद्धिजीवियों के कोप-भोजन हैं उसी तरह गांधीवादी प्रेमचंद चमारों के बारे में साफ नहीं थे। उनके कथा-लेखन की समूची यात्रा चमारी प्रकरण (मेरी पहली कहानी) से शुरू हुई और चमार चित्रण (कफन) पर जाकर समाप्त हुई।" रीना सारी फिल्म रिवर्स में दिखा रही थी।

अर्चना ने कहा, "इस सबसे तुम्हारी मूर्खता और प्रोफेसर की चतुराई के अलावा और क्या साबित होता है? हाँ, शायद तुम कहना चाहती हो कि तुम पढ़ी-लिखी थीं, आम चमारी से कुछ अलग, पर अपनी नजर में, न कि प्रोफेसर की।"

"हाँ अर्चना, मैं अँधेरे में थी। मुझे भ्रम था कि प्रोफेसर खुले विचारों का व्यक्ति है। मैं उसके मांसल वर्णन से यही समझती थी कि जब मेडिकल कॉलेज की छात्राएँ अपने शिक्षक डॉक्टर्स के साथ विषम लिंगी शरीरों के अंग-प्रत्यंगों के बारे में खुली चर्चा कर सकती हैं तो हम साहित्य की छात्राएँ दकियानूसी क्यों बनी रहें? आखिर प्रोफेसर हमारे व्यक्तित्व निर्माण के लिए ही तो सब कुछ कहते हैं परंतु वह मुझे योजनाबद्ध तरीके से फुसला रहा था। आखिरी अध्यायों में मीन-मेख निकालकर उसने मेरे एम.फिल. के लघु शोध-प्रबंध का सबमिशन रोक दिया था। तब मैंने घबराकर उनके चैंबर में जाकर उनसे मिलकर अर्ज किया था, 'सर मेरे कैरियर का सवाल है। मैं एम.फिल. हो गई तो कोई छोटी-मोटी नौकरी पा जाऊँगी वैसे भी आजकल एस.सी. टीचर्स नहीं मिल रही हैं चयन समितियों को।'

''इस पर उन्होंने मुझे एक सेमिस्टर रुककर डिजरटेशन जमा करने की सलाह दी थी। तर्क यह दिया था कि उन्हें मेरा काम एक बार और देखना पड़ेगा। 'स्त्री-मुक्ति' के बारे में मेरी धारणा साफ नहीं है। वैसे भी मैं अनुभवी छात्रा नहीं लगती। तब मैंने स्वीकार कर लिया था कि वास्तव में कॉलेज, घर और कोर्स की किताबों से बाहर की दुनिया का कोई ज्ञान नहीं है मुझे। पी-एच.डी. की उपाधि पाने की महत्त्वाकांक्षा मेरी कमजोरी बन गई थी। मैंने गिड़गिड़ाकर पूछा था, 'मुझे इसके लिए क्या करना होगा?' तो उन्होंने घर आकर बारी-बारी से सारे चैप्टर्स पढ़कर सुनाने की शर्त रखी थी और समय की कमी या काम में जल्दबाजी करने से रोका।

गर्ल्स हॉस्टल में रुकने और रोज-रोज घर न लौटने के लिए घरवालों से इजाजत लेने की हिदायत दी थी।

''अगले दिन चैप्टर लेकर मैं डरती-झिझकती उनके बँगले पर पहुँची थी। उनको उपलब्ध राजाओं जैसी आवासीय सुविधाएँ देखकर मैं दंग रह गई थी। पेड़-पौधों के बीच से पतला रास्ता, सामने चार कक्षों का दो मंजिला भवन। मैं उनके स्वभाव के बारे में सोच रही थी। कॉल बेल बजाते ही एक महिला आई और दरवाजा खोलकर रसोई में चली गई। उसे मैं ठीक से देख नहीं पाई थी। बाद में जब प्रोफेसर ने आदेश के रूप में उससे दो लोगों का खाना बनाने को कहा तो समझ में आया कि वह महिला नौकरानी थी। जब वह काम निबटाकर चली गई तो प्रोफेसर ने थके-हारे होने का बहाना किया और मुझे अंदर कमरे में चलने को कहा, ताकि वे लेटे-लेटे मुझे सुनते रहें। 'सर मैं कल सुबह आ जाऊँगी।' कहते हुए मैंने आज्ञा चाही थी।

''इस पर उसने कहा, 'मुझे आराम करने की चिंता नहीं है, तुम्हारा खाना भी नौकरानी बनाकर गई है, अच्छा सब छोड़ो, पहले खाना ही खा लेते हैं।' प्रोफेसर ने कहा था। मैंने मेस में जाकर खाना खाने की इजाजत माँगी लेकिन उसके आग्रह के कारण विवश हुई। जब वह मेरे साथ बेतकल्लुफी से एक ही बर्तन से सब्जी-रोटी लेकर खाने लगा तो मुझे आश्चर्य हुआ। एक दलित लड़की से इतनी अनौपचारिकता, अस्पृश्यता का नाम तक नहीं!

''खाने के बाद वह कुछ देर मुझे साथ लेकर लॉन में टहलता रहा। उसके बाद मुझे कुछ करेक्शन बता दिए। साथ ही अगले सप्ताह अपने विदेश जाने की सूचना देने के साथ-साथ कहा, 'यदि मेरा काम अधूरा छूट गया तो कैरियर समाप्त समझूँ।' कैरियर का हौवा बचपन से ही घर किए बैठा था मेरे जहन में। इसलिए मैं आशंकित मन से काम में जुट गई। वह कुछ ही देर में बिस्तर पर आ लेटा और पुनः चैप्टर सुनने लगा। उसके बाद बोला, 'अगर तुम बुरा न मानो तो मेरी पीठ पर थोड़ा तेल मल दो। अचानक पीठ में दर्द होने लगा है।'

''मैं न चाहते हुए भी तेल मालिश करने लगी। पहले तो संकोच हुआ, पर जब मैं तेल मलने लगी वह अर्धनग्न होकर लेट गया। धीरे-धीरे रात आधी से अधिक गुजर गई और उसने पलंग के पास लटक रहे स्विच को दबाकर लाइट बुझा दी। 'यहीं सो जाओ, अलग कहाँ लेटोगी!' उलटकर मेरी पीठ पर हाथ फेरते हुए प्रोफेसर ने कहा...मुझे अजीब लगा, परंतु वह धीरे-धीरे आगे बढ़ता गया और मैं ना-ना करते हुए उसके प्रेमपाश में फँसती चली गई। अंततः उसने मुझे फुसला ही लिया... ।"

"तुमने जोरदार प्रतिरोध नहीं किया?" अर्चना ने सारा वृत्तांत सुनने के बाद कहा।

"तुम यह आक्षेप लगा सकती हो, चूँकि मैं परास्त हो गई थी, मेरे भीतर की कमजोर स्त्री शरीर में छिपे मजबूत मर्द से हार मान चुकी थी। इस तरह प्रोफेसर का रास्ता खुल गया। उसके चेहरे पर चमक आने लगी। वह और साफ-सुथरे कपड़े पहनने लगा। मेरा उपभोग बुढ़ापे में मिली संजीवनी बन गया था। वह साहित्यिक संगोष्ठियों, सम्मेलनों, पुस्तक मेलों में देशी-विदेशी फिल्में दिखाने मुझे साथ-साथ ले जाने लगा। मेरे साथी, जिनमें से तुम भी शामिल थीं, हमारे इस असामान्य सामीप्य पर शक-शुबहा करने लगे थे परंतु मैंने उसके आश्वासन पर अंततोगत्वा उसकी पत्नी बनने का निर्णय ले लिया था। उसने भी अपनी पिछली शादियों का रहस्य छिपा लिया था।

''जब वह सभा-समाजों में कहता था कि 'मैंने भी भोगकर दलित साहित्य लिखा है,' उसका वह व्यंग्य मैं आज समझती हूँ। क्रुद्ध होती हूँ उसके भोग के प्रकार पर, मुझे ही भोगा था उसने

और मेरे समाज के खिलाफ लिखा था। पर मेरी गति तो धोबी के कुत्ते जैसी हो गई।" बोलते-बोलते वह सुबकने लगी।

अर्चना ने धीरज बँधाया, "अब एबॉर्शन ही करा ले, पी-एच.डी. पूरी करने के बाद लड़ना प्रतिशोध की जंग। नहीं तो ये कमीने तेरी पी-एच.डी. रुकवा देंगे जिसके लिए तूने इतना कुछ सहा है। यानी तेरे लिए सबसे बड़ी चीज रहा है तेरा कैरियर।"

"भाड़ में जाए अब पी-एच.डी. और कैरियर! जब जिंदगी ही दाँव पर लगी है तो क्या करूँगी मैं किसी के कागजी प्रमाण-पत्र का! मेरा तो धर्म-ईमान सब चला गया। मैं नैतिक रूप से अपनी ही नजरों में गिर गई। अपराध-बोध की गिरफ्त से निकल नहीं पाऊँगी अब मैं। प्रोफेसर का पाप मेरी मौत का सामान बन रहा है। ऐसे में शादी कर लेना, किसी व्यक्ति के साथ विश्वासघात करना होगा। क्या छिपाकर रख पाऊँगी इस आग को उम्र-भर। बगैर छिपाए इस समाज में कौन अपनाएगा मुझे? इतना साहस कहाँ है युवाओं में और मैं क्यों अपने स्वार्थ के लिए किसी के आदर्श का शोषण करूँगी? मुझे क्या हक है किसी की प्रगतिशीलता को ललकारने का?" रीना पश्चात्ताप की आग में जल रही थी। वह अर्चना द्वारा अगला सवाल करने से पहले ही बोली, "मेरे सामने आत्महत्या करने से ज्यादा जरूरी है प्रोफेसर सिंह को सबक सिखाने का सवाल।" रीना की समस्याग्रस्त बुद्धि समाधान खोज रही थी।

दो-तीन दिन से एक ही समस्या पर सोचते-सोचते आखिर अर्चना ने साहस जुटाकर कहा, "अब तू अपने भीतर की हीनता, शंका और अपराध-बोध को निकालकर बाहर फेंक दे। चल 'महिला आयोग' में केस रजिस्टर करा। माना कि दलित महिलाओं के केसों में रुचि नहीं लेता कोई सवर्ण आयोग। पर हमारा एस.सी.-एस.टी. आयोग आखिर किस मर्ज की दवा है।" उसने हिम्मत और दिलेरी के साथ आगे कहा, "या फिर पहले हम वी.सी. के पास चलती हैं।"

"नहीं-नहीं, उन्हें विश्वविद्यालय के एक सीनियर प्रोफेसर की हरकतों को लेकर दुख होगा।"

"तो चलो चेयरपर्सन से मिलते हैं।" अर्चना विकल्प पर विकल्प सुझाए जा रही थी।

रीना ने कातर स्वर में कहा, "चेयरपर्सन प्रोफेसर का ही फेवर करेगा क्योंकि प्रोफेसर ब्राह्मण न होकर भी ब्राह्मणवादी है और चेयरमैन विशुद्ध ब्राह्मण। मनुवादी भी और मार्क्सवादी भी जैसा मौका लगे।"

"जो भी हो, वह जिम्मेदार पोस्ट पर है। चेयरपर्सन की हैसियत से उसे हमारी बात सुननी पड़ेगी और हाँ, हम छात्र नेता मनवीर को साथ ले चलेंगे।" अर्चना ने फैसला सुना दिया।

चेरयरपर्सन अपने विशाल चैंबर की आरामकुर्सी पर अवकाश के क्षणों की तरह मेज पर दोनों पैर रखे सिगार फूँक रहा था। सामने दो-तीन प्राध्यापक बँधुआ मजदूरों की तरह 'यस सर, यस सर' की माला जप रहे थे।

'मे आई कम इन सर' का सामूहिक स्वर उसके चिपैंजी जैसे कानों से टकराया। सिगार की राख झटकते हुए चेयरपर्सन बिलौटे जैसी आवाज में बोला, "यस, कम इन। आइए।"

रीना, अर्चना और मनवीर सामने आ खड़े हुए जैसे जन गण मन राष्ट्रगान के लिए सावधान स्थिति में खड़े होते हैं, ठीक उसी तरह।

"कहिए, क्या प्रॉब्लम है आप लोगों की? अब तो यूनिवर्सिटी में भी रिजर्वेशन होने ज़ा रहा है। अब तो मैरिटोरियस लोग तुम्हारा रास्ता छोड़नेवाले हैं। तुम्हारे लिए तो इंडियन कास्टइज्म वरदान सिद्ध हो रहा है। अब किस बात की चिंता?" चेयरपर्सन ने मन के भीतर जमा आरक्षण विरोध उगल दिया।

अर्चना ने रीना बनाम प्रोफेसर प्रताप सिंह प्रकरण सार रूप में कह सुनाया। चेयरपर्सन ने नाटकीय ढंग से अफसोस जाहिर किया और तुरंत कहा, "भाई, इस संस्था की इज्जत तो आप लोगों के ही हाथों में है। मैं बदकिस्मती से ब्राह्मण के घर में पैदा हो गया, नहीं तो मुझे तुम दलित ही समझो। मुझे यह जानकर अपार दुख हुआ है कि मेरे होते हुए एक 'दलित' लड़की असुरक्षित महसूस करे। हम प्रगतिशीलों के लिए तो यह और भी शर्म से डूब मरने की बात है परंतु गंदगी को जितना उघाड़ा जाएगा उतना ही वातावरण दूषित होगा। लोग कहेंगे मेरी चेयरमैनशिप में हरिजन छात्रों को रिजर्वेशन मिल रहा है, इसलिए यूनिवर्सिटी का माहौल बिगड़ रहा है।" चेयरपर्सन का इशारा 'रीना' को दोषी साबित करने की ओर था। वह बोला, "मनवीर, तुम जरा प्रोफेसर सिंह को बुलाकर लाओ।"

पास ही चैंबर में बैठा प्रोफेसर सिंह तुरंत चेयरपर्सन के सामने हाजिर हुआ। चैंबर में रीना, अर्चना और मनवीर को एक साथ देखकर वह समझ गया कि मामला क्या है? चेयरपर्सन ने किवाड़ बंद करा दिए और प्रोफेसर को डाँटने-डपटने लगा।

"अब इस बेचारी का क्या होगा? अगर ऊँची जाति की कुलीन कन्या होती तो अब तक बेचारी मुँह भी नहीं दिखाती। कहीं डूब मरती चुल्लू भर पानी में। माना कि ये दलित परिवार से आई थी और आपकी सुख-सुविधाएँ देखकर फिसल गई थी तो कम-से-कम आप तो इस इंस्टीट्यूट की इज्जत का ध्यान रखते!" प्रोफेसर मुँह लटकाए कालीन की ओर ताक रहा था।

"अब कैसे होगा, इसकी समस्या का समाधान कुछ सोचा है तुमने?" चेयरपर्सन ने नाटकीय भाषा में सवाल छेड़ा।

"सर, आप ही बताएँगे कोई विकल्प?" मुलायमी और मासूमियत भरी भाषा में प्रोफेसर ने मिमियाते हुए कहा।

"अर्चना, प्लीज, तुम किसी अच्छे 'नर्सिंग होम' में इसे ले जाओ। बेटे मनवीर तुम भी साथ जाओ और प्रोफेसर प्रताप तुम अपनी गाड़ी में बिठाकर हो सके तो इन्हें डॉ. तिवारी के 'नर्सिंग होम' में छोड़कर मेरे पास आओ। मैं एक-दो दिन में यूनिवर्सिटी के किसी पूअर फंड वगैरह से सौ दो सौ रुपयों की व्यवस्था इसके लिए करता हूँ। सफाई कराने के बाद जूस-ऊस पी-खा लेगी बेचारी।" चेयरपर्सन ने अपनी दया और उदारता से बोझिल कर दिए तीनों दलित छात्रों के मन। वे जैसे ही बाहर निकलने वाले थे कि चेयरपर्सन ने उन्हें रोकते हुए कहा, "हाँ प्रोफेसर सिंह, आप लौटकर आइए, मैं आपको कुछ हिदायतें देना चाहूँगा। ड्राइवर को चाबी देकर इन्हें जाने दीजिए और सुनो, आप सब लोग बाहर ठहरो, रीना, तुम अंदर आओ।"

रीना अंदर लौटी चेयरपर्सन ने एक खाली कागज आगे बढ़ाते हुए कहा, "इस पेपर पर हस्ताक्षर कर दो।"

"सर खाली कागज पर?" रीना ने आश्चर्य से सवाल किया।

"तुम चाहो तो स्टेटमेंट लिख दो, वैसे मैं चाह रहा था कि तुम्हारे पास समय कम है, मैं बाद में टाइप करा लूँगा। पर चलो खाली लगता है तो दो पंक्तियों में अपनी बात लिख ही दो।"

"क्या लिखूँ सर?"

"यही कि– 'प्रोफेसर सिंह के साथ रिश्ता जोड़ लेने का मुझे अफसोस है। मैंने जो कुछ किया भूल और मर्जी से किया, मैं अपनी सीमाओं को समझ नहीं पाई।'"

रीना चेयरपर्सन की राय पर ध्यान दिए बगैर तेजी से बाहर निकल आई। दोनों को बताया, तो उन्हें सखेद आश्चर्य हुआ। ये तीनों नर्सिंग होम जाने के बजाय वहीं बतियाने लगे। उसी

बीच चेयरपर्सन ने एक और महिला प्राध्यापिका को अंदर बुलाकर कहा, "मिसेज गुप्ता और प्रोफेसर सिंह आप लोग इस गंभीर मामले को पूरी तरह समाप्त करने की युक्ति सोचो, नहीं तो फिलॉसफी वालों से बात करो। सोचने का काम वे अच्छी तरह करते-कराते हैं।"

इस तरह चिंता के वातावरण में उन तीनों की वार्ता शुरू हुई। मिसेज गुप्ता बोली, "सर, वाकई यह गंभीर संकट की घड़ी है। समूचे डिपार्टमेंट की प्रतिष्ठा और इज्जत का सवाल है। सर विवेक, धैर्य और रणनीति से काम लेना होगा। नहीं तो मामला 'दलित' उत्पीड़न का भी बन सकता है!"

"यस-यस, आप दुरुस्त फरमा रही हैं।" चेयरपर्सन ने समर्थन किया। प्रोफेसर की ओर इशारा करते हुए वह पुनः बोला, "प्रोफेसर सिंह, तुम्हें गलती करने की भी अक्ल नहीं है।"

"सर, पर आप ही तो कहा करते थे, रिजर्वेशन हमारे ऊपर महाकोप है, इसने हमारे सामाजिक विशेषाधिकारों को निगल लिया है और एकाधिकार वाली सनातन स्थिति तो अब गई कि तब गई। सर, आपने एक बार अपने घर पर बुलाकर हमसे कहा था—आरक्षण को पूरा मत करो। सुटेबल कंडीडेट मिले तब भी कहो 'नॉट फाउंड सुटेबल' यानी—लायक दलित नहीं मिल रहे। हाजिर हो तो कहो काबिल नहीं हैं क्योंकि जब तक आप इन्हें पढ़ने-लिखने से रोक पाओगे तभी तक नौकरियों में उनकी अनुपलब्धता का लाभ लेकर अपनों को एडवांस अनुभवी करार दे सकोगे, पहले तदर्थ अस्थायी और फिर स्थायी बना सकोगे।"

प्रोफेसर सिंह की बातें गौर से सुन रही डॉ. गुप्ता को भी चेयरपर्सन की हिदायतें याद आने लगीं। वह बीच में बोली, "गुस्ताखी माफ हो सर, मैं कुछ निवेदन करना चाहूँगी।"

"कहिए मैडम।" चेयरपर्सन ने इजाजत दी।

"सर, फिलहाल विषय उस लड़की के पेट...की समस्या है, रिजर्वेशन नहीं।"

"हाँ-हाँ, मैडम गुप्ता, आपकी बात दुरुस्त है पर ये समस्याएँ हैं तो रिजर्वेशन की देन। हमारे देश के मूर्ख नेता रिजर्वेशन देकर ऐरे-गैरों, नत्थू खैराओं को कॉलेजों, यूनिवर्सिटियों में भिजवा तो देते हैं पर यह नहीं सोचते कि अंजाम क्या होगा?" चेयरपर्सन आवेश में बोल रहा था।

मैडम गुप्ता ने अपनी बात आगे बढ़ाई, "सर, एक बार आपने कहा था अगर कोई एस.सी. स्टूडेंट रिसर्च के लिए लेना पड़े तो होशियार की अपेक्षा कमजोर को लो। ताकि उसके बहाने हमारी अपनी स्थापनाएँ आगे आएँ और यदि लड़की हो तो उसको प्राथमिकता दो। फिर ऐसा फुसलाओ कि ससम्मान वापस अपने समाज में न लौट पाए, यदि स्वाभिमानी निकल आए तो उसकी स्वजाति के लड़के से शादी करा दो और उसे जाति तोड़ने की दिशा में प्रगतिशील विवाह घोषित कर दो। यदि कोई भूला-भटका प्रतिभाशाली लड़का आ जाए तो अपनी बिरादरी की किसी मंद-बुद्धि लड़की का उससे संबंध जुड़वा दो, ताकि वह भी हमारा पक्षधर बन जाए। कुल मिलाकर एस.सी., एस.टी. को पंचम दर्जे में बनाकर रखो। हाँ, कथनी में आगे बढ़-चढ़कर उनके हितों की जुबानी वकालत करते रहो क्योंकि वेदों में कहा गया है— 'वचने किं दरिद्रता'। वैसे तुम जानते हो मेरी प्रतिबद्धता और निश्चय क्या हैं? पर चलो बला टली।"

हाँ...हाँ...संयुक्त स्वर फूटे।

"अब वह सफाई करा आएगी। आगे से आप सोच-समझकर काम कीजिएगा। सब कुछ सामान्य लगना चाहिए। लड़की का शोध-कार्य यथासमय अवश्य पूरा करा दीजिएगा।"

मीटिंग समाप्त की गई और सब लोग अपने-अपने निवास की ओर चले गए।

समय गुजरने लगा। तीन महीने तक कोई फोन नहीं आया तो प्रोफेसर सिंह निश्चिंत हो गया पर थीसिस का सबमिशन तो करे! लड़की कितनी लापरवाह है!

जुलाई की आखिरी तारीख हो आई, क्या पी-एच.डी. लेने का इरादा नहीं है रीना का? अब तो फोन भी नहीं करती, कहीं शादी-विवाह की बात चल रही होगी।' इस तरह के अनेक सवाल उसके जहन को कुरेद रहे थे।

वह सुबह-सुबह अपने बरामदे में अखबारों के साथ चाय गटकते हुए खबरें पढ़ रहा था। उसी वक्त सामने के गेट से कुंडी के खट-खट होने की आवाज आई। अरे वाह, रीना आ गई। शायद प्रबंध तैयार करके ही साथ लाई हो।

"आओ रीना, आओ।" प्रोफेसर ने कहा।

"चलो अच्छा किया, चलो, तुम काम तो पूरा कर लाईं। मैं थोरोली देखना चाहता था। पर लाओ जो किया वैलडन, मैं अब साइन कर देता हूँ।"

रीना बगैर कुछ बोले चुपचाप प्रोफेसर की ओर तीव्र जल-प्रवाह की भाँति बढ़ती जा रही थी। प्रोफेसर ने जैसे ही अपने हाथ आगे बढ़ाए कि 'यह लो अपना प्रबंध' कहते हुए उसने अपनी गोद से नवजात बच्चा निकालकर प्रोफेसर की गोद में रख दिया। प्रोफेसर की आँखें विस्फारित-सी रह गईं। इससे पहले कि वह सँभलता रीना ने पूरे जोर से उसके गाल पर जोरदार तमाचा जड़ा।

वह भाग जाना चाह रहा था, तभी सामने देखा कि डॉक्टर, वकील और पुलिस के साथ-साथ अर्चना, मनवीर और दर्जनों दलित छात्र आक्रोश में मुट्ठियाँ बाँधे सामने जुलूस की शक्ल में आते हुए दिखाई दे रहे हैं।

दलित ब्राह्मण

सत्यप्रकाश

"समाज! समाज!! क्या दिया है समाज ने मुझे? क्यों परवाह करूँ मैं समाज की?" आवेश में आ गए थे विजयरंजन कुरील।

"महत्त्वपूर्ण यह है बंधु कि आपने समाज को क्या दिया? जबकि आप में सामर्थ्य है।" शिवदत्त ने गंभीर होकर पूछा।

गौरीशंकर माहेश्वरी चुपचाप वार्तालाप सुन रहे थे। यूँ भी वह कम ही बोलते थे, किंतु जब बोलते थे तो सटीक।

ये तीनों भद्रजन भारत सरकार में उच्चाधिकारी हैं। हर शाम को केंद्राचल के पार्क में गपशप करने आ जाते हैं। यूँ गौरीशंकर माहेश्वरी हिंदू थे। शेष दोनों दलित थे। धर्म के पैमाने से शिवदत्त बौद्ध थे, किंतु विजयरंजन का धर्म उन्हें स्वयं ही मालूम न था। वैसे उन्हें धर्म के नाम से ही चिढ़ थी, लेकिन तीनों की मित्रता में धर्म कोई अवरोध न था।

"क्यों, सारा दायित्व मेरा ही है क्या? समाज को मेरी चिंता क्यों नहीं होनी चाहिए।" कुरील साहब का आवेश थमा नहीं था।

"देखिए बंधु, आज मैं या आप जिस पद पर हैं, हमें वहाँ पहुँचाने में समाज ने भी त्याग किया। उसका भी योगदान है इसमें। अहम भूमिका निभाई है समाज ने उसमें। हमें अपने सामाजिक दायित्वों को कदापि न भूलना चाहिए। उसके हितों की रक्षा के प्रति कटिबद्ध होना चाहिए।" शिवदत्त साहब ने चश्मा साफ करते हुए समझाया।

"चलिए मान लिया, लेकिन वैसे एक बात बताऊँ आपको। मैंने अपने कार्यालय में ऐसा माहौल बना दिया है कि क्या मजाल है कि मेरे सामने कोई जात-पाँत की बात भी कर जाए। वैसे भी जात-पाँत रह ही कहाँ गया है समाज में! चलिए, अब आप माहेश्वरी साहब से पूछ लीजिए।"

"व्यक्तिगत रूप में तो मैंने अपने परिवार में यह भावना कभी नहीं देखी। मेरे पिताजी ने तो इसके खिलाफ आंदोलन भी चलाया था लेकिन जहाँ तक तक ओवरऑल की बात है तो आज ये चीजें और बढ़ रही हैं। जाति, वर्ग, धर्म, संप्रदाय के नाम पर वैमनस्य बढ़ रहा है। फर्क इतना है जातीय घृणा लोगों में पहले बाहर थी, अब अंदर है। खाली छुआछूत खत्म होने का मतलब ये थोड़े ही है कि जात-पाँत या जातीय घृणा खत्म हो गई।" गौरीशंकर माहेश्वरी ने स्पष्ट किया।

"नहीं, मैंने अपने कार्यालय की बात बताई आपको।"

"कुरील साहब, समाज और दुनिया कार्यालय और कानपुर के बाहर भी है। गाँवों का हाल जाकर देखिए।" माहेश्वरी ने समझाया।

"लेकिन माहेश्वरी साहब..."

"अरे, कानपुर से क्या केंद्राचल से ही बाहर निकल आओ।"

"आप भी माहेश्वरी साहब, कभी-कभी...।"

"देखो भई, ये इफ्स एंड बट्स लगाने की तो हमारी आदत है नहीं। कोई चीज है तो है। दफ्तर में आप जिस स्तर पर हैं, कोई क्या बिगाड़ लेगा आपका जाति के नाम पर? उलटे आफत आ जाएगी। अब आप ही ईमानदारी से एक बात बताओ। आज भी जब हम इस स्तर पर और इस विषय में चर्चा कर रहे हैं तो समस्या कहीं-न-कहीं है ना यार।"

"नहीं, मैं जो कहना...।"

"अच्छा, खैर छोड़ो। कोई और टॉपिक शुरू करो। आप मानेंगे थोड़े ही इतनी आसानी से।"

"अरे, वो बात नहीं माहेश्वरी साहब।"

"अब छोड़ो भी यार! अच्छा ये बताओ, आज देर कैसे हो गई? दफ्तर में ही लटक गए थे या घरवाली से झगड़ा कर बैठे!" कहकर जोरों का परिचित ठहाका लगाया गौरीशंकर माहेश्वरी ने।

"अरे, ऐसा-वैसा कुछ नहीं है। दरअसल बात ये है कि वो हैं ना अग्रवाल साहब, आज घर पर ही आ गए थे।"

"कोई काम था उनका या फिर ऐसे ही मेल-मुलाकात के लिए आए थे।" माहेश्वरी ने पूछा।

"अरे, ऐसे मिलने-विलने कोई नहीं आता मुझसे। गन्ना दबकर ही रस देता है, समझे साहब!"

"मतलब, असली बात नहीं बताओगे।"

"बताने को आप लोगों से क्या छिपा है? असल में आज अग्रवाल के यहाँ डी.पी.सी. थी क्लर्क ग्रेड की।"

"मैं जानना चाहता हूँ कि ये अग्रवाल आपके घर क्यों आया था?" शिवदत्त साहब बीच में ही बोल पड़े।

"अरे यार, मुर्दा जब बोलेगा तो कब्र फाड़ेगा।" कुरील साहब झुंझलाते हुए बोले।

"नहीं, मैं जो पूछ रहा हूँ बताने में हर्ज क्या है?"

"डी.पी.सी. में एस.सी./एस.टी. का एक सदस्य होना जरूरी है न। बहुत से कार्यालयों की तरह अग्रवाल के यहाँ भी हमारा कोई अधिकारी नहीं है। इसलिए कई दफ्तरवाले मुझे बुलाते हैं। आप भी तो कई दफ्तरों में जाते हो यार! अग्रवाल बेचारा प्रशासनिक अधिकारी है, जब भी फँसता है, बच्चा मुझे ही याद करता है।"

"अरे, ये तो मैं भी जानता हूँ। आप नई बात क्या बता रहे हैं? मैंने पूछा था, अग्रवाल घर किसलिए आया था?"

"अरे यार, खासतौर से आप सुनो शिवदत्त जी, फिर तुम्हें बुरी लग जाएगी। मैं आपकी तरह दब्बू अधिकारी नहीं हूँ। मैं आज तक एक भी डी.पी.सी. की बैठक में नहीं गया। मैं तो साफ कह देता हूँ फाइल घर भेज देना। अब जिसे जरूरत होती है सारी फाइल तैयार करके घर लाता है। अरे, दो कप चाय ही तो पिलानी पड़ती है सालों को। घंटों बिठाता हूँ, तब जाकर हस्ताक्षर करता हूँ। खुशामद भी करते हैं, चढ़ावा भी चढ़ाते हैं। वो भी खुश, हम भी खुश। समझ गए साहब या और खोलकर बताऊँ!" कुरील साहब ने अपनी स्थिति स्पष्ट करके संतोष की साँस ली।

शिवदत्त साहब और माहेश्वरी साहब कुरील साहब की ओर आश्चर्य से देखने लगे। माहेश्वरी चुप्पी साध गए किंतु शिवदत्त साहब के पेट में बड़ा भारी दर्द होने लगा। जब उनसे बिलकुल न रहा गया तो पूछ लिया, "जब आप डी.पी.सी. में जाते ही नहीं हैं, फाइलें पढ़ते नहीं हो, टेक्नीकल होने के नाते रूल-रेगुलेशन की बैकग्राउंड है नहीं आपकी, फिर जिस समाज के हितों

की रक्षा के लिए आपको प्रतिनिधि बनाया जाता है, उनका इंटरेस्ट कैसे वॉच करते हो आप? किसके साथ अन्याय हो रहा है, कैसे पता चलता है आपको?"

"फिर वही समाज? लगता है, शिवदत्त जी आप बिलकुल पीछा छोड़नेवाले नहीं आज। भाई साहब, मैंने एक-एक को हड़काकर रखा हुआ है। कह रखा है, कहीं कोई गड़बड़ी हुई तो बख्शनेवाला नहीं हूँ। हालाँकि ये अग्रवाल बड़ा काँइयाँ आदमी है। भाई साहब, वह जूते की नोक पर रखता है अपने कार्यालय में एस.सी./एस.टी. स्टाफ को, लेकिन मेरे सामने मुँह खोलने की हिम्मत नहीं है उसकी। जानता है ना, दो मिनट में टिल्लू फिट कर देगा कुरील।"

"बिना मुँह खोले ही काम चले तो मुँह खोलकर मूर्खता क्यों दिखाई जाए? नकली गूँगे हाथ में चाँदी का जूता लेकर चलते हैं।"

"फिर उल्टी-सीधी बातें करने लगे आप। आखिर हमें स्टेटस का भी ध्यान रखना चाहिए। ये सड़कछाप बातें मुझे पसंद नहीं। मैंने क्या ठेका ले रखा है सबका? समझाइए यार माहेश्वरी जी इन्हें, चालीस से पहले ही सठिया रहे हैं। अरे, व्यवस्था भी तो कोई चीज है। गड़बड़ करेंगे तो सरकार नाक में दम कर देगी इन लोगों के। क्या उन्हें अपनी नौकरी प्यारी नहीं है और फिर बिहाइंड द बार भी हो जाता है आदमी इन कामों में। हाँ यार, पता-वता कुछ नहीं और...।"

"यार, कुरील साहब मुझे तो उबकाई आ रही है आपकी बातें सुनकर।" माहेश्वरी साहब बिना लाग-लपेट के बोले।

"माहेश्वरी साहब आप भी...।"

"आप भी क्या यार!"

"क्यों जनाब!"

"अच्छा, एक बात बताओ। आप अभी-अभी व्यवस्था की बात कर रहे थे। व्यवस्था के तहत ही तो आपको दलितों का प्रतिनिधि बनाया गया है। आमतौर पर अब तक ब्राह्मणों पर यह आरोप लगता रहा है कि उन्होंने दलित समाज के साथ अन्याय किया है। सही-गलत तो विवाद का विषय हो सकता है, लेकिन आज अगर कहीं अन्याय होता है तो आप ही तो उसे सरकार के ध्यान में लाएँगे। अगर आप ऐसा नहीं करते हैं, तब आप भी तो उनके लिए ब्राह्मण ही हुए। शोषण कोई भी करे, फर्क क्या पड़ा!" माहेश्वरी साहब ने समझाया।

"फर्क तो खैर बहुत पड़ गया माहेश्वरी साहब, हम ब्राह्मणों या दूसरे सवर्णों की आलोचना और शिकायत कर लेते थे। उन्हें कोस लेते थे कि वे हमारे साथ अन्याय कर रहे हैं, वे हमारा भला नहीं चाहते। इसलिए हमें हर क्षेत्र में प्रतिनिधित्व चाहिए। अब चूँकि कुरील साहब भी दलित हैं, इन महाशय की शिकायत हम उस रूप में नहीं कर सकते।" शिवदत्त साहब की आवाज में दर्द था।

"हाँ, ये दलित ब्राह्मण हो गए। आम एस.सी./एस.टी. को क्या फर्क पड़ा!" माहेश्वरी साहब ने चुटकी ली।

"तो श्रीमान जी, क्या मैं अपना काम छोड़कर तीन-तीन, चार-चार घंटे डी.पी.सी. में ही खराब करता रहा करूँ। यही काम रह गया है बस मुझे?" कुरील साहब झुँझलाते हुए बोले।

"तो मत जाया करो आप डी.पी.सी. में। ये कौन-सा मैंडेटरी है?" माहेश्वरी साहब ने तपाक से कहा।

"तो वो किसी और को बुला लेंगे। उन्हें भी क्या फर्क पड़ता है, मान लो...।"

"सो व्हाट! बुला लें। आप अन्याय के भागी क्यों बनते हैं?" माहेश्वरी साहब ने बात बीच में ही काट दी।

"आज आप सब क्या खाकर आए हैं, जो मेरा कबाड़ा करने पर तुले हुए हैं। क्या बिगाड़ लिया मैंने आप लोगों का? अच्छी इज्जत मिल रही है। आप लोगों के कहने से उसे गँवा दूँ। आप सब भी क्या आदमी हो यार!"

"तो फिर मेहनत करो। अपनी सीट के प्रति जस्टिस करो।" शिवदत्त साहब बोले।

"वह सब आपसे सीखूँगा।"

"यार शिवदत्त जी, मुझे सब पता है। आप खूब मेहनत करते हो। हमेशा एफ.आर., एस.आर. की किताब हाथ में तीन-चार घंटे खराब करते हो। पूँछ उठा-उठाकर देखते हो फाइल को। सब दफ्तरवाले परेशान हैं आपसे। जो एक बार बुला लेता है, अगली बार दूर से ही नमस्ते कर लेता है। नाम तक नहीं लेता आपका। बाद में मेरे हस्ताक्षरों से ही पूरी होती हैं वे सारी डी.पी.सी.। नहीं तो लटके रह जाएँ तुम्हारे कारण बेचारे लोगों के प्रमोशन।"

"कोई बुलाए या न बुलाए, लेकिन मुझे संतोष है कि मैंने न किसी के साथ अन्याय किया और न होने दिया।" लंबी साँस छोड़ते हुए शिवदत्त ज़ी बोले।

"अच्छा ठीक है यार। मैं सारी डी.पी.सी. गलत कराता रहा हूँ। मुझे लग जाएगी फाँसी। चलिए, मैं दलित ब्राह्मण भी सही, जो आप कहो सो ठीक, बस, अब बात खत्म करिए।"

"बात फाँसी की नहीं है कुरील साहब। बात है दायित्व और न्याय की। काम तो आप दलित ब्राह्मण वाला कर ही रहे हो। बस अब चुप करिए। बात निकलेगी तो दूर तक जाएगी, लेकिन फिर भी...।" माहेश्वरी साहब रुक गए थे कहते-कहते।

"अरे छोड़िए साहब! मैं दायित्व और न्याय-अन्याय खूब समझता हूँ, लेकिन मेरे अकेले के समझने से क्या होता है? यह दुनिया ऐसे ही चलती रहेगी। आपको एक पुराना शेर सुनाता हूँ।

किस-किस को याद कीजिए, किस को रोइए।
आराम बड़ी चीज है, मुँह ढँककर सोइए॥"

इसके साथ ही कुरील साहब उठ खड़े हुए।

माहेश्वरी और शिवदत्त साहब भी साथ ही उठे और परस्पर नमस्कार करते हुए तीनों अपने-अपने घरों को चल दिए।

इस घटना के लगभग छह माह पश्चात् एक दिन कुरील साहब यथासमय पार्क में नहीं पहुँचे। काफी प्रतीक्षा के उपरांत माहेश्वरी साहब ने कहा, "शिवदत्त जी, आज कुछ गड़बड़ लगती है। प्रोग्राम होता है तो बता देते हैं कुरील साहब। वैसे तो आने, न आने की कोई खास बात नहीं है। बस ठीक-ठाक होने चाहिए।"

"डर ये ही बना रहता है कि पीते तो ये जम के हैं ही। फ्री मिल जाए तो और बल्ले-बल्ले हो जाती है। समझाया भी बहुत।" शिवदत्त ने चिंतित होकर कहा, "चलिए, पास में ही तो घर है, पता कर लेते हैं, नहीं तो रात को नींद नहीं आएगी।" माहेश्वरी साहब ने सुझाया।

'चलिए-चलिए' कहते हुए दोनों मित्र कुरील साहब के घर की ओर आते हुए दोनों को रास्ते में ही मिल गए। दोनों की जान में जान आई।

माहेश्वरी साहब ने छेड़ते हुए पूछा, "आज फिर कोई अग्रवाल आ गया था क्या?"

"मजाक छोड़िए सर। बड़ा बुरा हुआ मेरे साथ। इतना बड़ा अन्याय सर, ओफ!" कुरील साहब ने रुआँसे होकर कहा।

"बच्चे-वच्चे तो ठीक हैं। हमारे लायक सेवा हो तो जल्दी बताओ।" शिवदत्त जी और माहेश्वरी साहब एक साथ बोल पड़े।

"हाँ, आप लोगों की मदद की ही जरूरत है सर। असल में आज हेडक्वार्टर से प्रमोशन लिस्ट आई है। ये देखिए लिस्ट। बुद्धि का दिवाला निकल गया है हेडक्वार्टर वालों का, मुझसे जूनियर्स को प्रमोट कर दिया है। अपना नाम गायब है। इतनी धाँधलेबाजी चल रही है। हेरा-फेरी की भी हद होती है सर!" कुरील साहब बोले।

"ये सब क्या कह रहे हो तुम, अरे भई, गलती भी तो हो सकती है! आप रिप्रेजेंट कीजिए। इसमें गुस्से की क्या बात है?" माहेश्वरी ने ढाढ़स बँधाया।

"लेकिन हमारे यहाँ की तरह हेडक्वार्टर की डी.पी.सी. में भी एस.सी./एस.टी. का मेंबर भी तो होता है। वो घोंचू क्या कर रहा था, इसलिए गुस्सा आ रहा है मुझे। साले ने बिना फाइल स्टडी किए हस्ताक्षर कैसे कर दिए? इनका वश चले तो बेच डालें कौम को अपने स्वार्थ के लिए। हेडक्वार्टर को तो तलाश रहती है ऐसे लल्लुओं की। शिवदत्त साहब, आप मुझे रूल पोजीशन समझाइए। मैं कल ही रिप्रेजेंट करता हूँ। कोर्ट में भी जाऊँगा और एस.सी./एस.टी. मेंबर के खिलाफ भी केस डालूँगा। मादर...को नौकरी करना सिखा दूँगा।" गुस्से में आगबबूला कुरील साहब बिना रुके बोले चले जा रहे थे।

"सुनो यार, देखते हैं तुम्हारा केस। अपने को भी सबक सिखाना पड़ता है। कुरील साहब, धैर्य रखिए।"

"हमने तो ये ही देखा जिंदगी में माहेश्वरी जी कि अपना ही अपने को काटता है!"

"अरे सुनो भी! क्यों धरती को धकेल रहे हो?" शिवदत्त जी बोले।

"अब देख लीजिए, शिवदत्त जी आप बड़ा फेवर करते हैं इनका। इसलिए मुझे इन पर गुस्सा आता है इसीलिए मैं इनसे दूरी बनाए रखता हूँ और न इनका कोई काम करता हूँ। अब तो बिलकुल नहीं करूँगा लेकिन मैं ऐसे नालायकों को ऐसे सस्ते में छोड़नेवाला नहीं हूँ। बस जरा हेडक्वार्टर से पता लगा लूँ पहले कि ये गद्दार, समाजद्रोही था कौन?" कुरील साहब गुस्से में बोले चले जा रहे थे।

माहेश्वरी साहब ने बीच में टोककर कहा, "इसमें हेडक्वार्टर से पता करने की क्या बात है कुरील साहब? मैं आपको यहीं बता देता हूँ, कौन था।"

"अरे हाँ, सर, आप तो दिल्ली भी रहे हैं। पास में ही आपका ऑफिस है। मैं तो भूल ही गया। मूड खराब है न, हाँ, कौन हो सकता है? सर, बताइए जरा।" कुरील साहब ने जिज्ञासा प्रकट की।

"और कौन होगा कुरील साहब, होगा कोई दलित ब्राह्मण।" माहेश्वरी साहब के मुँह से यंत्रवत् निकल गया, हालाँकि वे कहने के तुरंत बाद ही अंदर-ही-अंदर अपनी साफगोई पर दुखी हो रहे थे।

सुनते ही कुरील साहब का चेहरा पीला पड़ गया। काटो तो खून नहीं। ठगे से खड़े रह गए कुरील साहब। कुछ भी कहते न बन पड़ा। शिवदत्त जी ने कुरील साहब के कंधे पर हाथ रखते हुए कहा, "चलो कुरील साहब, घर चलो। निकालना ही होगा कोई-न-कोई तरीका इन दलित ब्राह्मणों से निपटने का।"

भंगन डॉक्टरनी

सुधीर सागर

सुबह के नौ बज चुके थे। जुलाई का गर्मी-भरा महीना, और पसीने से सराबोर मरीज, कोई हाथ में पट्टी बाँधे, कोई लँगड़ाता हुआ, किसी के पेट में असहनीय पीड़ा। सभी रोगी अपने डॉक्टर के चैंबर के बाहर इकट्ठे हो रहे थे। धीरे-धीरे भीड़ बढ़ रही थी। सभी डॉक्टर अपने नियत समय पर अपने कमरों में बैठ चुके थे। दवाई की महक हवा में घुलकर साँसों में उतर रही थी। स्त्री रोग व प्रसूति विभाग के बाहर वाली बेंच पर औरतें बैठी थीं। वे सभी गैलरी के दाईं ओर बने गेट की ओर देख रही थीं क्योंकि स्त्री रोग विशेषज्ञा डॉ. श्वेता अपने चैंबर में इसी गेट से होकर आती थीं। साँवले नैन-नक्श, घुँघराले बालोंवाली डॉ. श्वेता वैसे तो गंभीर स्वभाव के लिए जानी जाती थीं लेकिन उनके अच्छे व्यवहार के कारण महिला रोगी अपनी अंतरंग बातों को बताकर अपने मन को हल्का कर लेती थीं। चाहे वो पति की छोटी-छोटी बातें हों या सास की देखभाल संबंधी बातें हों। ऐसी तमाम बातें जो एक औरत दूसरी औरत से ही कह सकती है। डॉ. श्वेता रोगियों को इस तरह से लगती थीं जैसे घर-परिवार की सदस्य हो। गेट की रोशनी में, गैलरी में प्रवेश से पूर्व, किसी शख्स की धुँधली छाया ने रोगियों को उस ओर देखने को बाधित किया। डॉ. श्वेता के कदम अपने चैंबर की ओर बढ़ रहे थे। रोगियों के बीच फुसफुसाहट-सी होने लगी थी। किसी के मुख से हवा में एक शब्द उछला था– 'डॉक्टरनी साहिबा'। बेंच पर बैठे सभी रोगी डॉक्टरनी को देखकर उठ खड़े हुए, लेकिन गर्भवती महिलाएँ वहीं बैठी रहीं। डॉक्टरनी को देखकर मुस्करा दीं। कोई नमस्कार कर रहा था, कोई पलकों को झपकाकर उनके आने का स्वागत कर रहा था। डॉ. श्वेता को देखकर सभी का मन प्रफुल्लित हो गया।

डॉ. श्वेता के कदम अभी अपने विभाग के कमरे की ओर बढ़े ही थे कि किसी मर्दानी, कर्कश आवाज ने पैरों में जंजीरें बाँध दी थीं। वैसे आवाज बहुत तेज नहीं थी लेकिन बिलकुल साफ और स्पष्ट सुनी जा सकती थी। डॉ. श्वेता के कानों में शब्द पारे की तरह उतर गए। 'भंगन डॉक्टरनी' शब्द कानों के पर्दों को फाड़ते हुए हृदय की उन गहराइयों तक भेद गए। डॉ. श्वेता स्तब्ध-अवाक् उसी ओर देखने लगी थीं। शब्द नुकीले काँटों की तरह चुभ गए थे। श्वेता उन शब्दों के बाद कुछ भी नहीं सुन पा रही थीं। उनके लिए यह अप्रत्याशित-सी घटना थी। एक पल को उसका शरीर सुन्न हो गया था।

बिलकुल वैसे ही जैसे पक्षाघात में हो जाता है। कुछ पल को पैर पत्थर के हो गए थे, लेकिन वह किसी तरह खुद को खींचती हुई ओ.पी.डी. चैंबर में पहुँच गईं।

तभी सहयोगी डॉक्टर ने कहा, "गुड मॉर्निंग मैडम।"

"गुड मॉर्निंग।"

रोज की तरह डॉ. श्वेता के चेहरे पर आज वह भाव नहीं थे जिसे देखने के सभी आदी थे। श्वेता ने भर्राई हुई आवाज में जवाब तो दे दिया था लेकिन उस व्यक्ति के कहे शब्द 'भंगन डॉक्टरनी' बार-बार जेहन में आ रहे थे। मस्तिष्क की नसें क्रोध के कारण फड़फड़ाने लगी थीं। नसों में रक्त प्रवाह बढ़ चुका था। एक ओर वह अपने क्रोध को नियंत्रित कर सामान्य होने का भरसक प्रयास कर रही थी लेकिन जैसे शब्द उनके सामने आकर बार-बार अट्टहास करने लगते थे। डॉ. श्वेता ने स्वयं को नियंत्रित करते हुए काम शुरू किया। एक-एक करके रोगी उनके चैंबर में आ रहे थे और अपने हाथों में ओ.पी.डी. स्लिप लेकर बाहर निकल रहे थे। मन बोझिल था फिर भी डॉ. श्वेता ने सभी मरीजों का चेकअप किया था। डॉ. श्वेता ओ.पी.डी. ड्यूटी के बाद घर पहुंच गई थीं। वह ड्राइंगरूम में सोफे पर धम्म से जा गिरीं। शरीर बेजान हो गया था। इतनी थकान तो उसने कभी भी महसूस नहीं की थी। मन के आहत होने से शरीर भी पस्त हो गया था। डॉ. श्वेता की आँखों में अनगिनत सवाल थे। वह सवालों के भँवर में घिरती जा रही थीं। अतीत में डूबती जा रही थीं। डॉ. श्वेता धीरे-धीरे वर्तमान के वैभव और अतीत की अभावग्रस्त जिंदगी के बीच, मानवीय संवेदनाओं को झकझोर देनेवाले घटनाक्रम उभरकर सामने आने लगे थे। आँखों में क्रोध के लाल डोरे खिंच गए थे। हॉस्पिटल में भंगन डॉक्टरनी कहनेवाला बुजुर्ग कोई और नहीं, उसके मायके के गाँव का ठाकुर कनपुरिया था। ठाकुर का क्रूर चेहरा अतीत से निकलकर वर्तमान में आ गया था। ठाकुर का चेहरा बार-बार आँखों के सामने घूम रहा था। अतीत के पन्ने एक-एक करके खुलने लगे थे।

डॉ. श्वेता को बचपन में सभी मुनिया के नाम से पुकारते थे। मुनिया बचपन से ही विचारशील, गंभीर, दृढ़ संकल्प वाली थी। उसकी बातें कभी-कभी बड़ों को भी सोचने को मजबूर कर देती थीं। मुनिया का गाँव वीरांगना लक्ष्मीबाई, झलकारी बाई की बलिदान-स्थली झाँसी से 20 मील दूर ही था। मुनिया का गाँव, जिसे लोग चिरगाँव के नाम से जानते थे, का भी इतिहास में खासा महत्त्व रहा था, पर इस इतिहास में कहीं भी मुनिया की जाति का जिक्र नहीं था। वे जैसे उस कालखंड में थे ही नहीं। लोगों ने स्थान के गौरव को, राजा के गौरव को ही अपना गौरव मान लिया था। आज भी गाँव के चौपालों पर, खेतों की मुंडेरों पर, स्कूल और सार्वजनिक स्थानों पर 'बुंदेलों हरबोलों के मुँह हमने सुनी कहानी थी खूब लड़ी मर्दानी वो तो झाँसी वाली रानी थी' की गूँज सुनने को मिल जाती है। मुनिया के गाँव के एक छोर पर दलितों का मोहल्ला बसा था। गाँव में सभी बिरादरी के लोगों में भाईचारा था लेकिन जातिवाद की जड़ें भी मजबूत थीं। गाँव के सभी घरों पर छाज-छप्पर थे। एक भी घर ईंट या सीमेंट से बना पक्का नहीं था। खपरैल के घर, कच्चे गारे-मिट्टी व गोबर से लिपे-पुते घर देखने में अच्छे लग रहे थे। दलितों का मोहल्ला उनकी बदहाली को बयान करता था। दलित मोहल्ले में कच्चे घर भी टूटे-फूटे थे। किसी की घिनौंची की मिट्टी भरभराकर गिर रही थी। किसी के आँगन में टूटे-फूटे मटकों के टुकड़े पड़े थे। कुछेक परिवार में टूटे आधे मटकों में पानी भरकर रखा था। मानुष से छिपकर चिरैयाँ भी पानी पी लेती थीं। दलित मोहल्ले का जीवन नरक-सा था। दो वक्त की रोटी के लिए दिन-रात मजदूरी करते थे। कई परिवारों ने मैला ढोने जैसे नारकीय काम को अपना नसीब मानकर पुश्तैनी धंधा बना लिया था? कैसा उनका जीवन था? पेट की भूख मिटाने के लिए मनुष्य द्वारा मनुष्य का गू-मूत ढोया जा रहा था। उनकी बिरादरी के लोगों को अन्य सभी यह मानकर चलते थे कि वह भी मानव हैं लेकिन उनकी संवेदना कुत्तों-बिल्ली की संवेदना से बढ़कर कुछ भी नहीं थी। मुनिया की भी परवरिश ऐसे ही परिवार में हो रही थी जहाँ तन

ढकने को कपड़े नहीं थे। मैले-कुचैले कपड़ों में लिपटी महिलाओं की देह, जगह-जगह से फटे या पैबंद लगे मर्दों के कुर्ते और बच्चों के तन पर दूसरों के दिए पुराने कपड़ों से ज्यादा, उनकी जिंदगी में नहीं था। मुनिया के घर में दादा-बाई (दादी) के अलावा एक छोटे चाचा बद्रीप्रसाद थे। पिताजी रामाधर झाँसी के रेलवे वर्कशॉप में सरकारी कर्मचारी थे। गाँववालों की नजर में रामाधर सरकारी मुलाजिम थे लेकिन किसी को भी पता नहीं था रामाधर की नौकरी कच्चों में थी। तनख्वाह भी इतनी ज्यादा नहीं थी कि परिवार के सभी लोग रामाधर की कमाई पर पल सकें। रामाधर की माँ, मुनिया की दादी मखनिया गाँव में मोहल्ला (मैला ढोना) कमाने जाती थी। मुनिया की माँ कौशल्या घर में रहती थी। वह घर में ही रहकर सारा काम करती थी। कभी-कभी अपनी सास के साथ मोहल्ले की झाड़ू-बुहारू कर आती थी। उसकी सास मखनिया ढलती उम्र में भी फुर्तीली थी।

मुनिया का दादा किशोरीलाल भोर से ही दारू पीकर पड़ा रहता। दारू का अड्डा भी दूर नहीं था। गाँव के दलित मोहल्ले से लगभग सौ कदम आगे दारू का ठेका था। किसी पेड़ की छाँव में दो-चार निठल्ले मर्द सुबह से इकट्ठे हो जाते। दिन-भर जुआ खेलते। मुनिया उस समय दस साल की हो गई थी। गाँव के फूटे स्कूल में कक्षा पाँच में पढ़ती थी। वैसे स्कूल तो सरकारी था लेकिन फूटा स्कूल नामकरण में किस्सा जुड़ गया था। सरकारी स्कूल की चारदीवारी कई जगह से टूट-फूट गई थी। उसकी मरम्मत कई सालों से नहीं हुई थी। स्कूल में पढ़नेवाले बच्चे छुट्टी होने पर स्कूल गेट के साथ-साथ टूटी दीवार को फाँदकर भेड़-बकरियों की तरह निकलते थे। फूटी दीवार धीरे-धीरे सरकारी स्कूल की पहचान बन गई थी। तभी गाँव के लोग फूटा स्कूल कहने लगे थे। गाँव के चोपड़ा को फूटा चोपड़ा कहने लगे थे। बच्चे स्कूल से लौटते वक्त किताबों का बस्ता एक ओर रख देते और जाँघिए में चोपड़े में कूदकर नहाते। क्या मानुष और क्या ढोर (जानवर) सभी एक साथ चोपड़े में स्नान करते। बच्चे डुबकी लगाकर आनंद लेते लेकिन फूटे चोपड़े में दलितों का स्नान करना मना था। दलितों का जानवरों के बराबर भी सम्मान नहीं था। चोपड़े में ढोर घुस सकते थे लेकिन दलितों के घुसते ही दबंग लोग मारपीट पर उतर आते। मुनिया का दादा किशोरीलाल उसकी दादी मखनिया की पूरी कमाई से दारू पी जाता, मुनिया का दादा एक नंबर का आलसी था या यूँ कहो, मक्कार था। उसे काम से नफरत थी। उसे तो सिर्फ मखनिया का इंतजार रहता था। वह कब आए और दूसरों से मिली जूठन खाने को मिले! वह दूसरों के घरों से लाए जूठे भोजन को पसंद करता था। स्वाभिमान मर चुका था।

मुनिया गाँव के फूटे स्कूल में कक्षा पाँच में पढ़ती थी। उसी समय झाँसी में बाबा साहेब अंबेडकर की जयंती पर एक कार्यक्रम हुआ, जिसमें अपने पिता के साथ मुनिया भी गई। मुनिया ने वहाँ पर डॉ. अंबेडकर के विचारों को वक्ताओं द्वारा सुना। मुनिया उम्र में अवश्य छोटी थी। लेकिन उसने डॉ. अंबेडकर के विचारों को ऐसे ही आत्मसात् कर लिया जैसे बाबा साहेब ने उसे सीधे संबोधित किया हो। उसने मन ही मन निश्चय कर लिया, वह बड़ी होकर डॉक्टरनी बनेगी। उसकी पढ़ने में अत्यधिक रुचि थी। अब वह अपना पूरा समय पढ़ाई में लगाने लगी। रामाधर अपनी बेटी की रुचि को देखकर मन ही मन प्रसन्न रहता।

रामाधर एक दिन वर्कशॉप में था। मुनिया की माँ पेट में दर्द के कारण उठ-बैठ नहीं पा रही थी। असहनीय पीड़ा से छटपटा रही थी। कौशल्या कराहती हुई कहने लगी थी, 'बेटी मुनिया, कहाँ हो? मेरे पास आना।'

मुनिया ने माँ की आवाज सुनकर कहा, 'माँ क्या है?'

'मुनिया, मैं आज बाई के साथ मोहल्ला कमाने नहीं जा पा रही हूँ। पेट में दर्द है। तू चली जा।'

'माँ, मुझे मास्टर साहब ने घर से गणित के सवाल करके लाने को दिए हैं।'

'आज तो इतवार है। बाद में कर लेना।'

अभी दोनों, माँ-बेटी बातचीत कर रही थीं कि दादी की तेज आवाज ने वार्तालाप को बीच में ही रोक दिया। वह गुस्से में चिल्ला रही थी। उसके शब्दों में कंपन था।

'अरे मोड़ी, मुनिया जल्दी चल। सिर पर सूरज चढ़ आया है। अभी ढेर घरों का गू-मूत साफ करना है।'

गू-मूत का नाम सुनते ही मुनिया को घिन आने लगी थी। यह कैसी सभ्यता है? घर की छोटी-छोटी बच्चियाँ भी गंदे काम में लगा दी जाती थीं। घर की औरतें घर-परिवार के लिए मोहल्ला कमाने जाती थीं लेकिन कभी बीमार हो जाएँ तब घर की बच्चियाँ भी चली जाती थीं। मजबूरी से प्रारंभ गंदा काम धीरे-धीरे पुश्तैनी कार्य में तब्दील हो गया था। अपनी नियति समझकर लोग ऐसा करते थे। मुनिया अपनी बात पर अड़ गई।

'बाई, मुझे नहीं जाना है।'

'तू क्यों नहीं चलेगी?'

'मुझे गंदा काम नहीं करना है।'

मखनिया को क्रोध आ गया था। मुनिया की बातें उसे अच्छी नहीं लग रही थीं। वह गुस्से से चिल्लाने लगी थी, 'तुझे गंदा काम लगता है, मोड़ी, दो-चार जमात क्या पढ़ गई सातवें आसमान से मूतने लगी है। अपने बाप-दादे, यही काम करते आए थे। जमींदारों का गू-मूत ढो रहे थे।'

'बाई, मुझे नहीं जाना है।'

मखनिया भी अपनी जिद की पक्की थी। वह जबर्दस्ती मुनिया को गाँव में मैला साफ करने ले गई। मुनिया रास्ते भर रोती जा रही थी।

उसी समय सामने से ठाकुर कनपुरिया आ रहे थे। मुनिया की आँखों से आँसू बह रहे थे।

मुनिया को रोता देख, ठाकुर ने पूछ लिया था, 'मखनिया, मोड़ी क्यों रो रही है।'

'ठाकुर दद्दा, झाड़ू-बुहारू को मना कर रही है। मोड़ी कह रही है कि गंदा काम है। ये नहीं जानती है कि गरीबों का सहारा यही काम है...'

मुनिया ने बात काटते हुए कहा, 'बाई, ठाकुर दद्दा भी गरीब हैं। घर में खेती-बाड़ी भी नहीं है लेकिन गू-मूत साफ करने नहीं जाते हैं।'

मुनिया की बात सुनकर ठाकुर कनपुरिया नाराज हो गए थे। गुस्से से चेहरा तमतमाने लगा था। आँखों से ऐसा लग रहा था, अंगारे बरस रहे हों। क्रोधित मुद्रा में दद्दा ने कहा था, 'अरे मखनिया, मोड़ी के दिमाग में कीड़े पड़ गए हैं। ठाकुर भूख से मर सकता है, दूसरा काम कर सकता है लेकिन किसी का गू-मूत साफ नहीं कर सकता है। अभी ठक्करास मरी नहीं है।'

'दद्दा, क्या हम लोग इनसान नहीं हैं। जिसको काम करना पड़ता है उन लोगों से पूछो। क्या उन्हें घिन नहीं आती है?'

'लड़की, तुम लोग भंगी बिरादरी से हो। तुम लोगों का काम ही ऊँची जातिवालों का गू-मूत साफ करना है।'

'ठाकुर जी, किस दिन की बात कर रहे हो? जमाना बदल रहा है। दलितों के मसीहा डॉ. अंबेडकर जी ने कहा था, 'पढ़-लिखकर जीवन को बदला जा सकता है।' मेरा मन पढ़ाई में लगता है। कक्षा में अव्वल आती हूँ। शिक्षा प्राप्त करके डॉक्टरनी बनूँगी।'

ठाकुर दद्दा के माथे पर बल पड़ गए थे। छोटी-सी उम्र में मुनिया बड़ी बातें कर रही थी। ठाकुर दद्दा, मोड़ी को समझाने के बारे में सोचने लगे। उन्हें अचानक बड़ी चिंता हो गई, यदि दलित परिवारों में इस तरह से परिवर्तन होगा तब जमींदारों का गू-मूत कौन साफ करेगा? यह दलित किसी से भी नहीं दबेंगे। दलित परिवार पर बाबा साहेब डॉ. अंबेडकर जी के विचारों का असर स्पष्ट दिखाई दे रहा था।

दद्दा के भीतर की ठक्करास जाग गई थी। तभी ठाकुर दद्दा के चेहरे पर कुटिल मुस्कान दिखाई दी। वह मुस्कराते हुए कहने लगे, 'मुनिया, पढ़ना-लिखना अच्छी बात है लेकिन अपनी परंपरा को कभी नहीं छोड़ना चाहिए। जैसे किसान खेती करते हैं। चमार लोग जूते-चप्पलों का काम करते हैं। भंगियों को भी अपना काम करना चाहिए।'

'दद्दा, हमारे परिवार के पास खेती की जमीन होती तो हम लोग भी खेती करते। वैसे भी अधिया-बटिया में फसल की बुआई-कटाई हम जैसे दलित परिवार के लोग मजदूरी में करते हैं।'

ठाकुर कनपुरिया का हर प्रयास खाली जा रहा था। वह दिमाग में उस तरकीब के बारे में सोचने लगा था जिससे मुनिया शिक्षा का मार्ग छोड़कर अपने हाथों में झाड़ू पकड़ ले। सदियों से दलितों को भटकाकर गंदे काम करवाते रहे थे लेकिन बाबा साहेब के सद्-विचारों के कारण अब दलितों को भटकाना मुश्किल हो रहा था। एक छोटी-सी लड़की में दलित-चेतना का इतना प्रवाह देखकर ठाकुर अचंभित हो गया था। वह मुनिया को समझाने की अंतिम कोशिश कर रहा था।

मखनिया दोनों की बातें सुन के बीच में बोल पड़ी, 'दद्दा, मोड़ी सही कह रही है। हम लोगन के मताई-बाप ने पढ़ाओ नईयाँ, तभई गंदो काम करवे लग गए। मोड़ी की मताई को पेट पिरा रओ हतो। जई मारे, मुनिया को ले आए हते। मोड़ी की बातें नोनी लग रई हैं।"

'मखनिया, बात तो सही है।'

ठाकुर पुनः मुनिया की ओर देखकर बोला, 'मुनिया, महात्मा गांधी जी के बारे में जानती हो?'

'हाँ, वह हमारे देश के राष्ट्रपिता थे। उन्होंने ही सभी को सत्य-अहिंसा का पाठ पढ़ाया था।' मुनिया ने उत्तर दिया।

'ठीक कहा।' ठाकुर की आँखों में चमक आ गई थी।

महात्मा गांधी जी ने एक बार कहा था, 'झाड़ू लगाना एवं सफाई करना पुरुषार्थ का काम है। सभी को अपना काम मन लगाकर करना चाहिए।'

'मैंने नहीं सुना है। यदि गांधी जी ने इस काम का समर्थन किया था तो गांधी ने यह पुरुषार्थ का काम क्यों नहीं किया?'

मुनिया की बातें सुनकर दद्दा क्रोधित हो गया था लेकिन उसके चेहरे पर अंतर्द्वंद्व के भाव नहीं थे। दद्दा के हृदय में दुष्टता के भाव आने लगे थे। मुँह के अंदर दाँत भिंच गए थे। वह छोटी-सी बच्ची से परास्त हो गए थे। अगर उसका बस चलता तो वह लड़की की चुटिया पकड़कर

संडास में फेंक देता। बड़ी-बड़ी बातें करनेवाली लड़की का चेहरा टट्टी में सन जाता। दद्दा के मुनिया को समझाने के सारे प्रयास विफल हो रहे थे। मात्र गांधी जी ऐसे थे जिनके नाम से दलितों को भ्रमित किया जा सकता था।

दद्दा ने फिर एक हारी कोशिश की, 'मुनिया, अपनी जाति के महत्त्व को समझो। उस कर्म से दूर क्यों भागती हो? राष्ट्रपिता ने एक बार कहा था, 'अगर मेरा पुर्नजन्म होता है तो मैं भंगियों के घर में जन्म लेना चाहूँगा। जिससे उनके दुख-दर्द को समझ सकूँ।''

'अच्छा, दद्दा जी, आपकी बात सच मान लेती हूँ। गांधी जी को यह समाज इतना अच्छा लग रहा था तो पुर्नजन्म लेने की क्या बात थी? इसी जन्म में उन परिवारों के बीच जाकर रह सकते थे।'

ठाकुर दद्दा की हिम्मत जवाब दे गई। उन्हें लगने लगा था अब मनु की जाति-व्यवस्था का सिंहासन डगमगाने लगा था। छोटी-सी लड़की की बातें अचरज भरी थीं। भविष्य में जाति का ढाँचा टूटकर रहेगा। एक छोटी-सी लड़की के मस्तिष्क में बाबा साहेब डॉ. अंबेडकर के विचार रोशन हो चुके थे। अब दद्दा पूर्णतया निःसहाय हो गए थे। दद्दा चिंतित हो उठे थे। ठाकुर अब क्या बोले, मुनिया के पास हर सवाल का जवाब था। सदियों से बेजुबान समाज की जुबाँ खुलने लगी थी। मुनिया की बेबाकी देखकर दद्दा की जिह्वा शिथिल हो चुकी थी। मखनिया मुनिया को लेकर मोहल्ले की ओर बढ़ गई। मुनिया हठ करके एक स्थान पर बैठ गई थी। मखनिया अपने काम में लग गई थी। बुढ़ापे के कारण उसका शरीर काम करने में असमर्थ था। थोड़ी देर में हाँफने लगी थी। छाती की पसलियाँ ऊपर-नीचे होने लगी थीं। लंबी साँस भरती हुई मखनिया ने कहा, 'मुनिया, मैं संडास साफ कर देती हूँ। तू सिर पर मैला की टोकरी रख लेना। बुढ़ापे में काम नहीं होता है।'

मुनिया ने जैसे ही मैला ढोने की बात सुनी। उसको उबकाई आने लगी थी। जी मितलाने लगा था। वह नाले की ओर दौड़ी, उसे उल्टी आनेवाली थी।

मखनिया ने मुनिया को देखकर पूछा, 'मुनिया, क्या है?'

'बाई, उबकाई आ रही है।'

'उबकाई क्यों आ रही है?'

मुनिया को मैला नाम से घिन आ गई थी। गंदगी उसके सिर पर रखी जाएगी। वह बहुत दूर भाग जाना चाहती थी। उसने बाई के कई बार कहने पर भी सिर पर मैला का टोकरा नहीं रखा था। मखनिया अभी उसकी ओर देख रही थी कि मुनिया वहाँ से बड़ी तेजी से घर की ओर भाग गई। उसने पीछे मुड़कर भी नहीं देखा था। वह भागती जा रही थी। वह बार-बार एक ही बात कह रही थी, 'मुझे पढ़ना है, मुझे पढ़ना है।' मुनिया ने मैला साफ करने में कोई भी सहयोग नहीं किया था।

मन में प्रण कर लिया था वह बाई के साथ कभी भी मोहल्ले में काम करने नहीं जाएगी।

डॉ. श्वेता अपने अतीत से वर्तमान में आ गई थीं। माथे पर पसीने की कुछ बूँदें चमक रही थीं। बेटी प्रियंका की आवाज से वह चौंक गई थीं।

''मम्मी, मम्मी भूख लगी।''

डॉ. श्वेता ने किचन में जाकर प्रियंका को खाना लाकर दिया। श्वेता के पति डॉ. मुकेश ने बेडरूम से निकलते हुए पूछा था, "एवरीथिंग इज राइट?"

"यस।" डॉ. श्वेता ने बड़े धीमे से कहा था।

डॉ. मुकेश कुछ असमंजस में थे। श्वेता को कभी भी इस अवस्था में नहीं देखा था। उसकी खामोशी बहुत-कुछ बयान कर रही थी। वह किसी बात को लेकर परेशान थी लेकिन डॉ. मुकेश उसके मर्म को कुरेदना नहीं चाहते थे। परिवार के सभी लोगों ने रात्रि भोजन किया था। सबसे पहले डॉ. श्वेता बेडरूम में सोने चली गई थीं। वह बेड पर लेटी तो थी लेकिन नींद आँखों से कोसों दूर थी। बार-बार वही शब्द उनके अंतःमन को लहूलुहान कर रहे थे। चिड़ियों की चहचहाहट के साथ भोर की किरणों ने बेडरूम में प्रवेश किया। डॉ. श्वेता अपनी बेटी को स्कूल पहुँचाकर अस्पताल की ओर चल दी थीं। वह रोज की तरह एक और दिन था। वही रोगियों की भीड़ थी, वही शोरगुल, वह अपने चैंबर में रोगियों का चेकअप कर रही थी।

तभी डॉ. सीमा तिवारी ने उनके पास आकर कहा, "गुड मॉर्निंग, डॉक्टर।"

"गुड मॉर्निंग, डॉ. सीमा।"

"मैडम, एक पेशेंट है, उसके यूटेरस (गर्भाशय) में फाइब्राइड (गाँठ) है। वह साइज में स्माल भी नहीं है। फाइब्राइड निकाला नहीं गया तो मरीज की जान को खतरा हो सकता है।"

"दिस इज सीरियस?" डॉ. श्वेता ने कहा।

"यस, मेम।"

डॉ. श्वेता ने रोगी के बारे में सुना तब वह चिंतित हो उठी थी। कुछ सेकंड के लिए रोगियों का चेकअप करना बंद कर लिया था। वह इस प्रॉब्लम के समाधान के बारे में बातें कर रही थी। वह कहने लगी थी, "डॉ. सीमा, फ्राइडे ऑपरेशन डे है। ऑपरेशन कर देंगे। तब तक सारे इनवेस्टीगेशन करवा लिये जाएँ। पेशेंट के साथ कौन है?"

दोनों स्त्री रोग विशेषज्ञ वार्तालाप कर रही थीं। ठाकुर ददूदा के कानों से कुछ शब्द टकराए थे। उन्हें अहसास हुआ कि डॉक्टरनी उनकी बहू की बीमारी पर चर्चा कर रही हैं। उम्मीद के साथ ठाकुर कनपुरिया चैंबर में प्रवेश कर गए थे।

ठाकुर डॉक्टरनी की सीट पर डॉ. श्वेता को देखकर अचंभित हो गए थे। उन्होंने सपने में भी नहीं सोचा था कि मुनिया से उनका आमना-सामना ऐसे हालातों में होगा। ठाकुर शब्दहीन हो गए थे। कुछ पल को खामोशी छा गई थी। सन्नाटे की नीरवता को डॉ. सीमा ने तोड़ा था।

"मैडम, इन्हीं ददूदा जी की बहू है।"

प्रिस्क्रिप्शन पेपर पर इनवेस्टीगेशन के बारे में लिखकर डॉ. सीमा को थमा दिया था। कमरे में सन्नाटा छा गया था। डॉ. सीमा कमरे में चली गई थीं लेकिन ठाकुर ददूदा जड़वत् वहीं खड़े थे।

तभी डॉक्टरनी ने कहा, "मुझे ऑपरेशन करने में कोई भी दिक्कत नहीं है। डॉक्टर का फर्ज रोगियों को स्वस्थ रखना है। अब ददूदा आप ही बताएँ, ऑपरेशन 'भंगन डॉक्टरनी' से करवाना चाहते हो या किसी और से...।"

डॉक्टरनी की बात सुनकर ददूदा के मुख से शब्द भी न निकले थे। वह गूँगे हो गए थे। ठक्करास की हवा निकल गई थी। ठाकुर ददूदा निरीह प्राणी की तरह चैंबर में खड़े रहे थे। डॉ. श्वेता अन्य रोगियों का चैकअप करने लगी थीं। ठाकुर ददूदा चैंबर से बाहर निकल गए थे। डॉ. श्वेता अपनी ड्यूटी करके घर चली गईं।

समय कैसे गुजर गया था, पता ही नहीं चला था। डॉ. श्वेता की व्यस्त जिंदगी में समय पंख लगाकर आकाश में उड़ रहा था। आखिर वह दिन भी आ गया था, जिसका इंतजार ठाकुर ददूदा को था। मन में संशय के भाव बार-बार उत्पन्न हो रहे थे। वह अपने बेटे के

साथ ऑपरेशन थिएटर के बाहर खड़े थे। तभी खट् की आवाज के साथ ऑपरेशन रूम का दरवाजा खुला था। नर्स बाहर आई। ठाकुर दद्दा उसकी ओर बढ़ गए थे और उससे पूछने लगे, "सिस्टर जी...?"

"बाबा, आप चिंता न करे। डॉक्टरनी साहिबा, बहुत अच्छी सर्जन हैं।"

ठाकुर के हृदय की धड़कन बढ़ गई थी। कुछ दिनों पूर्व की घटना ने आशंकित कर रखा था। कहीं डॉक्टरनी ने बदला लिया, तब क्या होगा? उसकी बहू की जिंदगी डॉक्टरनी के हाथों में है। यह वही हाथ जिसे कभी उसने झाड़ू पकड़ाने की कोशिश की थी। अभी दद्दा व उसका बेटा ऑपरेशन थियेटर के बाहर बेंच पर बैठे ही थे कि डॉक्टरनी आ गई थी। जैसे ऑपरेशन कक्ष में प्रवेश करनेवाली थी तभी किसी की आवाज ने उन्हें चौंका दिया था।

"डॉक्टरनी साहिबा, नमस्ते।"

डॉक्टरनी ने उस ओर मुड़कर देखा, जहाँ से आवाज आई थी। अभिवादन करनेवाले कोई और नहीं थे, ठाकुर दद्दा और उनका बेटा था।

डॉक्टरनी ने सहज भाव से नमस्ते की थी। उनके अभिवादन करने के तरीके से नहीं लग रहा था कि मन किसी द्वेष भावना से ग्रसित है। घबराहट एवं चिंता के कारण दोनों बरामदे में चहलकदमी कर रहे थे। लगभग एक घंटे बाद ऑपरेशन कक्ष से एक नर्स निकली। उसको देखकर उस ओर बढ़ गए थे। वह उससे कुछ पूछने वाले ही थे कि उसने कहा, "सब ठीक है, डॉ. श्वेता जी का कोई केस फेल नहीं हुआ है।"

नर्स व ठाकुर अभी बातचीत कर रहे थे कि डॉ. श्वेता बाहर आ गई थीं। वह अपने बेटे के साथ उनकी ओर बढ़ गए थे।

बेटे ने कहा, "डॉक्टरनी बहन, धन्यवाद। आज आपकी वजह से मेरी पत्नी के जीवन की रक्षा हुई।"

डॉ. श्वेता ने उसके कंधे पर हाथ से स्पर्श करते हुए कहा, "हम सभी एक ही गाँव के हैं। भैया आपकी चिंता से भी ज्यादा, मुझे भाभीजी की चिंता थी।"

ठाकुर के बेटे की आँखों से आँसू बहने लगे थे। डॉ. श्वेता ने डॉक्टर का फर्ज निभाया था लेकिन उसमें गाँव की आत्मीयता भी थी। उन्होंने अपना मुख दद्दा की ओर किया। चेहरे पर अनगिनत सवाल उभर आए थे। ठाकुर की नजरें आत्मग्लानि से झुक गई थीं।

तभी डॉक्टरनी ने कहा, "दद्दा जी, आपकी बात मानी होती तो मैं डॉक्टरनी नहीं बन पाती। अगर परंपरा की राह चली होती तब किसी का पाखाना साफ कर रही होती। आपने भरसक प्रयास किया था कि मैं शिक्षा का मार्ग छोड़ दूँ। गांधी जी के विचारों को आपने मुझ पर थोपने की कोशिश की थी। यह तो बाबा साहेब डॉ. अंबेडकर जी के संदेश का प्रभाव था जिसके कारण मैं आज यहाँ हूँ। आपकी बहू बिलकुल ठीक है।"

डॉ. श्वेता आगे की ओर बढ़ गई थीं लेकिन उनके शब्दों ने ठाकुर को सबके सामने बहुत छोटा कर दिया था। डॉ. श्वेता के शब्द सुनकर ठाकुर जमीन में धँसे जा रहे थे। वह जैसे बौने हो गए थे। उनकी संकीर्ण मानसिकता और जातिगत ढाँचे पर, उनके भरोसे पर प्रहार हुआ था। ठाकुर दद्दा अपनी ही करतूतों के कारण शर्मिंदा हो गए थे। वह डॉक्टरनी के पैरों पर गिर पड़े थे। वह हाथ जोड़कर माफी माँगने लगे थे। प्रायश्चित्त के अश्रु उनकी आँखों में झलक आए थे।

डॉक्टरनी ने दद्दा की बाँह पकड़कर उठाया था।

"अरे दद्दा, क्या कर रहे हो? आप हमारे दादाजी के समान हो।" इतना कहकर डॉक्टरनी अपने चैंबर की ओर बढ़ गई थीं।

ठाकुर को आज अहसास हुआ था कि शिक्षा के मार्ग पर चलने से जाति-व्यवस्था के पैर उखड़ सकते हैं। परंपरा की दीवार तोड़कर एक भंगी की लड़की 'भंगन डॉक्टरनी' से डॉक्टरनी साहिबा बन गई थी। ठाकुर के कानों में लंबी कॉरिडोर में चलती डॉ. श्वेता के पदचाप गूँज रहे थे और कॉरिडोर के अंत में बने एक रोशनदान से आती रोशनी से बाबा साहेब भीमराव अंबेडकर की तस्वीर प्रकाशित हो रही थी।

छौआ माँ

सुशीला टाकभौरे

"बकरी छोड़ दईय्यो...अरी बिटिया.. बकरा-बकरी छोड़ दईय्यो..." दूर मैदान से छौआ माँ की आवाज घर तक सुनाई दी।

आवाज सुनकर तुलसा जल्दी से बाहर निकली। उसने जोर से ऊँची आवाज में कहा, "हओ...छोड़ रहे हैं..."

बीच में गल्ला मंडी का मैदान है। इतना बड़ा मैदान पार करके घर तक आना, बकरा-बकरियों को लेकर फिर उसी तरफ जाना, माँ के लिए थका देनेवाली बात है। इसलिए वह वहीं से अपनी बेटी और नाती-नातिनों को आवाज लगाती है।

छौआ माँ की उम्र साठ के लगभग होगी। अपनी इस उम्र में उसे आराम करना चाहिए, मगर उसे तो गाँव के काम से फुरसत ही नहीं मिलती है।

तुलसा ने सभी बकरा-बकरियों के गिलमा खोल दिए और उन्हें अड्डा बाजार की तरफ दौड़ा दिया। उनके पीछे वह भी मैदान तक गई। माँ के पास आकर गुस्से से बोली, "कितनी बार मना किया है, फिर भी नहीं माने है। चिल्लाने से गला दुखे है कि नहीं?"

माँ धीरे-से हँस दी।

माँ को घर लौटने में तीन बज गए। सुबह आठ-नौ बजे बकरियों को हरियाली की तरफ छोड़कर वह फिर से अपने काम में लग गई थी। जचगी का काम, जचगी के सौर-घर की साफ-सफाई, झाड़-पोंछा, लीपना-पोतना वही करती है। जच्चा और बच्चा की तेल-मालिश करती है। उनके गंदे कपड़े धोती है। वह गाँव की 'दाई माँ' है। पूरे गाँव की बहू-बेटियों के 'दाईपने' का काम वही सँभालती है। ऐसे समय में गाँव के लोग उसके बड़े निहोरे करते हैं और मीठी-मीठी बातों में फुसलाकर बहुत से काम उससे करवा लेते हैं।

वह ऐसे बहुत से काम करती है। मगर ये काम जचगी के बाद सवा महीना होने तक ही रहते हैं। सवा महीना होते ही बच्चा और जच्चा शुद्ध-पवित्र हो जाते, फिर छौआ माँ तो क्या, उसकी छाँह भी उन्हें नहीं छू सकती। केवल काम होने पर ही वह उनके घर के भीतर जा सकती है। अपने आपको 'ऊँची-जाति' का कहनेवाले लोग, अपने घर के भीतर उसका आना पता नहीं कैसे सहन करते हैं? क्योंकि ऐसे काम न होने पर वह उनके दरवाजे के बाहर, आँगन से दूर खड़े रहकर ही बातें करती है। तब वह उनके घर के दरवाजे को भी हाथ नहीं लगा सकती।

किसी के पेट दुखने, आँत उतरने, नाभ भरने जैसी तकलीफ में भी उसे बुलाया जाता है। वह पेट मलकर मिनटों में ठीक कर देती है। मगर दाई माँ के छूने के कारण उन्हें नहाना जरूरी हो जाता है, भले ही तकलीफ फिर से क्यों न बढ़ जाए!

छौआ माँ की आवाज आ रही है, "गरम पानी धर दईय्यो...बेटा, गरम पानी धर दईय्यो..." दो-चार कदम चलकर वह फिर से आवाज लगा देती, "बेटा, गरम पानी धर दईय्यो..."

पास आने पर बेटी ने उसे डाँटा, "क्यों चिल्लाए है?...चुपचाप आ जा...इतनी दूर से चिल्लाती आए है।"

माँ आँगन में आकर खड़ी हो गई। बेटी ने एक छोटी टोकनी लाकर उसके सामने जमीन पर रख दी। माँ ने अपने लुगड़े के आँचल की बँधी झोली में आधा सेर के करीब गेहूँ सँभालकर पकड़ा है। अपने लुगड़े का पल्लू सँभालते हुए उसने धीरे से, थोड़ा ऊपर से, आँचल के गेहूँ टोकनी में डाल दिए और आँचल झटककर कमर में खोंस लिया। पिंडली तक ऊँचा खोंसा हुआ लहँगा थोड़ा नीचे किया। टोकनी के गेहूँ को उलट-पुलटकर देखा-- एक चवन्नी मिली। चवन्नी उठाकर मुस्कराते हुए उसने अपनी कमर में खुसी छोटी थैली में डाल ली। घड़ी ने तीन बजने की सूचना दी। धीरे-धीरे दिन ढलने का समय हो चला। कठिन परिश्रम के बाद श्रम का मूल्य उसके चेहरे पर संतोष बनकर झलका।

आज उसे नगद रुपए भी मिले हैं। लड़की होने पर कम और लड़का होने पर ज्यादा रुपए मिलते हैं। गाँव में लड़का होने की ज्यादा खुशी होती है। लड़की होने पर न जाने क्यों लोग बहुत खुश नहीं होते। जबकि सब जानते हैं कि लड़की से ही घर-संसार चलता है।

बड़े सेठ-साहूकारों के घर लड़का होने पर वे नई साड़ी, कपड़े, नगद रुपए और निछावर के चिल्लर पैसे भी देते हैं। ओली के गेहूँ में भी चवन्नी मिली है, नहीं तो पैसा-दो पैसा ही मिलते हैं।

छौआ माँ फटे-पुराने कपड़े पहनकर काम पर गई थी। कपड़े गंदे हो जाएँगे, उसे पता था-- बब्बू सेठ के बेटे की बहू को आजकल में ही जचगी होनेवाली है। रात-भर इसी शंका में उसे ठीक से नींद नहीं आई कि रात-बिरात न जाने कब बुलाने आ जाएँ। वह थोड़ी-थोड़ी देर के बाद अपनी खटिया पर उठ-उठकर बैठती रही। आज सुबह थोड़ा जल्दी ही काम पर निकल गई थी।

बेचारी बहू रात से ही कसक रही थी। छौआ दाई माँ को देखते ही रोने लगी। दर्द की छटपटाहट बढ़ गई। पहली जचगी, दुबली-पतली, कच्ची उमर की बहू, पेट घड़ा घाँई निकला था। रंग एकदम गोरा-गट है। हरी-हरी नसें साफ झलक रही थीं।

पेट पर हाथ रखते ही दर्द का रेला बह निकला-- "ओ माँ, मोहे बचा लो री।...ओ माँ, तेरे पाँव पड़ूँ री...ओ माँ जी..."

पिछवाड़े की छोटी कुठरिया में बहू दर्द से छटपटाती हुई चीखने लगी। छौआ माँ ने ममता से उसके सिर पर हाथ फेरा, "बेटी, घबरा मत, मैं हूँ न तेरे पास..."

दर्द की लहरें ज्यादा तीव्र होती गईं। छौआ माँ समझाती रही, "बेटी, भगवान जी का नाम ले...बेटी, उल्टी साँस मत ले...बेटी हिम्मत रख...सब ठीक हो जाएगो...। बस थोड़ी देर की बात है...हाँ...ऐसे...हाँ ऐसे...जोर लगाओ...जै भगवान जी..."

पेट पर हाथ रखते ही जैसे बच्चे ने दाई माँ को पहचान लिया और वह घूम-घामकर सिर के बल उसके हाथों में चला आया-- "ऊँआ...ऊँआ..."

बच्चे की आवाज सुनते ही बब्बू सेठ की सेठानी ने दरवाजे से झाँककर पूछा, "क्या हुआ है?"

छौआ माँ ने खुश होकर बताया, "सेठजी की गद्दी सँभालनवाले आ गए हैं। बेटा हुआ है।"

सुनते ही पूरे घर में खुशी की लहर दौड़ गई। बाजे बजने लगे, बधाई गीत गूँजने लगे, निछावर होने लगी।

लड़की होने पर वह जल्दी नहीं बताती। घर के लोग और जच्चा कहीं हताश-उदास न हो जाएँ। आँवल गिरने के बाद ही बताती है, "धन-लक्ष्मी आई है, खुशी मनाओ।"

आँवल जल्दी न गिरने से जच्चा की जान को खतरा हो जाता है, पेट में जहर फैल जाता है।

छौआ माँ ने अपनी कुशलता और तकनीक से आँवल गिराई। गरम पानी, नरम टॉवल, सेफ्टी ब्लेड और मजबूत मोटा धागा वह पहले ही पास में रखवा लेती है। उसने बच्चे की नाल नाभि से चार-पाँच उंगल दूर से काटकर मजबूत धागे से कसकर बाँध दी। बच्चे को कुनकुने पानी से नहलाकर नरम टॉवल में लपेट दिया। 'ऊँआ-ऊँआ' से घर में मानो खुशियाँ बरस रही हैं। छौआ दाई माँ भी खुश है– "अच्छो हुओ, जचगी अच्छी-भली निपट गई, नहीं तो कभी-कभी बड़ी अड़चनें भी आए हैं।"

'पायल' बच्चे के समय तो उसके होश उड़ जाते हैं। तब वह आत्मविश्वास के सहारे ही अपना काम करती है। कभी-कभी एक-दो सरल जचगी के बाद की जचगी कठिन हो जाती है। मगर वह अपने आत्मविश्वास के कारण कभी पीछे नहीं हटी।

उसने जच्चा को गरम पानी से नहलाया-धुलाया। साफ कपड़े पहनाए। हाथ का सहारा देकर पलंग पर बच्चे के पास लिटा दिया। दर्द का सागर पार करके किनारे उतरी जच्चा ममता से अपने बच्चे को देखने लगी।

जचगी की सारी गंदगी छौआ दाई माँ ने समेटी। फर्श की धुलाई और लिपाई-पोताई की। जच्चा के जचगी के गंदे कपड़े धोए। तब कहीं उसका काम पूरा हुआ। जच्चा-बच्चा को सहेजकर-सुलाकर ही वह बाहर निकली। ऐसे समय में वह खाली हाथ नहीं जाती। ओली-झोली का अनाज और नेग-निछावर के रुपए-पैसे लेती है।

तुलसा ने पानी के छींटे डालकर आँगन से टोकरी उठा ली। नहानी-घर में गरम पानी रख दिया। लकड़ी के पट्टों और बाँस के टट्टों से बने, ऊपर से खुले नहानी-घर के बाँस पर माँ के धुले कपड़े रख दिए। माँ हमेशा गरम पानी से नहाती है। तेज गरमी के दिनों में धूप में रखे कुनकुने पानी से नहाती है। माँ कपड़े धोने के 'धोबी छाप' साबुन से देर तक नहाती रही। वह नहाते हुए बार-बार कहती रही, "हर हर नर्मदे...हर हर गंगे...जय नरवदा जी...जय जमना जी...जय सरस्वती जी...जय भगवान जी...जय भगवान जी..."

नहाकर कपड़े पहनने तक वह भगवान और नदियों का नाम लेती रही। जचगी जैसे छूत के काम और गंदगी उठाने, सफाई करने जैसे काम के बाद वह हर दिन सिर धोकर नहाती है। नहाने के बाद ही घर में आती है। उसने नहाकर मोटा सूती कपड़े का घेरदार लहँगा और ढीला-ढाला पोलका पहना, फुलवारी की रंगीन फरिया कमर में खोंसकर ओढ़ ली।

अपने सन जैसे सफेद, रूखे, बित्ता-भर के छोटे बालों को वह देर तक अँगोछे से पोंछती रही। बाल सूखने पर, सिर में नारियल का तेल लगाया। उसके बाल चाँदी के तार की तरह चमकने लगे।

तुलसा ने एक थाली में दाल-चावल परोसकर खाना माँ के सामने रख दिया। साथ में तली हुई मिरची भी रख दी। एक लोटा पानी रख दिया।

ऐसे तो साधारणतः वह बेटी के घर में ही खाती-पीती है, बेटी को वह रुपया-पैसा और अनाज देती रहती है लेकिन कभी बेटी, जँवाई या बच्चों के साथ कुछ खट-पट लड़ाई-झगड़ा हो जाए, तब गुस्सा होकर अपनी रोटी अलग बनाने लगती है। थोड़े दिन के बाद फिर पहले जैसा ही चलने लगता है।

छौआ माँ ने देर तक हाथों और पैरों में नारियल का तेल लगाया। उसकी कलाइयों में चाँदी के ठोस बलेटेदार चूड़े और चाँदी की दो-दो मोटी चूड़ियाँ हैं, वे सभी काफी घिस गए हैं। कई बरसों से लगातार पहनने के कारण पाँव की चाँदी की ठोस कड़ी भी भीतर की तरफ से घिस गई है। गले में वह चाँदी की साँकल में हरे-पीले चमकीले मनियों की माला पहनती है। माला पोलके के ऊपर गले में झूलती रहती। कान में ऊपर की तरफ दो-दो सोने की बालियाँ हैं। नीचे छोटे कर्णफूल हैं। नाक में बारीक नक्काशी की सोने की बड़ी लौंग है।

खाना खाते समय, वह अक्सर बीच-बीच में थोड़ी देर के लिए अपनी आँखें बंद कर लेती है। पता नहीं इस समय भी वह मन ही मन भगवान का नाम लेती है या बहुत कठोर परिश्रम के बाद, खाना खाते समय, अपनी पूरी थकावट महसूस होने के कारण वह अपनी आँखें बंद करती है– उसका वही जाने। तुलसा अपनी माँ पर चिढ़ती रहती है। माँ को खाते समय ऊँघते देखकर डाँटने लगी, "क्यों रात-दिन हाय-हाय करे है? रोज दो-तीन बज जाए हैं। दिन-दिन-भर भूखी रहने से बीमार पड़ जाएगी...बेमौत मर जाएगी..."

इकलौती बेटी को गुस्सा करते देखकर माँ के चेहरे पर ममता के भाव छलकने लगे। अपनी बेटी की बातें सुनकर वह प्यार से धीरे-धीरे हँसने लगी। हँसते समय उसके होंठों के दोनों तरफ के कोर कान की तरफ फैल गए। सामने के ऊपर के दो दाँतों में लगी सोने की कील दमकने लगी। लगातार पान और तंबाकू खाने से काले पड़ गए दाँत अपनी थोड़ी बची-खुची सफेदी के साथ चमकने लगे। चेहरे की झुर्रियों और गले की सलवटों में हल्की हलचल दिखाई दी। छौआ माँ पहले जरूर गोरी रही होगी मगर अब ताँबे जैसा रंग ही रह गया है। दिन-भर धूप में घूमती रहती है।

माँ ने बेटी को समझाया, "अरे बेटा...कभी-कभी ऐसो काम आ जाए है। गाँव में का रोज-रोज जचगी होय है?...काम पड़े तो करनो ही पड़े है। अरे बेटा...मैं नहीं करूँ तो कौन करेगो उनको काम?...बेचारी बहू-बेटियाँ मेरी रस्ता देखे हैं। उनकी ये तकलीफ से मैं ही उनको पार लगाऊँ हूँ..."

वह बेटी को मनाने के लिए बहुत ही प्यार से समझाती रही मगर तुलसा की नाराजगी कम नहीं हुई। माँ ने धीरे से रहस्य बताने के अंदाज में कहा, "कभी-कभी तो डाकदर-डाकदरनी भी हाथ टेक देवे हैं, घबरा जाए हैं कि अब का करें?...घबरा के मोहे बुलाएँ हैं। बेटा, सभी लोग डाकदर भी नहीं बुला सके हैं। डाकदर कू पैसा जादा देनो पड़े है, उनकी फीस जादा लगे है...फिर कौन करेगो उनको काम, मेरे सिवा...? वे तो मैंको ही डाकदरनी कहें हैं..."

अपनी बात पर माँ खुद ही धीरे-धीरे देर तक हँसती रही मगर बेटी का गुस्सा कम नहीं हुआ। माँ ने दीवार पर टँगे, फ्रेम में लगे 'दाई' के अपने सर्टिफिकेट को उसे दिखाते हुए कहा, "देख ले, कितनो बड़ो 'सटिपिकट' दियो है मोहे डाकदर-डाकदरनियों ने। जचगी कैसी भी होय, मैं तो मिनटों में निपटा दऊँ। दूर के गाँवों में तीन-तीन दिन से कष्ट में पड़ी बहू-बेटियों की जचगी ही सुलझा दऊँ..."

छौआ माँ बताती रही, "बेटा, दूर-दूर के छोटे गाँव में लोग मेरो नाम जाने हैं। वे कहें हैं– छउआ दाई माँ आ जाए, तो कोई चिंता की बात नहीं रहे है।...मेरे हाथ में भी 'जस' है बेटा।...मेरा हाथ के डिलेवरी के केस कभी नहीं बिगड़े। मेरे हाथ के बाल-बच्चे भी खूब भले-चंगे रहे हैं।... कोई-कोई तो बड़े अफसर बन गए हैं। वे मोहे देख के बऊ जी, दाई माँ, अम्मा जी कहें हैं।...अब बेटा...मैं तो ये धरम का काम करू हूँ..."

बोलते-बोलते छौआ माँ के चेहरे पर ममता, त्याग और परोपकार की भावना चमकने लगी। यह सब कहते हुए उसे स्वयं पर गर्व महसूस हुआ। वह खुशी, उत्साह और अपनत्व के साथ

अपनी बातें कहती रही, जैसे वे सब बहू-बेटियाँ उसके अपने परिवार की ही हों और वह बूढ़ी माँ उन सबको सहेजती, सँभालती अपना कर्तव्य पूरा कर रही हो। उसकी बड़ी-बड़ी आँखें सरल-तरल ममता के सागर जैसी दिखने लगीं। कहीं दूर देखते हुए जैसे वह उन सबको अपने आस-पास देख रही हो। झुर्रियों से भरा उसका चेहरा इस समय बहुत ही कोमल और भावपूर्ण हो गया। गालों पर मधुर हँसी और होंठों पर मीठी मुस्कान खेलती रही। छौआ माँ बहुत देर तक अपनी भावनाओं में डूबी रही।

माँ को ऐसी भावपूर्ण स्थिति में देखकर तुलसा को और अधिक गुस्सा आया। वह तमककर बोली, "हऔ...हऔ...बड़ो एहसान माने हैं सब लोग तेरो...? कोई नहीं माने। मतलब निकल जाए तो कोई नहीं पूछे...सब कहने की बातें हैं...देख लेना..." तुलसा ने जैसे असलियत बताते हुए अपनी बात का दावा किया।

माँ ने ममता से दुलारते हुए अपनी बेटी को समझाया, "बेटी, वे अपनो मेहनताना तो दे ही देवें हैं। रोज को पाव-आधा सेर अनाज देवे, नगद रुपया-पैसा भी देवे, निछावर देवे, बख्शीश देवे और का करें वे?...अपनो तो काम ही है उनको काम करनो..."

माँ ने सादगी के साथ अपनी बात बेटी को समझाई। हमेशा ही तरह बेटी ने माँ के साथ असहमति दर्शाई। छौआ माँ हँस दी। तुलसा जानती है, माँ अपना काम नहीं छोड़ेगी। वह रोज सबेरे अँधेरे मुँह काम पर जाएगी। अड्डा बाजार के उस पार से बकरा-बकरी खोलने के लिए आवाज लगाएगी, 'बेटा, बकरा-बकरी छोड़ दईय्यो...' दिन हो या रात, जब 'दाईपना' करके लौटेगी, तब आधे रास्ते से ऐसे ही चिल्लाती आएगी– 'बेटा, गरम पानी धर दईय्यो...'

छौआ माँ कभी सौदा-सुलुफ खरीदने के लिए तहसील जाती है, तब अपनी बहन के घर जरूर जाती है। कभी-कभी वहाँ रात में रुक जाती और सवेरे जल्दी आकर गाँव का काम सँभाल लेती है।

एक बार वह 'सोमवार बाजार' के दिन तहसील गई तो बहन के घर भी गई। बाजार के दिन उनके घर शाम को मछली जरूर पकाते हैं। रोटी खाने के चक्कर में रात ज्यादा हो गई। समय ज्यादा होने के कारण छौआ माँ रात में वहीं रुक गई।

मगर हुआ यह कि उस दिन उसके तहसील जाने के तुरंत बाद उसका बुलौआ आ गया। जचगी का बुलौआ था। लोग चैन नहीं लेने दे रहे थे–

"दाई माँ कहाँ है?...छौआ माँ को बुलाओ...दाई माँ को बुलाओ...।"

छौआ माँ की राह देखते-देखते रात हो गई। तुलसा ने उन्हें समझाया, "भैया जी, माँ तो अब सवेरे ही आएगी। तुम डॉक्टर को बुला लो।"

"अरे बाई, दाई माँ के बिना काम नहीं होयगो, तू वाहे जल्दी बुलवा दे।" वे बार-बार यही कहते रहे। तुलसा परेशान हो गई। बड़ा बेटा और उसके बप्पा शादी में दूसरे गाँव गए थे। उसने कहा, "भैया, मैं अपने छोटे मोड़ा-मोड़ियों को रात में अकेला छोड़कर तहसील कैसे जाऊँ? माँ को कैसे बुलाऊँ...? मैं तो नहीं जाऊँ। तुम कोई और को बुला लो।"

गाँववालों को विश्वास था– 'दाई माँ' नहीं तो उसकी बेटी ही यह काम सँभालेगी। बस, फिर तो वे तुलसा के पीछे लग गए– "बाई, तू चल...तू अभी चल...आज तो ये काम तुम्हें ही सँभालना पड़ेगो..."

तुलसा ने उन्हें बहुत समझाया, "भैया, मैं ये जचगी के काम कछु नहीं जानूँ। मैं जाकर का करूँगी, मोहे कछु नहीं आए!"

पर वे लोग मानने को तैयार नहीं हुए– "बाई, तुम अभी चलो...तुम्हें चलनो पड़ेगो..." धीरे-धीरे वे नाराजी पर उतर आए। गुस्से के साथ कहने लगे, "चलनो पड़ेगो...ऐसे कैसे नहीं जाएगी? तुमरो काम है, तुम नहीं करोगी तो कौन करेगो?...तुम्हीं को करनो पड़ेगो..."

जचगी के दर्द के साथ लोगों में आक्रोश बढ़ने लगा। वे गुस्से के साथ डाँटने लगे और अपना दबका बताने लगे, "ऐसे कैसे नहीं जाएगी...चलनो पड़ेगो...'दाई' की बेटी को 'दाईपना' नहीं मालूम...ऐसा कैसे हो सकता है...?"

छौआ माँ का घर गाँव के बाहर, 'तहसील रोड' पर, सड़क के थोड़ा अंदर रेलवे लाइन की तरफ है। सड़क और गाँव के घरों में बिजली है, छौआ माँ और उसकी बेटी के घरों में बिजली नहीं है। वे रात में घासलेट तेल की चिमनी और लालटेन जलाते हैं। उनके घर के नजदीक दूसरे घर नहीं हैं। सामने आम के पेड़ों की अमराई है। रात होते ही घर के आस-पास अँधेरा गुप्प हो जाता है। कुत्ते जोर-जोर से भौंकते रहते हैं। रात में आने-जानेवाली रेल गाड़ियों की सीटी की आवाज बड़ी भयानक लगती है और उनकी 'धड़-धड़' देर तक दिल दहलाती रहती है।

लोगों की भीड़ और उनके आक्रोश को देखकर तुलसा सहम गई। रात के नौ बज रहे हैं। बाहर अँधेरी रात। घर में बच्चे, सयानी बेटी...क्या करे, क्या न करे? उसे कुछ समझ में नहीं आ रहा है। अँधेरा रास्ता है। बुलौआ वाले साथ में लालटेन लेकर आए हैं। तुलसा को चिंता हुई, "बच्चे घर में, अँधेरी रात में अकेले डरेंगे...।"

तुलसा अपनी माँ को कोसने लगी, "खुद जिंदगी भर पूरे गाँव का नरक उठाती रही...सबका दलिद्दर समेटती रही। अब मेरे पीछे ये मुसीबत लगा रही है। ये सब उसी के कारण हो रहा है। लोगों को आदत डाल दई है– वही करेगी...उसके बिना नहीं होयगो...। रात-दिन दौड़ती फिरे है, सबके लिए मरी जाए है...। अब मोहे भी गिरा रही है जई दलदल में, पीढ़ियों से रीति चल रही है, अब ये रीति मेरे गले को फँसा रही है..." फिर वह आक्रोश के साथ बोली, "ये कोई जबर्दस्ती है कि करनो ही पड़ेगो ये काम?...का ये जबर्दस्ती है?" उसकी बात सुनने को कोई तैयार नहीं।

आँगन में खड़ी तुलसा को सबने घेर लिया, "तू चल...तोहे चलनो ही पड़ेगो। हम डॉक्टरनी को भी बुला लेंगे, मगर तोहे चलनो ही पड़ेगो।"

बड़ी मजबूरी में तुलसा को निकलना पड़ा। उसने बड़ी बेटी को समझाकर घर की भीतर की साँकल लगवाई और पहली बार गाँव में 'दाईपने' के लिए निकली।

दाईपने के काम की कल्पना करके ही उसका जी मिचलाने लगा। 'कितनी गंदगी समेटनी पड़ेगी...' इस विचार से ही उसका सिर चकराने लगा।

'कैसे करेगी वह यह काम? कैसे सँभालेगी यह सब? जचगी के दर्द से तड़पती, चीखती, चिल्लाती लुगाई को कैसे सँभालेगी...?'

वह गुस्से में भरकर कहने लगी, "भुनसारा होने दो, भुनसारा होते ही फैसला करा दऊँगी...मैं नहीं करूँगी ये काम..." वह बार-बार अपनी बात दोहराती रही, बार-बार निश्चय करती रही मगर उसे उस समय जाना पड़ा। आदमी लालटेन लेकर चल रहे थे। वह उनके पीछे-पीछे चली गई।

दूसरे दिन छौआ माँ सबेरे ही आ गई। जब उसने यह सब सुना तो वह गुस्से से बिफर उठी, "मेरी मोड़ी को क्यों परेशान किया?...वा नहीं करें ये काम...वा को क्या जबर्दस्ती बुलाई...?"

तुलसा अपने पति के साथ अपने घर परिवार में सुखी है। उसको गाँव के काम की कोई परवाह नहीं है। वह हमेशा कहती थी, "कोई भी आए...कोई भी करे गाँव का काम...हमें का करनो है..."

तुलसा के ऐसे विचार सुनकर माँ कभी-कभी मायूसी के साथ कहती थी, "अपने पुश्तों-पूर्वजों का गाँव है...अपन नहीं सँभाले तो कौन सँभाले?" पिछली कई पीढ़ियों से गाँव का काम छौआ माँ के घर में है।

तुलसा माँ की बात काटकर कहती, "अपनो कैसो गाँव? गाँव का काम करने के लिए अपनो गाँव है और किस बात के लिए अपनो गाँव...? चुपचाप सब काम करते रहो...सबसे डरते रहो...सबका कहा बुरा-भला सुनते रहो, गाली गलौच खाते रहो...सबका दरिद्दर उठाते रहो– तो अच्छा है, नहीं तो कौन पूछे अपन को? मैं नहीं करूँ गाँव का काम, न मेरे मोड़ा-मोड़ी करेंगे। हमें नहीं अच्छे लगे ये काम..."

यह सुनकर माँ हँसकर कहती थी– "हओ बेटी...तू तो सेठ-साहूकारों के घर की बहू है, राजा-महाराजा की लुगाई है...तू क्यों करेगी गाँव का काम? मेरे बाद जो आएगी वो करेगी... ।"

तुलसा अपने बच्चों से भी हमेशा यही कहती है, "अपमान भरी इस नरक की जिंदगी से बाहर निकलो, इनसान बनकर जीना सीखो..."

छौआ माँ को अपने गाँव से प्रेम है। उसे अपने काम से भी लगाव है मगर उसने यह कभी नहीं चाहा कि उसकी बेटी भी गाँव में यह काम करे।

उसको यह बात बहुत बुरी लगी। बात मन में खटक गई, 'मेरी बेटी से जबर्दस्ती यह काम क्यों करायो?' वह यहाँ-वहाँ कई लोगों से यह बात कहकर अपनी नाराज़ी बताने लगी।

सुनते-सुनते गाँववालों ने छौआ माँ को झिड़ककर कहा– "तो का हो गओ? जचगी का काम बेटी से करा ही लियो तो का हो गओ?...वा क्यों नहीं करेगी तेरो काम? जो तू करती आई है, वही तेरी मोड़ी करेगी। जो तुमरो कर्म है वही तुमरो धरम है। गंदगी उठाने के काम तुमरी जात के लोग ही करे हैं।"

छौआ माँ व्याकुल हो गई, "तो का मेरे बाद मेरी बेटी को ये काम करनो ही पड़ेगो? जबरन करायो जाएगो यह काम?"

कुछ लोगों ने व्यंग्य के साथ कहा, "कैसे नहीं करेगी वा ये काम? तेरी मोड़ी का बामन-बनिया की छोरी है?"

छौआ माँ अवाक् रह गई। उसे कभी ऐसा कहा जाएगा, उसने सोचा नहीं था। उसने यह क्या सुना? उसे विश्वास ही नहीं हुआ। यह उससे क्या कहा जा रहा है? उसका सिर चकरा गया। वह यह क्या सुन रही है– उसकी बेटी क्या बामन बनिया की छोरी है? यानी कि... ये लोग आखिर कहनो क्या चाहे हैं? मेरे चरित्र पर इतनो बड़ो लाछन? बामन-बनिया की छोरी मेरे पेट से...मेरी बेटी बामन-बनिया से... ।

चरित्रवान औरत की अस्मिता पर यदि कलंक लगाया जाए तो वह आक्रोश की सीमा को भी पार कर जाती है। वह जरा सी आई थी इस गाँव में ब्याह के, आठ-दस बरस की। तभी से सास-ससुर के साथ गाँव का काम करती रही, बाद में पति के साथ गाँव का काम सँभालती रही। उनके बाद, अकेली अभी भी कर रही है। क्या यह सब सुनने के लिए...?

छौआ माँ आक्रोश से भर गई। उसके मन में शोले भड़कने लगे, 'मेरे ईमान-धरम को यही इनाम दियो है सबने?' आवेश के कारण उसकी आँखों से आँसू बहने लगे, 'गाँववाले ऐसी कहे

हैं– मेरी बेटी बामन-बनिया की छोरी है। इनके मुँह में आग लग जाए, इनको शरम नहीं आए? मोहे झूठो पाप लगाए हैं...इनको सत्यानास हो।' उसका सहनशील हृदय इस व्यथा को झेल नहीं पाया। वह भी पलटकर गुस्से से फुफकार उठी– "अरे, इस गाँव की एक-एक बात को मैं जानूँ हूँ। सबका काला-पीला मैं जानूँ हूँ। बामन-बनिया कौन से भले होय हैं? सब में कालो-पीलो भरो है। वे हमको बुरा कहें हैं, वे तो हमसे हजार गुना बुरे होय हैं... ।"

अब छौआ दाई माँ को चुप कराना मुश्किल था। वह गुस्से में सबको सुनाकर ऊँची आवाज में बोली, "बड़े कहलानेवाले, तुम सबके घर की पोल-पट्टी मैं जानूँ हूँ...रात-दिन पूजा-पाठ करनेवाले कितने ही पंडितों की काली करतूत मैं जानूँ हूँ। रात-दिन व्रत-उपवास करनेवाली पतिव्रता बनी, कितनी ही बदमाश कुलटा-लुगाइयों की काली करतूतें मैं जानूँ हूँ। गाँव की गरीब बेबस लड़कियों और औरतों पर अत्याचार-बलात्कार करनेवाले ऊँची जात के कितने ही पापी पाखंडियों को मैं जानूँ हूँ।"

छौआ माँ ने दम भर के साँस ली। अपना लुगड़ा कमर में अच्छी तरह खोंसा। दोनों हाथ कमर पर रखकर वह व्यंग्य से बोली, "तब तो मोहे गुपचुप-गुपचुप बुलाते रहें, किसी को कानो-कान खबर नहीं होने दई कि मैं इनके घर कौन से काम से आई हूँ।" छौआ माँ की आवाज ऊँची होती गई, "मैंने अभी तक सबके पाप अपने दिल में छिपाकर रखे हैं। अब मैं कोई से नहीं डरूँगी।...अरे, जिनकी क्वारी बेटियों के पेट मैंने गिराए हैं, वे मोंसे कौन से मुँह से बात कर सके हैं? बड़े कहलानेवाले, जिनके घरों की विधवा बहू-बेटियों के पेट मैंने चुपचाप गिराये, समाज में इनकी इज्जत, इनकी नाक बचाई– तब तो मेरे पाँव पड़-पड़ के नहीं थकते थे...आज मेरी मोड़ी को और मोहे लाछन लगा रहे हो...अरे, हम तुम्हारे जैसे नीच नहीं हैं... ।"

गुस्से में बिफरकर छौआ माँ एक-एक का नाम लेकर उनके घर की पोल-पट्टी बताने लगी। कुछ लोगों ने उसको समझाने की कोशिश की, मगर वह चुप नहीं हुई। अपना नाम और अपने घर की बातें सबके सामने सुनकर लोग गर्दन झुकाकर जाने लगे। छौआ माँ ने सबको सुनाकर कहा, "बहुत कर ली मैंने तुम्हारी सेवा, अब नहीं करूँगी। तुम मेरे नहीं, तो मैं भी किसी की नहीं। तुम्हारे पाप धोते-धोते मैं पापन हो गई?"

उसके मन का दुख और आक्रोश बादल की तरह फट पड़ा, "हमको नीच कहो हो, हम गरीब हैं, हमारे पास धन-साधन नहीं हैं, जई से हमें छोटे कहो हो...? हमें डराओ-धमकाओ हो...हमें लाचार बनाकर रखो हो... । मगर तुम भी समझ लो, अब छोटो को कम मत समझना। जरा सी चींटी भी हाथी को पछाड़ देती है। हम ऐसे भी गए-बीते नहीं हैं। अगर हम अपनी वाली पर आ गए, तो बहुत नुकसान में रहोगे तुम...मेरी सेवा को नीच काम कहो हो, हमको नीची जात का कहो हो। जाओ, अब अपने काम खुद सँभालो...खुद करो अपने सब काम... ।"

गाँववाले सकते में आ गए। इसके बाद छौआ माँ को बुलाने की किसी को हिम्मत नहीं हुई।

छौआ माँ घर के आँगन में खटिया बिछाकर लेटी है। गरमी के दिन हैं। रात के समय ठंडी-ठंडी हवा बह रही है। आकाश में तारों का चँदोबा तना है। वह दूर तारों को देखती हुई अपने जीवन की पिछली घटनाओं को याद करने लगी–'कई महीने गुजर गए। गाँव से कोई बुलौआ नहीं आया। अब क्या गाँव के लोगों के पेट दुखने बंद हो गए हैं? बहुत दिनों से किसी का पेट नहीं दुखा?

'अब का गाँव की बहू-बेटियों के पाँव भारी होना बंद हो गए हैं? बहुत दिनों से किसी की खबर ही नहीं मिली?...हाँ, अब तो गाँव में डाकदर-अस्पताल भी ज्यादा हो रहे हैं। वैसे

भी आजकल फेमली पिलानिंग की बात खूब चलती है– 'ज्यादा बच्चे पैदा मत करो' सरकार ऐसा सबसे कहे है। मगर सरकार को का करनो है। कोई कितने भी बच्चे पैदा करे, सरकार थोड़े ही उन्हें खिलाए है। बच्चों का पालन-पोषण तो बच्चों के माँ-बाप ही करे हैं। फिर भी लोग सरकार की बात सुन रहे हैं, आदमी-औरतें नसबंदी कराने लगे हैं। ज्यादा से ज्यादा तीन बच्चे या दो बस। परिवार छोटे होते जा रहे हैं।'

छौआ माँ को अपना खयाल आया– 'कितने सारे बच्चे हुए– एक के बाद एक, दस-ग्यारह हुए होंगे। चार-पाँच बच्चे तो साल-छह महीने से ज्यादा नहीं जिए। तीन-चार मोड़ा-मोड़ी दस-बारह साल के होकर गुजर गए। कुछ नहीं, जरा सा बुखार आया– दो दिन में ही चटपट चल बसे। मैंने कैसी रो-रो के जिंदगी बिताई। बड़ी मुश्किल से दो बेटियाँ बचीं। बड़ी की शादी करी। हीरा जैसो जँवाई मिलो। मगर देखो, किस्मत का खेल– शादी के बाद बेटी को चेचक निकली। चेचक माता का बुखार बाके सिर पर चढ़ गयो और वा भी नहीं रही। किस्मत में ही नहीं थी तो क्या करें? बस यही बची है तुलसा। अब तो वही मेरी आँख का तारा है। पता नहीं कैसे भगवान को मेरे ऊपर तरस आ गयो और उन्होंने वाहे मेरे लिए छोड़ दई। अब तो तुलसा के बेटा-बेटी भी बड़े हो रहे हैं।'

छौआ माँ को याद आया– जँवाई इंदौर गयो है। बड़ी नातन के लिए लड़का देखन। सब बात अच्छी रही, तो बात पक्की करके ही आएगो। अगर बात जम गई तो इसी साल में, दिवाली के बाद, शादी करेंगे। अभी तो होली हुई है। गरमी के बाद बरसात लगेगी, बरसात के बाद फिर ठंड शुरू होगी। दिन निकलते देर नहीं लगे हैं। ब्याह की तैयारी तो अभी से करनो पड़ेगो। थोड़ा-थोड़ा करके गेहूँ-चावल इकट्ठे करनो है। गुड़ और शक्कर इकट्ठी करनो पड़गो। तेल, घी, नमक, मिरची, सब्जी-भाजी सभी लगेगी। सबके लिए पैसा लगेगो। इतने रुपया-पैसा कहाँ से आएँगे?...कर्जा करनो पड़ेगो। कर्जा के ऊपर तो ब्याज बड़ा तगड़ा लगे है। एक बार कर्जा ले लियो तो कभी खतम भी नहीं होए है। पता नहीं साहूकार-महाजनों के पास ऐसी कौन सी सिद्धी है कि हम देते जाएँ– वो लेते जाएँ, फिर भी कर्जा उतनो का उतनो। सोच-समझकर काम थोड़े खर्चे में करनो पड़ेगो।'

छौआ माँ को नींद नहीं आ रही है। विचारों की शृंखला बढ़ती जा रही है– 'घर में तुलसा अपने बेटा-बेटियों के साथ सोई है। लड़कियाँ हैं, सुनसान जंगल से नजदीक लगा हुआ घर है। रात-बिरात चोर-बदमाश का डर लगा रहता है। तुलसा घर में भीतर से साँकल लगाकर सोती है। मैं ठहरी बूढ़ी आदमन– मोहे कौन खायेगों।' वह अपने इस विचार पर हँस दी।

पानी पीने की सुरत आई। खटिया के नीचे पानी का लोटा रखा है– 'पानी पियूँ।' सोचकर वह उठी। उठकर बैठते हुए उसकी नजर सामने की तरफ गई। चारों तरफ अँधेरा गुप्प है। आम की अमराई के तरफ कुछ नहीं दिख रहा है।

उसकी नजर आगे बढ़ी। अड्डा बाजार की तरफ चार-पाँच टिमटिमाती रोशनी दिखी। वह गौर से देखने लगी। वे अलग-अलग दीये जैसी रोशनी हिल रही हैं। फिर उसे समझ में आया, वे दीये नहीं, मशाल हैं। मशाल अड्डा बाजार से उनके घर की तरफ बढ़ रही हैं। वह सिर से लेकर पाँव तक काँप गई– 'इतनी मशाल लेकर उनके घर की तरफ कौन आ रहे हैं?'

उसने सुना है भिंड-मुरैना की तरफ डाकू गाँव में ऐसे ही हमला करके गाँववालों को लूट लेते हैं, 'मगर वे गाँव से इधर क्यों आ रहे हैं?'

उसको मालूम है, आपसी लड़ाई-झगड़े के कारण भी लोग दूसरों के घर जला देते हैं। कभी-कभी तो पूरी बस्ती में आग लगा देते हैं। लखनऊ, मेरठ, आगरा की तरफ, बहुत जगह

ऐसी घटनाएँ होती रहती हैं। जरा कोई ऊँच-नीच बात हो जाए तो हिंदू-महाजन भंगी-चमारों के घर जला देते हैं, उनकी बस्तियाँ जला देते हैं।

छौआ माँ को याद आया–'पिछले दिनों उसने भी गाँववालों से बहुत हुज्जत की थी। उनको खूब अंड-संड बकी थी– कहीं वे हमसे बदला लेने तो नहीं आ रहे हैं?' जलती मशालें सामने की अमराई की तरफ आ रही हैं। उसने मशालों की रोशनी में देखा काले-काले, मोटे-मोटे आठ-दस आदमी चले आ रहे हैं।

वह घबराकर उठी। दरवाजे के पास जाकर दरवाजा जोर-जोर से ठोकने लगी– "अरी तुलसा, उठ...अरी तुलसा उठ...अरे भागो रे...अरे अपनी जान बचाओ रे...।" वह जोर-जोर से दरवाजा पीटती रही। घर में सब गहरी नींद में सोए हैं। आधी रात बीत रही है। मशाल लेकर लोग बढ़ते चले आ रहे हैं। वह क्या करे, क्या न करे-- समझ नहीं पा रही है। इसी ऊहापोह में वह अपने घर के आगे-पीछे दौड़ी– 'अगर आग लगा दई, तो का होयगो? देशी कबेलू वाले कच्चे मकान हैं। तुरंत आग पकड़ लेंगे। बकरी की सार लकड़ी के पट्‌टों और टट्‌टों की बनी है, तुरंत आग भड़क उठेगी। मेरे बकरा-बकरी जल मरेंगे–' यह सोचते ही घबराकर वह अँधेरे में बकरा-बकरी खोलने के लिए सार में घुसी। तभी ध्यान आया– 'मेरी बेटी तुलसा और मेरे नाती-नातिनों का क्या होगा?' वह घबराहट में फिर घर के आगे-पीछे दौड़ने लगी। 'क्या करूँ...? कैसे करूँ? कैसे सबको बचाऊँ...?'

वह अक-बक होकर पानी ढूँढ़ने लगी– 'अगर घर में आग लगी तो वह पानी डालकर बुझा देगी–' उसने नहानी-घर में देखा-- कुंडा, बाल्टी में थोड़ा-सा पानी है। सामने दरवाजे के बाजू में बनी घिनौंची की तरफ गई। वहाँ पीने के पानी के गुंडी, बटलोई और घड़े खाली पड़े है– 'अब का होयगो, पानी भी नहीं है!'

मशाल घर के पास आ रही है। वह क्षण-भर ठहर गई। उसने अपना मन थोड़ा शांत किया। घबराने से कुछ नहीं होगा– उसका आत्मविश्वास जाग्रत् होने लगा। उसने अपने मन में दृढ़ता के साथ निश्चय किया– 'मैं इनको रोक दूँगी।'

मशालवालों को आगे बढ़ते देख वह दृढ़ता के साथ सामने आ गई। घर से आगे वह अमराई की तरफ बढ़ी। छौआ माँ ने अपने दोनों हाथ बगल में फैला लिये जैसे हाथ फैलाकर ही वह उन्हें रोक देगी। हाथ फैलाए हुए वह और पाँच कदम आगे बढ़ी। उसने ललकारकर कहा, "कौन हो तुम? कहाँ जा रहे हो? क्या करने आए हो?...यहीं रुक जाओ।"

छौआ माँ की आवाज सुनते ही, मशाल लेकर चलनेवालों के तेजी से बढ़ते कदम रुक गए।

छौआ माँ ने फटकारकर कहा, "क्यों आए हो यहाँ? सब यहाँ से चले जाओ...कोई भी कदम आगे नहीं बढ़ायेगो। मेरो जँवाई घर में नहीं है, मेरी बेटी अपने बाल-बच्चों को लेकर घर में सोई है, मैं अकेली बूढ़ी आदमन..."

तभी उसको लगा– 'वह इनसे यह सब क्यों कह रही है?' वह और तन गई। उसने अपने हाथ बाजू में और फैला लिये जैसे सबको एक साथ हाथों से समेटकर दूर फेंक देगी। वह और आगे बढ़कर उनके नजदीक आ गई और निडरता के साथ गुस्से से बोली, "कौन हो तुम? यहाँ क्यों आए हो? यहाँ से सब चले जाओ।"

एक आदमी मशाल लेकर आगे बढ़ा। मशाल के प्रकाश में अपना चेहरा दिखाते हुए वह बोला, "छौआ माँ, मैं गाँव के पटेल के घर का नौकर नारायण हूँ। पहचाना नहीं? मैं नारायण हूँ और ये पटेल के कारिंदे हैं..."

वह एकदम भयभीत हो गई। डरते हुए बोली, "पटेल के घर के कारिंदे मशाल लेकर यहाँ क्या करने आए हैं?" फिर वह भय के साथ चिल्लाई, "हमने कोई को कछु नहीं बिगाड़ो...तुम सब यहाँ से चले जाओ..."

पटेल के नौकर नारायण ने कहा– "अरे दाई माँ, जरा सुन तो सही। हम तोहे लेने आए हैं..." साथ ही वह हँसा।

मशाल की रोशनी में उसका चेहरा बहुत ही विद्रूप लगा। वह डरते हुए उन सबको गौर से देखने लगी। घुटनों तक मटमैली सफेद धोती। बिना बाँह की मटमैली बंडी। बड़ी-बड़ी आँखें, बड़ी-बड़ी मूँछें। कलाइयों में चाँदी के मोटे-मोटे चूड़े, पैरों में मारवाड़ी जूतियाँ– छौआ माँ दो कदम पीछे हट गई।

वह अपने ऊपर लगाए गए झूठे लांछन के कारण गाँववालों से नाराज थी। उसने अपनी बेटी से कसम खाकर कहा था, 'अब वह कभी गाँव का काम नहीं करेगी, जचगी का काम भी नहीं करेगी। किसी के भी बुलाने पर कभी नहीं जाएगी।'

उसने दृढ़ निश्चय के साथ कहा, "नहीं, मैंने यह काम अब छोड़ दियो है। मैं यह काम करने नहीं जाऊँगी..." क्षण-भर के लिए छौआ माँ के मन में विचार आए– 'न जाने किसके घर का बुलौआ है? बेचारी बहू-बेटी मेरी राह देख रही होगी...' उसके मन में दया और ममता की हिलोरें उठने लगीं।

तभी नारायण गुस्से के साथ बोला, "कैसे नहीं जाएगी? चलना ही पड़ेगा। पटेल जी का हुकुम है।"

छौआ माँ को पुरानी बातें याद आईं। मन कड़वा हो गया। कुछ देर पहले का दया और ममता का भाव कठोरता में बदल गया। वह अपनी बात पर अड़ गई, "मैं नहीं जाऊँ...चाहे जो हो जाए...। मैं अब ये काम नहीं करूँगी..."

"दाई माँ, हम तो तोहे लेकर ही जाएँगे..." कहते हुए नारायण मशाल लेकर उसके नजदीक आ गया। पटेल के कारिंदों ने उसे सब तरफ से घेर लिया। छौआ माँ ने देखा, उसके सब तरफ आग ही आग है। आग का धुआँ रात के आसमान को और काला कर रहा है। आग की आँच से जैसी धरती दहकने लगी।

कारिंदे मशाल लेकर उसके चारों तरफ घूम रहे हैं। आग का एक घेरा बन गया है और वह आग में घिर चुकी है। उसे आग के सिवा कुछ भी नजर नहीं आ रहा है। मशाल से चिनगारियाँ निकल रही हैं, जैसे आकाश के तारे टूटकर जमीन पर गिर रहे हैं और जमीन तक आते-आते वे अँधेरे में गुम हो रहे हैं। छौआ माँ को लगा जैसे आग से घिरकर वह भी अँधेरे में गुम हो रही है। उसका सिर चकराने लगा। आँखों में अँधेरा छाने लगा। कान सुन्न हो गए। बोलने-चिल्लाने की शक्ति भी समाप्त हो गई। सब तरफ आग ही आग। न उसे कुछ दिखाई दे रहा है, न कुछ सुनाई दे रहा है। वह फटी-फटी आँखों से आग को देख रही है। आग का दरिया उसके करीब और करीब आता गया।

छौआ माँ को मूर्च्छा आने लगी। वह अपना सिर झटककर होश में रहने की कोशिश करती रही। धीरे-धीरे आग जमीन पर फैल गई और जमीन से आसमान तक उठने लगी। छौआ माँ अकेली छटपटाती हुई जैसे आग से लड़ती रही।

फिर वह बहुत जोर से चीखी। उसकी खुली आँखों में पूरा गाँव समा गया मगर वह कहीं शून्य में विलीन हो गई!

बदबू

सूरजपाल चौहान

उन दिनों संतोष अपने माता-पिता व परिवार के सामने कितना गिड़गिड़ाई थी कि उसे आगे की पढ़ाई जारी रखने दी जाए लेकिन उन्होंने उसकी एक न सुनी। उसे आगे पढ़ाने की बजाय घर में बैठा लिया था। उस समय संतोष की उम्र ही क्या थी? मात्र 17 वर्ष। उसके परिवार के सदस्यों को वह भार लगने लगी थी। अब उन्हें उसकी शिक्षा की नहीं, उसके विवाह की चिंता खाए जा रही थी।

संतोष अपने कस्बे के किसी भी दलित परिवार की पहली लड़की थी जिसने हाईस्कूल की परीक्षा पास की थी। उसके साथ पढ़नेवाली दूसरी लड़कियाँ विभिन्न क्षेत्रों में उच्च शिक्षा प्राप्त करके आज सफलता के शिखर चूमने लगी हैं। सुनीता और कांता मेडिकल शिक्षा प्राप्त करके अलीगढ़ के सरकारी अस्पताल में सेवारत हैं। गाँव के पं. मंगतराम की बेटी आई.ए.एस करके दिल्ली में ए.डी.एम. के पद पर तैनात है।

उस दिन पं. मंगतराम ने भी संतोष के पिता को समझाते हुए कहा था, "किशोरिया, तेरी छोरी पढ़ने में होशियार है, पूरे स्कूल में अव्वल आई है..., मेरी छोरी के संग उसे भी शहर भेज दे, उसके रहने और पढ़ाई का खर्चा भी मैं देता रहूँगा, बस तू एक बार हाँ कर दे।"

किशोरी पर पं. मंगतराम की बातों का कोई असर नहीं हुआ। उलटा नकारात्मक रुख दिखाते हुए वह बोला, "तुम ऊँची जाति के लोग हो..., अपनी जवान होती बेटियों को शहर पढ़ने भेज सकते हो, मैं ऐसा करूँगा तो समाज में मेरी नाक कट जाएगी, बिरादरी के सभी लोग ताली देकर हँसेंगे और कहेंगे कि विवाह योग्य लड़की को शहर पढ़ने भेज दिया..., ना पंडित जी ना, मैं तो अब इसके हाथ पीले करके बेटी-ऋण से मुक्त होना चाहता हूँ।" किशोरी एक रौ में कह गया था।

पं. मंगतराम व गाँव-कस्बे के समझदार लोगों ने उसे बहुत समझाया कि अब पहले जैसी बात नहीं है। दुनिया बदल रही है, दलित समाज के दूसरे लोग भी अपनी बेटियों को उच्च शिक्षा दिलाने लगे हैं लेकिन उसने किसी की नहीं सुनी। उसके ऊपर तो संतोष का विवाह शीघ्र कराने का भूत सवार था। उसने साफ-साफ कह दिया था, "मुझे दूसरों से क्या, दूसरे अपनी बेटियों को कहीं भी पढ़ने भेजें, मैं ना भेजने का इसे इतनी दूर..., फिर हमने संतोष को आगे पढ़ा-लिखाकर कौन-सा कलट्टर (कलेक्टर) बनाना है।" पिता की ऐसी बातें सुनकर संतोष फफक-फफककर रो पड़ी। उसने कई दिनों तक खाना नहीं खाया। वह परिवार के हरेक सदस्य के सामने रिरियाती रही लेकिन किसी ने उसकी नहीं सुनी। अब संतोष के लिए वर की खोज की जाने लगी। सभी नाते-रिश्तेदार और किशोरी के मित्र इस काम में जुट गए। इंटर पास तो क्या भंगी समाज में हाईस्कूल पास लड़का भी ढूँढ़ने में नहीं आ रहा था।

किशोरी के गाँव के दलितों की स्थिति आस-पास के गाँवों के दलितों से बेहतर थी। कारण उसका गाँव अब एक छोटे कस्बे का रूप ले चुका था। किशोरी सवर्णों के खेतों में मजदूरी करता था। घर में भैंस, गाय और कुछ बकरियाँ थीं जिनकी देखभाल संतोष की माँ और उसके बड़े भैया के जिम्मे थी। संतोष के लिए योग्य वर नहीं मिल पा रहा था, इस चक्कर में किशोरी का सैकड़ों रुपया और समय बर्बाद हो रहा था। उसने एक रोज पत्नी से कस्बे के पं. मंगतराम और दूसरे लोगों की बातें याद दिलाते हुए कहा, "समझे यूँ कहवे थे कि अब तो दलित समाज में लड़के और लड़कियाँ बड़ी-बड़ी क्लासों में पढ़ने लगे हैं..., लगभग दो साल होने को आए, हमारी संतोष के लिए तो दसवीं पास भी लड़का ना मिल रहा।"

अब घरवालों का गुस्सा संतोष के ऊपर उतरने लगा। उसकी माँ ने एक रोज झुँझलाकर कहा, "तुझे इतना पढ़ा-लिखाकर तो हमने आफत मोल ले ली, अब बिरादरी में तेरे बराबर पढ़ा-लिखा लड़का ही नहीं मिलता...हमारी तो किस्मत ही फूट गई।" माँ की ऐसी कड़वी बातें सुनकर वह हूक मारकर रो पड़ती लेकिन उसके प्रति सहानुभूति तो दूर, कोई उसके आँसू तक नहीं पोंछता।

आखिर संतोष के मामा बंसी ने दिल्ली में उसके लिए एक लड़का खोज ही निकाला। उसके माँ और पिता भी लड़के को देख आए थे। एक रोज माँ ने संतोष को अपने सामने बैठाकर कहा, "बेटी संता, तेरे लिए दिल्ली में एक लड़का देखा है। है तो कम पढ़ा-लिखा लेकिन पक्की नौकरी करता है..., राज करेगी बेटी राज!" माँ एक साँस में अपनी बात कह गई थी। दस-पंद्रह दिनों बाद घर के दूसरे लोगों की बातें सुनने पर उसे ज्ञात हुआ कि लड़का नौवीं फेल था और दिल्ली में एम.सी.डी. में सफाई कर्मचारी का काम करता है। ये सब बातें पता चलने पर जब संतोष ने विवाह के लिए मना किया तो घर के सदस्यों ने उसे लाल-लाल आँखें दिखाते हुए धमकाया, जिससे उसकी आवाज वहीं दबकर रह गई। संतोष जब परिवार के किसी सदस्य के सम्मुख अपने मनोभावों को प्रकट करती, तो सभी एक स्वर में कहते, "बेटी-धन को अधिक पढ़ाना-लिखाना अच्छा नहीं है, इस लड़की को देखो, सभी के सामने कतर-कतर जुबान चलाती है...इसने तो सारी लाज-शर्म ही उतारकर रख दी।" आखिर वही हुआ जो माँ-बाप चाहते थे। महीने भर बाद उसका विवाह कर दिया गया।

दिल्ली में संतोष की ससुराल त्रिलोकपुरी व खिचड़ीपुर के बीच बनी झोंपड़पट्टी में थी। शादी से पहले ससुराल की जो तस्वीर उसने सँजोकर रखी थी, वह पल-भर में ही धूल-धूसरित हो गई। पति रजिंदर एम.सी.डी. में सफाई कर्मचारी का काम तो करता ही था, उसकी सास शकरपुर व लक्ष्मी नगर के इलाके में मोहल्ले कमाने का काम करती थी। छोटी ननद, डी.डी.ए. मयूर विहार के क्वार्टरों में सारे दिन झाड़ू-पोंछा करती फिरती। जिस दिन ऑफिस से पति की छुट्टी होती तो वह भी अपनी माँ के साथ मोहल्ले कमाने चला जाता। घर के सामने नाले के किनारे उसकी सास और पति ने खुड्डी (सूअर पालने का दड़बा) बनाई हुई थी। उस खुड्डी में कुल छोटे-बड़े छह सूअर रहते थे। कभी-कभी ये सूअर ढो-ढो की आवाज करते हुए घर में घुस आते। गंदे नाले में सूअरों का लोट मचाना, सारी रात उनका चिचियाना, ये सब बातें संतोष के लिए नई थीं। गाँव-कस्बे में रहते हुए उसके पिता ने कभी सूअर पालने का धंधा नहीं किया था। गाँव की खुली हवा और लंबे-चौड़े घर-दगड़ों में उसका बचपन बीता था लेकिन यहाँ गंदे नाले में सूअर और कुत्ते लोट मचाते, चारों ओर गंदगी ही गंदगी फैली थी। गंदगी में से बदबू का उठता भभका! उफ्फ, उसका दम घुट जाता।

संतोष को ससुराल आए दस-पंद्रह दिन भी नहीं हुए थे कि एक रोज उसकी सास ने भृकुटि तानते हुए कहा, "अब कितने दिन नई-नवेली दुल्हन बनकर घर में बैठी रहेगी...कल से मेरे साथ मोहल्ले कमाने चला कर।"

संतोष सास की बातें सुनकर स्तब्ध रह गई। रात को पति से उसने कहा था कि वह मोहल्ले कमाने नहीं जाएगी।

संतोष की बातें सुनकर पति ने मुँह से बीड़ी का धुआँ छोड़ते हुए कहा, "क्यों नहीं जाएगी, घर में हाथ पर हाथ रखे कब तक बैठी रहेगी, आज नहीं तो कल तुझे माँ का काम सँभालना ही है।"

इस बात को लेकर दोनों पति-पत्नी में कई दिनों तक जद्दोजहद चलती रही। आखिरकार एक रोज सुबह-सुबह संतोष की सास उसे अपने साथ ले ही गई। उस दिन साथ में तेरह-चौदह वर्ष की ननद भी थी। ननद झाड़ू-पंजे से पाखानों से मल-मूत्र सँकेलती जाती और सास पानी से पाखाने साफ करती।

सास हरेक घर के सामने बारी-बारी से ऊँची आवाज में कहती, "बीजी, पानी डालो।"

तभी घर से कोई महिला या पुरुष पानी से भरी बाल्टी पाखाने में फेंकता, सास उस पानी से झाड़ू चलाते हुए संतोष से कहती, "बहू, अच्छी तरह से देख ले। अब तुझे ही ये पाखाने साफ करने होंगे।"

घर-घर पाखाने साफ करते-करते सास की सलवार आधी से ज्यादा गीली हो गई थी, कहीं-कहीं तो उसके हाथ-पाँव और शरीर पर भी गंदगी छिटककर लग गई थी। सास को ऐसा करते देख, संतोष को उबकाई आ गई। उसने नाक को अपनी साड़ी के पल्लू से ढक लिया था। सास की नजर जब उस पर पड़ी तो उसने डपटते हुए कहा, "देख बहू, काम से नफरत ना करे, यह तो म्हारा खानदानी काम है..., यदि यह काम हम नहीं करेंगे तो भला कैसे गुजारा होगा म्हारा (हमारा)!"

एक घर की लैट्रिन साफ करते व संतोष की ओर इशारा करते हुए घर की मालकिन से सास ने कहा, "बीजी, यह मेरी पुत-बहू है, रजिंदर की घरवाली...अभी नई-नई है, इसे काम के तरीके सिखाणे लाई हूँ, इब इसे ही यह सब सँभालना है।" सास बिना रुके अपनी बात कह गई थी।

घर की मालकिन ने संतोष के मुख को निहारते हुए पाखाना साफ करती बुढ़िया से कहा, "इमरती, इतनी सुंदर और नई-नवेली बहू से यह सब कराते तुझे अच्छा लगेगा क्या? यह तो दिखने में भी पढ़ी-लिखी लगती है।" मालकिन ने संतोष की झोली में दो रुपए और एक रोटी रखते हुए उससे पूछा, "कितनी पढ़ी-लिखी है तू?"

"हाईस्कूल।" संतोष ने नजरें नीचे झुकाते हुए संक्षिप्त उत्तर दिया।

"अच्छा, हाईस्कूल!" मालकिन फटी-फटी आँखों से संतोष को देखते जा रही थी।

संतोष फिर बुदबुदाई, "सत्तर प्रतिशत अंक आए थे मेरे हाईस्कूल में।"

"सत्तर प्रतिशत..." मालकिन भौचक रह गई। उसे विश्वास ही नहीं हो रहा था कि भंगिन लड़की के इतने अच्छे अंक आ सकते हैं। वह असमंजस की स्थिति में संतोष से फिर बोली, "बेटी, तू यह काम मत करना, अपनी सास और ननद को ही करने दे यह काम।"

"हाय-हाय बीजी, क्या कहन लाग रही हो? तुम तो बहू को उलटा ही पाठ पढ़ाने लगीं, मेरी बेटी की अगले महीने शादी हो जागी (जाएगी)...इब बहू यह काम ना करेगी तो क्या इस

बुढ़ापे में मैं ही खटती रहूँगी?" सास ने हाथ नचाते हुए कहा था। मालकिन बुढ़िया की बात सुनकर चुप रही। उसने इस विषय पर चर्चा करना उचित नहीं समझा।

सारे दिन संतोष के मन में उथल-पुथल मची रही। रात को पति से फिर उसने सीधे-सीधे शब्दों में पाखाने साफ न करने की बात कही। उसकी बात सुनकर पति भड़क उठा था और आग-बबूला होते हुए बोला, "तू नहीं करेगी तो क्या तेरा बाप करने आएगा?" बात करते-करते उसने संतोष को एक थप्पड़ भी जड़ दिया।

वह कुछ देर रोती रही। फिर थोड़ी देर बाद हिम्मत जुटाते हुए बोली– "चाहे मेरी जान चली जाए, पर मैं यह गंदा काम हरगिज नहीं करूँगी।"

"साली, तू कौण सी बणिया या बामण की जाई है, जो यह काम ना करेगी?" पति ने इस बार लात का वार उसकी पीठ पर किया। वह अब पलंग से धरती पर जा गिरी।

संतोष ने अपने को सँभालते हुए कहा, "मैं पढ़ी-लिखी हूँ और फिर यह काम मैंने तो क्या मेरे माँ-बाप ने भी नहीं किया।"

"पढ़ी-लिखी है तो क्या हुआ, ऐसी कौण-सी अनोखी बात है...? मैं भी तो नौवीं फेल हूँ, बीस हजार रिश्वत के दिए थे काम पाने के बदले, तब कहीं जाकर लगी म्यूनिस्पल्टी में झाड़ू की नौकरी! अरे! हम भंगी हैं भंगी..., म्हारा पेशा ही है झाड़ू लगाना।" पति ने चीखते हुए संतोष से कहा।

पति की ऊँची आवाज सुनकर सास और ननद के साथ-साथ पास-पड़ोस के लोग भी इकट्ठे हो गए थे। औरतों की संख्या कुछ अधिक थी। पड़ोसियों को जब सच्ची बात पता चली, तो सभी हैरान थे।

औरतों ने संतोष को ताने मारते हुए कहा, "ऐसा लगे है कि बहू भंगिन नहीं कोई पंडिताइन है! अरे, सास के साथ काम पर नहीं जाएगी तो क्या सारे दिन पलंग तोड़ेगी!"

सारी रात संतोष उधेड़बुन में लगी रही कि अब क्या होगा! सास अपनी जिद पर अड़ी हुई थी।

पति ने इस बार प्यार से उसके सिर पर हाथ फेरते हुए समझाया, "संतोष, बस एक-दो दिन दिक्कत आएगी, फिर धीरे-धीरे अपने आप आदत पड़ जाएगी...। एक बार शुरू तो कर, सब ठीक हो जाएगा।" पति अपनी बात कहकर, एक ओर करवट लेकर खर्राटे भरने लगा।

दूसरी ओर, संतोष की आँखों से नींद कोसों दूर थी। रात-भर करवटें बदलते और सोचते-सोचते उसे पता ही नहीं चला कि भोर कब हो गई। उसकी सास घर के द्वार पर खड़ी होकर टेर लगा रही थी, "अरे, अब कब तक सोती रहेगी? चल उठ और जल्दी से हाथ-मुँह धोकर मेरे साथ काम पर चल।"

आवाज सुनकर रजिंदर भी उठ गया था, उसने लेटे-लेटे संतोष से कहा, "जा अम्मा के साथ, और अब मैं तेरी शिकायत सुनना ना चाहूँ...! अम्मा के साथ काम में मन लगाना शुरू कर दे, इसी में तेरी भलाई है।"

बुढ़िया ने मल-मूत्र उठानेवाली टोकरी संतोष के हाथों में थमा दी और खुद झाड़ू और पंजा उठा लिये। सास के पीछे-पीछे चलते उसके मन में अंतर्द्वंद्व चल रहा था– 'दूसरे समाज के पढ़े-लिखे तो दूर अनपढ़ होकर भी यह काम नहीं करते..., वे दूसरा काम करके अपना जीवन-यापन कर लेते हैं लेकिन यह गंदगी से भरा काम कतई नहीं करते। आखिर हमारी जाति-बिरादरी के लोग ही यह काम क्यों करते हैं?' संतोष के मन में तरह-तरह के विचार आ-जा

रहे थे कि तभी एक घर के पाखाने के समीप पहुँचकर सास ने अपने चिर-परिचित अंदाज में ऊँचे स्वर में आवाज लगाई, "बीजी, पानी डालो।"

सास की आवाज सुनकर संतोष की विचार-शृंखला टूटी। वह सास से दूर हटकर एक ओर खड़ी हो गई। कुछ देर बाद अंदर से बाल्टी भरकर फेंके गए पानी के साथ गंदगी का रेला पाखाने के पिछवाड़े से बहकर सास के कदमों के पास आ गिरा। मल-मूत्र से मिले पानी के छींटों से सास के पैर सन गए थे। संतोष थोड़ी दूर हटकर खड़ी थी लेकिन पानी का रेला इतना तेज था कि कुछ छींटे उसकी साड़ी पर भी आ गिरे। सास ने संतोष को आवाज देते हुए कहा कि वह पानी से मल निकालकर जल्दी से टोकरे में रखे। इस तरह सास ने घर-घर जाकर उससे मल उठवाया। गंदगी और मल से टोकरा बजबजा रहा था और उस पर असंख्य मक्खियाँ भिनभिना रही थीं।

सास ने संतोष की साड़ी पर पड़े मल के छींटों को देखते हुए कहा, "बहू, तू तो एकदम अनाड़ी है, अरे बावली, गू-मूत उठाते समय धोती या सलवार को ऊपर उड़स लिया करें..., चल आज पहला दिन है, कोई बात ना, घर चलकर मुँह-हाथ धोकर कपड़े बदल लियो।"

सास ने मल-मूत्र से भरा टोकरा अब संतोष के सिर पर रख दिया और उसे दूर सड़क पार खत्ते पर फिंकवाने साथ चल पड़ी।

संतोष ने कभी सोचा भी न था कि उसे ऐसा नारकीय जीवन जीना होगा। अब उसकी आँखों से अश्रुधारा बह रही थी। मल-मूत्र से भरे टोकरे से उसके हाथ भी लिथड़ गए। बदबू के मारे उसका बुरा हाल था और सिर फटने को हो रहा था। उसे लगातार उबकाई पर उबकाई आ रही थी। वह अपना सिर पकड़कर एक ओर बैठ गई। सास ने उसकी पीठ सहलाते हुए घर चलने को कहा, उसने सास का हाथ झटककर अपने शरीर से दूर कर दिया। उसे उस समय ऐसा लगा कि उसकी सास उसकी पीठ सहलाने के बहाने मानो उसकी पीठ पर मल-मूत्र पोत रही हो। बस, किसी तरह वह डगमगाती वहाँ से चल पड़ी। घर आते-आते उसकी तबीयत बहुत बिगड़ गई। उबकाइयाँ बंद होने का नाम नहीं ले रही थीं। आते ही सबसे पहले वह नहाने दौड़ी। गुसलखाने में जितना पानी रखा था, सारा का सारा उसने अपने शरीर पर उड़ेल लिया था। कई-कई बार साबुन से रगड़-रगड़कर पूरे शरीर को साफ किया, उसे अब भी ऐसा लग रहा था जैसे उसका पूरा शरीर मल-मूत्र से लथपथ हो। हाथों की उँगलियाँ जो गंदगी से सन गई थीं, उन्हें वह काटकर अलग कर देना चाहती थी। किसी तरह से अपने को सँभालते हुए वह गुसलखाने से बाहर आई।

अब सास गुसलखाने में हाथ-मुँह धोने घुसी। गुसलखाने में पानी की एक बूँद भी न देखकर सास के तन-बदन में आग लग गई। वह संतोष को ताना मारते हुए बोली, "साहबजादी की बच्ची, सारा पानी तूने ही खर्च कर दिया, इब दूसरे क्या तेरे मूत से हाथ-मुँह धोएँगे।"

संतोष के कपाल में तो बजबजाती गंदगी की बदबू चढ़ी हुई थी। नहाने के बाद भी उसे मतली आ रही थी। इसी दौरान सास पड़ोस में जाकर मुँह-हाथ धो आई। पाखाने साफ करने के बदले घर-घर से मिली रोटियों और सब्जी को सास ने एक बड़ी थाली में रखा। एक रोटी पर सब्जी रखकर सास ने संतोष की ओर बढ़ाते हुए खाने को कहा। संतोष सुबह से भूखी थी, रोटी को देखते ही भूख और तेज हो गई। संतोष जैसे ही कौर तोड़कर मुँह की ओर ले जाने लगी कि तभी उँगलियों में दबा वह निवाला उसे पाखाने जैसा लगा। उसे फिर उबकाई आई, हाथ से रोटी दूर जा गिरी। लगातार उबकाई पर उबकाई आने से वह निढाल होकर एक

ओर गिर पड़ी थी। संतोष की हालत ऐसी हो गई थी कि उसे घर में रखी हरेक वस्तु मल-मूत्र से भरा टोकरा ही नजर आती।

एक रोज उसके बड़े भैया उससे मिलने आए। भैया को देखकर वह उनसे गले मिलकर रोई जरूर थी लेकिन किसी भी तरह की बात नहीं की। न ही उसने दूर कस्बे में रह रहे अपने माता-पिता के विषय में कुछ पूछा। भैया बार-बार उससे बात करने की कोशिश करते लेकिन संतोष उनकी किसी बात का कोई उत्तर नहीं दे रही थी। बस, वह गुमसुम ही बनी रही। इसी दौरान उसकी सास ने उसके भैया के लिए खाना लगाया। एक कटोरी में दाल, दूसरी में आलू की सब्जी, तीसरी कटोरी में भिंडी की सब्जी और थाली में रोटियों के साथ दो-तीन तरह का अचार था। संतोष के भैया खुशी-खुशी स्वाद लेकर खाए जा रहे थे। वह मन-ही-मन सोच रहे थे– 'संतोष के ससुरालवाले रहते झोंपड़पट्टी में हैं लेकिन खाने-पीने में कतई कोताही नहीं बरतते, इतनी तरह की सब्जियाँ तो एक साथ उसके सामने आज तक किसी ने नहीं परोसीं!' वह सोचते जाते और स्वाद लेकर खाते जाते।

भैया संतोष को देख-देखकर मंद-मंद मुस्करा रहे थे। यह सोचकर कि उसकी बहन ससुराल में खाने-पीने के मामले में तनिक भी दुखी नहीं है। भला दुखी भी क्यों होगी! जिसके घर में इतने प्रकार की सब्जियाँ एक साथ बनती हों, उसके क्या कहने! अब संतोष पति और सास के सामने कैसे बताए कि यह सब वह और उसकी सास मोहल्ले के पाखाने साफ करने के बदले जुटाकर लाई हैं, वह उस समय मौन-व्रत धारण करके रह गई।

संतोष अनमनी और गुमसुम बनकर रह रही थी। हाँ, अब वह सास के साथ मोहल्ले कमाने लगातार जाने लगी। सास और उसका पति रजिंदर यह सोचकर खुश थे कि बहू काम में जी लगाने लगी है लेकित संतोष की हालत दिन-दिन खराब होती गई। वह सहज होने का पूरा प्रयास करती लेकिन असफल रहती। उस रात तो उसके उदासीन होने की हद ही हो गई। पति उसे बाँहों में लिये हुए उसके शरीर से खेलने में लगा था लेकिन संतोष को जैसे काठ मार गया हो। उसे तो उस समय ऐसा लग रहा था कि उसके अंगों के हरेक हिस्से को गू-मूत से लिथेड़ा जा रहा है। उसे लगा जैसे वह जड़ पत्थर हो गई है।

तीसरा भाग

उपन्यास अंश

उधर के लोग

अजय नावरिया

रिंकू की शादी के समारोह के बाद मैंने वेबर की व्यवस्था एक गेस्ट हाउस में कर दी थी। मैं चाहता था कि वेबर अंबेडकर जयंती के दौरान शहर के कार्यक्रमों में शामिल रहें और लोगों से मिलें।

लेकिन वेबर ने अपना पूरा कार्यक्रम जर्मनी से निकलने से पहले ही 'चाक-आउट' किया हुआ था। 14 अप्रैल को उन्हें नागपुर में होना था। वह अन्य विदेशी विद्वानों की ही तरह काफी व्यवस्थित थे। मैं जानता था कि वह रुकेंगे नहीं और रोकना उचित भी नहीं था।

अपनी भावुकताओं से दूसरों को तंग करना मुझे संज्ञेय अपराध लगता था और आज भी लगता है। हमें भावुकताओं में भी लोकतांत्रिक होना चाहिए पर क्या यह भारतीय माहौल में किसी तरह मुमकिन है? अल्बेयर कामू के 'स्ट्रेंजर' के नायक को लिजलिजी भावुकताओं से मुक्त होने के कारण ही फाँसी की सजा भुगतनी पड़ती है। क्या वाकई तार्किक होने की सजा यह है कि हम अपने ही समय और समाज में अजनबी और बाहरी होने को अभिशप्त हो जाएँ? फ्रांस में कामू का यह अजनबीपन उन्नीस सौ बयालीस में था और धीरे-धीरे आधुनिकता ने उन्हें इससे मुक्ति दे दी थी, पर हम भारतीय कब तक ऐसे ही असभ्य, आदिम और असहिष्णु बने रहेंगे?

''नागपुर में इस महोत्सव को देखना एक अनूठा अनुभव होता है।'' मैंने वेबर से कहा था।

''आप कभी गए हैं वहाँ, इस मौके पर।'' शायद मेरी आँखों में चमक देखी थी उन्होंने।

''बिलकुल, कई बार। यह एक पवित्र यात्रा की तरह है हमारे लिए।''

''शायद हज की तरह।'' वह मुस्कराए थे और कुछ आराम से पसर गए थे कुर्सी पर।

''आनेवाले दस साल में पूरे देश और विदेश के लिए यह शायद ऐसा ही होगा।'' मैंने अपने घुटने के मुड़े हिस्से को दबाया था।

''आमीन...।'' कहते हुए वेबर मुस्कराए थे, ''आप काफी धार्मिक भाव...मतलब मुझे लगता है कि आपका धर्म में...यह मेरा सोचना है...आइ मे बी रांग।'' हिचकते हुए उन्होंने कहा।

''धर्म हमारे समाज की अभी जरूरत है, मिस्टर वेबर।''

मैं कहना चाहता था कि हम सभी, व्यक्तिगत रूप में, नास्तिक भी हो सकते हैं परंतु धर्महीन होकर न जी सकते हैं, न मर सकते हैं। हमारे चाहने, न चाहने के बावजूद हमारा एक धर्म है, जिसमें हम पैदा हुए हैं और मरेंगे भी। ईश्वर हमारी सामाजिक जिंदगी में तुच्छ और नगण्य हो सकता है पर धर्म हमारी पूरी सामाजिक जिंदगी को प्रभावित करता है, कभी-कभी तय भी करता है। धर्म होने के बाद हम धर्म को न मानने का दावा करने के लिए खुले होते हैं परंतु उसकी भी पहली सीढ़ी धर्म का होना है। लेकिन, उस वक्त, मैं इस पर बहस नहीं करना चाहता था।

''धर्म एक सत्ता-विमर्श है?'' मिस्टर वेबर ने मेरी आँखों में झाँका था।

"नहीं...वह पहचान का संघर्ष है और हर संघर्ष बौद्धिक दुनिया में एक विमर्श है।" मैंने जयंत जैसी तटस्थता और सहजता से कहा। यह मैंने जयंत से सीख लिया था आवेश में भी संयत रहना।

"खैर छोड़िए...नागपुर में इस दौरान मुझे कई लोगों से मिलना होगा। आप भी कुछ बताएँ...किन-किन लोगों से मिला जा सकता है।"

वेबर शायद मेरी अनिच्छा समझ गए थे।

"आपकी सूची में कौन-कौन हैं?" मैंने पहले यह जानना उचित समझा कि वह अपना कार्यक्रम स्पष्ट करें।

"बाबूराव बागुल, नामदेव ढसाल, लक्ष्मण गायकवाड़ और शरण कुमार लिंबाले।"

"बहुत ठीक, पर ये सब नागपुर में ही नहीं मिलेंगे, अलग-अलग जिलों में रहते हैं। आपको लोकनाथ यशवंत, प्रज्ञा लोखंडे, उर्मिला पवार और किशोर शांताबाई काले से भी मिलना चाहिए।"

फिर जाते वक्त मैंने उन्हें सभी के पते और फोन नंबर दे दिए थे। मंत्रालय के एक दलित अधिकारी की मदद से उनके नागपुर स्थित गेस्ट हाउस में वेबर के रुकने की व्यवस्था भी करा दी थी।

दस अप्रैल को वेबर नागपुर निकल गए थे। आयशा भी उनके साथ थी। इस बीच उनके काफी दोस्ताना संबंध हो गए थे।

"तुम काफी समझदार हो, फिर भी सावधानी से।" मैंने जाते वक्त उसे, दोस्ताना सलाह दी थी–"वह विदेशी हैं, उन्हें यहाँ के बारे में शायद ज्यादा पता नहीं होगा!"

मैं नहीं चाहता था कि कुछ अप्रिय घटे।

"इनसान हर जगह एक से होते हैं, मास्टरजी।" आयशा ने मेरे सामने विनम्र भाव से कहा था, "मुझे आदमियों से नहीं, औरतों से डर लगता है।"

मैंने उसके दर्द को समझ लिया था।

वेबर के जाने के बाद मैं अपनी जिम्मेदारियों में लग गया था। कई संगठन और कई अकादमियाँ इस मौके पर आयोजन कर रहे थे। दलितों के लेखक संघ अपने पुराने विषयों में नए जोश से जूझ रहे थे। पोस्टर बनाते, पैम्फलेट लिखते और घंटों बहस करते-करते दिन कब निकल जाता, पता ही नहीं चलता था।

लक्ष्य सामने हो तो दिन क्या, जीवन का ही पता नहीं चलता कि कब वह सार्थकता से सरक गया। उद्‍देश्य के अभाव में ही जीवन का प्रत्येक पल सौ-सौ जिंदगियों की लंबाई में बदल जाता है?

वह एक ऐसी ही रात थी। दिन-भर भागते-दौड़ते, कब खाना खाया, कब पानी पिया, कुछ याद नहीं रहा। अपने साथी और शिष्यों के साथ विश्वविद्यालय के ढाबे पर रात का खाना खाया और कमरे पर जाकर, जाने कब, मैं सो गया था।

"हम कब तक सवर्णों के मंचों और पत्रिकाओं की तरफ देखते रहेंगे...हमें अपने मंच खड़े करने चाहिए...मोहनदास नैमिशराय, जनवादी विचार मंच में मुख्य वक्ता के रूप में बोल रहे हैं, वहीं मंच पर राजेंद्र यादव हैं, नामवर सिंह हैं, असगर वजाहत हैं, लिंडा हैस और लॉरा ब्रुएक हैं...हैंस वर्नर वैसलर हैं, विश्वनाथ त्रिपाठी हैं, अनामिका हैं, मैत्रेयी पुष्पा हैं, जयप्रकाश कर्दम हैं, चंद्रभान प्रसाद हैं, तेज सिंह हैं, श्यामलाल जैदिया हैं, कँवल भारती हैं, रूपनारायण सोनकर हैं,

अनिता भारती हैं...राजेंद्र यादव ठहाका मारकर हँस रहे हैं...पाइप से निकला धुआँ उनके काले चश्मे के आस-पास उड़ रहा है...ये राजेंद्र यादव साहित्य की कुलीन दुनिया को भी अपने ही जैसा बनाकर माना...अच्छा किया...नामवर सिंह तुष्ट-भाव से अपनी धोती का सिरा एक ओर से उठाकर, बोलते हुए खैनी की थूक को थूकने के लिए छोटे-छोटे डग भरकर मंच के पीछे की ओर जा रहे हैं। विश्वनाथ त्रिपाठी उन्हें बैठने को कह रहे हैं...मुझ जैसे उभरते लेखक की किताब के लोकार्पण पर आप लोगों के आने से मैं कृतार्थ हो गया हूँ...रूपनारायण सोनकर विनम्र भाव से कह रहे हैं...दलित, स्त्री और अल्पसंख्यकों का साहित्य ही, भविष्य का साहित्य है...राजेंद्र यादव गरज रहे हैं...बड़ी चीज जीवनानुभव नहीं, बोध है...विश्वनाथ त्रिपाठी ने राजेंद्र यादव की बात काट दी है...दलितों का इस वर्ण-व्यवस्था की दाहकता के प्रति अबोध रहना, प्रबुद्ध व्यक्ति के लिए बड़ा कष्टप्रद है...आर्थिक मुक्ति, स्थायी मुक्ति है...कँवल भारती दहाड़ रहे हैं...हमें सामाजिक मुक्ति के साथ-साथ, आर्थिक मुक्ति की लड़ाई भी लड़नी होगी...मैं कबीर के माध्यम से ही, पूरे भारत के यथार्थ को समझ सकी, लिंडा हैस अपने विदेशी लहजे के बावजूद स्पष्ट हिंदी में कह रही हैं...लॉरा ब्रुएक मुस्करा रही हैं...हम औरतों का खुदा मालिक। जेंडर सेंसिटाइजेशन का सबसे उपयुक्त सांस्कृतिक पर्याय मुझे तो मर्दों का मन भाँजना ही सूझ रहा है...अनामिका की आवाज में आभिजात्यपूर्ण लय है...कुछ नहीं फ्रैंड्स हमें इंडिया में सिर्फ डाइवर्सिटी चाहिए, डाइवर्सिटी ही दलित मेनिफेस्टो है...काले कुर्ते और सफेद चूड़ीदार पाजामा पहने चंद्रभान प्रसाद हाथ उठा-उठाकर समझा रहे हैं...डॉ. धर्मवीर आ गए...डॉ. धर्मवीर आ गए...मंच पर राजेंद्र यादव अब भी पाइप से धुआँ उगल रहे हैं...उन्होंने 'आइए-आइए धर्मवीरजी' कहकर साथ की कुर्सी पर हाथ मारते हुए बैठने का इशारा किया है...अरे वाह, आप भी आ गए...नामवर सिंह, पीछे से, छोटे-छोटे डग भरते आ गए हैं और डॉ. धर्मवीर के पास खड़े हो गए हैं...प्रेमचंद की आँखें नीली थीं, वह जार थे, जार थे, जार थे...उन्होंने बुधिया से बच्चे पैदा किए थे...मेरा लेना-देना...सिर्फ कफन कहानी से है...हमने यहाँ आज आपको प्रेमचंद पर नहीं, कबीर पर बोलने के लिए बुलाया है...जयप्रकाश कर्दम कह रहे हैं...हम भी जानते हैं प्रेमचंद सामंत के मुंशी थे...वे इक्के में बैठकर पान खाते हुए, रोज 'हंस' के दफ्तर जाया करते थे...जैसे...जैसे राजेंद्र यादव अपनी टाटा इंडिका में बैठकर ठाठ से पाइप पीते हुए दरियागंज अपने 'हंस' के दफ्तर में जाते हैं...किशन राम का सारथी, उनके इस डी.एल.सी.सी.यू.-2072 नंबर वाले इक्के को हाँकता है...बहुत खूब धर्मवीरजी, बहुत खूब...दलितों की धर्मध्वजा, लज्जा, सब आपके हाथों में है...दर्शक-दीर्घा में बैठा एक दीन-हीन आदमी, एक पैर पर नाचने लगा है...अनिता भारती बता रही है कि यह बंत सिंह है...इसकी बेटी के साथ गाँव के सामंतों ने अपना मुँह काला किया था...इसके विरोध करने पर इसके दोनों हाथ काट दिए थे...वह हवा में अपने टोंटे हाथ उठा-उठाकर नाच रहा है...वह मार्क्सवादी विचारधारा फैलाता था। गाँव-जवार में...सारा समाज लूला है...वह गा रहा है...वेदना भरी भेदती आवाज में...आओ धर्मवीरजी, आओ... डॉ. धर्मवीर के मंच पर आने से दर्शकों में उत्तेजना फैल गई है...अब ये जार-पाठ शुरू करेंगे... एक दर्शक इस पाँत से उठकर दूसरी तरफ वाली पाँत में जाकर बैठ गया है...दर्शक हिल-डुल रहे हैं...कुछ इधर वाली पाँत से उठकर, दूसरी पाँत में जा बैठे हैं...खूब मारा धर्मवीरजी...बहुत खूब! घर में घुसकर मारा...बहुजन डाइवर्सिटी मिशन के ब्रजपाल भारती हिप-हिप हुर्रे चिल्ला रहे हैं...प्रह्लादचंद्र दास और हीरालाल राजस्थानी उन्हें शांति से बैठने को कह रहे हैं...इन लोगों की कहानियाँ-वहानियाँ एकाध पत्रिका में छपती जरूर हैं पर उन्हें पढ़ता कौन है...हम तो ऐसे

ही पलटकर आगे बढ़ जाते हैं...दुनिया भर की तो गालियाँ देते हैं हमें...एक दर्शक अपनी पाँत वाले दर्शक से कह रहा है...महान आजीवक कबीर जारकर्म के खिलाफ हैं...वे दलित औरतों की इज्जत की लड़ाई लड़ रहे हैं...बुद्ध के धम्म में सब बराबर हैं...दलित साहित्य का आधार बौद्ध धम्म है...डॉ. धर्मवीर दलितों के साईं बाबा हैं...डॉ. धर्मवीर चुपचाप तुलसीराम को यह सब कहते हुए, अपने होंठों पर चार उँगलियाँ रखे देख रहे हैं...वह अपने स्वभाव के विपरीत आश्चर्यजनक रूप से चुप हैं...तुलसीरामजी आप रूस की राजनीति काहे नहीं पढ़ाते हैं, यहाँ-कहाँ दलित साहित्य में पैर फँसा रहे हैं...एच.एल. दुसाध दर्शक दीर्घा में उठ खड़े हुए हैं...हमें युवा प्रतिभाओं को प्रोत्साहन देना चाहिए...उड़ने के लिए आसमान देना चाहिए...असगर वजाहत रूपनारायण सोनकर को उनकी आत्मकथा के प्रकाशन के लिए बधाई दे रहे हैं...लारा ब्रुएक और वैसलर भी 'बहुत खूब मि. सोनकर, वैल्डन' कहकर सोनकर को बधाई दे रहे हैं...मुझे खुशी है...कहते हुए राजेंद्र यादव उठ गए हैं...कि मैंने हिंदी की मनुवादी कुलीनता को भ्रष्ट करके जनतांत्रिक बना दिया है...मेरे जीवन का लक्ष्य, मैंने जीते-जी पूरा होते देख लिया...इससे बड़ा सार्थक सुख और क्या हो सकता है...राजेंद्र यादव भारी लेकिन लरजती आवाज में कह रहे हैं... उनकी यह बात सुनकर दर्शक-दीर्घा में से एक भव्य व्यक्तित्व हाथ उठाकर उठ खड़ा हुआ है...उन्होंने थ्री पीस सूट पहना हुआ है...उनके माथे पर विश्व का सारा तेज पुंजीभूत हो गया है...चमचमाते जूतों से ठक-ठक करते हुए वह महापुरुष मंच की तरफ जा रहे हैं...मंच पर सब खड़े हो गए हैं...सब अवाक् और अभिभूत हैं...वह महापुरुष मंच की तरफ बढ़े जा रहे हैं... राजेंद्र यादव पाइप सामने मेज पर रखकर अपने पैर की तकलीफ के बावजूद स्टिक के सहारे खड़े हो गए हैं...डॉ. धर्मवीर उस तरफ लपके हैं...पीछे-पीछे चंद्रभान प्रसाद हैं...महापुरुष ने एक हाथ डॉ. धर्मवीर और दूसरा हाथ चंद्रभान प्रसाद के कंधे पर रख दिया है...चलते हुए वह सीधे राजेंद्र यादव के पास जा खड़े हुए हैं...तुमच्या सहयोगा साठी धन्यवाद राजेंद्र...महापुरुष ने कहते हुए राजेंद्र यादव को अपनी अँकवार में भर लिया...बाबा साहेब अंबेडकर अमर रहें...गरीबों के मसीहा डॉ. अंबेडकर अमर रहें...महामानव अंबेडकर अमर रहें...सभा में बहुत सारे बच्चे नारे लगा रहे हैं...बहुत सारे बच्चे महापुरुष को छूने के लिए दौड़े जा रहे हैं...बहुत सारे बच्चे महापुरुष के पैरों में लिपट गए हैं...कुछ बच्चे महापुरुष के कोट की जेबों में से चॉकलेट, टॉफियाँ और किताबें निकाल रहे हैं...महापुरुष हँस रहे हैं...खिलखिला रहे हैं...प्रेम, शांति और तेज से सराबोर उनका चेहरा दिपदिपा रहा है...*मैं अकेला ही चला था जानिबे-मंजिल मगर लोग आते गए कारवाँ बनता गया*...असलम शेर पढ़ने लगा है...*जबाँ हमारी न समझा यहाँ कोई मजरूह, हर अजनबी की तरह अपने ही वतन में रहे...हमको मिटा सके यह जमाने में दम नहीं हमसे जमाना खुद है जमाने से हम नहीं*...असलम शेर पढ़े जा रहा है...मैं असलम के ऊपर उड़ रहा हूँ...बड़े-बड़े डैने...बड़ी मुड़ी चोंच बाज जैसी...काँव-काँव-काँव...कौए जैसी आवाज...कबूतर से लंबा कुछ कद... यह मैं कैसा हो गया...मैं उड़े जा रहा हूँ...रात खत्म होने को है...अँधेरा तेज गहरा रहा है... काँव-काँव-काँव...मैं मुहल्ले के एक घर की मुँड़ेर पर बैठ गया हूँ...वाल्मीकि मुहल्ला...लगभग पूरा मुहल्ला नींद में बेसुध है...पंद्रह-बीस घरों में रोशनी जल रही है...बाबा साहब की जयंती है आज, उठो जागो...दस-पाँच लोग हर घर का दरवाजा पीट रहे हैं...एडवोकेट भगवानदास आगे-आगे चल रहे हैं...कोई बाहर नहीं निकल रहा...सब सोए हैं...अरे, सोने दे भाई, रात-भर देवी नाची है मेरे पर...एक जनाना आवाज भीतर से आ रही है...भागो यहाँ से हमारा काए का अंबेडकर...एक मर्दाना कर्कश स्वर कहीं से आ रहा है...

जय भंगी, जय चमार...जो इसे रोके करो पलटवार...बाहर खड़े लोग नारे लगाने लगे हैं...हम भंगियों का भी वही देवता है...जागो-जागो...काँव-काँव-काँव...मैं उड़ चला हूँ...जाटवपुरा...लगभग पूरा मोहल्ला रोशन है...पक्के आलीशान घरों में रोशनी गुल है...बाबा अंबेडकर अमर रहें...उन्हीं की बदौलत हमें नई जिनगी मिली है...जिनावर से बदतर समझते थे हमें...माँ बेटी के बाल काढ़ रही है...बेटी की आँखों में सपनों की झिलमिल है...बाहर ट्रक घर्र-घर्र कर रहे हैं...चंदा कुछ थोड़ा पड़ गया नहीं तो बीस की जगह पचास ट्रक कर सबको भर ले जाते...एक मर्दाना आवाज दूसरे से कह रही है...दिल्ली दूर भी तो है भैया...सबन ने ले जानो थोड़ो मुसकिल भी है...सुनो है संसद भवन पर भौत बड़ो मेलो भरतो है...तुम क्या पहली बार जा रहे हो...हाँ भैया, पैले तो कभी मिहनत-मजूरी से बखत ही ना मिलो अबके ठान लेई थी मैंने...ये बड़ी-बड़ी कोठिन वाले ना जाँगे का...इनन ने बाबा साब ते लेनो-देनो ना है का...अरे भाई, ये रईस लोग हैं...ये खुद को बाबा साहब से बड़ा मानने लगे हैं...इन्हें छोड़ दो...ये हिंदू लोग हैं...जागरण करते हैं...चौकियाँ लगाते हैं...काँव-काँव-काँव...ये तो मेरा मोहल्ला है...सामने बोर्ड लगा है...मोहल्ला खटीकान...धनपत सब्जी खरीदने मंडी जाने की तैयारी में है...काँव-काँव-काँव...मैं धनपत के सामने जा खड़ा हुआ हूँ...धनपत मेरा फुफेरा भाई मुझे कँकड़ी मारकर भगा रहा है...वह मुझे पहचान नहीं रहा...रामधन छुरी लेकर बकरे काटने में लगा है...मुझे अपनी तरफ बढ़ता देख उसने मेरी तरफ पत्थर फेंका है...वह भी मुझे पहचान नहीं रहा है...मेरी बोली समझ नहीं रहा है...मैं उन्हें बताना चाहता हूँ कि आज बाबा साहब की जयंती है...पर व्यर्थ...सतगुरु दुर्बलनाथजी महाराज की जय...हुजूम-का-हुजूम एक पालकी लिये बढ़ा जा रहा है...पालकी में एक पंछी लेटा है...वृद्ध और घायल...बड़े-बड़े डैने...बड़ी मुड़ी चोंच...बाज जैसी...कबूतर से लंबा कुछ कद...काँव-काँव-काँव...मेरी आवाज सुनकर उन्होंने भी धीमी और वृद्ध आवाज में जवाब दिया है...

वह वृद्ध पंछी बोल रहा है...बाबा साहब अमर रहें...भीड़ स्तब्ध हुई और फिर नारे लगाने लगी...बाबा साहब अमर रहें...दुर्बलनाथजी अमर रहें...कुछ लोग जै माता की, जै माता की, जै माता की चिल्लाने लगे हैं...साँचे दरबार की जै...भोले बाबा की जै...भैरू बाबा की जै...दारू की बोतलें निकल आई हैं...सब चढ़ा रहे हैं...हम आजाद हो गए...हम चार्वाक हैं...हम किसी के गुलाम नहीं...सब मोहल्ले एक हो गए हैं...हाथ की बोतल छूटकर मेरे पास छन्न से आ गिरी..."

झटके से मेरी आँख खुल गई। सामने गुलमोहर के पेड़ पर चिड़ियों का राग-प्रभात जारी था। अलसाई आँखों से बाहर के नीम-उजाले की तरफ देखा। नींद भरकर नहीं आई थी और शरीर में टूटन बाकी थी, फिर भी मैं जी कड़ा करके उठ गया।

थमेगा नहीं विद्रोह

उमराव सिंह जाटव

अगले दिन बाबा, मैं, चाचा-चाची, उनके बच्चे सब गिरजा गए और वहाँ मैं और बाबा ईसाई बन गए। बाबा का नया नामकरण हुआ खीस्तदास और मेरा मारथा।

हम सबके अलावा कोई आठ-दस और लोग थे चर्च में। पादरी ने पहले तो प्रार्थना की...

"पिता और पुत्र और पवित्र आत्मा के नाम पर–आमीन!"

"प्रभु यीशु की कृपा और मुहब्बत हम सबके साथ हो!"

"धन्य है प्रभु यीशु!"

"आमीन!"

फिर एक भजन गाया। अब ठीक से तो मुझे याद नहीं लेकिन ईसा मसीह की प्रशंसा में था। काफी लंबा चला था आयोजन, लगभग घंटे-भर चला होगा। कई बार हम सब उठकर खड़े हुए और कई बार बैठे। न जाने कितने ही बार आमीन-आमीन किया। अंत में–

"हे हमारे पिता, तू जो स्वर्ग में है, तेरा नाम बढ़े, तेरा राज्य आए, तेरी मर्जी जैसे स्वर्ग में पूरी होती है वैसे ही यहाँ भी पूरी हो, हमारा रोजाना का भोजन हमें आज दे, हमारी गलतियों को माफ कर जैसे हम भी अपने अपराधियों को माफ करते हैं, हमें आजमाइश में न डाल और हमारी हिफाजत कर। आमीन!"

यह मुझे इसलिए सशब्द याद है क्योंकि इस प्रार्थना के एक वाक्य पर मुझे बड़े जोरों से हँसी आ गई थी और पादरी ने मुझे बड़ी ही खूँखार नजरों से देखा था, उसमें क्रोध, उपहास, विद्रूप और प्रेम एक साथ लक्षित था। उस प्रार्थना में जब पादरी ने कहा, 'हमारा रोजाना का भोजन हमें आज दे', तो भई, मैं तो अपनी हँसी किसी प्रकार न रोक पाई थी। हम गरीब तो अपनी गरीबी के कारण प्रतिदिन आज की ही रोटी का इंतजाम कर पाते हैं और कल की रोटी का कोई भरोसा कम ही रहता है लेकिन खूब अच्छे वस्त्रों में सजे-धजे, खाए-पिए और अमीर दिख रहे ये लोग क्यों केवल आज के ही भोजन का आश्वासन परमात्मा से माँग रहे हैं।

हमारे सिरों पर हाथ रखकर पादरी ने और एक बार प्रार्थना की और कहा कि हमारा बपतिस्मा हो गया था और हम लोग अब ईसाई थे। कहा–ईसाई समाज में हमारा स्वागत था।

हम सब चाचा के घर लौट आए तो मैंने अपनी शंका, कि केवल आज का ही भोजन क्यों माँगते हैं, चाची के सम्मुख प्रकट कर दी। चाची बहुत ही गंभीर किस्म की ईसाई होते हुए भी इसे सुनकर फिक्क करके हँस पड़ी, दाँतों में साड़ी का छोर दबाकर और हँसी को दबाने के व्यर्थ प्रयास को रोकते हुए बोली, "अरी, कल का भोजन कल फिर माँगेंगे। इस प्रकार प्रभु से तार जुड़े रहते हैं। पूरे जन्म के भोजन का इंतजाम एक दिन की प्रार्थना में ही यदि हो गया

तो कौन फिर उसके द्वार जाएगा। जिसको स्वयं बनाया है उस इनसान की फितरत को खुदा खूब समझता है, इसलिए आज के खाने-भर का इंतजाम करने को तैयार होता होगा, जोखिम क्यों लिया जाए!" चाची लीला ने कहकर मेरा कान खींचते हुए लेकिन पूरी ममता उँड़ेलते हुए मुझे समझाया, "अरी, पागल! अपने चाचा से यही सब मत पूछ बैठना।"

खैर, सिकंदराबाद लौटने से बाबा ने स्पष्ट इनकार कर दिया और चाचा हैरीसन से बुलंदशहर में ही कुछ काम का जुगाड़ करने की प्रार्थना की। चाचा ने बाबा को एक अंग्रेज अधिकारी के घर पर सफाई के काम पर लगा दिया और इस प्रकार बाबा जो धर्म की दमनकारी सोच को धकियाते हुए अपने भंगी के काम को त्यागकर आरियासमाजी बने थे वही ईसाई होकर भी आखिरकार फिर से उसी भंगी की 'जून' में जा पड़े।

युवा हो चुकी बेटी के साथ अलग से मकान लेकर रहने की बेतुकी बात को चाचा ने कठोरता से काटकर कहा, "मेरे ही घर में रहो, युवा हो रही बेटी को अन्य स्त्री के पथप्रदर्शन और साहचर्य की आवश्यकता होती है। अब तुम ईसाई हो, बेटी के लिए वर अब तुम्हें ईसाई समाज से ही खोजना होगा। सिकंदराबाद में भी ईसाई हैं और चर्च भी हैं लेकिन बहुत छोटा, तुम्हारा मुहल्ला भी कोई न कोई अड़ंगा लगा ही सकता है खीझ में।"

बाबा पुनः भंगी के भंगी तो अवश्य हो रहे थे लेकिन उनको इसका तनिक भी मलाल न था। विशेषतः मुझे समझाकर कहते, "ईसाई होकर भी भंगी अवश्य हूँ लेकिन अछूत नहीं हूँ। एडवर्ड साहब की टट्टी अवश्य कमाता हूँ लेकिन कैथवाड़े में जिस प्रकार दीनता-हीनता को दर्शाती और अपने आपको शर्मसार करती तुम्हारी माँ जिस प्रकार उनके गू-मूत साफ करके भी भीख याचना जैसी करती चार रोटियों की प्रतीक्षा में उनके दरवाजे पर धरती पर बैठकर गुहार करती थी, वह यहाँ न करना पड़ता है। उनके और छह नौकर हैं, लॉन में साहब के बिस्तर से उठने से भी बहुत पूर्व वे कुर्सी डाल देते हैं लेकिन एडवर्ड साहब चाय हमेशा खड़े-खड़े ही पीते हैं। चाय पीते-पीते ही कहते हैं, 'हेय, डेविड, गुडमॉर्निंग। हात डोकर इडर में आओ। हमको डिकाओ। तुम हिंदुसतानी आडमी बोत गंडा हाय। फस्ट में हाट साफ करो फिर बाकी सरवैंट के साठ में चाय पियो।' बाकी ईसाई कलीसिया और समाज तो मुझे पुकारता है 'खीस्तदास' लेकिन साहब हमेशा पुकारते हैं 'डेविड'। पहले मैं सोचता था मेरे प्रति उपहास भाव के कारण पुकारते होंगे लेकिन नहीं, सद्भाव से ही मुझे उन्होंने 'डेविड' नाम दे दिया है। कुछ अंतर तुम्हें दीखता है कि नहीं? इसीलिए कहता हूँ कि भंगी हूँ लेकिन अछूत नहीं हूँ। इसीलिए भंगी का काम करके भी मुझे तनिक सी भी घिन नहीं आती है।"

खैर, बाबा के भाग्य में ईसाई होकर भी सुख न लिखे थे लेकिन बाबा के भाग्य को मेरा इस प्रकार परिभाषित करना कदाचित् उचित नहीं है क्योंकि ईसाई बनकर बाबा के जीवन में सुख के क्षण यदि आने थे तब भी वे उन्हें भोगने के लिए अधिक दिनों तक जीवित न रहे। एडवर्ड साहब के पहले से ही उपस्थित छह नौकर साहब के घर से अंग्रेजी शराब चुराकर पीने के आदी थे, उनमें बाबा और एक शराबी जा जुटे थे। कई वर्षों के लंबे अंतराल के पश्चात् जो बाबा ने फिर से पीना प्रारंभ किया तो जैसे सारी सीमाएँ तोड़कर! प्रायः ही वे साहब के घर से कमाकर जब रात में आते तो पूरी तरह धुत्त होकर। हैरीसन चाचा समझाने का बहुतेरे जतन करते लेकिन सब व्यर्थ। कभी-कभार बहुत पीकर अर्धबेहोशी की हालत में बड़बड़ाते, 'ओम...शांति...' और अपनी अर्धबेहोशी की हालत में भी अचानक जैसे जागकर अपने मुँह पर चाँटों की बरसात करते चिल्लाने लगते।

चर्च भी श्रद्धा के साथ जाते थे, बढ़-चढ़कर ईसा मसीह के भजन भी गाते थे। घर में भी प्रतिदिन भोजन के दोनों समय पहले प्रार्थना करते, हमारे आज का भोजन हमें आज दे भी कहते, जिस पर मैं पहले दिन चर्च में हँस पड़ी थी। हर इतवार को हम सब सज-धजकर चर्च जाते थे। धर्म के प्रति और चर्च के प्रति बाबा की श्रद्धा दिनोदिन बढ़ रही थी लेकिन बहुत ही विचित्र रूप में बाबा शराब पीकर कभी भी ईसाइयत की कोई बात मुँह से न निकालते थे, अर्धबेहोशी की हालत में उनके मुख से केवल 'ओम...शांति...' ही निकलता था जिसके पश्चात् वे अपने आपको प्रताड़ित करते थे और उस धर्म को गालियों से नवाजते थे।

हमारे अच्छे दिन बीत रहे थे लेकिन ईसाई होकर भी जाति-भेद ने पीछा न छोड़ा था। ईसाइयों में भी ऊँच-नीच की दरार उतनी ही गहरी और अभेद्य थी। भाईचारा बस चर्च में, ईसाइयों के मेले-त्योहारों, साथ उठने-बैठने, खाने-पीने तक ही सीमित था। भंगी भंगी ही थे, बस अछूत न थे। रोटी-बेटी का रिश्ता अन्य ईसाइयों के साथ हम भंगी बने ईसाइयों का असंभव और अचिंत्य था। छूत-छात लेकिन तनिक सी भी न थी, सभी साथ उठते-बैठते, खाते-पीते, उस परमात्मा के द्वार पर एक साथ सिर झुकाते थे। हिंदुओं के समान अपने-अपने अलग मंदिर न थे, ना ही उनमें प्रवेश वर्जित था लेकिन फिर भी इतना निश्चित था कि हम भी तथा बाकी का सारा का सारा ईसाई समाज भी एक सुखी और हँसी से खिलखिलाता समूह था। उसमें ऊँच-नीच तो थी लेकिन इस समाज में शोषित और शोषक कोई न था, न कोई अछूत था, न कोई स्पर्श्य था। इस समाज में ऊँच-नीच तो थी लेकिन यह ऊँच-नीच इन देसी ईसाइयों तक सीमित थी जो ईसाई बनते समय हिंदू धर्म से इसे अपशिष्ट के रूप में साथ लेकर आ गए थे, जिस प्रकार गंदगी का कीड़ा गंदगी में ही सुखी रहता है लेकिन फिर भी यह समाज इस हिंदुत्व के अपशिष्ट को लपेटे रहने के उपरांत भी बेहद सुखी था। मैंने देखा मेरे बाबा के समान ही, जो भी उस धर्म के मानवमात्र को अस्पर्श्य और स्पर्श्य के वाहियात बंधनों को धकिया-कर उस पाले से इस पाले में आ गए थे, सबके सब सुखी थे। सुख के वे दिन इस प्रकार कोई छह माह चले।

मेरा आहत तन और मन जैसे बिसरे अतीत की बातें हो गईं मेरे लिए। मानव तनवर्धन प्रकृति के विधि-विधान में बँधा, मन से लगभग निःस्पृह रहकर, अपने आप पल्लवित होता चलता है। चर्च में अपने ही भंगी समाज का एक लड़का अनायास भी और प्रयत्न करके मेरे समीप ही बैठता था। काले रंग की सीमा को छूता हुआ उसका गेहुँआ रंग था। किसी साहब के यहाँ वह सफाई करता था। सिर पर अंग्रेजी काट के लंबे-लंबे बाल रखता था और उन्हें गर्दन में हल्का सा खम देकर जब झटकता था तो मुझे बहुत अच्छा लगता था, मेरा दिल जोरों से धड़कने लगता था। बगल में बैठे बाबा, चाची-चाचा से नजरें बचाकर मैं उसे देख लेती थी। बस आपसी ताँक-झाँक तक का रिश्ता बन गया था हम दोनों में। अगले रविवार की प्रतीक्षा में मेरे दिन अजब व्याकुलता में कटने लगे थे। चर्च में न तो मेरा ध्यान 'आज की रोटी आज दे', में रमता था और ना ही पादरी के सारी कलीसिया को पाप न करने के आदेश से डरता था। उसका नाम तक मुझे पता न था।

मेरे सुख के वे दिन एक झटके में ही समाप्त हो गए, लगा जैसे मेरी माँ ने और एक बार आकर मुझे सुबह-सवेरे की सुनहरे सपनों भरी नींद से झोंटा पकड़कर उठा दिया हो। उस दिन सनीचर का दिन था, मैं चाची के साथ पीतल के लोटे में अंगार भरकर इतवार के लिए कपड़ों पर इस्त्री कर रही थी। पिछला लगभग एक घंटा मैंने और चाची ने इस विचार-विमर्श में गँवाया

था कि कल चर्च में कौन से वस्त्र पहने जाएँ। अभी केवल दोपहर ही ढली थी, बाबा के और चाचा हैरीसन के आने में बहुत देर थी। इतवार को चर्च जाना एक मेले-ठेले जैसा ही आनंदमय आयोजन हुआ करता था, प्रार्थना के पश्चात् ईसाई समाज में खूब मेलजोल और गप्पबाजी होती थी। मैं पुलकित थी कि लंबी प्रतीक्षा के पश्चात् आखिरकार इतवार आ ही गया था, उसके समीप बैठने को मिलेगा, सोचकर ही मेरा रोआँ-रोआँ मानो प्रसन्नता से नाच रहा था।

भोजन में आज रात क्या कुछ बनाया जाए, इस पर चाची मेरी राय ले ही रही थीं कि हैरीसन चाचा ने हड़बड़ाए घर में प्रवेश किया। बिना एक भी क्षण गँवाए चाचा ने हम दोनों से कहा, "यह सब छोड़ो, अस्पताल चलो।" बिखरे पड़े घर के सामान को स्वयं ही बटोरकर चाची की सहायता करने लगे।

चाची ने सामान सँभालना छोड़ पूछा, "हुआ क्या है?"

"तुम घर में ताला डालो और चलो।"

चाचा की हालत देखकर मेरे और चाची दोनों के ही होश उड़े हुए थे लेकिन और कुछ पूछना उचित न समझा। बाबा के विषय में तो हम दोनों को ही कोई आशंका न थी। भागे-भागे जब अस्पताल पहुँचे तो कई सारे, हमारे ईसाई समाज के लोग, वहाँ उपस्थित थे। एक जैकब नाम के अधेड़ व्यक्ति, जिन्हें मैं चाचा पुकारती थी, ने हैरीसन चाचा को एक ओर ले जाकर कहा, "साहब के बँगले पर ही खत्म हो गए थे लेकिन साहब ने कहा लेकर जाओ तो ले आए हैं। धीरज से काम लो। यह सोचो कि इसकी बेटी को कैसे बताओगे?"

कहा तो कानाफूसी में था लेकिन मैंने उसे स्पष्ट सुना। बाबा का नाम तो न लिया था लेकिन मुझे पूरा-पूरा अंदेशा हो गया था इसलिए झपटकर उन दोनों के पास गई। हैरीसन चाचा ने मुझे लगभग खींचकर अपनी छाती से लगा लिया। सब कुछ क्षण-भर में ही मेरी समझ में आ गया। चाची लीला ने भी रोना शुरू कर दिया, मैं तो रो ही रही थी, चाची और मैं बार-बार पूछ रही थीं, ''क्या हुआ...क्या हुआ...''

"वह सब बताने के लिए बहुत समय पड़ा है, पहले साहब को खबर करनी पड़ेगी।"

साहब का बँगला अस्पताल से कुछ खास दूरी पर न था। चाचा उन्हें बताकर मिनटों में ही लौट आए। उनके आते ही उपस्थित जनों में फुसफुसाहट में विचार-विमर्श हुआ।

बस घंटे-भर के भीतर ही बाबा को दफना दिया गया। घर जब तक लौटे तब तक रात हो गई थी। हैरीसन चाचा कभी-कभार ही पीते थे लेकिन घर पहुँचते ही उन्होंने बोतल खोल ली। मैं कभी रोती कभी रुलाई रोककर उन्हें पीते देखती। जब दो-तीन पेग उन्होंने पी लिये तब जाकर वे सहज हुए। उसके पश्चात् जो कुछ उन्होंने बताया—

एडवर्ड साहब के घर से चुराकर शराब पीना पुराने छहों नौकरों की आदत थी और बरसों से निरंतर चल रहा था। मेरे बाबा पीते तो थे और आजकल तो मात्रा की कोई सीमा ही न रही थी लेकिन चोरी की नहीं। चोरी को वे पाप समझते थे। ऊपर से हर इतवार को चर्च में जो उनकी श्रद्धा बढ़ती जा रही थी और पादरी जो बाइबिल से पढ़कर सुनाता कि किस प्रकार दस नियमों में कठोरता से कहा गया है कि चोरी करना पाप है, उसने और अधिक उन्हें साहब के घर में व्याप्त तथा नौकरों द्वारा किए जा रहे पाप के विरुद्ध कर दिया। पिछले कितने ही महीनों से वे साथी नौकरों को समझाने का प्रयत्न कर रहे थे लेकिन जब न केवल वे चोरी के इस पाप से विरत हुए बल्कि बाबा को उनकी जाति विशेष का नाम लेकर कोंचने भी लगे तो उन्होंने सारी खबर साहब को दे दी। उन दिनों अंग्रेज ही कानून थे हिंदुस्तानियों के लिए, सो

साहब ने पहले तो स्वयं शराब पी और फिर एक-एक को बुलाकर हंटर से पीटा। इतना पीटा कि उनमें से एकाध तो अधमरा ही हो गया और साहब ने ही उसका इलाज कराया।

कोई महीना-भर सब कुछ शांत रहा। आज उन सबने बाबा को घेरकर सर्वेंट क्वार्टर में बहुत मारा। इरादा उनका चाहे जो भी रहा हो लेकिन उनकी मार से गश खाकर बाबा जो गिरे तो धरती पर पड़ी टेढ़ी-मेढ़ी एक सरिया उनकी छाती के आर-पार हो गई। बस हल्की-सी एक हिचकी-भर आई उन्हें और तुरंत ही उनका प्राणांत हो गया। साहब को पता चलना ही था। उन्होंने आकर स्वयं भी देखा, अस्पताल भी उन्हीं ने भिजवाया।

अंग्रेजों का राज था, ज्ञात-अज्ञात सब कुछ दबा दिया गया। नौकरों का क्या हुआ, यह प्रासंगिक नहीं है, मैं कैसे फिर से भंगियों में आ पड़ी, वही प्रासंगिक है।

'जैसे उड़ि जहाज़ को पंछी, पुनि जहाज पै आवै' और कोई राह-बाट दूर-दूर तक भी जब नजर नहीं आती है, उड़-उड़कर डैने थकान से जब टूटने को हों, नीचे गिर पड़ना जब अवश्यंभावी हो जाए तब बंधनों को स्वीकार कर जहाज पर लौटना ही पड़ता है। सारी साफ-सफाई और प्रयत्नों के पश्चात् भी ईसाई बिरादरी में यही खबर फैली कि मेरे बाबा को साहब ने चोरी करते पकड़ा था और साहब की पिटाई से वे मारे गए। हैरीसन चाचा ने साहब के सामने फरियाद की; लेकिन उन्होंने स्थिति को स्पष्ट करने में कोई रुचि न दिखाई। बात तो यहाँ तक फैली, कि क्योंकि बाबा हैरीसन के घर रहते थे इसलिए जिन साहब के घर वे काम करते थे, वे हैरीसन चाचा को काम से बेदखल करने की सोच चुके थे।

किस प्रकार हैरीसन चाचा ने अपने मालिक साहब का विश्वास फिर से जीता, ज्ञात नहीं लेकिन एक दिन अचानक ही उन्होंने मेरी बिसर गई फूफी को बुला भेजा और मुझे हैरीसन चाचा ने फूफी को सहेज दिया। फिर से मैं फूफी के घर पहुँच गई। फूफी ने लेकिन इस बार मुझे भला-बुरा न कहा। इतना फूफी ने अवश्य मुझसे कहा, "बेटी, सिकंदराबाद और ईसाइयों को भूल जा और खबरदार, जो तूने अपने ईसाई बनने की बात और सिकंदराबाद में घटी उस दुर्घटना को किसी के सामने उजागर किया तो!"

छप्पर

जयप्रकाश कर्दम

दिन-भर कुछ नहीं खाया-पिया दोनों में से किसी ने भी। सुक्खा की थाली में जो दो-चार रोटी पड़ी थीं उनमें से एकाध को चूहे घसीट ले गए और बाकी को कुत्ता मुँह में दबाकर ले गया। आटे की जो लोथ बची रह गई थी, उसे एक कुतिया आकर खा गई लेकिन रोटी ले जाते या लोथ खाते इन कुत्तों को न सुक्खा ने टोका, न रमिया ने। जब सब कुछ ही जा रहा है हाथ से तब इन दो रोटियों से ही क्या होगा! रमिया झोंपड़ी में पड़ी-पड़ी आँसू बहाती रही और सुक्खा बाहर खाट पर कभी लेटते, कभी बैठते, कभी आकाश की ओर ताकते और कभी जमीन कुरेदते विचारों के खाई-खड्डों में उठता-गिरता रहा।

साँझ हो आई थी। दिन-भर का थका-माँदा सूर्य भी विश्राम के लिए लौट चला था। सुबह-सवेरे ही जंगल को गए कमेरे घर लौटने लगे थे। पक्षियों का कोलाहल और बच्चों की धमा-चौकड़ी बढ़ चली थी लेकिन सुक्खा और रमिया दोनों बेसुध-बेखबर से अपने आपमें उलझे हुए थे। दिन-भर की उदासी और जद्दोजहद से रमिया ही पहले उबरी। निराशा के अंधकार से निकलने के लिए एक उपाय उसके दिमाग में आया। वह अनमनी-सी उठी और सुक्खा के पास आकर बोली, “चंदन के बापू!”

“ऊँ, हाँ!” रमिया की आवाज ने सुक्खा की भी तंद्रा तोड़ दी।

“ठाकुर साहब की ही खुशामद करके देख लेते एक बार! वह चाहें तो सब कुछ ठीक हो सकता है।” उसने अपने मन की बात सुक्खा के सामने रखी।

जैसे किसी जहरीले सर्प ने डस लिया सुक्खा को, “क्या कहा...ठाकुर साहब के पास? भूल गई क्या...?” और अतीत उसकी आँखों के सामने घूम गया।

चंदन जब शहर पढ़ने गया था तो जैसे भूचाल आ गया था सारे गाँव में। ब्राह्मण-ठाकुर सबके कान खड़े हो गए थे। एक अनहोनी बात हो गई, अनहोनी ही नहीं जैसे बड़ा भयंकर अनर्थ हो गया। ब्राह्मण और ठाकुरों से लेकर लाल-साहूकार तक सब हैं इस गाँव में और बड़े-बड़े पैसे और हैसियतवाले, पर आज तक किसी का बेटा शहर पढ़ने नहीं गया लेकिन सुक्खा चमार का बेटा पढ़ने शहर चला गया। नाक कट गई सबकी। सबके सिर पर मूत दिया एक चमार ने। पहले हल्की-हल्की सुगबुगाहट हुई लोगों में फिर स्वर तीखा होता गया।

सबसे पहले काणे पंडित से मुकाबला हुआ सुक्खा का। काणे पंडित का असली नाम श्रीराम शर्मा था। पर बचपन में ही चेचक में एक आँख चली गई थी तब से उसे काणाराम कहा जाने लगा। तीसरे दर्जे तक पढ़ा था काणाराम। पंडित-पुरोहिताई का पुश्तैनी धंधा था इसलिए धार्मिक अनुष्ठानों के नाम पर जो कुछ किया-कराया जाता है, काणाराम ने भी वह सब सीख लिया था। थोड़े से संस्कृत के श्लोक भी कंठस्थ कर लिये थे उसने। पिता की मृत्यु

के पश्चात् उसने भी आजीविका के लिए यही पैतृक धंधा चुना। इसके सिवाय और कर भी क्या सकता था वह। पढ़ा-लिखा इतना था नहीं कि कहीं नौकरी पा जाता और नौकरी के अलावा मेहनत-मजदूरी या कोई अन्य कार्य करना ब्राह्मण होने के नाते न तो उसके लिए सम्मान की बात थी और न ही सुविधाजनक। किसी और मुल्क या गैर-जाति में पैदा हुआ होता तो भूखा मरता काणाराम, लेकिन धन्य हो भारत की समाज-व्यवस्था कि यहाँ पर ब्राह्मण भूखा मर ही नहीं सकता। व्यक्ति के जन्म से लेकर मृत्यु तक किसी न किसी रूप में ब्राह्मण उससे टैक्स वसूल करता है। चाहे कितना भी अशिक्षित, अयोग्य और अक्षम क्यों न हो लेकिन एक ब्राह्मण, पंडित-पुरोहिताई करके सुख और सम्मान से जी सकता है। तब काणाराम भी पुरोहिताई के अलावा और काम करना क्यों पसंद करता जबकि वह जानता था कि पुरोहिताई के पेशे से लोगों को बेवकूफ बनाकर अपनी आजीविका मजे से चलाई जा सकती है। पंडिताई का काम करने के कारण ही उसका नाम काणा पंडित चल निकला था।

कहते हैं काणे पंडित के दादा को ज्योतिष विद्या का बड़ा ज्ञान था। भूत-प्रेतादि ऊपरी हवाओं का इलाज भी करते थे। उसके पिता भी थोड़े-बहुत जानकार थे लेकिन काणे पंडित को ऐसी कोई विद्या नहीं आती, पर लोग तो विश्वासी होते हैं। गाँव के लोगों का विश्वास था कि जब बाप-दादा इतने भारी पंडित थे ज्योतिष विद्या के तो काणा पंडित भी जरूर जानता होगा थोड़ा-बहुत। यह हो ही नहीं सकता कि वह कुछ नहीं जानता हो। यही विश्वास कर लोग काणे पंडित के पास भी आते थे उसको अपना हाथ दिखाने, अपना भविष्य पूछने या भूत-प्रेत आदि ऊपरी हवाओं के उपाय के लिए। विद्या नहीं थी तो क्या हुआ बुद्धि तो थी काणे पंडित के पास, उसने कभी निराश नहीं किया किसी को। सबके हाथ देखता था, सबका भविष्य बताता था और सबकी झाड़-फूँक करता था। अब इतना सब करनेवाले काणे पंडित को क्या कुछ कमी हो सकती थी भला! दान-दक्षिणा की खूब मौज रहती थी। ऊपर से गाँव में मंदिर के पुजारी का काम-काज भी वही देखता-भालता था। मंदिर में प्रसाद और चढ़ावे में भी खूब सामान आता था– फल, मिठाई, कपड़े और नकद पैसे अलग। ठाकुर हरनाम सिंह की हवेली के दक्षिण में बड़ा दो मंजिला मकान था उसका।

टकराते ही बात छेड़ दी काणे पंडित ने, "सुना है सुक्खा, तेरा बेटा पढ़ने के लिए शहर गया है?"

"हाँ पंडित जी, गया तो है आपके आशीर्वाद से।" सुक्खा ने लगभग दोहरा होते हुए विनीत स्वर में कहा।

सुक्खा के मुँह से हाँ सुनते ही भभक उठा काणा पंडित, "आशीर्वाद कहता है इसे! अनर्थ कर दिया तूने, महाअनर्थ!"

"क्या कह रहे हो पंडित जी!" चौंका सुक्खा अनर्थ के नाम पर। गाँव के दलित और दरिद्र लोगों में कुछ ज्यादा ही होता है अनर्थ और अधर्म जैसे शब्दों का आतंक।

संयोग की बात थी कि ठाकुर हरनाम सिंह भी उधर से आ निकले। ठाकुर साहब को देखते ही एकदम क्रोध की मुद्रा में आ गया काणा पंडित, "तू कितना ही बड़ा हो जा सुक्खा लेकिन धर्म-शास्त्रों से बड़ा नहीं हो सकता तू। अपमान करता है धर्म-शास्त्रों का, वेद-वेदांगों का और पूछता है क्या हुआ, नास्तिक...।"

काणे पंडित की ऊँची आवाज से घबराया सुक्खा। उसे आश्चर्य हुआ काणे पंडित को क्रोधित होता देखकर। वह जानता था कि ठाकुर-ब्राह्मणों का क्रोधित होना उनके लिए हितकर

नहीं है। अतः दीनता से गिड़गिड़ाते हुए बोला, "जान-बूझकर मैंने कोई गलती नहीं की पंडित जी, अनजाने में कुछ हो गया हो तो माफ कर दें।"

सुक्खा के गिड़गिड़ाने का काणे पंडित पर कोई प्रभाव नहीं पड़ा। उलटे वह और ऊँचे स्वर में बोला, "प्रायश्चित्त करना पड़ेगा तुझे सुक्खा—प्रायश्चित्त। जल्दी से अपने बेटे को शहर से वापस बुला और प्रायश्चित्त करने का उपाय कर।"

ठाकुर साहब निकट आ गए थे। काणे पंडित को गुस्से में आग-बबूला होते देख पूछ बैठे, "क्या हुआ काणे पंडित, क्यों गुस्सा हो रहे हो?"

"जब ऐसा अनर्थ होगा गाँव में तब गुस्सा नहीं आएगा तो क्या आएगा! जीते जी मक्खी तो नहीं निगली जाती ठाकुर साहब।" गुस्से और घृणा से उसने एक बार सुक्खा की ओर देखा और फिर ठाकुर साहब की ओर मुखातिब हुआ।

"आखिर हुआ क्या है? बात तो बताओ?" ठाकुर साहब ने पूछा।

"होने को रह भी क्या गया है ठाकुर साहब! सबके मुँह पर कालिख पोत दी है सुक्खा और उसके बेटे ने।" काणे पंडित ने उसी ताव और तेवर से कहा।

ठाकुर साहब ने सुक्खा की ओर देखा। सिर झुका लिया सुक्खा ने।

"क्यों सुक्खा, क्या हुआ?" ठाकुर साहब ने सुक्खा से पूछा।

टाँगें काँपने लगीं सुक्खा की। क्या कहे ठाकुर साहब से, क्या जवाब दे। जैसे-तैसे हिम्मत जुटाकर बोला, "आप माई-बाप हैं मालिक! आपका दिया खाते हैं। आपका गुलाम हर समय आपकी ताबेदारी में हाजिर है पर बेटा नहीं माना, जिद कर बैठा आगे पढ़ने को और शहर चला गया है।"

ठाकुर साहब कुछ बोलते कि उससे पहले ही काणा पंडित बोल उठा, "सुन लिया आपने भी ठाकुर साहब! आज तक किसी का बेटा शहर पढ़ने नहीं गया। कई पीढ़ियों से हमारे-आपके पुरखे इस गाँव में रहते आए हैं। कभी किसी ब्राह्मण-ठाकुर या सेठ-साहूकार का बेटा इतना ऊँचा नहीं पढ़ा लेकिन यह दो कौड़ी का आदमी, यह चमार की औलाद हम सबके मुँह पर कालिख पोतने चला है, बेटे को ऊँची तालीम के लिए शहर भेजकर। यह अपमान है ठाकुर साहब, हम सबके मुँह पर एक चाँटा है।"

बात ही कुछ ऐसी कह दी काणे पंडित ने, खून खौल उठा ठाकुर साहब का भी। गुस्से से चेहरा तमतमा गया उनका लेकिन स्वयं पर संयम रखा उन्होंने और बात को दूसरा रुख देते हुए वे विनम्रतापूर्वक बोले, "हम जानते हैं सुक्खा, लड़का नई पीढ़ी का है, पढ़ा-लिखा है। कुछ ऊपर उठने और दो पैसे ज्यादा कमाने की इच्छा रखता होगा पर इसके लिए घर छोड़कर शहर जाने की क्या जरूरत थी! अपना घर और अपनी धरती छोड़कर भी कोई कहीं जाता है भला और तुम्हारा बेटा चला है अपना घर और गाँव छोड़कर। इतनी सारी मिल्कियत फैली पड़ी है हमारी। हमें भी बहुत दिन से एक ईमानदार और पढ़े-लिखे आदमी की जरूरत थी इस सबकी देखभाल और हिसाब-किताब के लिए। तुम्हारे बेटे से ज्यादा विश्वासपात्र आदमी और कौन मिल सकता है हमें! तुम उसे वापस बुला लो, सब दिक्कतें दूर हो जाएँगी तुम्हारी।"

बाल यूँ ही धूप में सफेद नहीं हुए थे सुक्खा के। जिंदगी में बहुत-कुछ देखा और भोगा था उसने। ठाकुर साहब के नम्र विरोध को तुरंत भाँप गया वह। उसे समझते देर नहीं लगी कि इस सुझाव में प्रच्छन्न धमकी थी। उसके मन में आया कि वह सीधे-सीधे कह दे ठाकुर साहब से कि मैं तुम्हारी चाल को समझता हूँ। तुम्हारी चिकनी-चुपड़ी बातों में आकर

अपने बेटे को तुम्हारी गुलामी नहीं करने दूँगा मैं। तुम लोग मक्कार हो, धोखेबाज हो लेकिन अपने मनोभावों पर संयम रखा सुक्खा ने और पहले की तरह ही अनुनय-विनय के स्वर में बोला, "आपकी बात सिर आँखों पर मालिक, पर मैं बूढ़ा आदमी क्या कह सकता हूँ! लड़का नई उमर का है और दो हरफ पढ़-लिख भी गया है आपकी ठोकरों में रहकर। आपकी बात उस तक कहलवा दूँगा मैं।"

ठाकुर साहब को लगा कि बात को बेटे के ऊपर टालकर अप्रत्यक्ष रूप से उनकी उपेक्षा कर रहा है सुक्खा। आज तक किसी को उनकी उपेक्षा करने का साहस नहीं हुआ लेकिन आज सुक्खा...। उनका स्वर थोड़ा कठोर हो गया इस बार, "बेटा क्या बाप से भी बड़ा हो जाएगा?"

"ऐसी बात नहीं है ठाकुर साहब। यह गुलाम आपसे बाहर नहीं है लेकिन लड़के की बात और है।" अपनी विवशता व्यक्त कर ठाकुर साहब के गुस्से को शांत करने की कोशिश की सुक्खा ने।

सुक्खा और ठाकुर साहब के बीच हुए संवाद को अब तक चुपचाप खड़ा हुआ सुन रहा था काणा पंडित। उसने देखा कि सुक्खा किसी भी तरह अपने बेटे को वापस बुलाने के लिए तैयार होने की बजाय दाएँ-बाएँ हो रहा है। ऐसे में और अधिक चुप रहना सुक्खा का हौसला बढ़ाना था। जबकि उसके लिए तो जूती की धूल से ज्यादा कुछ औकात ही नहीं थी सुक्खा की। उसका हौसला तोड़ना जरूरी था। जरूरी था कि जूती की धूल जूती की धूल ही बनी रहे, माथे का तिलक न बन पाए। बीच में कूद पड़ा काणा पंडित और ठाकुर साहब को संबोधित करता हुआ बोला, "सुन लिया ठाकुर साहब। ये आलम हैं इन लोगों के! एक तो अनर्थ करता है, ऊपर से मुँह लड़ाने से भी बाज नहीं आता है! अछूतोद्धार का नतीजा है यह सब। और करो हरिजनों का उद्धार और सिर चढ़ा लो इनको! अभी तो देखना हम सबके सिर पर मूतेंगे ये!"

काणे पंडित के इन शब्दों ने आग में घी का काम किया। ठाकुर साहब के क्रोध की आग प्रचंड हो उठी। उनका चेहरा सुर्ख हो गया, आँखों में खून उतर आया, भौंहें फड़कने लगीं और पेंचदार मूँछों में ताव आ गया।

"हम फिर कहते हैं सुक्खा, सोच लो और अपने बेटे को वापस बुला लो। इसी में गनीमत है, वरना...!"

सुक्खा ने कोई जवाब नहीं दिया। ठाकुर साहब और काणा पंडित दोनों गुस्से में पैर पटकते हुए चले गए। सुक्खा भी अपने झोंपड़े की ओर लौट आया।

अपनी बात का न माना जाना ठाकुर साहब को अपमानजनक लगा था। इस अपमान को सह नहीं सके थे वे। उसी दिन ठाकुर हरनाम सिंह की चौपाल पर गाँव के सारे सवर्णों की पंचायत हुई। फैसला हुआ कि न तो सुक्खा को खेत-क्यार में घुसने दिया जाए, न उसे किसी डौले-चकरोड से घास खोदने दी जाए और न उसे लाई-पताई या मजदूरी के लिए बुलाया जाए। पंचायत उठ गई फैसला सुनाकर।

"अब देखते हैं कैसे पढ़ाता है सुक्खा अपने बेटे को!" ठाकुर हरनाम सिंह और काणे पंडित ने अपनी-अपनी मूँछों पर ताव दिया।

सब रास्ते बंद हो गए लेकिन जीवन-भर घृणा, उपेक्षा और अपमान का शिकार होनेवाले सुक्खा में स्वाभिमान जाग गया था अब। अपनी छोटी-सी बोंडिया में ही मेहनत से कमाना शुरू किया उसने और एक भैंस पाल ली। ठाकुर जमींदारों ने रास्ते बंद कर दिए तो क्या अपनी जिंदगी के रास्ते बंद नहीं होने दिए उसने। लेकिन पहले भैंस मरी और अब लगान न देने के कारण खेत से बेदखली। ऊपर से लाला को घर गिरवी रखा था सो अलग।

रमिया को भी अतीत याद था अच्छी तरह से, पर भावी जीवन के अंधकार के भय ने उसे निर्बल और असहाय बना दिया और सुक्खा से कह ही बैठी, "चंदन के बापू, तुमसे अलग नहीं चली मैं कभी। जैसा तुमने चाहा वैसा ही किया मैंने जिंदगी भर। पर यह तो सोचो आगे क्या होगा? कैसे गुजारा चलेगा और कैसे चंदन की पढ़ाई...। ठाकुर-जमींदारों से लड़ाई लेने में कहाँ का हित है! तुम क्यूँ नहीं चले जाते ठाकुर साहब के पास!"

रमिया के मुँह से फिर ठाकुर साहब का नाम सुन क्रोध से झन्ना गया सुक्खा। आवेश से शिराएँ फड़कने लगीं उसकी, "चुप रह रमिया! मत ले ऐसे जाहिलों का नाम मेरे सामने, जो मेरे बेटे का जीवन बर्बाद करने पर तुले हैं। मैं मर जाऊँगा, भूखा प्राण तज दूँगा। सब कुछ बर्दाश्त कर लूँगा मैं पर चंदन को इस नरक में नहीं पड़ने दूँगा कभी, जिस नरक में मुझे रहना पड़ा है। तू अपना काम देख रमिया...।" और लाठी उठाकर बस्ती की ओर निकल गया सुक्खा।

चंदन जब पढ़ने के लिए गाँव से शहर आया तो कॉलेज में और उसके बाहर भी बिलकुल अकेला था वह। एक तो गाँव का सीधा-सादा संकोची युवक, दूसरे गरीब और तीसरे जाति से दलित। कॉलेज और शहर की चमक-दमक और आबो-हवा के सामने स्वयं को कुछ हीन सा अनुभव करता था वह लेकिन धीरे-धीरे उसने अपनी इस हीनता की भावना को दूर किया, अपने संकोच पर विजय पाई और अपने अंदर आत्मविश्वास पैदा किया। बहुत से लोगों से अब उसकी घनिष्ठता हो गई थी।

पहले वह अकेला स्वयं में ही खोया और उलझा-सा रहता था। जाति की भावना के कारण उसके कॉलेज के सहपाठी प्रायः उसकी उपेक्षा करते थे और उसे अपने साथ नहीं लगाते थे। पहले उसे यह सब बहुत त्रासद और अपमानजनक लगता था और इस सबसे उसे बहुत पीड़ा होती थी। लेकिन दूसरे लोग अपने साथ नहीं लगाते तो न सही, चंदन ने दलित युवकों का ही एक सर्किल बना लिया था अब और यदा-कदा उनकी बैठकें भी होने लगी थीं।

सर्किल के इन सदस्यों में चंदन के अलावा रामहेत, रतन और नंदलाल कॉलेज में पढ़ते थे, बाकी सब मिल-कारखानों में काम करते थे या कोई अन्य धंधे। इसलिए सबके वैचारिक स्तर में काफी भिन्नता थी लेकिन एक चीज सबके अंदर समान रूप से व्याप्त थी और वह थी शोषण, उपेक्षा और अन्याय के विरुद्ध संघर्ष की प्रबल भावना। कौन क्या करना चाहता है, इस विषय पर भी उन लोगों में प्रायः चर्चा होती रहती थी। नंदलाल वकील बनना चाहता था और रतन की प्रशासनिक सेवा में रुचि थी जबकि रामहेत थोड़ा खाते-पीते घर का था। वह बिजनेस करने का इच्छुक था लेकिन चंदन का विचार सबसे भिन्न था, वह खुद को समाज के उत्थान में लगाना चाहता था। रामहेत और अन्य साथियों को भी उसने समझाया, "तुम लोग क्या समझते हो कि तुम्हारी वकालत और व्यापार चल जाएँगे? यह तुम्हारी भूल है। जब तक समाज में ऊँच-नीच और छुआछूत का जहर व्याप्त है, जब तक समाज में तुम्हारी निम्न प्रस्थिति है, जब तक तुम्हारी सामाजिक रूप से कोई हैसियत नहीं बनती, तब तक तुम्हारे व्यवसाय चलने की कोई गुंजाइश नहीं है।"

रामहेत को चंदन की बात उचित नहीं लगी, उसने प्रतिवाद किया, "गुंजाइश क्यों नहीं है? आदमी में कुछ कर गुजरने का इरादा होना चाहिए, वह सब कुछ कर सकता है। जरूरत है इच्छाशक्ति की। हममें इच्छाशक्ति नहीं है तो हम कुछ नहीं कर सकते लेकिन यदि हममें इच्छाशक्ति है तो हम कुछ भी कर सकते हैं। आखिर दूसरे लोगों की तरह हमारे भी हाथ-पैर हैं, हममें दिमाग हैं। तब दूसरे लोग जो काम कर सकते हैं, वह हम क्यों नहीं कर सकते?"

चंदन को लगा कि रामहेत अपनी जगह पर सही है लेकिन सोच के स्तर पर ही। यथार्थ में यह सब गैर-दलितों पर लागू होता है, दलितों पर नहीं। दलितों के लिए अवसर की समानता का कोई मतलब नहीं है क्योंकि जाति की बाधा दलित को अवसर का उपभोग नहीं करने देती। उसने रामहेत को समझाने की कोशिश की, "तुम ठीक कहते हो रामहेत, तुम्हारे भी हाथ-पैर हैं और तुममें भी दिमाग है। तुम किसी भी रूप में किसी से भी कम नहीं हो। तुममें इच्छाशक्ति भी है लेकिन यही सब कुछ काफी नहीं है। माना कि तुममें अपना व्यवसाय करने का इरादा है और तुम योग्य भी हो लेकिन इस जाति के लेबल से कैसे पार पाओगे जो तुम्हारे रास्ते का पत्थर बना हुआ है! इस पत्थर को कैसे हटाओगे तुम? यह संभव है कि तुम कुछ समय तक अपनी जाति को छिपाकर लोगों को भ्रम में डालकर रहो और अपना काम निकालते रहो लेकिन कब तक? ये चीजें ज्यादा दिन तक छिपी नहीं रहतीं। कभी न कभी, किसी न किसी तरह सत्य का पटाक्षेप जरूर होगा। तब क्या होगा? और यदि तुम सत्य और ईमानदारी पर रहे तो तुम्हारा धंधा जम नहीं सकता।"

"तो तुम्हारा मतलब है कि हमें व्यवसाय आदि नहीं करना चाहिए।" रामहेत ने प्रतिवाद किया।

चंदन ने उसे समझाया, "मैंने यह नहीं कहा, मैं तो कहता हूँ कि हमें प्रत्येक क्षेत्र में आना चाहिए। केवल सामाजिक रूप से ही हमारी प्रस्थिति निम्न नहीं है बल्कि आर्थिक, राजनीतिक और शैक्षिक प्रत्येक क्षेत्र में हम पिछड़े हुए हैं। हमें प्रत्येक क्षेत्र में ऊपर आने की जरूरत है लेकिन सबसे पहली जरूरत है सामाजिक सम्मान की। यदि तुम्हारी सामाजिक हैसियत है तो तुम्हारे लिए हर कहीं गुंजाइश हो सकती है। यदि तुम्हारी कोई सामाजिक हैसियत नहीं है तो चाहे तुम कोई भी काम कर लो, कितना भी धन कमा लो उस सबका कोई महत्त्व नहीं है। पैसा भी जीवन का एक फैक्टर है। मैं इससे इनकार नहीं करता लेकिन इससे पहले जरूरी है समाज में तुम्हारी हैसियत का होना।"

एक क्षण रुककर उसने रामहेत और नंदलाल की ओर देखा और अपनी बात का प्रभाव जानने की कोशिश की। चंदन को उन पर अपनी बातों का असर होता दिखाई दिया। उसने आगे कहना शुरू किया, "हमें पढ़ाने के लिए हमारे माता-पिताओं को कितने विरोधों और संघर्षों का सामना करना पड़ा है। उनको कितने दुख और कष्ट उठाने पड़े हैं, इससे अनभिज्ञ नहीं हैं हम। हमारी शिक्षा के मार्ग में कितने रोड़े अटकाए गए हैं! स्कूल-कॉलेजों में भी हमको घृणा और अपमान का जहर पीना पड़ा है। कितनी प्रतिकूल परिस्थितियों में हम पढ़-लिख सके हैं, वह भी हम अच्छी तरह जानते हैं। इतने विशाल दलित समाज में से हम लोग या हमारे जैसे जो थोड़े-बहुत लोग पढ़-लिख गए हैं, वे अपवाद हैं। वरना हम लोग कहाँ पढ़ पाते हैं! कौन पढ़ने देता है हमें! हमको पढ़ाने के लिए हमारे माता-पिताओं ने जो त्याग किए हैं, उसकी सार्थकता इस बात में नहीं है कि हम लोग केवल अपनी उन्नति की ओर ही ध्यान दें। अधिक से अधिक पैसा कमाएँ तथा दूसरे लोगों की तरह वैभव एवं आह्लादपूर्ण जीवन बिताएँ।"

"तो क्या हमको अपना जीवन-स्तर सुधारने के लिए प्रयास नहीं करना चाहिए? जब चारों ओर दोनों हाथों से बटोरने-समेटने की होड़-सी लगी है तब हमें क्यों पीछे रहना चाहिए? आखिर हम भी मनुष्य हैं, हमारा भी मन है और यदि पढ़-लिखकर भी हम कुछ नहीं कर सके तो फिर हमारी पढ़ाई-लिखाई का क्या फायदा!" अब तक नंदलाल सुन रहा था। इस बार उसने प्रश्न किया।

"खाने के लिए अच्छा भोजन, पहनने के लिए अच्छा कपड़ा और रहने के लिए अच्छा मकान कौन नहीं चाहता! मेरे कहने का तात्पर्य यह नहीं है कि हमें इस सबके लिए प्रयास

नहीं करना चाहिए। मैं भी चाहता हूँ यह सब लेकिन मैं सिर्फ यह कहना चाहता हूँ कि इसके साथ-साथ हमें इस बात को भी ध्यान में रखना चाहिए कि हमारी शिक्षा की सार्थकता और हमारे जीवन का श्रेय इस बात में है कि हमें अपने साथ-साथ अपने समाज के उत्थान और विकास की ओर भी ध्यान देना चाहिए। सदियों से दासता और गुलामी की जंजीरों में जकड़ा रहा है हमारा समाज। खाली पेट, नंगे तन और टूटे-फूटे छान-झोंपड़ों में बसर करने की विवशता, यही रहा है सैकड़ों-हजारों वर्षों से हमारे समाज का यथार्थ। हम लोग पढ़-लिख गए हैं लेकिन हमारा समाज, हमारे नाते-रिश्तेदार सबके सब अभी भी उसी स्थिति में हैं, उन सबकी निगाहें हमारी ओर हैं। यदि उनके उत्थान की ओर हम ही ध्यान नहीं देंगे तो कौन देगा और क्या तुम चाहोगे कि हमारे कुटुम्बी, नाते-रिश्तेदार सदा जिल्लत की जिंदगी ही जीते रहें?" अपनी बात कहते-कहते नंदलाल से ही प्रश्न किया चंदन ने।

"नहीं, कदापि नहीं। मैं तो चाहूँगा कि हमारी तरह ही हमारे कुटुम्बी, खानदानी और नाते-रिश्तेदार भी पढ़ें-लिखें, वे भी सुखी और संपन्न हों।" नंदलाल ने सहमति व्यक्त की।

"तब अपने बच्चों को पढ़ाने के लिए उन सबको भी वह सब कुछ सहना पड़ेगा जो हमारे माता-पिताओं को सहना पड़ा है। संघर्ष करने की भावना और शक्ति हर किसी में नहीं होती। इसलिए वे लोग संघर्षों से टूट न जाएँ, उनके आगे समर्पण न कर दें, इस स्थिति से बचने के लिए उनको हमारी मदद की जरूरत होगी। आर्थिक, प्रशासनिक और कानूनी उनको हर तरह की मदद चाहिए। इसलिए हमारा कर्तव्य बनता है कि हम चाहे जिस क्षेत्र में जाएँ लेकिन अपने लोगों का ध्यान रखें और उनकी मदद करें।" अपने विचारों के उफान को ठंडा करते हुए बड़े ही धैर्य के साथ चंदन ने अपनी बात समाप्त की।

चंदन की यह बात सबको उचित लगी। सबने उसके साथ सहमति व्यक्त की। रामहेत ने कहा, "मैं बिजनेस करूँगा और अधिक से अधिक पैसा कमाऊँगा लेकिन अपने परिवार की आजीविका को छोड़कर सारा पैसा अपने समाज के उत्थान के कामों में लगाऊँगा।"

नंदलाल ने कहा, "मैं वकालत ही करूँगा और कानूनी मामलों में अपने लोगों की मदद करूँगा तथा अपने लोगों की ओर से शोषण और अत्याचार के मुकदमे मुफ्त लड़ूँगा।"

रतन ने कहा, "मैं प्रशासनिक सेवा में ही जाना चाहूँगा और यदि चला गया तो प्रशासनिक स्तर पर लोगों को जिस मदद की जरूरत होगी उसके लिए मैं सदैव तत्पर रहूँगा।"

और चंदन ने कहा, "मैं अपनी शिक्षा का उपयोग अपने दीन-हीन समाज के उत्थान के लिए करूँगा। मैं उन पीड़ित, शोषित और उपेक्षित लोगों को ऊपर उठाने के लिए काम करूँगा जो कीड़े-मकोड़ों की तरह जीते हैं। शेष समाज जिनके साथ पशुवत् व्यवहार करता है, उनको पास नहीं बिठाता और उनसे घृणा करता है। पीढ़ी-दर-पीढ़ी के कर्ज ने जिनकी कमर तोड़ दी है और कर्ज को चुकाने के लिए जो बँधुआ बनकर जीने को विवश होते हैं। ठाकुर-जमींदारों की मार सहते हैं, हर तरह के अन्याय, शोषण और उत्पीड़न के शिकार होते हैं। उन लोगों को शिक्षित करूँगा मैं। इन सोए लोगों को जगाऊँगा और उनमें जागृति पैदा करूँगा ताकि अपने शोषण की जंजीरों को तोड़ फेंकने के लिए वे उठ खड़े हों। उन्हें खड़ा होना सिखाऊँगा मैं। स्कूल खोलूँगा और इन गरीबों के रेत-मिट्टी में खेलते फिर रहे बच्चों को पढ़ाऊँगा। दूसरा इनको पढ़ाएगा कौन और पढ़ाया भी तो वह मेरी तरह सबसे पीछे वाली बेंच पर बैठाकर जहाँ से न तो ब्लैक बोर्ड पर लिखा ही ठीक से पढ़ने में आता है और न ही अध्यापक का बोला कानों में पड़ता है। ऐसे में क्या पढ़ पाएँगे ये लोग और पढ़ेंगे नहीं तो कैसे जानेंगे देश और दुनिया को। कैसे करेंगे हक

और उत्थान की माँग? कैसे मुक्त होंगे इस नरक से, दासता की इन बेड़ियों से? नहीं-नहीं, मैं पढ़ाऊँगा, मैं शिक्षित करूँगा उन्हें। मैं वाणी दूँगा उनकी मूक जबान को। पढ़-लिखकर हमारे समाज के लोग ऊपर नहीं उठेंगे तो हमें ही कौन पूछेगा? हम थोड़े से लोग चीख-चीखकर मर जाएँगे, कौन सुनेगा हमारी चीख को? हमें समाज से टक्कर लेनी है, सत्ता से लड़ाई लड़नी है, जुल्म और शोषण के विरुद्ध संघर्ष करना है। एक-दो आदमी के बस का नहीं है यह काम। अकेला चना भाड़ नहीं फोड़ सकता। इस सबके लिए फौज चाहिए, वह फौज तैयार करूँगा मैं।"

अपने इस कथन को मूर्त भी किया उसने और दिन-भर कंचा या गुल्ली-डंडा खेलने में या कुत्ते के पिल्लों को लड़ाने में मस्त रहनेवाले नंगे-अधनंगे बच्चों को इकट्ठा करके पढ़ाना शुरू कर दिया। दोपहर तक कॉलेज में जाकर अपनी पढ़ाई करना और उसके बाद बस्ती के बच्चों को पढ़ाना, यही दैनिक व्यवस्था हो गई थी उसकी।

शुरू में लोगों ने कोई रुचि नहीं दिखाई अपने बच्चों को पढ़ने के लिए भेजने के प्रति। उनका कहना था, "क्या मिल जाएगा पढ़ने-लिखने से भी! समाज में ही हमारी कोई जगह नहीं फिर सरकारी नौकरी में हमें कौन पूछेगा? मेहनत मजदूरी ही हमारी नियति है। अब भी हम यही करते हैं और पढ़-लिखकर भी यही करना है तो फिर पढ़ाई-लिखाई में समय और पैसा बर्बाद करने से क्या फायदा!"

लेकिन चंदन ने उन्हें इकट्ठा कर-करके समझाया, "यह सोचना ठीक नहीं है। यदि समाज हमें समानता का दर्जा नहीं देता, वह हमें हमारे मनुष्यत्व के साथ स्वीकार नहीं करता, यह समाज का दोष है। समाज धर्म द्वारा प्रेरित और संचालित है, हमारी सामाजिक स्थिति धार्मिक आदेशों का ही परिणाम है। 'धर्म-ग्रंथ' ही हमारे शोषण और अत्याचार की जड़ हैं। इन जड़ों को उखाड़ फेंकने की जरूरत है और उसके लिए जरूरी है कि लोग अधिक-से-अधिक पढ़ें ताकि इन धर्म-ग्रंथों में निहित अन्याय और असमानता के दर्शन को समझ सकें तथा अन्याय, शोषण और असमानता के विरुद्ध संघर्ष करने के लिए स्वयं को तैयार कर सकें। हमारे शोषण का आधार क्या है, हमारे उत्थान और विकास में कौन से तत्त्व बाधक हैं, यह जाने बिना सार्थक संघर्ष नहीं किया जा सकता। यह ज्ञान शिक्षा से ही हो सकता है इसलिए शिक्षा का होना बहुत जरूरी है। जीवन की लड़ाइयों को लड़ने के लिए शिक्षा सबसे ज्यादा मारक और शक्तिशाली शस्त्र है। शिक्षा ही उत्थान और विकास का आधार है इसलिए आप अपने बच्चों को अवश्य पढ़ाइए। इस नरक की जिंदगी से ऊपर उठना है, तो शिक्षित होना पड़ेगा, अन्यथा आपको मूर्ख बनाकर यूँ ही आपका शोषण किया जाता रहेगा।"

एक व्यक्ति ने प्रश्न किया, "लेकिन पढ़ाई-लिखाई में तो पैसा खर्च होगा। वह पैसा हम कहाँ से जुटाएँगे?"

"हाँ, खर्च तो होगा लेकिन इतना नहीं कि आप लोग उस खर्च को पूरा न कर सको।" चंदन ने कहा।

"लेकिन चंदन बाबू!" बाबू कहकर ही पुकारते थे संतनगर के लोग चंदन को। "हमारे पास-पल्ले तो कुछ है नहीं। जो थोड़ा-बहुत कमाते हैं उससे पेट भरने का जुगाड़ ही मुश्किल से हो पाता है फिर पढ़ाई-लिखाई का खर्च...?" यह दूसरे व्यक्ति का सवाल था।

"कुछ पाने के लिए कुछ खोना पड़ता है।" चंदन ने इतना कहकर एक साँस ली। फिर प्रश्न पूछनेवाले व्यक्ति की ओर देखता हुआ बोला, "यदि तुम्हें इस नरक की जिंदगी से ऊपर उठना है और अपने बच्चों को ऊपर उठाना है तो कुछ न कुछ त्याग तो करना ही पड़ेगा।"

"हम त्याग करने को तैयार हैं, लेकिन हम किस तरह त्याग कर सकते हैं, तुम ही हमें बताओ चंदन बाबू!" अबकी बार कई स्वर एक साथ मिले हुए थे।

"किसी भी कार्य को करने के लिए दृढ़ इच्छाशक्ति का होना जरूरी है। इच्छाशक्ति के अभाव में कोई कार्य संपन्न नहीं हो सकता। इसलिए सबसे पहले तो आप लोग अपने मन में यह दृढ़ निश्चय कर लें कि आपको अपने बच्चों को किसी भी कीमत पर पढ़ाना है। आप देखेंगे कि एक बार इस तरह का दृढ़ निश्चय कर लेने के बाद आपकी समस्याएँ अपने आप हल होती चली जाएँगी।"

"वह कैसे बाबू?" लोगों ने जिज्ञासा से अपने कान और आँखें चंदन पर टिका दीं।

"यह मैं बताता हूँ।" कहते हुए चंदन ने उपस्थित लोगों की ओर बारी-बारी से देखा और फिर आगे कहना शुरू किया, "आप लोगों में से जो लोग शराब या अन्य नशीले पदार्थों का सेवन करते हैं, वे उनका सेवन करना बंद कर दें। जो लोग बीड़ी-सिगरेट या पान-तंबाकू आदि पीते-खाते हैं, वे उसका त्याग कर दें। जो लोग फिल्म-तमाशे आदि देखने के शौकीन हैं, वे उनको देखना बंद कर दें और जो लोग चाट-पकौड़ी आदि खाते-पीते हैं, वे उनको छोड़ दें। आपमें से बहुत से लोग कभी-कभी मांस खाते होंगे। अन्य सब्जियों की तुलना में मांस बहुत महँगी सब्जी है, इसलिए मांस खाना छोड़ा जा सकता है। मैं समझता हूँ कि ऐसा करने से आप अपने बच्चों की पढ़ाई का खर्च अवश्य पूरा कर-सकेंगे। बहुत से ऐसे लोग भी होंगे जो इन बताई गई चीजों में किसी के भी आदी नहीं होंगे और उनकी आमदनी भी कम होगी, वे लोग और ज्यादा मेहनत करके, ओवरटाइम आदि लगाकर अपनी आमदनी बढ़ा सकते हैं। आप लोगों को चाहे रूखी रोटी खानी पड़े, एक रोटी कम खाने को मिले या एक टाइम भूखा भी रहना पड़े लेकिन यदि आप अपने इस निश्चय पर दृढ़ रहे कि आपको अपने बच्चों को पढ़ाना है तो कोई वजह नहीं कि आप लोग अपने बच्चों को पढ़ा-लिखाकर उनको इस नारकीय जीवन से मुक्ति न दिला पाएँ।" चंदन की बात लोगों पर असर कर रही थी। सब लोग एकाग्र होकर उसके एक-एक शब्द को ध्यान से सुन रहे थे। चंदन को भी यह देखकर बहुत अच्छा लगा कि लोगों को समझाने का उसका प्रयास व्यर्थ नहीं जा रहा था। उसने अपनी बात जारी रखी, "आप लोगों की जिंदगी अपमान और अत्याचार सहते हुए बीती है। क्या आप लोग अपने बच्चों को भी ऐसी ही स्थिति में जीता हुआ देखना चाहेंगे?"

"नहीं बाबू! नहीं, हम हरगिज नहीं चाहेंगे कि हमारे बच्चों को भी हमारी तरह जुल्म और ज्यादती का जीवन जीना पड़े। हम चाहते हैं कि वे मनुष्य की तरह जीएँ। जो यातनाएँ हमको सहनी पड़ी हैं, वे उनसे मुक्त हों तथा समता और स्वाभिमान का जीवन जीएँ।" लोगों ने एक स्वर में कहा।

चंदन के लिए इससे ज्यादा खुशी की क्या बात हो सकती थी कि लोग उसकी बात मानकर अपने बच्चों को पढ़ाने के लिए तैयार हो गए थे। उसने संतोष और उत्साह के साथ लोगों का आह्वान किया, "तो फिर आज से ही आप लोग निश्चय कीजिए और अपने बच्चों को पढ़ने के लिए भेजिए।"

लोगों ने सहमति में अपने सिर हिलाए। बैठक समाप्त कर लोग अपने घरों को चले गए और अगले दिन से ही उन्होंने अपने बच्चों को स्कूल में भेजना शुरू कर दिया। धीरे-धीरे बच्चों की संख्या बढ़ने लगी और कुछ ही दिनों में चंदन के स्कूल में सैकड़ों बच्चे पढ़ने के लिए आने लगे।

एक दिन एक विचित्र घटना का सामना करना पड़ा चंदन को। वह अपने स्कूल में बच्चों को पढ़ा रहा था कि मैली-कुचैली सी साड़ी में लिपटी एक युवती एक बच्चे को साथ लेकर आई और बोली, "मेरा नाम कमला है। यहीं संतनगर में ही रहती हूँ। मेरे बच्चे का भी दाखिला कर लीजिए।"

रोज की तरह चंदन ने रजिस्टर निकाला और प्रवेश-फार्म में प्रवेश-संबंधी विवरण लिखना शुरू किया।

"बच्चे का नाम?" चंदन ने पूछा।

"खिलाड़ी, वैसे खिल्लर कहती हूँ मैं तो।" कमला ने बतलाया।

"उम्र?"

"यही कोई चार-पाँच साल का होगा।"

"पिता का नाम?"

"...।" इस बार कोई जवाब नहीं दिया कमला ने।

चंदन ने सोचा कि कमला ने शायद सुना नहीं है। उसने पुनः पूछा, "खिलाड़ी के पिता का क्या नाम है?"

लेकिन कमला अब भी चुप रही। उसने एक बार नजर उठाकर चंदन की ओर देखा और फिर अपने बच्चे के सिर पर हाथ फिराती हुई अन्य बच्चों की ओर देखने लगी।

चंदन को आश्चर्य हुआ कि यह युवती अपने बच्चे के पिता का नाम बतलाने से क्यों कतरा रही है। अबकी बार उसने युवती की आँखों में झाँकते हुए पूछा, "देखिए, मैं आपसे पूछ रहा हूँ कि बच्चे के पिता का क्या नाम है?"

इस बार दबे से स्वर में उत्तर दिया उसने, "कमला।"

चौंका चंदन यह सुनकर। उसका चौंकना स्वाभाविक था। उसने गर्दन उठाकर युवती की ओर देखा और एक-एक शब्द को जैसे तौलते हुए बोला, "माफ कीजिए, माँ का नहीं बल्कि पिता का नाम पूछा था मैंने।"

इस बार जबर्दस्त प्रतिक्रिया हुई युवती पर। उसकी आँखें आँसुओं से भर गईं। उसने साड़ी का पल्लू मुँह में दबाया और बच्चे का हाथ पकड़कर तेजी से स्कूल से बाहर हो गई।

यह अप्रत्याशित था। आज से पहले इस प्रश्न के उत्तर में कभी किसी को इतना मौन और गंभीर नहीं देखा था चंदन ने। यह बिलकुल नई घटना थी उसके लिए। अपने पति का नाम न बतला पाने की विवशता क्यों? उसे समझते देर नहीं लगी कि हो न हो इसमें कोई भेद है! इस गंभीर मौन के पीछे जरूर कुछ छिपा हुआ है।

उस दिन रोज से जल्दी ही स्कूल की छुट्टी कर दी चंदन ने और अपने कमरे पर चला आया लेकिन कमला को लेकर उसके मन-मस्तिष्क में उथल-पुथल मची रही। आखिर वह इस तरह बच्चे को लेकर वापस क्यों लौट गई? कई तरह से यह प्रश्न उसके मन में उठा लेकिन वह कोई उत्तर नहीं पा सका। हालाँकि यह कमला का निजी मामला था कि वह बच्चे के पिता का नाम बताए या नहीं बताए और उसकी समस्या चाहे जो भी हो लेकिन केवल इस कारण से उसका बच्चा शिक्षा से वंचित क्यों रहना चाहिए?

शिक्षा हर किसी के लिए जरूरी है। उसने महसूस किया कि संभव है कमला की कोई मजबूरी रही हो, उसे इसको समझना चाहिए था। उसे अपने व्यवहार पर खेद हुआ। उसने तय किया कि वह कमला से मिलकर उससे अपने बच्चे को पढ़ने के लिए भेजने को कहेगा और मन में ऐसा निश्चय कर वह कमला की तलाश में निकल पड़ा।

ज्यादा ढूँढ़ना नहीं पड़ा उसे। संतनगर के उत्तरी छोर पर रहती थी वह। पूछताछ करने पर उसे मालूम हुआ कि कहीं बाहर देहात से आकर रहने लगी थी वह। थोड़े ही दिन हुए थे उसे यहाँ आए। बर्तन-सफाई का काम करती थी वह कोठियों में।

चंदन को अपने घर के दरवाजे पर खड़ा देख चौंकी कमला, "अरे, बाबू साहब आप?"

"जी हाँ, मैं ही हूँ लेकिन स्कूल से ऐसे क्यों लौट आईं आप?" चंदन ने प्रश्न अवश्य किया था लेकिन किसी उत्तर की चाह में नहीं बल्कि इस अर्थ में कि उसको इस तरह स्कूल से लौटकर नहीं आना चाहिए था।

"वो...वो तो वैसे ही...।" बात का रुख बदलना चाहा कमला ने, "आइए, अंदर आइए न, ऐसे कैसे खड़े रह गए आप!"

कमला के घर के अंदर प्रविष्ट हो गया चंदन। घर के नाम पर यह एक छोटी-सी कोठरी थी और इसकी छत यूकिलिप्टस की कड़ियों पर पत्थर की सिल्लियाँ डालकर बनाई गई थी। इस कोठरी की ऊँचाई बहुत कम थी और उसी के अनुसार इसका दरवाजा भी इतना नीचा था कि गर्दन झुकाए बिना अंदर जाना या बाहर निकलना असंभव था।

कमला ने चारपाई बिछा दी और चंदन बैठ गया। उसने देखा कि हर चीज सीधे-सादे ढंग से लेकिन बड़े करीने से सजी थी कोठरी में। न कोई चीज फालतू लगती थी और न ही किसी चीज का अभाव सा दिखता था। छोटी-सी इस कोठरी में उसकी अपनी जरूरत की लगभग सभी चीजें मौजूद थीं। उसने गौर से कमला को देखा। यही कोई बाईस-तेईस साल की रही होगी उसकी उम्र और उसके चेहरे पर वह चमक बेशक न हो, जो उस उम्र की अन्य युवतियों में दिखाई देती है लेकिन उसका शांत और गंभीर व्यक्तित्व अपनी ओर आकर्षित करता था।

इसी बीच खिलाड़ी कहीं बाहर से खेलता-कूदता आया और कमला से चिपट गया। उसका चेहरा और कपड़े धूल में सने थे और सिर के बाल बिना कंघी के इधर-उधर बिखरे हुए थे। चंदन ने खिलाड़ी को देखा और फिर कमला को। इतनी कम उम्र में इतना बड़ा बच्चा! चंदन को आश्चर्य भी हुआ और कौतूहल भी लेकिन उसे स्वयं से ही अपने कौतूहल का उत्तर मिल गया, 'हाँ क्यों नहीं हो सकता, छोटी उम्र में ही शादी हो गई होगी! हमारे दरिद्र और अशिक्षित समाज की यह भी एक विडंबना है कि बच्चों की छोटी उम्र में ही शादी करके डाल दिया जाता है बंधन में, न कुछ खाने का अवसर मिलता है, न खेलने का। जल्दी शादी होने का मतलब होता है जल्दी ही बच्चे पैदा होना और जब तक लड़की तनिक सयानी अथवा कुछ सोचने-समझने लायक होती है तब तक वह माँ बन चुकी होती है। तब कमला इतने बड़े बच्चे की माँ क्यों नहीं हो सकती।' उसे लगा कि उसका यह कौतूहल उसका पागलपन है।

एक बार फिर कमला को ऊपर से नीचे तक देखा उसने। कमला के बोलचाल के ढंग, उसकी तहजीब, सलीका और सबसे बढ़कर उसकी सौम्यता और सौंदर्य से प्रभावित हुए बिना नहीं रह सका चंदन और मन-ही-मन सोचने लगा वह, 'पूरे संतनगर में कमला की जोड़ की युवती ढूँढ़े नहीं मिलेगी। यूँ तो पूरी बाढ़-सी है यहाँ लड़कियों की लेकिन ऐसी सुंदर और सुशील युवती दूसरी नहीं है कोई।'

चंदन को एक गिलास पानी देकर चाय बनाने के लिए स्टोव जलाने लगी कमला लेकिन चंदन ने रोक दिया उसे, "नहीं-नहीं, चाय नहीं पिऊँगा मैं, आप रहने दीजिए।"

"लस्सी बनाऊँ?" स्टोव छोड़कर उठती हुई बोली कमला।

"नहीं-नहीं, मैं कुछ नहीं लूँगा।" चंदन ने बहुत सहज भाव से मना किया।

"चाय भी नहीं, लस्सी भी नहीं तो फिर क्या खातिर करूँ आपकी! आप मुझ गरीब की झोंपड़ी तक आए हैं और मैं आपका कुछ स्वागत-सत्कार भी न कर सकूँ! यह भी कोई बात है!" कुछ अपनापन और उलाहना सा जताते हुए बोली कमला।

"पानी नहीं पिया अभी, उससे क्या कुछ कमी रह गई सत्कार में।" चंदन ने कहा।

"पानी की क्या है, उसमें कौन सा पैसा खर्च होता है! चाय-वाय कुछ...।" कमला ने आग्रह सा किया।

लेकिन उसके आग्रह को सम्मानपूर्वक टालते हुए चंदन ने कहा, "नहीं-नहीं, इस समय किसी भी चीज की जरूरत नहीं है। आप बैठिए, मैं आपसे कुछ बातें करने आया हूँ।"

कमला चटाई खींचकर बैठ गई और बोली, "जी कहिए।"

"देखिए कमला जी, वैसे तो किसी के व्यक्तिगत जीवन में हस्तक्षेप करने का कोई हक नहीं है हमको लेकिन मनुष्यता के नाते या सामाजिकता के नाते एक दूसरे के दुख-दर्द में भागीदार भी बना जाता है।"

"जी...।" चंदन का आशय कुछ समझी और कुछ नहीं समझी कमला। उसकी नजरें चंदन के चेहरे पर टिकी रहीं।

"आज जब आप अपने बच्चे का दाखिला कराने मेरे स्कूल गईं और फिर बच्चे का दाखिला कराए बिना ही वापस लौट आईं तो कुछ अजीब सा लगा मुझे। मुझे लगा कि कोई बहुत भारी बोझ आप अपने मन में लिये हुए हैं। जरूर कोई क्रूर मजाक हुआ है आपके साथ।" कहकर उसने कमला की ओर देखा।

"जी?" कमला अभी भी चंदन की ओर ही देखे जा रही थी।

"यह बच्चा तो आप ही का है न?" बात को इधर-उधर घुमाने की बजाय चंदन ने सीधा प्रश्न किया।

"हाँ, और नहीं तो किसका होगा? मेरा ही है।" कमला ने जवाब में कहा।

"तो फिर इसके पिता यानी आपके पति कौन हैं? कहाँ हैं वे, क्या करते हैं?" चंदन ने प्रश्न का असली गोला दाग दिया।

सुबह इसी प्रश्न के आक्रमण से बचकर चली आई थी कमला लेकिन अब फिर वही प्रश्न सामने था। सुबह तो स्कूल की बात थी और चली आई थी वहाँ से लेकिन अब कहाँ जाए अपना घर छोड़कर! दुविधा में फँस गई कमला, क्या उत्तर दे इस प्रश्न का। अब तक वह लोगों को बताती रही थी कि वह विधवा है, शादी के एक वर्ष बाद ही उसके पति की मृत्यु हो गई थी। उसके पति का नाम जानने की न किसी को जरूरत थी और न किसी ने पूछा लेकिन अब क्या करे वह!

"छोड़िए बाबू साहब, क्या करेंगे जानकर।" कमला ने टालना चाहा।

वह इस प्रश्न का उत्तर देने से बचना चाहती थी। चंदन यह बात समझ चुका था। प्रश्न से बचकर भागने की बजाय उसका सामना करने के लिए प्रेरित करने की कोशिश की चंदन ने, "मुझे नहीं बताओगी, न सही लेकिन जिंदगी में न जाने कितनी बार आपको इस प्रश्न का सामना करना पड़ेगा। हमारे समाज में पति के बिना औरत नैतिक रूप से माँ नहीं बन सकती! बिना पति के उसकी और उसके बच्चों की कोई पहचान नहीं, कोई अस्तित्व नहीं। फिर आप कब तक छिपाओगी? कब तक इस प्रश्न से दूर भागती रहोगी?"

चेहरा उतर गया कमला का। उसकी आँखें छलछला आईं और गला रुँधने लगा। हिम्मत करके वह बोली, "मैं एक दुखियारी हूँ बाबू साहब, मेरे पति नहीं हैं।"

"क्यों, क्या हुआ उन्हें?...कोई बीमारी थी?" चंदन ने जिज्ञासा व्यक्त की।

"उफ्!...आपको कैसे समझाऊँ बाबू साहब कि मेरी शादी नहीं हुई, मैं कुँआरी हूँ।" कमला ने कहा और सिर झुकाकर नजरें जमीन में गड़ा दीं।

इस बात से ज्यादा चौंकने की जरूरत नहीं थी चंदन को क्योंकि वह जानता था कि बहुत-सी लड़कियाँ कुँआरी ही माँ बन जाती हैं। यहाँ तक कि कई महापुरुष और विद्वान भी कुँआरी माताओं के गर्भ से पैदा हुए हैं।

"तो क्या किसी के साथ प्यार-व्यार...? कौन था वह, शादी क्यों नहीं की उसने?" चंदन ने अगला प्रश्न किया।

"नहीं-नहीं, ऐसी कोई बात नहीं है बाबू साहब?" नजरें गड़ाए हुए ही कमला ने कहा।

"ऐसी बात भी नहीं है तो आखिर बात क्या है? पहेलियाँ क्यों बुझा रही हैं आप? सीधे-सीधे क्यों नहीं बतलातीं आप कि बात क्या है?" चंदन ने जोर देकर कहा।

तड़प उठी कमला। कलेजा मुँह को आने लगा और उसकी आँखों से आँसुओं की धारा बह निकली। जैसे-तैसे शब्द जुटाए उसने, "कैसे बताऊँ बाबू साहब, मैं खुद नहीं जानती इसका बाप कौन है?"

"क्या?...आप खुद भी नहीं जानतीं?" जैसे किसी तेज दौड़ती एक्सप्रेस ट्रेन में अचानक ब्रेक लगा हो। बहुत तेज झटका लगा चंदन को। इस बार चौंके बिना नहीं रह सका वह।

"हाँ, बाबू साहब! एक होता तो नाम बता देती लेकिन एक नहीं कई थे वे लोग।" और कहकर वह फफककर रोने लगी।

"ओह! तो यह बात है।" अब चंदन की समझ में आया कि सामूहिक बलात्कार की शिकार हुई है कमला। उसे लगा कि अनजाने में कमला की दुखती रग को छेड़ दिया है उसने। बहुत अफसोस हुआ उसे अपने आप पर। उसने देखा कि कमला बहुत दुखी हो चली थी। उसके दुख को हल्का करने का एक ही उपाय था कि कमला के अंदर की सारी घुटन और पीड़ा को आँसुओं के रास्ते बाहर निकलने दिया जाए और सहानुभूति के शब्दों का मरहम उसके जख्मों पर लगाया जाए। इससे ही उसे सांत्वना मिल सकती थी।

उसने कमला के प्रति सहानुभूति व्यक्त करते हुए कहा, "मैं आपके दुख को समझ रहा हूँ कमला जी। आप अकेली नहीं हैं जो इस तरह की दुर्घटना की शिकार हुई हैं। आप जैसी न जाने कितनी युवतियाँ इस प्रकार की त्रासदी की शिकार होती हैं। आपके साथ जो कुछ भी हुआ है वह बहुत दुखद और दुर्भाग्यपूर्ण है लेकिन क्या आप बतलाएँगी कि यह सब क्यों और कैसे हुआ?"

चंदन के इन सहानुभूतिपूर्ण शब्दों से जहाँ एक ओर सांत्वना मिली कमला को, वहीं दूसरी ओर उसकी हिम्मत भी बढ़ी। उसने स्वयं को संयत किया और चंदन को अपनी आपबीती बतानी शुरू की, "कई साल पहले की घटना है यह। मेरे माँ-बाप एक सेठ के भट्ठे पर काम करते थे। वहीं भट्ठे पर ही एक झुग्गी में रहते थे हम लोग। मेरा जन्म भी वहीं पर हुआ था। बचपन भी वहीं रेत-मिट्टी में खेलते-कूदते बीता मेरा और वहीं पर उन भेड़ियों ने मेरी इज्जत लूटी और मुझे कहीं का नहीं छोड़ा।" हालाँकि उसने रोना बंद कर दिया था लेकिन बीच-बीच में उसकी सिसकियाँ अभी भी जारी थीं। "पीने का पानी दफ्तर के अहाते में लगे नल से ही लाना होता था सबको, उसके अलावा पानी की कोई व्यवस्था नहीं थी। लत्ते-कपड़े भी या तो ट्यूबवेल की कुंडी पर बैठकर धोते थे या नल की चौंतरी पर। एक दिन दुपहरी

में मैं पीने के लिए पानी लेने नल पर गई थी। वहाँ दफ्तर के मालिक तथा अन्य कई लोग बैठे शराब पी रहे थे। मैंने उनकी ओर कोई ध्यान नहीं दिया। पानी से बाल्टी भरी और अपनी झुग्गी की ओर लौटने लगी। तभी मालिक ने पुकार लिया, 'कमला, जरा एक गिलास पानी हमें भी पिला जा।'

''मेरे पास गिलास नहीं था सो कह दिया, 'मेरे पास गिलास नहीं है मालिक।'

'' 'तो बाल्टी ही ले आ पर पानी तो पिला, गला सूख रहा है।' मालिक ने कहा। मैं सीधे सुभाव बाल्टी लेकर दफ्तर में चली गई। दफ्तर के अहाते में और उसके आस-पास खड़े पेड़ों के नीचे हम बचपन में खेलते रहे थे। कई बार दफ्तर के अंदर भी जाते रहते थे हम लोग, इसलिए कोई भय या संकोच नहीं था मेरे मन में। मालिक को या दफ्तर में आनेवाले लोगों को पहले भी पानी पिलाते रहते थे हम लेकिन उस दिन मेरा दफ्तर के अंदर कदम रखना हुआ कि एक आदमी ने उठकर दरवाजा बंद कर दिया और इससे पहले कि मैं कुछ समझ पाती वे भेड़िए मुझ पर टूट पड़े। मैंने खूब हाथ-पैर मारे, चीखी-चिल्लाई भी लेकिन सब बेकार गया। प्रतिरोध करते-करते बेबस हो गई मैं। एक के बाद एक उन सबने मेरे शरीर को नोंचा और अपनी हवस पूरी की।" कहने के साथ ही साड़ी का पल्लू मुँह में दबाकर जोर-जोर से रोने लगी कमला।

कमला की दारूण कथा ने चंदन के मस्तिष्क के तंतुओं को हिलाकर रख दिया। वह गंभीर हो गया था। कुछ देर तक वह मौन, मूक-सा केवल कमला की आँखों से झरते आँसुओं को देखता रहा, फिर उसने पूछा, "आपके माँ-बाप को पता नहीं चला इसका?"

"चला, बाद में सब पता चल गया था बापू को।" रोते-रोते कमला बोली।

"उन्होंने कुछ नहीं किया?" चंदन ने प्रश्न किया।

"वह कर भी क्या सकते थे। उन्हीं का काम करना और उन्हीं का दिया खाना। तनिक मुँह खोला बापू ने तो ऐसा मारा कमीनों ने कि अधमरा कर दिया उनको। सारी देह नीली पड़ गई और सिर फट गया। वह पिटते रहे और चीखते-चिल्लाते रहे और अंत में बेहोश होकर गिर गए।" सुबकियाँ लेते हुए कमला ने बताया।

सुनकर आक्रोश से चंदन की शिराएँ फड़कने लगीं। उस समय बलात्कारियों में से कोई भी उसके सामने होता तो वह उसका गला दबाए बिना नहीं छोड़ता। "क्या किसी ने इस अत्याचार के खिलाफ आवाज नहीं उठाई?" उसने पूछा।

"नहीं, मालिक के आतंक के कारण कोई उसके खिलाफ मुँह नहीं खोल सका। सबको डर था कि कहीं उनका भी हाल बाबू जैसा न हो।" उसने बताया।

"पुलिस में रिपोर्ट लिखवाई थी?" चंदन ने जानना चाहा।

"बापू गए थे थाने में रिपोर्ट लिखवाने लेकिन थानेदार की जेब मालिक ने पहले ही भर दी थी। रिपोर्ट लिखने की बजाय बापू को मारकर भगा दिया थानेदार ने।" अपने पिता की याद आते ही कमला की आँखें फिर से नम हो आई थीं।

कमला की दुख भरी कहानी सुनते-सुनते चंदन को उससे हमदर्दी हो गई थी। कमला के बारे में अधिक से अधिक जानने की जिज्ञासा उसके मन में बढ़ती जा रही थी।

"आप यहाँ कैसे आईं? आपके माँ-बाप कहाँ हैं?"

"मैं और बापू हम दो ही थे बस। माँ तो छोटी-सी को ही छोड़कर मर गई थी। बापू का कुछ पता नहीं है मुझे। अपना सब कुछ लुट जाने के बाद किसी को मुँह दिखाने लायक नहीं

रह गई थी मैं। उसी रात घर छोड़ दिया था मैंने। इधर-उधर भटकती फिरी मैं और बाद में जैसे-तैसे यहाँ चली आई। जीने के लिए कुछ-न-कुछ तो करना ही था सो कोठियों में बर्तन माँजने शुरू कर दिए मैंने। पहले मैं उधर रहती थी कांतीनगर में, वहीं पर खिलाड़ी पैदा हुआ। पहले मैंने सोचा कि वह गंदगी है और इस गंदगी को कहीं फेंक दूँ लेकिन ममता के मोह ने रोक लिया मुझे और ऐसा नहीं कर पाई मैं।" गोद में बैठे खिलाड़ी के सिर पर हाथ फिराते हुए कमला ने आगे बताया, "अब यही मेरा सहारा है। बड़ा होकर यह मेरे साथ हुए जुल्म और अत्याचार का बदला ले, यही मेरी कामना है।" फिर तनिक रुककर बोली, "सोचती थी मेहनत-मजदूरी करके इसे पढ़ाऊँगी, लेकिन इस अभागे की तकदीर में पढ़ना नहीं लिखा है शायद। कितनी बेबस हूँ मैं कि चाहकर भी अपने बच्चे को नहीं पढ़ा पाऊँगी।" कहते-कहते बहुत मायूस हो गई थी कमला और उसकी आँखों से आँसू बहने लगे थे।

कमला की व्यथा सुनकर चंदन का मन भी द्रवित हुए बिना नहीं रह सका। सोचने लगा वह, 'कैसी विचित्र व्यवस्था है इस समाज की! एक ओर आततायी भेड़िए हैं और दूसरी ओर कमला जैसी निरीह और असहाय युवतियाँ। एक ओर सृष्टि का आधार माना जाता है औरत को, वह देवी है, माँ है, उसके पैर छुए जाते हैं। वह श्रद्धा और सम्मान की पात्र है। दूसरी ओर कमला जैसी युवतियाँ हैं जो समाज के लिए खिलौना हैं, जिनको पुरुषों का एक वर्ग अपनी वासना की तृप्ति का साधन मात्र समझता है, उनके साथ बलात्कार किया जाता है। एक ओर नारी बहन है, बेटी है, उसकी इज्जत जान से भी बढ़कर होती है और दूसरी ओर कमला जैसी युवतियाँ हैं जिनको सरेआम बेइज्जत किया जाता है, जिनके शरीर और यौवन समाज के इन भेड़ियों की यौन-तृष्णा की आग को शांत करने का साधन मात्र हैं।'

कमला कह रही थी, "मेरा दोष यही था कि मेरा रंग दूसरी लड़कियों से थोड़ा साफ था और मेरे नाक-नक्श दूसरी लड़कियों से थोड़े अच्छे थे।...काश, मैं बदसूरत होती तो कम-से-कम मेरा जीवन तो बर्बाद नहीं होता।" और कहने के साथ ही वह फूट-फूटकर रोने लगी।

चंदन सोचने लगा, 'क्या दोष है कमला का यदि वह दूसरी लड़कियों से सुंदर है तो!...यदि वह सुंदर है, उसके नाक-नक्श अच्छे हैं तो क्या इसलिए कि उन्हें नोंचा जाए, खसोटा जाए। यदि उसका यौवन एक खिलता फूल है तो क्या उसे डाल से तोड़कर मसला जाए, रौंदा जाए पैरों से।...नहीं, यह अत्याचार है। यह शोषण है, बर्बरता है, इसका नाश होगा एक दिन। जब कमला जैसी युवतियाँ अपने अत्याचारों का बदला लेने को खुद उठ खड़ी होंगी तब इन अत्याचारियों का, इन दरिंदों-भेड़ियों का नाश अवश्य होगा।'

क्षण भर को आवेश में आ गया चंदन। चेहरा लाल हो गया उसका। मुट्ठियाँ भिच गईं, गर्दन सख्त हो गई और दाँत किटकिटाने लगे उसके लेकिन शीघ्र ही सँभाल लिया उसने स्वयं को। उसे ध्यान हो आया कि वह अपने कमरे में नहीं कमला के घर में है।

अब तक उसे लगता था कि असमानता, शोषण और अन्याय के खिलाफ संघर्ष करनेवाला वह अकेला व्यक्ति है और कभी-कभी इस बात से बड़ी निराशा होती थी उसे लेकिन कमला का हौसला देखकर उसे लगा कि वह अकेला नहीं है। जब कमला युवती होकर शोषण और अत्याचार के खिलाफ लड़ सकती है तब पुरुषों को इस संघर्ष में और ज्यादा आगे आना चाहिए। नारी-शक्ति की कोई पहचान नहीं थी उसको, अब वह नारी की शक्ति से भी परिचित हो गया था। उसे लगा कि कमला अकेली युवती नहीं है, ऐसी अनेक युवतियाँ होंगी जिनके मन में यह आग होगी। वह यह समझ चुका था कि जिंदगी की इस अहम लड़ाई को लड़ने के लिए नारी शक्ति

का उपयोग भी बहुत जरूरी है। उसने यह भी निश्चय किया कि अब अपनी लड़ाई में और नए मोर्चे खोलेगा वह तथा और ज्यादा ताकत से इस लड़ाई को लड़ेगा।

"आप हिम्मत से काम लें कमला जी! इन अत्याचारियों का नाश जरूर होगा एक दिन। मैं आपके साथ हूँ। कभी भी कोई परेशानी हो मुझसे कहिएगा। मेरा पूरा सहयोग मिलेगा आपको।" चंदन ने कहा और उठ खड़ा हुआ।

और हाँ, जाते-जाते वह रुककर बोला, "कल से अपने बच्चे को स्कूल में जरूर भेजना, मैं पढ़ाऊँगा इसे।"

"लेकिन बाबू साहब?...।" कमला ने कुछ कहना चाहा।

चंदन समझ गया कि वह क्या कहना चाहती है। उसकी शंका का समाधान किया उसने, "चिंता करने की कोई जरूरत नहीं है आपको। नाम तो पहचान का एक साधन है बस। यदि माँ से ही बच्चे की पहचान हो तो पिता की जगह माँ का नाम लिखा जा सकता है।" कहने के साथ ही वह मुड़ा और चला गया।

चंदन के प्रति कृतज्ञता से भर गया कमला का मन। वह सोचने लगी, 'यह आदमी है या देवदूत! कितना सहृदय, कितना आत्मीय, कितना सहयोगी, आज की दुनिया में कहाँ दिखते हैं ऐसे आदमी! आदमियों की भीड़ में बिलकुल अलग तरह का आदमी है यह।' और लौटते हुए चंदन को तब तक टकटकी बाँधे देखती रही कमला जब तक कि गली पार करके दूसरी ओर मुड़ नहीं गया वह।

महानायक बाबा साहेब डॉ. अंबेडकर

मोहनदास नैमिशराय

स्वयं अंबेडकर दौलताबाद के किले की घटना का विवरण देते हैं, जहाँ वे दलित वर्ग के आंदोलन के साथियों के साथ 1934 में गए थे।

1934 में साथियों ने इच्छा व्यक्त की कि अगर मैं उनके साथ चलने को सहमत हो जाऊँ, तो वे दर्शनीय स्थल देखना चाहेंगे। मैं सहमत हो गया। यह तय हुआ कि हम अपने कार्यक्रम में वेरूल की बौद्ध गुफाओं को भी सम्मिलित करेंगे। कार्यक्रम इस तरह बना कि मैं नासिक जाऊँगा और बाकी लोग मुझे वहीं मिलेंगे।

वेरूल जाने के लिए औरंगाबाद पहुँचना था। औरंगाबाद कस्बा हैदराबाद की मुस्लिम रियासत में है, जो निजाम की रियासत का एक भाग है। औरंगाबाद जाते समय हमें एक और कस्बे दौलताबाद से होकर गुजरना पड़ा। यह कस्बा भी हैदराबाद राज्य में आता है। दौलताबाद एक ऐतिहासिक स्थान है और कभी यह एक प्रसिद्ध हिंदू राजा रामदेव राय की राजधानी हुआ करता था। दौलताबाद का किला एक प्राचीन ऐतिहासिक स्मारक है। उस क्षेत्र में आनेवाला कोई भी सैलानी पर्यटक इसे देखने अवश्य ही जाएगा। इसलिए हम लोगों ने भी अपने कार्यक्रम में दौलताबाद का किला देखना सम्मिलित कर लिया।

हमने कुछ बसें और पर्यटक कारें किराए पर लीं। हम कोई 30 लोग थे। हम नासिक से येवला के लिए चले क्योंकि औरंगाबाद के मार्ग में ही येवला पड़ता है। हमारे इस पर्यटन कार्यक्रम की घोषणा नहीं की गई थी और ऐसा हमने जान-बूझकर किया था। हम अपनी पहचान छिपाते हुए यात्रा करना चाहते थे क्योंकि हम उन कठिनाइयों से बचना चाहते थे, जो एक अछूत पर्यटक को देश के बाहरी भागों में झेलनी पड़ती हैं। हमने केवल उन केंद्रों में अपने लोगों को सूचना दी थी, जहाँ हमने रुकने का फैसला किया था। यद्यपि हम मार्ग में निजाम की रियासत के कई गाँवों से गुजरे। दौलताबाद की स्थिति स्वाभाविक तौर पर भिन्न थी। वहाँ हमारे लोगों को हमारे आने की सूचना दे दी गई थी। वे लोग हमारी प्रतीक्षा कर रहे थे और कस्बे में प्रवेश-बिंदु पर इकट्ठा हो गए थे। उन्होंने हमसे आग्रह किया कि पहले हम उतरकर चाय-नाश्ता ले लें और फिर किला देखने जाएँ किंतु हमने उनका आग्रह स्वीकार नहीं किया। हमें चाय पीने की इच्छा तो बहुत हो रही थी किंतु हम चाहते थे कि हमारे पास सूरज ढलने से पहले किला देखने का पर्याप्त समय हो। इसलिए हम सीधे किले पर चले गए और अपने लोगों से कह गए कि चाय लौटकर पिएँगे। हमने अपने ड्राइवरों से आगे बढ़ने को कहा और कुछ ही मिनटों में हम किले के फाटक पर थे।

यह रमजान अर्थात् मुसलमानों के रोजों का महीना था। किले के द्वार के ठीक बाहर पानी से लबालब भरा एक छोटा-सा तालाब था। इसके चारों तरफ पत्थर की चारदीवारी थी। यात्रा में हमारे मुँह, शरीर और कपड़ों पर धूल जम गई थी और हम सभी हाथ-मुँह धोना चाहते थे।

हमारी टोली के कुछ सदस्यों ने बिना अधिक सोच-विचार किए तालाब से पानी लेकर खड़ंजे पर ही अपने पैर और मुँह धोने आरंभ कर दिए। इस आचमन के बाद हम किले के द्वार पर पहुँचे। अंदर सशस्त्र सिपाही थे। उन्होंने बड़े द्वार खोल दिए और हमें मेहराबदार रास्ते में जाने दिया। हम अभी संतरी से किले के अंदर जाने की अनुमति लेने का तरीका पूछ ही रहे थे कि इसी बीच एक सफेद दाढ़ी वाला मुसलमान बुजुर्ग हमारे पीछे चिल्लाता हुआ आया, "इन ढेढ़ों ने तालाब को गंदा कर दिया है।"

जल्दी ही आस-पास के तमाम जवान-बूढ़े मुसलमान उसके साथ मिल गए और हमें भला-बुरा बकने लगे, "ढेढ़ लोग उद्दंड हो गए हैं। ढेढ़ लोग अपनी जात भूल गए हैं। इनको सबक सिखाना होगा।"

उनके इरादे भयंकर दिखाई दे रहे थे। हमने उनसे कहा, "हम बाहरी लोग हैं और हमें यहाँ के रिवाज की जानकारी नहीं है।"

उन लोगों ने अपना क्रोध वहीं के अछूतों पर उतार दिया, जो जब तक किले के द्वार पर आ पहुँचे थे, "तुमने इन बाहरवालों को क्यों नहीं बताया कि अछूत लोग इस तालाब के पानी का उपयोग नहीं कर सकते।"

वे इन स्थानीय लोगों से बार-बार यही प्रश्न कर चुके थे। बेचारे हमारे लोग आखिर क्या जवाब देते? जब हमने तालाब में हाथ-मुँह धोए, तब वे लोग वहाँ नहीं थे। वास्तव में यह हमारी ही गलती थी कि हमने बिना किसी से पूछे उस तालाब के पानी का उपयोग कर लिया। उन लोगों ने कहा भी कि यह उनकी गलती नहीं थी लेकिन मुसलमान लोग कोई भी स्पष्टीकरण सुनने को तैयार नहीं थे। वे उन लोगों को और हमें भला-बुरा कहे जा रहे थे। स्थिति यह हो गई कि वहाँ दंगा और एकाध का खून भी हो सकता था। अतः हमें अपने आपको काबू में रखना पड़ा। हम नहीं चाहते थे कि हम किसी आपराधिक पचड़े में पड़ें और इस कारण हमारी यात्रा बीच में ही समाप्त हो जाए।

उस भीड़ में एक मुसलमान नवयुवक बार-बार यही कहे जा रहा था कि प्रत्येक को अपने-अपने मजहब पर चलना चाहिए। उसका कहने का आशय यह था कि अछूतों को किसी भी स्थिति में किसी सार्वजनिक तालाब से पानी नहीं लेना चाहिए।

अंबेडकर आगे बताते हैं, मेरा धैर्य टूट चुका था। मैंने थोड़ा आक्रोश प्रकट करते हुए उससे पूछा, "तो तुम्हारा मजहब तुम्हें क्या यही सिखाता है? अगर कोई अछूत मुसलमान हो जाए, तो क्या तब भी तुम उसे इस तालाब से पानी लेने से रोकोगे?"

इन सीधे प्रश्न की जैसे उन्हें उम्मीद नहीं थी। इससे उन मुसलमानों पर कुछ प्रभाव होता दिखाई पड़ा। उनसे कोई उत्तर देते नहीं बना और वे चुपचाप खड़े रहे। उनको निरुत्तर करनेवाले महानायक ने संतरी की तरफ मुड़ते हुए फिर गुस्से में कहा, "हम किले में जा सकते हैं या नहीं? बताओ क्योंकि अगर हम अंदर नहीं जा सकते, तो फिर हम यहाँ रुकना नहीं चाहेंगे।"

संतरी ने मेरा नाम पूछा। मैंने एक पर्ची पर अपना नाम लिखकर उसे दे दिया। वह पर्ची लेकर अंदर सुपरिंटेंडेंट के पास चला गया और फिर बाहर आ गया। उसने हमसे कहा कि हम किले में जा सकते हैं लेकिन इस हिदायत के साथ कि वहाँ कहीं भी हम पानी को हाथ नहीं लगा सकते और सशस्त्र सिपाही को हमारे साथ कर दिया, ताकि इस आदेश का उल्लंघन न कर पाएँ।

पानी की पवित्रता का मामला था। चाहे हिंदू पानी हो या मुस्लिम पानी। दोनों में कोई फर्क नहीं। यह था मुस्लिम धर्म में समता और भाईचारे का उदाहरण जो अल्लाह के बंदे

मस्जिद में दिन में पाँच बार नमाज पढ़ते हों। वे क्या यही सब पढ़े। मस्जिद में जैसा, वैसा बाहर नहीं।

बाबा साहेब का पारिवारिक जीवन उत्तरोत्तर दुखपूर्ण होता जा रहा था। उनकी पत्नी प्रायः बीमार रहती थीं। चिकित्सकों के परामर्श पर वायु-परिवर्तन के लिए वे उन्हें धारवाड़ भी ले गए, औषधि और उपचार आदि पर भी खूब पैसा खर्च किया परंतु कोई अंतर न पड़ा। उनके तीन पुत्र और एक पुत्री पहले ही देह त्याग चुके थे। अंबेडकर बहुत उदास रहते थे। 27 मई, 1935 को तो उन पर शोक और दुख का पर्वत ही टूट पड़ा। उस दिन निर्दयी मृत्यु ने उनसे उनकी पत्नी रमाबाई को छीन लिया। डॉ. अंबेडकर की उस समय की मानसिक अवस्था अवर्णनीय थी। बाबा साहेब का अपनी पत्नी के साथ अगाध प्रेम था। उन्हें विश्व-विख्यात महापुरुष बनाने में उनका भी हाथ था। वे उनकी ऊर्जा थीं।

श्मशान भूमि में पत्नी को अंतिम विदाई देने के बाद वे वेदना से इतने अभिभूत और त्रस्त हुए कि उन्होंने अपने आपको कमरे में बंद कर लिया और बच्चों की तरह फूट-फूट कर रोते रहे।

रमाबाई ने निर्धनता में भी बड़े संतोष व धैर्य से घर का निर्वाह किया और प्रत्येक कठिनाई के समय बाबा साहेब का साहस बढ़ाया। उन्हें इस दुख का इतना धक्का पहुँचा कि उन्होंने अपने बाल मुँड़वा लिये और साधुओं-सा व्यवहार अपनाने लगे। वे बहुत उदास, दुखी और परेशान रहते थे। यही नहीं, दिन तो जैसे-तैसे बीत जाता, रात उनकी जागते हुए बीतती। वह जीवन साथी जो गरीबी और दुखों के समय में उनके साथ मिलकर संकटों से जूझता रहा था अब जब कि कुछ सुख पाने का समय आया तो वह सदा के लिए बिछुड़ गया।

मानवतावादी समृद्धि की प्रतीक और संकट की घड़ियों की श्रेष्ठतम सहयोगिनी के दुख में वे कमरे में अकेले ही समय गुजारते थे। उस समय उनका एकमात्र पुत्र यशवंत राव जीवित था जो स्वयं में बेचैन रहता था। इस पर माता की मृत्यु और पिता का उनके प्रति उदासीन रहना! अब कौन किसे समझाए? परिस्थितियाँ उलझ गई थीं। घर में पिता और पुत्र दो ही शेष थे। मृत्यु ने एक-एक कर परिवार के सदस्यों को लील लिया था।

मई माह के अंत में दलित वर्गों के एकता सम्मेलन में भाग लेने के लिए वे कानपुर भी नहीं जा सके। बाबा साहेब शोक में थे। इसी समय बंबई सरकार ने उन्हें 1 जून, 1935 से लॉ कॉलेज का प्रिंसिपल नियुक्त कर दिया। जून, 1935 के मध्य में उन्होंने अपना नया पद सँभाल लिया। लॉ कॉलेज को सुधारने और उन्नत करने के लिए उन्होंने सरकार को कई बहुमूल्य सुझाव पेश किए। इस पद पर वे मई, 1938 तक रहे।

जुलाई 1935 में ऐसा आभास होता था कि महानायक राजनीति से अलग हो जाएँगे। 'बंबई न्यूज क्रॉनिकल' के संवाददाता ने लिखा कि डॉ. अंबेडकर या तो हाईकोर्ट के जज बनेंगे या मंत्री। उस समय के नियमानुसार कोई सरकारी कर्मचारी राजनीति में भाग नहीं ले सकता था। लार्ड ब्रेबोर्न ने अंबेडकर को जिला न्यायाधीश की नौकरी के लिए पेशकश की और साथ ही कहा कि, उन्हें शीघ्र ही हाईकोर्ट का न्यायाधीश बना दिया जाएगा। डॉ. अंबेडकर जैसे सिंह को आबद्ध करने के लिए न्यायाधीश का पद बहुत छोटा था। वे तो महानायक थे। समूचा विश्व उनका इंतजार कर रहा था। कुछ समय बाद उन्होंने अपने एक भाषण में कहा था, "न्यायाधीश तो क्या यदि मुझे वायसराय भी बनाने का प्रलोभन दिया जाता तो भी मैं ठुकरा देता। मेरे समक्ष अपनी जनता का भविष्य था, मेरा अपना नहीं।"

इसका उद्‌देश्य वर्तमान राजनीतिक और सामाजिक परिस्थितियों का पुनरावलोकन करना था। नासिक पहुँचने पर वहाँ के मेघवाल समाज ने उन्हें आदर से जलपान करवाया। वहाँ अस्पृश्य समाज की भिन्न-भिन्न जातियों का परस्पर सहयोग भी हुआ। निर्धारित दिन यह ऐतिहासिक सम्मेलन आरंभ हुआ। महानायक ने लगभग डेढ़ घंटे तक भाषण दिया। इस सम्मेलन में दस हजार लोग उपस्थित थे।

महाड मोर्चे के बाद अंबेडकर ने हिंदू धर्म त्यागने का दृढ़ निश्चय कर लिया था। प्रायः उन्हें महाड केस की पैरवी के लिए अदालत में जाना पड़ता था। सच कहा जाए तो हिंदू धर्म के प्रति उन्हें घृणा हो गई थी।

13 अक्टूबर, 1935 को दलितों का एक सम्मेलन येवला शहर में आयोजित किया गया, अंबेडकर के द्वारा हिंदू धर्म त्यागने की घोषणा सच में एक विस्फोट था। ऐसा विस्फोट जिसे बाहर आने में सैकड़ों बरस लग गए थे। दलित समाज के गर्भ में वही सब तो पल रहा था। सदियों बाद अंबेडकर ने विद्रोह किया था। हिंदुओं के मठ हिल गए थे। आश्रमों के परिवेश को जैसे लकवा मार गया था। सवर्ण प्रेस हतप्रभ थी। भारतीय समाज में कहीं आलोचना तो कहीं प्रशंसा। सुखद अहसास था तो कहीं दुखद आश्चर्य।

उन्होंने घोषणा की, "मैं हिंदू पैदा अवश्य हुआ हूँ, परंतु हिंदू के रूप में मरूँगा नहीं।" इस कांफ्रेंस में दस हजार से अधिक दलितों ने हिस्सेदारी की थी।

जाति-भेद की समस्या एक प्रकार का सवर्ण हिंदुओं और अछूतों के मध्य वर्ग संघर्ष है। यह कोई किसी एक व्यक्ति के विरुद्ध अत्याचार या अन्याय नहीं अपितु यह तो एक वर्ग का दूसरे वर्ग के विरुद्ध संघर्ष रहा है। जैसे ही हाशिए के आदमी समानता का दावा करना आरंभ करते हैं, उन्नति के समान साधनों का प्रयोग करने लग जाते हैं, उसी समय यह वर्ग संघर्ष आरंभ हो जाता है। हिंदू धर्म त्यागने से इस वर्ग संघर्ष के समाप्त होने की भी संभावना है।

अपने भाषण में बाबा साहेब ने कहा, "ऐसे लोगों के साथ संगति मत करो, यह जो शोरगुल करते हैं कि परमात्मा सर्वव्यापक है परंतु अपने ही सहधर्मी मानव को पशु से भी बुरा समझते हैं। ऐसे लोग पाखंडी हैं। ऐसे लोगों के साथ मेल-जोल मत रखो जो कीड़े-मकोड़े के बिलों पर तो मिष्टाम्न बिखेरते हैं परंतु वे व्यक्ति को पानी पीने से मना करके भूखा-प्यासा मार देते हैं। गंभीर सोच-विचार के पश्चात् प्रत्येक को यह स्वीकार करना पड़ेगा कि धर्म-परिवर्तन के अतिरिक्त कोई चारा नहीं, जिस प्रकार भारत को स्वराज की आवश्यकता है, वैसे ही अछूतों को हिंदू धर्म त्यागने की आवश्यकता है।"

दस वर्षों से चल रहे आंदोलन के सिंहावलोकन का यह उचित समय था। सामाजिक, आर्थिक, शैक्षिक और राजनीतिक किसी भी क्षेत्र में जाएँ, कहीं भी विश्लेषण करें, दलित समाज उत्पीड़न के चक्रव्यूह में था। उससे बाहर निकलने का एकमात्र रास्ता था। जिस रास्ते पर आगे बढ़ने हेतु महानायक का भाषण प्रेरक था।

ऐसे समय पर मुस्लिम नेता और विधानसभा सदस्य के.एल. गौबा ने भेजे गए एक तार में कहा, "भारत के समस्त मुसलमान उनका और अछूतों का इस्लाम में स्वागत करने के लिए उतावले हैं, निजाम हैदराबाद ने करोड़ों रुपयों की मदद करने की पेशकश की।"

बंबई के मेथाडिस्ट एपिस्कोपल चर्च के बिशप ब्रेनटन थांबर्न बैडले ने एक बयान में कहा, "वह डॉ. अंबेडकर के धर्म-परिवर्तन की घोषणा का स्वागत करते हैं।" बिशप ने कहा, "यदि पिछड़े वर्गों के लोग जीवन के नए मार्ग प्रशस्त कराना चाहते हैं तो उन्हें ईसाई धर्म ग्रहण कर लेना चाहिए।"

महाबोधि सोसाइटी, सारनाथ के सचिव ने बाबा साहेब को भेजे एक तार में कहा, "सोसाइटी डॉ. अंबेडकर और उनके अनुयायियों को बुद्ध धर्म अपनाने का आमंत्रण देती है।" तार में सचिव ने कहा, "बौद्धों में पारस्परिक कोई धार्मिक एवं सामाजिक भेदभाव नहीं है। बुद्ध धर्म में वर्ण-व्यवस्था या जाति-भेद के लिए कोई स्थान नहीं है। हम सभी को समानता देते हैं। हममें कोई जाति-पाँति नहीं।"

अमृतसर हरिमंदिर साहब के उप-प्रधान सरदार दलीप सिंह दोआबिया ने बाबा साहेब को भेजे एक तार में प्रार्थना की कि सिख धर्म एक ही वाहेगुरु को मानता है और प्रत्येक के साथ प्रेम करता है और अपने सभी अनुयायियों को समानता का स्थान देता है। महाराजा पटियाला भूपिन्द सिंह ने तो अपनी बहन की शादी डॉ. अंबेडकर से करने की पेशकश की ताकि सिख धर्म में दीक्षित होने पर उनका मान-सम्मान बढ़ सके।

असल में येवला कांफ्रेंस ने सारे देश में तहलका मचा दिया। हिंदुओं के मठ हिलने लगे थे। शंकराचार्य भागते हुए हाँफने लगे थे। धर्म-परिवर्तन की घोषणा को गांधी ने 'दुर्भाग्य' कहा और बाबू जगजीवन राम ने इसे एक नए नाटक का नाम दिया।

मदनमोहन मालवीय ने कहा, "मैं अगले कुछ महीने में एक बहुत बड़ा कोष जमा करूँगा जिससे दलितोद्धार किया जा सकेगा।"

डॉ. अंबेडकर द्वारा की गई धर्म-परिवर्तन की घोषणा पर विभिन्न संस्थाओं के साथ व्यक्ति भी पीछे न थे, उन्हें जैसे प्रतिक्रिया व्यक्त करने का अवसर भी मिल गया था। वह इस प्रकार थी–

गांधी ने धर्म-परिवर्तन की घोषणा का अपने महात्माई ढंग से विरोध किया। उन्होंने कहा, "धर्म ऐसी वस्तु नहीं है जिसको अदला-बदला जा सके...अछूतों की उन्नति एक अलग स्वतंत्र प्रश्न है।"

राजगोपालाचारी ने कहा, "धर्म-परिवर्तन आंदोलन एक शैतानी-आंदोलन है।"

डॉ. राजेंद्र प्रसाद ने अपने 28 अक्टूबर, 1935 को जारी किए वक्तव्य में कहा, "हिंदू धर्म त्यागने से अछूतों का कोई भला नहीं होनेवाला।"

गोविंदवल्लभ पंत धर्म-परिवर्तन आंदोलन के संदर्भ में बोले, "अछूत चाहें तो हिंदू बने रहें अथवा पूना पैक्ट द्वारा मिले अधिकारों का परित्याग करें। उन्हें एक ही समय दो सुविधाएँ नहीं मिल सकतीं।" गांधीवादियों की प्रतिक्रिया जातिवादी हिंदुओं की प्रतिक्रिया थी।

जितने मुँह उतनी ही बातें। उनमें अधिकांश राजनीति से प्रभावित थे या फिर दबाववश बाबा साहेब के खिलाफ वक्तव्य दे रहे थे। दुखद स्थिति तो यह थी कि गांधीवादियों व कांग्रेस के प्रभाव में दलित वर्गों के जिन नेताओं ने धर्म-परिवर्तन आंदोलन का विरोध किया, उनमें से प्रमुख एम.सी. राजा, आर. श्रीनिवासन, एल.सी. गुरुस्वामी, डॉ. पी.जी. सोलंकी, आर.बी. विस्वास, पी.एन. राजभोज, जी.ए. गवई, एन.एस. कजरोलकर, क्रिकेट खिलाड़ी पी. बालू आदि थे। इनमें गवई तो उनके राजनीतिक प्रतिद्वंद्वी थे और कजरोलकर तथा बालू इसी हेतु लाइन में थे।

डॉ. अंबेडकर ने धर्म-परिवर्तन आंदोलन के विरोधियों को बड़े ही तर्कसंगत उत्तर दिए। गांधीजी को दिए उत्तर में उन्होंने कहा, ''महात्मा की भाषा व वक्तव्य का भाव तो बस वही समझ सकते हैं।'' राजगोपालचारी की बाबत उन्होंने कहा, ''राजाजी का वक्तव्य, गुस्से में पागल किसी व्यक्ति का बयान है।" पंडित पंत को दिए उत्तर में बाबा साहेब ने कहा, "पंत जी का बयान हिंदुओं के लिए डरावा है।" उन्होंने कहा, ''अछूतों को विधान सभाओं में (आरक्षित) स्थान उनके हिंदू होने के कारण है।''

"मेरा विचार है कि अपने जन्म ही से पागल व्यक्ति के बगैर कोई चातुर्वर्ण्य को दोबारा घोषित करने की आशा या विश्वास नहीं रख सकता।" वर्ण-व्यवस्था के परिणामों का उल्लेख

करते हुए बाबा साहेब ने बताया, "भारत में हिंदू एक जाति नहीं बल्कि यह लोगों की एक बेरूप भीड़ है और सच बात यह है कि एक आदर्श हिंदू उसे कहा जाता है जो दूसरों से किसी प्रकार का मेल-मिलाप करने से इनकार करता है और चूहे की भाँति अपने बिल ही में रहता है।"

जाति-पाँति के समर्थन में कई लोग कहते हैं कि इससे रक्त-पवित्रता कायम होती है। इस तरह के बड़प्पन की कलई खोलते हुए बाबा साहेब ने कहा, "भारत में शायद ही कोई ऐसी श्रेणी या जाति होगी जिसमें विदेशी मिलावट न होगी। विदेशी रक्त की मिलावट न केवल राजपूत और मराठा जैसी लड़ाकू श्रेणियों में ही है बल्कि ब्राह्मणों में भी है, जो अपना मन प्रसन्न करनेवाले भ्रम में फँसे हुए हैं कि वे प्रदेशी तत्त्वों से शुद्ध हैं।"

हिंदू बड़े गौरव से यह बात दोहराते रहते हैं कि उनका समाज विशेषतः धर्म शताब्दियों से जीवित है। बाबा साहेब ने इस भ्रांति की भी पोल खोली। उन्होंने कहा, "किसी व्यक्ति और इसी तरह किसी समाज के लिए केवल जीवित रहने और जीवित रहने योग्य ढंगों में बहुत अंतर है। किसी लड़ाई में लड़ना और शान से जीना, जीवन का एक ढंग है। पीछे भाग आना, शस्त्र डाल देना और एक गुलाम का जीवन व्यतीत करना जीवित रहने का एक ढंग है। किसी हिंदू के लिए इस तथ्य में समाधान ढूँढ़ना कि वह और उसके साथी जीवित बच रहे हैं, बेअर्थ है। वह इस बात पर ऐसा करे तो मुझे विश्वास है कि वह केवल जीवित बचे रहने पर गौरव करना छोड़ देगा।"

करोड़ों दलितों की गुलामी का कारण वर्ण-व्यवस्था को बताते हुए महानायक ने कहा, "इस प्रश्न ने मुझे लगातार परेशान किया है कि हिंदुस्तान में सामाजिक क्रांतियाँ क्यों नहीं आईं, केवल एक ही उत्तर है जो मैं दे सकता हूँ और वह यह है कि चातुर्वर्ण्य की इस दुष्ट प्रणाली के कारण हिंदुओं की निचली श्रेणियाँ हिंसक कार्यवाही के संपूर्णतः अयोग्य बनाई गई थीं। वे शस्त्र नहीं रख सकते थे और शस्त्रों के बगैर बगावत नहीं कर सकते थे। वे सारे ही हल चलानेवाले बेबस लोग थे। उनको अपने हलों के फालों को तलवारों में बदलने का अवसर नहीं दिया गया।"

येवला परिषद के बाद बौद्ध भिक्षुओं का एक सम्मेलन कलकत्ता में हुआ था। उसमें सम्मिलित बर्मा, तिब्बत और चीन देशों के प्रतिनिधियों ने डॉ. अंबेडकर के निर्णय पर तार द्वारा बधाई संदेश भिजवाए थे।

निश्चित ही डॉ. अंबेडकर की धर्म-परिवर्तन करने की घोषणा ने हिंदू समाज में एक तहलका मचा दिया जिसका कोई तोड़ किसी के पास नहीं था।

शंकराचार्य डॉ. कूर्तकोटि और डॉ. मुंजे जैसे हिंदू धर्म के इन नेताओं ने यह रुख अपनाया कि यदि डॉ. अंबेडकर सिख धर्म को स्वीकार करते हैं तो हमें कोई आपत्ति नहीं है। धर्म-परिवर्तन के बारे में कांग्रेस के सारे नेतागणों और गांधीजी ने घोर विरोध किया। महात्मा गांधी ने लिखा– "अस्पृश्यता आखिरी साँसें गिन रही है। डॉ. अंबेडकर जैसे विद्वान, उच्च शिक्षाविद् युवक का कविथ और अन्य स्थानों में हुए अत्याचारों के कारण क्रोधित होना स्वाभाविक है।"

महात्मा गांधी का निवेदन पढ़कर डॉ. अंबेडकर ने कहा, "हमने अभी यह तय नहीं किया है कि हम किस धर्म को स्वीकार करेंगे लेकिन सब तरफ से सोच-विचार करने पर हमें यकीन हो गया है कि हिंदू धर्म हमारी तरक्की में किसी तरह बढ़ावा नहीं दे सकता। वह हमारी उन्नति का पोषक नहीं है, इस धर्म की नींव ही विषमता पर टिकी है। हम गांधीजी की इस राय से सहमत हैं कि हर एक व्यक्ति को धर्म की आवश्यकता है लेकिन अपने पूर्वजों की तरह मैं यह बिलकुल मानने के लिए तैयार नहीं हूँ कि उस धर्म से हर हालत में संबद्ध रहा जाए, जो न मन को जँचता है और न ही विकास में सहायक होता है।"

अस्पृश्यों के धर्मांतरण का जैसे सवर्ण हिंदू विरोध कर रहे थे, उसी तरह कई अस्पृश्य जातियों के नेतागण भी अपना विरोध प्रकट कर रहे थे।

डॉ. अंबेडकर को धर्म-परिवर्तन से परावृत्त करने के लिए बंबई हिंदू महासभा की कार्यकारिणी समिति की तुरंत बैठक बुलाई गई। उस बैठक में इस विषय पर एक प्रस्ताव भी पारित किया गया। उसके बाद 24 अक्टूबर, 1935 के दिन मो.वा. वेलकर के नेतृत्व में एक शिष्टमंडल डॉ. अंबेडकर से मिलने भी गया। उस समय डॉ. अंबेडकर विश्वविद्यालय के पर्चों की जाँच कर रहे थे। उन्होंने शिष्टमंडल से विचार-विनिमय किया और दृढ़ता से कहा, "अस्पृश्यों के लिए धर्म-परिवर्तन के सिवा दूसरा रास्ता नहीं है।" उन्होंने कहा, "मैंने धर्म-परिवर्तन करने का उन्हें जो उपदेश दिया है, वह केवल उनके कल्याण की दृष्टि से ही।"

धर्म-परिवर्तन से देश की कोई हानि नहीं होगी, इस बारे में भरोसा दिलाते हुए उन्होंने कहा, "मेरे कर्तव्य के तीन उद्देश्य हैं– पहला है देश, दूसरा अस्पृश्य समाज और उसके बाद आता है हिंदू समाज।" बातचीत का समापन करते हुए उन्होंने कहा, "वैयक्तिक धर्म-परिवर्तन में न कोई लाभ है, न कल्याण ही। जब धर्म-परिवर्तन करने का अवसर आएगा, मैं सारे हिंदू नेतागणों से विचार-विमर्श करूँगा। हम जो भी करेंगे एक शूरवीर सैनिक की तरह सम्मान से करेंगे।" डॉ. अंबेडकर के इस आश्वासन से शिष्टमंडल के सभी सदस्य संतुष्ट होकर वहाँ से लौटे।

महाराष्ट्र में शुद्धि संगठन कार्य के अगुआ विनायक महाराज मसूरकर दूसरे धर्म में गए हुए हिंदू लोगों का शुद्धीकरण कर उन्हें दोबारा हिंदू धर्म की दीक्षा देते थे। नवंबर महीने के पहले सप्ताह में महाराज स्वयं अंबेडकर से मिलने पधारे। उस समय वसई गाँव में डॉ. अंबेडकर का सम्मान समारोह समाप्त हो चुका था। उसके बाद शाम सात बजे मालवणकर की हवेली में मसूरकर महाराज अपने 15-20 सहयोगियों के साथ डॉ. अंबेडकर से मिले। यह मुलाकात लगभग तीन घंटे चलती रही।

उन्होंने कहा, "यदि हिंदुस्तान में हिंदू ही नहीं रहा तो इस देश का नाम हिंदुस्तान नहीं रह सकेगा।"

बाबा साहेब ने उत्तर दिया, "आपकी तरह हमें भी खेद है लेकिन इसके कारणों का निवारण करना तो आपके हाथ में है। इसके लिए आपको पंचवर्षीय योजना चलानी होगी।" अपनी यह राय देकर डॉ. अंबेडकर ने उसके लिए आवश्यक मार्ग की चर्चा करते हुए कहा, "मेरी राय में हिंदू समाज की चार वर्णों वाली व्यवस्था को समाप्त कर एकवर्णीय व्यवस्था कायम करनी होगी। हिंदू महासभा के पुणे में होनेवाले अधिवेशन में आप यह प्रस्ताव पास करवा लें कि जन्म से जाति निर्धारित न हो।"

महाराज हिंदू समाज की वर्ण-व्यवस्था समाप्त करने के लिए राजी नहीं हुए, तब डॉ. अंबेडकर ने उन्हें एक और सुझाव दिया। उन्होंने कहा, "तो आप एक बहुत ही सरल, सुंदर और सहज बात कर सकते हैं। जरा सी बात है, बस कर दिखाइए। हमारे श्री के.के. सकट को बस एक साल के लिए शंकराचार्य की गद्दी पर बैठा दीजिए और यह व्यवस्था कीजिए कि पुणे के एक सौ चितपावन ब्राह्मण परिवारों के सदस्य उनके पाँव पखारे। आप यदि इतनी छोटी-सी बात मंजूर करवा सकें तो हम उसे आपके मन में समानता के लिए उमड़ी हुई आस्था का प्रतीक मान लेंगे और धर्म-परिवर्तन का अपना निर्णय स्थगित कर देंगे।"

उन्होंने इसके लिए श्री सकट का नाम क्यों सुझाया, इस बारे में स्पष्टीकरण देते हुए उन्होंने कहा, "वे माटे गुरुजी के प्रमुख शिष्य हैं। साथ ही 'केसरी दल' ने उन्हें अस्पृश्यों का एकमेव

नेता घोषित किया है। मैं उनके इस दावे का विरोधी हूँ, फिर भी मैं और मेरे सारे सहयोगी उनकी पाँव-पूजा करने के लिए तैयार हैं।" डॉ. साहब की ये सारी बातें सुनकर महाराज ने उनसे अनुरोध किया कि वे समस्त हिंदू जाति के कार्य का भार सँभालें। साथ ही उन्होंने डॉ. अंबेडकर के सुझाव अपने लोगों तक पहुँचाने का भरोसा दिलाया। यह चर्चा बहुत ही मिलनसार माहौल में हुई और महाराज ने उनसे विदा ली। इसके बाद महाराज और उनके सहयोगियों तथा शिष्यों ने श्री सकट को शंकराचार्य का पद देने के लिए कौन से प्रयास किए, इसका कुछ अता-पता नहीं चला।

अपने एक लेख में चांभार (चमार) जाति के नेता देवरुखकर ने स्पष्ट घोषणा की, "मेरे समाज के बंधुओं ने बौद्ध धर्म की दीक्षा लेने का निर्णय लिया है।"

नासिक में एक आम सभा में श्री रा.ग. प्रधान के नेतृत्व में हिंदुओं के एक शिष्टमंडल ने डॉ. अंबेडकर से भेंट की। वहाँ उन्होंने सरेआम कहा, "आज की पीढ़ी रानडे, गोखले व तिलक के समान ध्येयनिष्ठ न होने से हम सब बहुत निराश हैं।" इन्हीं दिनों पीर जमात अली डॉ. अंबेडकर से मिले। उस मुलाकात के बाद उन्होंने यह अफवाह फैला दी कि डॉ. अंबेडकर इस्लाम मजहब मंजूर करनेवाले हैं। डॉ. अंबेडकर ने फौरन इस अफवाह का खंडन किया। केवल भालाकार भोपटकर ने यह कहा, "अगर डॉ. अंबेडकर हिंदू धर्म छोड़ रहे हैं तो यह अच्छा ही है।"

8 दिसंबर, 1935 को बंबई के फारस रोड इलाके में महानायक ने धर्म-परिवर्तन के बारे में पहला महत्त्वपूर्ण भाषण दिया। उस स्थान पर दत्त जयंती का उत्सव हो रहा था। हजारों की संख्या में भक्तजन वहाँ उपस्थित थे। वहाँ भाषण देते हुए उन्होंने कहा, "थोड़ी-थोड़ी संख्या में बिखरकर पराए धर्म को स्वीकार करने में आप लोगों का अहित होगा। धर्म बदलने का मेरा दृढ़ निश्चय है। अस्पृश्यता हिंदू धर्म में छूत की बीमारी की तरह लगी हुई है। इसलिए हमें ऐसे धर्म से अलिप्त रहना चाहिए।" उन्होंने अस्पृश्यों की दारुण परिस्थिति का हृदय-विदारक वर्णन किया और उपस्थित जनों का मन जीत लिया। वे काफी देर तक भाषण सुनते रहे।

डॉ. अंबेडकर के इस भाषण से, तत्कालीन संवाददाता अनंत हरि इतने प्रभावित हुए थे कि उनके उद्गार थे, "अंबेडकर को अपना इस तरह का झकझोर देनेवाला उत्तेजक भाषण, अस्पृश्यों से भी मरियल मन वाले स्पृश्यों को भी सुनाना चाहिए। जो कोई यह समझता हो कि उनके भाषण को कोई महत्त्व ही नहीं देना चाहिए, मैं समझता हूँ, वह अपनी और हिंदू समाज की आँखों में धूल झोंक रहा है। उसके भुलावे में नहीं जाना चाहिए। मैं अपने आपको भाग्यशाली समझता हूँ कि मुझे उनका यह भाषण सुनने का अवसर मिला।"

महाड के स्नेही समाज के आग्रह पर डॉ. अंबेडकर 25 दिसंबर, 1935 को बंबई से महाड के लिए रवाना हुए। सुबह जब धरमतर पर जहाज किनारे लगा तो पेण तहसील के अस्पृश्य समाज ने वहाँ उनका स्वागत किया। वे वहाँ से मोटर द्वारा महाड के लिए रवाना हुए। रास्ते में जगह-जगह उनका स्वागत किया गया। महाड से तीन मील पहले सव नामक गाँव में वहाँ के ईमानदार माननीय बापूसाहब टिपणीस ने उन्हें पुष्पहार से सम्मानित किया। उनके अनुरोध पर बाबा साहेब उनके बँगले में कुछ समय के लिए रुके। समाचार पाकर अस्पृश्यों के झुंड के झुंड सव ग्राम के समुद्र किनारे जमा हो गए।

सुरेंद्रनाथ टिपणीस के साथ महानायक फिर महाड पधारे। उस समय टिपणीस के बँगले पर सैकड़ों लोग जमा हो गए थे। वहाँ भोजन करने के बाद ठहरने के लिए वे सव ग्राम आए। यह खबर पाते ही सव ग्राम में टिपणीस की हवेली के सामने अस्पृश्य समाज ने सुंदर

मंच बनाया। इस मंडप में बाबा साहेब के दर्शनों के लिए रात ग्यारह बजे तक लोगों की कतार लगी हुई थी।

टिपणीस के नारियलों के पेड़ों के रमणीय उपवन में गरम पानी के अनेक झरने थे। उन तीन झरनों के आस-पास सुंदर कुंड हैं। झरनों के उन कुंडों में केवल स्पृश्य समाज के ही नहाने की परिपाटी थी किंतु दूसरे दिन प्रातःकाल इन कुंडों के स्वामी टिपणीस महोदय ने बाबा साहेब से इन कुंडों में नहाने का अनुरोध किया। बाबा साहेब ने वहाँ स्नान कर केवल स्पृश्यों के उपयोग की इस प्रथा को समाप्त किया।

27 दिसंबर से तीन दिनों तक महानायक कुलाबा तथा रत्नागिरि जिले के जमींदारों के विरुद्ध उनके क्षेत्र में काम करनेवाले किसानों की शिकायतें सुनते रहे। जमींदार की जमीन पर काश्तकारी करनेवाले ये परिवार मराठा और महार जाति के थे। ये सब जमींदार के जुल्मों के एक जैसे शिकार होने की वजह से जाति भेद को भूलकर एक जगह जमा होकर बाबा साहेब को अपनी शिकायतें सुनाते रहे।

30 दिसंबर को सुबह सव ग्राम की महारों की बस्ती में बाबा साहेब का शानदार स्वागत हुआ। वहाँ से वे महाड के टिपणीस के यहाँ निवास करने गए। दोपहर के दो बजे उन्होंने महाड के छात्रावास को देखा। बाद में तीन बजे पाँच हजार जनसमूह के सामने उनका भाषण हुआ। महिलाओं को संबोधित करते हुए उन्होंने कहा, "अगर आदमी गलती कर रहा हो तो औरतों को उसके विरुद्ध विद्रोह करना चाहिए। सारे समाज की प्रतिष्ठा, प्रगति और कीर्ति नारियों के हाथ में होती है। हर एक अलग-अलग धर्म-परिवर्तन न करे। हम सबका सामूहिक निर्णय होने तक कोई भी धर्मांतरण न करे।"

उसी दिन शाम को रायगढ़ जिले के कोड़ोसे नामक गाँव में दूसरी विशाल सभा हुई। वहाँ भाषण करते हुए उन्होंने कहा, "महत्त्वाकांक्षा और आशावाद को अंगीकार करने से ऊँची स्थिति को पहुँचा जा सकता है। जिसने अपने दिल में उम्मीद, उमंग और ख्वाहिश की लौ लगा ली है, वह हमेशा जिंदादिल रहता है। अपने चरित्र को बढ़ाना, उसका संवर्धन करना जीवन का परम कर्तव्य है। उसका पूरी तरह विकास कीजिए। उसे उज्ज्वल बनाइए। पुरानी रूढ़ियों और रिवाजों को दफना दो। नई कलम से नया सबक लिखो। हमेशा आशावान बने रहो। मेहनत और कुर्बानी से ही फर्ज पूरा होता है।" महानायक के इस संदेश से जैसे दलितों के भीतर सूर्योदय हो गया था।

भाषण समाप्ति पर डॉ. अंबेडकर सुरेंद्रनाथ टिपणीस के साथ उनके घर पधारे। रात में टिपणीस के दीवानखाने में महाड के नगरसेठ देवचंद गांधी ने उनसे मुलाकात की जिसमें धर्म-परिवर्तन के बारे में डॉ. अंबेडकर से चर्चा की।

31 दिसंबर, 1935 के दिन डॉ. अंबेडकर, प्रतापगढ़ किले की तलहटी में बसे पोलादपुर गाँव के लिए रवाना हुए। रास्ते में लोगों ने अपने गाँव की सीमा पर उनकी मोटर रोककर उन्हें मालाएँ पहनाईं। सुहागिन नारियों ने उनकी आरती उतारकर उन पर मंगल भावनाओं से भरी अनंत वर्षा की।

पोलादपुर के पास प्रतापगढ़ इलाके के हजारों अस्पृश्य बांधवों ने जयघोष से उनका स्वागत किया। वहाँ बाबा साहेब अनंतराव चित्रे के घर ठहरे। वहाँ उनसे मिलने के लिए जनसमुदाय एकत्रित हुआ। सबसे मिल-जुलकर, उनकी खुशखबरी ले, महानायक ने उन्हें संबोधित किया। रात्रि के समय पोलादपुर के महारों की बस्ती में उनका भाषण हुआ। उसके बाद वे कमलाकांत चित्रे के घर गए। फिर चाँदनी रात के शीतल प्रकाश में अनंतराव चित्रे ने अपने बगीचे में डॉ. अंबेडकर

और उनके स्पृश्य तथा अस्पृश्य साथियों को शानदार दावत दी। 1 जनवरी, 1936 को डॉ. अंबेडकर अपना आगे का दौरा स्थगित कर पोलादपुर से महाड जाते हुए बंबई लौट आए।

महानायक के द्वारा धर्म-परिवर्तन की घोषणा की प्रतिक्रिया में 29 दिसंबर, 1935 के दिन पूना में हिंदू महासभा का अधिवेशन संपन्न हुआ। इस अधिवेशन में यह प्रस्ताव पारित हुआ कि हिंदू धर्म जन्मजात अस्पृश्यता को स्वीकार नहीं करता।

पं. सातवडेकर ने एक बहुत विस्तृत लेख लिखा था। उसका शीर्षक था– 'डॉ. अंबेडकर का कर्तव्य'। इस लेख में उन्होंने डॉ. अंबेडकर तथा उनके साथियों को धर्म-परिवर्तन न करने की सलाह दी थी। उन्होंने ओछी बात भी लिखी, "डॉ. अंबेडकर ने महार जाति में जन्म लेने के कारण ही आज इतना महत्त्व पाया है। यदि इनका जन्म किसी ऊँची जाति में हुआ होता तो उन्हें इतना महत्त्व नहीं मिल पाता। अस्पृश्य समाज को यह घोषणा करनी चाहिए कि हम हिंदू ही रहेंगे, इसी में उनका हित निहित है।" उनकी यह बात निंदनीय थी।

इस लेख का उत्तर देते हुए डॉ. अंबेडकर ने कहा, "यद्यपि मैं महार जाति का हूँ, फिर भी मुझे जो महानता मिली है, वह मेरी विद्वत्ता के कारण है और यदि मैं धर्म-परिवर्तन कर लेता हूँ तो भी मेरी विद्वत्ता तो नष्ट होने से रही।"

उन्होंने यह भी कहा, "मेरा धर्म-परिवर्तन का निश्चय अटल है।" विचारों की बहस और तर्कवाद में डॉ. अंबेडकर के लेखों से लाजवाब दलीलों और वकीली बहसबाजी की कुशलता झलकती है।

जनवरी 1936 में पुणे शहर में धर्म-परिवर्तन के निर्णय पर गहराई से विचार करने के लिए एक सम्मेलन आयोजित किया गया। इस अखिल महाराष्ट्र युद्ध परिषद में डॉ. अंबेडकर ने चेतावनी देते हुए कहा, "अब अगर भगवान भी स्वयं अवतरित हो जाएँ तो भी अस्पृश्य समाज धर्म-परिवर्तन के निश्चय से विचलित नहीं होगा। मैं आप सबको अपनी पतित अवस्था से ऊपर उठाने का प्रयास कर रहा हूँ। इसमें मेरा कोई निजी हित नहीं है। आप लोगों को अपना दायित्व सँभालना होगा और अगर आप लोग मेरे बताए गए मार्ग का अनुसरण करेंगे तो आप लोगों का उद्धार ही होगा।" इस सम्मेलन में किस धर्म को स्वीकार किया जाए, इस विषय पर निर्णय करने का संपूर्ण अधिकार डॉ. अंबेडकर को सौंप दिया गया। डॉ. अंबेडकर के आस-पास एक निर्णय का निर्माण होने लगा। इस महत्ता के कारण एक कार्यकर्ता ने घोषणा की, "अस्पृश्यों को वेद नहीं चाहिए, गीत नहीं चाहिए, शंकराचार्य नहीं चाहिए, उन्हें किसी देवदूत की भी आवश्यकता नहीं है। उन्हें तो बस अंबेडकर चाहिए।"

डॉ. अंबेडकर ने साफ शब्दों में सचेत किया, "अपने उद्धार के लिए आपको संघर्ष करना होगा। धर्म-परिवर्तन से आप लोगों का कल्याण ही होगा लेकिन इक्के-दुक्के धर्म बदलने से बात नहीं बनेगी।"

इस सम्मेलन के दौरान डॉ. अंबेडकर पुणे के सिख समाज के भजन-कीर्तन के कार्यक्रम में भी सम्मिलित हुए। सिख नेताओं ने उन्हें अपनी ओर से रिझाने का बहुत प्रयास किया कि वे सोलंकी सहित सिख धर्म को स्वीकार कर लें। इसी सप्ताह में दो मुस्लिम डेलीगेशन भी उनसे मिले और उन्होंने डॉ. अंबेडकर से इस्लाम मजहब को मान लेने की गुजारिश की।

भले ही धर्म-परिवर्तन के महत्त्वपूर्ण सवाल पर डॉ. अंबेडकर व्यस्त थे, फिर भी अन्य कार्यों की ओर वे पूरा ध्यान देते थे। कुलाबा जिले के चरी गाँव में एक किसान सभा के अध्यक्ष पद से भाषण करते हुए उन्होंने ललकारकर कहा, "किसानों को जमींदारों के विरुद्ध आंदोलन करना चाहिए।"

1 मार्च, 1936 को बाबा साहेब ने पनवेल में आयोजित परिषद का अध्यक्ष पद गौरवान्वित किया। वहाँ महिलाओं ने उनकी आरती उतारी। अंजुमन-ए-इस्लाम और मुसलमानों के अखाड़े की तरफ से उनकी अगवानी की गई। स्थानीय चमार समाज ने भी उनका आदर-सत्कार किया। वहीं अपने भाषण में उन्होंने कहा, "यह अस्पृश्यों का आंदोलन सब दलितों के लिए है। अगर चमार और माँग समाज इस आंदोलन का बीड़ा उठाते हैं तो मैं महार समुदाय से कहूँगा कि वे शांत बैठें।" उन्होंने यहाँ यह जानकारी भी दी कि उन्होंने बंबई नगरपालिका में शिक्षा विभाग के सुपरवाइजर के पदों पर चांभार जाति के प्रत्याशी को लेने की सुविधा कैसे प्राप्त करवाई और चमार व माँग समाज के लोगों को पुलिस ट्रेनिंग विभाग में लाने के लिए उन्हें कितने प्रयास करने पड़े।

1936 में संतराम बी.ए. के नेतृत्व में जाति-पाँति तोड़क मंडल ने डॉ. अंबेडकर को अपने सम्मेलन में बतौर अध्यक्ष लाहौर में आमंत्रित किया था। अंबेडकर ने अपनी स्वीकृति दे दी। चूँकि जाति-पाँति तोड़क मंडल में ज्यादातर आर्यसमाजी थे। इसलिए उनको हिंदू धर्मग्रंथों को जैसे, "वेदों को बारूद लगाकर उड़ा दो।" शब्द पसंद नहीं आए। उन पर दबाव डाला गया कि अंबेडकर अपने लिखित भाषण से कुछ शब्द हटा दें पर अंबेडकर ने साफ इनकार कर दिया। सम्मेलन को ही खत्म कर दिया। डॉ. अंबेडकर ने अपने इस भाषण को पुस्तक रूप में प्रकाशित करा दिया, नाम रखा 'ऐनीहीलेशन ऑफ कास्ट्स' यानी जाति-पाँति का बीजनाश। जाति-पाँति के विश्लेषण और जाति-पाँति के उन्मूलन पर यह भाषण इतना विद्वत्तापूर्ण और उपयुक्त था। यहाँ तक कि गांधी तक को कहना पड़ा कि पुस्तक को घर-घर में पढ़ा जाना चाहिए। गांधीजी ने अपने साप्ताहिक 'हरिजन' (दिनांक 11 व 18 जुलाई, 1936–15 अगस्त, 1936) में इस भाषण की आलोचनात्मक समीक्षा प्रकाशित की। डॉ. अंबेडकर ने पुस्तक के दूसरे संस्करण में गांधीजी द्वारा उठाए गए बिंदुओं का बड़ा ही तर्कपूर्ण उत्तर दिया जिससे यह किताब जाति-पाँति की समस्या पर शोधपूर्ण व प्रामाणिक दर्जे की बन गई। भदंत आनंद कोसल्यायन इस पुस्तक को सामाजिक क्षेत्र में उतनी ही क्रांतिकारी मानते थे जितनी कि आर्थिक क्षेत्र में कार्ल मार्क्स की 'दास कैपिटल' पुस्तक।

मध्य प्रांत और बरार के विभिन्न स्थानों का दौरा बाबा साहेब के द्वारा शुरू हुआ। 1 मई, 1936 को महानायक का वर्धा आगमन हुआ। उनके स्वागत के लिए दूर-दूर से लोग आए थे। वहाँ की नौजवान संघ ने व्यवस्था की। शेगाँव में गांधी और सेठ जमनालाल बजाज से उनकी मुलाकात हुई। अगले दिन फेडरेशन की ओर से भंडारा जिला के 'तुमसर' में दलित समाज का सम्मेलन हुआ, जिसमें बाबा साहेब उपस्थित थे। बाद में गोंदिया में सभा को संबोधित कर वे नागपुर पहुँचे। इन सभी स्थानों पर धर्म-परिवर्तन से संबंधित सवाल उठाए गए। बाबा साहेब ने सभी का संतोषजनक उत्तर दिया।

नागपुर में कामठी रोड, गड्डी गोदाम चौक पर स्थित ग्रांट होटल में उनके रहने की व्यवस्था की गई थी। 4 मई, 1936 को कस्तूरचंद पार्क में दलित फेडरेशन की ओर से एक विशाल सभा का आयोजन किया गया। इस सभा में बाबा साहेब ने कहा, "विगत दस वर्षों में अस्पृश्य समाज में जो जागृति आई है और स्वाभिमान जाग्रत् हुआ है, उसका दिनोदिन विकास हो रहा है।"

5 मई को अमरावती में बाबा साहेब का आगमन हुआ।

डंक

रूपनारायण सोनकर

रिन्द नदी में पुल बनाने के पहले दलितों-पिछड़ों की बलि

मैं और संध्या उत्तर प्रदेश के जिला फतेहपुर में प्रवेश कर गए हैं। बिंदकी तहसील एक बहुत ही चर्चित तहसील है। कस्बा बिंदकी बहुत ही समृद्धशाली है। यह मेरी तहसील भी है। यह तहसील गंगा-जमुना के दुआब पर बसी है। यहाँ पर सेठ-साहूकारों के साथ-साथ किसानों-मजदूरों की बहुत जनसंख्या है। इस तहसील में कई नदियाँ व नहरें हैं लेकिन रिन्द नदी ऐतिहासिक है। इतिहास भी अजीब-अजीब घटनाओं से मिलकर बनता है। इतिहास बनानेवाले भी विचित्र-विचित्र किस्म के होते हैं। इतिहास बनानेवालों में इतिहास बनाने की धुन होती है। जो इतिहास धुन में बनाए जाते हैं, वे निर्दोषों को धुन डालते हैं। असंख्य असहाय बेसहारा लोग उन लोगों की धुन का शिकार हो जाते हैं। एक ऐसे ही राजा फतेहचंद थे जो रिन्द नदी में पुल बनाना चाहते थे। कई बार पुल बना और नदी के तेज बहाव में बहा। राजा फतेहचंद ने अपनी जिद नहीं छोड़ी। कुछ पुरोहितों ने राजा की बेचैनी को समझकर पुल के प्रारंभ में 15 लोगों की बलि चढ़ाने को कहा। मानव बलि पुल को बहने से रोक सकती थी।

ऐसा कौन-सा शैतान है जो पुरोहितों के दिमाग में घुस जाता है। वह दिमाग में खलबली मचाता रहता है। वह दिमाग से तभी निकलता है जब तक निर्दोष लोगों का नरसंहार नहीं कर दिया जाता है। किसी माँ का बेटा, किसी बहन का भाई और किसी पत्नी का पति जबरन पकड़कर मार दिया जाता है। यह घिनौना खेल सदियों से जारी है। जबरन पकड़कर सर कलम करवाने वाले कोई भी सवर्ण नहीं होते हैं बल्कि वे सारे के सारे दलित व पिछड़ी जाति के होते हैं। उनकी चीत्कार सुननेवाला कोई नहीं होता है बल्कि उनकी बलि देने के पहले एक धार्मिक अनुष्ठान पंडितों द्वारा किया जाता है। बलि देनेवाले को स्नान कराया जाता है। नए-नए वस्त्र पहनाए जाते हैं। उनके माथे पर टीके लगाए जाते हैं। जिनकी बलि दी जाती है, वे बलि चढ़ाने के पहले कई बार मरते हैं। जानवर की बलि जब चढ़ाई जाती है तब वह केवल एक बार मरता है।

नदी में खून की धारा तेज हो जाती है। लगता है, पूरा पानी लाल-लाल हो गया है। अपनी कामयाबी पर राजा फतेहचंद अट्टहास करता है और कहता था– "रिन्द रिन्दै नहीं कि फतेहचदै नहीं।"

मैं सोचता हूँ– पुजारियों ने एक पुल बनाने के लिए दलितों की बलि देना, उनको पुल के नीचे दफनाना जरूरी समझा। पुजारी दलितों को दफनाने के लिए 1, 3, 5, 7, 9...की गिनती बताया करते थे। जितना बड़ा पुल होता था दफन होनेवाले दलितों की संख्या बढ़ती जाती थी। दफन होनेवाले एक दलित जिसकी हालत बिलकुल बलि देनेवाले बकरे की तरह होती है। अपनी

बलि को देखकर मूक बकरे में न जाने कितनी सोचने की शक्ति आ जाती है। लगता है बिलकुल बोलनेवाला है लेकिन असहाय बोलनेवाला मानव अपनी बलि को देखकर मूक बन जाता है। बोलने का प्रयास करता है लेकिन बोल नहीं पाता है। अपनी साक्षात् मृत्यु को देखकर हजार बार मरता है। तलवारों से कटने से पहले वह संसार का भविष्य देख लेता है जैसे शीशे में परछाईं दिखाई पड़ती है। वह कहता है– "मेरी एक-एक बूँद इस पानी में मिल जाएगी। इस एक-एक बूँद में न जाने कितनी ताकत है न जाने कितनी ऊर्जा है! जहाँ-जहाँ मेरे खून की बूँद पानी में पहुँचती जाएगी उस पानी को ऊर्जावान बना देगी। मेरा खून छोटी नदी से बड़ी नदी फिर समुद्र में पहुँच जाएगा। मेरा खून पूरे समुद्र को उबाल देगा। समुद्र में बड़ी-बड़ी लहरें उठेंगी। कोई नहीं बच पाएगा। तुम लोगों के साथ निर्दोष भी मारे जाएँगे। निर्दोषों को इसलिए सजा मिलेगी क्योंकि उन्होंने अपनी कायरता के कारण मुझे बचाया नहीं था बल्कि एक असहाय आदमी को मरने दिया। यदि वे संघर्ष करते तो समुद्र में इतनी ऊँची लहरें न उठतीं, मेरा खून समुद्र में न मिलता।"

मैंने संध्या से कहा, "प्रत्येक जीव में ऐसे एटम होते हैं जिनमें पूरे संसार को हिलाने की ताकत होती है।"

संध्या ने जवाब दिया, "फिर भी आदमी ऐसे जघन्य अपराध करके पूरी सृष्टि को मिटाने की ठान लेता है।"

"सृष्टि मिटे या न मिटे लेकिन मानव जरूर मिट जाता है।"

जब-जब इस धरती पर निरपराध लोगों का खून धर्म-मजहब के नाम पर बहाया जाएगा, पाखंड और अंधविश्वास के नाम पर मानवों की हत्याएँ होती रहेंगी, तब-तब उनके एक-एक बूँद खून से करोड़ों-अरबों एटम निकलते रहेंगे। अपनी चारों ओर की समस्त चीजों को मिलाकर एक विशाल एटमों की श्रृंखला बना लेंगे। उसमें इतनी अधिक ताकत होगी जिसका अनुमान लगाना मुश्किल होगा। समुद्र में भयंकर सुनामी लहरों का आना, पानी के अंदर दफनाए गए लोगों के एटम ही हैं जो इस मानव जाति से बदला ले रहे हैं। धरती के अंदर दफन दलितों और पिछड़ों की आवाजों में इतनी अधिक ताकत आ गई है जो जगह-जगह धरती को फाड़ रही है।

राजस्थान के ऐतिहासिक किलों में दलितों और पिछड़ों को दफनाया गया

देश के अंदर जितने भी ऐतिहासिक किले व ऐतिहासिक इमारतें बनी हैं, दलितों, पिछड़ों और कमजोर वर्गों की लाशों पर बनी हैं। उनको बचाने के लिए उनमें खून का गारा लगा है। उन सभी ऐतिहासिक महलों से आज भी उनका लाल-लाल खून टपकता रहता है। पुरोहितों और राजाओं की निर्दयता, निरंकुशता और उनके अमानवीय कृत्यों की याद दिलाता रहता है। एक-एक महल की नींव को यदि खोदा जाए तो उन बेगुनाह लोगों की लोहे के जालों जैसी हड्डियाँ मिलेंगी जिनकी मजबूत हड्डियाँ उन किलों को अपने ऊपर टिकाए हुए हैं। ये दधीचि की हड्डियाँ नहीं हैं बल्कि उन दलितों, पिछड़ों और कमजोर वर्ग के लोगों की हड्डियाँ हैं जो अपने ऊपर पहाड़ों को साधते-साधते करोड़ों एटम बमों से ज्यादा शक्तिशाली बन गई हैं, जो जुल्म ढाने वालों के विनाश का कारण बनेंगी। मेहनतकशों पर जुल्म बरपानेवाले हर युग में होते हैं। वे अमरबेल की तरह फलते-फूलते हैं।

मैं और संध्या एक स्कार्पियो जीप से राजस्थान में विभिन्न स्थानों पर बने किलों को देखने निकल पड़े। इन किलों का इतिहास यही है कि जिस भी राजवंश ने जिस भी इलाके में शासन किया, बड़े-बड़े किले बनवाए। हिंदू राजा किले बनवाने के शौकीन थे। वैसे मुसलमान राजाओं ने भी किले बनवाए। किलों में आज भी अपार धन-दौलत दफन पड़ा है। मुझे और संध्या को किले से पैसों की एक आवाज सुनाई पड़ रही है–

किलों से आई है आवाज
मुझको जिंदा कर दो आज

पैसों की तरह न जाने कितने दलित इन किलों को बनवाते समय दफन किए गए थे। यदि किलों की नींव को खोदा जाए तो वहाँ कंकाल नजर आएँगे। वहाँ से उनकी आवाजें आ रही हैं–

"मैं बहुत दिनों से अंदर गड़ा हूँ। हमको राजाओं ने दफनाया था। हमारा कसूर मात्र यह था कि हम असहाय गरीब दलित थे।"

डर, बेबसी, निर्दयता आज भी इन्हीं किलों में स्थायी रूप से रह रही है और उनकी चीत्कारें गूँज रही हैं।

हमारे देश के अंदर जितने भी पुराने किले देखने को मिलते हैं, उन सभी में असंख्य दलित जिंदा गाड़ दिए गए थे। उस समय के पंडितों ने बताया था कि यदि जिंदा मानव इन किलों की नींव में दफनाया जाए तो किला सुदृढ़ बनेगा। युगों-युगों तक खड़ा रहेगा। जमीन में पड़े-पड़े ये नर-कंकाल बहुत ताकतवर हो गए हैं। जमीन के अंदर इनकी हड्डियों ने ज्वालामुखी का रूप धारण कर लिया है। इन्हीं किलों से बड़े-बड़े आग के गोले निकलकर भयंकर विस्फोट करेंगे। विकराल ज्वालामुखियों में इतनी ताकत नहीं होगी जितनी इन गोलों में होगी।

मजबूत इरादों वाले कमजोर वर्गों के व्यक्तियों, पिछड़ों और दलितों को सदियों से इसी तरह तोड़ा जाता रहा है। अब ऊँचे-ऊँचे पेड़ों पर लोहे के नारियल पैदा होंगे, अब उनको जमीन पर पटककर तोड़ना मुश्किल होगा। तोड़नेवाले स्वयं टूट जाएँगे। जमीन पर पटकनेवाले स्वयं पटकनी खा जाएँगे।

संध्या सामाजिक अंधकाररूपी रात्रि में समानता का चिराग जलते देखना चाहती थी। ऐसा चिराग जो तूफानों, तेज हवाओं से न बुझे। वह लगातार जलता रहे।

जस तस भई सबेर

सत्यप्रकाश

रामरती इन दिनों हाल-बेहाल थी। जब भी वह एकांत में बैठकर अतीत के विषय में सोचती चौधरी देवीपाल के कुएँ पर धुसिया का तड़फड़ाता शरीर उसके सामने आ जाता। उसका अंतिम वाक्य, 'रामरती तुम्हारा भी यही हाल होगा' बार-बार उसके कानों में गूँजने लगता। उसका चित्त व्यथित हो जाता और इस व्यथा को अवलंब मिलता सन्नो के पास। रामरती सन्नो के पास जाती और कहती, "सन्नो, तू ठीक ही कहती थी। तेरी बात सच है, हमें विरोध करना चाहिए।"

वह सुन-सुनकर सन्नो पागलों की भाँति जोर-जोर से हँसने लगती और फिर धुसिया की याद कर रोने लगती।

इन दोनों दुखी सखियों के बार-बार मिलने की सूचनाएँ चौधरी देवीपाल तक पहुँचीं। उनका मन आशंकित हो उठता। प्रत्यक्ष में सारे गाँव ने सन्नो को अर्द्ध-विक्षिप्त करार दे दिया था। यह प्रचारित हो चुका था कि उस पर गंदी हवाओं का साया है और वह किसी की हत्या भी कर सकती है। सन्नो एक प्रकार से गाँव की डायन बन चुकी थी किंतु इसके पीछे छिपे हुए सत्य को चौधरी देवीपाल भली प्रकार समझते थे। वह इस ओर से कदापि बेखबर न थे। इस पर भी उनके मन में सन्नो के यौवन को रौंदने की अभिलाषा जीवित थी। ये इच्छाशक्ति के भी धनी थे। यौवन सहवास के सुख-प्राप्ति के अतिरिक्त वे सन्नो का मान-मर्दन भी करना चाहते थे। इस कार्य में हरसन्ना भगत जी गाँव में उनका सहयोग कर रहे थे। हरसन्ना भगत जी सन्नो पर गंदी हवाओं का साया हटाने हेतु समय-समय उसे अपने पास बुलवाते थे। भगत जी ने स्पष्ट शब्दों में कह दिया था, "इलाज बहुत लंबा चलेगा। हाँ, रोग जड़ से कट जाएगा।" सन्नो के घरवाले इस जंजाल में फँसे हुए थे। एक दिन हरसन्ना भगत जी ने सन्नो को अपने घर में चौधरी देवीपाल को सौंप दिया। चौधरी देवीपाल ने जी भरकर सन्नो के शरीर को रौंदा। बाद में हरसन्ना भगत जी ने भी सन्नो का भूत उतारकर ही दम लिया।

सन्नो जब इन नर-पिशाचों को झेलने के अंतिम चरण में थी। तब ही रामरती सन्नो को ढूँढ़ते-ढूँढ़ते वहाँ पहुँच गई। जाते ही बोली, "आज मैं सारे गाँव के सामने तुम दोनों भले मानुषों की कलई खोलकर रख दूँगी। आज मैं तुम्हें सबक सिखाऊँगी। देवीपाल, अब धुसिया वाली बात नहीं रही है। निकल बाहर, लुच्चे, लम्पट।"

चौधरी देवीपाल इसके लिए एकदम से तैयार नहीं थे परंतु हरसन्ना भगत जी प्रत्येक स्थिति के लिए सदैव तत्पर रहते थे। उन्होंने तत्काल चौधरी देवीपाल के कान में फूँक मारी और योजना को स्वीकृति मिलते ही चिल्लाए, "अरे पकड़ो इन डायनों को, नहीं तो ये बच्चे को मार डालेंगी, मारो-मारो, पकड़ो-पकड़ो।"

चौधरी देवीपाल ने भी तत्काल भगत जी की बात दुहराई। आवाज सुनकर लोगों की भीड़ एकत्रित हो गई। भगत जी ने भीड़ को बताया, "ये दोनों डायनें चौधरी साहब के बच्चे का अपहरण करके मारने के लिए ले जा रही थीं। इन पर भूतों का साया है। ये डायन हैं, पिशाची हैं। ये बच्चों को मारकर खून पी जाती हैं। इन्हें हमने रँगे हाथों पकड़ा है।"

लोग तो तमाशा देखने के लिए इकट्ठे थे। कुछ लोग विरोध करना चाहते थे परंतु चौधरी देवीपाल को बीच में देखकर सहम गए। कुछ ने चौधरी की बात का समर्थन किया।

मामले को आगे बढ़ते देख चौधरी ने तुरंत अपने चेलों से कहा, "अरे, नपुंसक बने देख क्या रहे हो? फाड़ डालो कपड़े इन रंडियों के। देखते हैं, कौन-सी शक्तियाँ इनके बचाव में आती हैं? उतार दे हरामजादियों का भूत।"

सुनते ही चौधरी के समर्थक रामरती और सन्नो पर टूट पड़े। उनके कपड़े चिथड़े-चिथड़े कर दिए। उनके अंगों को मसलना शुरू कर दिया। लोगों को अभूतपूर्व मनोरंजन के लिए अभूतपूर्व अवसर हाथ लगा था। किसी ने चूकना उचित न समझा, दुहरा लाभ था, चौधरी भी खुश और अनोखा सुख भी। लोग उन दोनों को घसीटते हुए चौधरी देवीपाल की बैठक पर ले गए। दोनों को बैठक में अंदर बंद कर दिया गया। अब चौधरी के चेलों ने उनका भूत उतारकर हवस शांत की। दोनों बेबस अबलाओं को शारीरिक व मानसिक रूप से पूरी तरह तोड़ दिया गया। शारीरिक, मानसिक व यौन शोषण के उपरांत दोनों के हाथ-पैर खोल दिए गए।

चौधरी बोले, "आ जाओ अब खुली ताजा हवा लो, नहीं तो गंदी हवाओं के साये में तुम्हारा दम घुट जाएगा।" कहकर उन्हें बैठक के अहाते में लाकर बैठा दिया गया।

बाद में वहीं पर दोनों के परिवारजनों को बुलवा लिया गया। अन्य लोगों को भी चौधरी ने बुलवा लिया और पंचायत की। पंचायत के सामने मामला रखते हुए हरसन्ना भगत जी ने कहा, "पंचो, ये दोनों डायनें चौधरी देवीपाल के बच्चे का अपहरण करके ले जा रही थीं। ये डायनें उसका खून पीना चाहती थीं। मैंने अपनी आँखों से देखा है, किसी की कही हुई नहीं कह रहा हूँ। मैंने गाँववालों की सहायता से बच्चे को छुड़वाया है। लोग इन्हें मार डालना चाहते थे परंतु तभी चौधरी देवीपाल मौके पर पहुँच गए। उन्होंने भीड़ को समझा-बुझाकर शांत किया और कहा कि साथियो, इस मामले को पंचायत तय करेगी। पंचो, मामला आपके सामने है, जैसा आप उचित समझें पर मैं इतनी बात अवश्य कहूँगा कि अगर इन्हें कठोर दंड न दिया, इन्हें खुला छोड़ दिया गया तो गाँव के बच्चे सुरक्षित नहीं रह पाएँगे।" यह कहकर भगत जी बैठ गए।

रामरती और सन्नो के घरवालों की तो बोलती बंद हो गई। वह कुछ समझ नहीं पा रहे थे। अन्य लोग चौधरी से दुश्मनी लेना उचित नहीं समझते थे, इसलिए वे चुप रहे। चौधरी समर्थकों ने इन दोनों डायनों को कठोर दंड देने के लिए भारी हो-हल्ला मचाया। फिर चौधरी के संकेत पर एक व्यक्ति उठा और बोला, "पंचो, मुझे इजाजत दें तो मैं एक प्रस्ताव रखना चाहता हूँ।"

अनुमति मिलने पर उसने प्रस्ताव रखा, "इन दोनों को मादरजाद नंगा करके गाँव भर में घुमाओ। इनका मुँह काला करो जिससे इन्हें सबक मिले और इसके बाद गाँव में कोई ऐसी हरकत करने का सपना भी न देखे। इसके बाद इन्हें पुलिस को सौंप दिया जाए।"

"मैं इस प्रस्ताव का समर्थन करता हूँ लेकिन इसमें एक बात और जोड़ना चाहता हूँ कि इनके परिवारवालों को मुर्गा बनाकर 100-100 बेंत लगाए जाएँ।" हरसन्ना भगत जी ने कहा।

पंचायत में दोनों प्रस्ताव स्वीकृत हो गए। कोई विरोध न कर सका। इधर रामरती और सन्नो के परिवारवालों को मुर्गा बनाकर बेंत लगाने का कार्य शुरू हुआ और उधर इन दोनों

को मुँह काला करके और नंगा करके गाँव में घुमाया जाने लगा। लोगों ने शर्म से अपने घरों के दरवाजे बंद कर लिये। चौधरी समर्थकों ने आँखें सेंकीं। कुछ ने तो उनके गुप्तांगों की ओर अपने डंडे भी बढ़ाए। जब इससे शांति न हुई, तो हाथ से छू-छूकर देखा। यह कार्य निर्विघ्न चल रहा था।

बैंक कार्यालय में दो डायनों द्वारा चौधरी देवीपाल के बच्चे के अपहरण की सूचना उड़ते-उड़ते पहुँच गई थी। शिवदास बैंक बंद होने के बाद घर की ओर लपका। उसे रास्ते में ही यह बीभत्स और शर्मनाक दृश्य देखने को मिला। वह हतप्रभ रह गया। लोगों से मामले की जानकारी मिली। उसने इसका विरोध किया। शिवदास के विरोध करने पर लोगों में हलचल हुई। तभी शिवदास ने कहा, "अरे मूर्खो, देख क्या रहे हो, कल तुम्हारी भी बहू-बेटियों के साथ यही होगा। अन्याय का विरोध करो। अन्याय को चुपचाप सहन करना भी अन्याय है।"

लोगों की बुद्धि कोमा से लौट आई। उन्होंने शिवदास का साथ दिया। उनमें विश्वास जागा। वैसे भी वे जानते थे कि शिवदास मंगल पहलवान का पोता है इसलिए साथ देना संभवतः घाटे का सौदा नहीं होगा। फलस्वरूप चौधरी देवीपाल समर्थकों व इन लोगों में संघर्ष होने लगा। रामरती और सन्नो को भी लोगों ने अपने अंग ढकने हेतु अँगोछे दे दिए। इधर वह सब हो रहा था। उधर सरवन पुलिस में सूचना देने पहुँचा।

पुलिस सही समय पर गाँव में पहुँच गई। दोनों वर्गों का संघर्ष पुलिस को देखकर रुक गया। पुलिस ने दोनों पक्षों की बात सुनी और दोनों पक्षों को थाने ले गई। चौधरी देवीपाल ने अपने बच्चे के अपहरण व अपहरणकर्ताओं को रँगे हाथों पकड़ने की प्रथम सूचना रिपोर्ट दर्ज कराई। दूसरी ओर से शिवदास प्रतिनिधित्व कर रहा था। उसने हरिजन एक्ट के अंतर्गत हरिजन उत्पीड़न की रिपोर्ट दर्ज करने को कहा, इस पर थाना प्रभारी बोले, "हरिजन एक्ट नाम का तो कोई एक्ट ही नहीं है।"

शिवदास ने कहा, "मैं अनुसूचित जाति उत्पीड़न (निवारण) अधिनियम की बात कर रहा हूँ।"

थाना प्रभारी ने अनमने मन से उनकी प्रथम सूचना रिपोर्ट दर्ज की। हरिजन एक्ट के प्रावधान की बात सुनकर चौधरी देवीपाल और हरसन्ना भगत जी भौचक्के रह गए। बड़ी मुश्किल से, उच्चाधिकारियों और दमदार राजनेताओं के दबाव से चौधरी देवीपाल और हरसन्ना भगत जी की जमानत हो सकी। वस्तुतः थाना प्रभारी को इनकी जमानत के लिए आड़ चाहिए थी, तो मिल गई।

घर लौटने पर मंगल पहलवान और हंसा ने शिवदास और सरवन को आड़े हाथों लिया। मंगल पहलवान और हंसा ने स्पष्ट शब्दों में कहा, "चौधरी देवीपाल व भगत जी से दुश्मनी लेकर तुमने बड़ी मूर्खता की है। सारी पढ़ाई-लिखाई पर खाक डाल दी। अरे, जिन लोगों का साथ तुम दे रहे हो, कभी काम नहीं आनेवाले। चौधरी देवीपाल फिर भी अड़ी-भिड़ी में काम आते हैं। कल कुछ हो तो हमें कुछ मत कहना।"

"काम तुम्हारे आता होगा चौधरी। उसी ने साजिश करके मुझे जेल में डलवाया था और भगत जी से भी भगताई तुम्हीं कराते हो। मैं तो इन लोगों को भलीपूर्वक समझता हूँ।" सरवन ने दो-टूक कहा।

शिवदास बोला, "बाबा, अन्याय का साथ देना कहाँ की अक्लमंदी है! तुम्हारे जैसे लोगों ने ही तो चौधरी को सिर पर चढ़ाया है।"

हंसा ने कहा, "मुन्ना, अभी फूली-फूली चुग रहे हो पर इतना समझ लो कि आसमान पर थूका आसमान पर नहीं जाता। जब पड़ेगी, सब समझ जाओगे।"

नीला आकाश

सुशीला टाकभौरे

नीलिमा सोचती है, 'यदि वह नहीं पढ़ती तो क्या करती? उसकी जाति के अशिक्षित और मजबूर लोग जो काम, पैतृक रोजगार के रूप में कर रहे हैं, वह भी वही काम करती। कहीं बैठकर सूपा, डलिया, टोकना बना रही होती। नहीं तो, अपनी बुआ लक्ष्मी और पार्वती की तरह कहीं झाड़ू-पोंछा लगाने का काम कर रही होती, कहीं बर्तन-कपड़े धोने का काम कर रही होती। सीता और राधा की तरह अस्पताल में सफाई का काम कर रही होती। ऐसा अपमान का जीवन क्या वह जी पाती?'

नीलिमा ने बचपन से यह सब सुना और देखा है। इसलिए उसने शुरू से पक्का निश्चय किया, 'मुझे खूब पढ़ना है। पढ़-लिखकर ऊँची डिग्री लेना है और अच्छी नौकरी करना है।'

इसी धुन में, लगन और मेहनत के साथ पढ़ते हुए, नीलिमा ने मैट्रिक पास कर लिया। मैट्रिक का रिजल्ट आने पर चंदरी दादी ने अपनी नीलू के पास होने की खुशी में, पूरे सेवानगर में पेड़े बाँटे। वही एक नीलिमा दादा-दादी की आँखों का नूर है, माता-पिता के सपनों का आधार है। नीलिमा को भी अपने दादा-दादी और माता-पिता पर बहुत गर्व है।

स्कूल में नौकरी करते समय, अपना अपमान होते देखकर, नीलिमा की दादी चंदरी ने भी स्कूल की नौकरी छोड़ दी। एक दिन वह अपना काम करके लौटी ही थी कि स्कूल का चपरासी उसे बुलाने आया। उसने कहा, "स्कूल के हेडमास्टर जी ने तुम्हें अभी बुलाया है।"

चंदरी बड़े बेमन से वहाँ पहुँची। वहाँ पहुँचते ही हेडमास्टर ने उसे डाँटकर कहा, "टायलेट की सीवर लाइन बंद हो गई है, उसे खोलने का काम कौन करेगा?"

चंदरी ने सहज ही कहा, "मास्टर जी, सीवर लाइन खोलने का काम मेरा नहीं है। आप वाल्मीकि मोहल्ले से किसी को बुला लो।"

यह सुनकर हेडमास्टर नाराज हो गए। वे उसे डाँटते हुए बोले, "यहाँ के काम का वेतन तुम लेती हो, तब यह काम दूसरों से क्यों कराएँ? तुम्हीं उसे ठीक करो।"

चंदरी ने घर आकर यह बात बताई।

रामकिशन और भीकूजी ने कहा, "ऐसे काम नहीं करना है।"

उन्होंने स्कूल जाकर हेडमास्टर को समझाया। मगर हेडमास्टर का एक ही कथन था, "यह काम करो या नौकरी छोड़ दो। हम दूसरा कर्मचारी रख लेंगे।"

रामकिशन, चंदरी और भीकूजी ने निर्णय ले लिया, "ऐसी नौकरी हमें नहीं चाहिए। जो काम हमारे आत्मसम्मान को चोट पहुँचाता है, वह काम हम नहीं करेंगे। भले ही इसके बदले में हमें कष्ट उठाना पड़े, भूखे रहना पड़े, फिर भी यह काम हम नहीं करेंगे।"

उस दिन से चंदरी ने स्कूल की नौकरी छोड़ दी। जब नीलिमा ने यह सुना, तो उसे बहुत खुशी हुई। वह चाहती है, उनके सभी लोग यह काम छोड़ दें। मेहनत-मजदूरी करें और स्वाभिमान के साथ जिएँ।

जहाँ अभाव ही अभाव होते हैं, वहाँ अधिकतर लोग भावनाओं में जीते हैं। जीने का थोड़ा-सा सहारा पाकर वे उल्लास और खुशी से भर जाते हैं। वहीं, अगर थोड़ी सी भी निराशा मिले तो उनके बरसों पुराने घाव फिर से हरे होकर, ताजे होकर रिसने लगते हैं। अपनी असमर्थता पर दुखी होकर, वे कभी किस्मत को दोष देते हैं और कभी उस भगवान को कोसते हैं, जिसने उन्हें ऐसा कष्टपूर्ण, अभावपूर्ण और प्रताड़ना का जीवन जीने के लिए विवश बना दिया है। यह अन्याय करनेवाला भगवान है या इनसान? जो भी है, उससे सही-सही हिसाब करने के लिए उनका दिल कसमसाने लगता है, ईंट का जवाब पत्थर से देने के लिए छटपटाने लगता है।

नीलिमा भी अब इस तरह सोचने लगी, 'हमारे साथ यह अन्याय कब से हो रहा है? और कब तक होता रहेगा? अब इसका अंत होना चाहिए।'

कौन कहाँ पैदा हो– यह किसके बस में है? फिर भी, जो जहाँ पैदा हो गया, तो पैदा होते ही उसकी किस्मत की पाटी लिख दी जाती है। ब्राह्मण का बच्चा ब्राह्मण, शूद्र का बच्चा शूद्र, अछूत का बच्चा अछूत। उस समय के वातावरण में इससे ज्यादा और क्या सोचा जा सकता था? भले ही कितने ही पढ़-लिख जाओ, काम अपने बाप-दादाओं का ही करना है। ऐसी विचारधारा के बीच अछूत वर्ग के लोगों को षड्यंत्रपूर्वक शिक्षा से वंचित रखा जाता। जो पढ़ना चाहता, उसे इतना हतोत्साहित किया जाता है कि वह स्वयं पढ़ना छोड़कर, अपने पूर्वजों के रोजगार से लग जाता। नीलिमा लगातार यह सब देख रही है और सवर्ण समाज की मानसिकता को समझ रही है। वह दलित समाज के लोगों को ये बातें समझाने का काम करने लगी।

बी.काम. प्रथम वर्ष में पढ़ते समय जाति-भेद से पीड़ित आकाश का मन भी अब अपनी जाति की स्थिति को देखकर छटपटाने लगा। आकाश ने बचपन से सवर्णों द्वारा अपने लोगों का अपमान होते देखा है। घर में शेर की तरह दहाड़नेवाले उसके मामा, गाँव के सवर्णों के सामने डरे-सहमे रहते हैं। वे उनके आतंक से आतंकित रहते हैं। कन्हान में बसे यू.पी., एम.पी. और बिहार के दुबे और चौबे अपनी दादागिरी बताते हुए उन्हें डरा-धमकाकर रखते हैं। उन्होंने कई बार आकाश को भी डराने की कोशिश की मगर आकाश उनके सामने तटस्थ और निर्भीक बना रहा। सवर्ण नहीं चाहते कि अछूतों के बच्चे उच्च शिक्षा पाएँ। वे आकाश को हताश और भयभीत करना चाहते थे मगर नहीं कर सके। आकाश निडर, साहसी और ताकतवर है। वह अपने कमजोर लोगों को, अपनी तरह बनाना चाहता है।

कालीचरण का बेटा कैलाश 'हनुमान दल' का काम करता था, मगर जाति के कारण सब उसे अपने से दूर रखते थे। उनके भोजन की खाद्य सामग्री वह छू नहीं सकता था। एक दिन अनजाने में उससे यह गलती हो गई। तब संस्था के सभी वरिष्ठ सवर्ण पदाधिकारियों ने डाँट-फटकार के साथ उसे अपमानित किया। यह मालूम होने पर, आकाश ने कैलाश को समाज-व्यवस्था की असलियत समझाई। समाज की वर्ण-भेद, जाति-भेद, छुआछूत की भावना से आकाश दुखी है। वह इन सब परिस्थितियों को बदल देना चाहता है। वह ऐसा समाज चाहता है, जहाँ सब बराबर हों, जहाँ ऊँच-नीच की भावना न हो, जहाँ समाज में समानता और एकता हो, भाईचारा हो।

कैलाश ने आकाश की सभी बातों को ध्यान से सुना और गहराई के साथ समझा। इतने समर्पित भाव के साथ काम करने के बाद भी उसे अपमान और तिरस्कार मिला, इससे वह दुखी था। उसने निर्णय ले लिया, "अब वह हनुमान दल के लिए नहीं अपने दलित पिछड़े समाज के लिए काम करेगा।"

आकाश अब दलित वर्ग के सभी बच्चों की पढ़ाई में मदद करने का काम करने लगा। उसने अपने छोटे दोनों भाई और बहन की पढ़ाई की जिम्मेदारी स्वयं उठाई। इसके लिए वह मैट्रिक के छात्रों की ट्यूशन लेने लगा, जिससे माता-पिता को आर्थिक सहयोग मिलने लगा। साथ ही पढ़ाई का खर्च भी चलने लगा। कन्हान से नागपुर कॉलेज जाने-आने में उसका काफी समय चला जाता था फिर भी वह सेवानगर के छोटे-बड़े सभी दलित बच्चों के लिए समय निकालकर उनसे मिलता और उन्हें अच्छी बातें समझाता।

नीलिमा आकाश को दलित बच्चों से मिलते और उनका मार्गदर्शन करते हुए देखती। ऐसे समय उसे आकाश अच्छा लगता। वह चाहती है, कोई तो आगे आए, जो दलित पिछड़े वर्ग के बच्चों को आगे बढ़ने की राह दिखाए। उसने देखा, आकाश यह काम अपनी जिम्मेदारी मानकर करने लगा है।

वाल्मीकि चौहान परिवार की बेटी दुलारी के पति नंदलाल को नौकरी नहीं है। वे सेवानगर में काम करते हुए अलग अपने कच्चे घर में रहकर, किसी तरह अपने चार बच्चों को पाल रहे हैं। नंदलाल मेघवाल मजदूर, हमाल का काम करके कुछ आमदनी पा लेता है। बाकी खर्च का गुजारा आकाश के सहयोग से चलने लगा है।

दुलारी के तीनों बेटे– आकाश, प्रकाश, विकास और बेटी कुसुम सभी पढ़ाई में होशियार हैं। दुलारी और नंदलाल अपने बच्चों की पढ़ाई के प्रति बहुत सजग हैं। उन्होंने अपने बच्चों को कन्हान और कामठी के स्कूल में पढ़ाया, बाद में कामठी और नागपुर के कॉलेज में पढ़ाया। बच्चों को कन्हान से कामठी आने-जाने में परेशानी जरूर हुई मगर कॉलेज में अधिक परेशानी का सामना नहीं करना पड़ा। बच्चे मेहनत करके पढ़ते रहे और हर साल पास होते रहे। मैट्रिक करने के बाद आकाश और प्रकाश नागपुर के कॉलेज में पढ़ने लगे।

दुलारी और नंदलाल, दोनों ही बड़े सीधे और सरल स्वभाव के हैं, मगर जब कभी आपस में लड़ाई-झगड़े की बात होती, तब दुलारी सबसे आगे रहकर अपने भाई-भतीजों और भाभियों के पक्ष से, लड़ाई का मोर्चा सँभालती है। इसी तरह यदि कभी कोई वाल्मीकि जाति और महर्षि वाल्मीकि जी की आन-बान और शान के खिलाफ कुछ कहता, तो उसका सामना करने के लिए नंदलाल अकेला ही काफी है। आकाश अपने माता-पिता के ऐसे स्वभाव और व्यवहार के प्रति सजग है। वह अपनी माँ को, आपसी झगड़े के विरुद्ध, आपस में एकता और संगठन के महत्त्व की बातें समझाता है। इसी तरह अपने पिता को, वाल्मीकि जी के नाम पर मर-मिटने की भावना की अपेक्षा, अपने समाज की जागृति और प्रगति के महत्त्व की बातें बताता है।

आकाश के भाई और बहन आकाश के हर काम में उसकी मदद करते हैं। दुलारी भी अपने बेटे आकाश की खुशी के लिए सौ जान से कुर्बान रहती है। बेटे की समाज-सुधार की भावना को समझते हुए वह भी उसके कार्यों में सहयोग देने लगी। आकाश अपने सभी मामा और अन्य सभी वाल्मीकियों को सामाजिक एकता की बात समझाने लगा। वह कामठी और नागपुर के वाल्मीकि जाति के लोगों के घर-घर जाकर, उनके परिवार का परिचय प्राप्त करता है। उनके परिवार के पढ़नेवाले बच्चों के नाम की लिस्ट बनाता है। फिर उन बच्चों से अलग से मिलकर, उनके लिए कार्यक्रम बनाता है।

उसने सभी विद्यार्थियों को जोड़कर 'छात्र संगठन' नाम की संस्था बनाई। वह प्रत्येक रविवार को 'छात्र संगठन' के सभी सदस्यों की मीटिंग लेने लगा। वह उनकी समस्याओं को सुनता है और चर्चा विमर्श के द्वारा उन्हें हल करने के उपाय सुझाता है। सभी छात्र और छात्राएँ उत्साह के साथ मीटिंग में आकर, आकाश के सामने अपनी बात कहते हुए पूरे सप्ताह की बातें बताते हैं, जिससे आकाश को आगे के कार्यक्रम तय करने में सुविधा रहती है।

एक बार नागपुर के राजेश डागोर ने आकाश को यह बताया, "नागपुर में अपनी वाल्मीकि जाति में होनेवाली शादियों में लोग बहुत खर्च करते हैं।" तब आकाश ने यह कार्यक्रम बनाया और कहा, "अपनी जाति समुदाय में जहाँ भी शादी होगी, हम वहाँ जाकर लोगों को समझाएँगे और शादी के खर्च में कटौती करवाकर, उनका रुपया उन्हीं के बच्चों की पढ़ाई में खर्च करने के लिए फिक्स डिपॉजिट करवाएँगे।"

आकाश के इस काम में कालीचरण और चंदू चौहान भी मदद करने लगे। आकाश की नीतिपरक बातों को, उसके मामा अपनी दमदार आवाज में मिनट भर में, अपने लोगों को समझा देते। दुलारी और बुधिया भी अपनी जाति की महिलाओं को ये बातें समझाने लगीं। इस तरह आकाश के साथ काम करनेवालों का कारवाँ बढ़ता गया।

नीलिमा ने शुरू से यही सुना था, जाति समाज के बड़े और बूढ़े यही कहते थे, "विद्या पाना सबके बस की बात नहीं होती। इसके लिए पिछले जनम में अच्छे करम करने पड़ते हैं। पिछले जनम के पुण्य से ही उच्च वर्ण की उच्च जाति में जनम मिलता है। हमने कोई पाप किए होंगे, इसलिए हमें इस जाति में जन्म मिला है।"

नीलिमा इन बातों पर विचार करने लगी, 'किन लोगों ने हमारे लोगों के मन में यह भावना और विचार भरे कि पिछले जन्म में अच्छे कर्म करने से उच्च जाति में जन्म होता है? पिछला जन्म किसने देखा है? ये सब झूठी बातें हैं, जो हमें गुमराह करती हैं।'

सेवानगर के लोगों के लिए शिक्षा पाने का मतलब था—अक्षर ज्ञान प्राप्त करना। इसी को वे पर्याप्त मान लेते हैं। बड़े-बूढ़े समझदार लोग, जो अनपढ़ हैं, वे अक्सर पढ़नेवाले बच्चे के विषय में यह कहते, "बच्चा पढ़-लिख गया है, चिट्ठी पढ़ लेता है, हिसाब कर लेता है और आगे पढ़ाकर क्या करेंगे! उसे कौन वकील-बालस्टर बनाना है। ये काम तो बड़े लोगों के हैं। हमें तो अपना धंधा-रोजगार ही सँभालना है। माँग मातंग और क्या करेंगे?" ऐसे वातावरण में पलने-बढ़ने वाले बच्चे, स्वयं भी अपने लिए इन बातों को निश्चित मानकर, निश्चिंत हो जाते और स्कूल जाने की झंझट से जल्दी ही मुक्ति पा लेते।

नीलिमा देखती है, मेहतर, माँग, बसोर जाति के बच्चों के नाम स्कूल में लिखाए अवश्य जाते हैं मगर वहाँ वे इक्का-दुक्का ही नजर आते हैं। दो-तीन कक्षा के बाद, वे गधे के सिर से सींग की तरह कहीं दिखाई नहीं देते। कोई ज्यादा से ज्यादा पाँचवीं तक पहुँचता या कभी मैट्रिक फेल तक। इसी को वे बड़ी डिग्री समझ लेते हैं।

लड़कियों को ये सुविधाएँ भी नहीं मिल पाती हैं। 10-11 साल की होने के साथ ही उन पर घर के काम का बोझा लाद दिया जाता। कुछ नहीं तो, अपने छोटे बहन-भाइयों को सँभालना भी उनकी बड़ी जिम्मेदारी बन जाती। इतनी उम्र होने के बाद उनकी इज्जत-आबरू के लुटने का डर भी शुरू हो जाता। तब उनके लिए केवल घर में रहकर, घर के काम करना और कैसा भी वर मिलने पर, तुरंत शादी कर देने की बात सोची जाती है।

पाँचवीं पास करते ही, मोहल्ला-पड़ोस के लोगों ने और दूर के रिश्तेदारों ने नीलिमा के

लिए यह कहा था, "बहुत पढ़ ली। अब घर के काम सिखाओ, ताकि ससुराल जाकर मायके वालों की नाक न कटाए। ज्यादा पढ़ेगी तो उसके बराबर पढ़ा लड़का अपनी जाति में नहीं मिलेगा, तब क्या करोगे?"

हाईस्कूल में नीलिमा अपनी जाति की एकमात्र छात्रा थी। उसने देखा था, दलित वर्ग के एक-दो छात्रों को छोड़कर, यहाँ तक पहुँचनेवालों में गुलाब की तरह खिलने और महकनेवाले उच्च वर्ण और संपन्न वर्ग की संतान ही रहती है। वह उन सबसे अलग, सिकुड़ी-सिमटी, सकुचाई सी दीन-हीन बालिका थी। फिर भी वह उन सबके बीच डटी रही। डटकर पढ़ाई करती रही। पढ़ाई में आगे रही। अब उसके परिश्रम और दृढ़ निश्चय का फल मिल रहा है। परिवार के लोग और रिश्तेदार उसकी प्रशंसा करते हैं। उसे भी लगता है, मानो उसने सपनों का इन्द्रधनुष पा लिया है। अपनी इच्छाशक्ति से वह यहाँ तक पहुँच सकी है।

नीलिमा ने कामठी के 'सेठ केसरीमल पोरवाल कॉलेज' में बी.ए. प्रथम वर्ष में प्रवेश लिया, तो उसे ऐसा लगा, जैसे उसने आसमान छू लिया है। कन्हान में सिर्फ मैट्रिक तक ही स्कूल है। कन्हान से 3 किमी. दूर कामठी में कॉलेज है। नीलिमा को यह शंका थी, उसके माता-पिता उसे कॉलेज भेजने के लिए तैयार हो पाएँगे या नहीं! यह उसका बहुत बड़ा सपना था कि वह कॉलेज में पढ़े, कॉलेज जाकर उच्च शिक्षा प्राप्त करे। उसकी जाति के लिए यहाँ तक पहुँच पाना बहुत बड़ी बात है। और फिर लड़की की शिक्षा? यह तो बिलकुल असंभव बात थी, इसे नीलिमा ने संभव कर दिखाया।

जब पहली बार वह कॉलेज गई, उसे कितना अच्छा लगा था। रेलवे लाइन के फाटक को पार कर, वह महाविद्यालय की बड़ी इमारत के पास आई, तब उसने आस-पास का विशाल हरा-भरा मैदान देखा और देखा था उसने दूर तक फैला खुला नीला आकाश। मानो यह 'नीला आकाश' उसे अपने जीवन में प्रगति की प्रेरणा दे रहा हो। घने पेड़ों से घिरे मैदान के ऊपर, आसमान में पंछी उड़ रहे थे। तब उसने सोचा था, 'एक दिन मैं भी इसी तरह नीले आकाश में अपनी प्रगति की ऊँचाई पर पहुँचूँगी।'

नीलिमा ने महसूस किया, स्कूल और कॉलेज के वातावरण में बहुत अंतर होता है। यहाँ का वातावरण मुक्त-स्वतंत्र है। खेलकूद और ज्ञान-प्राप्ति के साधन सुलभ हैं। यहाँ व्यक्तित्व विकास के लिए वातावरण उपलब्ध रहता है। बस, उसका सही रूप में लाभ लेना आना चाहिए।

यहाँ होनेवाले अनेक कार्यक्रमों को नीलिमा ने पहली बार देखा और सुना। तब उसने यह सोचा--वह भी इन विषयों का अध्ययन करके इस तरह बात कर सकती है। पोरवाल कॉलेज में 7 अक्टूबर को आयोजित होनेवाली– 'डिबेट काम्पटीशन' में भाग लेकर, सैकड़ों छात्र-छात्राओं के सामने उसने पहली बार अपनी बात सफल रूप में कही थी। तब से उसमें आत्मविश्वास जाग गया। विषय था– 'स्त्री-पुरुष समानता समाज विकास के लिए उचित है'। इस विषय के पक्ष में बोलने के साथ, उसने स्त्री सबलता की आवश्यकता को कंठस्थ कर लिया था। इसके बाद उसे जहाँ भी अवसर मिलता, वह अपनी बात कहकर समाज में स्त्री के अधिकारों की बात करती। लोग उसकी बातों को ध्यानपूर्वक सुनने लगे।

यहाँ की विपुल किताबों से पूर्ण लाइब्रेरी से उसने कई पुस्तकें लेकर पढ़ीं। डॉ. भीमराव अंबेडकर के जीवन-संघर्ष पर और दलित साहित्य पर यहाँ अनेक किताबें हैं, जिन्हें पढ़ने के बाद वह डॉ. अंबेडकर और दलित साहित्य के विषय में कई बातें समझ सकी। 14 अप्रैल का अंबेडकर जयंती कार्यक्रम और 6 दिसंबर के महापरिनिर्वाण दिवस के कार्यक्रम में यहाँ हर वर्ष

अनेक विद्वानों के भाषण होते हैं, जिन्हें सुनकर उसके ज्ञान का बहुत विस्तार हुआ। नीलिमा बहुत खुश थी। उसे महसूस हो रहा था, वह नीले आकाश की ऊँचाई तक पहुँच गई है। उन्हीं दिनों उसने समाज कल्याण के कार्यों को अपने जीवन का उद्देश्य निश्चित कर लिया। वह सही कदम उठाती हुई, अपनी राह पर आगे बढ़ने लगी।

कालीचरण चौहान भीकूजी और रामकिशन से जब भी मिलता, प्रेमभाव और अपनेपन की बातें करता। उनके परिवार की खैर-खबर पूछता रहता। चंदरी भी उसे बहुत मानती है। गंगाराम से भी उसकी बातचीत होती रहती है। मगर इनकी 'रामकथा' और 'दुआ-सलाम' आँगन तक ही रहती है, कभी चाय-पानी पीने-पिलाने की बात नहीं होती। दोनों ही जाति के लोग अपनी जाति के बंधन और सीमा जानते हैं। हाँ, कभी बाजार में या चाय की दुकान के सामने चाय पीते हुए मिल गए, तो चाय पीने वाला तुरंत एक कप चाय और मँगाकर अपने उस मेहमान को बाहर की चाय पिला देता है।

कालीचरण भले ही प्रेम के साथ भीकूजी, रामकिशन और गंगाराम से मिलता हो, मगर उसके मन में यह मलाल जरूर रहता है कि आज हमारे परिवार के जो लोग बेरोजगार हैं, वे इसी कारण कि माँग मातंग लोगों ने उनके रोजगार ले लिये हैं। कालीचरण के परिवार के अब चार सदस्य 'नगर परिषद' की पक्की नौकरी में हैं। बाकी बेरोजगार लोग कुछ इधर-उधर का काम करके गुजारा कर लेते हैं। कालीचरण भीकूजी से अक्सर यह शिकायत करता है, "तुम लोगों ने हमारे पुश्तैनी धंधे को हमसे छीन लिया है। हमारे बाल-बच्चे क्या करेंगे? कैसे अपना पेट भरेंगे? यह काम सिर्फ हमारी जाति का काम है।"

रामकिशन बैंक में सफाई का काम करता है। इसी तरह और भी कई लोग हैं, जो दफ्तरों, अस्पतालों, स्कूल और प्राइवेट रूप से बँगलों, बड़े घरों में सफाई का काम कर रहे हैं। कभी-कभी ऐसा भी होता है, रामकिशन भूल जाता है कि उनकी जातियाँ अलग हैं, बल्कि वह एक ही रोजगार से जुड़े होने के कारण वाल्मीकियों से भाईचारे का रिश्ता मानने लगता है। मगर कभी ऐसा भी होता कि रोजगार और नौकरी के अभाव में, सफाईकर्मी जाति के लोग, अपना रोजगार छीननेवालों के दुश्मन बन जाते।

कालीचरण इस बात का दावा करते हैं कि इस काम में सिर्फ हमारा ही आरक्षण होना चाहिए। वह अपने भाइयों और वंशजों के भविष्य की चिंता इसी रूप में करते हैं। भीकूजी कालीचरण की बात सुनकर चुप रह जाते हैं। एक तो यह उनकी जाति की मजबूरी है कि सिर्फ बाजा बजाने और सूपा-डलिया बनाकर बेचने से उनके परिवार का पालन नहीं होता। इसलिए विवश होकर उनकी जाति के लोग यह काम भी करते हैं। दूसरे, भीकूजी जानते हैं कि कालीचरण जैसे दबंग आदमी से हुज्जत करके, कौन परेशानी मोल ले। ऐसे समय वे चुप रहकर बात टाल देते हैं। सेवानगर में वाल्मीकियों की संख्या ज्यादा है। मातंग उनके मुँह नहीं लगते, वे अपने काम से काम रखते हैं।

लोकनाथ मेश्राम अधिकतर नागपुर में अपने बेटे के पास रहते हैं। सेवानगर में कभी यूँ ही अपना घर देखने आते हैं। एक बार लोकनाथ को सेवानगर में देखकर कालीचरण ने उन्हें अपने परिवार के रोजगार की समस्या बताते हुए, माँग जाति के लोगों की शिकायत की। यह सुनते ही लोकनाथ मुस्करा दिए। कालीचरण को उनसे अपने पक्ष में सहानुभूति की आशा थी, मगर लोकनाथ ने कुछ नहीं कहा। वे सिर्फ मुस्कराते रहे।

यह बात जब आकाश ने सुनी, तो वह कालीचरण पर नाराज होकर बोला, "क्या मामाजी, आप इसी रोजगार में अटके हो? दुनिया कितनी बदलती जा रही है, मगर हमारे लोग अपने

ही रोजगार से चिपके हैं। आप समझदार हो, अपने लोगों को अच्छा रास्ता दिखाओ। डॉ. अंबेडकर ने हम सबके लिए प्रगति का कितना बड़ा रास्ता बना दिया है। हम लोग भी उसी रास्ते पर चलेंगे। महार जाति के लोगों ने अपने जीवन में प्रगति और परिवर्तन, इसी नए मार्ग पर चलकर पाया है। आप भी परिवर्तन के इस मार्ग पर चलो। रोजगार में परिवर्तन करो।"

कालीचरण को आकाश की यह बात अच्छी नहीं लगी। उस समय वे हिंदू धर्म के मार्ग को छोड़कर, डॉ. भीमराव अंबेडकर के मार्ग पर चलने की बात सोच नहीं पाते हैं। उस समय उनके समाज के बड़े-बड़े नेता, कांग्रेस पार्टी के नेताओं की चापलूसी करके, अपने लिए छोटे-छोटे लाभ लेते थे। इसके बदले में वे अपने पूरे जाति-समाज को गांधीजी के बताए मार्ग पर चलने की बात कहते थे। गांधीजी ने वही मार्ग बताया था– "चाहे कितने भी पढ़-लिख जाओ, मगर काम-रोजगार अपने बाप-दादाओं का ही करो।"

गाँव के हिंदू महाजन भी उन्हें शांति और प्रेम के साथ, गांधीजी की बातों की अच्छाई समझाते रहते हैं। कालीचरण उनकी बातों को जल्दी समझ लेते हैं। आकाश की बात के महत्त्व को कालीचरण समझ नहीं सके। वे वहाँ से उठकर अपने मोहल्ले की ओर चल दिए। कालीचरण ने आकाश की बातों को अनसुना किया था, मगर आकाश की वे बातें उनके मन-मस्तिष्क में घूमती रहीं। अपने मोहल्ले में आने के बाद, आज उन्हें पहली बार भीमनगर के लोगों और अपने लोगों के जीवन स्तर में बहुत अंतर नजर आया। वे सोचने लगे, 'लोकनाथ का बेटा उच्च शिक्षित और बड़ा अधिकारी है, हमारे बच्चे क्यों नहीं वैसे बन पाए?'

उन्हें याद आया, 'लोकनाथ उनकी बात सुनकर मुस्करा रहे थे। कहीं वे उनका उपहास तो नहीं...?' उस दिन कालीचरण को अपने सोच-विचार पर पहली बार शर्म महसूस हुई। वे सोचने लगे, 'आकाश के विचार गलत नहीं हैं। जिस रास्ते पर चलने में हमारी भलाई है, हमें उसी रास्ते पर चलना चाहिए।'

चौथा भाग

आत्मकथा अंश

जूठन

ओमप्रकाश वाल्मीकि

हमारा घर चंद्रभान तगा के घेर से सटा हुआ था। उसके बाद कुछ परिवार मुसलमान जुलाहों के थे। चंद्रभान तगा के घेर के ठीक सामने एक छोटी-सी जोहड़ी (जोहड़ का स्त्रीलिंग) थी, जिसने चूहड़ों के बगड़ और गाँव के बीच एक फासला बना दिया था। जोहड़ी का नाम डब्बोवाली था। डब्बोवाली नाम कैसे पड़ा, कहना मुश्किल है। हाँ, इतना जरूर है कि इस डब्बोवाली जोहड़ी का रूप एक बड़े गड्ढे के समान था, जिसके एक ओर तगाओं के पक्के मकानों की ऊँची दीवारें थीं जिनसे समकोण बनाती हुई झींवरों के दो-तीन परिवारों के कच्चे मकानों की दीवारें थीं। उसके बाद फिर तगाओं के मकान थे।

जोहड़ी के किनारे पर चूहड़ों के मकान थे, जिनके पीछे गाँव-भर की औरतें, जवान लड़कियाँ, बड़ी-बूढ़ी यहाँ तक कि नई-नवेली दुल्हनें भी इसी डब्बोवाली के किनारे खुले में टट्टी-फरागत के लिए बैठ जाती थीं। रात के अँधेरे में ही नहीं, दिन के उजाले में भी पर्दों में रहनेवाली त्यागी महिलाएँ घूँघट काढ़े, दुशाले ओढ़े इस सार्वजनिक खुले शौचालय में निवृत्ति पाती थीं। तमाम शर्म-लिहाज छोड़कर वे डब्बोवाली के किनारे गोपनीय जिस्म उघाड़कर बैठ जाती थीं। इसी जगह गाँव भर के लड़ाई-झगड़े गोलमेज कांफ्रेंस की शक्ल में चर्चित होते थे। चारों तरफ गंदगी भरी होती थी। ऐसी दुर्गंध कि मिनट-भर में साँस घुट जाए। तंग गलियों में घूमते सूअर, नंग-धड़ंग बच्चे, कुत्ते, रोजमर्रा के झगड़े, बस यह था वह वातावरण जिसमें बचपन बीता। इस माहौल में यदि वर्ण-व्यवस्था को आदर्श-व्यवस्था कहनेवालों को दो-चार दिन रहना पड़ जाए तो उनकी राय बदल जाएगी।

उसी बगड़ में हमारा परिवार रहता था। पाँच भाई, एक बहन, दो चाचा, एक ताऊ का परिवार। चाचा और ताऊ अलग रहते थे। घर में सभी कोई न कोई काम करते थे। फिर भी दो जून की रोटी ठीक ढंग से नहीं चल पाती थी। तगाओं के घरों में साफ-सफाई से लेकर, खेती-बाड़ी, मेहनत-मजदूरी सभी काम होते थे। ऊपर रात-बिरात बेगार करनी पड़ती। बेगार के बदले में कोई पैसा या अनाज नहीं मिलता था। बेगार के लिए ना कहने की हिम्मत किसी में नहीं थी। गाली-गलौज, प्रताड़ना अलग। नाम लेकर पुकारने की किसी को आदत नहीं थी। उम्र में बड़ा हो तो 'ओ चूहड़े', बराबर या उम्र में छोटा है तो 'अबे चूहड़े के' यही तरीका या संबोधन था।

अस्पृश्यता का ऐसा माहौल कि कुत्ते-बिल्ली, गाय-भैंस को छूना बुरा नहीं था लेकिन यदि चूहड़े का स्पर्श हो जाए तो पाप लग जाता था। सामाजिक स्तर पर इनसानी दर्जा नहीं था। वे सिर्फ जरूरत की वस्तु थे। काम पूरा होते ही उपयोग खत्म। इस्तेमाल करो, दूर फेंको।

हमारे मोहल्ले में एक ईसाई आते थे। नाम था सेवक राम मसीही। चूहड़ों के बच्चों को घेरकर बैठे रहते थे। पढ़ना-लिखना सिखाते थे। सरकारी स्कूलों में तो कोई घुसने नहीं देता था। सेवक राम मसीही के पास सिर्फ मुझे ही भेजा गया था। भाई तो काम करते थे। बहन को स्कूल भेजने का सवाल ही नहीं था।

मास्टर सेवक राम मसीही के खुले, बिना कमरों, बिना टाट-चटाई वाले स्कूल में अक्षर-ज्ञान शुरू किया था। एक दिन सेवक राम मसीही और मेरे पिताजी में कुछ खटपट हो गई थी। पिताजी मुझे लेकर बेसिक प्राइमरी विद्यालय गए थे, जो कक्षा पाँच तक था। वहाँ मास्टर हरफूल सिंह थे। उनके सामने मेरे पिताजी ने गिड़गिड़ाकर कहा था, "मास्टरजी, थारी मेहरबान्नी हो जागी जो म्हारे इस जाकत (बच्चा) कू बी दो अक्षर सिखा दोगे।"

मास्टर हरफूल सिंह ने अगले दिन आने को कहा था। पिताजी अगले रोज फिर गए। कई दिन तक स्कूल के चक्कर काटते रहे। आखिर एक रोज स्कूल में दाखिला मिल गया। उन दिनों देश को आजादी मिले आठ साल हो गए थे। गांधीजी के अछूतोद्धार की प्रतिध्वनि सुनाई पड़ती थी। सरकारी स्कूलों के द्वार अछूतों के लिए खुलने शुरू तो हो गए थे लेकिन जनसामान्य की मानसिकता में कोई विशेष बदलाव नहीं आया था। स्कूल में दूसरों से दूर बैठना पड़ता था, वह भी जमीन पर। अपने बैठने की जगह तक आते-आते चटाई छोटी पड़ जाती थी। कभी-कभी तो एकदम पीछे दरवाजे के पास बैठना पड़ता था। जहाँ से बोर्ड पर लिखे अक्षर धुँधले दिखते थे।

त्यागियों के बच्चे 'चूहड़े का' कहकर चिढ़ाते थे। कभी-कभी बिना कारण पिटाई भी कर देते थे। एक अजीब-सी यातनापूर्ण जिंदगी थी, जिसने मुझे अंतर्मुखी और चिड़चिड़ा, तुनकमिजाजी बना दिया था। स्कूल में प्यास लगे तो हैंडपंप के पास खड़े रहकर किसी के आने का इंतजार करना पड़ता था। हैंडपंप छूने पर बावेला हो जाता था। लड़के तो पीटते ही थे। मास्टर लोग भी हैंडपंप छूने पर सजा देते थे। तरह-तरह के हथकंडे अपनाए जाते थे ताकि मैं स्कूल छोड़कर भाग जाऊँ और मैं भी उन्हीं कामों में लग जाऊँ, जिनके लिए मेरा जन्म हुआ था। उनके अनुसार, स्कूल आना मेरी अनधिकार चेष्टा थी।

मेरी ही कक्षा में राम सिंह और सुक्खन सिंह भी थे। राम सिंह जाति से चमार था और सुक्खन सिंह झींवर। राम सिंह के पिताजी और माँ खेतों में मजदूरी करते थे। सुक्खन सिंह के पिताजी इंटर कॉलेज में चपरासी थे। हम तीनों साथ-साथ पढ़े, बड़े हुए, बचपन के खट्टे-मीठे अनुभव समेटे थे। तीनों पढ़ने में हमेशा आगे रहे लेकिन जाति का छोटापन कदम-कदम पर छलता रहा।

बरला गाँव में कुछ मुसलमान त्यागी भी थे। त्यागियों को भी तगा कहते थे। मुसलमान तगाओं का व्यवहार भी हिंदुओं जैसा ही था। कभी कोई अच्छा साफ-सुथरा कपड़ा पहनकर यदि निकले तो फब्तियाँ सुननी पड़ती थीं। ऐसी फब्तियाँ जो बुझे तीर की तरह भीतर तक उतर जाती थीं। ऐसा हमेशा होता था। साफ-सुथरे कपड़े पहनकर कक्षा में जाओ तो साथ के लड़के कहते, "अबे चूहड़े का, नए कपड़े पहनकर आया है।" मैले-पुराने कपड़े पहनकर स्कूल जाओ तो कहते, "अबे चूहड़े के, दूर हट, बदबू आ रही है।"

अजीब हालात थे। दोनों ही स्थितियों में अपमानित होना पड़ता था।

चौथी कक्षा में थे। हेडमास्टर बिसंभर सिंह की जगह कलीराम आ गए थे। उनके साथ एक और मास्टर आए थे। उनके आते ही हम तीनों के बहुत बुरे दिन आ गए थे। बात-बेबात

पर पिटाई हो जाती थी। राम सिंह तो कभी-कभी बच भी जाता था लेकिन सुक्खन सिंह और मेरी पिटाई तो आम बात थी। मैं वैसे भी काफी कमजोर और दुबला-पतला था उन दिनों।

सुक्खन के पेट पर पसलियों के ठीक ऊपर एक फोड़ा हो गया था, जिससे हर वक्त पीप बहती रहती थी। कक्षा में वह अपनी कमीज ऊपर की तरफ इस तरह मोड़कर रखता था, ताकि फोड़ा खुला रहे। एक तो कमीज पर पीप लगने का डर था, दूसरे मास्टर की पिटाई के समय फोड़े को बचाया जा सकता था।

एक दिन मास्टर ने सुक्खन सिंह को पीटते समय उस फोड़े पर ही एक घूँसा जड़ दिया। सुक्खन की दर्दनाक चीख निकली। फोड़ा फूट गया था। उसे तड़पता देखकर मुझे भी रोना आ गया था। मास्टर हम लोगों को रोता देखकर लगातार गालियाँ बक रहा था। ऐसी गालियाँ जिन्हें यदि शब्दबद्ध कर दूँ तो हिंदी की आभिजात्यता पर धब्बा लग जाएगा क्योंकि मेरी एक कहानी 'बैल की खाल' में एक पात्र के मुँह से गाली दिलवा देने पर हिंदी के कई बड़े लेखकों ने नाक-भौं सिकोड़ी थी। संयोग से गाली देनेवाला पात्र ब्राह्मण था। ब्राह्मण यानी ब्रह्म का ज्ञाता और गाली...।

अध्यापकों का आदर्श रूप जो मैंने देखा, वह अभी तक मेरी स्मृति से मिटा नहीं है। जब भी कोई आदर्श गुरु की बात करता है तो मुझे वे तमाम शिक्षक याद आ जाते हैं जो माँ-बहन की गालियाँ देते थे। सुंदर लड़कों के गाल सहलाते थे और उन्हें अपने घर बुलाकर उनसे वाहियातपन करते थे।

एक रोज हेडमास्टर कलीराम ने अपने कमरे में बुलाकर पूछा, "क्या नाम है बे तेरा?"

"ओमप्रकाश।" मैंने डरते-डरते धीमे स्वर में अपना नाम बताया। हेडमास्टर को देखते ही बच्चे सहम जाते थे। पूरे स्कूल में उनकी दहशत थी।

"चूहड़े का है?" हेडमास्टर का दूसरा सवाल उछला।

"जी।"

"ठीक है...वह जो सामने शीशम का पेड़ खड़ा है, उस पर चढ़ जा और टहनियाँ तोड़ के झाड़ू बणा ले। पत्तोंवाली झाड़ू बणाना और पूरे स्कूल कू ऐसा चमका दे जैसा सीसा। तेरा तो यो खानदानी काम है। जा...फटाफट लग जा काम पे।"

हेडमास्टर के आदेश पर मैंने स्कूल के कमरे, बरामदे साफ कर दिए। तभी वे खुद चलकर आए और बोले, "इसके बाद मैदान भी साफ कर दे।"

लंबा-चौड़ा मैदान मेरे वजूद से कई गुना बड़ा था, जिसे साफ करने से मेरी कमर दर्द करने लगी थी। धूल से चेहरा, सिर अँट गया था। मुँह के भीतर धूल घुस गई थी। मेरी कक्षा में बाकी बच्चे पढ़ रहे थे और मैं झाड़ू लगा रहा था। हेडमास्टर अपने कमरे में बैठे थे लेकिन निगाह मुझ पर टिकी थी। पानी पीने तक की इजाजत नहीं थी। पूरा दिन मैं झाड़ू लगाता रहा। तमाम अनुभवों के बीच कभी इतना काम नहीं किया था। वैसे भी घर में भाइयों का मैं लाड़ला था।

दूसरे दिन स्कूल पहुँचा। जाते ही हेडमास्टर ने फिर झाड़ू के काम पर लगा दिया। पूरे दिन झाड़ू देता रहा। मन में एक तसल्ली थी कि कल से कक्षा में बैठ जाऊँगा।

तीसरे दिन मैं कक्षा में जाकर चुपचाप बैठ गया। थोड़ी देर बाद उनकी दहाड़ सुनाई पड़ी, "अबे ओ चूहड़े के, मादरचोद कहाँ घुस गया...अपनी माँ..."

उनकी दहाड़ सुनकर मैं थर-थर काँपने लगा था। एक त्यागी लड़के ने चिल्लाकर कहा, "मास्साब, वो बैट्ठा है कोणे में।"

हेडमास्टर ने लपककर मेरी गर्दन दबोच ली थी। उनकी उँगलियों का दबाव मेरी गर्दन पर बढ़ रहा था जैसे कोई भेड़िया बकरी के बच्चे को दबोचकर उठा लेता है। कक्षा से बाहर खींचकर उसने मुझे बरामदे में ला पटका। चीखकर बोले, "जा लगा पूरे मैदान में झाड़ू...नहीं तो गाँड़ में मिर्ची डाल के स्कूल से बाहर काढ़ (निकाल) दूँगा।"

भयभीत होकर मैंने तीन दिन पुरानी वही शीशम की झाड़ू उठा ली। मेरी तरह ही उसके पत्ते सूखकर झरने लगे थे। सिर्फ बची थीं पतली-पतली टहनियाँ। मेरी आँखों से आँसू बहने लगे थे। रोते-रोते मैदान में झाड़ू लगाने लगा। स्कूल के कमरों की खिड़की, दरवाजों से मास्टरों और लड़कों की आँखें छिपकर तमाशा देख रही थीं। मेरा रोम-रोम यातना की गहरी खाई में लगातार गिर रहा था।

मेरे पिताजी अचानक स्कूल के पास से गुजरे। मुझे स्कूल के मैदान में झाड़ू लगाता देखकर ठिठक गए। बाहर से ही आवाज देकर बोले, "मुंशीजी, यो क्या कर रा है?" वे प्यार से मुझे मुंशी जी ही कहा करते थे। उन्हें देखकर मैं फफक पड़ा। वे स्कूल के मैदान में मेरे पास आ गए। मुझे रोता देखकर बोले, "मुंशीजी...रोते क्यों हो? ठीक से बोल, क्या हुआ है?"

मेरी हिचकियाँ बँध गई थीं। हिचक-हिचककर पूरी बात पिताजी को बता दी कि तीन दिन से रोज झाड़ू लगवा रहे हैं। कक्षा में पढ़ने भी नहीं देते।

पिताजी ने मेरे हाथ से झाड़ू छीनकर दूर फेंक दी। उनकी आँखों में आग की गर्मी उतर आई थी। हमेशा दूसरों के सामने तीर-कमान बने रहनेवाले पिताजी की लंबी-लंबी घनी मूँछें गुस्से में फड़फड़ाने लगी थीं। चीखने लगे, "कौण-सा मास्टर है वो द्रोणाचार्य की औलाद, जो मेरे लड़के से झाड़ू लगवावे है..."

पिताजी की आवाज पूरे स्कूल में गूँज गई थी, जिसे सुनकर हेडमास्टर के साथ सभी मास्टर बाहर आ गए थे। कलीराम हेडमास्टर ने गाली देकर मेरे पिताजी को धमकाया लेकिन पिताजी पर धमकी का कोई असर नहीं हुआ। उस रोज जिस साहस और हौसले से पिताजी ने हेडमास्टर का सामना किया, मैं उसे कभी भूल नहीं पाया। कई तरह की कमजोरियाँ थीं पिताजी में लेकिन मेरे भविष्य को जो मोड़ उस रोज उन्होंने दिया, उसका प्रभाव मेरी शख्सियत पर पड़ा।

हेडमास्टर ने तेज आवाज में कहा था, "ले जा इसे यहाँ से...चूहड़ा होके पढ़ाने चला है...जा चला जा...नहीं तो हाड़-गोड़ तुड़वा दूँगा।"

पिताजी ने मेरा हाथ पकड़ा और लेकर घर की तरफ चल दिए। जाते-जाते हेडमास्टर को सुनाकर बोले, "मास्टर हो...इसलिए जा रहा हूँ...पर इतना याद रखिए मास्टर...यो चूहड़े का यहीं पढ़ेगा...इसी मदरसे में और यो ही नहीं, इसके बाद और भी आवेंगे पढ़ने कू।"

पिताजी को विश्वास था गाँव के त्यागी मास्टर कलीराम की इस हरकत पर उसे शर्मिंदा करेंगे लेकिन हुआ ठीक उलटा। जिसका दरवाजा खटखटाया यही उत्तर मिला, 'क्या करोगे स्कूल भेजके' या 'कौवा बी कबी हँस बण सके', 'तुम अनपढ़-गँवार लोग क्या जाणो, विद्या ऐसे हासिल ना होती', 'अरे! चूहड़े के जाकत कू झाड़ू लगाने कू कह दिया तो कोण-सा जुल्म हो गया' या 'फिर झाड़ू ही तो लगवाई है, द्रोणाचार्य की तरियों गुरु-दक्षिणा में अँगूठा तो नहीं माँगा' आदि-आदि।

पिताजी थक-हार निराश लौट आए, बिना खाए-पिए रात-भर बैठे रहे। पता नहीं किस गहन पीड़ा को भोग रहे थे मेरे पिताजी। सुबह होते ही उन्होंने मुझे साथ लिया और प्रधान सगवा सिंह त्यागी की बैठक में पहुँच गए।

पिताजी को देखते ही प्रधान बोले, "अबे, छोटन...क्या बात है? तड़के ही तड़के आ लिया!"

"चौधरी साहब, तम तो कहो ते सरकार ने चूहड़े-चमारों के जाकतों (बच्चों) के लिए मदरसों के दरवाजे खोल दिए हैं और यहाँ वो हेडमास्टर मेरे इस जाकत कू पढ़ाने के बजाय किलास से बाहर लाके दिन-भर झाड़ू लगवावे है। जिब यो दिन-भर मदरसे में झाड़ू लगावेगा तो इब तम ही बताओ पढ़ेगा कब?" पिताजी प्रधान के सामने गिड़गिड़ा रहे थे। उनकी आँखों में आँसू थे। मैं पास खड़ा पिताजी को देख रहा था।

प्रधान ने मुझे अपने पास बुलाकर पूछा, "कोण-सी किलास में पढ़े है?"

"जी चौथी में।"

"म्हारे महेंद्र की किलास में ही हो?"

"जी।"

प्रधान जी ने पिताजी से कहा, "फिकर ना कर, कल मदरसे में इसे भेज देणा।"

अगले रोज डरते-डरते मैं स्कूल पहुँचा, डरा-डरा कक्षा में बैठा रहा, हर क्षण लगता था अब आया हेडमास्टर...अब आया। जरा-सी आहट पर दिल घबराने लगता था। उसके बाद स्थिति सामान्य हो गई थी लेकिन कलीराम हेडमास्टर को देखते ही मेरी रूह काँप जाती थी। लगता, जैसे सामने से मास्टर नहीं कोई जंगली सूअर थूथनी उठाए चिचियाता चला आ रहा है।

गेहूँ की फसल कटने के वक्त मोहल्ले के सभी लोग तगाओं के खेतों में गेहूँ काटने जाते थे। तपती दोपहर में गेहूँ काटना बहुत कष्टप्रद और कठिन होता है। सिर पर बरसती धूप। नीचे तपती जमीन, नंगे पाँव में कटे पौधों की जड़ें शूल की तरह तलवों में चुभती थीं। उनसे भी ज्यादा चुभन होती थी सरसों और चने की जड़ों से। चना काटने में एक कठिनाई और थी। चने के पत्तों पर खटाई होती है जो काटते समय पूरे शरीर पर चिपक जाती है। नहाने पर भी कम नहीं होती। कटाई करनेवाले अधिकतर चूहड़े या चमार ही होते थे, जिनके तन पर कपड़े सिर्फ नाम भर के होते थे। पाँव में जूता होने का तो सवाल ही नहीं होता था। नंगे पाँव फसल कटने तक बुरी तरह घायल हो जाते थे।

फसल-कटाई को लेकर अक्सर खेतों में हुज्जत चलती रहती थी। मजदूरी देने में ज्यादातर तगा कंजूसी बरतते थे। काटनेवालों की मजबूरी थी। जो भी मिलता, थोड़ी-बहुत ना-नुकर के बाद लेकर घर लौट आते। घर आकर कुढ़ते रहते या तगाओं को कोसते रहते लेकिन भूख के सामने विरोध दम तोड़ देता था। हर साल फसल-कटाई को लेकर मोहल्ले में बैठकें होतीं। सोलह पूली पर एक पूली मेहनताना लेने की कसमें खाई जातीं लेकिन कटाई शुरू होते ही बैठकों के तमाम फैसले, कसमें हवा हो जाते थे। इक्कीस पूली पर एक पूली मजदूरी मिलती थी। एक पूली में एक किलो से भी कम गेहूँ निकलता था। भारी से भारी पूली में एक किलो गेहूँ नहीं निकलता था। यानी दिन-भर की मजदूरी एक किलो गेहूँ से भी कम। कटाई के बाद बैलगाड़ी या झोटा बुग्गी (भैंसा बुग्गी) में लदाई, उतराई अलग। उसका कोई पैसा या अनाज नहीं मिलता था। देर-सबेर खलिहानों में बैल हाँकने की बेगार सभी को करनी पड़ती थी। उन दिनों गेहूँ सफाई के 'थ्रेशर' नहीं हुआ करते थे। बैलों को गोलाई में घुमा-घुमाकर गेहूँ के पौधों को भूसे की शक्ल में बदला जाता था। फिर भूसे से गेहूँ छाज से हवा में उड़ाकर अलग किया जाता था। यह एक काफी लंबा और थका देनेवाला काम था, जिसे अधिकतर चमार या चूहड़े ही करते थे।

मेरी माँ इन सब मेहनत-मजदूरियों के साथ-साथ आठ-दस तगाओं (हिंदू, मुसलमान) के घर तथा घेर (मर्दों का बैठकखाना तथा मवेशियों को बाँधने की जगह) में साफ-सफाई का काम

करती थी। इस काम में मेरी बहन, बड़ी भाभी तथा जसबीर और जनेसर (दो भाई) माँ का हाथ बँटाते थे। बड़ा भाई सुखबीर तगाओं के यहाँ वार्षिक नौकर की तरह काम करता था।

प्रत्येक तगा के घेर में दस से पंद्रह मवेशी (गाय, भैंस और बैल) सामान्य बात थी। उनका गोबर उठाकर गाँव से बाहर कुरड़ियों पर या उपले बनाने की जगह डालना पड़ता था। प्रत्येक घर से रोज पाँच-छह टोकरे गोबर निकलता था। सर्दी के महीनों में यह काम बहुत कष्टदायक होता था। गाय, भैंस और बैलों को सर्दी से बचाने के लिए बड़े-बड़े दालानों में बाँधा जाता था, जिनमें गन्ने की सूखी पाती या फूस बिछा होता था। रात-भर जानवरों का गोबर और मूत्र पूरे दालान में फैल जाता था। दस-पंद्रह दिनों में एक बार पाती बदली जाती थी या उसके ऊपर सूखी पाती बिछा दी जाती थी। इतने दिनों में दालानों में भरी दुर्गंध से गोबर ढूँढ़-ढूँढ़के निकालना बहुत तकलीफदेह होता था, दुर्गंध से सिर भिन्ना जाता था।

इन सब कामों के बदले मिलता था दो जानवर पीछे फसल के समय पाँच सेर अनाज यानी लगभग ढाई किलो अनाज। दस मवेशी वाले घर से साल भर में 25 सेर (लगभग 12-13 किलो) अनाज। दोपहर को प्रत्येक घर से एक बची-खुची रोटी, जो खासतौर पर चूहड़ों को देने के लिए आटे में भूसी मिलाकर बनाई जाती थी। कभी-कभी जूठन भी भंगन की टोकरी में डाल दी जाती थी।

शादी-ब्याह के मौकों पर, जब मेहमान या बराती खाना खा रहे होते थे तो चूहड़े दरवाजों के बाहर बड़े-बड़े टोकरे लेकर बैठे रहते थे। बरात के खाना खा चुकने पर झूठी पत्तलें उन टोकरों में डाल दी जाती थीं, जिन्हें घर ले जाकर वे जूठन इकट्ठी कर लेते थे। पूरी के बचे-खुचे टुकड़े, एक-आध मिठाई का टुकड़ा या थोड़ी-बहुत सब्जी पत्तल पर पाकर बाछें खिल जाती थीं। जूठन चटखारे लेकर खाई जाती थी। जिस बरात की पत्तलों से जूठन कम उतरती थी कहा जाता था कि भुक्खड़ (भूखे) लोग आ गए हैं बरात में जिन्हें कभी खाने को कुछ नहीं मिला। सारा चट कर गए। अक्सर ऐसे मौकों पर बड़े-बूढ़े ऐसी बरातों का जिक्र बहुत ही रोमांचक लहजे में सुनाया करते थे कि उस बरात से इतनी जूठन आई थी कि महीनों तक खाते रहे थे।

पत्तलों से जो पूरियों के टुकड़े एकत्र होते थे उन्हें धूप में सुखा लिया जाता था। चारपाई पर कोई कपड़ा डालकर उन्हें फैला दिया जाता था। अक्सर मुझे पहरे पर बैठाया जाता था क्योंकि सूखनेवाली पूरियों पर कव्वे, मुर्गियाँ, कुत्ते अक्सर टूट पड़ते थे। जरा-सी आँख बची कि पूरियाँ साफ, इसलिए डंडा लेकर चारपाई के पास बैठना पड़ता था।

ये सूखी पूरियाँ बरसात के कठिन दिनों में बहुत काम आती थीं। इन्हें पानी में भिगोकर उबाल लिया जाता था। उबली हुई पूरियों पर बारीक मिर्च और नमक डालकर खाने में मजा आता था। कभी-कभी गुड़ डालकर लुगदी जैसा बना लिया जाता था, जिसे सभी बहुत चाव से खाते थे।

आज जब मैं इन सब बातों के बारे में सोचता हूँ तो मन के भीतर काँटे उगने लगते हैं, कैसा जीवन था?

दिन-रात मर-खपकर भी हमारे पसीने की कीमत मात्र जूठन, फिर भी किसी को कोई शिकायत नहीं। कोई शर्मिंदगी नहीं, कोई पश्चात्ताप नहीं।

जब मैं छोटा था, माँ के साथ जाता था माँ-पिताजी का हाथ बँटाने। तगाओं (त्यागियों) के खाने को देखकर अक्सर सोचा करता था कि हमें ऐसा खाना क्यों नहीं मिलता? आज जब सोचता हूँ तो जी मितलाने लगता है।

अभी पिछले वर्ष मेरे निवास पर सुखदेव सिंह त्यागी का पोता सुरेंद्र आया था, किसी इंटरव्यू के सिलसिले में। गाँव से मेरा पता लेकर आया था। रात में रुका।

मेरी पत्नी ने उसे यथासंभव अच्छा खाना खिलाया। खाना खाते-खाते वह बोला, "भाभी जी, आपके हाथ का खाना तो बहुत जायकेदार है। हमारे घर में तो कोई भी ऐसा खाना नहीं बना सकता है।"

उसकी बात सुनकर मेरी पत्नी तो खुश हुई लेकिन मैं काफी देर विचलित रहा। बचपन की घटनाएँ स्मृति का दरवाजा खटखटाने लगीं।

सुरेंद्र तब पैदा भी नहीं हुआ था। उसकी बड़ी बुआ यानी सुखदेव सिंह त्यागी की लड़की की शादी थी। उनके यहाँ मेरी माँ सफाई करती थी। शादी से दस-बारह दिन पहले से माँ-पिताजी ने सुखदेव सिंह त्यागी के घर-आँगन से लेकर बाहर तक के अनेक काम किए थे। बेटी की शादी का मतलब गाँव भर की इज्जत का सवाल था। कहीं कोई भी कमी न रह जाए। गाँव भर से चारपाइयाँ ढो-ढोकर जनवासे में इकट्ठी की थीं पिताजी ने।

बरात खाना खा रही थी। माँ टोकरा लिये दरवाजे से बाहर बैठी थी। मैं और मेरी छोटी बहन माया माँ से सिमटे बैठे थे। इस उम्मीद में कि भीतर से जो मिठाई और पकवानों की महक आ रही है, वह हमें भी खाने को मिलेगी।

जब सब लोग खाना खाकर चले गए तो मेरी माँ ने सुखदेव सिंह त्यागी को दालान से बाहर आते देखकर कहा, "चौधरी जी, इब तो सब खाणा खा के चले गए...म्हारे जाकतों (बच्चों) कू भी एक पत्तल पर धर के कुछ दे दो। वो बी तो इस दिन का इंतजार कर रे ते।"

सुखदेव सिंह ने जूठी पत्तलों से भरे टोकरे की तरफ इशारा करके कहा, "टोकरा भर तो जूठन ले जा री है...ऊप्पर से जाकतों के लिए खाणा माँग री है? अपणी औकात में रह चूहड़ी! उठा टोकरा दरवाजे से और चलती बन।"

सुखदेव सिंह त्यागी के वे शब्द मेरे सीने में चाकू की तरह उतर गए थे, जो आज भी अपनी जलन से मुझे झुलसा रहे हैं।

उस रोज मेरी माँ की आँखों में दुर्गा उतर आई थी। माँ का वैसा रूप मैंने पहली बार देखा था। माँ ने टोकरा वहीं बिखेर दिया था। सुखदेव सिंह से कहा था, "इसे ठाके अपने घर में धर ले। कल तड़के बरातियों को नाश्ते में खिला देणा..."

हम दोनों भाई-बहनों का हाथ पकड़ के तीर की तरह उठकर चल दी थी। सुखदेव सिंह माँ पर हाथ उठाने के लिए झपटा था लेकिन मेरी माँ ने शेरनी की तरह सामना किया था, बिना डरे।

उसके बाद माँ कभी उनके दरवाजे पर नहीं गई और जूठन का सिलसिला भी उस घटना के साथ बंद हो गया था।

वही सुखदेव सिंह मेरे निवास पर एक बार आया था। मेरी पत्नी ने गाँव-देहात के बुजुर्ग के नाते उनका आदर-सत्कार किया था। उसने मेरे घर खाना भी खाया था लेकिन जब वह चला गया तो मेरे भतीजे संजय खैरवाल, जो बी.एस-सी. का छात्र है, ने बताया कि चाचा जी, उन्होंने सिर्फ आपके घर खाया है, हमारे घर तो पानी भी नहीं पिया था।

दोहरा अभिशाप

कौसल्या बैसंत्री

बस्ती में चालीस-पचास घरों के लिए एक नल होता था। बस्ती काफी बड़ी थी। नल सवेरे पाँच बजे खुलता था और आठ बजे बंद हो जाता था। शाम को फिर साढ़े पाँच बजे खुलता और सिर्फ दो घंटे ही खुला रहता था। गरमी के दिनों में तो सिर्फ एक-डेढ़ घंटे ही पानी आता था। सबको सवेरे ही काम पर जाना होता था इसलिए सबको पानी की जल्दी पड़ी रहती थी। लोग रात में तीन बजे से ही अपनी बारी के लिए बरतन रखते थे। नल के आगे बर्तनों, घड़ों की लाइन लगी रहती थी। अगर पीतल वगैरह के बर्तन रखते तो बार-बार देखने जाते क्योंकि चोरी हो जाने का डर रहता था। सवेरे से ही नल पर लोगों का शोर शुरू हो जाता था। कभी झगड़ा-फसाद, मारपीट भी हो जाती थी। झगड़ा औरतों में शुरू होता और बाद में घर के पुरुष भी उस झगड़े में उतर आते थे। औरतें एक-दूसरे के बाल नोचती थीं और गंदी-गंदी गालियाँ एक-दूसरे को देती थीं, जैसे–'तू रंडी है, यारों के साथ घूमती है' वगैरह-वगैरह। कुछ गालियाँ तो इतनी गंदी होती थीं कि सुनकर बड़ी घृणा आती थी। नल हमारे घर के कोने पर था इसलिए हमें सवेरे-शाम इस शोर को सुनना पड़ता था। एक-दो बार हम बहनों के बाल भी नल पर नोचे गए थे। माँ-बाप ही ज्यादातर पानी भरते थे। कभी-कभी ही हम पानी भरने जाती थीं। माँ, हम बहनों को नल पर ज्यादा नहीं जाने देती थीं।

जाई बाई चौधरी नाम की एक अछूत महिला ने नई बस्ती नामक जगह पर लड़कियों के लिए एक स्कूल खोला था। यह स्कूल उनके घर के पास ही एक पक्के मकान के दो कमरों में लगता था। यह घर एक दलित ईसाई का था। इस घर के आधे में वे रहते थे और आधा घर स्कूल के लिए दे दिया था। वे पढ़े-लिखे लोग थे। उनका एक लड़का किसी दफ्तर में काम करता था और लड़की नर्स थी। खुद किसी स्कूल में शिक्षक थे। उनका रहन-सहन अच्छा था।

जाई बाई स्कूल चलाने के लिए चंदा एकत्र करने बहुत दूर तक अपना रजिस्टर साथ में लिये घूमती रहती थीं। वे अस्पृश्यों की बस्तियों में भी जाकर उन्हें अपनी लड़कियों को स्कूल में भेजने के लिए कहती थीं। उन्हें शिक्षा के महत्त्व के बारे में बताती थीं। वे हमारे घर भी आई थीं और हमें स्कूल भेजने के लिए कहा। माँ ने मुझे और मेरी बड़ी बहन को उनके स्कूल में भेजना शुरू किया। यह स्कूल उस वक्त प्राइमरी स्कूल ही था (अब हाईस्कूल हो गया है)। हम दोनों बहनें नियमित रूप से स्कूल जाती थीं। जाई बाई की लड़की भागन बस्ती में लड़कियों को लेने आती थी रोज। कभी लड़कियाँ जातीं, कभी नहीं जाती थीं। भागन को देखते ही छिप जाती थीं परंतु हम दोनों बहनों का जाना जारी रहा। अगर हम स्कूल जाने में आनाकानी करतीं तो माँ डाँटती थीं। हमारी बस्ती में से सिर्फ हम दो-चार लड़कियाँ ही जाती थीं। बाद में दो लड़कियों की शादी हो गई और वे स्कूल नहीं आईं।

गड्डीगोदाम नामक बस्ती में झूला बाई नाम की एक आदिवासी (गोंड) महिला ने भी एक स्कूल खोला था। वह आदिवासी लोगों में जागृति लाने की कोशिश कर रही थी। वहाँ कुछ आदिवासी गोंड जाति की लड़कियाँ पढ़ती थीं। झूला बाई स्कूल के पास ही रहती थीं। उनके घर के आस-पास जो गोंड जाति के लोग रहते थे, उनके बच्चे वहाँ पढ़ने आते थे और आस-पास के अछूत, दलित समाज के बच्चे भी पढ़ने आते थे। हमारी बस्ती की लक्ष्मी नाम की एक लड़की इनके स्कूल में पढ़ने जाती थी। जाई बाई की तरह ही झूला बाई भी आदिवासियों में शिक्षा का प्रचार-प्रसार करती थीं।

माँ की जाई बाई के साथ अच्छी-खासी दोस्ती हो गई थी। माँ जाई बाई को मौसी कहती थीं। जाई बाई कभी-कभी हमारे घर भी आया करती थीं। माँ उनका आदर करती थीं। उन्हें कभी-कभी खाना वगैरह खिलाकर ही जाने देती थीं। माँ ने अब हम सब बहनों को पढ़ाने का निश्चय कर लिया था। बाकी बहनें अभी छोटी थीं, अभी स्कूल नहीं जाती थीं। फिर भी माँ ने बाद में उन्हें पढ़ाने का निश्चय कर रखा था।

जाई बाई ने माँ का परिचय किसन भागजी बनसोडे से कराया। वे विदर्भ में सामाजिक कार्य करते थे और अस्पृश्यों में जागृति लाने का काम करते थे। उन्होंने भी लड़कियों को पढ़ाने के लिए अपनी पत्नी को तैयार किया था। महात्मा ज्योतिराव फुले के आदर्श को सामने रखकर वे दलित समाज को जाग्रत् करते थे। उन्होंने प्रेस खरीदा था और अपने लेखों द्वारा अपने प्रखर विचार लोगों के सामने रखते थे। वे कविता भी लिखते थे। उनकी पत्नी तुलसा बाई उनके कार्यों में हाथ बँटाती थीं। किसन भागजी बनसोडे की आर्थिक हालत बहुत खराब थी फिर भी उन्होंने अपना तन-मन-धन समाज को अर्पित किया था। वे जब कभी नागपुर आते थे तब हमारे घर कभी-कभी परिवार के साथ ठहरते थे। उनके पाँच-छह बच्चे थे। उनके और हमारे परिवार के छह-सात लोग—इन सबका खाने-पीने का खर्च काफी आता था परंतु माँ-बाबा किसी तरह निभा लेते थे। माँ को पढ़े-लिखे और अच्छे लोगों के साथ संपर्क रखना अच्छा लगता था। इन्हीं लोगों की वजह से माँ को हमें पढ़ाने की प्रेरणा मिली।

मैं और मेरी बहन जाई बाई के स्कूल में जाती थीं। हमें शनिवार के दिन दो पारसी महिलाएँ गर्ल्स गाइड सिखाने आती थीं। पानी में डूबने पर या आग लगने पर क्या करना चाहिए, एक्सीडेंट वगैरह होने पर रोगी की देखभाल कैसे करनी चाहिए आदि बातें बताती थीं। रस्सी की मजबूत गाँठें बाँधना भी वे बताती थीं। इसके अलावा खाने की कुछ चीजें पकाना, कुछ सिलाई-कटाई भी सिखाती थीं। नाटक वगैरह के कार्यक्रम भी करती थीं। एक बार 'पृथ्वीराज-संयोगिता' नाटक मंचित किया गया और मैंने उसमें राजा जयचंद की भूमिका की थी। गर्ल्स गाइड में दो ग्रुप थे। एक बड़ी लड़कियों का और दूसरा छोटी लड़कियों का। छोटी लड़कियों के दल को 'बुलबुल' कहते थे। उन्हें गर्ल्स गाइड के दिन सफेद ब्लाउज और नीले रंग का पेटीकोट पहनना पड़ता था। बड़ी लड़कियाँ नेवी ब्ल्यू साड़ी, जिसमें सफेद रंग का बॉर्डर होता था और जिस पर जार्ज पंचम के ताज बने रहते थे, पहनती थीं। दोनों दलों को जॉर्ज पंचम के ताज के ब्रोच लगाने पड़ते थे, अपने ब्लाउजों पर। ये पारसी महिलाएँ हमें कभी-कभी गवर्नर की कोठी पर ले जाती थीं। वहाँ नागपुर के कई स्कूलों की लड़कियाँ आकर अपने कार्यक्रम पेश करती थीं। सारी लड़कियाँ गोल घेरा डालकर बैठतीं। सामने लकड़ियाँ जलाई जाती थीं। गवर्नर एक गद्दीदार चेयर पर बैठकर कार्यक्रम देखते थे। मेरी बड़ी बहन ने गवर्नर के सामने एक छोटा-सा नाटक खेला था। वह नाटक में एक बच्चे की माँ बनी थीं जिसका एक्सीडेंट हो गया था। उन्होंने रोने का अभिनय

किया था। सबने उनके अभिनय को सराहा और उनको इसके लिए गवर्नर के हाथों से एक पीतल की ट्रे इनाम में मिली थी। कार्यक्रम के बाद सबको चाय या कॉफी या कोको, केक, पेस्ट्री, बन वगैरह खाने को मिलता था। जब कभी वाइसराय दिल्ली से नागपुर आते तो वे जिस रास्ते से गुजरने वाले होते थे, वहाँ जाई बाई हमें हाथ में झंडियाँ पकड़ाकर खड़ा रखतीं। जब वाइसराय गुजरते थे तब हम झंडियाँ हिला-हिलाकर उनका स्वागत करते थे।

जाई बाई के स्कूल में पढ़ाई की कोई फीस नहीं ली जाती थी। कभी-कभी शिक्षक नहीं मिलते थे तो उनका लड़का, कभी-कभी बहू भी हमें पढ़ाती थीं। जाई बाई भी कभी-कभी पढ़ाती थीं। हमारे पास ही चोखामेळा अस्पृश्य विद्यार्थी हॉस्टल था। वहाँ नागपुर से बाहर के लड़के रहते थे। कभी-कभी ये विद्यार्थी भी हमें पढ़ाने आया करते थे।

आदमी कितना ही दृढ़ हो फिर भी सामाजिक बंधनों के आगे उसे झुकना ही पड़ता है। कुछ रीति-रिवाजों को मानना ही पड़ता है चाहे इच्छा न हो, नहीं तो सामाजिक विरोध सहन करना पड़ता है। माँ-बाबा का बड़ी बहन को आगे पढ़ाने का बहुत मन था। माँ चाहती थीं कि बहन पढ़कर कम-से-कम प्राइमरी शिक्षिका बने परंतु उनका विवाह करना भी जरूरी था, क्योंकि ज्यादा बड़ी होने पर लड़का मिलना मुश्किल काम था। उपजातियों में भी विवाह नहीं होते थे, इसलिए भी विवाह के लिए दिक्कत आती थी। हमारी उपजाति कोसरे थी। इस उपजाति में पढ़ा-लिखा लड़का मिलना कठिन था। आम महार जाति के लोग भी कम पढ़े-लिखे थे। बहन ने चौथी तक पढ़ाई की थी। यह उक्त वक्त के हिसाब से काफी थी। बहन के लिए वर की तलाश शुरू हुई थी। बाबा की दूर की मौसेरी बहन का लड़का आठवीं कक्षा पास था और नागपुर की एम्प्रेस मिल में नौकरी करता था। बहन की शादी उससे पक्की कर दी गई। तब बहन तेरह वर्ष की थी। माँ ने बहन के जेठ को बहुत समझाया कि वे बहन को आगे शिक्षिका की पढ़ाई करने दें। सातवीं कक्षा के बाद अमरावती में ट्रेनिंग स्कूल था। माँ अपनी ओर से पढ़ाई का खर्चा देने को तैयार थीं परंतु ससुरालवाले नहीं माने। जीजाजी सबसे छोटे थे। घर में संयुक्त परिवार था और जीजाजी की बात कोई सुनता नहीं था। बहन की शादी हो गई। वे आगे नहीं पढ़ पाईं। इसका माँ को जीवन-भर दुख रहा। बहन की जब शादी हुई, माँ उस वक्त अट्ठाईस या उनतीस वर्ष की होंगी। बहन ससुराल चली गईं। मैं तीसरी कक्षा में गई थी। शादी होने के बाद थोड़े दिन तक बहन जाई बाई स्कूल जाती रही। गौना होने के बाद स्कूल छूट गया।

तीसरी कक्षा के बाद मैंने जाई बाई का स्कूल छोड़ दिया। चोखामेळा में जो अस्पृश्य विद्यार्थी रहते थे, उनसे माँ-बाबा की जान-पहचान हो गई थी। रंगारी नाम का विद्यार्थी डॉक्टरी पढ़ने नागपुर के मेडिकल स्कूल में आया था। तब नागपुर में मेडिकल कॉलेज नहीं था। दूसरा विद्यार्थी अग्रीभोज भी किसी नागपुर के ही कॉलेज में पढ़ता था। आजादी के पहले कांग्रेस की पहली जो सरकार बनी थी मध्य प्रांत वन्हाड में तब उसमें उनके भतीजे नागपुर से मंत्री बने थे। वह भारत के पहले अस्पृश्य मंत्री थे। जब वह मंत्री बने तब वह कानून के विद्यार्थी थे। हम अग्रीभोज और रंगारी को काका कहते थे, क्योंकि ये लोग बाबा को भैया और माँ को भाभी कहते थे। उस वक्त माँ-बाबा जवान ही थे।

इन लोगों ने माँ-बाबा को कहा कि मुझे अच्छे स्कूल में भेजें। जाई बाई का स्कूल चौथी कक्षा तक ही था। बाद में दूसरे स्कूल में ही जाना पड़ेगा और जाई बाई के स्कूल में चौथी की बोर्ड की परीक्षा भी नहीं होगी। अच्छे स्कूल में पढ़ने से बोर्ड की परीक्षा होगी और अच्छे नंबर लाने पर स्कॉलरशिप भी मिल सकती थी। उन्होंने बीच-बीच में आ-आकर मुझे पढ़ाने

का आश्वासन भी दिया। माँ की इच्छा मुझे चौथी कक्षा तक जाई बाई के स्कूल में पढ़ने देने की थी परंतु इन दोनों ने माँ को समझाया कि मुझे सीताबर्डी की भिडे कन्याशाला में भेजें। उस स्कूल में फीस देनी पड़ती थी परंतु इन लोगों ने माँ से कहा कि वे फ्रीशिप के लिए प्रयत्न करेंगे और उन्हें आशा थी कि फ्रीशिप मिल जाएगी। मेरा नाम तीसरी कक्षा के बाद जाई बाई स्कूल से निकाल दिया गया। जाई बाई नाराज हो गईं। उनका नाराज होना स्वाभाविक था। बाद में भी जाई बाई हम लोगों से नाराज ही रहीं।

बहुत प्रयत्न करने पर भी भिडे कन्याशाला में मुझे फ्रीशिप नहीं मिली। फीस बारह आने थी परंतु उस वक्त बारह आने देना भी माँ-बाबा के लिए कठिन था। माँ ने रंगारी और अग्रीभोज काका को बहुत डाँटा और वे डर के मारे घर आते ही नहीं थे। जाई बाई के स्कूल से मेरा नाम कट गया था और मजबूर होकर मुझे भिडे कन्याशाला में जाना पड़ा। इस स्कूल में मेरे सिवा और कोई अस्पृश्य लड़की नहीं थी। सिर्फ दो लड़कियाँ कुनबी जाति की थीं। बाकी सब लड़कियाँ ब्राह्मण जाति की थीं।

अभी तक मैं बस्ती के ही वातावरण में पली थी। बस्ती के लोग गरीब, अनपढ़ और गँवार थे परंतु जब यहाँ भिडे कन्याशाला में आई तो यहाँ का वातावरण एकदम अलग प्रकार का था। स्कूल सीताबर्डी में था। यहाँ पर बहुत बड़ी मार्केट थी। यहाँ मैं पहले एकाध बार ही आई थी। वह भी कुछ खरीदने नहीं, रात में गणपति उत्सव देखने। यह मार्केट ज्यादातर अमीर लोगों के लिए ही थी। आस-पास ब्राह्मण लोग ही ज्यादा थे। अस्पृश्य लोगों की बस्ती एक ओर थी (अभी भी है) और उनके मकान कच्ची मिट्टी के बने थे। यहाँ के अस्पृश्य भी ज्यादातर मजदूर ही थे। ब्राह्मणों की लड़कियाँ बहुत अच्छे-अच्छे साफ-सुथरे कीमती कपड़े पहनकर आती थीं। उनकी तुलना में मेरे कपड़े बहुत घटिया होते थे। उन लड़कियों के कानों में सोने की बालियाँ रहती थीं। वे अपनी किताबें अच्छे बस्तों में लाती थीं। मेरा बस्ता दो-तीन कपड़ों की पट्टियों को जोड़कर बनाया गया होता था। वे अच्छे टिफिन बॉक्स में (पीतल का) खाना लेकर आती थीं। उसमें कभी पूरियाँ, कभी पराँठे, कभी पोहे, कभी सूजी का हलवा, कभी कुछ पकवान रहता था। सफेद रोटियाँ जिसमें घी लगा रहता था। सब्जी या अचार के साथ वे खाती थीं। मेरे घर तो कभी-कभी ही रोटियाँ बनती थीं, वह भी घटिया गेहूँ की। न उसमें घी लगा होता, न अच्छी सब्जी या अचार। कभी-कभार ही मैं चीनी या गुड़ के साथ रोटी लाती थी। मेरे पास अच्छा डिब्बा भी नहीं था। मैं अल्यूमिनियम के डिब्बे में रोटी लाती थी। मैं लड़कियों के सामने अपना डिब्बा नहीं खोलती थी। मुझे अपने घटिया डिब्बे और घटिया रोटी को उनके सामने खोलने में शर्म आती थी। मैं दीवार की ओर मुँह करके खाना खाती थी ताकि कोई देख न ले। उनके खाने की खुशबू और खाना देखकर मैं ललचा जाती थी। सोचती थी—ऐसा खाना मुझे कब नसीब होगा!

मेरे साथ जो दो कुनबी जाति की लड़कियाँ पढ़ती थीं, वे काफी अमीर घर की थीं। वो भी अच्छी-अच्छी साड़ियाँ पहनकर आती थीं परंतु उनका परिवार पढ़ा-लिखा नहीं था। उनके परिवार के पास खेती की काफी जमीन नागपुर शहर के आस-पास थी। नागपुर में एक लड़की के पिता की सीमेंट की दुकान थी और दूसरी लड़की के पिता की भी फलों की बहुत बड़ी दुकान थी। मैं अस्पृश्य हूँ, इसका मुझे बहुत दुख होता था और मैं हीनता महसूस करती थी। कोई मुझसे मेरी जाति न पूछ बैठे, इसका मुझे सदैव डर रहता था। इसलिए मैं अकेली चुपचाप खाने की छुट्टी में या स्कूल शुरू होने के पहले एक ओर बैठी रहती थी। लड़कियों के साथ खेलने में भी डर लगता था। मैं दूर अलग बैठकर उनका खेल देखती थी। कुनबी लड़कियों में भी

थोड़ी हीनता की भावना थी। वे भी ब्राह्मणों की लड़कियों में ज्यादा घुलती-मिलती नहीं थीं। एक बार जिसका मुझे ज्यादा डर था वही बात हो गई। कुनबी लड़कियों ने मुझसे पूछा कि मेरी जाति क्या है? मैंने डर के मारे कह दिया कि मैं भी कुनबी जाति की हूँ। उन्होंने पूछा कि तिलेले हो या खैरे? मुझे उनकी उपजाति के नामों का पता चला। मैं मन में सटपटा गई थी परंतु उन्हीं की बात सुनकर मैंने कहा कि मैं तिलेले कुनबी हूँ। मेरी जाति का पता सिर्फ हमारी शिक्षिका को ही था क्योंकि प्रवेश लेते वक्त फॉर्म पर लिखना पड़ता था। मैंने अपनी जाति कुनबी लड़कियों से छिपा तो ली थी परंतु मैं उनके साथ डर-डर के ही रह रही थी। मैं उनके साथ बैठना टालती रहती थी। कुनबी जाति भी उस वक्त शैक्षणिक स्तर पर पिछड़ी ही थी। वे भी लड़कियों को पढ़ाते-लिखाते नहीं थे। शादी भी कम उम्र में करते थे। दोनों कुनबी लड़कियों में से एक की शादी हो गई और उसने स्कूल आना छोड़ दिया। मैं बहुत खुश हुई कि चलो एक चली गई। दूसरी लड़की के लिए भी सोचती थी इसकी भी जल्दी शादी हो जाए ताकि मैं डर से छुटकारा पाऊँ। यह लड़की अब अकेली हो गई थी इसलिए मुझसे चिपकी रहती थी। पढ़ाई में ज्यादा अच्छी नहीं थी इसलिए मुझसे कुछ पूछ लिया करती थी। वह घर से काफी पैसे ले आती थी और कभी होटल से भजिया-समोसे या अन्य वस्तुएँ खाने की छुट्टी में ले आती थी। मुझे भी खिलाती थी। उसका घर मैंने दूर से देखा था। वह कभी-कभी ताँगे में आती थी, कभी उसकी नौकरानी उसका बस्ता पकड़कर साथ आती थी। मैं उसके साथ बैठती थी परंतु मेरे मन का डर जाता नहीं था। इस लड़की से भी पिंड छूट गया जल्दी ही। यह लड़की टाइफॉइड से बीमार हो गई। बहुत दिन स्कूल नहीं आई, इसलिए हमारी शिक्षिका ने मुझे उसके घर जाकर पता करने को कहा। मैं जाना नहीं चाह रही थी परंतु शिक्षिका का कहना भी नहीं टाल सकती थी। मैं डरते-डरते उसके घर आई। वह बहुत कमजोर हो गई थी। उसकी दादी उसे फल खिला रही थीं। मुझे देखकर वह बहुत खुश हुई और अपनी दादी से मेरा परिचय कराया और बताया कि मैं भी तिलेले कुनबी जाति की हूँ। दादी खुश हो गईं। मैंने कहा कि शिक्षिका ने मुझे भेजा है। उन्होंने कहा है कि अगर तुम स्कूल नहीं आओगी तो तुम्हारा नाम कट जाएगा। इसलिए पिताजी को स्कूल भेजना परंतु मैं मन में सोच रही थी कि इसका नाम कट जाए तो अच्छा ही होगा। उसकी दादी ने एक प्लेट में सूजी के दो लड्डू और एक गिलास में पानी मेरे आगे रखा और बड़े आग्रह से मुझे खाने को कहा। मैं डर-डर के खा रही थी और जल्दी वापस जाना चाह रही थी। उसकी दादी ने पूछा कि मेरे बाबा क्या काम करते हैं। अबकी बार भी मैं झूठ बोल गई। मैंने उनसे कहा कि वे किसी दफ्तर में काम करते हैं। मेरे बाबा उस वक्त कबाड़ी का धंधा करते थे। मैं जल्दी ही उसके घर से यह कहकर निकली कि माँ राह देख रही होगी। मैं जल्दी-जल्दी कदम बढ़ा रही थी और पीछे देखती जा रही थी, मानो मेरे पीछे बाघ दौड़ा आ रहा है। उस वक्त छुआछूत बहुत थी। मारपीट तक हो जाती थी इसलिए मैं बहुत डर गई थी। इस लड़की ने भी स्कूल छोड़ दिया और मैंने राहत की साँस ली।

बाबा ने अठारह वर्ष बेकरी में नौकरी की। वे सवेरे ही चार बजे बेकरी में जाते थे। कभी ज्यादा काम हो तो तीन बजे ही चले जाते थे। शाम के चार बजे वे डबलरोटियों के लिए मैदा तौलकर खमीर मिलाकर रख देते थे। सवेरे ही उस आटे को पत्थर की मेज पर खूब मलते और एक-एक डबलरोटी का आटा तराजू में तौलते थे और साँचे में डालते थे। दूसरे नौकर उनको तंदूर में डालकर पकाते थे। बाद में इन रोटियों की राख झाड़-पोंछ, ऊपर घी लगाकर टोकरियों में गिनकर रखते थे। छह बजे तक सब रोटियाँ तैयार हो जाती थीं। फिर इन रोटियों

को बँधे घरों में सात बजे के अंदर पहुँचाना पड़ता था। ज्यादातर अंग्रेजों के घरों में। पिताजी भी सिर पर टोकरी लेकर काफी दूर इन अंग्रेजों के बँगलों पर पैदल ही जाते थे। बाद में उन्होंने साइकिल खरीदी थी।

बेकरी में गंग्या नाम का एक पंद्रह-सोलह वर्ष का लड़का काम करता था बाबा के साथ। किसी गाँव में उसके माँ-बाप रहते थे। बाबा इस लड़के को बहुत प्यार करते थे और उसे त्योहार आदि पर खाना खिलाने घर ले आते थे। हमारा कोई बड़ा भाई नहीं था। हम उसे अपना भाई मानते थे। वह बेकरी में ही एक ओर रहता था। बेकरी वाली महिला बहुत गरम मिजाज की थी। उससे बहुत काम करवाती थी। उसे पेट भर खाना भी नहीं देती थी। वह पगार के पैसे बाबा के पास रखता था। जमा हो जाने पर गाँव में माँ-बाप को भेजता था। बाबा सवेरे ही चले जाते थे और रात में भी देर से आते थे। वे जब घर खाना खाने आते थे तो इतने थके होते थे कि खाना खाकर सो जाते थे। उन्हें त्योहारों पर भी छुट्टी नहीं मिलती थी। रविवार को भी छुट्टी नहीं। बाबा घर में बहुत कम रहते और वे हमें मेहमान की तरह लगते थे। बेकरी वाली सब नौकरों को सवेरे एक गिलास बिना दूध की चाय और एक-एक डबलरोटी खाने को देती थी। गंग्या और बाबा थोड़ी डबलरोटी खाते थे और बाकी गंग्या के हाथ घर भेज देते थे। गंग्या दौड़कर डबलरोटी देकर उलटे पाँव वापस आ जाता था। हमारी बस्ती बेकरी के एकदम नजदीक ही थी। सिर्फ पाँच मिनट लगते थे। डबलरोटी कभी हम खाते थे, कभी पड़ोसियों के बच्चों को बाँट देते थे। क्रिसमस के दिनों में अंग्रेज लोग बाबा को केक और मिठाइयाँ देते। कुछ पैसे भी बख्शीश देते थे। क्रिसमस के समय हमें अच्छे केक खाने को मिलते थे। बेकरी वाली ने अट्ठारह वर्ष में बाबा और नौकरों का एक पैसा भी पगार में नहीं बढ़ाया। बाबा की जो तनख्वाह नौकरी में लगने के समय थी, उतनी ही मिलती थी। बाबा ने भी बेकरी वाली से पैसा बढ़ाने के लिए नहीं कहा। वे किसी से ज्यादा बात या बहस नहीं करते थे। अत्यंत शांत स्वभाव के थे। कोई भी काम चुपचाप करते थे। वे बहुत सहनशील व्यक्ति थे परंतु माँ को बेकरी वाली का रवैया अखरता था। माँ ने खुद बेकरी वाली के पास जाकर पैसा बढ़ाने के लिए कहा परंतु वह नहीं मानी। तब माँ ने उसी के सामने बाबा का हाथ पकड़कर बेकरी के बाहर उनको खींचा और बेकरी वाली से कहा, "तुम मेरे पति से इतना काम करवाती हो और उनकी कद्र भी नहीं करतीं। कई वर्षों से एक पैसा भी नहीं बढ़ाया। अब मैं यहाँ नौकरी नहीं करने दूँगी। चाहे हम भूखे ही रहें परंतु यहाँ काम नहीं करने दूँगी।" बाबा ने बेकरी की नौकरी छोड़ दी और कबाड़ी का धंधा करने लगे। वे अंग्रेजों के घर से बहुत सुंदर बोतलें, टिन के डिब्बे, अंग्रेजी-हिंदी की मासिक पत्रिकाएँ आदि लाकर बेचते थे। माँ की पगार से ही घर चलता था। बाबा के सामान की कभी अच्छी बिक्री होती थी, कभी नहीं। बस भाजी का खर्चा निकल आता था। बाबा रोज सवेरे ही बँगलों के चक्कर लगाते और सामान इकट्ठा कर बाजार में दुकान सजाते। रोज कहीं-न-कहीं बाजार लगता था। हिंदी-मराठी के मासिक मैं बाबा के कबाड़ में से उठाकर पढ़ती थी। हिंदी की प्रसिद्ध कहानी मैंने उन दिनों ऐसे ही किसी पुराने मासिक में पढ़ी थी। उसका नाम था, 'उसने कहा था'।

मैंने चौथी कक्षा पास की और भिडे कन्याशाला में ही पाँचवीं में प्रवेश लिया। यह हाईस्कूल था। प्राइमरी को छोटी भिडे कन्या और हाईस्कूल को बड़ी भिडे कन्याशाला कहते थे। दोनों स्कूल अलग-अलग थे। दोनों में सिर्फ पाँच मिनट आने-जाने में लगते थे। अब मेरी छोटी बहन भी भिडे कन्याशाला में प्राइमरी में पढ़ने लगी थी। वह मेरे से दो कक्षा पीछे थी। तब भी उस

प्राइमरी स्कूल में एक भी अस्पृश्य लड़की नहीं थी। पाँचवीं कक्षा में और छठी-सातवीं में कुछ लड़कियाँ थीं। उन्होंने कहीं से प्राइमरी पास किया था।

हमारे दोनों स्कूलों के आगे सोमवार और बृहस्पतिवार को बाजार लगता था। बाबा वहाँ पर अपनी दुकान सजाकर बैठते। खाने की छुट्टी में हम दौड़कर बाबा के पास जातीं। वे हमारे लिए चने-मुरमुरे खरीदकर रखते और हमें देते। मैं और मेरी बहन चने लेकर जल्दी उलटे पाँव वापस स्कूल आती। हम आगे-पीछे, इधर-उधर ताकती रहतीं कि हमारे स्कूल की लड़कियाँ न देखें कि हमारे पिता कबाड़ी हैं। हमारे स्कूल की कुछ ब्राह्मण लड़कियों के पिता वकील, कुछ के डॉक्टर, कुछ के सरकारी दफ्तर में काम करते थे। कोई इंजीनियर या मैनेजर था। इसलिए हमें हीनता महसूस होती थी।

एक बार हम कामठी जा रहे थे। गाड़ी में एक ब्राह्मण बैठे थे। उन्होंने हमसे बड़े प्यार से पूछा—कौन-सी कक्षा में पढ़ती हो? हमने उन्हें स्कूल के नाम व कक्षा के बारे में बताया। उन्होंने पूछा—तुम्हारे पिता क्या करते हैं? हमने झूठ बोल दिया कि वे इंजीनियर हैं और बिजली के दफ्तर में काम करते हैं। वे भी नागपुर के बिजलीघर में काम करते थे। उन्होंने पिताजी का नाम पूछा। मैंने रोब में आकर कहा—आर.के. नंदेश्वर (रामाजी कान्हजी नंदेश्वर)। तब उन्होंने कहा कि इस नाम का तो कोई व्यक्ति वहाँ नहीं है, मैं वहीं काम करता हूँ। मैं झेंप गई थी।

मेरी छोटी बहन छोटी भिडे कन्याशाला में पढ़ती थी। उसकी साढ़े तीन बजे छुट्टी हो जाती थी। वह मेरे स्कूल में आकर बैठ जाती थी। कभी झूले पर झूलती, कभी सीसों पर खेलती रहती थी, क्योंकि मेरी साढ़े चार बजे छुट्टी होती थी। तब तक वह मेरी प्रतीक्षा करती थी। कभी-कभार अपनी क्लास का दिया हुआ अभ्यास पूरा करती रहती। हम दोनों साथ-साथ स्कूल जातीं, साथ-साथ घर आती थीं। मैं जहाँ कहीं जाती, वह मेरे साथ छाया की तरह रहती थी।

बड़ी बहन अपनी ससुराल में थीं। उन्हें अब कई बच्चे भी हो गए थे। माँ अब सब बहनों को स्कूल भेजती थीं। हम दोनों बहनें भिडे कन्याशाला में पढ़ने जाती थीं। उसके बाद वाली बहन को माँ ने हिंदी माध्यम वाले अम्माजी के स्कूल में डाला। वह नागपुर में हिंदी माध्यम वाला प्रसिद्ध स्कूल था। उसका नाम प्रॉव्हीडेंस गर्ल्स हाईस्कूल था। इसे ईसाई नन्स चलाती थीं। सबसे छोटी बहन को भी माँ ने सेंट उरसुला गर्ल्स हाईस्कूल में डाला। इसे भी ईसाई मिशनरी चलाते थे और यह प्रसिद्ध स्कूल था। सबसे छोटी बहन पढ़ाई में बहुत अच्छी थी। अपनी कक्षा में अव्वल आती थी। भाई ने बस्ती गड्डीगोदाम के नगरपालिका स्कूल से अच्छे नंबरों से प्राइमरी पास की। उसे भी नागपुर के सरकारी स्कूल पटवर्धन हाईस्कूल में प्रवेश मिला। भाई भी पढ़ाई में बहुत अच्छा था। छोटी बहन को स्कॉलरशिप भी मिली थी सरकार की ओर से।

जब मैं प्राइमरी में चौथी कक्षा में थी, तब शिक्षिका मुझसे बहुत काम करवाती थीं। कभी होटल से चाय मँगवाने भेजतीं, कभी कुछ सामान लाने भेजतीं। दूसरी लड़कियों को नहीं भेजती थीं। जाँचने की कॉपियों का बड़ा बंडल मेरे हाथ में पकड़ाकर अपने घर पहुँचाने को कहतीं। मेरा अपना बस्ता और जाँचने की कॉपियों का बंडल लेकर आने से मेरे हाथ दुखने लगते थे। घर स्कूल से काफी दूर था। पहुँचाने पर कभी दो बिस्कुट या अन्य कोई पदार्थ खाने को देती थीं। कभी कुछ भी नहीं देती थीं। कुछ लाने को भूल जातीं तो मुझे अपने घर दौड़ातीं। मैं चुपचाप सब कर लेती थी। मेरे घटिया कपड़ों के कारण ब्राह्मणों की लड़कियाँ मेरे साथ दोस्ती नहीं करती थीं। कुनबी की लड़कियाँ थीं, तो मैं उनके साथ बैठ जाती थी। अब वे नहीं थीं तो मैं अकेली ही खाने की छुट्टी में बैठकर लड़कियों का खेल देखती थी।

एक बार एक लड़की की किताब शिक्षिका ने पढ़ने को ली और उसे लौटाना भूल गईं। अपने स्कूल की अलमारी में उसे रख दिया और उसके ऊपर दूसरी कॉपियाँ और पुस्तकें रख देने से वह किताब दब गई। लड़की ने इधर-उधर ढूँढ़ा परंतु नहीं मिली। तब उसको मेरे ऊपर शक हुआ कि मैंने ही चुराई। गरीब घर की लड़की थी इसलिए मेरे ऊपर इल्जाम लगाया। शिक्षिका को भी लगा शायद मैंने ही चुराई। उस लड़की ने तो मेरी किताब छीन ली। मुझे रोना आ गया। मैं बार-बार कह रही थी कि मेरे पास नहीं है, मैंने नहीं ली, फिर भी वह मेरे ऊपर अविश्वास कर रही थी। कुछ दिन बाद शिक्षिका अपनी अलमारी ठीक-ठाक कर रही थीं, तब उस लड़की की किताब वहाँ मिली। इसका मेरे मन पर गहरा असर हुआ था और मैं बहुत रोई थी।

शिक्षिका एक बार कक्षा की लड़कियों को नागपुर के राजाबाक्षा नामक हनुमान मंदिर में पिकनिक पर ले गईं। वहाँ जाकर पूरियाँ और सब्जी बनानी थीं। शिक्षिका ने हम सबको आधा पाव आटा, चार-पाँच आलू और दो प्याज और एक छोटी बोतल में पूरियों के लिए तेल भी लाने को कहा। हर लड़की यह सामान ले आई। मैं भी आटा, आलू, प्याज और तेल ले गई थी। सबका सामान एकत्र किया गया। मेरी तेल की शीशी शिक्षिका ने अलग कर दी और पूछा कि किस चीज का तेल है। मैंने कहा कि जवस का (तीसी का)। शिक्षिका ने तेल वापस कर दिया। बाद में मुझे पता चला कि ब्राह्मण लोग या अमीर लोग तीसी का तेल नहीं खाते। गरीब लोग यह तेल खाते हैं। तेल खाने का फर्क मुझे उसी दिन मालूम हुआ। अब तक मैं यही सोचती थी कि सब लोग यही तेल खाते होंगे। मुझे सिर्फ इस तेल और बालों में लगाने के लिए नारियल के तेल की ही जानकारी थी। मेरी कक्षा में एक शरारती लड़की थी। वह तो जब भी मुझे देखती, जवस का तेल कहकर चिढ़ाती थी।

स्कूल के रास्ते में सीताबर्डी की टेकड़ी (छोटी पहाड़ी) थी। वहाँ गणपति जी का मंदिर था। टेकड़ी के ऊपर अंग्रेजों की फौज की टुकड़ी रहती थी। गणपति के मंदिर में सिर्फ ब्राह्मण या ऊँची जाति वाले ही जाते थे। अस्पृश्यों का मंदिर में प्रवेश नहीं था। मैं और मेरी बहन आते-जाते लोगों को पूजा-पाठ करते देखती थी। पंडितजी नारियल, गुड़ आदि का प्रसाद लोगों को देते थे। प्रसाद के लालच में मैं और मेरी बहन, जब लोग नहीं रहते तब जाकर गणपति जी की पाँच बार प्रदक्षिणा करती थीं और घंटी बजाती थीं। लोगों को देखकर हम भी वैसे ही करती थीं और प्रसाद लेकर जल्दी भाग जाती थीं। वहाँ के पुजारी को हमारे ऊपर शक नहीं हुआ नहीं तो मार पड़ती। परीक्षा के समय कई लड़कियाँ मंदिर जातीं और वहाँ से विभूति लाकर परीक्षा की कॉपी के हर पन्ने पर राख डालती थीं। मैं भी देखा-देखी मंदिर से राख लाकर पन्नों पर डालती और भगवान से पास करने के लिए प्रार्थना करती थी। तब मैं भी कुछ धार्मिक प्रवृत्ति की थी परंतु बाद में एकदम नास्तिक हो गई। अब यह सब व्यर्थ लगता है।

जब बड़ी भिडे कन्याशाला में पाँचवीं कक्षा में प्रवेश लिया तब स्कूल की फीस ज्यादा थी। एक रुपया बारह आने परंतु अब सब पढ़ रहे थे। घर के बच्चों की फीस देना बाबा-माँ के सामर्थ्य से बाहर की बात थी। बाबा ने हमारी हेड मिस्ट्रेस से बहुत विनती की कि वे फीस नहीं दे सकते। बहुत मुश्किल से वह मान गईं और कहा कि पढ़ाई अच्छी न करने पर स्कूल से निकाल देंगी। बाबा ने आश्वासन दिया कि वे इसका खयाल रखेंगे। बाबा ने हेड मिस्ट्रेस के चरणों के पास अपना सिर झुकाया दूर से, क्योंकि वे अछूत थे, स्पर्श नहीं कर सकते थे। बाबा का चेहरा कितना मायूस लग रहा था उस वक्त! मेरी आँखें भर आई थीं। अब भी इस

बात की याद आते ही बहुत व्यथित हो जाती हूँ। अपमान महसूस करती हूँ। जाति-पाँति बनानेवाले का मुँह नोचने का मन करता है। अपमान का बदला लेने का मन करता है।

कुछ दिनों के बाद स्कूल वालों ने अस्पृश्य लड़कियों को मुफ्त किताबें देना शुरू किया था। फिर भी कॉपियाँ, कंपास, कलर बॉक्स, ब्रुश वगैरह अपने पैसों से खरीदना पड़ता था। चौथी पास करके मेरी छोटी बहन मधु भी बड़ी भिडे कन्याशाला में आने लगी। मुझे फीस नहीं देनी पड़ती थी परंतु मधु की देनी पड़ती थी। माँ-बाबा को सबकी पढ़ाई का खर्चा उठाने में बहुत दिक्कत पड़ती थी, फिर भी उन्होंने हमें पढ़ाना जारी रखा। उन्होंने बाबा साहेब अंबेडकर का कस्तूरचंद पार्क में भाषण सुना था कि अपनी प्रगति करना है तो शिक्षा प्राप्त करना बहुत जरूरी है। लड़का और लड़की दोनों को पढ़ाना चाहिए। माँ के मन पर इसका असर पड़ा था और उन्होंने हम सब बच्चों को पढ़ाने का निश्चय किया था, चाहे कितनी ही मुसीबतों का सामना करना पड़े। बाबा माँ के किसी काम में दखल नहीं देते थे। कभी-कभी स्कूल जाने का मन नहीं करता था तो हम बहाना लगाते कि चप्पल टूट गई या बारिश में छतरी टूटी है तो वे तुरंत कील, तार लगाकर छतरी-चप्पल दुरुस्त कर देते थे। हमें घर में नहीं रहने देते थे, स्कूल जरूर भेजते थे। किसन भागूजी बनसोडे बीच-बीच में घर आते थे। माँ को हमें पढ़ाने के लिए उत्साहित करते थे। माँ का हौसला बढ़ जाता था। नई कक्षा में जाने पर सब बहनों और भाई का किताब-कॉपियों का खर्चा बढ़ जाता था। गर्मी की छुट्टियों के बाद स्कूल खुलने पर सबको किताबें खरीदनी पड़ती थीं। तब माँ अपने कुछ जेवर साहूकार के पास गिरवी रखकर पैसे ले आती थीं। मिल में कुछ लोग भिसी (चिटफंड) डालते थे। माँ चिटफंड से भी पैसा माँगती थीं। कभी-कभी माँ चिटफंड से पैसे लेकर जेवर बनवाती थीं। ये जेवर ही उनकी जमा-पूँजी थे। जरूरत पड़ने पर इन्हें गिरवी रखकर पैसे लाती थीं। इन पर काफी ब्याज देना पड़ता था परंतु दूसरा कोई चारा भी नहीं था।

मुर्दहिया

तुलसीराम

मुर्दहिया के गिद्ध तथा लोकजीवन

पाँचवीं पास करने के समय अकाल अपनी विभीषिका की चरम सीमा पर था। पाँचवीं के सभी बच्चों को फाइनल परीक्षा के लिए सात मील दूर 'बबुरा धनहुवाँ' नामक गाँव के स्कूल जाना था। वहाँ एक दिन का पड़ाव था। उन दिनों पाँचवीं की परीक्षा के लिए जिला केंद्र आजमगढ़ से एक अधिकारी आया करते थे, जिन्हें डिप्टी साहब ही कहा जाता था। परीक्षा बड़ी कड़ाई के साथ होती थी। चैत-वैशाख का महीना था। बड़ी कड़ाके की गर्मी थी, वह भी अकालिया दुखदाई। बाबू परशुराम सिंह ने सभी बच्चों से कहा कि परीक्षा स्थल पर एक दिन रुकना है, किंतु वहाँ खाने की कोई व्यवस्था नहीं होगी। अतः अपने-अपने घर से खानपान लेकर चलना होगा, वह भी तड़के सूर्योदय से पहले ब्रह्ममुहूर्त में। दलित छात्रों के लिए यह इम्तहान बड़ी कठिनाई वाला था, किंतु ज्ञान की कमी से नहीं, बल्कि खानपान की कमी से। समूह में रहते हुए बबुरा धनहुवाँ के उस परीक्षा केंद्र पर कुछ सम्मानजनक भोजन की आवश्यकता तो अवश्य थी, किंतु दलितों के लिए पूर्ण रूप से असंभव। अतः मेरे जैसे तमाम दलित छात्र वही महुवे का 'लाटा' तथा 'चोटे में सने सूखे सत्तू' की गठरी लिये चल पड़े। हेडमास्टर साहब के आदेश से हम लाइन बनाकर सैनिकों की तरह परेड करते हुए सात मील का रास्ता तय करके इम्तहान स्थल पर पहुँचे थे। हमारा वह अभियान माओत्से तुंग के उस ऐतिहासिक 'लांग मार्च' से कम नहीं था, क्योंकि उसमें भी तो वही 'लाटा सत्तू' वाले ही लोग शामिल थे। वहाँ कई अन्य स्कूलों के छात्र भी परीक्षा देने विभिन्न दिशाओं से आए थे।

हम दोपहर होने से काफी पहले पहुँच गए थे। लिखित परीक्षा दोपहर बाद शुरू होनेवाली थी, इसलिए काफी समय बचा हुआ था 'लाटा सत्तू' खाने के लिए। घर से चलते समय बुढ़िया दादी ने कहा था कि 'बबुरा धनहुवाँ' पहुँचते ही किसी पोखरा या पोखरी ढूँढ़कर मैं नहाकर गाँव की देवी चमरिया माई की विनती करते हुए उन्हें 'धार-पुजौरा' चढ़ाने की मनौती मानूँ ताकि इम्तहान में पास हो जाऊँ। दादी द्वारा दिया गया कोई भी फतवा मेरे लिए हमेशा जादू का काम करता था, इसलिए उसे न मानने का कोई सवाल ही नहीं था। उस स्कूल के पास खेतों की मेड़ पर कुछ औरतें घास ढूँढ़कर छील रही थीं। मुझे लगा कि वे अवश्य ही मजदूरिनी होंगी। इसलिए बेझिझक मैंने उनसे पूछा कि यहाँ कहीं पोखरा है कि नहीं। उनसे पता चला कि एक बहुत गहराई वाला पोखरा पश्चिम दिशा में आधा मील दूर है, जो चारों तरफ के भीटों पर बड़े-बड़े पेड़ों से घिरा हुआ है। मैं उसी दिशा में पोखरे की तलाश में भीटों वाले बड़े-बड़े पेड़ों को ढूँढ़ने लगा। कुछ दूर चलने पर सामने देखा कि चतुर्भुज की आकृति में घसियारिनों

द्वारा बताई गई पेड़ों की झुरमुटें साफ झलकने लगीं। तभी सामने से एक छात्र आते दिखाई दिए। वे बबुरा धनहुवाँ के पास के ही रहनेवाले थे किंतु हमारे शेरपुर कुटी के हाई स्कूल में नवीं कक्षा में पढ़ते थे। उस स्कूल के अधिकतर छात्र किसी भी कक्षा के छात्रों को जानते-पहचानते थे। अतः पोखरे की तरफ से आते हुए रामचरन यादव जी मुझे देखकर बोल पड़े, "आज त कौनो काम ना होई। ई कनवा सम्हने पड़ि गयल।" इसके बाद उन्होंने तेज आवाज में पूछा, "कहँबा जात हउवे रे कनवा?" मैंने पोखरे में नहाने जाने की बात बता दी। इतना सुनते ही उन्होंने उसी शेरपुर कुटी की रामलीला के ऋषि परशुराम की तरह रौद्र मुद्रा में चाँटा तानते हुए आदेश दिया, "जल्दी से भाग चमार कहीं क। बड़कन लोगन के पोखरा में तू नहइबे?"

रामचरन की इस रौद्र मुद्रा से मैं भयानक रूप से डर गया। ऐसा लगा कि मानो वे अपनी आँखों से ही मुझे खा जाएँगे। इसलिए उस अनजान जगह पर मैं डरकर दौड़ते हुए इम्तहान स्थल की ओर भागा था। इम्तहान के कुछ घंटे पहले हुई इस घटना से मेरा मनोबल एकदम टूट सा गया था। उधर दादी द्वारा बताई गई चमरिया माई की मनौती की चिंता से घबरा गया था। सोचता था कि बिना नहाए मनौती कैसे मानूँ, कुछ समझ में नहीं आ रहा था। अकाल की विभीषिका से कहीं पानी का स्रोत नजर नहीं आ रहा था। संयोगवश बबुरा धनहुवाँ के स्कूल के प्रांगण में एक नल (हैंडपंप) गड़ा हुआ था। डर के मारे हम उसे नहीं छूते थे। मुझे बड़ी राहत मिली जब मेरे सहपाटी संकठा सिंह ने नल चलाकर मेरा हाथ-पैर धुलवाया। मैंने किसी को कुछ नहीं बताया। चुपके से थोड़ी दूर पर स्थित एक ताड़ के पेड़ की आड़ में बैठकर चमरिया माई के थान की दिशा में देखते हुए मैंने 'धार-पुजौरा' की मनौती मानी किंतु रामचरन यादव का वह रौद्र रूप मेरे दिमाग में बड़ी गहराई से अटक गया था। लगता था कि इम्तहान में फेल हो जाऊँगा। मन में दुर्भावना उफनती थी कि यदि क्षमता होती तो बदला जरूर लेता, हकीकत में सब कुछ असंभव था। बचपन की असहाय यादों में यह भी एक ऐसी याद थी, जो वर्षों तक मेरे दिमाग को हरदम कुरेदती रही किंतु इसके लगभग दो दशक बाद जब महाकवि शूद्रक का सदाबहार नाटक 'मृच्छकटिकम्' (मिट्टी की गाड़ी) के आठवें अंक को पढ़ने का मौका मिला, तो सारी दुर्भावना हमेशा के लिए मिट गई। नाटक का प्रमुख पात्र नायिका वसंतसेना का प्रेमी चारुदत्त एक बौद्ध भिक्षु को रास्ते में आता देखकर बोल पड़ता है, "कथम् अभिमुखम् न अभ्युदयिकम् श्रमणक दर्शनम्?" अर्थात्– बौद्ध भिक्षु का सामना हो गया, अब अवश्य ही अनिष्ट होगा। अनिष्ट समझकर चारुदत्त तो चला जाता है किंतु नाटक का दूसरा पात्र राजा का साला संस्थानक तथा शकार जब बौद्ध भिक्षु को देखते हैं, तो वे अनिष्ट होने की कल्पना से आगबबूला हो जाते हैं। वह भिक्षु पोखरे से नहाकर लौटते हुए लुटेरी इन्द्रियों से सबको सचेत रहने तथा सबके कल्याण की बात कहता आ रहा था। फिर भी शकार क्रोधित होकर कहता है कि जिस तरह शराबखाने में चिखना के लिए मूली तोड़ी जाती है, मैं वैसे ही तेरा (भिक्षु) सिर तोड़ता हूँ। जब बौद्ध भिक्षु यह कहता है, "शाअदम् पशीददु उपाश्के," अर्थात्– गुस्सा मत करिए उपासक, मैं आपका स्वागत करता हूँ, तो शकार उसे गाली समझता है और वह बौद्ध भिक्षु को मारने लगता है। साथ ही यह भी कहता है कि जिस तालाब को राजा ने कुत्तों तथा सियारों के पानी पीने के लिए खुदवाया था, उसमें तुम अपनी दुर्गंधित काया तथा गंदे चीवर को धोकर आ रहे हो? अंततोगत्वा बौद्ध भिक्षु सबके कल्याण की बात कहते हुए चला जाता है किंतु उसकी हर बात को वे गाली ही समझते हैं। जाहिर है प्राचीनकाल में वैदिक हिंसावादियों द्वारा चलाए जा रहे बौद्ध-विरोधी अभियान के दौर में लिखे गए इस

नाटक में जाति-व्यवस्था विरोधी बौद्धों को अपशकुन समझा जाता था। उस जमाने में वैदिकों की बौद्धों के बारे में यह आम अवधारणा थी, जिसकी अभिव्यक्ति 'मृच्छकटिकम्' में एक सौंदर्यशास्त्रीय विधा में शूद्रक ने की है। बबुरा धनहुवाँ के पोखरे पर पहुँचने से पहले जो कुछ मेरे साथ उस अकाल की कड़की में हुआ, उसमें रामचरन भैया मेरे आधुनिक शकार ही थे। यदि मैं उस समय 'मृच्छकटिकम्' के उस बौद्ध भिक्षु के बारे में जानता होता, तो शायद उतनी पीड़ा की अनुभूति नहीं होती किंतु दो दशक बाद जब बौद्ध दर्शन मेरे रोम-रोम में घर कर गया था तो 'मृच्छकटिकम्' से अवगत होने पर मुझे ऐसा लगा कि मानो सदियों पूर्व लिखे गए इस नाटक में वह बौद्ध भिक्षु मैं ही था। इस घटना ने उस पुरानी पीड़ा से मुझे मुक्त कर दिया और मुझे लगने लगा कि वैसी दुर्घटनाएँ बदले की भावना से नहीं बल्कि वैचारिक चेतना से ही रोकी जा सकती हैं। जो भी हो, उस ताड़ के पेड़ की आड़ में उदास बैठा चमरिया माई की मनौती मनाते हुए मैं बड़ी देर तक रोया था। आँख पोंछते-पोंछते मेरे दोनों हाथ अच्छी तरह धुल गए थे। अपशकुन या अनिष्टकारी होने की यह एक असहाय पीड़ा थी। इसी माहौल में मैं पाँचवीं कक्षा की परीक्षा में शामिल हुआ। रात में अन्य दलित छात्रों के साथ स्कूल के बाहर मैदान में अँगोछा बिछाकर मौन रुदन के साथ सोया। सोने या रोने से पहले वही लाटा-सत्तू काम आया। दूसरे दिन अंतिम परीक्षा पीटी यानी व्यायाम से संबंधित थी। इसके तहत गणित दौड़ सबसे अंत में आयोजित हुई। कुछ जबानी सवाल पूछे गए। मैं उत्तर के साथ जब विजय रेखा की तरफ दौड़ा तो मुझे लगा कि रामचरन यादव मुझे मारने के लिए मेरे पीछे दौड़ रहे हैं। इसी कल्पना ने मुझे सबसे पहले विजय रेखा पर खड़ा कर दिया। मेरे स्कूल के सारे अध्यापकों ने जोरदार तालियाँ ठोंकी। शाम को पाँचवीं का रिजल्ट घोषित किया गया। उस परीक्षा स्थल पर मैं प्रथम घोषित हुआ। उस दिन हेडमास्टर परशुराम सिंह अत्यंत गद्गद हुए थे। वे दुखित भाव से बोले, "आगे तोहार साथ छूटि जाईं।" जाहिर था कि पाँचवीं के बाद अगले दर्जा की पढ़ाई के लिए अलग स्कूल था। हम पुनः उसी परेड की मुद्रा में चलते हुए अपने-अपने गाँव वापस आ गए। दूसरे दिन दादी की हिदायत पर मनौती के अनुसार चमरिया माई के थान पर जाकर मैंने धार-पुजौरा चढ़ाया।

सन् 1959 की गर्मियों में संपन्न इस परीक्षा के बाद दो महीने से ज्यादा समय की छुट्टियाँ थीं। अकाल की गर्मी चरम सीमा पर थी। साथ ही सारी समस्याएँ भी वैसी ही थीं। मेरे पिता जी बार-बार मुझे समझाते रहे कि बेटा अब बहुत पढ़ाई हो गई। वे यह भी कहते रहे कि अब बहुत ज्यादा दिन तक उनसे हरवाही नहीं होगी। 'अब तोहके हरवाही करै के पड़ी', ऐसा सुनकर मैं दहल जाता था। मुझे सबसे बड़ी चिंता इस बात के लिए होती थी कि छठी कक्षा से अंग्रेजी की पढ़ाई शुरू होनेवाली थी। उन दिनों अंग्रेजी जाननेवालों को बहुत महान समझा जाता था। यहाँ तक कि अनपढ़ गाँववालों के बीच अंग्रेजी की ऐसी सनक थी कि यदि कोई खड़ी बोली में भी फर्राटे के साथ बात करता, तो वे कहने लगते, "अरे, भैया! ई त रंगरेजी बूकत हउवें।" इस आम प्रचलित सनक ने मुझे भी अंग्रेजी सीखने के प्रति सनकी बना दिया था किंतु पढ़ाई छूट जाएगी, अंग्रेजी सीखने से वंचित हो जाऊँगा तथा हरवाही करनी पड़ेगी, इस कल्पना मात्र से मैं घोर चिंता में डूब जाता था। दादी हमेशा कहती रहती थी कि खूब पढ़ि के रंगरेज जइसन बनि जा। दादी की ऐसी बातों से मुझे बहुत राहत मिलती थी। सबसे ज्यादा भरोसा इस बात का था कि दादी जिन 'बिस्टौरियों' को भरुकी में भरकर जमीन में गाड़ दी हैं, उसे वह पढ़ाई के लिए मुझे दे देंगी किंतु इस संभावना के बावजूद डर इस बात का था कि यदि घर वाले

स्कूल छुड़ा दिए, तो बिस्टौरिया किसी काम नहीं आएगी। अपरंपार तनाव से मैं ग्रस्त हो गया था। इसी बीच काव्य शैली वाले वही जोगी बाबा ने हमारी बस्ती आकर हमारे घर के पास नीम के पेड़ के नीचे खड़ा होकर 'बम बम लहरी' का जोरदार नारा लगाया। पास स्थित बच्चे-बूढ़े वहाँ आने लगे। एक लड़का मेरे घर के सामने बोला–हे तुलसी, जोगी बाबा आयल हउवें। इतना सुनते ही जोगी बाबा ने गाया–

जइसन कहत बाड़ा तुलसी, वइसन दुखवा में सब झुलसी,
बड़ ससतिया सहबा राम-बड़ ससतिया सहबा राम।

इसी बीच पड़ोस में रहनेवाले बलराम भैया ने कह दिया कि हे बाबा, ई पचवीं पास हो गइल।

इसके बाद जोगी बाबा ने गाया–

जइसन भइला पचवीं पास, वइसन नोकरी के नाहिं आस,
बड़ ससतिया सहबा राम-बड़ ससतिया सहबा राम।

जोगी बाबा के इस काव्य यथार्थ ने मुझे यकायक झकझोर दिया।

घबराहट में मेरे मुँह से निकल पड़ा कि हे बाबा, कौनो बरदान दे दा।

एक बार फिर जोगी बाबा सुरीले हो गए–

जइसन मँगला तूँ बरदान, वइसन जानी तोहें जहाँन,
बड़ ससतिया सहबा राम-बड़ ससतिया सहबा राम।

जोगी बाबा के ये तीन छंद मुझे आशा-निराशा की रसरी में लपेटकर आगे-पीछे दो विपरीत दिशाओं में खींचने लगे। ऐसा लगता था कि मानो मेरा अस्तित्व चिथड़े-चिथड़े होकर दो भागों में बँटने लगा हो। थोड़ी देर बाद जोगी बाबा साधुओं वाला अपना लमका चिमटा बजाते हुए 'बम बम लहरी' की ध्वनि के साथ अपनी झोंपड़ी की ओर चल पड़े और मैं उन्हें दृश्यपटल पर ओझल होने तक देखता रहा। भयाक्रांत इसलिए भी था कि जोगी बाबा की कोई भी गाई हुई वाणी कभी गलत नहीं होती थी। छुट्टियों का बीतना पहाड़-सा लगने लगा था क्योंकि उसके बाद ही मेरी छठी कक्षा के आगे की पढ़ाई का भविष्य निर्धारित होने-वाला था।

इस दौरान अकाल के कारण पशुओं के चारा का भी टोटा पड़ गया था। अनेक पालतू पशु भूख तथा बीमारी से पीड़ित हो गए थे। उस वर्ष गाँव में अनेक गाय, भैंस तथा बैल मरने लगे थे। हमारे घर में एक कलोरी गाय (यानी कुँआरी गाय) बीमार होकर मर गई। उस समय एक परंपरा के अनुसार गाँव का कोई भी हरवाहा अपने मालिक जमींदार के मरे पशु की खाल निकालकर उसे बेचने से मिले धन को अपने पास रख लेता था। ऐसे चमड़ों की कीमत प्रायः बीस रुपया होती थी। इस तरह के मरे पशुओं को दलित बाँस की काड़ी में पैर की तरफ से बाँधकर डोली की तरह ढोते हुए मुर्दहिया पर ले जाते थे। वहीं चमड़े छुड़ाए जाते थे। हमारे घर में मुन्नर चाचा चमड़ा छुड़ाने में माहिर थे। चमड़ा छुड़ाते समय उन्हें हमेशा एक टहलुवा (यानी उनके अनुसार काम करनेवाला) की जरूरत होती थी। जब हमारी घर वाली कलोरी गाय मरी तो छह आदमी काड़ी पर ढोते हुए मुर्दहिया पर ले गए थे। मुन्नर चाचा कहने लगे कि उस छुट्टी में मैं चमड़ा छुड़ाना धीरे-धीरे सीख जाऊँ ताकि भविष्य में इस 'चर्मकला' में पारंगत हो सकूँ। हम दोनों ने जमीन पर पड़ी मुर्दा गाय को पैरों की तरफ से ठेलकर पेट को उतान किया। मुन्नर चाचा ने मुझे आदेश दिया कि मैं गाय के पिछले पैरों को पकड़कर ऊपर ताने

रहूँ। मैंने वैसा ही किया। अब गाय का पेट सीधे ऊपर था। मुन्नर चाचा ने एक बड़ी-सी छुरी को एक छोटे-से पत्थर से रगड़कर तेज किया। पत्थर से रगड़ने के कारण छुरी से निकलती हुई 'कर्र-कर्र' की ध्वनि ने मुर्दहिया के सन्नाटे को भंग कर दिया। देखते ही देखते मुन्नर चाचा ने गाय के गर्दन के निचले हिस्से में छुरी भोंक दी तथा तेजी से पूरे पेट को चीरते हुए पिछली टाँगों के बीच से आर-पार कर दी। उनके आदेशानुसार मैं दोनों टाँगों को ऊपर उठाए पकड़े रहा। उन्होंने चीरे हुए पेट के दोनों तरफ के चमड़ों को एक-एक बित्ता चौड़ाई के साथ छुड़ा दिया। फिर उन्होंने कहा कि मैं उनके साथ एक तरफ का चमड़ा पकड़कर उल्टी दिशा में उचाड़ने में मदद करूँ। इस विधि से हम दोनों ने पेट के दोनों तरफ से चमड़े को उचाड़कर पीठ की तरफ ला दिया। इस दौरान जहाँ छुरी की जरूरत होती थी, मुन्नर चाचा उसे चला देते थे। अब गाय का लगभग पूरा शरीर चुकचुकाते खून से लथपथ रक्त के टीले जैसा दिखाई देने लगा। जैसा कि स्वाभाविक था, अचानक सैकड़ों गिद्ध आसमान में मँडराने लगे। कुछ गिद्ध बहुत नीचे उड़ान भरते हुए मांस नोचने के लिए झपट्टा मारने लगे। मैं बेतहाशा डर गया था, क्योंकि गिद्ध की चोंच मुन्नर चाचा की छुरी से कहीं ज्यादा तेज थी। यदि किसी गिद्ध की चोंच मेरे हाथों पर लग जाती तो मैं भी स्वयं उस मुर्दा गाय का एक हिस्सा बनकर रह जाता। जाहिर है, वह मुर्दा गाय गिद्धों के लिए अकाल की एक लहलहाती फसल थी, जिस पर वे अधिकार करने के लिए बेताब थे। अभी चमड़ा पूरी तरह से छुड़ाया नहीं जा सका था। चाचा के कहने पर मैं मुर्दहिया की झाड़ियों से एक लंबी डाल तोड़कर गाय के ऊपर आसमान में 'हाहो-हाहो' करते हुए घुमाता रहा। इस दौरान मुन्नर चाचा ने पूरा चमड़ा छुड़ाकर चादर की तरह चौपत कर मेरे सिर पर रख दिया। हम अपने घर की तरफ चल पड़े और सारे गिद्ध गोमांस पिंड पर गिर पड़े। बीच-बीच में कुत्ते आपस में कोंय-कोंय करके लड़ते रहे और उस मांस पिंड को नोचते हुए गिद्ध मजा उड़ाते रहे। इसके बाद मैं अनेक बार इस तरह की चामछुड़ाई के अवसाद से पीड़ित रहा किंतु इसका एक रोचक पहलू यह था कि मरे पशुओं के मांस पिंड पर झपट्टा मारते हुए गिद्धों के बीच खड़ा होकर झाड़ियों से उन्हें भगाने में मुझे एक अनोखी कलाकृति का अभिन्न अंग होने जैसी अनुभूति होती थी। ऐसे अवसरों पर मुर्दहिया पर मुर्दा मांस खाने के बाद सैकड़ों गिद्ध उस पशु कंकाल से थोड़ी दूर हटकर अपनी टेढ़ी घेंटी लिये घंटों तक मौनव्रती के रूप में किसी तपस्वी की तरह बैठे रहते थे। जाहिर है, उनके अपने वजन से ज्यादा मांस पिंड का वजन उनके पेट में रहता था, इसलिए वे जल्दी उड़ नहीं पाते थे। घंटों तक शांत बैठे ये गिद्ध ऐसा लगता था कि मानो वे मुर्दहिया के भूतों को शोकांजलि देने के लिए विपस्सना कर रहे हों। गिद्ध रात में कुछ भी नहीं खाते थे। इस मायने में वे बौद्ध भिक्षुओं जैसे होते हैं, जो दिन में सिर्फ एक बार भोजन करते हैं। साँझ होते ही डूबते सूरज को देखकर यकायक ये गिद्ध शोर मचाते हुए विभिन्न दिशाओं में स्थित अपने खोतों की तरफ उड़ान भरने लगते थे। उनकी ये उड़ानें युद्धक विमानों की तरह लगती थीं। मुर्दहिया के पास स्थित खोतों वाले पीपल तथा बरगद के पेड़ों पर वे काफी नीचे से उड़ान भरते थे। उस समय उनकी उड़ान से उत्पन्न साँय-साँय करती हवाओं से बड़ी डरावनी भुतही कल्पना साकार हो उठती थी। इन खोतों से मुश्किल से एक फर्लांग की दूरी पर हमारा घर था। अतः डाँगर खाने के बाद वाली रात को ये गिद्ध रह-रहकर बड़े जोर से चिंघाड़ने लगते थे। मेरी दादी कहती थी कि गिद्धवा ढेर खाइ लेहले हउवैं, येहि मारे पेटवा दुखात हउवै, जौने कारन ऊ चिल्लावै लगै लँ। चाहे जो भी हो, गिद्धों का यह संपूर्ण माजरा मुझे बार-बार मोहित करता रहता था। कभी-कभी मैं कल्पना

करता कि यदि मैं भी उन्हीं खोतों में गिद्धों के साथ रहता तथा उनके ही जैसी उड़ानें भरता तो शायद लोगों के लिए अपशकुन या अनिष्टकारी होने से बच जाता।

उस दौरान बगल के टड़वाँ गाँव के एक व्यक्ति जिसे लोग सिर्फ 'पग्गल' यानी पागल के नाम से जानते थे, की एक विचित्र आदत थी। टड़वाँ की चौहद्‌दी पर एक विशाल किंतु एकदम ठूँठा बरगद का पेड़ था बिना डाल और पत्तोंवाला। इस पर पाँच-छह गिद्धों का एक समूह रहता था। किसी न किसी मादा गिद्ध के अंडे उस ठूँठे बरगद पर पड़े रहते। ये पग्गल बाबा उसी फक्कड़ बाबा की तरह सिर्फ पतली-सी लँगोटी पहने रहते थे। वे कभी किसी से बोलते नहीं थे। वास्तविकता यह थी कि कोई भी कभी उनके मुँह से कोई शब्द ध्वनि नहीं सुन सका। वे प्रायः उस ठूँठे बरगद पर चढ़ जाते और गिद्धों की अनुपस्थिति में उनके खोते से सटकर बैठ जाते। वे हमेशा गिद्ध के अंडों को सहलाते रहते थे। इस कवायद में वे घंटों वहाँ बिता देते थे। जब गिद्ध वापस वहाँ मँडराने लगते, तो पागल बाबा बरगद से नीचे उतरते और उनका एक-दो अंडा अवश्य अपने साथ लाते। वे उन अंडों को हाथ में लिये इधर-उधर दूर-दूर तक बौड़ियाते रहते थे। बच्चे उन्हें देखते ही डर जाते थे। वे हमारे गाँव तथा स्कूल पर भी आते रहते थे। उनका रूप-रंग मुझे बहुत प्रभावित करता था। अन्य लड़कों के साथ मैं भी उनको कुछ बोलने के लिए तरह-तरह के हथकंडे अपनाया करता था, जिनमें कुछ कोमल गालियाँ भी शामिल हुआ करती थीं। हम सबकी उत्सुकता यह होती थी कि उनकी बोली कैसी होगी? किंतु पग्गल बाबा टस से मस नहीं होते थे। इतना वे जरूर समझते थे कि लोग उन्हें बोलने पर मजबूर कर रहे हैं। इसलिए वे ऐसे अवसर पर गिद्ध के अंडों को तुरंत गुस्से के साथ अपने दाँतों में दबा लेते थे और क्रोधित मुद्रा में उन्हें चबा जाने जैसा अभिनय करने लगते थे। उनका यह रूप देखकर सभी डरकर भाग जाते और पग्गल बाबा अंडों को हाथ में लिये चुपचाप चम्पत हो जाते किंतु उनका मौनव्रत कभी नहीं टूटता। उन्हें कभी किसी ने खाते हुए भी नहीं देखा। उन्हें कोई खाने की सामग्री देता तो वे मुँह फेरकर भाग जाते थे तथा रात में उसी गिद्धों वाले ठूँठे बरगद की जड़ के पास बिना कुछ ओढ़े-बिछाए सो जाते थे। सवेरा होने पर जब गिद्ध वहाँ से उड़ जाते, तो पग्गल बाबा पुराने अंडों को पुनः उसी खोते पर रख देते और किसी नए अंडे के साथ उतरकर इधर-उधर फिर बौड़ियाने लगते थे। वे अंडों को कभी नुकसान नहीं पहुँचाते। वे एक अद्‌भुत गिद्धप्रेमी थे किंतु उस अकाल में एकदम झुलस गए थे। मैं उन्हें देखकर हमेशा कारुणिक हो जाता था। इन्हीं गिद्ध प्रकरणों के दौरान गाँव के जोखू पाँड़े का एक बैल मर गया। मुर्दहिया पर सारे जुड़े कर्मकांड संपन्न हुए। जोखू पाँड़े के हरवाहे द्वारा चमड़ा छुड़ाए जाने के बाद उसी के घर की एक रमौती नामक दलित महिला, जो मुर्दहिया पर घास छील रही थी, से रहा नहीं गया। वह डाँगर के लालचवश खुर्पा लेकर गिद्धों से भिड़ गई और मरे हुए बैल का कलेजा काटकर उनके खूँखार चोंचों से बचते हुए घास से भरी टोकरी में छिपाकर घर लाई। मेरे साथ अनेक दलित बच्चे यह नजारा देख रहे थे। सभी बच्चे चिल्लाने लगे, "रमौती घरे डाँगर ले जाति हौ।" शीघ्र ही यह खबर चौधरी चाचा तक पहुँच गई। दो दिन बाद पंचायत बुलाई गई। रमौती के परिवार को कुजाति घोषित कर दिया गया और उसका सामाजिक बहिष्कार शुरू हो गया। यह बड़ा प्रचंड बहिष्कार था। यहाँ तक कि उसके परिवार से कोई बात तक नहीं करता था। सामाजिक बहिष्कार की पीड़ा से घबराकर कुछ दिन बाद रमौती के परिवार ने बिरादरी में शामिल होने की अपील की। चौधरी चाचा ने फैसला सुनाया कि उसका परिवार पूरी बिरादरी को 'सूअर-भात'

की दावत देगा, जिसके बाद उनका कुजातिपन समाप्त किया जाएगा। अकाल की उस भुखमरी में 'सूअर-भात' की यह दावत एक अनोखी घटना थी। अंततोगत्वा इस स्वादिष्ट दावत के पीछे रमौती का परिवार एक बार फिर भारी कर्ज में डूब गया।

सन् 1959 की गर्मी (ग्रीष्म ऋतु) लगातार दो साल से अकाल के कारण निहायत दुर्दिन में बदल चुकी थी। दलित बस्ती में चिट्‌ठी लिखनेवाले के रूप में मेरी माँग बहुत बढ़ गई थी। जैसा कि अवगत है, गाँव के कई लोग बंगाल की अनेक कोइलरियों तथा कलकत्ता में मजदूरी करते थे। परिवारों के लिए ये मजदूर अकाल में बादल जैसे आशा का प्रतिरूप थे। विशेष रूप से जब गाँव की औरतें अपने पति मजदूरों को मुझसे चिट्‌ठियाँ लिखवातीं, तो मेरे सामने एक विचित्र स्थिति प्रकट हो जाती थी। कई औरतें भुखमरी का वर्णन करते-करते रोने लगती थीं। मैं तो स्वयं अपने दुख में डूबता-उतराता फिरता था किंतु गाँव की रोती हुई मशीनों जैसी इन महिलाओं से मैं अत्यंत विचलित हो जाता था। अनेक बार उनके आँसुओं में मेरे आँसू भी दाखिल हो जाते थे। इन रोती मशीनों में एक थी किसुनी भौजी। उसका पति कतरास की कोइलरी में कोयला काटता था। नाम था मुन्नी लाल। किसुनी भौजी दो बच्चों की माँ थी किंतु उम्र मुश्किल से बाईस साल। उसके अंदर दुखड़ा सुनाने की अद्‌भुत वर्णनात्मक शैली का समावेश था। जब वह चिट्‌ठी लिखवाती थी, तो लगता था कि दुखड़ा स्वयं अपना आत्मविवेचन कर रहा है। यदि वह पढ़ती, तो शायद दुखांत साहित्य में बहुत-कुछ गढ़ती। उसके द्वारा लिखवाई गई अकाल की एक चिट्‌ठी आज भी मुझे अच्छी तरह याद है, जिसकी कुछ पंक्तियाँ इस प्रकार हैं–"हे खेदन के बाबू! हम कवन-कवन बतिया लिखाई? बबुनी बहुत बिलखइले। ऊ रोइ-रोइ के मरि जाले। हमरे छतिया में दूध ना होला। दूहै जाईला त बकेनवाँ लात मारै ले। बंसुवा मजूरी में खाली सड़ल-सड़ल साँवाँ दे ला। उप्पर से वोकर आँख बड़ी शैतान हौ। सँझिया क रहरिया में गवुँवा क मेहरिया सब मैदान जा लीं, त ऊ चोरबत्ती बारै ला। रकतपेवना हमहूँ के गिद्ध नाई तरेरैला। चोटवा से पेटवा हरदम खराब रहै ला। हम का खियाईं, का खाईं कुछ समझ में ना आवैला। बबुनी के दुधवा कहँवा से लिआईं? जब ऊ रोवैले, त कब्बो-कब्बो हम वोके लेइ के बहरवाँ जाइके बोली ला कि देख तोर बाबू आवत हउवैं, त ऊ थोरी देर चुप हो जाले। ईं कइसे हउवा? सुनी ला की कोइलरी में आगि लगि जालें। ई काम छोड़ि दा। गवुवैं में मजूरी कइ लेहल जाई। सतुवै से जिनगी चलि जाई। येहर बड़ी मुसकिल में बीतत हौ। अकेलवैं जियरा ना लागैला, उपरा से खइले क बड़ा टोटा हौ। हो सकै त बीस रुपया भेजि दा। जब अइहा त तुलसी बाबू के एक जिस्ता कागद जरूर लेहले अइहा, ई है सब कर चिठिया लिखै लँ। ई बड़ा तेज हउवैं। अउर का लिखाई हम? थोर लिखना, ढेर समझना।" इस चिट्‌ठी में खेदन किसुनी भौजी के चार साल के बेटे थे तथा बबुनी डेढ़ साल की बेटी थी। बंसुवा यानी बंसू पांड़े जमींदार थे जिनके यहाँ किसुनी मजूरी करती थी। चोरबत्ती टॉर्च को कहते थे। बकेनवाँ यानी बकेना भैंस थी, जो दुहते समय छटक जाती थी, क्योंकि उसका दूध खतम हो चुका था। ऐसे ही मिलते-जुलते अनेक प्रकरण उस अकाल के दौरान मुझसे लिखवाए गए। मैं स्वयं उनकी ये सारी 'बैरन' चिट्‌ठियाँ उसी अपने स्कूल पर स्थित एक पोस्ट बॉक्स में डाल आता था। यह पोस्ट बॉक्स हाई स्कूल के प्रिंसिपल साहब के ऑफिस के सामने दीवार पर लालटेन की तरह टँगा हुआ रहता था। गाँव में जब भी डाकिया आता, बेसब्री से मेरी तलाश शुरू हो जाती। कई बार तो लोग मुझे गाय-भैंस चराते हुए मुर्दहिया पर आ जाते, फिर वहीं शुरू हो जाती थी चिट्‌ठियों की पाठशाला। मुर्दहिया पर मेरा चिट्‌ठी वाचन न सिर्फ चिट्‌ठीधारी ही सुनता था, बल्कि शायद वहाँ के भूत-पिशाच भी।

इनके बीच फर्क इतना ही था कि भूत-पिशाचों ने अपनी भूतनियों के लिए कभी मुझसे चिट्ठियाँ नहीं लिखवाईं। वैसे जब भी मैं मुर्दहिया पर होता, मेरी कल्पना में यह बात जरूर आती थी कि यदि कोई भूत चिट्ठी लिखवाने के बहाने मुझे पकड़ लेता तो मैं क्या करूँगा?

मेरे घरवालों की एक ऐसी बकेना भैंस थी, जो मुझे देखते ही 'बाँवँ-बाँवँ' बोलते हुए मेरे पास आ जाती थी और मुझे चाटने लगती थी। उसका मुझसे बेहद लगाव था। मेरी एक विचित्र आदत थी। मुर्दहिया पर जब भी चराने जाता, मैं उसकी पीठ पर एक घुड़सवार की तरह बैठ जाता। उसे किसी भी तरह कोई एतराज नहीं होता। मैं उसकी पीठ पर बैठा रहता तथा वह घूमती-फिरती चरती रहती थी। इसी दौरान एक दिन गाँव के ही चिखुरी ने भैंस के थन में लकड़ी से खोद दिया। भैंस बिदककर बड़ी तेजी से उछल पड़ी। मुझे जरा भी पता नहीं चला कि मैं कैसे एक झाड़ी के पास जमीन पर कुछ देर के लिए बेहोश पड़ गया। झाड़ी से सटी एक कब्र थी। होश आने पर मेरे होश उड़ गए। भूतों के डर से मैं काँप गया। यह खबर बस्ती में फैल गई। सभी कहने लगे कि भैंसों पर भूत चढ़कर घूमते हैं किंतु वे दिखाई नहीं देते। लोग मेरे बारे में कहते कि इसके चढ़ने से वे नाराज हो गए, इसलिए उसे उठाकर जमीन पर पटक दिया। अपने चिर-परिचित अंदाज में नग्गर चाचा मेरे ऊपर बरस पड़े। मेरी यह समझ में नहीं आ रहा था कि मैं चिखुरी को भूत समझूँ या कि जो मुर्दहिया में दफन थे उनको? चाहे जो भी हो, इस घटना के बाद मैंने कभी भैंस पर बैठकर मुर्दहिया के भूतों को गुस्सा नहीं दिलाया। इस दुर्घटना से किसुनी भौजी बहुत दुखित हो गई थी। एक दिन अपने घर बुलाकर मुझे समझाया, "हे बाबू, ई सब हवा-बतास से बचि के रहिहा इनकर गुस्सा जान लेउवा होला।" हमारे क्षेत्र में भूत पिशाच को दलित 'हवा-बतास' भी कहते थे। इसी किसुनी भौजी के ससुर का नाम था 'जेदी' जो अपने बेटे से अलग रहते थे। जेदी चाचा अपनी जवानी के दिनों में द्वितीय विश्वयुद्ध के दौरान उसी बंसू पाँड़े के खानदान की हरवाही करते थे। विश्वयुद्ध के दौरान एक दिन वे हल जोत रहे थे। वहीं खेत से ही वे गायब हो गए। गाँववाले कहते थे कि अंग्रेज ढेर सारे मजदूरों का अपहरण करके लड़ाई के लिए विलायत ले गए थे। यह तो साफतौर पर मालूम नहीं कि जेदी कैसे गायब हो गए। वे स्वयं किसी को असली बात नहीं बताते। वर्षों बाद जब द्वितीय विश्वयुद्ध समाप्त हो गया, तो वे गाँव वापस आए थे। उनकी वापसी से गाँववाले बहुत खुश थे। वे थे तो बिलकुल अनपढ़ किंतु बातें ऐसी करते थे कि लगता था कि वे अंतर्राष्ट्रीय राजनीति के प्रोफेसर हों। जेदी चाचा एक विचित्र शैली में 'चरचेलवा' का जिक्र करते थे और उसे बहादुर बताते थे। वे अनेक हथियारों के नाम के बिगड़ैल शब्द भी बीच-बीच में अकारण ही बोलने लगते थे, जैसे-- 'सबमरी' फैटर पलेन, डमडम, टंक, बनेठी, बम आदि-आदि। कुछ शब्द ऐसे भी बोलते थे, जैसे-- मसपोटम, सटल, बसरा, बगदाद, दुभई, खम्मा, दजला आदि-आदि। इस तरह के अनेक शब्द वे बिना वाक्य के स्वतंत्र रूप से ऐसे बोलते थे कि जैसे किसी को डाँट रहे हों। हम सबको उस समय कुछ भी समझ में नहीं आता था कि वे क्या बोल रहे हैं। वर्षों बाद जब मैं बनारस हिंदू विश्वविद्यालय में उच्च शिक्षा ग्रस्त था, तब समझ सका कि जेदी चाचा चर्चिल को चरचेलवा, सब मैरीन को सबमरी, फाइटर प्लेन को फैटर पलेन, डमडम बुलेट को डमडम, टैंक को टंक, बैनेट को बनेठी, मेसोपोटामिया को मसपोटम, शत् अल् अरब को सटल, रास अल् खैमा को खम्मा आदि-आदि कहते थे। हकीकत यह थी कि जेदी चाचा को अंग्रेज विश्वयुद्ध के दौरान एक अस्थायी टहलुवा के रूप में बगदाद ले गए थे। बाद में जैसे-तैसे वे गाँव वापस आ गए थे। वास्तविकता यह भी थी कि

जेदी चाचा का मूल नाम 'लुरखुर' था किंतु बगदाद पहुँचने पर किसी अंग्रेज अफसर ने उन्हें शिया मुसलमानों के लोकप्रिय उपनाम 'जैदी' के नाम से पुकारना शुरू कर दिया। वहाँ यही उनका प्रचलित नाम था किंतु लुरखुर चाचा अपने को 'जेदी' समझने लगे थे। गाँव में भी लोग 'जेदी' के रूप में ही उन्हें पुकारने लगे थे। वे विश्वयुद्ध की अनेक कहानियाँ सुनाया करते थे, जिसे सुनकर मैं बहुत मंत्रमुग्ध हो जाता था। उनकी ये कहानियाँ मुझे ललचा-ललचाकर मारती थीं। इन्हें सुनकर उत्कट इच्छा होती थी कि मैं भी पाँचवीं के आगे पढ़ूँ और सारी दुनिया के बारे में जानूँ किंतु पढ़ाई छूटने की निरंतर दुविधा एवं चिंता ने मुझे एकदम मनहूस बना दिया था। इस ऊहापोह के दौरान एक अजीब हादसा हो गया। जेदी चाचा वहीं बंसू पाँड़े के यहाँ फिर से हरवाही करने लगे थे। उचित बनि की माँग के कारण वे अक्सर झगड़ पड़ते थे। उनके इस स्वभाव के कारण बंसू ने बकरी चोरी के आरोप में सबक सिखाने के लिए चिरैयाकोट थाने में एक ब्राह्मण सिपाही, जिससे उनकी दोस्ती थी, को बुलाकर जेदी चाचा को बहुत पिटवाया और डोरी में बाँधकर थाने ले जाने की तैयारी करने लगे। विचित्र तथ्य यह था कि बंसू के पास कोई बकरी थी ही नहीं। किसी तरह जेदी चाचा पाँच रुपया घूस देकर पुलिस से छुटकारा पाए। पुलिस से इस बार भी हम सभी बुरी तरह से डर गए थे। बंसू पाँड़े के इस छलिया कपट से आघातित होकर जेदी चाचा प्रतिरोधस्वरूप एक नए किस्म का सत्याग्रह करने लगे। वे सब काम-धाम बंद कर दाढ़ी-मूँछ बढ़ाना शुरू कर दिए तथा निचंड धूप में चारपाई डालकर एक चादर ओढ़कर दिन-भर सोते रहते थे। पूछने पर कहते थे कि जब तक बाभन न्याय नहीं करते, मैं दाढ़ी-मूँछ बढ़ाता रहूँगा तथा धूप में ही सोऊँगा। वे इस मामले में निहायत जिद्दी थे। पंचायत आदि द्वारा किसी अन्य समझौते को वे मानने से साफ इनकार कर दिए थे। धीरे-धीरे वे बीमार पड़ने लगे। अंततोगत्वा उसी अकाल में वे प्राण त्याग दिए। उनकी मृत्यु से बड़ा शोकमय वातावरण हो गया था। जेदी चाचा गुरमुख थे। वे शिवनारायण पंथ को माननेवाले थे। जब-जब हमारे घर गादी लगती थी, जेदी चाचा संतौवा गायकी में माहिर थे। उनकी बड़ी बुलंद आवाज थी। जब संतौवा ढोल-मजीरे के साथ अपनी चरम सीमा पर होता था, तो जेदी चाचा अचानक खड़े होकर बहुत जोर से डाँटने की शैली में 'ह्वै' बोल पड़ते थे। उनके इस जोरदार 'ह्वै' से संतौवा का आकर्षण बेहद रोचक बन जाता था। ऐसे अवसरों पर मैं इंतजार करता रहता था कि कब जेदी चाचा 'ह्वै' कहकर डाँटते हैं? जब उनकी लाश दफनाने के लिए मुर्दहिया पर ले जाई जा रही थी, तो शिवनारायण पंथ की परंपरा के अनुसार संतौवा के दौरान कई लोगों ने उनकी इस डाँटनेवाली शैली का अनुसरण करना चाहा किंतु वो बात कहाँ जो जेदी चाचा में थी। मैं भी उनकी लाश के पीछे-पीछे मुर्दहिया पर गया था। उनके दफन के साथ ही वहाँ के भूतों की आबादी में एक और नाम जुड़ गया। उनकी कब्र से लौटते हुए मेरे मस्तिष्क में उनके ये शब्द चरचेलवा, मसपोटम, फैटर, डमडम, खम्मा, दजला आदि शोर मचाते रहे। आज जब मैं अंतर्राष्ट्रीय राजनीति के एक बड़े सेंटर का प्रोफेसर एवं अध्यक्ष बन चुका हूँ, तो यह स्वीकारने में गर्व होता है कि इसके पीछे मेरी प्रेरणा के असली जनक वे तीन गरीब मजदूर थे, जिन्होंने मुझे छोटी उम्र में अंतर्राष्ट्रीय राजनीति की तरफ अनजाने में ही खींचा था। इनमें एक थे सोवियत संघ में 'समोहीखेती' वाले मुन्नर चाचा, दूसरे डांगे को 'डंगरिया' कहनेवाले सोनई तथा तीसरे थे, दढ़ियल जेदी चाचा। उनके दाढ़ी-मूँछ रखने का रहस्य मेरे मस्तिष्क में तब खुला जब सन् 1978-79 में ईरान पर शोध के दौरान मुझे पता चला कि वहाँ के गिलान प्रांत के मिर्जा कचेक खाँ नामक एक क्रांतिकारी के नेतृत्व में सन् 1910 तथा 20

के दशक में हजारों युवकों ने कसम खाई थी कि जब तक वे अंग्रेज साम्राज्यवादियों को ईरान की धरती से भगा नहीं देंगे तब तक वे दाढ़ी-मूँछ बढ़ाते रहेंगे तथा घर छोड़कर जंगल में रहेंगे। ईरान में उनके इस आंदोलन को 'जंगल आंदोलन' तथा क्रांतिकारियों को जंगली कहा जाता है। मिर्जा कुचेक खाँ लेनिन से पत्र-व्यवहार भी करते थे। जाहिर है, जेदी चाचा ने अपने बगदाद प्रवास के दौरान इन ईरानी जंगलियों के बारे में अवश्य कुछ सुना होगा, इसीलिए उन्होंने उनका रास्ता अपनाते हुए बंसू पाँड़े के विरुद्ध विद्रोह का बिगुल फूँक दिया था, जिसके चलते उन्होंने जान दे दी किंतु क्रांतिकारी आदर्श नहीं छोड़ा। ऐसे थे भुक्खड़ क्रांतिकारी बगदाद रिटर्न 'जेदी' चाचा।

इन घटनाक्रमों के बीच मेरे साथ एक बड़ा रोचक हादसा हुआ। हमारे गाँव के पड़ोसी परसूपुर के पत्तू मिसिर का एक पोखरा था, जो मुर्दहिया के दक्षिण दिशा में दो फर्लांग की दूरी पर था। पोखरे के चारों तरफ भीटों पर नीम के बड़े-बड़े सैकड़ों पेड़ थे। पोखरे के ही पास एक विशाल मल्दहिया आम का पेड़ था जिस पर बहुत बड़े-बड़े आम के फल लगे हुए थे। मल्दहिया आम कच्चे पर भी बहुत स्वादिष्ट होता था। मल्दहिया हमें चोरी के लिए हमेशा प्रेरित करता रहता था। उन्हीं गर्मी की छुट्टियों के दौरान एक दिन मैंने चिखुरी के साथ ढेर सारा आम तोड़ने की योजना बनाई। मैं छिपते-छिपाते मल्दहिया पर चढ़ गया और बड़े-बड़े आम तोड़कर नीचे फेंकने लगा। चिखुरी आमों को बीन-बीनकर एक झोले में रखते रहे। प्रचंड अकालग्रस्त गर्मी में दोपहर का समय था। उस पेड़ से करीब ढाई सौ गज की दूरी पर पत्तू मिसिर का घर था। वे वहीं से मल्दहिया की तरफ देखा करते थे। चिखुरी को कभी इधर तो कभी उधर पेड़ के इर्द-गिर्द आम बीनते देखकर पत्तू मिसिर आशंकित होकर गालियाँ देते हुए लाठी लेकर दौड़ पड़े। उन्हें देखकर चिखुरी तुरंत भागकर मुर्दहिया की तरफ चले गए। मैं पेड़ पर काफी ऊँचाई पर था, इसलिए नीचे नहीं उतर सका। इस बात से बुरी तरह डरा हुआ था कि आज पत्तू मिसिर बहुत पिटाई करेंगे। अतः एक डाल पर बैठे-बैठे मैंने पत्तेदार कई टहनियों से अपने को ढँक लिया। गलती से मेरा एक पैर डाल के नीचे लटक रहा था। पत्तू पेड़ के नीचे खड़े होकर अपनी लाठी को कमर के पीछे बेड़े-बेड़े अपने दोनों हाथों से ओठगाँए ऊपर की तरफ अन्वेषी निगाहों से देखने लगे। संयोगवश उन्होंने मेरे लटकते हुए पैर को देख लिया। इसे देखते ही 'जय शुद्धू बाबा की, जय शुद्धू बाबा की' कहते हुए पत्तू मिसिर पेट के बल जमीन पर गिर पड़े। बड़ी मुश्किल से अर्धविक्षिप्त अवस्था में हकलाते हुए वे 'जय शुद्धू बाबा की, जय शुद्धू बाबा की' रट लगाते हुए अपने घर की तरफ गिरते-पड़ते भागे। वे बहुत मोटे तोंदियल व्यक्ति थे। उनका पेट हौदे की तरह सामने लटका रहता था, इसलिए तेजी से न तो चल पाते थे और न दौड़ पाते थे। घर पहुँचकर वे बीमार हो गए। यकायक बुखार से ग्रस्त वे अनिष्टकारी कल्पना में डूब गए। इस विकराल प्रलयंकारी भय का रहस्य यह था कि उनके पोखरे पर स्थित एक बड़े नीम के पेड़ से कुछ वर्ष पूर्व शुद्धू नामक उन्हीं के गाँव के एक दलित दतुवन तोड़ते हुए गिरकर मर गए थे। अतः हमारे क्षेत्र में उन्हें पोखरे का सबसे खतरनाक भूत घोषित कर दिया गया था। अक्सर लोग निचंट दोपहरी में अकेले पोखरे पर जाने से बहुत डरते थे। संयोगवश पत्तू मिसिर मेरे लटकते पैर को 'शुद्धू भूत' का पैर समझ बैठे थे। अतः उनकी दुर्दशा तो होनी ही थी। उनको ठीक करने के लिए उनके घर पर ओझाओं का जमघट लग गया। अंततोगत्वा पोखरे पर शुद्धू बाबा को उन्होंने मुर्गे की बलि तथा नीम के पेड़ की जड़ में एक बोतल शराब की आहुति देकर अपने इस भुतहे मनोरोग से छुटकारा पाया। शुद्धू भूत की सच्चाई पर हमारी

दलित बस्ती के लोग काफी दिनों तक खूब चुटकी लेते हुए हँसते रहे। यहाँ तक कि लोग, रिश्तेदारों के गाँव आने पर उन्हें भी सुना-सुनाकर खूब मजा लेते रहे। इस घटना से उत्पन्न प्रहसन से संभवतः अकाल की भुखमरी में हमारी बस्ती के दलितों को रुक-रुककर थोड़ी देर के लिए एक क्षणिक राहत अवश्य मिलती रही और मैं वर्षों से आज तक यही सोचता रहा कि आम के लालच में मल्दहिया पेड़ पर चढ़ा एक साधारण चोर, जब वहाँ से उतरकर भागा, तो एक खतरनाक भूत बन गया। इस घटना से बस्ती में मैं एक बेहद लोकप्रिय मनोरंजन का पात्र बन गया। इसी बीच गाँव में कलकत्ता से एक चिट्ठी आई। चिट्ठी उस समय के हिसाब से पाँच पैसे वाले पोस्टकार्ड पर टूटे-फूटे शब्दों में लिखी हुई थी। प्रचलन के अनुसार डाकिया हमारे घर चौधरी चाचा को चिट्ठी देने आया और बोला कि 'मुर्बीदास' की चिट्ठी है। चौधरी चाचा ने कहा कि मुर्बीदास नाम का कोई व्यक्ति गाँव में है ही नहीं। डाकिया ब्राह्मणों की बस्ती में चला गया और अनेक लोगों को पोस्टकार्ड दिखाया। हर एक पढ़ा-लिखा ब्राह्मण पोस्टकार्ड पर लिखे पते की गुत्थी सुलझाने में लगा रहा किंतु मुर्बीदास किसी की पकड़ में नहीं आए। यह गुत्थी डाकिया के लिए एक भयंकर चुनौती बन गई थी। इसका कारण यह था कि उस जमाने के डाकिया बेहद ईमानदार तथा जिम्मेदार व्यक्ति होते थे। अतः वह डाकिया मानसिक रूप से बिलकुल उलझ गया था। पूरे गाँव की फेरी के बाद डाकिया एक बार फिर दलित बस्ती में आया। संयोगवश हमारे घर के पड़ोस में रहनेवाले फेरू काका से उसकी मुलाकात हो गई। फेरू काका ने कहा कि चिट्ठी 'तुलसिया' को दिखाई जाए। मैं उस समय मुर्दहिया पर भैंस चरा रहा था। फेरू काका ने ही मुझे मुर्दहिया से जोरदार आवाज लगाकर बुलाया। मैं घबराया हुआ आया, क्योंकि अपने नग्गर चाचा से बहुत डरता था। मन में एक आशंका थी कि कोई गलती जरूर हुई है, इसलिए बुलाया गया है। खैर, घर पहुँचने पर डाकिया ने मेरे हाथ में चिट्ठी दे दी और कहा, "देख त बेटा ई केकर चिट्ठी हौ?" उस पोस्टकार्ड पर पता लिखे हुए हिस्से को मैं ऊपर-नीचे, दाएँ-बाएँ हर दिशा से देखता रहा। पूरा पता यों लिखा था–

"पावबल– मुर्बीदास
ग्राम– धरमपुर
थाना– चिरैयाकोट
जिला– आजमगढ़।"

मैं नाम वाली लाइन को बार-बार पढ़ता और हद से ज्यादा उलझ जाता। इस उलझन में डाकिया भी जल्दीबाजी में नहीं था, इसलिए वह भी गुत्थी हल होने तक वहाँ रुकने के लिए तैयार था, जिसका एकमात्र कारण था कि हमारे गाँव का पता एकदम सही था। काफी देर तक माथापच्ची के बाद मेरा दिमाग चल पड़ा। मेरे गाँव से एक बलमू नाम के अनाथ दलित युवक बचपन में ही भागकर कलकत्ता चले गए थे। वे वर्षों बाद उस अकाल के बारे में सुनकर वहाँ से कौतूहलवश हाल-चाल लेने गाँव आए। गाँव में उनका कोई घर या जमीन नहीं थी। बलमू भैया हमारे घर के पास एक खाली जमीन पर एक छोटी-सी अस्थायी झोंपड़ी बनाकर दो महीने पूर्व से रहने लगे थे। वे अक्सर कहते थे कि जब बारिश होने लगेगी तो कलकत्ता वापस जाएँगे। यद्यपि गाँव में उनका कुछ भी बचा नहीं था किंतु मुश्किल के दौर में गाँव के दलितों की दुर्दशा से विचलित होकर वे सबकी खोज-खबर लेने आए थे। वे हमेशा यह भी कहते थे कि जब सूखा से गाँववालों को राहत मिलेगी, तो वापस जाएँगे। मेरा ध्यान बुरी तरह से बलमू भैया पर टिक गया। नाम वाली लाइन को बार-बार पढ़ता रहा। बहुत देर बाद यह

गुत्थी सुलझ पाई, जब मैंने 'पावबल मुर्बीदास' का खुलासा 'पावैं बलमू रविदास' के रूप में किया। वास्तव में कलकत्ता जाकर बलमू अपने नाम के आगे 'रविदास' जोड़ लिये थे। वे कलकत्ता के 'बेलिया घट्टा' इलाके में बनानी दास नामक एक बंगाली दलित महिला की बाड़ी में रहते थे। उसी ने बलमू रविदास का हालचाल जानने के लिए एक साधारण-सी चिट्ठी लिख दी थी। बंगाली होने की वजह से बनानी दास ने 'पावैं-बलमू रविदास' के बदले तोड़-मरोड़कर 'पावबल-मुर्बीदास' लिख दिया था। इस गुत्थी के सुलझते ही डाकिया बार-बार मेरे सिर पर हाथ फेरता और कहता, 'खूब पढ़िहा भैया।' इस घटना के बाद फेरू काका मेरे सबसे बड़े प्रचारक बन गए। 'मुर्बीदास' का रहस्य खोलना मेरे लिए आर्किमिडीज या न्यूटन जैसे वैज्ञानिकों द्वारा आविष्कृत किसी वैज्ञानिक फॉर्मूले से कम नहीं था। अगाध प्रशंसा मिली थी। फेरू काका गर्व से कहते रहे कि मेरे आगे गाँव के सारे बाभन फेल हो गए। इन तमाम खट्टी-मीठी यादों के बीच न जाने कहाँ से भटकता हुआ एक भूखा 'लमकुरियवा' बानर, यानी काले मुँह तथा लंबी पूँछ वाला बंदर आ गया। हमारे पूरे क्षेत्र में किसी भी तरह के बंदर का कहीं अता-पता नहीं होता था। इसलिए उसका गाँव में आना तरह-तरह की अटकलबाजी को जन्म दे गया। कोई कहता वह 'लमकुरियवा भूत' है, तो कोई कहता 'हनुमान जी' हैं किंतु गाँव के सारे बच्चे और युवक उसे मनोरंजन का एक रोचक साधन समझ बैठे। क्या दलित, क्या बाभन सभी उसका पीछा करने लगे। उसे खदेड़ने की प्रक्रिया में इधर-उधर पड़े सारे कंकड़-पत्थर साफ हो गए। चूँकि हमारे गाँव में अनगिनत पेड़ तथा जंगल थे, इसलिए वह बंदर कभी किसी एक पेड़ पर तो कभी कंकड़ों-पत्थरों की बौछार से ऊबकर दूसरे पर छलाँग लगा लेता। शीघ्र ही कंकड़ों-पत्थरों का हुजूम भी एक पेड़ से दूसरे पेड़ की तरफ चल पड़ता। बीच-बीच में बंदर गुस्सा होकर चिचियाने लगता था। उसका यह चिचियाना मनोरंजन की आग में घी का काम करने लगता था। परिणामस्वरूप कुछ और कंकड़-पत्थर उसे अपने निशाने पर ले लेते थे। वह घंटों तक गाँव की अनेक दिशाओं में स्थित विभिन्न पेड़ों पर भागता रहा। अंततोगत्वा भागते हुए वह 'बरम बाबा' के चौरे के पास स्थित एक विशाल आम के पेड़ पर चढ़ गया। वह सबसे ऊपर की डाली पर बैठ गया जहाँ पत्थरों का पहुँचना कठिन था, क्योंकि ये पत्थरमार सारे योद्धा भी थक चुके थे। अंत में बंसू पाँड़े अपनी बँसवार से एक लंबा बाँस कटवाकर उसकी लग्गी बनाकर बंदर को खोदने लगे। इस नए हथियार से वह बिलकुल घबरा गया। वह चिल्लाता हुआ रौद्र मुद्रा में पेड़ से कूदकर जमीन पर आ गया और गाँव के पश्चिम स्थित ताल की तरफ भागा। सैकड़ों का हुजूम भी उधर ही मुड़ गया। इस हुजूम में मैं भी शामिल था और मेरे पास कई कंकड़-पत्थर भी थे। देखते-ही-देखते घबराहट में वह बंदर ताल के पानी में कूद गया और तेजी से तैरकर बहुत दूर चला गया तथा सारा हुजूम ताल के किनारे पत्थर लिये उसे आँखों से दूर ओझल होते बिलोकता रहा। लोग हारे हुए जुआरी की तरह घर वापस आए।

इस बंदर कांड के बाद जेठ महीने की झुलसा देनेवाली गर्मी अपनी चरम सीमा पर थी। आषाढ़ आने पर स्कूल खुलने वाले थे। पाँचवीं कक्षा के बाद पढ़ाई का विकराल दानव अनिश्चयता की स्थिति में मेरे सामने आने लगा। कोई रास्ता मिल जाने की तलाश में मैं अपने ननिहाल आजमगढ़ के प्रसिद्ध गाँव 'तरवाँ' चला गया। आज तरवाँ इसलिए भी प्रसिद्ध है क्योंकि भारतीय राजनीति में मुलायम सिंह के भूतपूर्व संकटमोचक ठाकुर अमर सिंह भी उसी गाँव के रहनेवाले हैं। जिस समय मैं अपने ननिहाल पहुँचा, शायद अमर सिंह भी उस समय पाँचवीं पास रहे होंगे। हमारे नाना के घर के ठीक सामने मुश्किल से एक फर्लांग की दूरी पर तरवाँ थाना स्थित

था। एक विशाल बिल्डिंग थी, जिसका रंग लाल था। दूर से देखने में ही डरावनी लगती थी। स्वतंत्रता आंदोलन के दौरान इस थाने को फूँकने की कोशिश की गई थी। इस क्षेत्र में स्वतंत्रता आंदोलन का नेतृत्व तेजबहादुर सिंह नामक एक प्रख्यात कम्युनिस्ट नेता ने किया था। उन्होंने वर्षों तक भूमिगत रहकर काम किया था। इस पूरे क्षेत्र पर उनका विशेष प्रभाव था। बाद में चलकर जब मैं इंटरमीडिएट में पढ़ रहा था, तो तेजबहादुर सिंह के संपर्क में आया। उनका भी मेरे ऊपर गहन प्रभाव पड़ा था। उस समय तरवाँ थाने से बहोरीपुर की तरफ एक सड़क बनाने का काम चल रहा था। तरवाँ के अनेक दलित मजदूर सड़क बनाने में लगे हुए थे। इनमें मेरे राम सरन मामा भी शामिल थे। उन दिनों एक बैलगाड़ी भर अँकटा खोदकर रखने की मजदूरी चार आने हुआ करती थी। अँकटा एक तरह का अधूरा पत्थर होता था जो सड़क बनाने के काम आता था। उन दिनों अँकटा कहीं भी मिल जाता था। मेरे मन में आया कि मैं भी कुछ दिन तक अँकटा की खुदाई करके कुछ पैसा इकट्ठा करूँ, जो आगे की पढ़ाई में काम आ सके। वास्तव में वह चार आना उस समय एक बड़ी कमाई माना जाता था। मैं मामा के साथ सड़क के काम के लिए थाने पर गया। कार्यस्थल पर पता चला कि मेरे जैसे बच्चों से सिर्फ टोकरी में भरकर अँकटे को बैलगाड़ी में रखवाने का काम लिया जाता था, जिसके बदले उन्हें सिर्फ एक आना मजदूरी दी जाती थी, चूँकि अँकटा जमीन में पाँच छह फीट नीचे मिलता था, इसलिए बड़े मजदूर ही उसकी खुदाई कर पाते थे। अतः नकद मजदूरी की मेरी यह कल्पना हमेशा के लिए अधूरी छूट गई। मैं हताश रह गया। लगभग पंद्रह दिन तक ननिहाल में रहकर मैंने अनेक नजारे देखे। मेरे नाना के गाँव के दलितों में एक खानदानी परंपरा यह थी कि जेठ के महीने में हर साल वर्षा की पूर्व संध्या पर लोग बारी-बारी से सूअर-भात की दावत देते थे तथा सारे लोग एक साथ बैठकर खाते थे। उन पंद्रह दिनों में लगभग रोज ही ऐसी दावतों में मैं शामिल हुआ। वास्तव में, हर दावत में स्थानीय देवी-देवताओं को सूअर की बलि दी जाती थी, जिसका उद्देश्य होता था भविष्य में किसी तरह की अनहोनी को रोकना। ये बलियाँ गाजे-बाजे के साथ दी जाती थीं। नाना के ही एक पट्टीदार घूरा दफला बजाने में माहिर थे। वे करीब तीन फीट गोलदार चौड़ाई वाले विशाल दफले को अपने कंधे पर रसरी से टाँगकर पेट पर खड़ा कर लेते और फिर दोनों हाथों में लकड़ी लेकर अंधाधुंध उसे बजाने लगते थे। बलि देते समय सूअर चिंघाड़ता हुआ चिल्लाता था और वे उतनी ही तेजी से दफले की धुन छेड़ते रहते थे। बलि समाप्त होने की प्रक्रिया में उसे बजाते-बजाते वे अपने दोनों पैरों को बड़ी फुर्ती से आसमान में उछालकर कलैया मार जाते थे किंतु दफले का वादन एक क्षण के लिए भी नहीं रुकता था। वैसा उन्मादी दफलची मुझे कहीं और नहीं मिला। तरवाँ में मैंने इस दफलची कला तथा सूअर-भात की दावत का खूब मजा लिया किंतु आगे की पढ़ाई वाली चिंता ज्यों की त्यों बनी रही। इस ननिहाल प्रवास के दौरान रात के समय मैं नाना के घर के सामने नीम के पेड़ के नीचे कई अन्य लोगों के साथ सोता था। सामने थाना होने के कारण रात बड़ी डरावनी लगने लगती थी, जिसका कारण यह था कि उन दिनों चारों तरफ 'सेंधमार' चोरों का बड़ा आतंक था और कोई न कोई चोर रोज ही थाने में पकड़कर लाया जाता था। थाने का दारोगा लगभग हर रोज ही रात के सन्नाटे में ऐसे गिरफ्तार चोरों को थाने की छत पर ले जाकर बहुत मारता था। ये चोर मार से कराहते हुए बहुत जोर से चिल्लाते रहते थे। मैं उनकी चिल्लाहट से न सिर्फ डर जाता था, बल्कि अत्यंत संवेदनशील हो उठता था। नाना की बस्ती वाले कहते थे कि थाने का दारोगा बड़ा खूँखार ठाकुर है। वह चोरों को

सुर्ती खिला-खिलाकर मारता है। फिर वे विश्लेषण करने लगते थे कि सुर्ती खाने से दर्द कुछ कम महसूस होता था। सुर्ती खिलाकर की जानेवाली चोरों की मार मुझे और भी विचलित कर देती थी। परिणामस्वरूप पुलिस से डरने के साथ-साथ उनसे घृणा भी करने लगा। इस प्रक्रिया में एक रात को एक व्यक्ति थानेदार की मार से यकायक जोर-जोर से रोने लगा किंतु अगले ही क्षण वह एकदम शांत हो गया। रोने की कराह तथा शीघ्र ही रहस्यमयी चुप्पी से सभी लोग अचंभित थे। इसके बाद उस रात को थाने की छत से कोई आवाज नहीं सुनाई दी। सुबह दो सिपाही तरवाँ की उस दलित बस्ती में आकर सबको चेतावनी देते हुए कहते रहे कि थाने के दारोगा या किसी के बारे में किसी से कुछ भी न कहें, वरना सबको सुर्ती खिलाई जाएगी। पुलिस की इस सुर्ती का मतलब था प्रलय। हुआ यह था कि थाने की छत पर मार खाता-खाता एक मुजरिम नीचे गिर गया और अविलंब मर जाने की वजह से उसकी चिल्लाहट यकायक बंद हो गई थी। इस मृत्यु से पुलिस का आतंक ऐसा फैल गया था कि मैं नाना के घर से थाने की तरफ निगाह फेरते ही डर जाता था। इस बीच गर्मियों की छुट्टियाँ भी समाप्त होनेवाली थीं। मैं तरवाँ से वापस अपने गाँव चला गया और मेरी मुर्दहिया एक बार फिर मेरे पास आ गई।

जिस समय मैं ननिहाल से अपने गाँव वापस आया, उस समय बस्ती के लोग निजामाबाद के उसी पुराने शीतला देवी के मंदिर की वार्षिक पूजा के लिए जाने की तैयारी कर रहे थे। मेरी दादी हमेशा मुझे इस पूजा में शामिल होने के लिए कहती रहती थीं। पढ़ाई की अनिश्चयता ने मुझे उस समय देवी-देवताओं के प्रति काफी अंधविश्वासी बना दिया था। गाँव के करीब तीस-पैंतीस लोगों के साथ मैं भी शीतला देवी की यात्रा में शामिल हुआ। यात्रा लंबी थी, इसलिए रात में मुर्गों की बाँग सुनते ही हम 'शीतला माई की जय' बोलते हुए अपने-अपने घरों से निकल पड़े। हमारे इस झुंड में सोमरिया भी शामिल थी जो अपनी हुक्की तथा चिलम को साथ ले जाना नहीं भूल पाई थी। वह कुछ किलोमीटर चलने के बाद हमेशा गिड़गिड़ाकर हमारे कारवाँ से कहती कि सभी कहीं रुक जाएँ, ताकि वह आग जलाकर हुक्की से तंबाकू पी सके। उसकी यह माँग अमान्य कर दी जाती थी। मुझे ऐसा लगता था कि कहीं सोमरिया गाँव वापस आने पर अपनी चिर-परिचित पुरानी शैली में रात के सन्नाटे में उसी कुएँ की जगत पर खड़ी होकर गालियों की बौछार न करने लगे। घंटों की थकाऊ यात्रा में करीब आधी दूरी तय करने के बाद हमारा कारवाँ 'गंभीर बन' नामक गाँव के विशाल ताल के किनारे पहुँचा। वहाँ का नजारा देखकर सभी मोहित हो गए थे। ताल में हजारों बगुले एक पैर पर खड़े नजर आते थे। यह ताल कमल के फूलों के लिए भी मशहूर था। ताल की सतह पर चारों तरफ कमल की नाल फैली हुई थी तथा इसके पत्तों से पानी ढका हुआ था। ताल की सतह से उठती अनेक पक्षियों की घुली-मिली आवाजें हमारे लिए एक न समझने योग्य भाषा की तरफ इशारा कर रही थीं। हम वहीं एक घंटे के विश्राम के लिए रुक गए। औरतें भोजन के लिए सत्तू सानने लगीं तथा सोमरिया की हुक्की के ऊपर चिलम में आग धधक उठी। इस पड़ाव में यह भी खूब था कि आग यहाँ भोजन पकाने के नहीं, बल्कि हुक्की चिलम के काम आ रही थी। हम दिन के तीसरे पहर शीतला के मंदिर पर पहुँच गए। वहाँ रात-भर का पड़ाव था क्योंकि पूजा दूसरे दिन सुबह होनी थी। वहाँ सैकड़ों लोग उपस्थित थे। सभी मंगलवार को पूजा के इंतजार में थे। हम सबने सारी रात मैदान में सोकर बिताई। सूर्योदय होते ही शीतला की पूजा शुरू हो गई। हमारे गाँववाले किसी तरह एक-एक सेर गेहूँ का आटा इंतजाम करके साथ ले गए

थे, जिससे सोहारी-हलवा पकाकर शीतला देवी को चढ़ाना था। साथ ही सूअर के छौने की बलि भी देनी थी। मेरी माँ सोहारी-हलवा ईंट के चूल्हे पर पकाने लगी तथा मेरे पिता जी मुझे लेकर गाँववालों के साथ छौना ढूँढ़ने निकल पड़े। वहाँ मंदिर के पास ही थोड़ी दूर पर सूअर पालनेवाले सैकड़ों छौनों को जाल में लपेटकर बेच रहे थे। उस समय दो-तीन किलो के छौने तीन से पाँच रुपए में मिल जाते थे। शीघ्र ही हम छौनों को लेकर वापस आ गए। परंपरा के अनुसार छौनों की बलि के साथ-साथ वेश्याओं का नाच भी देवी के सामने करवाया जाता था। मंदिर के पुजारी ही छौनों का गला काटने के लिए तांत्रिकों को अपने पास रखते थे। वहाँ नाचने वालियों का झुंड भी मौजूद रहा करता था। मेरे गाँववाले इन्हें 'मेलाघुमनी' कहा करते थे। मेरे पिता जी भी नाच के लिए एक मेलाघुमनी दो रुपए में ढूँढ़ लाए। इन मेलाघुमनियों के साथ एक तबलची हुआ करता था। तबलची दोनों तबलों को एक चादर से लपेटकर कमर में बाँधे रहता था और नृत्य के समय मेलाघुमनी के स्वर में स्वर मिलाकर देवी का गुणगान करने लगता था तथा तबले की थाप से सारा वातावरण गूँज उठता था। इसी बीच बलि का छौना भी सिरविहीन हो जाता था। यह सारी प्रक्रिया मुश्किल से पाँच मिनट में समाप्त हो जाती थी। मेलाघुमनी के नाच के बाद हम भावविभोर होकर मंदिर से बाहर निकलकर देवी माँ का सोहारी-हलवा वाला प्रसाद खाने लगे। अचानक एक चील ने झपट्टा मारा और मेरे हाथ से सोहारी-हलवा दूर जा गिरा तथा देखते ही देखते मेरा बायाँ हाथ खून से लथपथ हो गया। चील की चोंच ने मेरा हाथ फाड़ दिया था। छौनों की बलि तथा अन्य खाद्य सामग्री के कारण वहाँ हजारों की संख्या में चील-कौवे आसमान में निरंतर उड़ान भरते रहते थे। मेरे पिता जी कुछ ताजा गोबर ढूँढ़कर लाए और मेरे घायल हाथ पर छोप दिया। वे कहने लगे कि इसी से ठीक हो जाएगा। इसके बाद हम सभी यात्रा की वही पुरानी प्रक्रिया दोहराते हुए देर शाम अपने गाँव वापस आ गए।

अब छुट्टियाँ दो-चार दिन की ही शेष रह गई थीं। आसमान में हैरतअंगेज नजारा उभरने लगा। लगातार दो साल के सूखे के बाद बादल गरजने लगे। लोग घरों से बाहर निकलकर आसमान को घूर-घूरकर देखने लगे। विशेष रूप से दलित नृत्य मुद्रा में प्रतीत होने लगे थे। पहली बारिश के साथ ही गाँववाले आपस में चंदा करके एक सूअर खरीद लाए। ससमारोह चमरिया माई को बलि देकर बारिश का स्वागत किया गया। इसी बीच मुर्दहिया के ऊपर पूरे आसमान को घेरता हुआ एक विशाल अर्ध चंद्राकार इंद्रधनुष दिखाई दिया। हमारे गाँव के दलित इंद्रधनुष देखते ही हाथ जोड़कर 'इन्नर भगवान' की जयकार करने लगे, वे कहते थे कि अब 'इन्नर भगवान' खुश हो गए हैं, इसलिए खूब पानी बरसाएँगे। धनुष का विश्लेषण करते हुए गाँववाले यह भी कहते कि जब इंद्र देवताओं की पंचायत बुलाते हैं, तो सभी देवता गोलाई में बैठ जाते हैं, जिसके कारण वे इंद्रधनुष के रूप में आसमान में दिखाई देने लगते हैं। वर्षा की इस आस के बीच 1 जुलाई, 1959 ने मेरी चिंता को धधका दिया। यह एक ऐसी तारीख थी जिससे मेरा भविष्य तय होनेवाला था। घर में कोहराम मचा हुआ था। नग्गर चाचा जैसे विस्फोटक दिमाग वाले घर के लोग आरोप लगाने लगे कि मैं पढ़ाई के बहाने कामचोर बनना चाहता हूँ। बड़ी मुश्किल से दादी की जिद पर मुझे चार आना मिला, जो छठी कक्षा में नाम लिखाने की फीस थी। यह चवन्नी इस बात की गारंटी थी कि अब छठी से लेकर दसवीं कक्षा तक की पढ़ाई का मार्ग खुल गया। उस दिन मैं दौड़ते हुए स्कूल गया था। छठी कक्षा में मेरा दाखिला युगांतरकारी सिद्ध हुआ क्योंकि यहीं से शुरू हुई थी मेरी अंग्रेजी भाषा की शिक्षा, जिसके ज्ञान ने मुझे आगे

चलकर अपने गाँव में एक किसी अन्य ग्रह का मानव बना दिया था। छठी में अंग्रेजी पढ़ानेवाले मास्टर थे मुसाफिर लाल किंतु उन्हें भी सभी लोग सिर्फ मुंशीजी के नाम से जानते थे। वे उसी जिगरसंडी गाँव के रहनेवाले थे, जहाँ के बाबू परशुराम सिंह थे। ये अंग्रेजी वाले मुंशी जी प्राइमरी वाले मुंशी जी से बिलकुल भिन्न थे। वे अत्यंत मेहनती और अनुशासन वाले व्यक्ति थे। वे किसी के साथ भेदभाव नहीं करते थे। परिणामस्वरूप अंग्रेजी के प्रति मेरा आकर्षण एक तरह के पागलपन में बदल गया। मुंशी जी जो कुछ सिखाते-पढ़ाते, मैं सब कुछ रट लेता था। यहाँ तक कि किताब से जो भी पाठ पढ़ाते मैं दूसरे दिन उसे जबानी सारा कुछ बोल देता था। मेरी इस याददाश्त के कारण मुंशी जी मेरे सबसे बड़े प्रशंसक बन गए। शीघ्र ही मैं अनेक अंग्रेजी के स्वतंत्र वाक्यों का मालिक बन बैठा और जब मैं अपनी दलित बस्ती में किसी के सामने इन वाक्यों को बोलता तो लोग चकाचौंध होकर मुझे घूरने लगते थे किंतु मेरी दादी इस बात से चिंतित हो गई थी कि कहीं मैं पागलपन की तरफ तो नहीं बढ़ रहा? वह अक्सर दोहराती रहती कि सुनने में आता है कि ज्यादा पढ़ने से लोग पागल हो जाते थे। इसलिए मेरे मुँह से अंग्रेजी के शब्द सुनकर वह घबरा जाती थीं। मेरी बस्ती के बदलू और बलराम दो ऐसे हरवाहे थे, जो शाम के समय काम से वापस आने पर सीधे मेरे पास आते थे और मुझे हमेशा अंग्रेजी बोलने के लिए कहते। मैं तुरंत दर्जनों छोटे-छोटे अंग्रेजी के वाक्य उनके सामने जड़ देता–'आई ऐम गोइंग', 'यू आर कमिंग' तथा 'ही इज रीडिंग' आदि आदि। मेरे मुँह से ऐसे वाक्यों को सुनकर लगता था कि मानो दिन-भर की हरवाही से प्राप्त उनकी सारी थकान मिट गई। पागलपन कहीं बढ़ न जाए, इस चिंता में दादी मुझसे हमेशा कहती रहतीं, "हरदम अंड-बंड मत बोलल कर।" इन तमाम अटकलों के बीच मेरा यह पागलपन बढ़ता रहा। प्राइमरी स्कूल में मेरा जो स्थान गणित के लिए था वही छठी के बाद अंग्रेजी के लिए हो गया। अंग्रेजी भाषा के कारण छठी कक्षा मेरे लिए अत्यंत आकर्षक बन गई।

वापस गाँव में अत्यंत खुशहाली का वातावरण छाने लगा था क्योंकि आषाढ़-सावन के बीच दो साल बाद बड़ी घनघोर बारिश हुई और चारों तरफ बाढ़ ही बाढ़ आ गई थी। लोग रोपनी के लिए धान की जरई तैयार करने लगे तथा खेतों में 'लेव' लगाते। खेत में चारों तरफ से मेड़ द्वारा पानी को रोककर हल जोतने को लेव लगाना कहते थे, जिसमें मौसम के अनुसार आगामी फसल बोई जाती थी। लेव के बाद खेतों को हेंगा से हेंगाया जाता था। बाँस के तीन छह-सात फीट लंबी काड़ियों को एक साथ पचरी ठोककर चौड़ा बना दिया जाता था, जिसे हेंगा या पाटा कहा जाता था। हेंगा को मोटे रस्से में बाँधकर जुआठे में नधे बैलों द्वारा खींचा जाता था। हेंगा के ऊपर अक्सर किसी बच्चे को भी बैठा दिया जाता था तथा हरवाहा स्वयं उस पर चढ़कर हेंगाने के लिए बैलों को हाँकने लगता था। पानी भरे जुताई किए गए खेत को समतल बनाने के लिए हेंगा पर बैठे बच्चों का बहुत मनोरंजन होता था। देखते ही देखते धान की फसलें लहलहा उठीं। दो साल की अत्यंत तबाही के बाद अकाल का दौर समाप्त होते ही बाढ़ के कारण ताल-पोखरे, नदी-नाले, डबरा-डबरी यहाँ तक कि धान के कियारे तरह-तरह की मछलियों से पट गए। मछलियों की बहुतायत इतनी ज्यादा हुई कि लोग टोकरी में भर-भरकर दूर-दूर स्थित अपने रिश्तेदारों के घर पहुँचाने लगे। मछलियों के आगमन ने दलितों की भुखमरी को हवा में उड़ा दिया। आगे आनेवाले हर मौसम में इसी की बहार थी। मछलियाँ मारने के सिलसिले में एक वाकया मेरे साथ ऐसा हुआ, जिसे याद करके मैं आज भी विचलित हो जाता हूँ। गाँव की ताल से जुड़ी पतली नहर में मैं कँटिया लगा रहा था। एक जगह गिरई नामक

मछली के छोटे-छोटे सैकड़ों बच्चे पानी की सतह पर तैर रहे थे। ऐसे छोटे बच्चों, जिसे जरई कहा जाता था, को माँ मछलियाँ अक्सर अपने साथ चराने के लिए पानी में इधर से उधर चला करती थीं। मैंने केंचुवा से गुँथी कँटिया को इन जरइयों के बीच फेंका। शीघ्र ही कँटिया का धागा तेजी से खींचा जाने लगा। मैंने कँटिया को उछालकर जमीन पर फेंका और मेरे हाथ में आ गई करीब एक पाव वजन वाली गिरई जो अपनी जरइयों को चरा रही थी। मैंने इस छटपटाती गिरई को जमीन पर पटककर मार डाला, उधर सैकड़ों जरइयाँ इधर-उधर बिखरकर ऐसे दिशाविहीन हो गईं, जैसे पानी की सतह पर बिछी काई पर बड़ा-सा पत्थर फेंक दिया गया हो। इन मातृविहीन जरइयों को दिशाविहीन देखकर मेरे अंदर एक अति निर्दयी पापी होने की अनुभूति जग गई। आज भी पानी में तैरती जब भी किसी मछली को देखता हूँ तो मैं अपने को उसी निर्दयी पापी की अवस्था में पाने लगता हूँ। जो भी हो, उस बरसात ने हमारे गाँव में आनेवाली हर संध्या को अपने पुराने रूप में तब्दील कर दिया था। सूरज डूबते ही झींगुर तथा रेउवाँ की निरंतर जारी रहनेवाली चिचियाती धुनों में हजारों मेढकों की टरटराहट मिलकर किसी को सोने नहीं देती थी। वहीं, गोबड़ौरो का समूह मैले के ढेर को गोलाकार ग्लोब का रूप देकर ऐसे ठेलते नजर आने लगे थे कि मानो दुखों से भरी इस धरती को लुढ़काकर वे किसी अन्य ग्रह पर ले जा रहे हों। ढिबरी तथा लालटेन जैसे रोशनी के स्रोतों पर पतिंगों का हुजूम आत्महत्या के लिए मजबूर होने लगा था। राहत की बात यह थी कि ये सारी गतिविधियाँ उस भीषण अकाल के समापन की ही घोषणा कर रही थीं। सावन आते ही नागपंचमी की आहट पाकर चुड़िहारिन गाँव-गाँव घूमकर कजरी विधा में गाने लगी थीं–

एक दिन छल कइलै हो मुरारी सुनिए–
बनिके अइलैं चुड़िहारी सुनिए ना।

गोदना गोदनेवालियाँ भी ऐसी धुनों पर फेरी लेने लगी थीं। नीम के पेड़ों पर पड़े झूले तो संध्या के समय मनोरंजन के सबसे बड़े केंद्र बन गए थे। गाँव के दलित मजदूर और मजदूरिनें लोकगीतों की धुन पर झूल-झूलकर दिन-भर काम से मिली थकान को हवा में उड़ाने लगीं। इसी बीच घुमंतू नटों की गाँव के बाहर सिरकियाँ भी गड़ने लगीं। ये सारी बरसाती गतिविधियाँ पिछले दो साल अकाल के दौरान एकदम बंद हो गई थीं किंतु सन् 1959 के बरसाती दिनों में इनकी वापसी से हमारी दलित बस्ती जीवंत हो उठी थी।

उस बरसात में करीब पंद्रह सदस्यीय घुमंतू नटों के एक झुंड ने हमारी दलित बस्ती के दक्षिण में स्थित ऊसर जमीन पर अपनी सिरकियाँ लगा लीं। त्रिकोण झोंपड़ीनुमा सिरकी सरपत तथा कपड़ों से बनाई जाती थी। उन्हें सैनिक टेंट सरीखे गाड़कर नट रात में उसके अंदर सोते थे। ऐसे खानाबदोश नट बरसात के दिनों में घूम-घूमकर लोगों को पहलवानी सिखाते थे, जिसके बदले उनकी रोजी-रोटी चलती रहती थी। ये नट आल्हा गाने में माहिर होते थे तथा ढोल वादन में अत्यंत पारंगत। हमारे गाँव में जिस नट परिवार ने सिरकी लगाई थी, उसका मुखिया बहुत हट्टा-कट्टा पहलवान था, जो तुर्कों जैसा प्रतीत होता था। उस परिवार की युवतियाँ अत्यंत सुंदरी थीं जिनके बारे में गाँव में तरह-तरह की चर्चाएँ होने लगी थीं। अपनी किसी बात को मनवा लेने की इन नटों में अद्भुत क्षमता होती थी। वे सब कुछ आल्हा गा-गाकर मनवा लेते थे। वीरता भरे किसी भी आल्हा प्रकरण में वे सामने वाले व्यक्ति को पिरोकर ऐसा दृश्य पैदा कर देते थे, जिससे भावुक होकर लोग उन्हें हर तरह की मदद के लिए राजी हो जाते थे। इसी क्रम में बस्ती के लोग पहलवानी सीखने के लिए राजी हो गए। मुर्दहिया के पहले एक बाग

में अखाड़ा तैयार किया गया तथा करीब बीस युवक उस नट पहलवान से कुश्ती, बाना-बनेठी, तलवार आदि भाँजना सीखने लगे। अखाड़े में नट तरह-तरह के दाँव सिखाता तथा वहाँ भारी भीड़ तमाशबीनों की इकट्ठा हो जाती। एक बार सिखा दी गई तरकीबों को प्रैक्टिस के लिए वह नट बीच-बीच में वीर रस से ओतप्रोत ढोल की थाप को ऐसी सुरीली बना देता था कि ये सारी नट विद्याएँ सबके सिर चढ़कर बोलने लगती थीं। हमारे परिवार के दो युवक सोबरन तथा गोकुल भैया पहलवानी सीखे। नटों द्वारा ऐसी पहलवानियाँ एक 15 दिवसीय पर्व की तरह होती थीं, जिसके बाद शुरू होता था विदाई समारोह। जिन-जिन के घर के युवक पहलवानी सीखते थे, नट पहलवान बारी-बारी से उनके घर आल्हा का आयोजन करता था। जिस दिन हमारे दरवाजे पर आल्हा का आयोजन हुआ, उस दिन सैकड़ों लोग वहाँ उपस्थित हो गए थे। लोग घंटों तक मंत्रमुग्ध होकर आल्हा सुनते रहे। अंततोगत्वा, जब वह नट समूह हमारी बस्ती से विदाई लेकर अपनी सिरकियाँ उखाड़ने लगा, तो घर-घर में मातम सा छा गया था। जब वे सिरकियों को अपनी पालतू घोड़ी की पीठ पर लादकर एक अजनबी मंजिल की तरफ जाने लगे तो मैं भी उन्हें बड़ी ललचाई निगाहों से देखता रहा और बार-बार सोचता रहा कि यदि उनके काफिले में मैं भी होता, तो कैसा लगता? देखते ही देखते नटों का यह झुंड मुर्दहिया के रास्ते हमारी आँखों से ओझल हो गया।

जाहिर है, उस बरसात ने सूखाग्रस्त गाँवों की दलित बस्तियों में अनेक गतिविधियों की भरमार कर दी थी। अब जो चिट्ठियाँ मुझसे लिखवाई जाती थीं, उनमें किसुनी भौजी जैसी युवतियों द्वारा ऋतु वर्णन भी शामिल होने लगा था। उनके अर्थ वैसे ही होते थे, जैसे 'पद्मावत' में महाकवि जायसी की ये पंक्तियाँ—

बरिसै मघा झकोरि-मोर दोउ नैन चुवै जस ओरी।

उधर हमारा स्कूल भी जाड़े की शुरुआत होते ही अनेक सामाजिक गतिविधियों का केंद्र बन गया। पहली पंचवर्षीय योजना चालू तो पहले ही हो गई थी किंतु उसका प्रभाव कहीं नहीं नजर आता था। पहली बार सन् 1959-60 के जाड़ों में हमारे क्षेत्र के जहानागंज कस्बे में ब्लॉक विकास केंद्र खोला गया था, जिसके तहत विभिन्न स्कूलों में कृषि प्रदर्शनी आयोजित होने लगी। अनेक सरकारी अधिकारी, जैसे—ए.डी.ओ., बी.डी.ओ., तहसीलदार तथा डी.एम. आदि इन स्कूलों का दौरा करने लगे। ऐसी प्रदर्शनियों के अवसर पर मुझे यह अनुभव होने लगा था कि दो वर्ष पहले कौड़ा तापते हुए मुन्नर चाचा जो कुछ भी रूस में 'समोहीखेती' या नेहरू की योजना के बारे में बताते थे, उसका साकार रूप इनमें दिखाई देने लगा था। उस समय हमारे स्कूल पर बहुत बड़ा मेला लगा हुआ था। प्रदर्शन में लहलहाती फसलों के बड़े-बड़े नमूने रखे गए थे। वहाँ बड़ी संख्या में किसान आते थे। शाम के समय बड़े स्तर पर सांस्कृतिक कार्यक्रम ब्लॉक द्वारा आयोजित किए जाते थे। उस समय जहानागंज ब्लॉक के मशहूर 'बिरहा गायक' थे, जो अपनी गायन शैली में विकास कार्यक्रमों को भी शामिल किए हुए थे। उनका नाम था जयश्री यादव। लोहे का करताल बजाते हुए जब बुलंद आवाज में इन लाइनों—

होइहैं अब कल्यान पंचवर्षीय योजना से—
हरा-भरा खेत-खलिहान पंचवर्षीय योजना से।

को गाते थे, तो सभी रोमांचित हो उठते थे। ऐसी प्रदर्शनियों के बाद गाँव-गाँव में ग्रामसेवक घूमने लगे। साथ में कभी-कभी स्कूलों के कृषि छात्र भी होते थे। वे सभी डिबलर से बीज बोने के लिए किसानों को प्रेरित करते रहते थे। 'डिबलर' लकड़ी का एक दर्जन खूटियों वाला चौकोर

खाँचा होता था। इसके इस्तेमाल से खेत में खूटियों द्वारा बनाए गए छेद में फसलों के बीज बोए जाते थे। उस समय डिबलर से खेती का वर्णन विभिन्न लोकगीतों में खूब मिलता था। इन सब क्रियाकलापों से नेहरू जी की छवि ग्रामीण इलाकों में काफी निखरने लगी थी। लोग अकाल से उत्पन्न दुख-दर्द को भूल गए थे। धान की अच्छी फसलों के बाद चैत-वैशाख के दिनों में जौ, गेहूँ, चना, मटर आदि फसलों की कटाई से दलितों के बीच काफी खुशहाली छा गई थी, इसका कारण था कुछ महीनों के लिए उचित भोजन व्यवस्था, इस संदर्भ में हमारे पूरे क्षेत्र में दूर-दूर तक ब्राह्मण तथा क्षत्रिय जमींदारों के बीच चमारों को लेकर एक काव्यात्मक मुहावरा प्रचलित था–

भादों भैसा चइत चमार-इनसे कबहूँ लगै न पार।

इस निरादरपूर्ण अमानवीय अभिव्यक्ति में चमारों की पेट भरकर खाने की खिल्ली उड़ाई गई थी। उपरोक्त उक्ति से यह भी प्रकट होता है कि भारत का सवर्ण समुदाय चमारों को भूखे पेट देखना ही ज्यादा पसंद करता है। हाँ, यह भी अवश्य परिवर्तन आया कि चैत आते ही अकाल के दौरान बंद शादी-विवाह के समारोह एक बार फिर पुनर्जाग्रत् हो गए। हल्दी की रस्म तथा 'मटमँगरा' के गीत दलित बस्तियों में गूँजने लगे। ऐसे अवसरों पर–

सोने की थारी में जेवना परोसो रामा,
जेवना ना जेवै हमार बलमा।

यह एक अत्यंत प्रचलित लोकगीत हुआ करता था, जिसे मटमँगरा से लेकर शादी के दिन तक लगातार गाया जाता था। इस दौरान दलितों की झोंपड़ियों की दीवारों पर कोहबर कलाकृतियाँ विभिन्न रंगों में उभरकर अपना एक अलग ही सौंदर्य बिखेरने लगती थीं। दीवार पर गेरू तथा हल्दी से जो पेंटिंग की जाती थी, उसे कोहबर कहा जाता था। ऐसी कलाकृतियों में केले का पेड़, हाथी, घोड़े, औरत, धनुष-बाण आदि शामिल होते थे। इन कलाकृतियों को 'कोहबर-लिखना' कहा जाता था। चिट्ठी की तरह कोहबर लिखने के लिए भी गाँववाले मेरी ही तलाश में रहते थे। अतः मैं जब तक गाँव में रहा, शादी किसी के घर हो, कोहबर मैं ही लिखता रहा। एक विशेष बात यह थी कि इन कोहबर कलाकृतियों का प्रचलन सवर्ण जातियों में नहीं था। इन परंपराओं से जाहिर होता है कि सदियों से चला आ रहा दलितों का यह बहिष्कृत समुदाय एक अलौकिक कला एवं संगीत का न सिर्फ संरक्षक रहा, बल्कि उसका वाहक भी है। अशिक्षा के कारण लिपि का ज्ञान न होने के कारण दलित लोग संभवतः भारत के पहले व्यक्ति थे जिन्होंने अभिव्यक्ति के लिए कोहबर पेंटिंग का सहारा लिया था। शादी-विवाहों के इन अवसरों पर भाँड़ मंडलियों या नौटंकियों का आयोजन दलितों के बीच एक आम बात थी। इन अत्यंत आकर्षक मंडलियों या नौटंकियों में नाटक से लेकर गायक, तबलची, अभिनेता, स्वाँग आदि कोई प्रोफेशनल व्यक्ति नहीं, बल्कि यही अधपेटवा गुजारा करनेवाले हरवाहे हुआ करते थे। ऐसे अवसरों पर एक सिद्धहस्त कलाकार के रूप में उनकी प्रस्तुति से सदियों पुराने उनके दुख-दर्द कुछ समय के लिए हवा में उड़ जाते थे। मेरे ननिहाल तरवाँ के एक चचेरे मौसा थे, जो एक बड़े हाजिरजवाब स्वाँग (यानी मसखरे) थे। इन भाँड़ मंडलियों में वे सामाजिक कुरीतियों पर लोकशैली में तरह-तरह के व्यंग्य द्वारा प्रस्तुति को बहुत ही मार्मिक बना देते थे। उनका एक गीत मुझे आज भी स्मरण होते ही रोमांचित कर देता है, जिसकी कुछ पंक्तियाँ इस प्रकार हैं–

हरिजन जाति सहै दुख भारी हो।
हरिजन जाति सहै, दुख भारी॥

जेकर खेतवा दिन-भर जोतली,
ऊहै देला गारी हो, दुख भारी॥
हरिजन जाति सहै, दुख भारी॥

इसी तरह बाल विवाह जैसी कुरीतियों पर तीखी टिप्पणियाँ, जो नंगी सच्चाइयों का पर्दाफाश कर देनेवाली होती थीं, उन्हें वही हरवाहे नर्तक गा-गाकर अपनी नृत्यकला को बेहद आकर्षक बना देते थे। उदाहरण के लिए—

मं त हौं जवान मोर बलमा लरिकइयाँ।
आधी-आधी रतिया क बाबा मागै पनिया॥
मं त जनि पियाराल बाबा ले के गइलों पनिया,
बाबा के बोहरिया परै, धइलै करिहइयाँ
ऊ त लगलैं बोलै, जइसे बकरन की नइयाँ॥

इसी कुरीति पर एक विरहा शैली में बड़ा ही लोकप्रिय गीत गाया जाता था, जिसकी इन पंक्तियों में बहुत गूढ़ तथ्य छिपे रहते थे, जैसे—

बाबा विदा करौ लं लरिका के मेहरिया
रहरिया में बाजै घुँघरू॥

उपरोक्त पंक्ति में छिपा गूढ़ रहस्य यह है कि गाँवों में अरहर के साथ उस जमाने में हमेशा सनई की भी फसल मिलाकर तैयार की जाती थी। सनई से पटसन बनता था तथा उसके फूल का साग बहुत स्वादिष्ट होता था। इसमें मूँगफली जैसी सैकड़ों फलियाँ लग जाती थीं, जिनके अंदर तीसी की तरह बीज भरे रहते थे। सनई की ये फलियाँ जब पककर सूख जाती थीं, तो उनके तने जरा भी किसी चीज के स्पर्श से हिल जाते तो यकायक इनके पूरे पेड़ से सैकड़ों घुँघरू जैसी खनक गूँज उठती थी। उपरोक्त लोकगीत में छिपा हुआ रहस्य यह है कि बालविवाह से उत्पन्न कुरीति के कारण बालक दूल्हे की जवान पत्नी को उसका ससुर अरहर और सनई की संयुक्त खड़ी फसल के बीच से जानेवाले रास्ते से विदा कराकर ले जा रहा है। अतः सामाजिक रूप से अमान्य व्यवहार के स्पर्श से गहन फसल के बीच सनई के पौधों से घुँघरू की गूँजती आवाजों से सारा रहस्य उजागर हो जाता है। 'गीतगोविन्दम्' में जयदेव द्वारा वर्णित कृष्ण के शारीरिक स्पर्श से राधा के पैरों में बँधी पायल के खनक जाने से जो रहस्य खुल जाता है, उससे कहीं ज्यादा सौंदर्यशास्त्रीय रहस्य इन अधपेटवा दलितों की सनई से उजागर हो जाता है। इस प्रकरण में सनई की फलियाँ राधा के पायल से कहीं ज्यादा खनकती नजर आती हैं। ऐसे ही पति के बूढ़े होने की शिकायत करती युवती का विरह इस लोकगीत में प्रस्फुटित हो जाता था—

कइसे सपरी हो भैया कइसे सपरी
मीलल हमके बूढ़वा भतार;
भैया कइसे सपरी,
होइहैं कइसे बेड़ा पार
भैया कइसे सपरी॥

इसी प्रकार इन नाच मंडलियों में दलित समाज में किसी भी नई चीज को अंधविश्वासों के दबाव में न स्वीकारने की भावना भी परिलक्षित होती रहती थी। उदाहरण के लिए, जब सरकार अंग्रेजी डॉक्टरों को ग्रामीण क्षेत्रों के कस्बाई दवाखाने भेजने लगी तो दलित उनसे इलाज

कराने में हिचकते थे। इसलिए वे अपने लोकगीतों में इन डॉक्टरों का मजाक अपनी बीमार बकरियों के माध्यम से उड़ाने लगते थे, जैसे—

हे डकडर बाबू बेमार भइली बकरी।
सँझिया क चरि के अइली खेतवा में लतरी॥
हे डकडर बाबू बेमार भइली बकरी॥

इन लोककला मंडलियों में लैला-मजनूँ, शीरी-फरहाद, सुल्ताना डाकू आदि जैसे नाटकों का मंचन भी दलित कलाकार बहुत आकर्षक ढंग से करते थे। इन सभी नाटकों का अंत एक विचित्र समापन शैली में होता था। मूल नाटक के खत्म होते ही मुख्य कलाकार मंच पर आकर अपने दोनों हाथों को कमर पर रखकर दाएँ-बाएँ हिलाते हुए नृत्य शैली में 'मोहे ले चल रे—मोहे ले चल' गाने लगता था। कुतूहलवश एक के बाद एक सारे कलाकार बारी-बारी से मंच पर आते और सभी वैसा ही करना शुरू कर देते थे। ऐसा लगता था कि 'मोहे ले चल रे—मोहे ले चल' कोई छूत की बीमारी थी जो सबको लग जाती थी। इतना ही नहीं, अंततोगत्वा दर्शक भी 'मोहे ले चल रे—मोहे ले चल' गाने लगते थे। इस तरह, इस लोककला में दर्शक विलुप्त हो जाते थे। इस कड़ी में बरात प्रस्थान के समय एक खास किस्म का नृत्य किया जाता था जिसे 'दुक्कड़' कहते थे। यह बहुत शक्तिशाली नृत्य होता था। इसमें सिर्फ दो कलाकार एक दफलावादक तथा दूसरा दुक्कड़ची नर्तक होता था, दफले की जोरदार लक्कड़ ध्वनि पर नाचनेवाला व्यक्ति गोलाकार आवृत्ति में नाचते हुए तरह-तरह की कलाबाजियाँ दिखाता रहता था। इन कलाबाजियों में उसका मुकाबला दफलची स्वयं करता था। मेरे दादा के छोटे भाई के बड़े बेटे सुन्नर काका सिद्धहस्त दुक्कड़ची थे। ऐसे ही एक नाच हुआ करता था 'हुडुक' की ध्वनि पर कहँरउवा। हुडुक डमरू की आकृति वाला उससे काफी बड़ा वाद्य होता था जिसे कलाकार अपनी बाँह के नीचे काँख में दबा लेता था तथा उसे अपनी केहुनी से बजाता था। यह बड़ा गजब का वाद्य होता था जिससे बहुत सुरीली कहरवा शैली में आवाज निकलती थी। वादक स्वयं जो कुछ गाता था, उसके बीच-बीच में 'दहि दहि दे-दहि दहि दे' नामक तकियाकलाम भी ठोक देता था। हूड़क वाले का 'दहि दहि दे' अत्यंत आकर्षक होता था। उस जमाने में भी इस शैली वाले कलाकार बहुत कम मिलते थे। आज के जमाने में तो वे संभवतः विलुप्त ही हो गए हैं। मैं इन नाच मंडलियों तथा लोककलाओं के पीछे एक तरह से पागल-सा हो गया था। अतः दूर-दूर तक के गाँवों में मैं रात-भर घूम-घूमकर इन्हें देखने-सुनने जाया करता था। अक्सर मैं इन नाचों को देखने के बाद देर रात हो जाने के कारण उन्हीं गाँवों के मैदानों तथा खलिहानों में भूसा फैलाकर बरातियों के साथ सो जाता था तथा सुबह होते ही घर वापस आता था जिसके कारण घर पर मुझे भीषण गालीयुक्त अपमान से जूझना पड़ता था। एक रोचक बात यह थी कि इस तरह की सारी लोककलाएँ सिर्फ दलितों के बीच ही केंद्रित थीं। सवर्ण जातियों में किसी तरह की लोककला मौजूद नहीं होती थी। शायद यही कारण था जिसके चलते इन कलाओं के साथ जातिसूचक विशेषण जुड़ गए थे, जैसे— चमरउवा नाच या गाना, धोबियउवा नाच, कहँरउवा धुन, गोड़इता नाच (हुडुक के साथ) आदि।

इस तरह उस अकाल का दुर्दिनिया असर समाप्त होते ही दलित बस्तियाँ तरह-तरह की लोककलाओं से गुलजार हो गई थीं। इस बीच अंग्रेजी के चलते मेरी पढ़ाई और भी रोचक होने लगी थी। छठी कक्षा में कोई विशेष समस्या नहीं हुई और मैं सन् 1960 की जुलाई में सातवीं में चला गया। तीन महीने बाद तिमाही इम्तहान होनेवाला था। उस समय तिमाही, छमाही, सालाना

आदि परीक्षाओं का प्रचलन था। स्कूल मास्टर ने कहा कि चार आने इम्तहान की फीस लाना है। मैंने अपने घर के मालिक मुन्नर चाचा से फीस की माँग कर दी। इस पर उन्होंने खीझकर बोल दिया, "ई ससुरा सब इन्तिहाने के बदले पइसा ले जाइके नोनियनिया क पकौड़ी खालै।" उस समय स्कूल के सामने शेरपुर गाँव की एक नोनिया जाति की महिला ने पकौड़ी की दुकान खोल ली थी, जिसकी शोहरत दूर-दूर तक के गाँवों में हो गई। मुन्नर चाचा की यह बात मुझे बड़ी गहराई से छू गई क्योंकि मैंने कभी उस पकौड़ी वाली दुकान के आस-पास तक जाने की हिम्मत नहीं की थी खरीदना या खाना तो दूर रहा। अतः मैं इस झूठे आरोप से इतना आहत हुआ कि घर से भागने की ठान ली। दूसरे दिन मैं घर से स्कूल के लिए चला। गाँव के कुछ लड़के मुर्दहिया पर गाय-भैंस चरा रहे थे। मैंने अपना बस्ता एक लड़के को देकर यह कहा कि इसे मेरे घर पर देकर कह देना कि मैं किताब खरीदने बरहलगंज बाजार जा रहा हूँ, अतः शाम तक घर आ पाऊँगा। यह कहकर मैं गाँव से करीब 15 किलामीटर दूर दुल्लहपुर नामक छोटी लाइन के रेलवे स्टेशन की तरफ बढ़ा। मेरे गाँव का एक कोयला मजदूर आसनसोल में काम करता था, उनका नाम था टेनी काका। वे कहा करते थे कि "रेलिया के पटरिया के निचवा सोइ के बिना टिकटवै के आसनसुर चहुँपि जाइला।" उस समय तक मैंने रेलगाड़ी नहीं देखी थी। इसलिए उनसे प्रायः पूछता था कि "रेलिया क पटरिया का होले।" वे बताते थे कि बैठने या सोने के लिए बीरिन्च जइसन (यानी बेंच जैसा) फट्टा होता है, जिसके नीचे वे छिपकर सो जाते थे। उनकी बताई गई यह विधि मुझे हमेशा अपनी तरफ खींचती रही। यही सोचकर दुल्लहपुर की ओर चला था कि "रेलिया के पटरिया के निचवा छिपि के कलकत्ता हमहूँ चहुँपि जइबै।" किंतु आधी दूरी तय करने के बाद चिरैयाकोट थाना तक पहुँचते ही मेरे पाँव थरथराने लगे। कारण यह था कि मेरे पास एक भी पैसा नहीं था। सोचने लगा कि खाऊँगा क्या? साथ ही, यदि दुल्लहपुर पहुँच भी गया, तो कलकत्ता का सफर कैसा होगा? तरह-तरह के दृश्य मेरे सामने से गुजरने लगे। कभी सोचता था कि यदि कलकत्ता पहुँच गया, तो शाम बाजार वाले टाना रिक्शा खींचनेवाले विसराम को ढूँढूगा तो कभी बेलिया घट्टा के 'मुर्बीदास' की याद आती थी। हमारे गाँव की औरतें अक्सर कहा करती थीं कि कलकत्ता में बंगाली औरतें बाहरी लोगों को जादू द्वारा वश में करके भेड़ा-बकरा बनाकर रख लेती हैं। अतः इससे भी आतंकित हो गया कि यदि भेड़ा-बकरा बन गया तो क्या होगा? इसके अलावा न जाने कितनी कल्पनाएँ मेरे दिमाग से ओझल होती रहीं। अंततोगत्वा कलकत्ता की राह में संभावित खतरों से मैं डर गया तथा कुछ वर्षों के लिए घर से भागने की आकांक्षा उसी चिरैयाकोट के थाने की इमारत से टकराकर चकनाचूर हो गई और मैं उलटे पाँव आजमगढ़ की ओर जानेवाली सड़क पर निरुद्देश्य चल पड़ा। संध्या होनेवाली थी और मेरी भूख चरम सीमा पर थी। जी चाहता था कि कुछ भी खाने को मिल जावे, तो कुछ बात बने। उस समय मैं सड़क के पास 'अल्देमऊ सरौना' नामक गाँव से गुजर रहा था। मेरे सामने गन्ने की खड़ी फसल दिखाई पड़ी। चुपके से मैं गन्ने के अंदर घुस गया। बड़े धीरे से एक गन्ना तोड़ा। उसके पत्तों को छुड़ाकर उसके ऊपरी हरे हिस्से, जिसे गेंड़ा कहते हैं, को धीरे से चटकाया। गन्ने के झुरमुट से बाहर निकलते हुए इधर-उधर दूर तक देखा कि कोई मुझे चोरी करते देखा तो नहीं। आश्वस्त होने पर गन्ना चूसते हुए आगे निकल पड़ा। किसी तरह, उसी सड़क पर स्थित बबुरा धनहुवाँ के उस स्कूल पर पहुँचा जहाँ पाँचवीं कक्षा का इम्तहान दिया था। वहाँ पहुँचते ही, मेरी कल्पना में एक बार फिर रामचरन भैया मेरे सामने खड़े हो गए। मैं किंकर्तव्यविमूढ़ होकर सोचने लगा कि **इसके आगे कहाँ** जाऊँ?

अब बिलकुल अँधेरी रात हो चली थी। बीच-बीच में अचानक किसी एक्का में नधे घोड़े की टाप सड़क पर बजती सुनाई देने लगती थी। मुझे याद आया कि मेरे चचेरे भाई– वही पहलवानी सीखनेवाले गोकुल भैया की ससुराल बबुरा से करीब डेढ़ किलोमीटर पश्चिमोत्तर में स्थित दलित बस्ती में है। पता के नाम पर इसका पता था 'बबुरा के पास वाली चमरौटी'। मैंने इस चमरौटी को इधर-उधर पूछते हुए ढूँढ़ निकाला क्योंकि इससे पहले वहाँ कभी नहीं गया था। गोकुल भैया के ससुराल वाले खाना खाकर सो गए थे। वे लोग मुझे देखते ही अचंभित हो गए और समझ गए कि मेरा इस तरह आना कुछ गड़बड़ सा लगता है। वे लोग बेहद गरीब थे। इसलिए तत्काल कुछ खाने का इंतजाम करना उनके लिए एक समस्या थी। घर के अंदर चल रही कानाफूसी से इसका आभास मुझे हो गया था। वे लोग एक मोटी रोटी और कुछ कर्मी का साग सुबह बच्चों के 'खरमेटाव' यानी नाश्ते के लिए बचाकर रखे थे। अतः उनका खरमेटाव मेरे 'डिनर' के हिस्से में काम आया। उनकी झोंपड़ी के सामने एक ही जड़ से निकले जुड़वाँ ताड़ के दो लंबे पेड़ थे, वहीं एक झिलँगा डालकर मुझे सुलाया गया। कलकत्ता की असफल यात्रा तथा घरवापसी से उत्पन्न संभावित कलह की पीड़ा से आक्रांत मुझे नींद नहीं आई। मैं ताड़ के इन जुड़वाँ भाइयों को रात-भर निहारता रहा। अक्सर भावनात्मक बहाव से जूझते हुए सोचने लगता था कि इन्हें पकड़कर रोने लगूँ। इसी ऊहापोह के बीच रात के तीसरे पहर के सन्नाटे को भंग करती हुई मेरे पैरों के पास जमीन पर किसी बड़ी-सी वस्तु के 'धम्म' से गिरने की आवाज सुनकर मैं उठ बैठा। एक बार तो मुझे लगा कि इन ताड़ के पेड़ों का भूत है, इसलिए लाख चाहने पर भी मैं न तो उस वस्तु की तरफ देख सका और न ताड़ के ऊपरी झुरमुट को। भुतहे माहौल से बहुत डर गया था। अब कहाँ सोऊँ इसका विकल्प कुछ भी नहीं था। झिझक के कारण झोंपड़ी के अंदर सोए रिश्तेदारों को बुला भी नहीं सकता था। लगभग कंपन की मुद्रा में मैं बैठा रहा। जैसे-तैसे मन-ही-मन 'हनुमान चालीसा' रटते हुए उस गिरी वस्तु की तरफ देखा। इसकी वही प्रसिद्ध लाइनें–

भूत पिसाच निकट नहिं आवै– महाबीर जब नाम सुनावै

उस रात मेरे काम आई और वह वस्तु भूत नहीं, बल्कि ताड़ के पके हुए फल के रूप में नजर आई, जिसे हमारे गाँववाले तरकुल का 'कुज्जा' कहा करते थे। मैंने उसे उठाकर रख लिया। नींद से वंचित सवेरा होते ही मैं तरकुल के उस कुज्जे को लेकर अपने गाँव की तरफ चल पड़ा। तमाम आशंकाओं से बोझिल दिमाग को ढोते हुए भरी दोपहरी में मैं अपनी उसी पुरानी मुर्दहिया पर एक बार फिर आ पहुँचा। वहाँ कोई नहीं था। वहाँ से कुछ ही दूर स्थित अपनी दलित बस्ती की तरफ दस-बीस कदम बढ़ाता, फिर डर के मारे मुर्दहिया की तरफ वापस आ जाता था। सबसे बड़ा डर इस बात का था कि पिटाई तो जो होनी है, वह होगी ही, मेरी पढ़ाई हमेशा के लिए छुड़ा दी जाएगी। उस समय मैं तुलसीदास जी के शब्दों में–

तरु पल्लव महुँ रहा लुकाई– करइ बिचार करौं का भाई

वाली स्थिति में आ गया था। मैं घबराकर मुर्दहिया के उस हिस्से में एक सिंघोर के पेड़ के नीचे बैठ गया, जहाँ मरे पशुओं के चमड़े छुड़ाए जाते थे। कल्पना के तौर पर अचानक मेरे सामने डाँगर के मांस पिंड पर झपटते गिद्ध तथा झौहाते हुए कुत्तों की होड़ नजर आने लगी। तभी हमारे गाँव के एकमात्र नट परिवार के मुखिया सोफी कंधे पर ढोल टाँगे किसी अन्य गाँव से आल्हा गायकी के बाद अपनी झोंपड़ी की तरफ आते दिखाई दिए। मुझे देखते ही वे कहने लगे, "तू कहाँ चला गवा था बाबू! तुमरे घरे रोवन पड़ा था। लोगन एहर-ओहर खोजन निकला

है, चल-चल घर चल।" 'घर चल' सुनकर मैं फूट-फूटकर रोने लगा। सोफी मुझे पकड़कर घसीटते हुए घर की तरफ चल पड़े। वे जोर-जोर से मेरे पिता जी का नाम लेकर बुलाने भी लगे। साथ ही बीच-बीच में वे अपनी ढोल पर एक जोर का तमाचा भी जड़ देते थे। उनका यह विचित्र ढोलकची शोर मेरी बस्ती में आसानी से जा पड़ा। दर्जनों लोग मेरी तरफ चल पड़े जिनमें मेरे गुस्सैल नग्गर चाचा भी शामिल थे। मेरे पास पहुँचते ही नग्गर चाचा सबको कहने लगे कि कोई इसे कुछ न कहे, वरना यह फिर भाग जाएगा। उनकी इस वाणी से मुझे बड़ी राहत मिली। मैं घर पहुँचकर जोर-जोर से फिर रोने लगा। इस बार मेरी इस रुलाई में मेरी माँ शामिल हो गई। गाँव की अनेक औरतें भी अपनी-अपनी आँखें पोंछने लगीं। कोइलरी के पते पर चिट्ठी लिखवानेवाली किसुनी भौजी मेरे सिर पर हाथ रखकर बोली, "देसवा तूँ छोड़ि देबा बाबू, त हमारि चिठिया के लिक्खी?" ऐसे ही दिल को छू लेनेवाले अनेक जुमले मुझे उस दिन सुनाई पड़े। गाँव के फेरू काका गुस्से में घर पर आकर बोले कि इसकी पढ़ाई नहीं छुड़ाई जाए। इस दौरान मेरे पिता जी घर पर नहीं थे। वे मेरे ननिहाल तरवाँ मुझे ढूँढ़ने चले गए थे। वे उस दिन शाम को घर वापस आने पर मुझे देखकर स्वयं जोर-जोर से रो पड़े और कहने लगे, "अब हम कहिओ हरवाही करै के ना कहब। तूँ जेतना पढ़ल चाहत हउवा, ओतना पढ़ा, अब केहू ना बोली।" पिता जी ने यह भी बताया कि शेरपुर कुटी पर बाबा हरिहरदास ने उन्हें रामायण से सगुन निकालकर बताया था कि लड़का घर वापस जरूर आएगा। इस सगुन के बारे में उन्होंने कहा कि बाबा हरिहरदास ने दूब के एक डंठल को तोड़कर बंद रामायण के अंदर एक जगह घुसेड़ दिए और जब उस पन्ने को खोलकर देखे, तो उस पर राम के लंका से अयोध्या लौटने की बात लिखी थी। बाबा ने इसका मतलब शुभ समाचार के रूप में निकाला। मेरे धर्मांध पिता मेरे घर पहुँचने से पहले ही पूर्णरूपेण आश्वस्त हो चुके थे कि बाबा हरिहरदास का सगुन कभी झूठा साबित नहीं होता। मेरी पढ़ाई तो फिर चालू हो गई किंतु इससे जुड़ी सारी समस्याएँ ज्यों की त्यों पड़ी रहीं। स्कूल में मेरे सारे अध्यापक घर से भागने की खबर से काफी स्तब्ध रह गए थे। मेरे संस्कृत के अध्यापक जगदीश पाँडे तो मेरे घर से भागने से लेकर वापस आने तक के वृत्तांत को सुनकर स्वयं दूसरे लोगों को सुनाने लगे थे। वे तरकुल के कुज्जे वाली भुतही घटना का खूब मजा ले-लेकर औरों से गुणगान करते थे। वास्तव में मैं इस पंडित जी का सबसे बड़ा चहेता बन गया था। इस बीच बाबा हरिहरदास ने भी मुझे आश्वस्त किया कि वे मेरी पढ़ाई नहीं बंद होने देंगे। इस बार मात्र दो दिन के अंतराल के बाद सातवीं कक्षा में मेरी पुनर्वापसी एक युगांतरकारी घटना साबित हुई। स्कूल की पढ़ाई तो सामान्य हो गई किंतु घर पर जब पढ़ने बैठता, तो सभी लोग ताने मारते कि काम के डर से पढ़ने का बहाना बनाकर बैठ गया है। ऐसी बातें मुझे बहुत खलती थीं।

उसी समय मेरी माँ को रात में दिखाई देना बहुत कम हो गया। अतः टोटकास्वरूप वह रात के अँधेरे में सरसों के तेल से मिट्टी की ढकनी में कपास की बाती जलाकर यूँ ही कुछ ढूँढ़ने निकल पड़ती थी। कौतूहलवश किसी ने पूछ लिया कि क्या ढूँढ़ रही है, कुछ खो गया है क्या? तो वह तुरंत घर में यह कहते हुए वापस आ जाती थी कि वह 'रतौन्ही' ढूँढ़ रही थी। रतौन्ही आँख की एक बीमारी होती थी जिसके चलते रात में दिखाई देना कम हो जाता था। गाँव में सबका विश्वास था कि दीया-बाती जलाकर रतौन्ही ढूँढ़ते हुए किसी के द्वारा टोक दिए जाने से यह टोटका सफल हो जाता है और फिर रोगी को साफ दिखाई देने लगता है। मेरी माँ भी दावा करने लगी कि इसी टोटके से वह ठीक हो गई। मुझे ऐसे टोटकों के प्रति आशंका

तो होती थी, किंतु घोर अंधविश्वासी माहौल में कोई प्रतिरोध नहीं कर पाता था। उसी माहौल में अक्सर किसी भी व्यक्ति को हाथ में खाद्य सामग्री ले जाते देखकर कौवे झपट्टा मारने लगते थे। इस प्रक्रिया में यदि कौवे का पाँव किसी के सिर से टकरा गया, तो इसे बहुत बुरा असगुन (अपशकुन) माना जाता था। जैसा कि इसके काट के लिए किसी नजदीकी रिश्तेदार को मृत्यु का संदेश दिया जाता था, ताकि वहाँ रुदन शुरू हो जाए। एक ऐसी ही घटना नग्गर चाचा की बड़ी बहू बसमतिया भौजी के साथ हुई। इसी भौजी के पिता तथा चाचा ओझा-सोखा थे। नग्गर चाचा कहने लगे, "असगुनिया क सनेसा असगुनिया से ही भेजवावौ के चाही।" अतः इस अपशकुन के काट का संदेश भेजने के लिए मेरे जैसे अपशकुनकारी व्यक्ति का चुनाव किया गया। मेरे लिए यह एक विराट संकट था कि एक जिंदा व्यक्ति को कैसे मृतक घोषित करूँ, वह भी उसके माँ-बाप के सामने। अंततोगत्वा मैंने लगभग दस किलोमीटर दूर उनके गाँव 'मंगरपुर' जाकर बसमतिया भौजी की मृत्यु का 'सनेसा' सुना ही दिया। उनकी माँ फूट-फूटकर रोने लगी। साथ ही छाती भी पीटने लगी। मैंने पुनः घबराते हुए बोल दिया कि कौवा मुँड़वा पर झपट्टा मरले रहल। इतना सुनते ही बड़ी राहत के साथ रुदन शांत होते ही असगुन के टल जाने का इत्मीनान भी हो गया। उस दिन मंगरपुर में जोर की आँधी आई थी। अतः खूब धूल-धक्कड़ का माहौल था। इस कथित मृत्यु संदेश से ओझा-सोखा के घर वाले इसलिए भी थोड़ी देर के लिए घबरा गए थे कि आँधी में किसी बगल के गाँव का एक बकरा बहककर ओझा के घर के पास आ गया था, जिसे पकड़कर उन्होंने अपने आँगन में काट दिया था। अतः वह क्षणिक मातम एक उत्सव में बदल गया। संयोग देखिए कि उसी समय बकरे का मालिक उसे ढूँढ़ते-ढूँढ़ते ओझा ही के घर ओझैती कराने के लिए आ गया। इन ओझाओं के सामने भी विकट संकट था। आखिर, उनके ही घर में कटा हुआ बकरा पकाए जाने के इंतजार में पड़ा हुआ था। ओझैती तो जमानी ही थी। अतः ओझैती के लिए बकरे के मालिक ने सवा रुपए 'अच्छत' में दिया। लौंग काटते हुए 'जै भवानी काली माई की' उद्घोष के साथ गिड़गिड़ाते हुए ओझा बाबा तुतलाते हुए बोल पड़े, "दुइगोड़वा कुक्कुर-दुइगोड़वा कुक्कुर साफ देखाई दे हौ– साफ देखाई दे हौ–अब जात हौ-जात हौ- चलि गयल- चलि गयल- अब भवानियों माई के ना देखात हौ- ना देखात हौ- ले गयल दुइगोड़वा कुक्कुर तोहरे खस्सी के।" इसके बाद ओझा बाबा ने समझाया कि 'दुइगोड़वा कुक्कुर' का मतलब कि चोर बकरे को लेकर कहीं गायब हो गया जिसे भवानी माँ भी अब नहीं देख पा रही हैं, अर्थात् बकरा अब जिंदा नहीं है। जिंदा होता तो भवानी माँ जरूर बता देतीं। ओझैती से आश्वस्त होकर बकरे का मालिक, जो बगल के ही गाँव का एक खेत मजदूर था, वापस चला गया। ओझा को अच्छत में मिला सवा रुपया मसाला खरीदने के काम आया और शीघ्र ही 'सी-सी' कर चभकनेवाली दावत का सभी ने आनंद लिया। जब दूसरे दिन मैंने घर वापस आकर 'दुइगोड़वा कुक्कुर' की कहानी सुनाई, तो नग्गर चाचा पछताने की मुद्रा में आ गए, जिसका कारण यह था कि उस 'दुइगोड़वा कुक्कुर' की दावत से वे स्वयं वंचित रह गए।

स्कूल में मेरी पढ़ाई रंग लाने लगी। लेजर के समय अनेक छात्र मेरे साथ मैदान में बैठ जाते थे और कोई गणित तो कोई अंग्रेजी का ग्रामर पूछने लगता। मैं तुरंत खपड़े से जमीन पर आदिमानव की तरह लिखना शुरू कर देता था। इस तरह मेरी समानांतर कक्षा बारहों महीने जारी रही। शायद भविष्य में प्रोफेसर होने की यही मेरी पृष्ठभूमि थी।

इसी बीच मुझे एक अकल्पनीय समस्या से जूझना पड़ा। मेरे पिता जी जिन पंडित जी की हरवाही करते थे, उनकी बेटी आशा लगभग मेरी ही उम्र की थी किंतु देर से पढ़ाई शुरू

करने के कारण कक्षा पाँच में पढ़ रही थी। हरवाही के चलते वह हमारे पूरे परिवार से घुली-मिली रहती थी। स्कूल जाते-आते जब भी वह साथ होती, मुझसे अपना 'होमवर्क' हल करवाती रहती थी, विशेष रूप से गणित। वह 'भैया' के संबोधन से मुझे बुलाती भी रहती थी। एक दिन वह स्कूल के पास वाले नाले के किनारे अकेले खड़ी थी। मैं स्कूल से आते हुए दूर से ही देख रहा था कि कोई नाले में थोड़ी दूर जाकर फिर किनारे वापस आ जाता था। हुआ यह था कि अचानक नाले में ज्वार की तरह अधिक पानी चढ़ आया था। उस समय छोटी-छोटी लड़कियाँ भी साड़ी पहनती थीं। अतः वह अपनी साड़ी उठाए घुटने तक पानी में जाती किंतु आगे अधिक पानी के चढ़ाव के कारण वापस आ जाती थी। वह नाले के कई हिस्से में छिछली जमीन की खोज में जाकर देख चुकी थी किंतु उससे नाला पार नहीं किया जा सका। मैं जब वहाँ पहुँचा तो बेझिझक मैंने कहा कि कोई बात नहीं, मैं नाला पार कराता हूँ। जैसा कि मेरे जैसे लड़के पानी चढ़ आने पर हमेशा अपनी धोती उतारकर अँगोछा पहन लेते थे और फिर नाला पार कर पुनः सारे कपड़े पहनकर स्कूल जाते थे। मैंने भी अँगोछा पहन लिया। मेरा कुर्ता-धोती तथा बस्ता बेझिझक उसने हाथों में पकड़ लिया और मैं जमीन पर बैठकर उसके घुटने के नीचे के पैरों को पकड़कर खड़ा हो गया। उसका धड़ मेरे कंधों के पार चला गया। कमर भर पानी में हलकर हम नाला के उस पार पहुँच गए। मेरे पिता जी भी अनेक बच्चों को नाला पार कराते रहते थे, अतः मेरे अंदर भी इस क्रिया में किसी तरह का संकोच नहीं होता था। अचानक एक बड़ी मुसीबत यह आ गई कि नाले के उस पार गाँव के कुछ ब्राह्मण छात्र दूर से ही रामचरितमानस के इस नए 'केवट प्रकरण' को बड़े गौर से देख रहे थे। जाहिर है, तिल का ताड़ बनना ही था। तरह-तरह की अफवाहें गरम होने लगीं, ये अफवाहें उसके पिता को भी सुनाई पड़ीं। घबराकर उन्होंने उसका स्कूल जाना बंद करा दिया। वह मुश्किल से बारह साल की थी किंतु अनहोनी का भय भयानक था, इसलिए साल भर के ही अंदर उसकी ससुराल ढूँढ़ ली गई। विदाई के समय मेरी माँ भी वहाँ मौजूद थी। घर वापस आकर माँ ने बताया कि डोली में बैठते समय पंडित की बेटी रो-रोकर कहती रही, "हमार पढ़ैया छूटि गयल हो बाबा।" जाहिर है शिक्षा से यदि एक 'गुलाम पुत्र' इतना कुछ हासिल कर सकता था, तो फिर मालिक पुत्री न जाने कितना आगे जाती? किंतु एकमात्र अदना अफवाह ने उसका सब कुछ छीन लिया और वह अपनी ससुराल में सिर्फ मालकिन बनकर रह गई। इस संदर्भ में वर्षों बाद जब सन् 1977 में जवाहरलाल नेहरू विश्वविद्यालय में मैं पश्तो भाषा पढ़ रहा था, तो काबुल के प्राध्यापक बेयेजिद हात्साक साहब ने पढ़ाते हुए बताया कि पश्तो साहित्य में मलालई (मलाली) की लंडइयाँ सौंदर्यशास्त्रीय दृष्टि से बहुत महत्त्वपूर्ण हैं। छोटे-छोटे दोहे जैसी रचनाओं को पश्तो में लंडई कहते हैं। मलालई किसी मध्ययुगीन अफगानी राजा की बेटी थी, जिसका लगाव उसके ही एक गुलाम से हो गया था। घबराकर राजा ने मलालई को जेल में बंद कर दिया। जेल की कोठरी में उसके पास न कागज था, न कलम। अतः वह उँगलियों को घायल कर निकलते हुए खून से दीवारों पर लंडइयाँ लिखने लगी। ये रचनाएँ बाद में चलकर पश्तो साहित्य की अमूल्य निधि सिद्ध हुईं। ऐसा सुनकर क्षण भर के लिए मेरी कल्पना से होकर एक नई मलालई गुजर गई।

अपने-अपने पिंजरे

मोहनदास नैमिशराय

हमारी बस्ती के किनारे पर जहाँ सवर्णों की लक्ष्मण रेखा दलितों को अलग करती थी, बस्ती के बीच की रेखा के उस पार एक मंदिर था। मंदिर सवर्णों का था। मंदिर का नाम था पंचमुखी। उसके भीतर बड़े-बड़े आँगन, पेड़-पौधों के साथ बगीचा भी था। हम लोगों का मंदिर में प्रवेश करना सवर्णों को अच्छा नहीं लगता था। हमारे जाने पर वे टोका-टोकी करते थे। बड़े-बूढ़े अक्सर हमारी जाति को लेकर गंदी-गंदी गालियाँ भी दिया करते थे। वे भरसक प्रयास करते थे कि दलितों में से कोई उनके मंदिर में आकर उसे भ्रष्ट न करे। मंदिर के पिछवाड़े बनिए रहते थे। दाईं तरफ भी बनियों की ही बस्ती थी। उनमें आधे ब्राह्मण थे। हमारी बस्ती के लोगों से उनकी बोलचाल न थी। बोलचाल भी कैसे होती भला! वे ब्रह्मा के मुख से पैदा हुए थे, हम उसकी टाँगों से। हाँ, जब कभी उन्हें मजदूरों की जरूरत होती, वे हमें बुलावा भिजवाते थे। तब भी स्वयं अपने पाँवों से चलकर नहीं आते थे। अपने नौकरों में से किसी को भेजते थे। हमारी बस्ती से गुजरना भी उन्हें सुहाता न था। बस्ती के जब किसी व्यक्ति से बातें करते तो उनके माथे पर दो-चार बल अवश्य ही पड़े होते थे। बात करने का अंदाज उनका ऐसा होता जैसे हम उनके जरखरीद गुलाम हों। अबे-तबे और तू-तड़ाक के बिना तो वे बात ही न करते थे। मंदिर भी उनकी जरखरीद संपत्ति था जिसके जर्रे-जर्रे पर उनका अधिकार था। हमारी बस्ती के लोग मंदिर को आते-जाते ही दूर से देखकर संतोष कर लिया करते थे।

अक्सर लोग उचक-उचककर मंदिर की भीतरी बनावट को देखते। मंदिर में रखी देवताओं की मूर्तियों को देखते। मंदिर के चारों ओर चारदीवारी थी। कभी-कभी जब मंदिर सुनसान होता तो वे दीवार पर भी चढ़ जाते थे। फिर मन मसोसकर नीचे उतर आते। मंदिर और सवर्णों के लिए हम शूद्र थे। अछूत थे। दलित थे, पर इनसान न थे। हमारी छाया भी उनके लिए अपवित्र थी। हम मंदिर में घुस न जाएँ शायद यही सोचकर मंदिर की चारदीवारी बनवाई गई थी। उसी चारदीवारी के बीच में दो दरवाजे थे जो शाम होने के बाद बंद कर दिए जाते थे। सवर्ण जाति के लोग मंदिर की सुरक्षा के हर संभव प्रयास किया करते थे। मंदिर के साथ मंदिर की संस्कृति भी उन्हें विरासत में मिली थी।

साल में एक बार ही मंदिर की पुताई होती थी। पुताई होने पर मंदिर की शक्ल-सूरत ही बदल जाती। वह सफेद बुर्राक हो इतराने लगता। उसकी बुर्ज, मुँड़ेर, भीतर और बाहर की दीवारें सभी सफेदी की चादर ओढ़ लेते। रात में मंदिर पर और भी निखार आ जाता। बिजली के बल्ब की रोशनी में मंदिर दमकने लगता पर जैसे ही बरसात आती, मंदिर की दीवारें खराब होने लगतीं। उन पर जगह-जगह दाग बन जाते। भीतर की बदसूरती और उभर आती। फिर मंदिर और उसके आस-पास का समूचा परिवेश बदरंग हो जाता। गंदी दीवारों को लोगों के

द्वारा और अधिक गंदा करने की मुहिम छिड़ जाती। आते-जाते लोग उन पर थूकने से बाज न आते। पान की पीक के निशान तो जगह-जगह हो जाते। लोग खड़े होकर मूतते तो आधे से अधिक पेशाब से दीवार ही भिगोते। बच्चों को लिये माँएँ जब उधर से गुजरतीं, वे बच्चे की नाक सिनककर मंदिर की दीवार से ही पोंछतीं। मंदिर की दीवार उनके लिए रुमाल बन जाता, किसी के लिए पेशाबघर। वही मंदिर कभी-कभी चकला भी बन जाता, शराबघर और जुआघर भी पर फिर भी बहुतों की आस्था थी उसमें। कुछ को आश्रय भी मिलता था।

सड़क के किनारे मंदिर की एक कोठरी भी बनी थी। वर्षा से बचने के लिए लोग अक्सर उसमें ही चले जाते थे। उसी कोठरी में सिगरेट-बीड़ी के टोटे भरे होते। कभी-कभी खाली शराब की बोतल भी पड़ी मिलती। सुबह जमादारनी बुहार-सकेरने आती तो वही बोतल अपने सलवार में उड़स लेती और थोड़ी देर बाद ही कलाल के यहाँ जाकर दस पैसे में बेच आती। दस पैसे का मतलब गुड़-चने खाकर ठंडा पानी पी लो तो एक वक्त रोटी खाने की जरूरत नहीं। वह उसी में तृप्त हो जाती थी।

मंदिर के दो दरवाजे थे। एक बड़ा दरवाजा, दूसरा छोटा दरवाजा। बड़े दरवाजे के बिलकुल सामने तेजसिंह सट्टेबाज का मकान था, जो सट्टा खाता था। अक्सर लोगों के नंबर खाली ही चले जाते थे। उसी के साथ वाले मकान में राधे नाम का व्यक्ति भी रहा करता था जो हर समय दारू पिए रखता था। उसका मुँह भी पान से भरा होता था। खूब लंबी चोटी रखता था। जुआ भी खूब खेलता था। जब कभी उसकी जेब खाली हो जाती तब वह मंदिर में घुस जाता और सीधे पुजारी के पास जाकर पैसों की माँग करता था। पुजारी ने कभी उसे 'ना' नहीं कहा था। एक-दो बार राधे को पैसे न देने की हिम्मत की थी। अगले ही पल उसे गालियाँ सुननी पड़ी थीं वहीं देवताओं की मूर्ति के सामने और देवता भी उस समय नतमस्तक हो जाते। पुजारी वहीं से कुछ रुपए उठाकर राधे को दे देता था। सुना तो यह जाता था कि राधे पुजारी का रिश्तेदार था।

मंदिर में चढ़ावा भी खूब आता था। इसके दो कारण थे। पहला, आस-पास उतना बड़ा मंदिर कोई न था। बड़ा मंदिर होगा तो भक्त भी अधिक आएँगे। जैसे बड़ी दुकान पर ग्राहक भी ज्यादा आते हैं। दूसरे, दलितों को छोड़कर आस-पास धनवान लोग अधिक रहते थे। जिनके बड़े-बड़े मकान थे उनमें से अधिकांश की सोने-चाँदी व कपड़े की दुकानें थीं। सुबह से शाम तक रुपए-पैसे से ही घिरे होते। असामियों की सोने-चाँदी की चीजें गिरवी रख कर्ज दिया करते थे। उनकी औरतें मंदिर में चढ़ावा भी दोनों हाथों से देतीं। यह मंदिर रस्तोगियों का था। कहा जाता है कि मराठा सेना का इसी जगह पड़ाव पड़ा था। रस्तोगी तब उनके रसोइए हुआ करते थे। पड़ाव उठने के बाद मंदिर और आस-पास की जगह मराठों ने अपने रसोइयों यानी रस्तोगियों को दे दी थी। बाद में उन्होंने यहाँ मंदिर बनवा लिया था।

शाम को जैसे ही बनैनी-बामनी थाली लिये मंदिर में प्रवेश करती थीं, हम उनके पीछे-पीछे आरती वाले कमरे तक जा पहुँचते थे पर भीतर जाना हमारे लिए मना था। हम पूजा के कमरे से बाहर ही उनका इंतजार करते थे। हमारी गिद्ध-दृष्टि बताशे, लड्डुओं से भरी थालियों की ओर ही लगी रहती थी। जैसे ही वे बाहर आतीं, हमारे हाथ उठ जाते। वे कभी बताशे, कभी लड्डू का चूरा हमें देतीं। कभी-कभी एक-दो बताशे गाल में रख हम दोबारा से माँगने लगते। तब मेरा साथी मेरे उसी फूले गाल पर गुडूँचू (हाथ की मुट्ठी) मारता। गाल के भीतर का बताशा फूट जाता। कभी-कभी उसकी राल बाहर भी निकल आती थी। हम एक-दूसरे को गालियाँ

देते। हल्ला सुनकर पुजारी बाहर आ जाता था। तब वह हमें घूरता। हमारे कपड़े देखता, नंगे पाँव, बिखरे बाल और इन सबके बीच वह हमारी जाति की पहचान झट से ढूँढ़ लेता।

पुजारी खूब सफेद बुर्राक कपड़े पहनता था। वह धोती बाँधता था। ऊपर सफेद कुर्ता। पैरों में खड़ाऊँ। जब वह चलता तो खट-खट आवाजें होती थीं। उसके मुँह से अधिकतर जे-श्रीराम-जे-श्रीराम निकलता था। पूजाघर में जब वह मूर्ति के सामने गाता था तो आस-पास चार-पाँच औरतें अवश्य हुआ करती थीं। बीच-बीच में वह घंटी भी बजाता था। कभी-कभी पूजाघर में कोई कुत्ता घुस आता। पुजारी डंडा ले उसके पीछे मारने को भागता पर इससे पूर्व ही कुत्ता मिठाई का कोई टुकड़ा या फल मुँह में दबाकर उड़नछू हो जाता था। ऐसे समय पर पुजारी मंदिर के चौकीदार को डाँटता और चौकीदार हम पर गुस्सा उतारा करता था। जितना चौकीदार हमें डाँटता था उतना ही हम उसे चिढ़ाते थे। वह हमारे पीछे भागता। हम चीखते-चिल्लाते। मंदिर के साथ वाली कोठरी में तो हमारी आवाजें और भी गूँजती थीं। जितनी तेज आवाजें गूँजतीं, हम उससे अधिक तेज आवाज गले से निकालते थे।

इस मंदिर से अनगिनत घटनाएँ जुड़ी थीं। दुर्घटनाएँ भी पर न मंदिर की जवाबदेही थी और न मंदिर वालों की। मंदिर में देवता जो वास करते थे। इसलिए मंदिर में सभी कुछ माफ था। एक बार मंदिर में चोरी हो गई। चोरी की रपट पुलिस चौकी में लिखा दी गई पर चोर न मिला। सर्दियों के दिन थे। मंदिर में एक लड़की पकड़ी गई। पुलिस चौकी में उन दिनों कोई अक्खड़ जाट इंस्पेक्टर था। उसके हाथ में जब डंडा आ जाता था तो किसी भी जात की ऊँचाई-निचाई खत्म हो जाती थी। उस दिन भी वही हुआ। मंदिर के पुजारी को दीवानजी पुलिस चौकी ले आए। दीवानजी भी जाट थे। पुजारी के साथ एक आदमी भी था और वह लड़की भी। वह आदमी भी पुजारी था। किसी दूसरे शहर के छोटे मंदिर में। पुलिस चौकी पर ही उस औरत ने बताया कि उसे बच्चा नहीं होता था। वह उसी मंदिर में जाती थी जिसमें वह पुजारी था। पहले भभूत देता था फिर रात में बुलाने लगा। बाद में उनके बीच जिस्मानी संबंध हो गए। फलस्वरूप उसे गर्भ रह गया। पर इसी बीच उसके पति ने डॉक्टर से चेकअप कराया। वह नपुंसक था और उसकी बीवी को बच्चा होनेवाला था। बात अधिक न खुले, वे दोनों भाग आए। पूरी कहानी सुनने के बाद इंस्पेक्टर का हाथ उठ ही गया। उस पुजारी ने बचाया तो उस पर भी डंडा चला। पुलिस चौकी में उस दिन भीड़ हो गई थी। सभी बामन-बनिए लपकते-झपकते वहाँ आ गए थे। आस-पास की बस्तियों में भी यह खबर पहुँची। नजदीक की बस्ती ठठेरवाड़ा में भी। वहाँ पं. बनवारी लाल रहते थे जो नगर पालिका के चेयरमैन थे। दोनों पुजारियों को पुलिस चौकी से ले आया गया था पर उस इंस्पेक्टर का अगले दिन ट्रांसफर हो गया था। बामन पर हाथ उठाया, यह तो सरासर घोर अन्याय था। शास्त्रों में तो इसका कहीं उल्लेख ही न था फिर बामन को कोई भी आदमी सजा कैसे दे सकता था। उसे मारना-पीटना तो निषेध था। उस औरत को उसके शहर भेज दिया गया था। असल में उन दिनों उत्तर प्रदेश के शिक्षा मंत्री भी बामन थे जो स्वयं मेरठ के थे। बस उन्होंने ही होम मिनिस्टर को फोन खड़का दिया था।

इस घटना से पहले पुलिस चौकी में आए छोटे-मोटे अपराध में फँसे लोगों को मंदिर में ले जाकर कसम खिलाई जाती थी। बाद में पुलिस चौकी के भीतर ही इंस्पेक्टर के डंडे के सामने ही कसम खिलाई जाने लगी।

हमारी बस्ती से भी कुछ औरतें शाम को थाली में बताशे, आटे का दीवा, तेल, बाती, चावल, लोटे में पानी लेकर पुलिस चौकी के पास पीर पर ही आती थीं। पीर सबका था। वहाँ ऊँच-नीच,

छोटे-बड़े, गरीब-अमीर, दलित-सवर्ण का भेद न था। पीर पर न दरवाजे थे और न ताला। वहाँ कुछ चोरी होने का डर भी न था। थाली में औरतें जलता हुआ दीपक लाती थीं। हवा से दीवे की बाती न बुझे इसलिए वे सिर का पल्लू लंबा कर थाली तक ले आती थीं पर धीरे से उनके पास जाकर हम उनकी थाली में रखे दीवे की बाती बुझा देते थे।

वे हमारे पीछे भागतीं और हम खरगोश की तरह छलाँग लगाकर बहुत दूर निकल जाते थे। यूँ पुलिस चौकी से सटी हुई कोठरी को ही पीर बना दिया गया था, जहाँ किसी की मजार थी। हर रोज उस मजार पर चार-पाँच दीवे जरूर जलते थे। उन दीवों में सरसों का तेल भी भरा होता और देसी घी भी। मोमबत्ती उन दिनों न मंदिर में जलती थीं और न किसी मजार पर।

मंदिर में कुल जमा तीन लोग थे जिनका पेट मंदिर ही पालता था। न केवल उनका, बल्कि उनके परिवार का भी। चौकीदार को छोड़कर पुजारी और माली दोनों के परिवार मंदिर में ही रहते थे।

मंदिर में सुबह-शाम भीड़ होती थी। भक्तगण आते तो आरती भी होती पर दोपहर को मंदिर अकेला पड़ जाता था। विशेषतौर पर गर्मियों की दोपहरी में तो उसके भीतर मरघट जैसा सन्नाटा उभर आता था। उस भरे-पूरे दिन में एक पत्ता भी न खड़कता था। ऐसे समय पुजारी पूजाघर में ही लेटा होता था। वहाँ अच्छी-खासी ठंडक होती थी। फर्श तो खूब ठंडा होता। शाम को कुछ बूढ़े आते और अपनी-अपनी हाँकते। कोई अपने बेटे की बुराई करता तो कोई बहू को कोसता। सभी पचास साल के ऊपर होते। बार-बार रामराज से कलियुग की तुलना करते। बूढ़ों के लिए मंदिर चौपाल थी। कभी भी आएँ-जाएँ, कोई रोक-टोक न थी पर उन बूढ़ों के आस-पास हम जरा भी शोर करते, तो वे फौरन डाँट देते। फिर हमारे माँ-बाप को कोसने लगते। हम दूर से उन्हें चिढ़ाते। बूढ़े आपस में बतियाते। एक कहता—

"अरे चौरसिया, ये किसके बच्चे हैं?"

और चौरसिया झट से उत्तर दे देता, "सब ससुरे चमारों के हैं।"

"सब भरस्ट करके रख दिया है इन्होंने।" तीसरा बीच में बोल उठता। चौथा जैसे इंतजार में होता। वह कहे बिना न चूकता, "हाँ शर्मा जी, अब तो कहीं भी धरम-करम नई रहा।" शेष दो-तीन बूढ़े भी उनकी हाँ में हाँ मिलाते। उनमें से सबसे अधिक उम्र का बूढ़ा अंत में बोलता, "हाँ भैया, अब इन्हें आजादी जो मिल गई है! म्हारे जमाने में इतना खुलापन न था।"

शाम को आरती होने के बाद पुजारी मंदिर के आँगन में आकर प्रसाद बाँटता था। कभी बताशे तो कभी मोतीचूर के लड्डू। लड्डू कहाँ चूरा होता था। उस समय आस-पास की बस्तियों के बच्चे इकट्ठे हो जाते थे। सब आँगन की लंबी बनी चौतरी पर बैठ जाते थे। पुजारी थाली में भरकर प्रसाद लाता था पर वह हमेशा ऊपर हाथ कर प्रसाद दिया करता था जिससे उसका हाथ हमसे छू न जाए। परिणामस्वरूप प्रसाद जमीन पर गिर जाता था जिसे हमें उठाना ही पड़ता था। न उठाएँ तो अगले दिन से प्रसाद मिलना बंद। एक दिन प्रसाद देते हुए पुजारी की अँगुलियाँ मेरे हाथ से छू गईं। बस पुजारी का पारा चढ़ गया। नाराज होते हुए वह झल्लाया, "तू चमार का है न! सब कुछ भरस्ट कर दिया। कितनी बार कहा तुम ढोरों से, प्रसाद दूर से लिया करो।"

मैं सुनकर सन्न रह गया था। मेरे साथ बचपन का दोस्त नौरंग भी था। हम दोनों पुजारी को घूरने लगे थे। मंदिर वैसे ही चुप था। मंदिर के कोने-कोने से जैसे हमारे लिए गालियाँ आ रही थीं। हम भी क्या करते! हमारा तो कोई मंदिर न था। सारे मंदिर सवर्णों के थे। वे ही

पुजारी थे और वे ही चौकीदार। मेरे भीतर ज्वालामुखी उग आया था जिसने मुझे झिंझोड़कर रख दिया था। मैंने आवेश में वहीं प्रसाद पुजारी के सामने थूक दिया था।

"थू, तुम्हारा मंदिर और तुम्हारा प्रसाद...।" कहकर मैं चला आया था। उस दिन के बाद मैं मंदिर नहीं गया था। मंदिर मुझसे मीलों दूर हो गया था जैसे। मंदिर के भीतर रखे पत्थर के देवताओं के प्रति नफरत-सी हो गई थी। शायद यहीं से मेरे भीतर कोई नास्तिक पुरुष आकर बैठ गया था। बाद के दिनों में यह नफरत व अनास्था और बढ़ी थी। जैसे कुम्हार मिट्टी के बर्तन बनाकर उन्हें आग पर सेंककर मजबूत बनाता है वैसे ही मंदिर के प्रति मेरे मन में रची-बसी ग्रंथियाँ समय की आँच में और मजबूत हुई थीं।

उन दिनों घंटों-घंटों माँएँ बच्चों को दूध पिलाती थीं और बच्चा एक तरफ की छाती का दूध पीता और दूसरी छाती को गेंद समझकर खेलता था। इधर माँएँ बच्चे के सिर में जुएँ ढूँढ़ती उधर बच्चा गोद में लेटकर दूध पीता। यह सब एक निश्चित समय तक ही होता था। बच्चे की टाँगें जब लंबी हो पेट के नीचे तक पहुँचने लगतीं तब माँ उसे अपना दूध पिलाना बंद कर देती थी। बच्चा अधिक जिद करता तो माँएँ नीम का तेल स्तनों पर लगा लेती थीं। बच्चे को दूध से रोकने का यह आसान और सस्ता उपाय था जिसे लगभग हर माँ इस्तेमाल करती थी क्योंकि बाद तक छातियों में दूध आता भी नहीं था। मेरा भी दूध छुड़ाने के लिए चार-पाँच बार ताई माँ ने यही उपाय किया था। मैं बार-बार माँ की छाती को होंठ लगाता और कड़वा मुँह होने पर दोबारा छाती को मुँह में न लेता था। माँ की छातियाँ मेरे लिए नीम का पेड़ बन जातीं, जिसके हर स्रोत से कड़वाहट फूटती।

मेरी उम्र छह-सात वर्ष हो गई थी। तब जाकर घरवालों को होश आया कि मुझे स्कूल में डालना चाहिए। उन दिनों वैसे भी छह साल की उम्र से पहले स्कूल भेजने का रिवाज न था। बच्चा जब तक घोड़े की तरह खूब सरपट भागने-दौड़ने न लग जाए, दो-चार का सिर न फोड़ दे, अपनी उछल-कूद से माँ-बाप की नाक में दम न कर दे तब तक वे अपने-अपने बच्चों को दूधपीता बच्चा ही समझते थे। बच्चे का दूध छुड़ाना और स्कूलों में भेजना दोनों कार्य लगभग एक ही साथ होते थे।

मुझे भी छह वर्ष के बाद स्कूल में दाखिल कराया गया था। एडमिशन फॉर्म पर पिता वाले कॉलम में पिता का नाम ही लिखवाया गया था। हालाँकि मेरा एडमिशन पिता ने नहीं बल्कि बा ने ही कराया था। उस दिन ताई माँ ने पीर पर एक पैसे के बताशे चढ़ाए थे। स्कूल हमारी बस्ती में ही था। स्कूल का नाम बेसिक प्राइमरी पाठशाला था। उसकी बिल्डिंग दो-मंजिली थी पर हम नीचे के कमरे में ही बैठते थे। बैठने के लिए कुर्सियाँ न थीं। टाट की पट्टियाँ होती थीं जिन पर पंक्तिवार हम बैठते थे। ऊपर की मंजिल पर दूसरी से पाँचवीं तक कक्षाएँ चलती थीं। कक्षा एक से पाँच तक सभी टाट पर ही बैठते थे। कक्षा एक के लिए बिना जिल्द की आठ-दस पृष्ठों की पुस्तक होती थी जिसे बेसिक कहा जाता था। उसमें हिंदी अक्षर-ज्ञान के साथ पहाड़े, ड्योढ़ा, सवैया आदि हुआ करते थे। इसके अलावा एक तख्ती और कलम-दवात। साथ ही सेलखड़ी। कपड़े के थैले में यह सब डालकर हम स्कूल आते थे।

हमारे स्कूल को बाहर के लोग अक्सर चमारों का स्कूल कहा करते थे। जैसे चमारों का कुआँ, चमारों का नल, चमारों का नीम, चमारों की गली, चमारों की पंचायत आदि-आदि। वैसे

ही स्कूल के साथ जुड़ी थी हमारी जात। जात पहले आती थी, स्कूल बाद में। यही कारण था कि इस स्कूल में कभी भी गिनती के पूरे अध्यापक न हुए थे। दो-दो और कभी-कभी तीन-तीन कक्षाओं को एक-एक अध्यापक ही सँभालता था। बच्चे भेड़-बकरी की तरह कमरों में भरे होते थे। अध्यापक लंबी छुट्टी पर रहते थे या फिर दूसरे स्कूल में किसी-न-किसी तरह ट्रांसफर करा लेते थे। सही बात तो यह थी कि हमारे स्कूल में सवर्ण जाति का कोई अध्यापक आना ही नहीं चाहता था। इसके सीधे-सीधे दो कारण थे। पहला, यह कि स्कूल चमारों की बस्ती में था, दूसरा, इसमें सभी चमारों के बच्चे पढ़ते थे। जो अध्यापक आ भी जाते थे, वे नाक-भौंह सिकोड़कर पढ़ाया करते थे। हमारी ही बस्ती में हमारी जात के नाम पर गालियाँ दे बैठते और हम सब सुनते थे।

स्कूल में न नल था, न ही टॉयलेट और न खेल का मैदान। नीचे से ही ऊपर पानी पहुँचाना पड़ता था। पानी चढ़ाने की जिम्मेदारी बड़े बच्चों को निभानी पड़ती थी। यह कार्य बाल्टियों से होता था। पानी की बाल्टी को दो-दो, तीन-तीन बच्चे पकड़कर ले जाते थे। उसमें से काफी पानी तो ऊपर पहुँचते-पहुँचते छलक-छलककर बिखर जाता था। पानी की जरूरत तख्ती धोने के लिए पड़ती थी। जब कभी मैं ऊपर के कमरे में होता और तेजी के साथ पेशाब लगता तो मैं बाहर छज्जे पर चला जाता था और वहीं से नीचे पेशाब कर देता था। नीचे आपचक थी जहाँ लोग खड़े होकर पेशाब करते थे। कभी-कभी उनके ऊपर ही पेशाब पड़ जाता। जल्दी में हड़बड़ाते हुए इतने वे नाड़ा बाँधकर बाहर आकर शोर मचाते तब तक मैं बच्चों के बीच चुपके से जाकर बैठ जाता और अपने बस्ते में से किताब निकालकर उस पर आँखें गड़ाकर पढ़ने लगता। "पेशाब करना भी सिखाते हो।" नीचे से कोई चिल्लाता पर आवाज किसी को सुनाई पड़ती, किसी को नहीं। वह आवाज सामने कुर्सी पर बैठे मास्टर को सुनाई न दे, इसके लिए हम और भी शोर करने लगते थे। कुछ देर में सड़क पर से चिल्लानेवाला व्यक्ति जल-भुनकर चला जाता था।

स्कूल में बिजली भी न थी। गर्मियों में हमें खूब गर्मी और सर्दियों में खूब सर्दी लगती थी। ले-देकर बस्ती में एक यही तो स्कूल था। बस्ती वालों को संतोष था। स्कूल कैसा भी था, आखिर स्कूल था। उस समय दलितों की बस्ती में स्कूल होना भी बड़ी बात थी। लोग स्कूल को शिक्षा का सूरज मानते थे। बस्ती गें जैसे-जैसे सूरज उगेगा-बढ़ेगा वैसे-वैसे अशिक्षा के साथ कुरीतियाँ तथा कुप्रथाएँ दूर होंगी। बस्ती के लोग अपने बच्चों को पढ़ाने-लिखाने में रुचि लेने लगे थे पर लड़कियों को स्कूल में न भेजा जाता था। उनका स्कूल भेजना खराब माना जाता था। वे घर पर ही रहती थीं और अपनी माँओं, चाचियों, भाभियों के साथ घर के काम कराती थीं। पोतड़े धोने से बच्चों को गोद में उठाए-उठाए खिलाने का कार्य अधिकतर उन्हें सौंपा जाता था।

स्कूल में पढ़नेवाले सभी बच्चों के यूँ नाम होते थे लेकिन सवर्ण जाति के मास्टर उन्हें उनके नाम से नहीं पुकारकर अंट-शंट नामों से बुलाया करते थे। किसी बच्चे की अगर नाक बहती हो तो उसे रैट्टल, फैफ्फल कहकर पुकारा जाता। कोई मोटा हुआ तो मोटू, किसी के सिर पर बाल न हुए तो गंजा, या गंजे, आँख खराब होने पर काना, या काने, टाँग खराब होने पर लँगड़ा, या लँगड़े आदि के रूप में संबोधन किया जाता था। अबे-तबे के बिना तो मास्टर बात ही न करते थे। यही नहीं, माँ-बाप के नाम से भी अधिकतर बच्चों को बुलाया जाता था। माँ-बाप के भी बिगड़े हुए नाम थे, जैसे—अबे ओ सुल्लड़ के, अबे ओ कुल्लड़ के, अबे ओ डोया के, अबे ओ हपड़ो के, अबे ओ फिरकनी के, अबे ओ चटनी के, अबे ओ घुरसल के, अबे ओ ताड़का

के आदि-आदि। किसी बच्चे का नाम ढोल रख दिया जाता तो किसी का चोल। उन्हें घोड़ा, गधा, खच्चर, कुत्ता, बिलाऊ, उल्लू नाम से पुकारना तो आम बात होती।

पर ये नाम बिगाड़कर संबोधन करनेवाले भारतीय संस्कृति के संवाहक होते और आर्य सभ्यता के पोषक। वे कहते कुछ और करते कुछ। सुबह बच्चों को पढ़ाते– हमें अहिंसा में विश्वास रखना चाहिए, किसी को बुरा या कड़वा नहीं बोलना चाहिए और थोड़ी देर बाद ही लात, घूँसे, थप्पड़ तथा डंडों से बच्चों की धुनाई भी कर डालते। उन्हें न जाने क्या-क्या बोलते! दोपहर होने से पहले बच्चों को समता, बराबरी का पाठ पढ़ाते और दोपहर बाद जब उन्हें प्यास लगती तो चुपके से अपना गिलास निकालकर नल पर जाकर पानी पी आते। बच्चों के लिए पानी है या नहीं, इसकी चिंता उन्हें नहीं होती थी।

आधी छुट्टी में सभी बच्चे अपने-अपने घर की ओर दौड़ पड़ते। उनकी माँएँ रोटी, सब्जी, चटनी, प्याज, हरी मिर्च, गुड़ के साथ उनका इंतजार करती थीं। जैसा भी जिसके घर में खाने को होता, झटपट पेट में डाल लिया जाता। मैं गली में घुसते ही ताई माँ से सबसे पहले सवाल करता–

"क्या बनाया है?"

ताई माँ तो बैठी होती ही मेरे इंतजार में। वह झट से सब्जी का नाम बता देती। हमारे घर आलू और मसूर की दाल अधिक बनते थे। कभी-कभी गोश्त भी बनता था। ताई माँ गोश्त को गोस कहती थी। रोटी खाते हुए मैं ताई माँ से बातें भी करता रहता था। इस बीच स्कूल की घंटी बज उठती। बा दुकान में होता। उसके कानों में घंटी की आवाज पड़ती तो मुझे सुनाते हुए कह उठता–

"मौनदास, रोट्टी खाकर जल्दी इस्कूल जा।"

मैं पानी पीकर स्कूल की ओर दौड़ पड़ता। स्कूल में देरी से जानेवाले बच्चों की पिटाई होती थी।

मेरा बचपन मेरे कंधों पर

श्यौराज सिंह 'बेचैन'

यहाँ एक मोची रहता था

मौसा देवीदासजी को अंतिम विदाई देकर बारह नवंबर की सुबह मैं चंदौसी से डिबाई की ओर रवाना हुआ।

सुबह के साढ़े नौ बजे पर मैं कसेर कलाँ यानी डिबाई रेलवे स्टेशन पर उतरा। 1973-75 के समय की स्मृतियाँ मेरे साथ थीं। मैं प्लेटफॉर्म से बचकर पीछे की ओर से क्यों गुजरा? मेरे पास अग्रिम टिकट है। यह बचना-डरना क्या पैंतीस-छत्तीस साल पुरानी स्थितियों से कोई संबंध तो नहीं रखता? ऐसा क्या था छत्तीस साल पहले यहाँ?

तब यहाँ अक्सर एक बालक नेत्रहीन व्यक्ति की लाठी पकड़कर रेल से उतरा-चढ़ा करता था। यही तो वह कसेर कलाँ (डिबाई) का स्टेशन है, जहाँ वह पैंतीस-छत्तीस साल पूर्व नेत्रहीन ताऊ के साथ हुआ करता था। उनसे कोई टिकट नहीं माँगता था। मैले-कुचैले कपड़े पहने वह बालक उस नेत्रहीन की लाठी पकड़े लाइन पार कर प्लेटफॉर्म के अपोजिट साइड जा रहा होता था। वह मजार को मत्था टेक आगे बढ़ जाता था। वह बालक और कौन था, मैं ही तो था।

खैर, आज वह बालक जवान है और अग्रिम टिकट के साथ यात्रा करके यहाँ पहुँचा है। छत्तीस साल में यहाँ का भौगोलिक परिदृश्य काफी बदल-सा गया है।

स्टेशन के अपोजिट वह मजार, वह कब्र या वह दरगाह तो आबाद हो गई लग रही है। रेलवे लाइन कुछ ऊँची हो गई है। क्रॉसिंग की ओर कुछ इमारतें खड़ी हो गई हैं। बस्ती का विस्तार हो गया है। सड़क के इस पार गंगा की ओर तो पहले एक-दो ही दुकानें थीं और इन में बाबूजी ईश्वरी प्रसाद का अकेला घर हुआ करता था। शाम होते ही तो यहाँ वीराना हो जाता था।

दूर तक दृष्टि दौड़ाकर पाँव ठिठकते हैं। दरगाह पर जो फकीर बैठा रहता था, कुछ जादू-टोना, हवा-डबा की बातें किया करता था, प्रसाद खिलाता था और पास बिठाता था, वह फकीर कहाँ गया?

कहाँ गया वह? जिंदा भी बचा होगा या कहीं मर-खप गया होगा? यहाँ उसका कोई शागिर्द आ गया होगा।

विरासत का वारिस बनकर मैं आगे बढ़ता हूँ, यह सोचते हुए कि स्मृतियों के पाँव में कैसी-कैसी अदृश्य बेड़ियाँ पड़ी होती हैं, यह कौन जानता है?

लीजिए, मैं उस दरवाजे पर आ खड़ा हुआ, जिसमें मैं छत्तीस-सैंतीस साल पहले कभी-कभी ताऊ के साथ रात गुजारा करता था। ज्यादातर आम सड़क के फुटपाथ की ओर खुले बरांडे में और कभी-कभी कबाड़ भरे ईश्वरी प्रसाद के स्टोर रूम में सोया करता था। क्यों सोया करता था, यह आगे बताऊँगा। फिलवक्त मैं दरवाजे की साँकल खटखटा रहा हूँ—रानी...रानी-रानी। मैं यहाँ रानी

के अलावा किसी को नहीं जानता और रानी को छोड़कर मुझे भी कोई नहीं पहचानता। उसकी माँ और उसके पिता जानते थे मुझे सो वे दोनों तो पहले ही दिवंगत हो चुके हैं। इतनी खबर मुझे थी।

रानी नहीं दिख रही उसकी आवाज जो सैंतीस साल पहले मेरे कानों में गूँजा करती थी– 'श्यौराज, बाबू भैया...आज पिता जी नहीं आएँगे। अम्मा कह रही है रात को घर की रखवाली तुम्हीं को करनी है। सामने वाले कोठे में सोना है तुम्हें।'

हम इस घर के विश्वसनीय और बेपगार के रखवारे थे। वरन् चोर-उचक्के रोज ही वारदातें किया करते थे। यहाँ माहौल खराब था। माताजी कहा करतीं थी– 'चारों ओर मुसलमान रहते हैं। हमें उनसे खतरा रहता है पर तुम तो हिंदू-मुसलमान दोनों का काम करते हो, दोनों का खा-पी लेते हो। तुमसे कौऊ की दुश्मनी नहीं।' जवान माँ और किशोर बेटी यही दो प्राणी रहते थे इस घर में बाबूजी के ड्यूटी पर जाने के बाद। रही स्वभाव की बात, सो इस घर में निहायत सीधे-सादे प्राणी रहे हैं। इस लुहार दंपती के बीच इकलौती संतान रानी बेटी थी।

रानी के पिता ईश्वरी प्रसाद लुहारगिरी के काम में दक्ष थे। वे रेलवे विभाग में सिगनल ऑपरेटर थे। वे अक्सर घर से बाहर ड्यूटी पर जाया करते थे। तब उन्हें बेटी और पत्नी की सुरक्षा की चिंता सताया करती थी। बाहर जाने से पूर्व माँ-बेटी की रखवाली करने की जिम्मेदारी वे हमें सौंप दिया करते थे। उनके घर की रखवाली को ध्यान में रखकर हम अपने गाँव जाने का साप्ताहिक कार्यक्रम बदलते रहते थे। उनके विश्वासपात्र होने की पात्रता हममें थी। इसके बदले वे हमें फुटपाथ के सामने वाले अपने खुले बरांडे में सोने-रहने देते थे।

रानी मिलते ही 'कैसो है भैया' बोलती थी। उसे कहानियाँ सुनने का शौक था और कथा-कहानियों का जिंदा कोष थे नेत्रहीन ताऊ। इस प्रकार रानी के व्यक्तित्व की विशेषताओं को स्मृति में लिये मैं उसके दरवाजे पर खड़ा था। दो बच्चियाँ और एक पर्दा कर रही बहू वहाँ मौजूद थीं। बाहर एक लड़का आकर खड़ा हुआ। मैं इनमें से किसी को भी नहीं जानता था। कौन लोग हैं ये? क्या कहीं मकान किराए पर उठा दिया या बेच दिया? यदि ऐसा है तो रानी कहाँ रहती होगी? इतने कम समय में इतने सारे प्रश्न? मैं खड़ा-खड़ा सोच रहा था, तभी बड़ी लड़की ने पूछा, "किससे मिलना है?"

"रानी से।"

"कौन हैं आप?" बाहर दूर आँगन से पास आते हुए लड़के ने पूछा।

"मैं श्यौराज हूँ। क्या आप लोग रानी के कुछ लगते हैं? आप नहीं जानते होंगे मुझे। आप लोग तो दस-दस, पंद्रह-पंद्रह साल के लगते हैं और मैं करीब पैंतीस-छत्तीस साल पहले की बात कर रहा हूँ। जब मैं तुम्हारी उम्र का था।"

"उनके क्या लगते हैं आप?"

क्या लगता हूँ, प्रश्न सुनकर सोच में पड़ गया। क्या रिश्ता बताऊँ? "मैं लगता तो कुछ भी नहीं हूँ पर वह है तो उससे पूछो वह मुझे जानती है। जैसे मैं जानता हूँ उसे।"

"वे तो अब नहीं हैं।"

"अब नहीं हैं मतलब?" मैंने जानना चाहा।

मैं पीछे हटता हूँ और रेल की पटरी तक खाली पड़े आँगन में बिछे एक तख्त पर बैठता हुआ इधर-उधर देखता हूँ। यहाँ से दाएँ खेत, बाएँ सड़क के सहारे दुकानें और सामने पूरा स्टेशन दिखाई देता है। क्रॉसिंग रोड की ओर खड़े झरोखों की पीठ है। इधर मैं बच्चों की ओर मुखातिब हो फिर पूछता हूँ, ''क्या हुआ रानी को?'' और वह लड़का बताने लगता है, ''पाँच साल पहले

की बात है। वे इसी तख़्त पर इसी आँगन में आकर बैठी थीं। संदूक से निकालकर पुरानी चिट्ठियाँ और पत्रिकाएँ पढ़ रही थीं। राम जाने ऐसा क्या हुआ कि सिर के बल जमीन पर गिर गईं। हम भागकर आए, लोकल डॉक्टर के पास ले गए। डॉक्टर ने अलीगढ़ ले जाने को कहा। हम अलीगढ़ भी लेकर गए और आखिरकार डॉक्टर ने हाथ खड़े कर दिए–अब कुछ नहीं हो सकता।"

"तुम कौन हो रानी के?"

"मैं उनका बड़ा बेटा हूँ।"

"और ये लड़कियाँ?"

"मेरी बहनें हैं।"

"अंदर?"

"मेरी पत्नी है जो पर्दा कर रही है आपसे।"

लड़की पानी लेकर मेरे सामने आती है पर मैं देखता हूँ लोटे से कहीं अधिक पानी उसकी आँखों में है। वे छोटी-छोटी बच्चियाँ हैं। उन्हें माँ की याद ज्यादा सताती होगी। माँ की जरूरत भी उन्हें ज्यादा होगी अभी।

"क्या नाम है तुम्हारा?" मैंने जानना चाहा।

"राजकुमार!" बहनों से पहले भाई ने अपना नाम बता दिया।

"खाना खाएँगे आप, नाश्ता तो करेंगे ही।" सब एक स्वर में बोलते हैं।

"नहीं धन्यवाद, मैं भीमपुर जा रहा हूँ। वहाँ मेरी बुआ है। मुश्किल से आधा घंटे का रास्ता है। तुम बैठो तो मुझे तुमसे चंद बातें करनी हैं।"

"मैं चाय मँगवाता हूँ सामने की दुकान से।"

"चाय बाद में। अभी मुझे बताओ तुम लोग क्या करते हो? कितनी पढ़ाई की है, घर का खर्चा कौन चलाता है? अच्छा, यह सब भी छोड़ो, तुम यह बताओ क्या कभी रानी ने तुम्हें मेरे बारे में बताया था? क्या तुम जानते हो, यहाँ तुम्हारे नाना के रोड साइड दुकान के बरांडे के आगे फुटपाथ पर एक नेत्रहीन मोची बैठा करता था। वह रात को तुम्हारे बरांडे में सोता था। कभी-कभी ओम शर्मा की मिठाइयों की दुकान बंद होने के बाद उसी तख़्त पर सोया करता था। नहीं सोते तो शर्मा जी नाराज हो जाते थे और शर्मा जी को खुश करते तो तुम्हारे नाना नाखुश हो जाते थे क्योंकि रात को यहाँ सुनसान हो जाता था। चोर-उचक्कों, सेंधमारों और उठाईगीरों का डर बना रहता था। ऐसे में रखवाली के लिए कुत्तों और मोचियों की जरूरत सभी दुकानदारों को पड़ा करती थी। इतना ही उनका महत्त्व था।"

"आप इतनी पुरानी बातें कर रहे हैं। हमारा तो तब जन्म भी नहीं हुआ था। हाँ, जिस साल अम्मा मरी थीं, महीना-भर पहले कोई उनसे मिलने आया था। वे शायद आप ही थे पर वे बाद में कह रही थीं– बेटा, लगत हतु तौ श्यौराज ही है पर वो तो जिंदौ नाँय रयौ होइगौ। सब कहत हैं मरि गयौ या मारि दयौ होइगौ। इतनों स्वाभिमानी चमार को बेटा किन्हें बर्दाश्त होइगौ?...तुम शायद पतौ दै गए अम्मा कूँ..."

लड़की अंदर जाती है और एक मैली-सी डायरी उठाकर ले आती है और मेरा पुराना पता दिखाती है।

"हाँ, मैं पाँच-छह साल पहले इस रास्ते से गुजरा था। रानी को पता दिया था। वह यकीन नहीं कर रही थी कि मैं जिंदा हूँ और अब मोचीगिरी नहीं कर रहा हूँ। तीस साल में हुए परिवर्तन पर वह चकित थी।"

गया वक्त मेरी स्मृति में लौट रहा था। मैं सोच रहा था--रानी किस अवस्था से गुजरी होगी? मन-ही-मन एक बात कचोट रही थी। रानी की उस साल शादी होनेवाली थी। बाबूजी ने लड़का देख रखा था। रानी शायद हाईस्कूल पास थी और लड़का इंटरमीडिएट था। रोजगार की तलाश में था वह, रोजगार के इंतजार में ही शादी की घड़ी का इंतजार हो रहा था।

बाबू ईश्वरी प्रसाद का रिटायरमेंट का समय करीब आ गया था। तब वे कभी-कभी ताऊ से रानी की शादी के मसले पर आत्मीय बातें किया करते थे। लड़का घर-जमाई रखना है। पर कम-से-कम अपने जेब खर्च लायक तो कमाए। जहाँ तक बेटी को पिता की ओर से दान-दहेज देने की बात है, सो दो मकान, दो दुकानें और उम्र-भर जो नौकरी में जमा हुआ है, सब रानी का ही तो है और रानी इकलौती बेटी। कहाँ ले जाएगी यह सब परंतु घर तो रहने को है। दुकानें चलती नहीं हैं बल्कि कुछ लोगों ने दुकानें कब्जाने के लिए उन पर केस भी कर रखा है। दो-ढाई दशक के अपने गर्दिश के दिनों में मैं यहाँ नहीं लौट पाया। पाँच-छह साल पहले आया था, तभी रानी ने मुझे दिल दहला देनेवाली खबर दी थी कि उसके पति को किसी ने गोली मार दी है। वह हत्यारों के बारे में जानती है पर न उसमें इतनी हिम्मत बची है कि नाम ले सके और न पुलिस व कानून पर यकीन कि जोखिम उठाकर भी उसे इंसाफ मिले। तब उसके पास एक या दो बच्चे थे। क्या रानी ने पुनर्विवाह कर लिया या बच्चे जल्दी पैदा हुए थे? मैं सोच रहा था।

रानी की माँ बेटे की कमी महसूस किया करती थीं। इस घर में बाबू जी वृद्ध हो रहे थे। उनके बड़े भाई उनसे ज्यादा वृद्ध थे। बच्चियाँ पुनः प्रश्न करती हैं, “आप उनसे मिलने क्यों आए हैं? वे हमारी ‘माँ’ थीं। क्या आप उनके कोई रिश्तेदार हैं?”

मैं सोचने लगता हूँ—बच्चियों को क्या बताऊँ! वैसे मेरा क्या रिश्ता था रानी से, उसके पिता से और उनके ताऊ-ताई से, मुझे खुद भी पता नहीं। मेरा इस जगह से भी लगाव क्यों है? न जात न बिरादरी, न धर्म न समाज और न कोई प्रेम-मोहब्बत, पर क्यों यहाँ सब अपना-सा लगता है? क्यों स्मृतियों में बैठे हैं ये सब ठौर-ठिकाने?

इससे पहले कि दुकान से बालक चाय का कप/कुल्हड़ लेकर मेरे पास आए, मैं ही आगे बढ़ता हूँ। राजकुमार का एक मुस्लिम दोस्त उसी वक्त आता है, “बरात तैयार है, उठ जल्दी कपड़े पहन।” वह मित्र-अधिकार के साथ कहता है।

“तूने तो अभी सेहरा भी नहीं बाँधा। तू ही कहाँ तैयार है? सेहरा मैंने रेडीमेड ले रखा है। जब जरूरत होगी सिर पर रख लूँगा और जब जरूरी नहीं समझूँगा उतार दूँगा। तू चल अभी इसी वक्त। मैं बरात छोड़कर तुझे लेने आया हूँ।” मुझे लगा, दोस्ती गहरी है।

“क्षमा कीजिए अंकल जी, मुझे इस गधे की बरात में जाना हैं। मैं आपकी मेहमाननवाजी नहीं कर सका पर आप खाना खाकर ही जाइएगा।” राजकुमार ने इजाजत चाही।

“शौक से, तुम जाओ। मैं भी चाय पीकर निकलूँगा। यूँ भी सफर ही में हूँ मैं।”

फिर मैं चाय की दुकान पर जाकर बैठ गया। यहाँ से मात्र चार-पाँच मीटर की दूरी पर ताऊ बाबूराम का ठिया था। रेल विभाग ने आजकल यहाँ ग्रिल लगा दी है। मैं तीस-पैंतीस साल पहले की बात कर रहा हूँ। पाँच साल पहले तक यह फुटपाथ खाली था। इतनी भीड़-भाड़ भी नहीं थी। ताऊ के मोचीगिरी के सामान की काष्ठ पेटियाँ यहीं फुटपाथ पर रखी रहती थीं, सुबह सूरज निकलने के बाद से अँधेरा होने तक पूरे दिन। चाहे वे देर तक नहीं बैठते थे ठिया पर परंतु पेटी आह्वान करती रहती थी कि काम कराने के लिए आप कभी आ सकते हैं। वह सब स्मृति में दबाए मैं यही सब सोच रहा हूँ। इसी बीच लंबी दाढ़ी वाले, काला कुर्ता, गले

में चादर, हाथ में सोटा लिये एक सूफी साहब मेरे पास आकर बैठ जाते हैं। मैं चाय वाले से बतिया रहा हूँ, "अब रानी की इस दुकान में कौन है?"

"कोई नहीं, बंद है। मुकदमा चल रहा है।"

"यहाँ अब कोई मोची नहीं दिखता? कभी यहाँ बाबूराम नाम के एक मोची रहते थे, तुम्हें पता है?"

"कब की बात है?"

"यही कोई पैंतीस-छत्तीस साल पहले की।"

वह हँसते हुए कहता है, "मेरी तो उम्र ही उनतीस साल है। मैं पैंतीस-छत्तीस साल पहले के बारे में क्या बता सकता हूँ?"

"तुम नहीं बता सकते, पर मैं बता सकता हूँ।" मेरी बगल में बैठे मो. सूफी जमील अहमदशाह बाबा वार्तालाप में बादखल शामिल हो जाते हैं। सूफी बाबा की सूरत मुझे कुछ जानी-पहचानी सी लगती है।

वे कहते हैं, "चलो, जरा मेरे साथ चलो।"

मैं उठता हूँ और उनके साथ फाटक पार तक जाता हूँ। दुकान पर वे एक आमलेट बनवाते हैं, "पूड़ी खानी है तो कहो?"

"नहीं।" मैं पूड़ियाँ खाने से बचता हूँ। आमलेट भी वैसे मुझे अभी भूख नहीं है। भूख लगने तक भीमपुर बुआ के घर पहुँच जाऊँगा।

"अच्छा भैये, यह बताओ कि तुम बाबूराम मोची के बारे में इतना कैसे जानते हो? क्या तुम उस लड़के के बारे में भी जानते हो जो उनके साथ रहा करता था?"

"हाँ, बिलकुल जानता हूँ।"

"तब तो तुम यह भी जानते होगे कि उस लड़के ने एक लोधी जुआरी नेता से बाबूराम की बेइज्जती का बदला लिया था।"

"क्यों नहीं लेता बदला? भतीजा किस बात का था? अपनी आँखों के सामने कैसे पिटने देता अपने वालिद के भाई को?"

"इतना सब कैसे जानते हो?"

"जैसे आप लोग जानते हैं।"

"बहादुरी और बदनामी की बातें कहीं रुकती-छिपती हैं क्या? तब तो तुम यह भी जानते होगे कि एक बार उस लड़के ने दिल्ली की एक लड़की को इसी फाटक पर जीप में रोते-तड़पते देखा था। और बलात्कारी बदमाशों से बचाने में उसी का पहला और खास रोल था?"

"हाँ, जानता हूँ?"

"और लोधी राजपूत से झगड़ा?"

"वह भी जानता हूँ।"

"यहाँ एक चमेली नाम की औरत दो बच्चों के साथ आकर रहने लगी थी, जानते हो?"

"बिलकुल जानता हूँ। अच्छी तरह जानता हूँ।"

"आप तो केवल मुझे इतना बता दीजिए कि वह लड़का कहाँ है, बाबूराम और चमेली कहाँ हैं?"

"लोधी से लड़ाई और फिर बदमाशों से लड़की छुड़वाई। इन वजहों से बाबूराम का भतीजा तो यहाँ से चला ही गया। क्या नाम था उसका? श्यौराज ही कहा करते थे उसे। अल्लाहताला

ने अक्ल बख्शी वरना उसके दुश्मन उसे दुनिया से ही उठा देते। वह था पर इसी फितरत का, तो कहाँ बचा होगा!" दुकान के नीचे बैठा साठ-पैंसठ साल का व्यक्ति पूछता है।

"कोई यकीन से कैसे कह सकता है कि वह फुटपाथ से उठकर चला गया तो दुनिया से ही चला गया होगा। यानी लोधियों से डर गया तो मर ही गया होगा। यूँ भी जिंदों में कौन गिने है इन बेचारे गरीब मोचियों को, जिंदा भी वैसे ही हैं जैसे मरे। अरे भाई, वह कोई लखपति-करोड़पति था जो जिंदा होता तो काम-धंधा करने यहाँ वापस आता।"

"क्यों क्या दुनिया में जूता गाँठना, पॉलिश करना यही एक काम बाकी है। क्या चमारों को मुल्क-भर में दूसरे काम और दूसरी जगहें नहीं हैं? क्या मेहनती मजूर की शक्ल में भी उसके बहुत से जन्म नहीं हुए होंगे? अगर वह मोची के बजाय मेरे जैसे शहरी हुलिया में आपके सामने आ जाए तो पहचानेंगे नहीं उसे?"

"जी हाँ, क्यों नहीं?"

"वह मोची से उठकर अखबार फेंकने वाला हॉकर बना होगा। अंडा-नींबू बेचने के लिए फेरी वाला, होटल पर बर्तन धोने, चाय पिलानेवाला, खेत पर निराई-कटाई से शुरू हो जुताई-बुवाई करनेवाला, भट्‌ठा पर पथेरों को गोंदा मिट्‌टी देनेवाला, बाजे वालों में शामिल हो ढोल पीटने और भवन बनानेवाला, राज मिस्त्री को ईंट-मसाला पकड़ाते-पकड़ाते खुद मिस्त्री बन जानेवाला कुछ भी बना हो, पर यहाँ रुका होता तो उसे हिंदू लोधी ही मार देते। उसने अपने ताऊ पर हाथ उठानेवाले सबसे संपन्न लोधी पर बचावी हमला किया था। यह उसकी आत्मरक्षा की प्राकृतिक कोशिश थी।"

"अल्लाह निगहबान है। कुछ नहीं हुआ होगा उसे।" सूफी जमील अहमद बाबा दोनों हाथ आँखों पर रखकर कहते हैं, "पर जिंदा होता तो अपने ताऊ का ठिया सँभाल जरूर रहा होता। यानी यहीं बैठ जूते-चप्पल सिल रहा होता।"

"अब मैं चलता हूँ, आपने नाश्ता भी करा दिया। हाँ, मास्टर अतीकुर्रहमान से मिलने की तमन्ना रह गई। उनसे मुलाकात और हो गई होती तो आज यहाँ आना सार्थक हो गया होता!"

"मैं चाहता हूँ तुम मजार पर चलो क्योंकि इतना तो हम जान ही सकते हैं, तुम बाबूराम के खानदान से हो या उनके करीबी रिश्तेदार हो।" बाबा दाढ़ी पर हाथ फेरते हुए कहते हैं।

"नहीं बाबा नहीं, उठो, मैं आपको बताए देता हूँ कि मैं कौन हूँ?" कहता हुआ मैं उन्हें दुकान से उठाकर थोड़ा दूर अलग ले जाकर बताता हूँ, "बाबा, बाबूराम का वह भतीजा श्यौराज मैं ही हूँ, जिसे लोधी से बदला और बदमाशों से दुश्मनी लेने के कारण आप सब लोगों ने ताऊ को मशवरा दिया था कि अब इस लड़के को यहाँ फुटपाथ पर बैठाना खतरे से खाली नहीं है। मैं नहीं लौटा तो आपने मरा मान लिया मुझे। मैं यहाँ से चला गया, तो चलता ही गया। आज भी सफर में हूँ।" इतना बोलना था कि बाबा ने कोली भरकर गले से लगा लिया।

"आज मेरी खुशी का ठिकाना नहीं। ऊपर वाला क्या-क्या करिश्मा करता है? यहाँ तो सब लोग कहते थे– बाबूराम के भतीजे को मार दिया होगा किसी ने। अच्छे लोगों के दुश्मन कम नहीं होते पर परवरदिगार की मेहरबानी का हाथ जिसके सिर पर है, उसका कोई परिंदा भी कुछ नहीं बिगाड़ सकता। अब तुम हो तो तुम्हीं कह सकते हो सच्ची दास्तान।"

"जी बाबा, अब मैं सुनाता हूँ यहाँ की अपनी जिंदगी के बारे में। मैंने समय-समय पर अपनी जिंदगी के गुजरे सफर के बारे में लिख भी रखा है। मैं अतीकुर्रहमान को नहीं भूल पाया हूँ। मेरे ध्यान में वह एक सूटिड-बूटिड नौजवान हैं। ये यहीं पास के गोधना गाँव के रहनेवाले हैं। ताऊ ने उनके बारे में ज्यादा जान रखा था। आखिर ताऊ तीस-बत्तीस साल इसी फुटपाथ

पर बैठे थे मोचीगिरी करने के लिए। फुटपाथ पर जब से मैं आया था, मैंने अतीकुर्रहमान को रोड के उस पार अपनी सिलाई की दुकानों पर देखा था। वे कभी बंबई गए थे। फिल्म जगत् के लोगों के टेलर बन गए। शायद वहाँ कामयाब नहीं हो सके पर लौटे तो यहाँ सभी के उस्ताद बन गए थे। बमुश्किल एकाध कोट-पैंट की कटिंग को हाथ लगाते होंगे। बाकी सारा काम शागिर्द ही किया करते थे। उनके शागिर्द बनने के लिए किशोर टेलरों की भीड़ लगी रहती थी। उनका तो बस नाम ही काफी था। सर्दियों में रहमान साब दिन में एक-दो बार सूट बदलते थे। फिल्मी लोगों की तरह कपड़े बदलते रहने का उनका शौक था। अमीर घर के बेटे थे। एक भाई सऊदी अरब में था। घर पर लंबी-चौड़ी किसानी होती थी। उनका शौक था और आमदनी का दूसरा जरिया भी सो दुकानें चला रखी थीं। मेरा वास्ता उनके जूतों से था। वे हर वक्त चमचमाते जूते पहना करते थे। पॉलिश रोज कराते थे। जब भी कभी काम की मंदी आती थी तो मैं अतीकुर्रहमान की दुकानों की ओर चला जाता था। पाँच-दस जोड़ी जूते उठा लाता था और सभी को पॉलिश कर रख आता था। दस पैसा जोड़ा के हिसाब से मेहनताना मिल जाता था। वे काम करनेवालों से खुश रहते थे और गुंडागर्दी तो उनके रहते खत्म ही हो गई थी। मुझे उनसे काम दिलाने के मकसद से ताऊ ने ही मिलाया था।

"सामने रोड पार करते ही शराफल अली की आटा चक्की थी और थोड़ी दूरी पर अशोक लाला की चक्की हुआ करती थी। सुबह-शाम जब भी रोटी बनानी होती ताऊ तुरंत उठते कहते, 'लल्ला तू अँगीठी गरम कर, मैं चून लेकें आवतूँ?' वे लाठी उठाते और सीधे निडर चले जाते, जैसे कोई आँखों वाला जा रहा हो जबकि यह सड़क उन दिनों भी काफी व्यस्त रहती थी। एक ओर अलीगढ़, बुलंदशहर और दूसरी ओर नरौरा होते हुए बदायूँ, संभल और चंदौसी की ओर के वाहन इसी सड़क से गुजरा करते थे। आधा किलो आटा खरीदा, टूटे पैसे दिए और लौट आए। कभी सुबह अशोक लाला की चक्की से तो कभी शाम शराफल अली की चक्की से। यूँ हिंदू-मुसलमान दोनों का व्यवहार एक जैसा था क्योंकि दो वक्त का भी आटा-दाल सँभालकर रखने के लिए हमारे पास कोई साधन नहीं था, इसलिए जब खाते थे, तभी आटा-दाल खरीदते थे।

"पाँच-सात साल तो ताऊ यहाँ बगैर अँगीठी के रहे। बड़े बाबूजी (नाम भूल रहा हूँ) की पत्नी जब खाना बना लेती तो जलती अँगीठी ताऊ को सौंप देती थीं, 'ले बाबू, अवई गे जल रही है। बनाइ ले रोटी।' वे बनाने लगते। मेरे हाथ की बनी रोटियाँ उन्हें कम पसंद आती थीं, 'तू बस्स सेकतु जा बाकी काम मैं करंगो।' वे कहते। बगैर पानी, बगैर पलोथन के भी वह तवे पर फूलती रोटी की कला जानते थे।

"बाबू ईश्वरी प्रसाद खाली रहना नहीं चाहते थे। घर पर ही उन्होंने अपनी लुहारगिरी शुरू कर दी थी। अँगीठी बनाना, खुरपी बनाना, कड़ाही, तवा, करछली, राँपी आदि औजार बनाने लगे थे। उन्होंने जूतों के तलों में ठोंकने के लिए एक बार नालें बनाईं। कहते थे—अगर चल जाएँ तो बाबूराम मैं बनाता रहूँगा। तुम लोग ठोंकते रहना पर वे नालें साँचे में ढलकर आनेवाली नालों से इस रूप में फर्क थीं कि उनकी कीलों के लिए अलग से छेद किए जाते थे। उनमें ठुकनेवाली कीलें भी वे बना देते थे पर ढले हुए स्टार का मुकाबला नहीं कर पाते थे। नालों के ऊपर उभरे रहने के कारण जूतों का एक तो बजन बढ़ जाता था, दूसरे उनके तले कीलों पर ही टिके रहते थे। हम परिचय और आग्रह के कारण इस्तेमाल तो करा देते थे पर ग्राहक शिकायत ले आते थे। कुल मिलाकर वे अपनी चीजें बेचने में सफल नहीं हो सके। यूँ, हम उनकी वैकल्पिक आय में अपेक्षित वृद्धि नहीं कर सके।

"मैं ताऊ के साथ इसी फुटपाथ पर बैठा बूट-पॉलिश किया करता था, साइकिलों के टायर सिलता था और आस-पास पैंठ-बाजार जूते गाँठने जाया करता था। रात को इसी बरांडे में ताऊ के पास आकर रहता– खाता और सोता था। चूँकि रात को रखवाली करने के लिए सभी को हमारी जरूरत होती थी, जैसे कुत्ता पालतू नहीं होता है तो सभी का होता है, उसी तरह हमें सभी चाहते थे। उसके उलट हमारा विकल्पहीन स्वार्थ यह था कि रात काटने के लिए हमें थोड़ी जगह चाहिए थी। सुरक्षित घर और दुकान का हम किराया नहीं दे सकते थे, दे भी पाते तो अस्पृश्यों को अपनी दुकान देता कौन? मुफ्त में दिन-भर काम के लिए फुटपाथ और रात्रि में सोने के लिए खुला बरांडा। यही क्या कम था!

"ताऊ के पास लकड़ी की एक पेटी थी, जिसमें सभी औजार, यानी कटानी, पैर, चमड़े की कतरनें, कीलें, पॉलिश की डिब्बियाँ, ब्रुश और पानी का डिब्बा भी रहता था। पेटी रात को उठाकर बरांडे में एक कोने में रख दी जाती थी। उसी के पास पुरानी पैबंदी लगी मैली-सी रजाई रखी रहती थी। मैं रात को ताऊ के साथ उसी रजाई में सोया करता था। बिछाने को माताजी अपनी चटाई (बड़े बाबूजी की पत्नी को हम ताऊ-भतीजे माताजी कहते थे) दे दिया करती थीं। रात को सोने के लिए यहाँ जगह की कमी नहीं थी क्योंकि दुकानें बंद कर-करके सभी लोग अंदर कस्बे में अपने सुरक्षित घरों को चले जाया करते थे। वे सभी चाहते थे कि उनकी दुकानों की रखवाली कोई दरवाजे पर सोकर करे।

"बड़े बाबूजी की दुकान से जुड़ी महेंद्र शर्मा की मिठाइयों की दुकान थी। वे चाहते थे कि रात को हम केवल उन्हीं की दुकान के थड़े पर सोएँ। मिठाइयों की अल्मीराओं को ताला मारा और अँगीठी जलती छोड़कर चले जाते थे, 'सौराज, तुम लोग अपना खाना बनाकर अँगीठी बुझा देना। जागते हुए सोना, सारी दुकान की रखवाली तुम्हारी जिम्मेदारी है।' जब हम ईश्वरी प्रसाद के घर जाकर पीछे की ओर स्टोर रूम में सोने लगे तो शर्मा जी चिढ़ गए। वे अतरौली स्टेशन से रामस्वरूप नामक एक और मोची को बुला लाए। उन्होंने उसे अपनी दुकान के सामने फुटपाथ का ठिया दे दिया। दुकान के तख्त के नीचे पेटी और गद्दा रखने के लिए भी जगह दे दी और काम में ऐसी स्पर्धा पैदा की कि बीस-पच्चीस साल से जमे हुए ताऊ को मुश्किलें पेश आने लगीं। रामस्वरूप तेज काम करता था, ग्राहकों को दूर से लपकता था और ग्राहक तोड़ने के लिए पैसे भी कम लेता था।

"तब ताऊ ने मुझसे कहा, 'लल्ला, तू एक और ठिया बना ले।' अब एक 'पैर' (तिमुँहा लोहे का औजार) की व्यवस्था की। पैंतीस-चालीस किमी. दूर मिर्जापुर ताऊ के नामराशि बहन के चचेरे जेठ बाबूराम से लेकर आया था मैं। पूरे सामान का सेट ही अलग हो गया। पेटी यह सोचकर नहीं बनवाई थी कि बोरी के कट्टे में रखकर काम किया जा सकता है। डिबाई बाजार में खाँ साहब की दुकान से चोबा, कतरनें, धागा, पॉलिश की डिब्बी, रंग-नालें इत्यादि मैं लाया ही करता था। इस प्रकार एक से दो और दो से तीन मोची एक ही साइड फुटपाथ पर करीब बीस-बीस मीटर की दूरी पर एक ओर ताऊ दूसरी ओर रामस्वरूप और बीच में मैं, बैठने लगे।

"ताऊ नारियल का हुक्का पिया करते थे। मैं उनकी चिलम भरता रहता था परंतु एक रात जब मैं गाँव से लौटकर आया तो देखा ताऊ की आधी रजाई जली हुई है। मैंने वजह पूछी तो माताजी ने बताया– बच गयौ भैया बाबू। आग ही लग जाती।

"मैंने ताऊ से पूछा तो वे बोले, 'लल्ला, ठंड बहुत परि रई। मैंने चिलम पी के बुझाइ के कोने में धरि दई। राम जाने नेंकाद (न्यूनाधिक) चिंगारी रजाई मैं गिरि गई। मैं सोइगओ, रजाई

जत्ति रई, मोइ भरक (गर्मी) आति रही। जब जत्ति-जत्ति आगि भीतर पहुँची तब आँखि खुली। माताजी आईं, उनसे बाल्टी भर पानी उड़ेलो तब आगि बुझि पाई। जान बची गई।' ताऊ को हुक्का/चिलम पीने की तलब के खामियाजे बार-बार भुगतने पड़े। यूँ उन्होंने हर सर्दी के मौसम में थोड़े-बहुत कपड़े जरूर जलाए। उनके कथरा (गद्दा) में जलने के निशान पड़े होते थे, हालाँकि, रजाई में जगह-जगह अनेक पैबंद लगे थे। खुले कोने में रखे रहने के कारण दिन-रात धूल-मिट्टी हमारे ऊपर आती रहती थी। जूते मरम्मत का काम भी धूल-मिट्टी की सफाई करना ही था। इस कारण कपड़े मैले-काले ही रहते थे।

''बड़े बाबूजी यानी रानी के ताऊ के बारे में यह चर्चा आम थी कि वे जवानी में बड़े आशिक-मिज़ाज रहे हैं। वे रेल-सेवा में गार्ड थे। तब वे किसी दोस्त स्त्री को अपनी कमाई का एक हिस्सा खिलाया करते थे। उनकी इस दरियादिली से उनकी पत्नी और बेटा दोनों परेशान रहते थे। अब बुढ़ापा पेंशन पर कट रहा था। वे तख्त पर चाय-बिस्कुट, मूँगफली, चना, गुड़, पानी बीड़ी-सिगरेट, कतली आदि थोड़ा-थोड़ा बेचने के लिए रख लेते थे। हम उनके बहुत छोटे खरीदार थे। एक तो सामान थोड़ा होता था, ऊपर से वे चटोरे बड़े थे। अतः उसी में से वे वृद्धा-वृद्ध खुद कुछ-न-कुछ टूँगते रहते थे। महीने से पहले पैसे खत्म होने का संकट आ जाता था। तो कभी दुकानदार पर उधार कर आते थे। कोई नहीं हो, सौराज तू ही आठ-दस दिन काट दे। पेंशन आते ही उधार चुकता कर देंगे।

''बाबूजी के अंडकोषों में पानी आ गया था। वे भेली-से लटके रहते थे। कई लोग उनका मजाक बनाते थे पर मैं उनके स्वास्थ्य के प्रति हमेशा गंभीर रहता था कि उनका बेटा रघुनंदन लाल रेल विभाग में अफसर बन गया था। दुखद यह था वह वर्षों तक माँ-बाप की सुध लेने नहीं आता था। पिता की निजी जिंदगी फर्ज से भागने का बहाना थी या कोई और वजह मैं यकीन से नहीं कह सकता पर बुढ़िया माता जब लड़ती तो कहती, 'जवानी के नशे में सब लुटा दिया, खिला दिया उस कुतिया को, चार पैसे जोड़े-जमा किए होते तो आज काम आते या नहीं?'... ताऊ अकेले में कहते थे, 'माता जी पुराने घाव कुरेद-कुरेद कर बाबूजी को परेशान क्यों करती हो? एक तो वे बीमार रहते हैं। फिर भी दुकान पर बैठते हैं। अब गुजरी बातों से का मिलेगो? कहीं बाबूजी को कछु हौ गओ तो आप।'

''इधर पूरब में चाय की दुकान के पीछे एक सरकारी हैंडपंप था। मैं उसी के पास बैठकर सुबह-शाम कोयला-मिट्टी से अपने बर्तन माँजा-धोया करता था। जब जरूरत होती, हत्था चलाया और पानी ले लिया। इसलिए पानी न रख पाने की स्थिति में जितनी बार प्यास लगती, उतनी बार नल पर ही पीने जाना पड़ता था। यूँ नल ही हमें जीवन दे रहा था। यह सार्वजनिक सरकारी नल हमारे लिए पानी का अच्छा साधन था। हजार बार छूने पर भी उसे छूत नहीं लगती थी।

''सवेरे दिशा-मैदान जाने के बाद यहीं बाहर खुले में नहाना-धोना भी हो जाता था। महेंद्र उर्फ ओमी शर्मा आधे ज्योतिषी थे और आधे हलवाई। जन्म-पत्री, नामकरण संस्कार और मृत्यु भोज सभी में वे दावतें खाते और दुकान पर बैठकर दिन-भर खाना और यजमानों की अमीरी की चर्चा करते रहते थे। व्यवसाय के साथ-साथ विवाह-लगन छाँटते थे, उन दिनों हस्तरेखाएँ भी देखने लगे थे। उनका भविष्य बताना मुझे कभी भी सत्य नहीं लगा। उन्हें मेरे पास बख्शीदास की रैदास रामायण, सौत जैसी लगती थी। जाने क्यों चिढ़ थी उन्हें मेरे पढ़ने से। उनका एक गोरा-गोरा स्त्रियों के अंदाज में रहनेवाला साला रामचंद्र उनकी हलवाईगिरी का सारा काम किया करता था। बताया जाता था कि रामचंद्र नामर्द है। उसकी बीवी को शर्मा जी रखते हैं। उनके

घर में झगड़ा रहता था परंतु वह सड़क पर नहीं आता था। बहुत बार शर्मा जी की बीवी भाई को डाँटने दुकान पर आ जाती थीं– रात में तू इसे रखने लायक नहीं तो मेरी सौत बनाकर क्यों बिठा दी? जाति की ना बिरादरी की। कहाँ से रास्ता चलती लड़की उठा लाया, भंगिन है या चमारी, कौन जाने!

''ताऊ उस स्त्री के बारे में ज्यादा जानते थे। भंगिन ही है बेटा, चमारी बताकर रखते हैं शर्मा जी। जब जात ही में डाली थी तो ब्राह्मणी ही बना लेते या फिर प्रेम के लिए खुद भंगी बन जाते, चमारी या भंगिन क्यों बनाए रखी? जब दो तन-मन एक हो गए तो ये कैसे ब्राह्मण और वह कैसी अछूत! मैं इधर-उधर के सवाल करता तो ताऊ कहते, 'लल्ला, तू अबई बाह्मणनु के फेर-फंदा नाँय जान्तु है। जे झूँठ बोलत हैं, झूठ लिखत हैं और झूठ ही सिखावत हैं। पोथी-पतरा सब झूठ से भरे हैं इनके।' शर्मा जी भी ताऊ को चिढ़ाते थे, 'बाबू गे तेरी तो जरूर कछु लगति होइगी और या सौराज की। जिस रात इसे लाए मैं उस रात वहीं था। खुद बता रही थी बाप के घर सूअर पाले जाते हैं। पर बिचारी की जात तो गई, आदमी भी मिला तो हिजड़ा मिला! न इसे दाढ़ी जमती है न मूँछ!'

''देर रात दुकान बढ़ाकर (बंद कर) शर्मा जी जानेवाले हैं। वे आदेश के अंदाज में कहते हैं– 'बाबू, अँगीठी चकाचक है। सब्जी आराम से बन जाएगी। थोड़ा जागते सोना। आजकल चोर-उचक्के मुँह उठाए घूमते हैं। कल ही लियाकत की दुकान में अल्मीरा काटकर चोरी की है। ये तेरा भतीजा सौराज आँखों वाला है पर बहुत सोता है। इसे रात को बीच-बीच में जगा दिया कर।' इसके अलावा वे माँओं के नाम से पता नहीं किस नाते मजाक किया करते थे!

''शर्मा जी ने मिठाइयों की अल्मीराओं के ताले लगा दिए हैं। हिला-बजाकर तसल्ली कर ली है और अब वे धड़े से उतरकर तख्त के नीचे से अपने जूते तलाश रहे हैं। ताऊ की तजुर्बे की आँखें सब देख रही हैं। वे मंदी आवाज में कहते हैं, 'शर्मा जी बुरा न मानो तो एक बात कहूँ?'

"मैं जानता हूँ बाबूराम, सब जानता हूँ, 'यहाँ सब लोग कहते हैं–शर्मा जी का कोई ईमान-धर्म नहीं है। सगी सलैज को घर में दे रखे हैं।' उनकी पत्नी रोज-रोज रोती, कहती, 'भैया बाबू इन्हें नेंक तू ही समझाइ अब तो बात जिजमानों तक पहुँचने लगी है। रात-दिन बाई तें जाइ चिपकत हैं। मेरी बेटियाँ बड़ी हो रही हैं, का सोचती होंगी? कोई नाते-रिश्तेदार सुनेगा तो क्या कहेगा?'

''मौका मिलते ही शर्मा जी अपना पक्ष रखते, 'बाबू अपने घर की बात वही जानता है जो उसे झेलता है। रामचंदर नाकाबिल है। नामर्द है। मैं न सँभालता तो अब तक कब की छोड़ भागी होती। जिद तो इन्हीं ने पकड़ी थी कि जैसे भी हो मेरे भाई को कोई लड़की लाओ– अब मुझे कोई शौक थोड़े ही है जो एक साथ दो नावों पर सबारी करता फिरूँ।'

" 'दोनों पर पाँव धरे रहोगे तो तुम्हारी देर-सबेर टाँगें तो चिरेंगी शर्मा जी, तुम एक हो, किश्ती कूँ किनारो नहीं दे सकोगे, दोनों को ले डूबोगे।'

''ताऊ का अपना तरीका था समझाने का पर शर्मा जी कहते– 'यहाँ तो जिसके ऊपर से पाँव हटाऊँ वही डूबी समझो।'

'' 'ऐसी बात नाँय है। असल में तुम लँगोट के कच्चे हो शर्मा जी। रामचंदर की पहली बीवी तो जल्दी छोड़ भागी।' इस तरह शर्मा जी अपने घर के फजीतों का वर्णन किया करते थे।

''हम रात को ईश्वरी के बरांडे में सोते ही थे। तब भी शर्मा जी की दुकान की रखवाली होती थी क्योंकि दुकानें एकदम सटी हुई थीं। हाँ, कई रात हमें पीछे की ओर बने रानी के घर और घर के साथ बने कबाड़घर में सोना होता था क्योंकि हमें बाबूजी की अनुपस्थिति में

इन माँ-बेटियों की रखवाली करनी होती थी। हमारे बाहर सोने से एक साथ सभी की रखवाली हो जाती थी। यदि किसी की सुरक्षा नहीं थी तो वे हम थे। हमारा यदि कोई रखवाला रहा होगा तो ईश्वर ही रहा होगा या वे देवी-देवता, जिनमें हमारा गहरा विश्वास था।

''रानी की ताई और शर्मा जी दुखी होते थे। कहते, एक जना यहाँ सो जाओ, दूसरा वहाँ। इस एक जने की माँग में ताऊ दोनों-तीनों को चाहिए थे और मैं किसी को नहीं क्योंकि वे रोचक कहानियाँ सुनाते थे। मैं उनका अनुकरण मात्र किया करता था। 'अकेला बच्चा क्या रखाएगा, इसे ही कोई मार जाएगा।' ताऊ कहा करते थे। यूँ वे मुझे अकेला छोड़ना नहीं चाहते थे, जबकि वे अपनी जिंदगी की आधी उम्र इसी फुटपाथ के सामने खुले में सोकर गुजार गए थे।

''रानी के घर के अंदर दो कमरे आमने-सामने थे। एक जिसकी दीवार दुकानों से सटी हुई थी, दूसरा जिसका पिछवाड़ा खेत-जंगल और कुछ लाइन की ओर था। खतरा इसी ओर से रहता था। पिछवाड़ा खेत-जंगल की ओर था, इधर से सेंध लगाने का डर बना रहता था। चोरी, लूट, मार-काट की वारदातें यहाँ आए दिन होती रहती थीं।

''इधर कबाड़े का स्टोर रूम था। इसमें टूटा-फूटा लोहा, लकड़ी आदि धूल-भरे रहते थे। लुहारी का असली असबाब इसी में था। यहाँ हमें इसी कमरे में सोना होता था। ऐसा नहीं था कि यहाँ छुआछूत या जातिगत दूरी न हो पर उन्हें जैसे वफादार कुत्तों की जरूरत होती है, वैसे ही हमारी जरूरत थी। रखवाली करने के बदले हमें खाना बनाने के लिए जलती अँगीठी दी जाती थी।

''कभी-कभी सब्जी-दाल ज्यादा बन जाती तो रानी आकर बता जाती। रानी की माँ कहतीं, 'सौराज बासन (बर्तन) ले आ सब्जी ले ले।' बाहर रखी रहनेवाली एकमात्र कटोरी लेकर मैं उपस्थित हो जाता था। लोहे के डिब्बे, तसला और तवा इतने ही बर्तन थे हमारे पास, जो महीने-भर भी बरांडे के कोने में रखे रहते तो कोई छूता तक नहीं था। चोरी होने का तो सवाल ही नहीं। सर्वविदित अछूतों के बर्तन-लत्तों का कोई मूल्य नहीं था। चमेली-लोधी और उसके बच्चे भी उन्हें नहीं छूते थे क्योंकि वे हमारी जैसी विपन्नता में रहकर भी सछूत थे। कहते थे– चमारों के बर्तन हैं। हमारे भी नहीं हैं। बेचने के लिए उन्हें कोई छदाम में भी नहीं खरीदता।

''रानी को किस्से-कहानियाँ सुनने का बहुत शौक था। इसके लिए उसके पिता पर न समय था और न ताऊ जैसी कहानियाँ। उसकी इस कमी को पूरा करते थे ताऊ बाबूराम। वह शाम होते ही बोल जाती, 'बाबू भैया, जल्दी आइए मैं कहानी सुनूँगी।'

''रानी लंबे कद की लड़की थी। वह धोती के ऊपर ओवर कोट पहनकर इंदिरा गांधी-सी लगती थी मुझे। उसकी आवाज पतली थी जिसमें मिठास थी। कहानियाँ कहते-सुनते रात कितनी गुजर गई, पता ही नहीं चलता था। महाभारत, रामायण, रैदास-कथा, कबीर के पद और ढेरों लोककथाएँ सुना सकते थे। बिना रुके घंटों गाते रहते थे। जाने क्या-क्या कंठस्थ था उन्हें। गाँव के देवी-देवताओं के छंद उन्हीं से सीखे थे सभी ने। कोई भूल जाता तो तुरंत ताऊ को याद किया जाता– पूछ लो बाबू से, और वे बिना एक पंक्ति भूले सब यथावत् सुना देते थे। वे पांडवों की कथा गाते थे। ऋषि पारारिख ने किस तरह मंछोदर से नाव में संबंध स्थापित किए। ताऊ गाते थे तो गीत में बताते थे कि 'मंछोदर' नामक उस मछवारे की कन्या किस प्रकार इनकार करती है और किस प्रकार ऋषि उसे सहमत कर लेते हैं, उनका संवाद गीतों में इस प्रकार चलता था–

ऊपर चंदा-सुरज लखत हैं
नीचे गंगा माई, रामा नीचे गंगा माई
नदी किनारे मेरे पिता लखत हैं

कैसे तो जोड़ूँ बोलो तुमसे असनाई
तुमसे असनाई— रामा तुमसे असनाई

कामातुर ऋषि इस संवाद के प्रत्युत्तर में कहते हैं—

चंदा-सूरज ग्रहन डारि देउँ—
जल पै पूरूँ काई, रामा जल पै पूरूँ काई
पिता तेरे कूँ अन्धौं करि देऊँ
तब जोड़ंगो गोरी तोसों असनाई
री तो सों असनाई॥

"इस प्रकार मछुवारे की कन्या और ऋषि के बीच नदी मध्य तब दैहिक संबंध हुए जब पिता के कहने पर बेटी मंछोदर ऋषि पारारिख को नाव में बिठाकर नदी पार उतारने जा रही थी। परिणामस्वरूप वह गर्भवती हुई और उसने शिशु को जन्म दिया। कालांतर में वही महाभारत कथा के रचनाकार महाकवि व्यास बने। ऐसी अनगिन कथाएँ मेरे अनपढ़ और कर्मठ ताऊ ने कितनी ही बार मुझे सुनाई?

"ताऊ की इन सकंठ कथाओं का मेरे दिल-दिमाग पर गहरा असर पड़ा। ये कथाएँ मुझे सहज स्मरण हो जाती थीं। रैदास का कठौती में गंगा, ब्राह्मणों से शास्त्रार्थ, ठकुरानी मीरा द्वारा गुरु बनाना, कबीर से संवाद आदि की कथाएँ उनकी जुबान पर रहती थीं। 'अब तू सुनाइ लल्ला' बोलकर वे कहानी पक्की कर देते थे।

"रानी की माँ, उसकी ताई और ताऊ तो गेय शैली में ताऊ से उनके पूरे गीत सुना करते थे। जब भी खाली समय होता, ताऊ को सुनने के लिए आस-पास के दुकानदारों की भीड़ जमा हो जाती थी। महेंद्र शर्मा को ईर्ष्या होती थी क्योंकि वे कथा बाँचने और हलवाईगिरी के अलावा कुछ नहीं जानते थे। उनका कथा वाचन इतना नीरस, गद्यात्मक, उबाऊ और व्यावसायिक होता था कि कभी उनके घर के सदस्य तक नहीं सुनते थे। वह भी उनका पोथीबंद तोतारटंत वाला ज्ञान था पर इन मिथकों का लाभ लेकर उन्होंने अच्छी-खासी अपनी देह पाल रखी थी। वे हाथ से कभी कोई कठोर काम नहीं करते थे। यूँ भी ऐसे चमार किस ब्राह्मण के प्रिय होंगे जो न तो उन्हें जन्मना ज्ञानी मानते हैं, न संवदेनशील इनसान, जिनके दिलो-दिमाग में नए-पुराने कबीर आकार लेते रहते हैं जबकि ताऊ को सब कुछ स्मरण रहता। जब बहसें होती थीं तो कबीर के बहाने छंद बिगाड़कर ताऊ जैसे स्वरचित कविता कर इन्हें ही ब्राह्मणों की कबीरी आलोचना को अपनी तरह से कहते थे। उनके कथन में मैं भी अपनी बात मिला दिया करता था। तब जो मिला-जुला कबीर की तर्ज पर पद बनता वह इस प्रकार होता था—

संतो, बामन बाग उजाड़ा
संतो बामन बाग उजाड़ा
ना कछु ग्यान-ध्यान फैलाया
ना कोई काज सँवारा।
संतो बामन...

संतो बामन बाग उजाड़ा
बरन बनाए, लोग लड़ाए—
जियरा टूक-टूक करि डारा

संतो बामन देस पिगाड़ा।
छुआछूत कौ रोग लगाइकें

घर निरबल कर डारा
संतो बामन देस पिछाड़ा।
झगरा देख मुगल घुस आए
भारत लूटा खाय–
रामा भारत लूटा खाया
देख फिरंगी हँस-मुसकाया
उसने झंड़ा गाड़ा
रामा बामन...

कम अकलन कूँ वेद पढ़ाए
हमरे कान फुड़ाए
रामा हमरे कान फुड़ाए
सोन चिरइया पिंजर बंद भई
ग्यान दरिद्दर-छाया–
रामा ग्यान दरिद्दर छाया
माँ जाए दुश्मन बन बैठे–
आँगन बना अखारा
संतो बामन...

काउ ने डार-पात सब झारे
काउ ने पतझर डारे
बामन कुमति लगी कछु
ऐसी जड़ तें पेड़ उखारा।
रामा जड़ ते पेड़ उखारा
संतो बामन...

"आखिर शर्मा जी व्यंग्य करते– क्या बाबू गा-गा के रेल में भीख माँगतु है? ताऊ कहते– भीख माँगतो तो जूती काहे गाँठतो। भगवान ने भीख ब्राह्मणनु कूँ बनाई है।

"अक्सर मैं ताऊ के साथ प्रत्येक सोमवार 'डिबाई' का बाजार किया करता था। इस बाजार से साग-सब्जी के अलावा हम पुराने नीलाम के कपड़े खरीदा करते थे। वहाँ बीच शहर में खाँ साहब की मोची के सामान की दुकान थी। खाँ साहब के दो दाँत बाहर को निकले रहते थे, इसलिए उन्हें मैं गौर से देखा करता था। उनकी दुकान पर उधार-नकद जब चाहो चोबा, पॉलिश, कतरनें, धागा, नालें, स्टार इत्यादि ले जाया करते थे। ताऊ इतने अभ्यस्त थे कि जब भी सामान समाप्त होता वे उठते, पेटी के पीछे पड़ी लठिया उठाते और कभी ताँगे में तो कभी बस में बैठते और खटाक से डिबाई चले जाते– 'लल्ला सौराज तू काम देखिए, मैं अबई लौटतूँ...।' आँख वाले उनकी जीवट सक्रियता देखकर चकित होते थे।

"हम शर्मा जी की दुकान की रखवाली किया करते थे। वे हमें काम करने के लिए अपनी दुकान के सामने फुटपाथ पर बैठने देते और रात को थड़े पर साग्रह सोने को कहते लेकिन

कुछ था जो भीतर-भीतर हमें असहज रखता था। संवाद था, पर मन साफ नहीं थे। वे मेरे आत्मसम्मान/खुद्दारपन से चिढ़ते थे। वे एक मोची बालक से ऐसी अपेक्षा नहीं रखते थे। एक बार एक आदमी अपने बीवी-बच्चों और अपने जूते पर पॉलिश कराकर उठा और दूर हटते हुए उसने चवन्नी फेंकी तो मैंने उसे डाँट दिया, 'भीख नाँय ले रओ हूँ। पैसा उठा के दो।' तो शर्मा जी ने ताऊ से कहा, 'बाबूराम, तेरौ भतीजौ जरूर काउ तें पिटेगौ।' मैं पिटूँ ऐसी ही इच्छा शर्मा जी की हमेशा बनी रहती थी।

''ताऊ का व्यक्तित्व बेहद पारदर्शी था। उनमें जो विशेषताएँ थीं, उन्हें मैं भूल नहीं पाया हूँ। वे सफेद कमीज, सफेद अद्धा (आधी धोती) और टोपी पहना करते थे परंतु उनका काम बूट पॉलिश करना, जूतों में कीलें ठोंकना, साइकिलों के टायर सिलना, जूतों पर सोल (तला) ठोंकना। राँपी के सहारे सही कटिंग करना इत्यादि था। वे सारे काम मैंने उन्हीं से सीखे थे। मैं उन्हें अधिक कुशलता और कम समय में करने लगा था।

''ताऊ के दो बेटे थे– रोशन और पूरन, दोनों मुझसे छोटे थे। रोशन एक-दो साल और पूरन पाँच-छह साल। रोशन को ताऊ काम सिखाना चाहते थे, इसलिए कभी-कभी उसे अपने साथ लाते थे पर वह सीखने में रुचि कम ले रहा था। उसका मन कुछ और सीखने की ओर था पर एक समस्या थी। उन दिनों गाँव में रोशन के नाम को लेकर झगड़ा होता था। बच्चे जोर से आवाज देते– अरे ओ रोशना, कहाँ है सारे (साले)...

'' 'रोशन' नाम के एक मुस्लिम बुजुर्ग भी थे। उनके सात बेटे और करीब चौबीस नाती-नातिन थे। उनकी सफेद दाढ़ी, लंबा कद, अस्सी के आस-पास लंबी उम्र, सभी के लिए आदर के पात्र। उर्दू तालीम पाए हुए जवानी में कोई छोटे-मोटे सरकारी मुलाजिम भी रहे थे। उनके बेटे-पोते लेखपाल, अध्यापक आदि सब थे। चमारों का रास्ता उन मुसलमानों के घरों और घेरों के बीच से गुजरता था। तो सभी बच्चे 'रोशना' कहकर उन बुजुर्ग और उनके पारिवारिक सदस्यों को चिढ़ाने के लिए जोर से आवाज देते तो रोशन अली के बेटे-बहुएँ घरों से बाहर निकलकर आ जाते, कहते, 'बाबू, तुम आज ही अपने लड़के का नाम बदल दो। इसके बहाने हमारे बब्बा को गाली दी जाती है, इसे हम बर्दाश्त नहीं करेंगे। नहीं माने तो तुम्हारा रास्ता रोक दिया जाएगा।' चमारों और भंगियों का रास्ता मुस्लिमों और यादवों के मोहल्लों से गुजरता था। कारण बाहर की जमीनों पर यादवों और मुसलमानों ने घर बना लिये थे। यूँ दलित भीतर फँस गए थे।

''झगड़े-झंझटों से बचने के लिए ताऊ रोशन को अपने साथ 'कसेर' ले जाने लगे थे परंतु गाँव-बस्ती में जूतों की मरम्मत का काम करना या सीखना अच्छा नहीं माना जाता था, इसलिए उसे 'कसेर' कम रखा जाता। ऐसा समय बहुत कम गुजरा जब ताऊ के साथ मेरे अलावा रोशन भी रहा हो। छिका हुआ हमारा घर बिरादरी में उसी दिन शामिल होगा जब हम जूता गाँठना छोड़ देंगे, मुर्दा-मवेशी उठाने और खालों को पकाने की बात तक नहीं सोचेंगे। बाबू को माफ किया जा सकता है, क्योंकि वे अपाहिज हैं पर रोशन और श्यौराज को मोचीगिरी छोड़नी ही पड़ेगी। भले ही बेलदारी करें, भट्ठों पर जाएँ पर मोचीगिरी न करें।''

''सूफी बाबा कहते हैं, वैसे तो सौराज के सरपरस्तों की यहाँ कमी नहीं थी परंतु उसे हिंदुओं ने ही सताया था। चलो, यहाँ से सही-सलामत चला गया। जिंदा होता तो अपने ताऊ की विरासत सँभालता। मतलब यहीं बैठा जूते गाँठ रहा होता। तीस साल बाबूराम इस फुटपाथ पर बैठे और करीब तीस ही साल इस वाकया को गुजर गए। यहाँ कोई दूसरा मोची टिक ही नहीं पाया।''

शिकंजे का दर्द

सुशीला टाकभौरे

हमारे लोग सवर्णों के प्रकोप के साथ प्राकृतिक विपदाओं का सामना भी करते थे। नेमावर गाँव में नर्मदा की बाढ़ का प्रकोप हमेशा होता। हर दो-तीन साल में अधिक बरसात होने पर नर्मदा में बाढ़ आती। गाँव का निचला हिस्सा नर्मदा की बाढ़ में डूब जाता। यहाँ के गरीब अछूतों के कच्ची मिट्टी और देशी खपरे के घर मटियामेट हो जाते, जानवर पानी में बह जाते। घर का सामान पानी में तैरता हुआ बहकर दूर चला जाता। सब लोगों में त्राहि-त्राहि मच जाती। 10-15 दिन तक बाढ़ का पानी नहीं उतरता। हर बार लोग पूरी तरह बर्बाद हो जाते। नर्मदा की बाढ़ से अपने लोगों की बर्बादी मैंने कई बार देखी थी।

गाँव के ऊँचाई वाले हिस्से में हिंदू महाजनों, सेठ-साहूकारों के पक्के मकान थे। स्कूल और धर्मशाला भी ऊँचाई पर थे। बाढ़ के दिनों में दादा-दादी, काका-काकी परिवार सहित अपने थोड़े सामान के साथ स्कूल में शरण लेते। मोहल्ले के सभी लोग धर्मशाला और स्कूल में, भूख और परेशानी के कष्ट के साथ समय निकालते थे। गरीबी और बदहाली से बच्चे बीमार हो जाते, गाँववालों की दया और सरकारी मदद पर्याप्त नहीं होती। वे भूखे-प्यासे, रोते-कलपते नर्मदा की बाढ़ उतरने की राह देखते। नर्मदा मैया को नारियल-चिरौंजी का प्रसाद और पिहरी (पीली ओढ़नी) चढ़ाने की मनौती कबूल करते, 'मैया रानी, शांत हो जाओ, गुस्सा छोड़ दो। तुमको पिहरी चढ़ावेंगे।' वे नर्मदा नदी के किनारे पूजा करते।

बाढ़ का पानी उतरने पर वे अपने-अपने मकान और सामान ढूँढ़ते, कहीं नामोनिशान नहीं मिलता। अपनी-अपनी जगह के लिए वे आपस में झगड़ते। किसी तरह अंदाज से अपनी जगह पर फिर से झोंपड़ा बना लेते। जिंदगी पहले की तरह चलने लगती। हमेशा खाने के, दाने-दाने के लाले रहते। अनाज रखने की लोहे की कोठियों में बाढ़ का पानी घुसने से अनाज फूल जाता। लोहे की मोटे पत्तर की कोठियाँ फट जातीं। सब अनाज खराब हो जाता। बाढ़ के बाद भूख से जूझना पड़ता। कई दिनों की कड़ी मेहनत के बाद जिंदगी की गाड़ी पटरी पर आ पाती। जो कुछ कमाते-जोड़ते, घर-गृहस्थी बनाते नर्मदा मैया फिर लील लेती। इतना सब होने पर भी वहाँ के लोग अपना गाँव छोड़कर दूसरे गाँव नहीं जाते थे। फिर वहीं घर बना लेते, जो अगली बाढ़ में बह जाता। फिर भी उनकी आस्था अपने गाँव से जुड़ी रहती। वे कहते थे– 'किस्मत में होगा तो यहीं मिल जाएगा और जो किस्मत में नहीं होगा तो दुनिया के किसी भी कोने में जाने से नहीं मिलेगा।'

हमारे लोग भाग्यवाद-देववाद पर विश्वास करते और बाढ़ का कहर उठाते रहते। हमेशा की इन परेशानियों को देखकर ही पिताजी ने अपनी घर-गृहस्थी बानापुरा में बसाई थी। यहाँ रहने से हमारी शिक्षा-दीक्षा ठीक से हो सकी, नानी ने ममता और प्यार के साथ हमें सँभाला।

दादा-दादी के घर दो-चार दिन ही अच्छा लगता था। वैसे भी स्कूल की पढ़ाई के कारण मैं दादा के गाँव अधिक नहीं गई।

गरीबी के कष्टों के साथ इज्जत-आबरू की चिंता भी लगी रहती थी। 1965 की बात है, एक बार अँधेरी रात में घर के सब कुत्ते एक साथ भौंकने लगे। गरमी का मौसम था। पिताजी आँगन में खटिया पर सोए थे। कुत्तों की आवाज सुनकर वे उठकर बैठ गए। उन्होंने खटिया के नीचे रखा मोटा डंडा हाथ में ले लिया। तब हमारे घर डाकबँगले के पीछे थे। आस-पास कोई दूसरे घर नहीं थे। पीछे दूर तक सरदार जी का बगीचा और जंगल था। सामने दूर सोसायटी का ऑफिस बंद था। उसके आगे अड्डा बाजार के पास, खेड़ापति देवी का मंदिर अँधेरे में गुम था। सब तरफ सन्नाटा था। वातावरण की इस नीरवता को तोड़ते हुए कुत्ते भौंक रहे थे। उन दिनों बड़े भैया नौकरी के लिए भिलाई चले गए थे। शंकर भैया काम की तलाश में होशंगाबाद गए थे। माँ, नानी, बड़ी बहन, मैं और छोटे भाई बरामदे में नीचे सोए थे। कुत्ते भौंक रहे थे, नींद खुलने पर मैंने देखा, सफेद कुर्ता-पाजामा पहने कोई आदमी आगे बढ़ा चला आ रहा था। पिताजी को चिंता हुई। उन्होंने खड़े होकर, डंडा खटिया के पाए पर फटकारा और गुस्से के साथ जोर से चिल्लाकर कहा, 'कौन है साला बदमाश, तेरी ऐसी की तैसी।' पिताजी ने गुस्से के साथ उसे माँ बहन की गालियाँ देते हुए कहा, 'रुक वहीं, कौन है तू? यहाँ क्यों आया है? तेरी...तो...यहाँ क्यों आया है? बता, नहीं तो अभी तेरा सिर फोड़ दूँगा... ।'

पिताजी की दबंग आवाज सुनकर और गुस्से को देखकर वह रुक गया। कुत्ते लगातार भौंक रहे थे। पिताजी उसके सामने डंडा लेकर खड़े हो गए। उसने धीमी आवाज में अपना नाम बताया। पिताजी कठोरता के साथ, बनावटी नम्रता से ऊँची आवाज में बोले, 'तो ऐसा बताओ न भैया जी। क्या काम है? इतनी रात में चोर की तरह क्यों आए हो? कोई काम है तो दूर से आवाज देना चाहिए या नहीं? चोरों की तरह चुपचाप इधर चले आ रहे हो? कुत्ते काट खाते या मेरा ही हाथ उठ जाता तो किसकी गलती कहलाती?'

पिताजी की डाँट-फटकार से डरकर वह बोला, 'ऐसे ही इधर से जा रहा था।' वह धीरे-धीरे चला गया। माँ-नानी भी जाग गई थीं, मगर उन्होंने रात में आपस में कोई बात नहीं की। सोचा होगा, बच्चे सुनकर डरेंगे।

दूसरे दिन पिताजी माँ से कह रहे थे, 'उसको तो मैंने देखते ही पहचान लिया था, सरदारों का बदमाश लड़का था। बाप इतना सज्जन है और यह बदमाश, पागल की तरह घूमता रहता है, किसी दिन बुरी तरह पिट जाएगा।' पिताजी मन ही मन डरे भी थे। यदि फिर कभी, कोई ऐसे इधर आया तो वे अकेले उसका क्या कर लेंगे? तब क्या होगा? उस दिन से माँ बहुत डर गई थी। मुझे और बहन को घर में हिफाजत से सुलाती थी। पिताजी अधिक सावधानी से सोते, रात में डंडा और लोहे की रॉड पास में रखते थे। इस घटना से माँ-पिताजी चिंतित रहने लगे थे।

गाँव में ऐसी घटनाएँ होतीं, इसके परिणाम बुरे और भयंकर भी होते थे। बदमाश-गुंडों को रोक पाना सरल-सहज बात नहीं थी। बानापुरा में गौरी पहलवान का छोटा भाई चंदू एक नामी गुंडा बदमाश था। सज्जन, भले लोग उससे बहुत डरते थे। एक बार उसने गाँव की एक पागल औरत को बीच बाजार में बहुत पीटा था। लोग वहाँ खड़े रहने में भी डर रहे थे। कोई उसे पागल औरत को मारने से नहीं रोक सका, तब पिताजी और माँ बहुत भयभीत हो गए थे। वे इमरती दीदी के लिए जल्दी से जल्दी वर ढूँढ़कर शादी कर देने की फिक्र करने लगे थे।

वे ऐसे लोगों को दूर से देखकर ही उनके रास्ते से हट जाते थे। मैं गाँव या बाजार में कभी-कभी ही जाती थी। तब भी माँ या भैया साथ रहते थे। ऐसे माहौल में घर और स्कूल, बस यही बन गया था मेरा कार्यक्षेत्र और जीवनक्षेत्र। अपनी छोटी-सी इस दुनिया में मेरे लिए पढ़ाई सबसे ज्यादा महत्त्वपूर्ण थी। हमारे जीवन और इज्जत की सुरक्षा माँ-पिताजी और नानी सुरक्षा कवच बनकर करते थे।

इज्जत-आबरू के भय के साथ-साथ आर्थिक कठिनाइयों का सामना हमेशा होता। माँ और पिताजी अपनी बुद्धिमानी, हिकमत और मेहनत से जीवन का मार्ग बनाते चलते। इसके लिए उन्हें अपमानित भी होना पड़ता था और खतरों का सामना भी करना पड़ता, फिर भी भूखे रहने या माँगने की अपेक्षा वे स्वाभिमान के साथ जीने का रास्ता ढूँढ़ लेते। मजबूरी में उन्होंने कभी ऐसे कदम भी उठाए, सरदार अपने बगीचे के फाटक के पास इमारती लकड़ियों की थप्पी लगवाते थे। वे ठेके लेते और मालगाड़ी से लकड़ी मँगवाते। लकड़ियों की थप्पी कई महीनों तक लगी रहती थी। कभी सरदारजी को शक होता कि लकड़ियाँ कम हो गई हैं, वे हमारे घरों के अंदर आकर लकड़ियाँ ढूँढ़ते, पूरे घर की तलाशी लेते। उस समय हम लोग घर के बाहर खड़े रहते। उन्हें हमारे घर में बल्लियाँ, बड़ी लकड़ियाँ नहीं मिलती थीं।

आर्थिक कठिनाई के दिनों में माँ के बार-बार कहने पर रात के अँधेरे में पिताजी और भाई एक-दो हलकी लकड़ी उठा लाते थे। सुबह होने के पहले कुल्हाड़ी से चीर-फाड़कर बल्ली के छोटे-छोटे टुकड़े करके छिपाकर रख देते। खाना बनाने के लिए जलावन की महँगी लकड़ी खरीदना कठिन होता था। मजबूरी में सागवान की कीमती लकड़ी चुपके-चुपके चूल्हे में जला देते। कभी इस तरह का थोड़ा जुगत-जुगाड़ कर लिया जाता। माँ के बार-बार कहने पर पिताजी कहते थे, 'जेल भिजवाएगी हमको? हथकड़ी लगवाएगी? हमारी जिंदगी में धूल डलवाएगी?'

माँ कहती थी, 'उनका तो लाखों का व्यापार है। एक दो लकड़ियों से उन्हें का नुकसान होयगो? अपने घर चूल्हा नहीं जलेगो तो कैसो होयगो? का मैं अपने हाथ पाँव चूल्हे में जलाऊँ?' अभावों की पीड़ा और भूख की आग के संताप की मजबूरी थी। पिताजी मजबूरी को समझकर चुप रहते। माँ भी मजबूरी में ही ऐसा कदम उठाने के लिए कहती थी। शोषित, पीड़ित, अपमानित, अभावग्रस्त जीवन की बातें मन को बहुत व्यथित करती हैं। मैंने माँ-पिताजी की पीड़ा को समझा है, किस तरह वे हमें भूख की पीड़ा से बचाने के लिए मजबूरी में ऐसा कदम उठाते थे।

गरीबी-अभाव का ऐसा कष्ट उठाने के साथ-साथ जाति-भेद के अपमान की व्यथा भी मिलती रही। स्कूल में पढ़ते समय कोई लड़की मेरी पक्की सहेली नहीं बनी। लड़कियों से पढ़ाई संबंधी बातें करने और किताब-कॉपी लेने-देने का ही वास्ता रहा। जाति-भेद की दूरी ने कभी किसी को दिल के नजदीक नहीं आने दिया। कक्षा पाँचवीं में मेरे साथ कमला पासी और पार्वती पारधी पढ़ती थीं। वे स्कूल में मेरे नजदीक रहकर बातें करती थीं, उनके घर जाने पर दूर से बात करतीं। मैं उनके घर के अंदर नहीं जा सकती थी। वे भी एस.सी. थीं मगर मेरी जाति उनसे भी निम्न थी। ऊँच-नीच के भेदभाव के कारण मैत्रीभाव का पनपना मुश्किल था।

मैत्रीभाव और सम्मान कभी इस तरह मिल सका था, स्कूल में खो-खो या कबड्डी खेलते समय लड़कियाँ मुझे अपने पक्ष में रहने का अनुरोध करती थीं। ऐसे समय मुझे लड़कियों की कही बातें अच्छी लगतीं, 'ऐ सुशीला, तू हमारे पक्ष में रहना, हाँ। तू हमारे साथ रहकर खेलना,

तू हमारी गोईं बनकर रहना।' अपने पक्ष की जीत के लिए उनकी ऐसी बातें सुनकर मुझे स्वयं पर गर्व होता था।

परीक्षा में मुझे उनसे अधिक अंक मिलते थे, इस कारण ईर्ष्या भाव से वे मुझे पाठ्यपुस्तकों की गाइड या प्रश्नोत्तर की सहायक पुस्तकें नहीं देती थीं। उन्हें सब सुविधाएँ थीं। संपन्न, शिक्षित माता-पिता, भाई और रिश्तेदार उन्हें सब प्रकार से सहयोग और मार्गदर्शन देते थे। मुझे ऐसा कुछ भी नहीं मिल पाता था, सिर्फ पढ़ाई करके ही मैं आगे थी।

छुआछूत का अपमान और अभाव मेरे जीवन के अंग थे। इनकी कष्टपूर्ण कथा ने बहुत व्यथित किया है। वे बातें अभी भी दिल को कचोटती हैं। घर के पीछे के जंगल के फॉरेस्ट अधिकारी की बेटी विमला भट मेरी सहपाठी थी। पढ़ाई के काम से मैं कभी उसके घर जाती तब आँगन के बाहर रहकर ही बातें करती थी। दूर खड़ी रहकर बातें करने में मुझे अपमान का अनुभव होता। अपमान होने पर भी मैं पढ़ाई संबंधी काम से उसके घर जाती थी। जाति-भेद के अपमान के साथ गरीबी की पीड़ा के दंश हृदय पर चोट करते थे। उन बातों से, आज भी मेरा हृदय दुखी होता है।

कक्षा आठवीं में माँ ने मेरे लिए स्कूल यूनिफॉर्म का नीला स्कर्ट लंबा सिलवाया था। एक बार विमला के घर जाने के समय जंगल के गोखरू काँटों से बचने के लिए मैं वही नया लंबा स्कर्ट पहनकर गई। छोटा भाई मोहन मेरे साथ था क्योंकि हमारे घर में लड़की को कहीं भी अकेले जाने की अनुमति नहीं थी। जाने और आने में गोखरू काँटों से हमारी पिंडलियाँ छिल गईं। माँ ने जब यह देखा तो मुझे बहुत मारा। माँ मारते हुए कह रही थी– नया स्कर्ट पहनकर क्यों गई? अगर काँटों में उलझकर फट जाता तो स्कूल में क्या पहनती?

मुझे माँ पर बहुत गुस्सा आया था। मैंने सोचा– माँ को नए स्कर्ट की चिंता है, मेरी नहीं? पुरानी छोटी फ्रॉक पहनकर जाती तो मेरे पाँव घुटने तक गोखरू काँटों से कितने छिल जाते? माँ ने यह क्यों नहीं सोचा? माँ से नाराज होकर मैं कई दिनों तक उससे नहीं बोली थी। तब माँ की पीड़ा को मैं नहीं जानती थी। माँ अभावों का सामना किस तरह करती थी, फिर भी हमारे स्कूल और पढ़ाई के विषय में कितना सोचती थी? हम सब बहन-भाइयों की पढ़ाई की चिंता माँ ही करती थी। वह खर्च के रुपए छिपाकर रखती। जरूरत पड़ने पर कॉपी, किताब, पेन-पेंसिल खरीदने के लिए तुरंत देती थी। बाद में मुझे समझ आया था, वह वर्तमान से अधिक हमारे भविष्य की चिंता करती थी।

अच्छा खाना और अच्छा पहनना यह बात हमारे लिए नहीं थी। कभी हमारी भी गलती रहती थी। रुपए हों तो उन्हें जरूरत से ज्यादा खर्च कर देना और फिर अभावों का कष्ट उठाना– ऐसा भी होता था। मेहमान आने पर उनकी खातिरदारी के लिए कभी अधिक खर्च कर दिया जाता, फिर बाद में घर के रोजमर्रा के खर्च में खूब कटौती की जाती, जिसका कष्ट हम सबको उठाना पड़ता था। विशेषकर स्कूल यूनिफॉर्म न होने या एक जोड़ी ही होने पर मुझे परेशानी का सामना करना पड़ा था।

मैं नौवीं कक्षा में पढ़ती थी, पिता ने मेरे लिए साटन सिल्क का सफेद सलवार और सफेद फूलों के प्रिंट की नीली कुर्ती सिलवाई थी। वह अपनी नौकरी के काम से बॉम्बे गए थे, तब वह मेरे लिए जालीदार सफेद ओढ़नी लाए थे। मेरे पास यह एकमात्र ड्रेस था। मैं यह ड्रेस पहनकर रोज स्कूल जाती थी। मिडिल स्कूल में यूनिफॉर्म सफेद शर्ट, नीला स्कर्ट था और हाईस्कूल में नीला कुर्ता-सफेद सलवार, सफेद ओढ़नी। जो लड़की सलवार, कुर्ती न पहन सके, वह नीली

साड़ी और सफेद ब्लाउज पहनकर स्कूल आए, यह नियम था। बिना यूनिफॉर्म स्कूल नहीं जा सकते थे, तब हर दिन वही एक ड्रेस पहनने पर मुझे शर्म आती थी। नौवीं और दसवीं में मेरा एक जैसा हाल था।

कक्षा दसवीं में पढ़ते समय मेरे पास स्कूल यूनिफॉर्म की नीली साड़ी एक ही थी। सोमवार से शनिवार तक हर दिन स्कूल में वही साड़ी पहनती। रविवार को धोकर फिर अगले हफ्ते पहनती थी। पूरे वर्ष तक माँ मुझे दूसरी साड़ी खरीदकर नहीं दे सकी क्योंकि रुपए-पैसे रहते ही नहीं थे। कहाँ से खरीदते? कैसे खरीदते? एक ही साड़ी हर दिन पहनकर जाने से मुझे अच्छा नहीं लगता था। शर्म के कारण कभी दो दिन स्कूल नहीं जाती थी, फिर दो दिन जाती, फिर अगले दो दिन स्कूल नहीं जाती। माँ के सामने रोती, चिल्ला-चिल्लाकर कहती, 'रोज स्कूल में एक ही साड़ी पहनकर जाने से मुझे शर्म आती है, दूसरी साड़ी क्यों नहीं दिलाते...?'

ऐसे समय माँ चुप रह जाती, अपने काम में लग जाती। मैं रोती रहती, दूसरे दिन स्कूल नहीं जाती। उस दिन की पढ़ाई का काम दूसरी लड़कियों की कॉपी लेकर पूरा करती। यह काफी लंबे समय तक चलता रहा। इस बीच बड़ी बहन रज्जोबाई अपनी ससुराल नेपानगर से हमारे घर आई। उसके पास प्लेन नीली साड़ी थी। उसने वह साड़ी मुझे स्कूल यूनिफॉर्म के लिए दी, तब आगे मैं स्कूल रेग्यूलर जा सकी थी। उन दिनों की यादें मुझे आज भी पीड़ा देती हैं। मैं जब भी कोई महँगी साड़ी या एक से अधिक साड़ी खरीदती हूँ तब उन दिनों के अभावों की पीड़ा मेरे हृदय को व्यथित कर देती है।

अवसर और सुविधाओं का न मिलना भी दुखद रहा। मैंने गणित-साइंस विषय लिया था। नौवीं-दसवीं के बाद ग्यारहवीं कक्षा का साइंस सेक्शन नहीं बन सका। मेरे साथ जिन सवर्ण छात्र-छात्राओं ने गणित-साइंस लिया था वे खंडवा, भोपाल, इटारसी, हरदा पढ़ने के लिए भेजे गए। कुछ छात्र सिवनी भी जाते थे मगर मुझे कहीं भी नहीं भेजा गया। तब मैंने साइंस विषय छोड़कर आर्ट्स के विषय लेकर ग्यारहवीं हायर सेकंडरी की परीक्षा दी और आगे की पढ़ाई की थी। अगर मुझे अवसर मिलते तो मैं भी साइंस लेकर विशेष योग्यता हासिल करती परंतु अछूत, अभावग्रस्त होने के कारण मैं वह अवसर नहीं पा सकी।

उस समय मैं अपने गाँव बानापुरा, तहसील सिवनी मालवा और होशंगाबाद जिले में अपनी जाति की पहली लड़की थी जिसने दसवीं हाईस्कूल और ग्यारहवीं हायर सेकंडरी स्कूल पास किया था। उस समय हमारी जाति में लड़कियों को पढ़ाने में माता-पिता की रुचि अधिक नहीं थी। जो लड़कियाँ स्कूल जाती थीं, वे चौथी या छठी-आठवीं से आगे नहीं पढ़ सकी थीं। मैं पढ़ रही थी, लगातार पास हो रही थी, इस बात का अभिमान मेरे माता-पिता को था।

सिवनी के हमारी बस्ती के लोग अक्सर यही कहते थे, 'कब तक लड़की को पढ़ाओगे? क्या ऐसे ही बूढ़ी कर लोगे? शादी-ब्याह की फिकर करो। शादी हो जाती तो अब तक लड़की एक-दो बच्चों की माँ बन गई होती।' ऐसी मानसिकता वाले वातावरण को नकारते हुए माँ कहती थी, 'शादी भी कर देंगे। अच्छा पढ़ा-लिखा, अच्छी नौकरी वाला लड़का मिलेगा तभी शादी करेंगे। तब तक पढ़ती है तो पढ़ने दो, पढ़ाई करके आगे चलकर वह भी अच्छी नौकरी करेगी।'

माँ बहुत आशावादी थी। पिताजी प्रगतिवादी और परिवर्तनवादी थे। वे माँ की बात मानते हुए उन्हें सहयोग देते थे। रिश्तेदारों ने मेरी पढ़ाई का विरोध किया था। उनकी तरफ से मेरे स्वागत-सम्मान की तो बात ही नहीं थी कि मैं अपनी जाति की एक लड़की यहाँ तक पढ़ सकी। गाँव के किसी समाज-उद्धारक, समाजसेवी संस्था ने भी यह विचार नहीं किया। गाँव

के किसी गांधीवादी नेता ने भी यह नहीं सोचा। किसी बामन-बनिया ने भी यह विचार नहीं रखा कि अछूत जाति की एकमात्र मैट्रिक लड़की का सम्मान किया जाए। हमारे शिक्षकों ने भी यह विचार नहीं किया। उस समय हमारे गाँव में यह बात विचार करने की नहीं थी। विचार करने की यह बात थी कि उस वातावरण में रहकर मैं कैसे मैट्रिक कर सकी? आगे की पढ़ाई कैसे कर सकी? गरीब के धन की तरह माँ इस बात को गाँव के बुरे लोगों की बुरी नजरों से बचाकर रखती थी। वह गौरव और गर्व की बातें नहीं करती थी, हमें भी विनम्र रहने की शिक्षा देती थी।

हमारी जरूरतों और पढ़ाई के खर्च की अहमियत को समझते हुए माँ डाकबँगले में झाड़ने-बुहारने की प्राइवेट नौकरी करने लगी थी। घर-खर्च और पढ़ाई के खर्च की जिम्मेदारी माँ उठाती थी। बड़े भाइयों की पढ़ाई में भी अधिक खर्च होता था। किताब-कॉपी, पेन-पेंसिल का खर्च बड़ा खर्च था, तब माँ क्या करती? बड़े भैया की पढ़ाई और नौकरी के लिए माँ ने अपने गहने भी बेच दिए थे। पिताजी घर-परिवार का खर्च और जिम्मेदारी उठाने के लिए यथाशक्ति सहयोग देते थे। जरूरत होने पर भी वे अपने लिए कोई वस्तु या कपड़ा कई महीने तक नहीं खरीद पाते थे। एक बार माँ ने पिताजी की फटी बनियान फैलाकर देखते हुए कहा था, 'अब तो पहनने लायक ही नहीं रही। पता नहीं कब नई बनियान लेनो होयगो।' उस दिन मैंने माँ के दर्द और पिताजी के कष्टों को बहुत गहराई के साथ महसूस किया था। कितने कष्ट सहे थे हमने!

हम घर में चूल्हे की जली हुई लकड़ी के कोयले को पीसकर अथवा चूल्हे की राख से सुबह दाँत साफ करते थे। कभी कोयला अच्छा न होने पर मुँह में छाले आ जाते मगर मजबूरी रहती, दूसरा विकल्प नहीं रहता। कभी-कभी मैं मंजन नहीं करती थी। आज मुझे उन दिनों की अपनी मजबूरी और नासमझी का दुख होता है। अभाव और कुपोषण से गरीबों के दाँत क्यों जल्दी खराब हो जाते हैं, उनका दर्द मैं जानती हूँ।

हमारी भूख का इंतजाम भी कुछ ऐसा ही रहता था। रात की बासी रोटी, एक या आधा टुकड़ा, काली चाय के साथ सुबह खाना ही हमारा नाश्ता था। यह खाकर हम सब बहन-भाई स्कूल जाते थे। दोपहर के बाद रोटियाँ बनाई जातीं, साथ में हरी मिर्ची। दाल-तरकारी महँगी होने के कारण दोपहर में नहीं बनाई जाती थी। हरी या सूखी लाल मिर्ची तवे पर थोड़े तेल में तल लेते। दो-दो मिर्ची के साथ रोटी खाकर, परिवार के सभी लोग पानी से पेट भर लेते थे।

सालोसाल यही चलता रहा। कभी जानने की कोशिश नहीं की– 'ऐसा क्यों है?' जैसे रूखा, सूखा, बासी खाना ही हमारी किस्मत थी। कभी विद्रोह नहीं किया। बड़े भाई कभी लड़-झगड़कर, चिल्लाकर, गुस्सा करके अपने खाने के लिए अच्छा कुछ बनवा लेते मगर हम बहनें रूखा-सूखा खाकर ही रहतीं, माँ और नानी की मजबूरी को समझकर चुप रह जातीं। कभी मैं झगड़ा भी करती थी, अपने हिस्से के लिए, अपने हक और अधिकार के लिए झगड़ती थी। गुस्से में घर के सामान की तोड़-फोड़ करती। मुझे डराने-धमकाने की कोशिश की जाती मगर मेरे जिद्दी स्वभाव और दृढ़ निश्चय के सामने उन्हें मेरी बात मानना पड़ती थी। माँ उधार रुपए लाती, झिड़कियों के साथ मिले रुपयों की बात जानकर मेरा मन दुखी हो जाता था। बढ़ती महँगाई से हमारा जीवन अधिक कष्टों से भर गया था।

देश में अकाल पड़ा था तब अच्छा अनाज महँगा होकर दुर्लभ हो गया था। 1967 के आस-पास हमारे घर लेवी का लाल गेहूँ और लाल ज्वार लाते थे। 'कंट्रोल' की राशन दुकान

में अच्छा अनाज नहीं दिया जाता है। मैंने सुना था अमेरिका में ऐसा अनाज जानवरों को खिलाया जाता है। लाल गेहूँ के आटे की रोटी बनाते समय गूँधा हुआ आटा रबर की तरह लगता। आटे की लोई को ताकत लगाकर बेलते, जो हाथ हटाते ही सिकुड़ जाती थी। बहन और मैं बहुत तकलीफ के साथ रोटी बनाते थे। विदेशी सहायता के रूप में विदेश का घटिया अनाज आता था जिसे हम जैसे गरीब लोग खरीदकर खाते थे। कभी यह भी नहीं मिल पाता था।

हमें भूखे रहने के अनुभव बहुत मिले हैं। घर में गेहूँ नहीं, आटा नहीं। दाल-सब्जी नहीं, चावल का दाना नहीं। रुपए नहीं, पैसे नहीं तब सभी सुबह से शाम तक भूखे रहते थे। विनती और खुशामद करके माँ-नानी किसी से अनाज या रुपए उधार लेकर आतीं अथवा घर की पीतल की गुंडी या गागर गिरवी रखकर रुपयों का इंतजाम किया जाता, तब कहीं शाम के समय चूल्हा जल पाता। दिन-भर भूखे रहने का कष्ट सहकर जब रात में खाना खाते तब बहुत राहत मिलती। जीवन के इन उतार-चढ़ाव को हम सहज ही मानकर सहन करते रहे। माँ और नानी हमें यही सिखाती थीं– 'दुख के बाद सुख भी मिलता है इसलिए संतोष रखो।'

संतोष रखने का उपदेश जैसे ऋषि-मुनियों ने हम जैसे धनहीन, अवसरहीन, अधिकारहीन लोगों के लिए ही दिया था। स्कूल की हमारी पाठ्यपुस्तकों में ऐसे निबंध, कहानी, कविता, एकांकी, नाटक और लेख संगृहीत रहते थे जो गरीब आम जनता और दलित पिछड़े वर्ग को धर्म, आदर्श, त्याग और बलिदान की शिक्षा देते थे। ब्राह्मण और ब्राह्मणवादी साहित्यकारों द्वारा लिखे ऐसे साहित्य को पढ़कर हमारी मानसिकता इन आदर्शों के प्रति निष्ठावान रहती थी। हमें ईश्वरवाद, भाग्यवाद, जन्मवाद, कर्मवाद की शिक्षा दी जाती, इस कारण हम इसके विरुद्ध सोच नहीं पाते थे।

मैं देखती थी, धन-संपन्न लोगों के पास सब कुछ होने के बाद भी उन्हें संतोष नहीं था। शोषण, अन्याय और भ्रष्टाचार से उनका काला धन बढ़ता रहता। हम अछूत गरीब ईमानदारी के साथ मेहनत करके भी दाने-दाने को तरसते थे। ऐसे कष्ट से बचने के लिए खर्च में हमेशा काट-कसर की जाती। खाना कम बनता, तब कम खाकर ही गुजारा करना पड़ता। खाने के लिए भाई-बहनों में झगड़े होते। माँ-पिताजी से शिकायतें की जातीं, तब भोजन के बदले प्यार और दिलासा देकर चुप और संतुष्ट कर दिया जाता। ऐसे समय माँ अपने दिल का हाल खुद जानती होगी मगर मुझे यह खुशी होती, ज्यादा खानेवाले की अपेक्षा माँ मुझको ज्यादा प्यार करती है। बाद में माँ मुझे ही सब कुछ देगी। ऐसे समय माँ के दिल से हमारे लिए आशीर्वाद जरूर निकलते होंगे। मुझे माँ के ऐसे आशीर्वाद बहुत मिले हैं। भाई बड़े हों या छोटे, वे बड़े ही रहते हैं, बेटे पुरुष सत्ता के अधिकारी होते हैं। बेटियाँ दया और सहानुभूति की पात्र बनकर रह जाती हैं। न चाहते हुए भी माँ 'पुरुषप्रधान सत्ता' के समक्ष सिर झुकाकर अपना अतिरिक्त प्रेम और ममता मेरी झोली में डाल देती थी, तब यही मेरे लिए संतोष बन जाता।

अपनी दृष्टि से, अपने पैमाने से मैंने माता-पिता के घर में सब प्रकार की सुख-सुविधाएँ देखीं। जबकि यथार्थ यह था–घर में नहाने का साबुन भी नहीं रहता था। घर के सभी लोग कपड़े धोने के 'धोबी छाप' साबुन से नहाते थे। कभी-कभी कपड़े धोने का साबुन भी नहीं रहता। माँ कास्टिक सोडे के सफेद पाउडर को ठंडे पानी में डालकर ठंडा करती फिर उससे हमारे बाल धोती थी। उसी सोडे के पानी से हमारे हाथ-पैर साफ कर देती थी। अभी जब मेरी बेटियाँ

नहाने के लिए नए-नए महँगे सुगंधित साबुन की माँग करती हैं और विज्ञापन देखकर नए-नए शैम्पू मँगवाती हैं तब मुझे मेरी माँ याद आती है और माँ का नहलाना याद आता है। उस समय मेरे लिए सुगंधित तेल, स्नो, पाउडर दुर्लभ चीजें थीं। स्कूल जाने के समय नारियल का तेल न होने पर मैं खाने का मूँगफली का तेल बाल में लगा लेती फिर उसी तेल के हाथ चेहरे पर पोंछकर स्कूल जाती थी। स्कूल में मेरी सहेलियों ने कई बार मुझसे पूछा था, 'सुशीला, तेरा चेहरा इतना क्यों चमकता है?' यह सुनकर मुझे खुशी होती। आज वे बातें याद करती हूँ तो मुझे खुद पर हँसी आती है।

बचपन से ऐसी अनेक बातें देखीं और सुनी थीं जिनका घर में विश्वास और अनुकरण किया जाता था मगर मैं उनका सही तथ्य नहीं जानती थी। हमारे घर में कभी गाय-भैंस का मांस नहीं पकाया गया। यह खाना अधर्म माना जाता था। पंडितों द्वारा बताई बातों पर ही अधिक विश्वास किया जाता था। वे गाय को 'माता' के समान मानते थे। हमारे लोग दूर-दूर गाँव जाकर नदियों और तालाबों से मछली पकड़कर लाते थे। एक बार शंकर भैया गोह पकड़कर लाए थे। माँ ने उसे अधिक देर तक पकाकर बनाया था। शंकर भैया कबूतर, तीतर और गलगल भी लाते थे। इनके मांस की शोरबेदार तरकारी बनाई जाती। मैं यह सब नहीं खाती थी क्योंकि बचपन से व्रत-उपवास करती थी। दूसरों को देखकर सप्ताह में दो-तीन दिन अपनी खुशी से भगवान के नाम पर भूखे रहकर उपवास करती। यह भी मात्र अनुकरण ही था। बचपन की उस उम्र में इन बातों का प्रभाव अधिक था। माँ मना करते हुए कहती थी, 'जो है, खा-पीकर पढ़ाई करो।' व्रत-उपवास की धार्मिक वृत्ति ओढ़कर मैंने मांस-मछली खाना छोड़ दिया था। घी, दूध-दही मिलता नहीं था। मेरे कुपोषण के अनेक कारण थे, फिर भी मैं मेहनती थी, लगन की पक्की, ईमानदार और दृढ़निश्चयी।

मैं हर बात पर विचार करती थी। मुझे अकेली चुप बैठी देखकर माँ-पिताजी कहते थे, 'शीला, अकेली क्यों बैठी है? चल, इधर आ। बेटी, क्या सोच रही है? चलो, पढ़ाई करो, घर का काम करो।' माँ, पिताजी, नानी ऐसा समझते थे, अकेले बैठकर सोचने से दिमाग खराब हो जाता है। फिर लोग सीधी-सरल जिंदगी यानी परंपरा के रूप में चलनेवाली बातों को छोड़कर, परंपराओं को तोड़कर विद्रोही रूप में जीते हैं। ऐसे जीनेवाले लोग सामान्य नहीं हो सकते।

मेरे माता-पिता ऐसे असामान्य लोगों के जीवन और उनके अनूठे कार्यों का महत्त्व नहीं जानते थे अथवा उनका महत्त्व जानकर भी वे डरते थे क्योंकि ऐसे लोगों को कष्ट सहने के साथ अपने जीवन की कीमत भी चुकानी पड़ती है। सुकरात को जहर पीना पड़ा था, यह बात वे नहीं जानते थे। ईसा को सूली पर क्यों चढ़ाया गया? यह बात भी वे नहीं जानते थे मगर वे जानते थे, परंपरा से हटकर चलनेवालों को कड़वे अनुभवों का जहर पीना पड़ता है, कभी उन्हें मौत की सूली पर भी चढ़ा दिया जाता है।

पहले हमारा घर गाँव से दूर था। बाद में सिवनी रोड की तरफ प्राइमरी स्कूल बना, मिडिल स्कूल और हाईस्कूल बने। गाँव का विस्तार होता गया। हमारे घर के पास अनाज गोदाम और सोसायटी का ऑफिस बना। सोसायटी का विस्तार होने पर हमारे घर वहाँ से हटाने का आदेश आया। 1965 में डाकबँगले के पीछे घर के लिए जगह बताई गई थी, तब से हमारे घर वहीं हैं। रात में वहाँ घुप्प अँधेरा रहता था, बिजली की सुविधा नहीं थी। बेटी के प्रति माता-पिता की चिंता स्वाभाविक थी। पाबंदियों का सिलसिला कहीं सुरक्षा के नाम पर था, तो कहीं परंपरा के रूप में ढालने के लिए। मुझे एक आदर्श लड़की के रूप में ढालने का उनका साँचा सदियों

पुराना था। मैं लड़की हूँ इसलिए मुझ पर अनेक बंदिशें लगाई गईं, 'हँसो मत, गाओ मत, बोलो मत', हर बात की मनाही थी। किसी बात का उलटा जवाब, नकारात्मक या विरोधी जवाब नहीं देना, नए अनजान लोगों से अकेले नहीं मिलना, अकेले में कभी भी किसी अनजान लड़के या पुरुष से बातें नहीं करना, अपनी नजरें हमेशा नीची रखना, झुककर चलना, तर्क-वितर्क नहीं करना– ऐसी अनेक बातें थीं जो प्रतिदिन के आदेश और आज्ञा-पालन के रूप में आदत बन गई थीं।

मैं लड़की हूँ, इस कारण मेरे माता-पिता मेरी सुरक्षा के लिए अधिक चिंचित रहते थे। समाज में स्त्री के प्रति पुरुषों की मानसिकता अधिकतर कामुक रही है। गरीब की बेटी की इज्जत को लोग सस्ती मानते हैं। गरीब– अछूत की बेटी की इज्जत सरेआम कभी भी लूटी जा सकती है, अनुभवी और दूरदर्शी माता-पिता यह जानते थे। अक्सर गाँवों में ऐसी घटनाएँ होती रहतीं, इसलिए इन बातों से वे डरते थे। नानी और माँ ने खुद के लिए भी और अपनी बेटियों के लिए भी हमेशा सुरक्षा का घेरा बनाए रखा था। उसी सुरक्षा के घेरे के शिकंजे में मेरा बचपन बीता, किशोर अवस्था बीती और युवावस्था का आरंभ भी इसी शिकंजे के बीच हुआ।

उम्र के चरण गहरी अनुभूतियों के संग आगे बढ़ते रहे। हमेशा मेरे आस-पास पाबंदियों का कठघरा बनाकर रखा गया। मुझे कहीं किसी अलग अनुभव से न गुजरना पड़े, किसी अनजान बुरे व्यक्ति की बुरी नीयत की शिकार न बन जाऊँ, मैं अकेली किसी मुसीबत में न फँस जाऊँ, कहीं किसी सोच-विचार की गहराई में पहुँचकर कुछ उल्टी बातें (विरोध और विद्रोह की बातें) न सोचने लगूँ– इस तरह हर बात का ध्यान रखा जाता था। सुरक्षा की नजर पूरी चौकसी के साथ मेरे आस-पास मौजूद रहती थी। घर में भरा-पूरा परिवार था। नानी, माँ, पिताजी, बड़ी बहनें, बड़े भाई, छोटे भाई– सभी शुभचिंतकों ने मुझे चिंता नहीं करने दी, न ही कभी चिंतन करने दिया।

मेरा स्वभाव और व्यवहार देखकर माँ चिंता के साथ समझाती थी, 'बेटी, दुनिया बहुत खराब है, अकेली कहीं नहीं जाना। जहाँ जाना हो, हमको बताओ, हम साथ चलेंगे।' मैं अकेली कभी किसी के घर नहीं गई। मेरे माता-पिता ने मुझे किसी रिश्तेदार के घर कभी अकेला नहीं छोड़ा। इस कारण घर-परिवार के लोगों के बिना असुरक्षा का भाव लगता, मैं अकेली रहने से डरती थी। गाँव में बुरे लोग भी बहुत थे। दूसरों की जवान बहू-बेटियों को वे बुरी नजर से देखते थे। इस बात से माँ-पिताजी डरते थे। एक बार सिवनी में किसी बदमाश सवर्ण ने बाजार में गुलीबाई का हाथ पकड़ लिया था। तब सबने गुलीबाई की थू-थू की थी। पता नहीं गुली ने उस गुंडे को सबक सिखाया था या नहीं? हमारे लोग अपनी इज्जत के लिए अपनी ही बहू-बेटियों को डाँटकर रखते थे। वे उस सवर्ण गुंडे का कुछ नहीं बिगाड़ सके।

सिवनी की रिश्तेदार महिलाएँ एक-दूसरे को अपने अनुभव और घटनाएँ बताती थीं, 'गाँव के बदमाश ठठरी बँधे आदमी हमें काम पर आती देख जानबूझ के बातों में उलझाए हैं। हमें देखकर उनकी नीयत बिगड़न लगे है।' फिर वे अपने चरित्र को दावे के साथ अच्छा सिद्ध करने की बातें करती थीं, 'का हमरी इज्जत नहीं है?'

बचपन में ऐसी बातें सुनकर भय लगता था। गाँव में हमारी जाति की बहुएँ सवर्ण पुरुषों को देख मुँह ढँककर पर्दा करती थीं। बड़ी-बूढ़ियाँ भी सवर्णों को सम्मान देने के लिए सिर ढँककर रखतीं। वे हमेशा डरी-सहमी और विनम्र रहकर उनके आक्रोश से बचती थीं लेकिन कली मौसी बड़ी हिम्मतवाली थी। एक बार किसी महाजन ने किसी और के धोखे में कली मौसी का हाथ

पकड़ लिया। कली मौसी ने गुस्से में उस आदमी को अपनी चप्पल से मारा था, तब इस बात की गाँव में बहुत चर्चा हुई थी। गाँव के लोग नाराज हुए थे। सबने उस महाजन को भी धिक्कारा था। कली मौसी, सफिया मौसी दोनों बहनें बहुत दबंग थीं। सिवनी में यह एक अलग घटना हुई थी। मैं दूसरे गाँव की घटनाएँ सुनती थी, सवर्ण गुंडे साहसी दलित स्त्रियों को बहुत अपमानित और पीड़ित करते थे। उनके पूरे परिवार और जाति समुदाय को भी पीड़ित करते थे। हम युक्ति और साहस के साथ ऐसी घटनाओं से बच सके थे।

नगर परिषद की नौकरी से सेवामुक्ति की उम्र की जाँच करने के लिए कर्मचारियों की डॉक्टरी जाँच की जाती थी। अनपढ़ लोगों के पास जन्म तारीख का प्रमाणपत्र न होने से ऐसा किया जाता था। मैंने माँ से पूछा था, 'डॉक्टर जाँच करके उम्र का पता कैसे लगाते हैं?' माँ पहले टालती रही। बहुत आग्रह करने पर माँ ने धीरे से बताया था, शरीर के छिपे-ढके भाग के बाल कितने सफेद हुए हैं, यह देखकर बताते हैं। नानी के नौकरी से सेवामुक्त होने के बाद नानी की जगह माँ का नाम लिखवा दिया गया। काम नानी ही करती रही। पिताजी उनकी मदद करते थे। मैंने बचपन से माँ को घर में रहकर घर के काम करते देखा था।

उन दिनों हमारे घर गरम पानी में कास्टिक सोडा डालकर, पहनने के और ओढ़ने-बिछाने के कपड़े भिगाकर धोए जाते थे। माँ नदी पर कपड़ों को मोगरी से कूट-कूटकर धोती। ज्यादा कपड़े रहने पर माँ की मदद के लिए मैं भी नदी पर कपड़े धोने जाती। कपड़े धोकर, नहाकर, कपड़े सुखाकर ही हम घर लौटते थे। नदी रेलवे लाइन के उस पार, आधा किलोमीटर की दूरी पर थी।

अप्रैल 1970 में, एक रविवार को माँ और बहन के साथ मैं कपड़े धोने के लिए नदी पर गई। उस दिन नदी पर कपड़े धोने के बाद, नहाने के लिए मैं कमर से ऊपर तक पानी में चली गई। मेरे पैर हिलने लगे, मैं डगमगाने लगी। पैर के नीचे की रेत खिसकने लगी, अब गिरी, तब गिरी जैसा लगने लगा। मुझे तैरना नहीं आता था। मैं डरकर चिल्लाई। माँ और मँझली बहन नदी के किनारे बैठी कपड़े सुखा रही थीं। मुझे देखकर बहन चिल्लाई, 'सामने आ...किनारे की तरफ आ...आगे बढ़।'

मैं तब हाथ आगे बढ़ाकर खिसकती रेत में अपने पैर जमाते हुए किनारे की तरफ बढ़ी थी। वह दिन मुझे हमेशा याद रहता है, कैसा अनुभव था जिंदगी के डगमगाने का और अपने आपको बचा लेने का। कभी सोचती हूँ, यदि मैं उस दिन नदी में डूब गई होती तो आज नहीं होती। माँ और बहन को भी तैरना नहीं आता था। दोपहर का समय था, नदी पर कोई दूसरे लोग नहीं थे। सब तरफ सुनसान था, तब क्या होता? यह घटना याद आने पर अभी भी मुझे सिहरन होती है। उस दिन पैरों के नीचे की रेत किस तरह खिसक रही थी, यह भी याद आता है।

हमारे दुख भरे जीवन में कष्टों की कोई सीमा नहीं थी। कच्चे घर की लिपाई-पुताई का काम भी मैं करती थी, कमरा, बरामदा और आँगन लीपती। घर की दीवारों की पुताई सफ़ेद चाक मिट्टी के घोल से करती, कभी हम बहनें सस्ता कच्चा चूना पानी में घोलकर, उससे दीवारों की पुताई करतीं, तब उँगलियों और हथेलियों में छाले पड़ जाते थे, चमड़ी निकल जाती थी, हाथों में घाव हो जाते थे। कई हफ्तों तक हाथों में जलन होती थी। ऐसे कष्ट को हथेली और उँगलियों पर पट्टी बाँधकर मैंने सहा है। ऐसे कष्ट में तरकारी बनाने के लिए मिर्ची मसाला पीसने का काम भी मैं करती, तब तो पीड़ा के साथ आँखों से आँसुओं की धाराएँ बहने लगती थीं।

सहने से सहनशक्ति बढ़ती है, इस फॉर्मूले के अनुसार कितना भी बड़ा कष्ट हो, उसे छोटा बताकर सहने की हिदायतें दी जातीं, विशेषकर लड़कियों से कहा जाता, 'अभी नखरे बता रही है, बाद में पराए घर (ससुराल) जाएगी तब कैसे करेगी?' मानो लड़कियों को कष्ट और दुख की भट्ठी में पका-पकाकर कष्ट सहने के लिए तैयार किया जाता हो। थोड़ी देर रोकर, चिल्लाकर मैं खुद ही चुप हो जाती थी। बड़ी बहन अधिक मेहनती और सहनशील थी। उसकी तुलना में मैं कमजोर और कच्ची थी। मुझे भी लगता– क्या मैं इतनी कमजोर हूँ? जो इतना भी सहन नहीं कर सकती? तब मानो आत्मशक्ति जाग्रत् हो जाती, मैं कष्ट को कष्ट न मानकर सहज बात मान लेती। अब मैं सोचती हूँ, उन दिनों का जीवन कैसा था? कष्टों और अभावों के बीच जीवन कितना सहज मानकर जिया था, मानो इसका कोई दूसरा विकल्प ही नहीं हो सकता?

अभावों में रहते हुए दुख का भान होता था। आज नहीं है तो कल या बाद में मिलेगा, यह उम्मीद रहती थी। कभी मन को समझाने के लिए यह भी सोचती, इसके बिना भी काम चल सकता है। इससे मन को अधिक दुख नहीं होता था। असल में यह एक प्रकार का संस्कार था जो बचपन से मन-मस्तिष्क में डाला गया था– 'हम गरीब हैं और हमेशा गरीब ही रहेंगे। हमें गरीबी में जीने की आदत होनी चाहिए।' माँ और नानी ने हिंदू महाजनों की बताई हुई बातों से यही समझा और सीखा था– 'दुखों में भी दुखी नहीं होना चाहिए।' यही बात वे संस्कार के रूप में हम बच्चों को सिखाती थीं। इस शिक्षा ने हमें सही बात नहीं समझने दी, हमारे हृदय में आक्रोश और विद्रोह को नहीं आने दिया जिससे हमारे साथ भेदभाव और अन्याय होता रहा।

माँ और नानी का पहनावा गाँव की औरतों से अलग था। माँ बताती थीं उन्हें हिंदू महाजनों की औरतों की तरह गोटा किनारी वाले रेशमी या अच्छे कपड़े पहनने की मनाही थी। वे साधारण मोटे सूती कपड़े ही पहनती थीं। हिंदू धर्म के प्रवचनों में हमेशा यह बताया जाता था– 'तुम शूद्र हो और तुम्हारा काम तीनों वर्णों (सभी उच्च वर्ण) की सेवा करना है।' इसके विपरीत कोई बात सोची ही नहीं जाती थी। हमारे लोगों के तर्क, बुद्धि, विवेक पर धर्म-ग्रंथों की शिक्षा और साधु-संतों के प्रवचनों ने ताले जड़ दिए थे। जन्म-जन्मांतर और कर्मफल के चक्कर में हमें कभी सही दिशा में सोचने नहीं दिया गया।

सवर्णों की धार्मिक प्रेरणा से अक्सर गाँव में और कभी-कभी स्कूल में तुलसीदास की 'रामचरितमानस' के अखंड पाठ होते थे। भगवद् गीता के अठारह अध्याय एक के बाद एक पढ़े जाते। ये हिंदू धर्म-ग्रंथ वर्णाश्रम धर्म और जातिवादी समाज-व्यवस्था की शिक्षा देते हैं, फिर भी ये धर्म-ग्रंथ हैं। ये हमारे शोषण के आधार ग्रंथ हैं। उस समय इनसे उबरना या इनसे ऊपर उठकर सोचना कठिन था क्योंकि तब वह दृष्टि और वह दृष्टिकोण नहीं था कि इन्हें विश्लेषण के साथ देखें, पढ़ें और तर्क के साथ समझें। स्कूल-कॉलेज के पाठ्यक्रमों की पुस्तकें भी धर्म और आदर्श के प्रति निष्ठा बढ़ाने का काम करती थीं, जब इनके विरुद्ध विचार बनकर भी आगे नहीं बढ़ पाते थे।

मैट्रिक में पढ़ते समय से ही मेरा स्वभाव अंतर्मुखी और चिंतनशील हो गया था। तब मैं अपने आस-पास का सामाजिक वातावरण बारीकी से देखने लगी थी, जीवन में घटी छोटी-बड़ी घटनाओं पर बारीकी से विचार करने लगी थी। उन घटनाओं का पुनरावलोकन करने पर मुझे समझ आने लगा था–'हम कौन हैं? हमारे घर गाँव के बाहर क्यों हैं? लोग हमसे छुआछूत क्यों

मानते हैं? हमारे जाति समुदाय के लोग इस तरह रहने के लिए और अपने काम रोजगार करने के लिए क्यों मजबूर हैं? क्यों हमारे लोग गरीबी और अभावों में रहते हैं? क्यों हमारे लोग शिक्षा और धन से वंचित रखे गए?' —मैं इन सब बातों पर विचार करने लगी थी।

1970 में भोपाल के एक समाजसेवी सवर्ण नेता द्वारा 'अछूत कन्या से विवाह' के विज्ञापन की बात सुनकर मेरे मन में उथल-पुथल मची थी– क्या सवर्ण समाज के लोग हमारी जाति की लड़की के साथ विवाह कर सकते हैं? उच्च कहे जानेवाले वे अपने समाज में हमें साथ कैसे रख सकेंगे? क्या यह सचमुच उनके हृदय की विशालता है या मात्र दिखावे की समाजसेवा का ढोंग? मैंने भी दृढ़ निश्चय किया था, मैं यह विवाह नहीं करूँगी। 'सिलिया' कहानी उसी समय मेरे मानस-पटल पर लिख गई थी। जैसा मैंने सिलिया कहानी में लिखा है, माँ ने अपनी प्रतिक्रिया उन्हीं शब्दों में, उसी रूप में व्यक्त की थी। मुझे तब वे सब बातें याद आई थीं, जिनके छुआछूत के दंश ने मेरे अंतर्मुखी भोले हृदय को छलनी किया था। जब उन दिनों मैं यह सोचने लगी थी– मैं जीवन भर विवाह नहीं करूँगी। मुझे बहुत आगे तक पढ़ना है। मैं समाजसेवा करूँगी, अपने जाति समुदाय की स्थिति को बदलूँगी। उस समय मैंने 'सिलिया' कहानी को यही अंतिम रूप दिया था– माँ मन ही मन मुस्कुराकर सोच रही थी– मैं अपनी सिल्लो रानी को खूब पढ़ाऊँगी। माँ ने मुझे बहुत अरमान के साथ पढ़ाया। मैं भी बहुत लगन और निष्ठा के साथ पढ़ती रही।

नेहरू स्मारक उच्चतर माध्यमिक शाला, बानापुरा स्कूल से 11वीं हायर सेकंडरी की परीक्षा पास करने के बाद मेरी आगे की पढ़ाई रोक दी गई थी। अप्रिय घटनाओं के डर से पिता और बड़े भाई मुझे कॉलेज भेजने के पक्ष में नहीं थे, तब मैंने दृढ़ निश्चय के साथ कॉलेज में एडमिशन करवाया था। कॉलेज जाना मेरा बहुत बड़ा सपना था, जिंदगी भर पढ़ते रहना मेरा अरमान था।

मेरा कॉलेज 'कुसुम महाविद्यालय' बानापुरा से सिवनी के रास्ते पर आधी दूरी पर था। कॉलेज का भवन गाँव के हरि अग्रवाल सेठ का बँगला बहुत सुंदर जगह पर था। बड़ी सड़क से थोड़ा अंदर सेठजी के बड़े-बड़े खेत, खेतों में गन्ने की लहलहाती फसल, कुएँ पर चलती रहँट। बिजली के पंप से पानी निकाला जाता। दूर-दूर तक हरे-भरे खेत देखकर बहुत अच्छा लगता था। कॉलेज के आस-पास बड़ा बगीचा था। बगीचे में मौसम के अनुसार मोगरा, गेंदा, गुलाब, सेवंती के फूल महकते रहते। बँगले के बड़े कमरों में हमारी क्लास लगती थी।

सिवनी, बानापुरा और आस-पास के गाँव के लड़के-लड़कियाँ कॉलेज में पढ़ने आते थे। ऐसा ही एक लड़का, किसी दूसरे गाँव के पटेल का बेटा लखराज सिंह मेरे साथ बी.ए. प्रथम वर्ष में पढ़ता था। वह पता नहीं कैसी नजरों से मुझे देखता था, उसे अपनी ओर देखते हुए देखकर मैं बहुत डर जाती थी। उसके डर से मैं हमेशा अपनी कक्षा की लड़कियों के साथ रहती। हमारे पाठ्यक्रम में 'जयशंकर प्रसाद' की 'गुंडा' कहानी थी, वह मुझे कहानी का 'गुंडा' पात्र जैसा लगता था, चरित्रहीन नहीं, विशेष चरित्र वाला।

कॉलेज में लड़कियों पर विशेष पाबंदी थी। लड़कियों के लिए अलग गर्ल्स रूम था। अपने खाली समय में लड़कियाँ गर्ल्स रूम में रहतीं। खेतों की ओर या कुएँ पर या बगीचे में इधर-उधर देखने पर पाबंदी थी। गाँव का मामला था, किसी लड़की को कोई लड़का कुछ कह देगा तो आपस में बड़े-बड़े झगड़े हो जाएँगे, बिलकुल राजपूतों के युद्ध की तरह झगड़े। कॉलेज बंद कर दिया जाएगा। इस मामले में कॉलेज का टीचिंग और नॉन टीचिंग– पूरा स्टॉफ हमेशा सतर्क रहता था। इतनी बंदिशें रहने पर भी प्रेमलता का प्रेम प्रकरण परवान चढ़ गया। मैं प्रथम वर्ष

की छात्रा थी तब कॉलेज में और गाँव में इस बात की बहुत चर्चा थी, प्रेमलता का प्रेम प्रकरण दूसरे गाँव के पटेल के बेटे के साथ चल रहा था। दोनों बी.ए. द्वितीय वर्ष में पढ़ रहे थे। उनके प्रेम की खबर सबको थी, तब माँ बहुत डर गई थी। एक दिन मुझे समझाने की दृष्टि से माँ ने इस विषय में पूछा। मैं उनके विषय में ज्यादा नहीं जानती थी। मुझे लीक से हटकर कुछ देखने की आदत नहीं थी। पढ़ाई करना और परीक्षा देना– कॉलेज जाने का मेरा वही उद्देश्य था। किसी अन्य बात पर कभी ध्यान ही नहीं दिया। मैंने माँ को विश्वास दिलाते हुए कहा, 'इस बारे में मुझे कुछ नहीं मालूम।'

माँ ने समझाते हुए कहा था, 'बेटा, तुम कभी ऐसा नहीं करना। अपनी इज्जत का सवाल है।' तब मैंने माँ से सहज ही कह दिया था, 'मैं ऐसा क्यों करूँगी? मैं तो बूढ़ी ही जनमी हूँ।' माँ मेरा मुँह देखती रह गई थी। मेरी बात सुनकर माँ ने क्या सोचा होगा, यह मुझे नहीं पता, मगर मैंने ऐसा क्यों कहा, यह भी मुझे पता नहीं था। छोटी उम्र में सिर के कुछ बाल सफेद हो जाना कोई अचंभे की बात नहीं थी। मैं अपने कथन के कारण की खोज स्वयं कई दिनों तक करती रही थी। उन दिनों मैं बहुत गंभीर रहती थी, शायद इसलिए ऐसा कहा हो। सच यह था– कब आया यौवन, जान न पाया मन! शिकंजे में जकड़ा जीवन कभी मुक्त भाव का अनुभव ही नहीं कर पाया। जिंदगी एक निश्चित की गई लीक पर चलती रही। वह उमंग कभी मिली ही नहीं जो यौवन का एहसास कराती। उम्र के साथ कटु अनुभूतियों के दंश महसूस होते रहे। पीड़ा से छटपटाता मन मुक्ति का ध्येय लेकर आगे बढ़ता रहा, तब मुक्ति का मार्ग मैंने शिक्षा-प्राप्ति को ही माना था। उसी में तन-मन के साथ डूबी रही।

1970 के दशक में साहित्य में सामाजिक-सांस्कृतिक विद्रोह की रचनाएँ लिखी जा रही थीं लेकिन तब मुझे इन बातों की जानकारी नहीं थी। मैं सिर्फ पाठ्यक्रम की पुस्तकें ही पढ़ती थी। इसके अलावा साहित्य पढ़ने की सुविधा नहीं मिल सकी। प्रो. डोंगरे बी.ए. में पद्य पढ़ाते थे। सर ब्राह्मण थे, गोरे और सुंदर थे। वे अक्सर हमें अपनी कविता सुनाते। वे सामाजिक, राजनीतिक, आर्थिक और सांस्कृतिक क्षेत्र की विद्रूपता पर व्यंग्यात्मक कविताएँ लिखते थे। उनकी एक कविता की पंक्तियाँ याद हैं– 'लोग भूख से मरते रहे/हम बुद्धिजीवी क्या करते/भूख की परिभाषा करते रहे।'

उनकी व्यंग्योक्ति की कविताएँ और कविता सुनाने का ढंग बहुत अच्छा लगता था। ऐसे समय सर को मैं एकटक देखती थी। एक बार सर ने कहा था, 'पागल कहीं की।' तब मुझे अपनी गलती का एहसास हुआ था, साथ ही अपनी जाति के अपमान का एहसास कटुता के साथ हुआ था। ब्राह्मण और अछूत के अंतर की पीड़ा कई दिनों तक मैं महसूस करती रही थी। इसके साथ मन में यह भाव भी जागा था–'मैं भी किसी से कम नहीं हूँ।' तब अपनी अस्मिता के प्रति निष्ठा का भाव आक्रोश के साथ जागा था। सवर्णों का व्यवहार हर बात में हमें हमारी जाति की निम्नता का बोध कराता था। हम भी इस बात को जानते-मानते हुए चुप रहते थे। कभी इस बात से बहुत दुख होता था, कभी गुस्सा आता था।

कॉलेज जाने के लिए मैं डाकबँगले के सामने, सड़क के किनारे खड़ी रहती थी। रेलवे स्टेशन की या गाँव की सवारियाँ लेकर ताँगे बानापुरा से सिवनी जाना-आना करते। छोटे गाँव में सभी एक-दूसरे को जानते-पहचानते थे। विशेषकर जाति के मामले में वे अधिक सतर्क रहते। पहली मुलाकात में ही, किसी भी अनजान से उसकी जाति पूछने में कभी नहीं झिझकते। जब तक सामने वाले की जाति का पता न चले, तब तक मानो उन्हें परिचय ही नहीं मिलता।

येन-केन-प्रकारेण जाति का पता लगाकर ही रहते। गाँव के लोगों को और सभी ताँगेवालों को मेरी जाति मालूम थी। कोई यदि धोखे से भूल जाए तो पहले ही तुरंत पूछ लेते, 'किसकी मोढ़ी है? कहाँ रहो हो?' सबको पता था, डाकबँगले के पीछे अछूतों के घर हैं। सवारी लेकर जब कोई भरा ताँगा निकलता और ताँगेवाला नहीं रोकता तब मैं समझ जाती, ताँगे में जरूर हिंदू महाजन बैठे होंगे। कभी-कभी सिर्फ एक सवारी लेकर ताँगा निकलता, वह भी नहीं रुकता।

ताँगेवाले मुसलमान भाई जानते थे, ये हिंदू महाजन मुसलमानों के ताँगे में बैठ सकते हैं मगर अपने साथ किसी हिंदू अछूत को कभी नहीं बैठने देंगे। वे क्रिश्चियन के साथ बैठ सकते है, भले ही वह क्रिश्चियन धर्म बदलने के पहले कभी अछूत रहा होगा। हिंदू धर्म की छुआछूत, हिंदू धर्म की सीमा के अंदर ही थी। गाँव के मुसलमानों ने हमसे जाति-भेद नहीं माना। उनके घर जाने पर वे अपने बर्तनों में ही चाय-पानी पिलाते थे और बहुत ही अपनेपन, भाईचारे के साथ मिलते थे। ताँगेवाले मुझे देखते हुए निकल जाते, तब ताँगेवालों पर नहीं, ताँगे में बैठी सवारियों पर गुस्सा आता था।

परीक्षा के दिनों में इस तरह देरी होने पर ऐसा गुस्सा आता कि उन सवारियों को पत्थर उठाकर मारूँ मगर बस सोचकर ही रह जाती थी। सरेआम सड़क पर पत्थर चलाऊँगी तो लोग मुझे क्या कहेंगे? यह सोचकर, मन में धीरज धरकर अगले ताँगे का इंतजार करती थी। उस समय सिवनी बानापुरा के बीच सिर्फ ताँगे ही चलते थे। ऑटो रिक्शे नौवें दशक में शुरू हुए। ट्रेन से उतरी अनजान सवारी के साथ ताँगेवाले मुझे भी ताँगे में बैठा लेते थे। उन सवारियों में कोई मेरी जाति को जानता तो वह मुझे ताँगे में बैठता देख तुरंत उतरने लगता, साथ ही गुस्से से कहता, 'अरे भाई, क्या अंधेर कर रहे हो? किसको हमारे साथ बैठा रहे हो? जरा सोच-समझकर, सवारी देखकर बैठाओ। नहीं तो, कहो तो हम उतर जाते हैं।'

लोगों की ऐसी बातें सुनकर मैं छटपटाकर रह जाती, जाति-भेद का अपमान हृदय में शूल की तरह चुभता, आँखों में गुस्सा उतर आता। वर्णवादी तिलकधारी, चुटियाधारी, श्वेतवस्त्रधारी सवर्ण मुझे घटिया मनोवृत्ति के निकृष्ट, दुष्ट लोग लगते थे। उन्हें उपेक्षा से देखते हुए मैं पीछे हट जाती। ताँगेवाले उन्हें ही बैठाए खिसियाते हुए आगे बढ़ जाते। आखिर उनकी भी रोजी-रोटी का सवाल रहता। एक दिन सबके सामने हमें बैठा लेंगे तो दूसरे दिन उसके ताँगे में कौन बैठेगा? वर्षों तक यही चलता रहा। सिवनी हम पैदल ही जाते थे। मैं अधिकतर पैदल ही कॉलेज जाती थी।

उस समय 'कुसुम महाविद्यालय' के प्राचार्य चतुर्वेदी थे। वे अक्सर मुझसे कहते थे, 'सुशीला, तुम पढ़ाई में होशियार हो, मार्गदर्शन के लिए मेरे घर आया करो। मैं तुम्हें कलेक्टर बनवा दूँगा।' मैंने सर की यह बात अपनी सहेली को बताई। नर्मदा कोरी ने मुझे बताया था, 'सुशीला, सर की बातों में नहीं आना। वे लड़कियों के प्रति बुरी नजर रखते हैं।' शायद उसको ऐसा कोई अनुभव मिला होगा। वह बहुत ही गोरी, सुंदर लड़की थी। तब चतुर्वेदी सर से मार्गदर्शन लेने के विषय में मैंने सोचा भी नहीं।

बी.ए. द्वितीय वर्ष में संपन्न जैसवाल परिवार की एक सुंदर, सुकुमार नई लड़की आई। प्राचार्य उसे बार-बार अपने घर बुलाते थे। एक दिन वह लड़की कॉलेज में बहुत उदास थी। लड़कियों के पूछने पर उसने गुस्से के साथ बताया, 'मैं तो सर को अपने दादा जी जैसा मानती थी। सर ने मुझे अकेले अपने घर बुलाया और मेरा हाथ पकड़ लिया। मैं तो बहुत डर गई थी।' उसने डरकर तुरंत अपनी नाजुक हथेलियों से चेहरा छिपा लिया था। लड़कियाँ चुप रहीं। मैं यह नहीं समझ पाई, यह लड़की सर के घर अकेली गई ही क्यों? सर ने मुझे कलेक्टर बनवा

देने की बात कही थी, तब लगा था मैं होशियार हूँ। बाद में समझ आया था कि मैं लड़की हूँ। झाँसा देकर, लालच देकर जाल में फँसाने के प्रयत्न ऐसे ही किए जाते हैं।

माँ हमेशा कहती थी, 'बड़े लोगों की बातें भी बड़ी रहती हैं। चाहे जितनी बड़ी बात हो जाए, कोई मुँह नहीं खोलता। लोग उनकी बात करने से डरते हैं मगर किसी गरीब की ऐसी कोई बात हो जाए तो लोग मुँह पर भी और पीठ पीछे भी थू-थू करते हैं। गरीब की संपत्ति उसकी इज्जत है, खासकर बेटियों की इज्जत।'

उन दिनों हमारे यहाँ बेलबाटम पहनने का फैशन था। कॉलेज की धनाढ्य लड़कियाँ सलेक्स भी पहनती थीं। नर्मदा कोरी स्कर्ट और शर्ट पहनती थी। कभी लुंगी-कुर्ता पहनकर आती थी। शुभलता बिना सलेक्स के, घुटने तक सिर्फ कुर्ती पहनती थी। उसके गोरे पैर खुले दिखते थे। अधिकतर लड़कियाँ सलवार सूट पहनती थीं। मैं साड़ी पहनती थी, फैशन करना या नजाकत दिखाना मेरे हित में नहीं था। मैं सादगी के साथ रहते हुए पढ़ाई करती रही।

कॉलेज में मुझे स्कॉलरशिप मिलती थी। माँ उन रुपयों से हमारी किताब-कॉपी और कपड़े खरीद देती थी। भाइयों को मिली स्कॉलरशिप से भी पढ़ाई का खर्च उठाने में माँ को सहारा मिलता था। स्कॉलरशिप आने पर हमें सूचना दी जाती, तब ऑफिस से स्कॉलरशिप लेते समय अपनी जाति का बोध होता था। मुझे इस बात का संकोच होता था कि सब मुझे देख रहे हैं, मेरी जाति को समझ रहे हैं मगर इसके सिवा कोई दूसरा चारा नहीं था। हमें पहले से इतना कमजोर बना दिया गया था कि बिना सहारे हम चल ही नहीं सकते थे।

गरीब अछूत होने के साथ लड़की होना दोहरे संताप की बात है। अछूत की बेटियाँ दुर्घटनाओं का सामना करती रही हैं। दलित स्त्रियाँ जीवन का संताप सदियों से भोग रही हैं। समाज के ऐसे व्यवहार को देखते हुए माँ मेरी चिंता करती थी और इन बातों से डरती थी, मुझे हमेशा सावधान रहने के लिए समझाती थी, फिर भी मेरे साथ यह घटना घटी थी। कॉलेज जाने का एक रास्ता सीधा था, जो डाकबँगले से पेट्रोल पंप होता हुआ, दो पीपल वाले बाबा की मड़ैया के पास से मुड़कर, तहसील ऑफिस होता हुआ सिवनी जाता है। दूसरा कच्चा रास्ता थोड़ा छोटा था। पेट्रोल पंप के बाद, कच्चा रास्ता खेतों के बीच से होता हुआ अमराई पार करते हुए तहसील ऑफिस के कुछ पहले मुख्य सड़क से मिलता था। ताँगा न मिलने पर, कॉलेज जल्दी पहुँचने के लिए कई बार मैं अकेली कच्चे रास्ते से जाती थी। लौटते समय पाँच बजे के बाद शाम होने पर, इस रास्ते से न आकर बड़ी सड़क के लंबे रास्ते से लौटती थी। माँ कच्चे सूने रास्ते से कॉलेज जाने-आने पर सख्त मना करती थी। मुझे भी उस रास्ते पर पेड़ों और जमीन पर बैठे काले मुँह वाले बंदरों से बहुत डर लगता था।

जब मैं बी.ए. द्वितीय वर्ष में थी, एक बार कॉलेज की छुट्टी होने पर शाम को पक्के रास्ते से घर जाने के लिए अकेली चली। साड़ी-ब्लाउज पहने थी, बालों की दो चोटियाँ थीं, हाथ में तीन-चार किताब-कॉपियाँ थीं। अपनी धुन में कुछ सोचते हुए, नीचे देखते हुए सड़क की बाईं तरफ किनारे-किनारे आगे बढ़ती जा रही थी। तभी कच्चे रास्ते के मुहाने के कुछ पहले चार-पाँच लड़के अपनी-अपनी साइकिल लेकर तेजी से आए और मेरे आगे-पीछे चलने लगे। मैं चुपचाप चलती रही। कच्चे रास्ते के मुहाने पर सबने मेरे चारों तरफ गोलाकार में साइकिल खड़ी कर दी और सब मेरी तरफ देखने लगे।

उन दिनों सोमवार बाजार का दिन छोड़कर बाकी दिन शाम के समय सड़क अक्सर सूनी रहती थी। कभी-कभी आधा घंटा कोई आता-जाता नहीं दिखता था। मैं समझ नहीं पाई इन

लड़कों ने मेरा रास्ता क्यों रोक दिया? ये रुक क्यों गए? मैं सहज भाव से यह जानने के लिए उनके एक-एक के चेहरे देखने लगी। मुझे डर नहीं लगा। सभी लड़के 18-20 वर्ष के बीच की उम्र के थे। उन्हें देखकर मैंने महसूस किया—इनसे बड़े तो मेरे छोटे भाई दिखते हैं, इनसे क्या डरना! मुझे डरने जैसी कोई बात नहीं लगी। मैं न डरी, न भागी, न चिल्लाई, न रोई, न काँपी, न घबराई। बस तटस्थ भाव से उनको, एक-एक को देखती रही। मुझे समझ नहीं आ रहा था, ये लगभग एक जैसे, एक बराबर के लड़के कौन हैं, यहाँ कहाँ से आ गए? कॉलेज के हैं या सिवनी के? पता नहीं, मेरा रास्ता क्यों रोक रहे हैं? उलझन के साथ मैंने उनको प्रेम से देखा। पता नहीं क्या सोचकर उन्होंने एक-दूसरे को इशारा किया और धड़ाधड़ अपनी साइकिल सीधी करके कच्चे रास्ते पर निकल गए। उनके जाने के बाद भी मैं दो मिनट वहीं खड़ी रही, फिर जल्दी आगे बढ़ गई। तब मुझे यह घटना छोटी लगी थी मगर अब सोचती हूँ, इस घटना का परिणाम भयंकर भी हो सकता था, जिसका संताप मुझे जीवन-भर भोगना पड़ता।

मैंने यह बात माँ को नहीं बताई थी, किसी को भी नहीं बताई। उस समय मुझे लगा था—छोटे-छोटे लड़के हैं, शायद उनका बचपना होगा। उनकी बात बताने से मेरा कॉलेज जाना बंद कर दिया जाएगा। मुझे वह बात याद थी, पिता और भाइयों ने ऐसी घटनाओं के डर से ही, मैट्रिक के बाद, मेरी आगे की पढ़ाई के लिए कॉलेज जाना रोका था। दुर्घटनाएँ होती रहती हैं, कभी भी, किसी के साथ हो सकती हैं, फिर बेटी और बहन की इज्जत दो आँखों के बीच, मुँह के ऊपर नाक है। क्या कोई पिता और भाई जान-बूझकर अपनी नाक कटवाना चाहेंगे? कभी नहीं। जानते-बूझते मक्खी खाई जा सकती है मगर नाक नहीं कटाई जाती। अपनी लड़की को चुपचाप घर में बैठा देना कठिन काम नहीं है, अपनी नाक बचाना कठिन काम है। इसी कारण उन्होंने यह निर्णय लिया था— 'शीला कॉलेज नहीं जाएगी।' मैं आश्चर्यचकित रह गई थी— 'क्यों नहीं जा सकती कॉलेज? कारण बताओ? मेरी गलती क्या है?' 'गलती कुछ नहीं है, जमाना गलत है, लोग गलत हैं। इसलिए कॉलेज नहीं जाएगी।' बस यही जवाब मिलता रहा। माँ ने डरते हुए भाइयों और पिताजी से कहा था, 'पढ़ती है तो पढ़ने दो, शादी का रिश्ता पक्का होते ही शादी कर देंगे। मुन्ना (मोहन) कॉलेज तक साथ चला जाया करेगा।'

तब माँ को खूब बातें सुनाई गईं। बड़े भाइयों और पिताजी ने माँ को बहुत डाँटा। माँ को मेरा पक्ष लेने से मना किया, 'कौन लेगा सब जिम्मेदारी? कौन जाएगा रोज साथ? अगर कोई दुर्घटना हुई तो? नाक कटेगी तो हमारी। चार लोगों में हमको उठना-बैठना पड़ता है, नाक तो हमारी कटेगी। बहुत शौक आया है लड़की को कॉलेज भेजने का? गाँव का मामला है, जरा में इज्जत धूल में मिल जाएगी। मालूम नहीं है क्या?'

मैं समझ नहीं पाती थी, मेरे कॉलेज जाने से ऐसा क्या हो जाएगा कि मेरे बप्पा और भाइयों की इज्जत धूल में मिल जाएगी? मेरे कॉलेज जाने से उनकी नाक कैसे कट जाएगी? मैंने माँ से पूछा था, 'ऐसा क्यों कर रहे हैं? मुझे कॉलेज जाने से क्यों रोक रहे हैं?' माँ ने समझाया था, 'बेटी, गाँव में कई गुंडे-बदमाश हैं। रस्ता चलती लड़कियों का रस्ता रोक लेते हैं। कभी कोई बदमाश धक्का दे दे या हाथ पकड़ ले तो इज्जत चली जाती है।' मैंने तब विश्वास के साथ कहा था, 'मेरे साथ ऐसा कुछ नहीं होगा। मैं कॉलेज जाऊँगी। कॉलेज नहीं भेजोगे तो मर जाऊँगी, खाना नहीं खाऊँगी, पानी नहीं पियूँगी, कुछ काम नहीं करूँगी, घर का सब सामान तोड़-फोड़ डालूँगी।' माँ और नानी की इच्छा थी मैं कॉलेज जाऊँ, आगे और पढ़ूँ मगर पिता और भाइयों के सामने उनकी एक नहीं चल रही थी।

मैंने खाना छोड़ दिया। पानी को भी हाथ नहीं लगाया। पानी न पीने से घबराहट लगी तब पानी पिया मगर खाना नहीं खाया। मुझे उल्टियाँ होने लगीं। घर के सब लोग खाना खाने के लिए मनाते रहे। मैंने दृढ़ निश्चय के साथ कहा था, 'मैं खाना नहीं खाऊँगी। पहले कॉलेज में मेरा एडमिशन कराओ तब कुछ खाऊँगी।'

माँ पिता और भाइयों के हाथ जोड़ती रही, पैर पड़ती रही, 'लड़की मर जाएगी, कॉलेज में नाम लिखवा दो। कुछ गलत नहीं होगा।'

पिताजी सहमत थे मगर चुप थे। भाइयों को कुछ नहीं कह सके। मेरी हालत देखकर शंकर भैया का दिल पसीजा। बड़े भैया ने भी जिद छोड़ दी। तब माँ ने मुस्कराते हुए एडमिशन फीस के रुपए शंकर भैया को दिए थे। भैया ने कॉलेज में मेरा एडमिशन करवा दिया। यह बात मेरे जीवन में बहुत स्मरणीय है। ग्यारहवीं मैट्रिक के बाद मेरी आगे की पढ़ाई पूर्ण रूप से रोक दी गई थी। मैंने इस तरह कॉलेज में एडमिशन करवाया था। यदि मेरी तरह इमरती दीदी ने, मालती ने, रिश्तेदारों की और जाति समुदाय की सभी लड़कियों ने दृढ़ निश्चय के साथ अपनी पढ़ाई जारी रखी होती, तो वे भी शिक्षा और प्रगति की मंजिल जरूर पातीं। सुविधा, अवसर और सहयोग के अभाव में वे ऐसा नहीं कर सकीं।

मेरे बी.ए. के समय बड़े भैया की नौकरी भिलाई में थी, शंकर भैया होशंगाबाद की पेपर मिल (एस.पी.एम.) में नौकरी करने लगे थे। पिताजी का ट्रांसफर बानापुरा से महाराष्ट्र के बडनेरा रेलवे स्टेशन हो गया था। वे महीने में एक-दो दिन के लिए ही बानापुरा आते थे। मँझली बहन की शादी 1966 में हो गई थी। मैं '70-71 के सत्र में बी.ए. प्रथम वर्ष में थी। तब छोटा भाई कमल आठवीं कक्षा में और मोहन 11वीं कक्षा में पढ़ रहे थे। मेरे लिए माँ और नानी मन ही मन बहुत डरती थीं– कहीं कोई अप्रिय घटना न हो जाए! छुट्टियों में पिताजी घर आते तब माँ उन्हें मेरे रिश्ते के लिए घर और वर देखने दूर-दूर के शहर भेजती थी। रिश्ता पसंद न आने पर शादी की बात टल जाती। इस तरह मैं आगे पढ़ती रही। माँ, पिताजी और नानी की कामना थी, हम सब बहन-भाई खूब आगे तक पढ़ें, डिग्रियाँ हासिल करें। उन्हें यह आभास था, पढ़-लिखकर, अच्छी नौकरी करने से सम्मान मिलता है, तब जाति-भेद का अपमान अधिक नहीं सहना पड़ेगा। जाति से जुड़े रोजगार से मुक्ति मिलने पर सम्मान तो बढ़ेगा ही। कठिन परिश्रम करके मनोयोग के साथ उन्होंने हमें पढ़ाया था।

मैं बी.ए. द्वितीय वर्ष में पढ़ रही थी, तृतीय वर्ष की रजनी मोदी ने कहा था, 'सुशीला का चेहरा हम सबसे ज्यादा चमकता है।' तब सचमुच यह चमक अभावों में रहते हुए आत्मविश्वास की थी, पढ़ाई में हमेशा आगे रहने के विश्वास की थी, सादा जीवन उच्च विचार की थी और माँ, नानी के सरल-तरल ममत्व की छाया में विकसित जीवन तत्त्व की थी। 1973-74 में हमारी आर्थिक स्थिति अच्छी थी। दोनों भाई नौकरी करने लगे थे। शंकर भैया ने अपने गले की सोने की चेन यह कहते हुए मुझे पहना दी, 'तू भी सोने की चेन पहनकर कॉलेज जाया कर। हिंदू महाजन की लड़कियों के साथ पढ़ती है। वे पहनती होंगी। हम भी किसी से कम नहीं हैं।' मुझे अपने भाइयों पर बहुत गर्व होता था।

माँ हमेशा कहती थी, 'खूब अच्छे से मत रहो। हिंदू महाजन देखेंगे तो एतराज करेंगे। गाँव के लोग बोलकर सुनाए हैं– पन्ना बाई, तेरे छोरा-छोरी तो पहचान में ही नहीं आएँ।' माँ हर बात से डरती थी, कहीं कोई हम पर आँख न रख ले, कहीं कोई अदावत न निकाले, कहीं कोई हमारे पीछे गुंडे न लगा दे। हमारी रक्षा के लिए रात-दिन प्रार्थना करती थी, हमें आशीर्वाद देती

थी, 'खूब पढ़ो, आगे बढ़ो, नाम कमाओ।' ये उसके बोध-वाक्य थे। ऐसे समय नानी मंद-मंद मुस्काती थी जैसे यह उसके ही मन की बातें हों। जब मैंने बी.ए. फाइनल की परीक्षा दी थी, माँ को बहुत खुशी हुई थी। माँ ने गद्गद होकर कहा था, 'कोई तो पढ़ सका, कोई तो आगे बढ़ सका। हमारो न सही, खुद का नाम रोशन कर लेगी।' पिताजी हमारी सफलता से खुश होते थे और गर्व के साथ हमारी बातें अपने लोगों को बताते थे।

हम पिताजी को बप्पा कहते थे। हमारे यहाँ माँ को बाई कहना भी एक अलग प्रकरण है। नानी की दो बेटियाँ थीं—पन्ना और तुलसा। तुलसा मौसी नानी को माँ कहती थीं, माँ को बाई और पिताजी को बहनोई कहती थी। उनका सुनकर बड़ी बहन और दोनों बड़े भाई नानी को माँ, माँ को बाई और पिताजी को बहनोई कहने लगे थे। बाद में तुलसा मौसी की शादी हो गई। शादी के एक साल के भीतर गर्भावस्था में उसे चेचक निकली, तेज बुखार और कुछ गलत दवाइयों के कारण उसकी मृत्यु हो गई थी। इस तरह तुलसा मौसी भी नहीं रही। हम बहन-भाई अपनी नानी को माँ और माँ को बाई कहते रहे। मध्य प्रदेश में महिलाओं को बाई बहुत सम्मान के साथ कहा जाता है। हमारे रिश्तेदारों में अधिकतम घरों में माँ को बाई ही कहते हैं। मध्य प्रदेश के हमारे क्षेत्र में बोली-भाषा और रीति-रिवाजों में राजस्थानी प्रभाव अधिक है।

हमारी जाति के कई घरों में वंशावली बतानेवाले भाट जाति के लोग आते थे। वे राजस्थान के निम्न कहलानेवाले वर्ग के लोग थे। 1969 में कल्लू भैया का बेटा संजय हुआ था, तब मैंने वंशावली बतानेवाले उन लोगों को देखा और सुना था। वे मारवाड़ियों के बहीखाते जैसे लंबे रजिस्टर में वंशावली लिखित रूप में रखते थे और संबंधित घरों में जाकर वंशावली गा-गाकर बखानते थे। दादा के दादा के दादा का नाम लेते हुए क्रमशः वंशजों का नाम बताते थे। उनकी बताई हुई वंशावली मुझे बस इतनी ही याद है— 'श्री पन्नालाल के रामप्रसाद भये, रामप्रसाद जी के कल्लूराम। कल्लूराम के भये संजयलाल।'

उस समय संजय छह महीने का था। खानदान की वंशावली में उसका नाम भी जोड़ा गया था। राजपूतों की वंशावली बखाननेवाली यह प्रथा-पद्धति हमारे घर में क्यों और कैसे थी? इसकी खोज इतिहास के पृष्ठों को उजागर कर सकती है। हमारी जाति में गोत्र या सरनेम राठौर, परमार, सिसोदिया, सोलंकी, हाड़ोती, टांक अधिकतर राजपूतों के गोत्र के समान हैं। इस कारण हमारे लोग स्वयं को पहले के राजपूत कहते हैं। वे राजपूत से भंगी कैसे बन गए? इसका इतिहास नहीं जानते। शिक्षा और जानकारी के अभाव में अपना सच्चा इतिहास कैसे जान पाएँगे? वे बातों से दिल को बहलाते हैं, इसकी अपेक्षा अपने सच्चे इतिहास की खोज के विषय में सोचना चाहिए।

शंकर भैया मैट्रिक करने के बाद होशंगाबाद की पेपर मिल में नौकरी करने लगे थे। तब मैं नौवीं कक्षा में पढ़ती थी। 1969 में शंकर भैया की शादी जलगाँव की प्रमिला बाई के साथ हुई थी। प्रमिला भाभी इकलौटी बेटी थी। वह अधिकतर मायके में ही रहना चाहती थी। शंकर भैया घरजँवाई बनकर रहना नहीं चाहते थे। यह बात हमारे परिवार में किसी को पसंद नहीं थी क्योंकि जाति समाज में घरजँवाई बनकर रहना सम्मानपूर्वक नहीं माना जाता था। दो साल बाद भाभी और भैया के बीच तलाक हुआ था। उस दिन हमारे घर में सभी उदास थे। भाभी के साथ बीते दिन मुझे बहुत याद आते थे। शंकर भैया प्रमिला भाभी को हमेशा याद करते रहे। परिवार में हुए इस हादसे का जख्म हम सभी को दुखी करता रहा। शंकर भैया घर खर्च में माँ की मदद करते थे। मोहन और कमल छोटे थे, कल्लू भैया भिलाई में थे। मेरे लिए वर

ढूँढ़ने में और शादी की तैयारी करने में शंकर भैया ने बहुत सहयोग दिया था। 1979 में शंकर भैया की दूसरी शादी मध्य प्रदेश के 'आमला' की केसर बाई के साथ हुई। भैया-भाभी होशंगाबाद में रहने लगे थे।

इमरती बहन को शादी के 6 साल होने तक बच्चे नहीं हुए। ससुराल में सब उसे ताना देते थे और जीजाजी से दूसरा विवाह करने के लिए कहते थे। बच्चा न होने पर ससुराल में बहुओं को जली-कटी बातें सुनाई जाती थीं, कई घरों में उन्हें बाँझ कहकर बहुत तकलीफ दी जाती थी। बहन का दुख देखकर मुझे भी दुख होता था। जीजाजी ने सबको साफ-साफ कह दिया था, 'हमें नहीं करनी दूसरी शादी। बच्चे हों या न हों, हम तो ऐसई सुखी रह लेंगे।' जीजाजी का स्वभाव-व्यवहार बहुत अच्छा था। बहन ने कभी कोई नौकरी नहीं की। जीजाजी ही अपने घर-परिवार का खर्च उठाते थे और सारी व्यवस्था देखते थे। वे अधिकतर हँसी-मजाक की बातें करते थे। मैं जीजाजी से बहुत शरमाती थी, उनके सामने नहीं जाती थी। जीजाजी ने इमरती नाम बदलकर इंदु रखा था, तब बहन हम सबसे कहती थी, 'मुझे इंदु कहा करो। इमरती का नाम अच्छा नहीं लगता है।' बहन की यह बात सुनकर मुझे अच्छा लगता था।

गाँव की छुआछूत-भेदभाव के कारण, साथ ही घर के काम और छोटे बहन-भाइयों को सँभालने के कारण दीदी चौथी से आगे पढ़ नहीं पाई थी। उसने शादी के बाद प्राइवेट परीक्षा का फॉर्म भरकर पाँचवीं और दसवीं की परीक्षाएँ पास की थीं। वह भी बड़ी जीवट की जिद्दी और दृढ़ निश्चय वाली है। यदि उसे अवसर मिल पाते तो अपने जीवन में वह भी बहुत-कुछ जरूर करती।

विवाह अपनी जाति में ही किए जाते थे। माँ मेरे लिए भी सुंदर, शिक्षित और अच्छी नौकरी करनेवाला वर ढूँढ़ना चाहती थी। इसके लिए माँ ने बहुत प्रयत्न किया था। पिताजी और माँ ने कई शहर जाकर मेरे लिए अच्छे वर और घर तलाश की थी। मनपसंद रिश्ता न मिलने से शादी की बात टलती रही और मैं पढ़ती रही।

15 अगस्त, 1972 के समय भारत की आजादी के पच्चीस साल होने पर आजादी की रजत जयंती मनाई गई, तब बहुत खुशियाँ मनाई गई थीं। हमारे गाँव में खूब सजावट की गई। रात में रोशनी करने का ऐलान किया गया था। सुखलाल राठौर बड़े मामा की पत्नी शकुंतला मामी हमारे घर आई थीं, तब हँसी-मजाक के रूप में हमसे कह रही थीं, 'अरे भैया, अपने-अपने घर की लालटेन घर के सामने रख दईयो। सरकारी ऐलान है। अपन और कैसी रोशनी करें? का हमरे घर मुदको (बहुत) तेल है? कि मुदकी दीया-बाती है?' उस दिन बानापुरा, सिवनी की सवर्ण बस्तियाँ ही नहीं, पूरे देश में सजावट के साथ बहुत रोशनी की गई मगर गाँव से दूर हमारे घर अँधेरे में ही रहे थे।

उस समय पूँजीवाद के विरोध में और समाजवाद के पक्ष में बातें होती थीं। सरकारी नीतियों से भी समाजवाद को बढ़ावा दिया जाने लगता था। हिंदी साहित्य में समाजवादी और प्रगतिवादी कविताओं पर काव्य गोष्ठी और कवि सम्मेलन होते थे। 1973 में सिवनी में सवर्ण-शिक्षित साहित्यप्रेमी लोगों ने बहुत बड़े कवि सम्मेलन का आयोजन किया, जिसमें कवि भवानीप्रसाद मिश्र को सम्मानित किया गया था। हमारे घर के लोग ऐसे कार्यक्रमों में नहीं जाते थे, न ही कभी मुझे जाने के अवसर मिले। यह कार्यक्रम होने के बहुत बाद में मुझे इसकी जानकारी मिली थी।

लोग सामाजिक एकता और प्रगतिवादी विचारधारा की बातें करते थे मगर सवर्ण समाज के समक्ष हमारी स्थिति पहले जैसी ही थी। परिवर्तन की बातें होती थीं लेकिन परंपराओं को

तोड़ने की हिम्मत नहीं थी। ऐसे माहौल में लोग अधिकतर, जो पहले से चल रहा है, उसी को मानते हुए चलते थे। ऐसे ही दिन बीतते रहे। मैं कॉलेज में पढ़ती रही, इसके साथ माँ मेरी शादी की चिंता भी करती रही।

मेरी शादी के रिश्ते की कुछ बातें अभी भी याद हैं। इन बातचीत में लड़के ने स्वयं अपनी इच्छा के साथ अपने रिश्तेदारों को हमारे घर भेजकर, रिश्ते की बात करवानी चाही थी। मैं कक्षा आठवीं में थी तब मेरे साथ शादी के रिश्ते के लिए किसी का बहुत अनुरोध था। उसकी माँ, बहन और अन्य रिश्तेदारों ने इस बात के लिए कई बार मेरी माँ से अनुरोध किया था। तब मैं 14 वर्ष की थी, मैं यह नहीं जानती थी कि कोई मुझसे शादी करना चाहता है। मैंने यह बात बहुत बाद में जानी थी। बीस-इक्कीस साल का वह लड़का मैट्रिक था, अच्छी नौकरी करता था। कद ऊँचा, रंग काला-साँवला था। तब माँ का कथन था, 'पुलिस वाले कसाई होते हैं। मैं तो नहीं दूँगी अपनी बेटी।' इस तरह यह बात नहीं हो सकी थी।

मैं मैट्रिक में पढ़ रही थी, तब मेरी शादी के रिश्ते के लिए भोपाल से मेहमान आए थे। लड़के के पिताजी गोरे, ऊँचे, सुंदर– भोपाली नवाब जैसे दिख रहे थे। मैंने सुना था वे बहुत रईस हैं। उनकी अपेक्षा हमारा परिवार बहुत गरीब था। मैंने इस रिश्ते का विरोध किया। लड़के के पिता लड़की देखने आए थे मगर मैं उनके सामने ही नहीं गई। इस तरह यह बात भी नहीं हो सकी थी। बाद में मुझे पता चला था, बीस-इक्कीस साल की उम्र का बी.ए. लड़का अपनी पसंद से मेरे साथ शादी करना चाहता था मगर मैं यह नहीं जानती थी। मैं बस इतना जानती थी, मुझे बहुत पढ़ाई करना है और स्वाभिमान के साथ रहना है। माँ मेरे लिए अच्छा वर तलाश रही थी। मैं भी मन ही मन कल्पनाओं में, सबसे अलग अनूठे, सबसे अच्छे और दिल से प्यार करनेवाले जीवन-साथी के सपने देखती थी।

बी.ए. द्वितीय वर्ष में पढ़ते समय मेरी उम्र 18 वर्ष थी। गाँव में तब हमारी जाति में 14-15 वर्ष की उम्र में ही लड़कियों की शादी कर दी जाती थी। मेरी शादी करने के लिए माँ बहुत चिंतित रहती थी। माँ पिताजी से मेरे लिए योग्य वर खोजने की बातें करती। पिताजी इंदौर-भोपाल जैसे बड़े शहर और कई छोटे शहरों में मेरे लिए अच्छा घर और वर देखने गए थे। लौटने के बाद वे सब बातें माँ को बताते, तब मेरे मन में भी भविष्य के सपने सजने लगते, होनेवाले जीवन-साथी की कल्पनाएँ पंख पसारने लगतीं।

पुरानी हिंदी फिल्मों से, आदर्श कथा-कहानियों से और माँ-नानी की शिक्षा से यही सीखा था, माता-पिता जिसके साथ मेरा विवाह करेंगे, उसी से प्यार करना है और उसी का प्यार पाना है। अपने मन से किसी अनजान लड़के से प्रेम करना पाप है। प्रेम शादी के बाद पति से ही किया जाता है, यह संस्कार बचपन से मिला था। प्रेम के आदान-प्रदान की और मन की कोमल भावनाओं के फलने-फूलने की संपूर्ण अपेक्षा शादी के बाद पति से ही थी। मैं प्यार के सपने देखती थी– 'मेरे सपनों का शहजादा जरूर आएगा, वही मुझे प्यार देगा।' सामाजिक मानसिकता के अनुसार मेरे संस्कार ढाले गए थे। मैं यह भी सोचती थी– 'कोई बड़ा नेकदिल इनसान होगा जो मुझसे विवाह करेगा।'

जिंदगी दो-चार दिन की बात नहीं है। साल, महीने, दिन, घंटे और क्षणों में बँटी जिंदगी अपने स्मृतिकोश में यादों को सुरक्षित रखती है। कुछ स्मृतियाँ धूमिल हो जाती हैं, कुछ सुप्त होकर खो जाती हैं मगर यादों की आँधी यदि फिर से उन्हें झकझोर दे या सहलाकर जाग्रत् कर दे तब वे जीवनभर भुलाई नहीं जातीं। 'क्या भूलूँ, क्या याद करूँ' के बदले 'याद करो...'

की ध्वनि मुझे सुनाई देती है और अपनी कथा बताने के लिए प्रेरित करती है। अतीत के पन्ने पलटकर, अपने वर्तमान को समझने के लिए, अपने जीवन को अपनी नजर से देखने के लिए मैं अपनी कथा दोहरा रही हूँ।

क्या मेरे सपने पूरे हुए? मैंने क्या पाया, क्या खोया? जीवन के इस मोड़ ने मुझे जिंदगी का नया रूप दिया था। पहले का जीवन मेरा अपना था। आगे का जीवन कैसा था? शिकंजे के बीच मैंने उसे कैसे जिया? शिकंजे के दर्द की यह मेरी आगे की कहानी है! विवाह के बाद ससुराल के जीवन का एक अलग शिकंजा शुरू हुआ। यहाँ पारिवारिक और सामाजिक जीवन के अनुभव अलग मिले। यहाँ भी जाति-भेद की कथा साथ-साथ चलती रही। जिंदगी की कहानी बहुत लंबी है। अनेक बातें याद आती हैं।

पाँचवाँ भाग

आलोचनात्मक लेख

दलित साहित्य का सौंदर्यशास्त्र

ओमप्रकाश वाल्मीकि

हिंदी साहित्य का सौंदर्यशास्त्र संस्कृत और पाश्चात्य सौंदर्यशास्त्र पर आधारित है। इसीलिए उसकी कसौटियाँ दलित साहित्य के मूल्यांकन में अक्षम साबित होती हैं।

संस्कृत साहित्य का मूल आधार सामंतवादी एवं ब्राह्मणवादी दृष्टिकोण है। उसी प्रकार पाश्चात्य साहित्य की सौंदर्यदृष्टि भी पूँजीवादी एवं सामंतवादी है।

पाश्चात्य सौंदर्यशास्त्र के हिंदी साहित्य पर प्रभाव को लेकर डॉ. मस्तराम कपूर की टिप्पणी ध्यान आकर्षित करती है। उनका मानना है– "पश्चिमी साहित्यशास्त्र के संपर्क में आने के बाद भी हमने अपनी धारणाओं पर पुनर्विचार नहीं किया, बल्कि उसकी जैसे-तैसे अपने साहित्य के साथ संगति बैठाने की कोशिश की। रामचंद्र शुक्ल ने यह काम इतनी चतुराई से किया कि पश्चिमी शास्त्र की अवधारणाओं को भारतीय साहित्यशास्त्र की मूल धारणाएँ बना दिया। रस की सिद्धावस्था, साधनावस्था, साधारणीकरण और कविता का भावयोग आदि शब्द इसे इंगित करते हैं।"[1]

सौंदर्यशास्त्र के इस घालमेल से हिंदी समीक्षा अपनी मौलिक पहचान नहीं बना पाई और न ही हिंदी साहित्य की अंतर्वेदना का सही मूल्यांकन कर पाई। संस्कृत साहित्य के प्रति हिंदी लेखकों का मोह संस्कारगत था। उनकी सामाजिक, धार्मिक सोच उन्हें संस्कृत साहित्य की ओर ही आकर्षित करती थी जबकि हिंदी साहित्य के विकास की स्थितियाँ संस्कृत साहित्य से भिन्न थीं, परिवेश भिन्न था। जहाँ सिद्ध कवियों, नाथों का जीवन और उनकी अभिव्यक्ति उन्हें संस्कृत साहित्य से अलग करती थी, वहीं उनके मूल्य और आदर्श भी भिन्न थे। फिर भी हिंदी साहित्य के मूल्यांकन के लिए संस्कृत साहित्य को ही आधार बनाया गया। इसका कारण ब्राह्मणवादी सोच का वर्चस्व हिंदी साहित्य की मूल प्रवृत्ति को संस्कृतनिष्ठ बनाने की प्रक्रिया से गुजर रहा था।

मार्क्सवादी विचारक, चिंतक शिवकुमार मिश्र भी इस धारणा से सहमत हैं। उनका कहना है– "जिस काव्यशास्त्र या साहित्यशास्त्र द्वारा निर्धारित प्रतिमानों से प्राणरस लेकर सदियों-सहस्राब्दियों से भारतीय रचनाशीलता विकसित और पल्लवित होती रही है, महान रचनाकारों की विश्वविख्यात रचनाएँ जिसकी कीर्तिपताका फहरा रही हैं, वह काव्यशास्त्र या साहित्यशास्त्र भी अंततः उसी कुलीन मानसिकता की देन है, जो हमारे सामाजिक विधान की भी स्रष्टा है। इस काव्यशास्त्र में अभिजनोचित रुचियों, रुझानों, संस्कारों और सौंदर्यबोध का ही तो वर्चस्व है। उच्च कुलोत्पन्न, धीरोदात्त व्यक्ति ही इनमें नायकत्व का अधिकारी कहा गया है। सौंदर्य के प्रतिमानों और भावों का गाम्भीर्य तथा उज्ज्वलता भी यहाँ अभिजनोचित रुचियों के आधार पर तय की गई है और देखी गई है।"[2]

वर्ण-व्यवस्था और संस्कृत साहित्य से उपजी सामाजिक दृष्टि ने साहित्यिक मूल्यों को संकीर्ण दायरे में बाँधने की चेष्टा हमेशा की है। कबीर को लेकर हिंदी आचार्यों में ऊहापोह की स्थिति है। हिंदी समीक्षकों में ऐसे अनेक विद्वान हैं जो कबीर को कवि नहीं सिर्फ संत ही मानते हैं। उनके प्रति आचार्य रामचंद्र शुक्ल का दृष्टिकोण जगजाहिर है। इसी प्रकार हिंदी कवि अयोध्या सिंह उपाध्याय 'हरिऔध' लिखते हैं– "1901 की जनसंख्या की रिपोर्ट में कबीरपंथियों की संख्या 8,43,171 लिखी गई है। इनमें से अधिकांश 'नीच' जाति के हिंदू हैं। उच्चवंश के हिंदू नाममात्र हैं। गुरु भी इस पंथ के अधिकांश नीच वर्ण के हैं। त्यागी और गृहस्थ इनमें भी हैं पर गृहस्थों की संख्या अधिक है। ये सब हिंदू धर्म के शासन में हैं और उसी की रीति और पद्धति को बरतते हैं। केवल धार्मिक सिद्धांतों में कबीर पंथ का अनुसरण करते हैं। यहाँ तक कि अनेक ऐसे हैं जो हिंदू देवी-देवताओं को पूजते हैं।"[3]

उपरोक्त कथन में संकीर्ण सोच कूट-कूटकर भरी हुई है। एक कवि का दूसरे कवि द्वारा निर्मित पंथ के प्रति जो नजरिया है, वह पूर्ण रूप से साम्प्रदायिक दृष्टिकोण है, जो निम्नवर्णीय वर्ग के लिए 'नीच' शब्द का प्रयोग कर रहा है जबकि कबीर हिंदी साहित्य के एक समर्थ एवं जागरूक क्रांतिकारी कवि हैं, जो धार्मिक आडंबरों को तहस-नहस कर जीवन को सार्थकता की ओर ले जाने की कोशिश करते हैं।

साहित्य के ये मापदंड गलत निष्कर्षों को जन्म देते हैं। कबीर के प्रति ऐसा ही दृष्टिकोण श्यामसुंदर दास का भी है– "मुसलमान घर में पालित होने पर भी कबीर का हिंदू विचारों से सराबोर होना उनके शरीर में प्रवाहित होनेवाले ब्राह्मण अथवा कम-से-कम हिंदू रक्त की ओर संकेत करता है।"[4]

श्यामसुंदर दास का यह मत उन्हें क्या सिद्ध करता है? हिंदी साहित्य के ये मूर्धन्य रचनाकार, समीक्षक, आलोचक, वैचारिक भूमि पर खड़े किन आदर्शों की पैरवी कर रहे हैं, इस पर गंभीरता से विचार करने की आवश्यकता है। ये विचार एक दिन में निर्मित या व्यक्ति विशेष के विचार नहीं हैं बल्कि संस्कारजन्य एवं परंपराजन्य हैं।

दलित साहित्य के मूल्यांकन से पूर्व परंपरावादी समीक्षकों को भारतीय समाज-व्यवस्था, वर्ण-व्यवस्था, जाति-भेद, जाति-संघर्ष, विषमताओं, भेदभावों, सामंती सोच, ब्राह्मणवादी दृष्टिकोण, अंतर्विरोधों, आर्थिक-सामाजिक भारतीय मनःस्थितियों, सांस्कृतिक पृष्ठभूमियों का विश्लेषण करना होगा, भारतीय राजनीति को समझकर साहित्य का समाजशास्त्रीय अध्ययन करना होगा। तभी दलित साहित्य का सही और यथार्थ मूल्यांकन हो पाना संभव होगा।

प्रेमचंद ने कहा था, "हमें सुंदरता की कसौटी बदलनी होगी और हमें निश्चय ही विलासिता के मीनार से उतरकर उस बच्चोंवाली काली रूपवती का चित्र खींचना होगा जो बच्चे को खेत की मेड़ पर सुलाकर पसीना बहा रही है।"

पारंपरिक सौंदर्यशास्त्र के प्रतिमानों से भिन्न दलित साहित्य के सौंदर्यशास्त्र की आवश्यकता दलित लेखक महसूस करते हैं। उनकी इस सोच पर हिंदी के स्थापित समीक्षक सदैव उँगली उठाते हैं। हिंदी समीक्षक परमानंद श्रीवास्तव हों या नामवर, दलित साहित्य के लिए अलग सौंदर्यशास्त्र की आवश्यकता को गलत मानते हैं।

पारंपरिक सौंदर्यशास्त्र पंडित जगन्नाथ के 'वाक्यं रसात्मकं काव्यं' को सूत्र की तरह दोहराता है जबकि दलित लेखकों की दृष्टि में साहित्य आचार्यों द्वारा निर्मित 'रस' अधूरे एवं पूर्वग्रहों से पूर्ण हैं। दलित साहित्य विद्रोह और नकार के संघर्ष से उपजा है। घोषित रसों के द्वारा दलित रचनाओं के इस केंद्रीय भाव का मूल्यांकन नहीं हो सकता है।

डॉ. एन. सिंह की धारणा है, "दलित साहित्य का शब्द-सौंदर्य प्रहार में है, सम्मोहन में नहीं। वह समाज और साहित्य में शताब्दियों से चली आ रही सड़ी-गली परंपराओं पर बेदर्दी से चोट करता है। वह शोषण और अत्याचार के बीच हताश जीवन जीनेवाले दलित को लड़ना सिखाता है, वह सिर पर पत्थर ढोनेवाली मजदूर महिला को उसके अधिकारों के विषय में बतलाता है। उसे धर्म की भूल-भुलैया से निकालकर शोषण से मुक्ति का मार्ग दिखाता है। उसके लिए जिस शाब्दिक प्रहार क्षमता की आवश्यकता हैं, वह उसमें है और यही दलित साहित्य का शिल्प-सौंदर्य है।"[5]

दलित साहित्य की अंतर्चेतना में वेदनामूलक संघर्ष भाव की प्रधानता है जो यातना से उपजी है। राजेंद्र यादव कहते हैं– "साहित्य जिन तत्त्वों से अमर, स्थायी या सार्वभौमिक होता है, उनमें तीन मुझे सबसे प्रमुख लगते हैं– संघर्ष, यातना (सफरिंग) और विजन..."[6]

राजेंद्र यादव का यह भी मानना है– "जो नया सौंदर्यशास्त्र बनेगा, वह संघर्ष से शुरू होगा, उस यातना से शुरू होगा, चाहे वह उसका रिअलाइज करने अथवा उस यातना को, उसकी तकलीफ को, उसके भेदक रूप को समझने के रूप में हो और उसके बाद बदलने की मानसिकता के रूप में हो, जिसे हम संघर्ष कह सकते हैं। तीसरा– एक स्वप्न के रूप में होगा, हमें करना क्या है? हमें समानांतर सौंदर्यशास्त्र देना है, वैकल्पिक समाज बनाना है, यह सारा संघर्ष साहित्य में भी है और समाज में भी।"[7]

दलित साहित्य में ये तीनों तत्त्व विद्यमान हैं। अंबेडकर–दर्शन एवं विचार ने दलित साहित्य में संघर्षशीलता को तीव्रता दी है। वर्ण-व्यवस्था और भारतीय समाज-व्यवस्था ने दलितों पर जो अमानुषिक उत्पीड़न किया है, उस यातना की निचली तह से उठकर ऊपर आनेवाला दलित लेखक अपने भीतर जिस आँच को अनुभव करता है, वह भुक्तभोगी ही समझ सकता है। दलित साहित्य की दिशा और दृष्टि उसे जीवंत बनाती है।

दलित साहित्य के सौंदर्यशास्त्र पर विचार करने के लिए किसी भी कृति के 'आकार' और 'आशय' को दृष्टि में रखना होगा। जिस रूप को हम देखते हैं– वह उस कृति का 'आकार' होता है। 'आकार' में जो सारतत्त्व या सारत्व बोध विद्यमान होता है, वह 'आशय' कहलाता है। हिंदी साहित्य हो या संस्कृत साहित्य वह आकृतिनिष्ठ ही है। वहाँ आकार की प्रधानता है। शब्द की रमणीयता समीक्षकों के लिए बौद्धिक विलास का काम करती है।[8]

दलित साहित्य परिवर्तनशीलता के नियमों में विश्वास करता है। प्रकृति हो या मनुष्य का जीवन, उसमें कुछ भी स्थिर नहीं है। न अजर, न अमर। 'आशय' जीवन से संबंध रखता है। जीवन यानी संघर्ष और उससे जुड़े अनुभव। जैसे-जैसे जीवन बदलता है, अनुभव बदलते हैं, यथार्थ बदलता है। दलित साहित्य में अनुभवों से उत्पन्न आशय निष्ठा ही अधिक है। पारंपरिक साहित्य ने जिसे त्याज्य और निषिद्ध माना है, दलित साहित्य ने उसे अपने अनुभवों के आधार पर प्रमुखता दी है। उन अनुभवों की अभिव्यक्ति के मूल्यांकन के लिए पारंपरिक समीक्षा के मापदंड गलत निष्कर्ष देंगे क्योंकि पारंपरिक सौंदर्यशास्त्र में उन अनुभवों के मूल्यांकन और आशयों के विश्लेषण की क्षमता ही नहीं है, फिर मूल्यांकन कैसे होगा? किस आधार पर होगा?

डॉ. म.ना. वानखेड़े का यह कहना उचित है, "जिस भारतीय सौंदर्यशास्त्र में दलित साहित्य की आशयनिष्ठ समीक्षा करने की क्षमता न हो, उस सौंदर्यशास्त्र को ठुकरा देने में कोई हानि नहीं है क्योंकि आकृतिनिष्ठ भूमिका से दलित साहित्य को न्याय मिलनेवाला नहीं है।" आगे वे कहते हैं, "उच्चभ्रू सफेद कॉलरवाले लेखकों तथा समीक्षकों द्वारा निश्चित किए

हुए समीक्षा मूल्य, सिद्धांत, कार्य तथा सौंदर्य के सापेक्षी मूल्यों को दलित लेखकों द्वारा ठुकरा दिया जाना चाहिए।"

दलित लेखकों की यह धारणा है कि जीवन-दर्शन, अनुभूति और अनुभव की वास्तविकता भारतीय साहित्य में कभी आई ही नहीं। इसीलिए समीक्षकों द्वारा स्थापित समीक्षा मूल्य और उनके सौंदर्य मीमांसा के ढंग अलग हैं जो दलित साहित्य की समीक्षा के लिए सही नहीं हैं।

ललित साहित्य या पारंपरिक साहित्य का मूल प्रयोजन क्या है– 'आनंद' के लिए रसोत्पत्ति। यह आनंद-रस क्षणिक होता है जिसे दलित साहित्य स्वीकार नहीं करता। एक दलित जिस उत्पीड़न को भोगकर दुख, वेदना से साक्षात्कार करता है, वह आनंददायक कैसे हो सकता है? दलित साहित्य आत्मानुभूति की अभिव्यक्ति करता है इसीलिए उसकी श्रेष्ठता शब्दजीवी नहीं है, न शाब्दिक चमत्कारों तक ही सीमित है। अर्थ-गांभीर्य दलितों का स्वीकृत जीवन-मूल्य है, जिस पर दलित साहित्य का सौंदर्यशास्त्र टिका है।

ये जीवन-मूल्य आखिर हैं क्या? दलित साहित्य की आन्तरिक ऊर्जा दलित चेतना है जो डॉ. अंबेडकर के जीवन-दर्शन और बुद्ध के तत्त्वज्ञान से संचालित है।

दलित विद्वानों द्वारा इन जीवन-मूल्यों को दलित साहित्य में सूक्ष्मता के साथ पिरोया गया है। ये जीवन-मूल्य हैं–

1. समता, स्वतंत्रता, बंधुता, न्याय के जीवन-अनुभव, अनुभवजन्य आशय तथा उस आशय की अर्थपूर्ण अभिव्यक्ति।
2. संस्कृति और धर्म के नाम पर वास्तविकता को छिपाकर रखे गए ढोंग को नकारना।
3. कल्पनाजन्य प्रतिमानों का निषेध। जैसे 'अमृत' मधुर पेय की कल्पना लेकिन उसका आस्वाद किसी ने नहीं जाना।
4. नित्य परिवर्तनीयता के आधार पर जीवन-मूल्यों का मूल्यांकन।
5. बंधन-मुक्त अभिव्यक्ति और अनुभवों का सच्चापन, जैसा देखा-भोगा उसका वैसा चित्रण। शब्द केवल माध्यम है। शाब्दिक आडंबर निर्माण में असमर्थ।

दलित साहित्य 'आशय' को महत्त्व देता है। अभिव्यक्ति और शिल्प दूसरे स्थान पर आता है। जीवन-अनुभवों की प्रामाणिकता 'आशय' को अर्थ-गम्भीर बनाती है। यह अर्थ-गांभीर्य डॉ. अंबेडकर–दर्शन के विचार तत्त्व पर आधारित होना चाहिए। इसीलिए दलित साहित्य के सौंदर्यशास्त्र का स्वरूप पारंपरिक सौंदर्यशास्त्र से भिन्न है।

हिंदी के कुछ समीक्षक, लेखक इस बात से चिंतित हैं कि दलित लेखक अपना सौंदर्यशास्त्र क्यों विकसित करना चाहते हैं। इस चिंता के पीछे संस्कारगत भावना और सोच काम करती है।

कला और साहित्य में सौंदर्यबोध जहाँ संस्कारजन्य होता है, वहीं परिवेशगत भी। पसंद-नापसंद, जीवन-मूल्यों का आधार बनती है। दलित साहित्य सिर्फ एक साहित्यिक आंदोलन भर नहीं है। दलित समाज की सांस्कृतिक, सामाजिक, राजनीतिक आकांक्षाएँ साहित्य की भाषा में व्यक्त हो रही हैं। इसीलिए वह हिंदी की मुख्यधारा के उस सौंदर्यशास्त्र के वर्चस्व से मुक्त है, जो संस्कृत के काव्यशास्त्र से जुड़ा है।

परंपरावादी सौंदर्यशास्त्र की परिभाषा का दलित साहित्य विरोध करता है। परंपरावादी दृष्टिकोण के अंतर्गत सौंदर्य एक ऐसी विषयीगत वस्तु समझी जाती है, जिसकी जड़ें वास्तविकता के सामान्य विषयगत गुणों में नहीं हैं। प्रकृति और उसके अन्य उपकरण अपने आपमें न

सुंदर हो सकते हैं और न असुंदर। सौंदर्य की भावना तो मनुष्य में ऐतिहासिक परिस्थितियों के फलस्वरूप पैदा होती है।

मार्क्सवाद भी इस तथ्य को स्वीकार करता है कि प्राकृतिक सौंदर्य की भावना शुद्ध रूप में चेतना की विषयीगत अवस्था ही नहीं, बल्कि प्रकृति वस्तुओं और मनुष्य की सामाजिक जीवन में प्राप्त निश्चित विषयगत गुणों के कारण होती है।

मैनेजर पांडेय का कहना है, "कोई भी सौंदर्यशास्त्र एक दिन में नहीं बनता। प्रतिरोध और विकल्प का सौंदर्यशास्त्र तो और भी नहीं। वैसे तो हिंदी में कोई विकसित सौंदर्यशास्त्र नहीं है लेकिन जो है उसके पीछे एक ओर संस्कृत के काव्यशास्त्र की लंबी परंपरा है तो दूसरी ओर पश्चिम के सौंदर्यशास्त्र का प्रभाव। स्वयं पश्चिम में सौंदर्यशास्त्र का विकास कई सदियों में हुआ है। जो लोग कहते हैं कि सौंदर्यशास्त्र का जाति, वर्ग और विचारधारा से क्या लेना-देना, वे या तो बेवकूफ हैं या बदमाश। सौंदर्यशास्त्र कला की अलौकिक अनुभूति नहीं है। वह कलात्मक सौंदर्य के बोध और मूल्यों का शास्त्र है और बोध की प्रक्रिया तथा मूल्यों के निर्माण में जाति, वर्ग और लिंग से जुड़ी विचारधाराओं की महत्त्वपूर्ण भूमिका होती है...इसीलिए दलित सौंदर्यशास्त्र का विकास दलित समाज, उसकी चेतना, संस्कृति, विचारधारा और दलित सौंदर्यशास्त्र के विकास पर निर्भर है, जो एक लंबी प्रक्रिया में होगा।"[9]

संदर्भ

1. डॉ. मस्तराम कपूर, दलित साहित्य : दिशा, दृष्टि और विचार, शिखर की ओर (सं. डॉ. एन. सिंह), 1997, पृ. 345
2. शिव कुमार मिश्र, दलित साहित्य का आंदोलन और हिंदी क्षेत्र, नया पथ, अंक 24-25, 1997, पृ. 95
3. अयोध्या सिंह उपाध्याय 'हरिऔध', कबीर वचनावली, पृ. 97
4. श्यामसुंदर दास, कबीर ग्रंथावली, पृ. 18-19
5. डॉ. एन.सिंह., दलित प्रवाह और साहित्य तटबंध, शिखर की ओर (संपादित), 1997, पृ. 353
6. राजेंद्र यादव, काली सुर्खियाँ (संपादित कहानी-संग्रह), प्रवीण प्रकाशन, नई दिल्ली, 1994, पृ. 12
7. राजेंद्र यादव, युद्धरत आम आदमी (सं. रमणिका गुप्ता), अंक 41, 1998, पृ. 126
8. डॉ. कुमुद पाँवडे, दलित साहित्य और सौंदर्यशास्त्र, युद्धरत आम आदमी, अंक 41-42, 1998, पृ. 92-93
9. डॉ. मैनेजर पांडेय, दलित चेतना : सोच (सं. रमणिका गुप्ता), नवलेखन प्रकाशन, हजारी बाग, 1998 पृ. X

दलित साहित्य की अवधारणा

कँवल भारती

दलित साहित्य पर जब चर्चा चलती है, तो सबसे पहले स्वाभाविक रूप से जो प्रश्न उठता है, वह यह है कि क्या साहित्य का विभाजन जाति के आधार पर भी संभव है? चूँकि साहित्य का भाषायी आधार जन-मानस में स्थापित है, जैसे–हिंदी, उर्दू, बांग्ला, कन्नड़, तमिल, मराठी और अंग्रेजी आदि भाषाओं का साहित्य। इसीलिए साहित्य का कोई जातीय आधार भी हो सकता है, यह आसानी से लोगों के गले नहीं उतर रहा है।

लेकिन वास्तविकता यह है कि साहित्य सिर्फ भाषा के आधार पर ही विभाजित नहीं है बल्कि यह अनेकानेक वादों और विचारधाराओं में भी विभाजित है। वह हिंदुत्ववादी भी है, इस्लामी और ईसाई भी है, जैन और बौद्ध भी है, वामपंथी और दक्षिणपंथी है एवं गांधीवादी और लोहियावादी भी है। वह राष्ट्रवादी भी है एवं भूमंडलवादी भी है। फिर वह दलितवादी क्यों नहीं हो सकता?

जो लोग जाति के आधार पर साहित्य के विभाजन के पक्ष में नहीं हैं, वे जाति-आधारित सामाजिक विभाजन को भूल जाते हैं। वे यह भूल जाते हैं कि जीवन-व्यापार में जाति कितनी अहम भूमिका निभाती है। अंतर्जातीय प्रेम-संबंधों में पंचायतों की क्रूर सजाएँ जाति के हस्तक्षेप को ही प्रमाणित करती हैं। जब जाति का समाजशास्त्र इतना कटु है, तो वह साहित्य का सत्य क्यों नहीं बन सकता?

जाति की भूमिका के संबंध में, डॉ. अंबेडकर ने लिखा है– "जातियाँ एक संघ भी नहीं बनातीं। कोई जाति दूसरी जातियों से जुड़ने की भावना भी नहीं रखती। सिर्फ हिंदू-मुस्लिम दंगे के समय से आपस में जुड़ती हैं। अन्य अवसरों पर हर जाति अपने को अलग रखने का प्रयत्न करती है। प्रत्येक जाति केवल आपस में भोजन व विवाह करती है। यहाँ तक कि प्रत्येक जाति की अपनी विशेष पोशाक होती है, वरना भारत के नर-नारियों द्वारा पहनी जानेवाली असंख्य प्रकार की पोशाकों का क्या अर्थ हो सकता है, जिनसे पर्यटकों का खासा मनोरंजन होता है। वास्तव में आदर्श हिंदू बिल में रहनेवाले उस चूहे की तरह है, जो अन्य लोगों के संपर्क में नहीं आना चाहता। हिंदुओं में सामूहिक चेतना की भारी कमी पाई जाती है। यही कारण है कि यह नहीं कहा जा सकता कि वे एक समाज या एक राष्ट्र बनाते हैं।"

यह जाति की वह व्यवस्था है, जिसमें डॉ. अंबेडकर के शब्दों में–

एक सवर्ण हमेशा सवर्ण रहता है।
एक अछूत हमेशा अछूत रहता है।
एक ब्राह्मण हमेशा ब्राह्मण रहता है।
एक भंगी हमेशा भंगी रहता है।

वे ऊँचे रहते हैं, जो ऊँचे पैदा होते हैं।
वे नीचे रहते हैं, जो नीचे पैदा होते हैं।
भाग्य के कठोर नियम पर खड़ी है,
यह व्यवस्था अपरिवर्तनीय।
इसीलिए व्यक्ति की योग्यता निरर्थक है।
नीतिवान अछूत भी नीचा है, हीन सवर्ण से
धनवान अछूत भी नीचा है, धनहीन सवर्ण से।

जाति की इस व्यवस्था ने ही करोड़ों अछूतों, आत्मजों और दास श्रेणी के लोगों को जन्म दिया, जो अत्यंत कठोर और गंदे काम करने के लिए बाध्य किए गए; जिन्हें स्पर्श करना तो दूर उनकी छाया भी अमंगल समझी गई। उन्हें समान मानव अधिकार प्राप्त नहीं थे। शिक्षा के द्वार उनके लिए बंद थे और वे स्वतंत्र और सम्मानित व्यवसाय नहीं कर सकते थे। यही नहीं, यदि कोई अछूत इस स्थिति से मुक्त होकर मानवीय स्वतंत्रता का उपभोग करना चाहता था, तो उसे न केवल अपमानित और प्रताड़ित किया जाता था, बल्कि सामाजिक बहिष्कार के क्रूरतम दंड से भी दंडित किया जाता था, यह स्थिति क्यों थी? इसे डॉ. अंबेडकर ने इस प्रकार विश्लेषित किया है– "पहली बात जो नहीं भूलनी चाहिए, यह है कि सछूतों-अछूतों के बीच कठोर विभाजन है। प्रत्येक गाँव में सछूत और अछूत दो भाग हैं। सछूत गाँव के भीतर रहते हैं, जबकि अछूत गाँव के बाहर बस्तियाँ बनाकर रहते हैं। इन बस्तियों को महारवाड़ा, चमरौटी आदि नामों से पुकारा जाता है। दोनों गाँवों में कोई समानता नहीं है। दूसरी चीज यह ध्यान देने की है कि सछूत अथवा अछूत किसी भी अर्थ में व्यष्टि नहीं है क्योंकि उनके व्यवसाय, उनके संबंध, उनके देवता और उनकी राजनीति सब उनके वर्ग तय करते हैं, जिनमें वे जन्म लेते हैं। सछूत और अछूत की मुलाकात एक व्यक्ति से व्यक्ति की नहीं बल्कि ऐसे होती है, जैसे वे दो भिन्न राज्यों की दो भिन्न कौमें हों। तीसरी चीज यह विचारणीय है कि सछूतों और अछूतों के बीच संबंध पूर्व निर्धारित है और प्रतिष्ठा का विषय है। यह उस आचार संहिता के कारण है, जो अछूतों पर सछूतों द्वारा लादी गई है। यह संहिता अछूतों को हीन व्यक्ति का दर्जा देती है और सछूतों को उच्च व्यक्ति की प्रतिष्ठा प्रदान करती है। इस संहिता द्वारा अछूतों को गाँव में समान मानवाधिकारों का उपभोग करने से प्रतिबंधित किया गया है तथा उसका उल्लंघन दंडनीय अपराध निश्चित किया गया है। इस प्रकार एक अछूत का सछूतों के साथ संबंध अनुबंध द्वारा है और अत्यंत सीमित है। सछूत इस अनुबंधित संहिता के अनुसार ही अछूतों को जीने देना चाहते हैं। वे नहीं चाहते कि अछूत इस संहिता को तोड़े। अब यह आधा गाँव–अछूत वर्ग अपने पुनर्वास के संबंध का आधार क्या हो–अनुबंध या प्रतिष्ठा? यही वह मुख्य प्रश्न है जो हिंदुओं को आंदोलित कर रहा है। हिंदू अछूतों के विद्रोह को अपने लोगों की सामाजिक और आर्थिक उन्नति के लिए एक प्रयास के रूप में देखता, बल्कि वह उसे अपने विरुद्ध, सबको समान करने के प्रयास के रूप में देखता है। इसलिए वह उसके संघर्ष का विरोध करता है।" (दलित साहित्य के विरोध का कारण भी क्या यही नहीं है?)

आज 'दलित' शब्द का अर्थ इसी के आलोक में समझने की आवश्यकता है। कुछ लेखकों द्वारा 'दलित' शब्द की जो परिभाषाएँ-व्याख्याएँ की गई हैं, उनमें काफी कुछ व्यापक और उदारवादी दृष्टिकोण पर आधारित हैं। उनके अनुसार, 'दलित' शब्द का अर्थ कुचला हुआ, दलित या वंचित है और इस आधार पर वे सभी अभावग्रस्त लोगों को दलित मानते हैं, चाहे वे किसी भी समुदाय

के हों। ऐसी व्याख्याओं को स्वीकार नहीं किया जा सकता क्योंकि यह 'दलित' शब्द की पूर्णतया गलत व्याख्या है। यह कहना गलत नहीं है कि आर्थिक रूप से कमजोर और शोषित लोग दूसरे समुदायों में नहीं हैं पर यह मानना सर्वथा अनुचित होगा कि वे सामाजिक रूप से भी दीन-हीन हैं। एक गरीब ब्राह्मण का सामाजिक अपमान नहीं होता, अपितु उस गरीबी से होता है जो उसे जन्म से ही प्राप्त है। इसीलिए वास्तव में दलित वही व्यक्ति हो सकता है, जो सामाजिक तथा आर्थिक दोनों दृष्टियों से दीन-हीन है। इससे भिन्न अर्थों में 'दलित' शब्द का लेना 'दलित' शब्द का ही विकृतीकरण करना है। जिस पर अस्पृश्यता का नियम लागू किया गया, जिसे कठोर और गंदे कर्म करने के लिए बाध्य किया जाए, जिसे शिक्षा ग्रहण करने और स्वतंत्र व्यवसाय करने से मना किया गया और जिस पर सछूतों ने सामाजिक निर्योग्यताओं की संहिता लागू की, वही और सिर्फ वही दलित है और इसके अंतर्गत वही जातियाँ आती हैं, जिन्हें अनुसूचित जाति कहा जाता है।

अतः दलित साहित्य से अभिप्राय उस साहित्य से है, जिसमें दलितों ने स्वयं अपनी पीड़ा को रूपायित किया है। अपने जीवन-संघर्ष में दलितों ने जिस यथार्थ को भोगा है, दलित साहित्य उनका उसी की अभिव्यक्ति का साहित्य है। यह कला के लिए कला का नहीं, बल्कि जीवन का और जीवन की जिजीविषा का साहित्य है। इसलिए कहना न होगा कि वास्तव में दलितों द्वारा लिखा गया साहित्य ही दलित साहित्य की कोटि में आता है। इस अवधारणा को लेकर गैर-दलित लेखकों की आपत्ति यह है कि दलित साहित्य पर गैर-दलितों का लेखन दलित साहित्य क्यों नहीं है? या यह कि दलित समस्या पर सिर्फ दलित ही लिख सकता है गैर-दलित नहीं? आपत्ति निराधार नहीं है, ऐसा कोई प्रतिबंध नहीं है कि दलित समस्या पर गैर-दलित नहीं लिख सकते। जरूर लिख सकते हैं, उन्होंने लिखा भी है और वे लिख भी रहे हैं पर सवाल अनुभूतियों और चिंतन का है। दलित जीवन की पीड़ा की जैसी अनुभूतियाँ एक दलित को होती हैं, वैसी अनुभूतियाँ एक सवर्ण को नहीं हो सकतीं। मार्क्स, गांधी या उदारवादी हिंदू विचारधारा से प्रभावित सवर्ण लेखक की दलित पीड़ा या सवालों के साथ सह-अनुभूति हो सकती है और उसी आधार पर वह अपने समाधान भी प्रस्तुत कर सकता है, जैसा कि प्रेमचंद, निराला, गिरिराज किशोर, नागार्जुन, अमृतलाल नागर और डॉ. जगदीश गुप्त आदि ने प्रस्तुत किए हैं किंतु वह दलित साहित्य का अंग इसलिए नहीं बन सकते क्योंकि दलित चेतना उन विचारधाराओं को पूरी तरह नकारती है।

हिंदी दलित साहित्य ने मुख्य ऊर्जा और चेतना डॉ. अंबेडकर के दर्शन से प्राप्त की है पर डॉ. अंबेडकर उसके जनक नहीं हैं। हिंदी में दलित साहित्य का इतिहास उतना ही प्राचीन है, जितना कि हिंदी साहित्य का इतिहास। सिद्ध कवियों और गोरखनाथ की वर्ण-व्यवस्था विरोधी चेतन। मध्यकालीन दलित संतों में क्रांति रूप में प्रस्फुटित हुई, जिसकी समानांतर चिंतनधारा की परंपरा का विकास ही हिंदी दलित कविता का मूर्त रूप है। उन्नीस सौ के दशकों में उत्तर प्रदेश में हिंदी दलित कविता स्वामी अछूतानंद के आदि हिंदू आंदोलन का अंग बनी और शंकरानंद जैसे कई अच्छे कवि इस आंदोलन ने दिए। यह भजन जो हिंदी प्रदेश में आज भी प्रसिद्ध है, इन्हीं कवि का है–

मनु जी तुमने वर्ण बना दिए चार,
जा दिन तुमने वर्ण बनाए, न्यारे रंग बनाए क्यों ना?
गोर ब्राह्मण लाल क्षत्री बनिया पीले बनाए क्यों ना?

शूद्र बनाते काले वर्ण के, पीछे को पैर लगाए क्यों ना?
कैसे हो पहिचान पोप जी दो अक्षर डलवाए क्यों ना?
पाँच तत्त्व तो सबमें दीखें ज्यादा तत्त्व लगाए क्यों ना?
वह सर्वज्ञ सर्व में व्यापक उससे भी जुदे बनाए क्यों ना?
एक चूक बड़ी भारी पड़ गई, न्यारे मुल्क बसाए क्यों ना?
लोहे के बर्तन पर पानी कंचन को दयौ डार।

स्वामी अछूतानंद के समय में ही डॉ. अंबेडकर के दलित मुक्ति के आंदोलन ने संपूर्ण देश को उद्वेलित कर दिया था। स्वामी जी भी इस आंदोलन के समर्थक थे और उसे उन्होंने अपना आशीर्वाद भी दिया था। डॉ. अंबेडकर के चिंतन ने दलित वर्गों को गहराई से प्रभावित किया क्योंकि उनके चिंतन ने दलित अस्मिता और स्वाधीनता के जो सवाल उठाए थे, वे एकदम विचारोत्तेजक और क्रांतिकारी थे। इन सवालों ने दलित चेतना को नए आयाम दिए और उसे विद्रोही बनाया। आगे चलकर दलित साहित्य की इस धारा को जिन साहित्यकारों ने आगे बढ़ाया, उनमें चंद्रिका प्रसाद जिज्ञासु का योगदान मुख्य है। उन्होंने अंबेडकर साहित्य को हिंदी में प्रकाशित कर प्रचारित करने का अत्यंत महत्त्वपूर्ण कार्य किया, जिसने हिंदी में अंबेडकर मिशन के साथ-साथ आधुनिक दलित साहित्य की आधारशिला भी रखी। यहीं से हिंदी दलित साहित्य डॉ. अंबेडकर की दलित मुक्ति चेतना और विचारधारा से जुड़ा। इस विचारधारा से जुड़ने के बाद न सिर्फ दलित साहित्य को नया अर्थ मिला, अपितु सामाजिक परिवर्तन की संपूर्ण विद्रोही चेतना ही उसकी अवधारणा बन गई। इस आधार पर मैं परिभाषित करना चाहूँगा कि आधुनिक हिंदी दलित साहित्य वह है, जो दलित मुक्ति के सवालों पर अंबेडकरवादी है। सामाजिक, आर्थिक और राजनीतिक सभी क्षेत्रों में उसके सरोकार वही हैं, जो डॉ. अंबेडकर के थे।

डॉ. अंबेडकर धर्म के विरोधी नहीं थे, अपितु धर्म को मनुष्य के लिए अत्यंत आवश्यक मानते थे। उनका धर्म से अभिप्राय नैतिक मूल्यों और शीलों से था। इसलिए हिंदी दलित साहित्य भी धर्म का निषेध नहीं करता है पर चूँकि डॉ. अंबेडकर का धर्म ईश्वर और कर्मकांड आधारित नहीं था, बल्कि बुद्ध के अनीश्वरवाद, अनात्मवाद और वैज्ञानिक दृष्टि-बोध पर आधारित था, इसलिए दलित साहित्य भी अनीश्वरवादी, अनात्मवादी तथा वैज्ञानिक है। वह ईश्वर में विश्वास और अन्य पाखंडों का तज्जन्य विरोध करता है। यथा–

शोषित ने ईश्वर जया, छोड़ सभी आनंद।
ईश्वर उसको न मिला, मिला हमेशा दंड॥
मिला हमेशा दंड, सुना संबूक तप धारी।
भगती है अपराध, राम ने गर्दन उतारी॥
कह प्रेमी कविराय यह घटना सब ही जानें।
वह करते हैं मने, फिर भी शोषित न माने॥

(बुद्ध संघ 'प्रेमी')

सामाजिक क्षेत्र में दलित समाज जाति-भेद, ऊँच-नीच और अस्पृश्यता का शिकार रहा है। उसने भयानक अलगाववाद का दंश झेला है, सदियों की दासता का संताप भोगा है और अन्याय की पीड़ा सही है। इसलिए दलित साहित्य जाति-भेद, ऊँच-नीच और अस्पृश्यता का विरोधी है। वह अलगाव का नहीं, समता का समर्थक है। वह हर प्रकार की गुलामी और अन्याय को नापसंद करता है और मानव-स्वतंत्रता तथा सामाजिक न्याय का पक्ष लेता है। वह जाति

और वर्ण की व्यवस्था के विरुद्ध संपूर्ण सामाजिक परिवर्तन की चेतना का साहित्य है। जो लोग दलित साहित्य पर अलगाववादी होने और सामाजिक विघटन करने का आरोप लगाते हैं, वे दलित साहित्य की अवधारणा को न लेकर न सिर्फ भ्रमित हैं, बल्कि उसकी गलत व्याख्या भी करते हैं।

आर्थिक क्षेत्र में दलित वर्ग द्विजों की क्रूर व्यवस्था का शिकार है। इस क्षेत्र में उसकी स्थिति एक ऐसे मजदूर की है, जो द्विजों के सभी गंदे और कठोर कर्म करने के लिए बाध्य है परंतु उसके बदले में उसकी शिक्षा-दीक्षा और समुचित आर्थिक विकास का कोई दायित्व द्विज वर्ग का नहीं है। इस क्षेत्र में दलित वर्ग पूरी तरह द्विजों पर निर्भर करते हैं और आज भी वे अपनी स्वतंत्र और सम्मानित जीविका नहीं कमा सकते। यह मनु की वह व्यवस्था है, जिसे आज भी द्विज समाज नहीं तोड़ पा रहा है, अपितु उसे येन-केन-प्रकारेण सुरक्षित रखने के लिए प्रयत्नशील है। दलित साहित्य आर्थिक क्षेत्र में इस क्रूर व्यवस्था का घोर विरोधी है। वह उन सभी विधियों और योजनाओं के खिलाफ है, जो आर्थिक विषमताओं को बढ़ाता है। दलित साहित्य डॉ. अंबेडकर के इस मत का समर्थक है कि दलितों की दयनीय आर्थिक स्थिति के मुख्य जिम्मेदार पूँजीवाद और ब्राह्मणवाद हैं। इसीलिए दलित साहित्य ब्राह्मणवाद के साथ-साथ पूँजीवाद को भी अपना मुख्य शत्रु मानता है और उनके खिलाफ सशक्त आवाज उठाता है। इस संबंध में यद्यपि दलित साहित्य मार्क्सवादी मान्यताओं का समर्थक नहीं है, अपितु वह वर्ग-संघर्ष को स्वीकार करता है। मार्क्सवाद के साथ उसका मतभेद कई बिंदुओं पर है, जिनमें प्रमुख है सामाजिक और सत्ता-परिवर्तन के बीच के द्वंद्व एवं लोकतंत्र और अधिनायकवाद के बीच के द्वंद्व। दलित साहित्य राजनीतिक क्रांति के साथ-साथ सामाजिक क्रांति पर भी जोर देता है और अधिनायकवाद के विरुद्ध लोकतंत्र का पक्षधर है। दलित साहित्य डॉ. अंबेडकर के राजकीय समाजवाद में विश्वास करता है। वह इस मान्यता का है कि शिक्षा, कृषि और औद्योगिक क्षेत्रों का सरकारीकरण होना चाहिए। वह सहकारी स्तर कृषि के विकास का समर्थन करता है और किसी भी क्षेत्र में दोहरी शासन प्रणाली का विरोध करता है।

डॉ. अंबेडकर ने गाँवों को भारतीय गणतंत्र की अवधारणा का शत्रु माना था। उनके अनुसार, हिंदुओं की ब्राह्मणवादी और पूँजीवादी व्यवस्था का जन्म भारतीय गाँवों में ही होता है। वह कहते हैं कि भारतीय गाँव हिंदू व्यवस्था के कारखाने हैं। उनमें ब्राह्मणवाद, सामंतवाद और पूँजीवाद की साक्षात् जीवंत अवस्थाएँ देखी जा सकती है। उनमें स्वतंत्र, समता और बंधुत्व के लिए कोई स्थान नहीं है। डॉ. अंबेडकर का मत है कि भारतीय गाँव द्विजों के लिए तो स्वर्ग या गणतंत्र हो सकते हैं परंतु दलितों के लिए तो वे नरक ही हैं। अतः दलित साहित्य भी गाँवों के विकास और ग्राम पंचायत व्यवस्था का न केवल विरोधी है, बल्कि उनके विनाश में ही ब्राह्मणवाद, सामंतवाद और पूँजीवाद का अंत मानता है। दलित कवि मलखान सिंह की यह कविता देखिए, जिसमें गाँव में दलित की पीड़ा किस कदर मार्मिक है–

यकीन मानिए
इस आदमखोर गाँव में
मुझे डर लगता है
लगता है कि अभी बस अभी
ठकुराइसी मैड़ चीखेगी
मैं अधसौंच ही उठ आऊँगा।

कि अभी बस अभी
हवेली धुड़केगी
मै बेगार में पकड़ा जाऊँगा।
कि अभी बस अभी
महाजन आएगा
मेरी गाड़ी-सी भैंस
उधारी में खोल ले जाएगा।
वे अभी बस अभी
बुलावा आएगा
खुलकर खाँसने के अपराध में
प्रधान मुश्क बाँध मारेगा
लदवाएगा डकैती में
सीखचों के भीतर
उम्र भर सड़ाएगा।

(सुनो ब्राह्मण, पृ. 11)

दलित साहित्य के राजनीतिक सरोकार नहीं हैं, ऐसा कहना सचमुच गलत होगा। जब संपूर्ण भारतीय साहित्य के भरपूर राजनीतिक सरोकार हैं और हिंदी साहित्य का एक काफी बड़ा हिस्सा विशिष्ट राजनीतिक सरोकारों की ही अभिव्यक्ति का साहित्य है, तो दलित साहित्य भी उससे अछूता कैसे रह सकता है। दलित साहित्य न तो वामपंथी है और न दक्षिणपंथी। वामपंथी राजनीति से उसकी सहमति उस स्तर तक तो अवश्य है, जिस स्तर तक वह दलितों, मजदूरों और सर्वहारा के शोषण के विरुद्ध है पर व्यवस्था-परिवर्तन के लिए जिन तरीकों को वह मानता है, उनसे दलित साहित्य का मतभेद है। वह लोकतंत्र और अहिंसा-आधारित राजनीति का समर्थक है। वह सामाजिक परिवर्तन और सामाजिक न्याय की राजनीति का पक्षधर है परंतु राष्ट्र और राष्ट्रवाद की सीमाओं की मुक्ति के बावजूद वह भारत विरोधी राजनीति का आलोचक है। वह उस राजनीति की भी आलोचना करता है, जो हिंदू या किसी भी धर्म के राज की अवधारणा से जुड़ी है और धर्मनिरपेक्ष मूल्यों को ध्वस्त करती है। राजनीति के क्षेत्र में भी दलित साहित्य डॉ. अंबेडकर की मान्यताओं का ही समर्थन करता है। ओमप्रकाश वाल्मीकि की इस कविता का अवलोकन कीजिए—

वर्ण-व्यवस्था को तुम कहते हो आदर्श
खुश हो जाते हो
साम्यवाद की हार पर। (बस, बहुत हो चुका, पृ. 50-51)

दलित साहित्य स्त्री सवालों को लेकर भी अत्यंत संवदेनशील है। हिंदू धर्म-शास्त्र स्त्री को शूद्र के समकक्ष मानते हैं। शूद्र की तरह स्त्री को भी धर्मशास्त्रों में शिक्षा ग्रहण करने और संस्कृत बोलने का अधिकार नहीं दिया है किंतु भारतीय समाज में स्त्री भी जाति के आधार पर विभाजित है। द्विज समाज की स्त्री, पिछड़े वर्गों की स्त्री और दलित स्त्री के समाजशास्त्र न तो एक जैसे हैं और न ही उनके बीच समता के संबंध हैं। दलित स्त्री द्विज और पिछड़े दोनों वर्गों की स्त्रियों के लिए अस्पृश्य है और उसके साथ वही व्यवहार किया जाता है, जो एक दलित अछूत के साथ किया जाता है, वास्तव में यह गैर-दलित स्त्रियाँ ही हैं जो जाति और अस्पृश्यता के संस्कारों को सुरक्षित रखने में महत्त्वपूर्ण भूमिका निभाती हैं। दलित साहित्य ब्राह्मणवादी मानसिकता वाली

इन द्विज और पिछड़ी जातियों की स्त्रियों का कदाचित् समर्थक नहीं है और इन स्त्रियों के हाथों में राजनीतिक सत्ता दिए जाने के भी वह पक्ष में नहीं है किंतु स्त्री-मुक्ति के सवालों का दलित साहित्य समर्थन करता है और किसी भी स्तर से किए गए स्त्री शोषण और उत्पीड़न के खिलाफ संघर्ष उसका अभीष्ट है।

निष्कर्ष यह है कि न तो दलितवाद, न मध्यमार्गी राजनीति, न दक्षिणपंथ और न ही वामपंथ दलित लेखक की विचारधारा है। दलित सवालों पर अंबेडकर चिंतन की स्थापना ही दलित साहित्य की मुख्य अवधारणा है।

बौद्धिकता के अंकुर अभिजात वर्ग से

चंद्रभान प्रसाद

मनुष्य आजन्म बौद्धिक होता है। महान इतालवी चिंतक ग्राम्स्की का भी यही मानना है। आजन्म हर दलित बौद्धिक होता है, गैर-दलित भी पर बौद्धिक श्रम-कर्म पर जीवित रहनेवाला मनुष्य बुद्धिजीवी हो जाता है। हर बुद्धिजीवी सिद्धांतकार नहीं होता। बौद्धिक श्रम के सहारे आजीविका अर्जन की शर्त भी श्रेष्ठ सिद्धांतकार बनने में रोड़ा होती है। श्रेष्ठ बुद्धिजीवी के समक्ष रोजी-रोटी का प्रश्न नहीं होता है। वस्तुतः श्रेष्ठतम बौद्धिक उत्पाद के लिए सरप्लस समय, सरप्लस संसाधन एवं सरप्लस बौद्धिक मित्र की जरूरत होती है।

आम बौद्धिक की भाषा में, श्रेष्ठ बौद्धिक उत्पाद रईसी के सांस्कृतिक-आर्थिक माहौल में होता है, माहौल यानी सांस्कृतिक-आर्थिक संदर्भ, बुद्धिजीवी की चिंतनधारा को मॉडरेट करता है। प्रायः कंडीशंड भी करता है। खास बौद्धिक की भाषा में, रईसी संदर्भ का बुद्धिजीवी, अपने सांस्कृतिक-अधिक संदर्भ से लिबरेट हो जाता है, सोशल करेंट्स को अधिक निष्पक्षता से देख पाता है। इस पूरी प्रक्रिया से कंडीशंड बुद्धिजीवी सोशल करेंट्स का सैद्धांतीकरण कर पाता है। सैद्धांतीकरण की क्षमता बुद्धिजीवी को दार्शनिक का रूप भी प्रदान कर देती है।

फिर कहना ही क्या श्रेष्ठ दार्शनिक, श्रेष्ठ बुद्धिजीवी, श्रेष्ठ कलाकार, श्रेष्ठ चित्रकार, श्रेष्ठ संगीतज्ञ प्रायः अभिजात वर्ग में अंकुरित होते हैं। दलित समाज में अभिजात वर्ग नहीं बन पाया है। डॉ. अंबेडकर के बाद दलित समाज से ऐसा एक भी ग्रंथ नहीं निकला, जिसका ऑल इंडिया अपील हो, जिसे तमिलनाडु का दलित भी उसी पैशन के साथ सेलीब्रेट करे, जिस पैशन के साथ पंजाब का दलित सेलीब्रेट करता हो।

दलित जीवन के संदर्भ में, डॉ. अंबेडकर अभिजात की रेखा को प्राप्त कर चुके थे। गुरु रविदास भी संपन्न माता-पिता की संतान थे। दोनों महापुरुष चिंतन की चोटी तक पहुँचे, करोड़ों लोगों को दर्शन का स्वाद चखाया पर इनका सामाजिक वर्ग अभिजात नहीं था, आज भी नहीं है। दलितों में आज मध्य वर्ग का उदय हो रहा है, अपने शैशव अवस्था में है। आज का यही दलित शिशु यदि डॉ. अंबेडकर के समय में उदित हो चुका होता, तो तस्वीर निर्णायक रूप से भिन्न हो चुकी होती, अपने जीवन काल में ही वे वह लड़ाई जीत चुके होते, जिसे हम उनका सपना मानते हैं।

पं. जवाहरलाल नेहरू के पिताश्री देश के जाने-माने वकील थे। श्री मोतीलाल नेहरू के पिताश्री दिल्ली शहर के कोतवाल थे। डॉ. अंबेडकर के पिताजी सेना में मात्र एक सूबेदार। पंडित जी का समाज भी कमोबेश अभिजात था, कम-से-कम उनका रोजमर्रा का सांस्कृतिक संदर्भ। गांधी जी ने जब पं. नेहरू को 'जेवेल ऑफ इंडिया' कहा, जब उस समय के अभिजात

वर्ग ने हाथो-हाथ इस विशेषण पर अपनी मुहर लगा दी। पं. नेहरू इस विशेषण के अधिकारी इसलिए भी बन गए क्योंकि वे सहज भाव से लेडी माउंटबेटन के ब्लाउज में झाँक सकते थे। सरदार पटेल इस योग्य नहीं थे। उनकी छवि एक लठैत की बनी रही। पं. नेहरू ड्रिंक्स भी ले लेते थे, अवसर मिलने पर बीफ का भी स्वाद ले लेते थे। वे रईस थे, उनका सांस्कृतिक संदर्भ रईसों का था।

'अभिजात' संबोधन समृद्धि की रेखा को पार कर, एक सांस्कृतिक स्टेटमेंट हो जाता है। अभिजात वर्ग संस्कृति पर भी खूब खर्च करता है। गैर-अभिजात नागरिक मित्र या रिश्तेदार के घर मिठाई का डिब्बा ले जाता है। अभिजात जन फूल के गुलदस्ते। घर में आयोजित दावत पर अभिजात जन डायनिंग टेबुल पर खुद ही गुलाब का एक गुच्छा भी सजा देता है, रम और स्कॉच के साथ वाइन का भी आप्शन उपलब्ध रहता है। अभिजात भोज-मिलन में जेंडर बैलेंस रहता है, अभिजात स्त्रियाँ लूज ब्लाउज पहनने के लिए आजाद हो चुकी होती हैं। अभिजात वर्ग इस खुशनुमा माहौल में पलता-बढ़ता है, पढ़ने-लिखने के लिए पर्याप्त समय, पर्याप्त संसाधन, पर्याप्त संपर्क उपलब्ध रहता है।

भारतीय राष्ट्रीय कांग्रेस के प्रथम पच्चीस अध्यक्षों में से चौदह ने या तो इंग्लैंड में पढ़ाई की थी या इंग्लैंड का दौरा कर चुके थे। जाहिर है एक सदी पूर्व इंग्लैंड जानेवाले भारतीय अभिजात वर्ग से ही क्यों? भारत के मिलिटैंट राष्ट्रवाद के प्रवर्तक 'लाल-बाल-पाल' अभिजात वर्ग से ही आए थे। भारत के कम्युनिस्ट आंदोलन की स्थापना भी अभिजात वर्ग के सदस्यों ने की थी। सोशल फासिस्ट चिंतक डॉ. राममनोहर लोहिया जी जर्मनी जाने की हैसियत रखते थे। रवींद्रनाथ टैगोर भी कोई ग्रास-रूट के इनसान नहीं थे। वे भी लंदन पढ़ने के लिए गए थे। भारतीय आजादी की अगुवाई अभिजात वर्ग से निकले लोगों ने की जो स्वयं ब्रिटिश साम्राज्यवाद के सबसे बड़े लाभार्थी थे।

रूसी मार्क्सवाद के पितामह समझे जानेवाले जी.बी. प्लेखानेव तथा वोल्शेविक क्रांति के जनक लेनिन स्वयं अभिजात घरानों से थे। चीनी क्रांति के पाँच शीर्ष नेताओं में, माओ को छोड़ चाउ इन लाई, तेंग श्यावो पिंग, लियुशाओ ची एवं चू-तेह अभिजात घरानों से संबंध रखते थे तथा विदेशों में पढ़ाई किए थे। महान फ्रांसीसी क्रांति के तमाम दार्शनिक अभिजात वर्ग से संबंध रखते थे तथा अपने-अपने देशों की व्यवस्था के लाभार्थी थे।

अमेरिकी स्वाधीनता की क्रांति के नेता जॉर्ज वाशिंगटन वर्जीनिया के एक रईस परिवार में पैदा हुए थे। थामस जैफरसन ने अमेरिकी आजादी की घोषणा को ड्राफ्ट किया, मानव स्वतंत्रता का महान सेनानी वर्जीनिया के एक रईस परिवार में जन्मा था। लिबरल डेमोक्रेसी के दार्शनिक जॉन लॉक का भी जन्म एक रईस घराने में हुआ था। जन्म से कार्ल मार्क्स एवं फ्रेडरिक एंजिल्स भी रईस ही थे।

'अभिजात' संबोधन मध्य वर्ग में भले ही बदनाम हो, अभिजात वर्ग व्यवस्था का पोषक अवश्य होता है पर व्यवस्था विरोध का हिंसक विरोधी नहीं होता। मध्य वर्ग व्यवस्था के विरोध में बातें जितनी कर ले, जब व्यवस्था परिवर्तन का निर्णायक मौका आता है तब यह वर्ग व्यवस्था के पक्ष में, जरूरत पड़ी, तो हिंसक ढंग से खड़ा हो जाता है। मध्य वर्ग अपनी जड़ों से मुक्त नहीं हो पाता, मध्य वर्ग के बुद्धिजीवी भी प्रायः वैसे ही होते हैं। अभिजात वर्ग काउंटर रिवोल्यूशनरी प्रवृत्ति भी पालता है, बुद्धिजीवी भी पैदा करता है, जो बदलाव के विरोधी होते हैं पर उन्हें सोशल लेजीटिमेसी नहीं मिलती। चूँकि अभिजात वर्ग को प्रायः संदेह से देखा जाता है, इसलिए भी

अभिजात वर्ग ऐसे बुद्धिजीवी पैदा करने के लिए प्री-डेसर्टंड है, जो स्वयं अपने वर्ग के विरुद्ध बातें करे। अंततः अभिजात वर्ग का बुद्धिजीवी, सोशल मॉडरेटर की भूमिका में आ जाता है।

दलित समाज परंपरागत रूप से संपत्ति एवं संपत्ति के स्रोतों से वंचित रहा है। शिक्षा से तो वंचित रहा ही है। समाज से बहिष्कृत रहा है, यह बात दोहराने की जरूरत नहीं। भारतीय गणतंत्र के मैनेजर्स ने नौकरी एवं राजनीति में भागीदारी के अलावा, दलितों के हाथ कुछ नहीं लगने दिया। फिर, दलितों में अभिजात वर्ग कैसे पैदा हो? उद्योग, व्यापार, कैपिटल मार्केट, भू-स्वामित्व से दलित वंचित रहे, वंचित बने हुए हैं। फिर दलितों में अभिजात वर्ग कैसे बने? और यह सब कुछ नहीं होता है या नहीं हो रहा है, तो दलित समाज में वैसे बुद्धिजीवी कैसे पैदा होंगे, जिसकी आज जरूरत है?

दलित समाज में या तो सामाजिक सर्वहारा है, या शैशव काल का मध्य-वर्ग, जो प्रायः मध्यम-वर्ग के रूप में है। मध्य-वर्ग तो तब बनेगा, जब एक उच्च या अभिजात वर्ग हो।

मध्य-वर्ग अपनी जड़ों से मुक्त नहीं हो पाता है। इसके परिणाम घातक होते हैं। मसलन, दलितों में शैशव काल का मध्य वर्ग, जो मूलतः सरकारी नौकरियों से उपजा है? 'प्रमोशन' की माँग पर हाय-तौबा मचा सकता है, जो उचित ही है। पर वैसे ही हाय-तौबा भूमि-सुधार या भूमिहीन दलित बच्चों की शिक्षा पर नहीं मचाता, दलित समाज का वर्तमान नेतृत्व ऐसे ही तबके के हाथ में है। दलित मुक्ति का आंदोलन यहीं फँस गया है। यह तब तक फँसा रहेगा, जब तक दलितों में अभिजात वर्ग का उदय न हो। यह तब तक नहीं होगा, जब तक दलित भारत की संपदा में बड़े भागीदार नहीं बन पाते। हमें ये परिस्थितियाँ पैदा करनी होंगी, जहाँ भारत के हर प्रमुख शहर में ऐसे सैकड़ों दलित परिवार उभर जाएँ, जिनके घर के गेट पर एक दरबान खड़ा हो, जिनके पास टोयटा रेंज की कारें हों, कुछ एक के पास, मर्क भी हो। ऐसे दलित पति, जिनकी पत्नियाँ आउट-गोइंग के लिए आजाद हों, पति को जानलेवा मानसिक परेशानी न हो, जो स्वयं ऐसे दलित माहौल में हों, जहाँ मेहमान दलित महिलाएँ लूज ब्लाउज पहनने में स्वयं सहज महसूस कर सकें, जहाँ दलित दंपती बच्चों के वैवाहिक निर्णय से खफा न हों। दलितों में इस तरह के अभिजात वर्ग के उदय के साथ ही बिगुल बजेगा उस दलित मुक्ति का, जिसके केंद्र में होंगे वे दलित जिन्हें दू-जून का भोजन नहीं मिलता, जिनके बच्चे अक्षर से वंचित हैं। यही है कुंजी भारत में एक सिविल सोसायटी अभ्युदय की भी।

दलित साहित्य और डॉ. अंबेडकर

जयप्रकाश कर्दम

किसी भी नई धारा का विकास प्रचलित धारा की प्रवृत्ति तथा उसके मूल्य और मान्यताओं के प्रति असहमति, असंतोष और आक्रोश का कारण या परिणाम होता है। चाहे वह धारा सामाजिक हो, चाहे राजनीतिक, सांस्कृतिक या साहित्यिक। उस धारा के अपने मूल्य, मानदंड और मान्यताएँ होती हैं। किसी भी साहित्यिक धारा के मूल्य, मानदंड और मान्यताएँ उस धारा को उद्भूत और विकसित करनेवाले साहित्यकार और उसके समाज की शिक्षा, संस्कृति और उसके चिंतन के आधार पर बनती और विकसित होती हैं। उसके उद्भव, उद्देश्य और आवश्यकता के पीछे उसके समाज की सामाजिक, आर्थिक, राजनीतिक परिस्थितियों के साथ-साथ उसकी धार्मिक-सांस्कृतिक पृष्ठभूमि या परंपरा का भी महत्त्वपूर्ण योगदान होता है।

परंपरागत साहित्य से पृथक् दलित साहित्य का निर्माण हुआ है और उसकी अपनी अलग पहचान बनी है तो इसका कारण भी यही है कि समाज की तरह साहित्य में भी दलितों को हाशिए पर रखा गया तथा उनकी आवाज को अनसुना और उपेक्षित किया गया। दलित क्या सोचता है, वह क्या चाहता है, उसकी आशा-आकांक्षाएँ क्या हैं? वह दीन-हीन है लेकिन क्यों है? इसका क्या कारण है और कैसे उसको इस स्थिति से उबारा जा सकता है? इस ओर समुचित रूप से कभी कोई ध्यान नहीं दिया गया। सदियों से दासता और दलन के शिकार दलितों द्वारा अपनी अस्मिता और अस्तित्व की रक्षा के लिए किए जा रहे संघर्ष को रेखांकित नहीं किया गया। दलितों के हित में ऐसे साहित्य के सृजन की नितांत आवश्यकता थी जो दलितों को उनकी अस्मिता से परिचित कराए, अज्ञान के अँधेरे से बाहर निकालकर उनको ज्ञान का सूर्य दिखाए, अंधविश्वासों, आडंबरों के जाल से मुक्त कर तर्क और वैज्ञानिकता का पाठ पढ़ाए, हीनता की गर्त से निकालकर उनमें आत्मविश्वास का संचार करे, उनमें आत्मसम्मान, स्वाभिमान और गौरव से जीने की भावना पैदा करे किंतु परंपरागत साहित्य में इन अपेक्षाओं की पूर्ति के लिए दूर-दूर तक कोई गुंजाइश नहीं थी। दलितों के हितों को वहाँ कोई महत्त्व नहीं मिला। कहने की आवश्यकता नहीं है कि सारे के सारे परंपरागत साहित्य में प्रकृति, प्रेम और युद्ध यही मुख्य प्रतिपाद्य रहे हैं। आधुनिक काल में अवश्य भूख और रोटी को भी प्रतिपाद्य विषय बनाकर आम आदमी की संवेदना और संग्राम को भी रेखांकित किया गया किंतु दलितों की संवेदना और संग्राम आम आदमी की संवेदना और संग्राम से भिन्न है। उसकी समस्या केवल रोटी की समस्या नहीं है। उसकी असली समस्या वर्ण और जाति को लेकर है। जब तक वर्ण और जाति के आधार पर उसको हीनता और हिकारत से देखा जाएगा, जब तक अस्पृश्य समझा जाकर उसकी उपेक्षा और उत्पीड़न होता रहेगा तब तक उसकी सामाजिक स्वीकृति और सम्मान की कोई संभावना नहीं है। इसलिए वर्ण, जाति-व्यवस्था और उसके आधार तथा उसके समर्थन में गढ़े तर्कों और

मान्यताओं पर चोट दलित हित में साहित्य की सर्वप्रथम आवश्यकता है लेकिन परंपरागत साहित्य में इन पर चोट करने का प्रयास कभी नहीं हुआ।

इसके अलावा शोषण, उत्पीड़न और अन्याय के विरुद्ध दलितों में पैदा हो रही चेतना तथा न्याय और समता तथा अपनी अस्मिता और अस्तित्व की रक्षा के लिए उनके द्वारा किए जा रहे आंदोलनात्मक प्रयासों को भी नजरअंदाज किया गया। साहित्य के इस उपेक्षा भाव ने दलितों को यह सोचने को विवश किया कि परंपरागत साहित्य उनका पक्षधर नहीं है। उनका प्रतिनिधित्व नहीं करता है। उसका रवैया हिंदूवादी है, जो दलित विरोधी है। साहित्य के इस रवैए के कारण ही सामाजिक परिवर्तन और प्रगति को गति नहीं मिल रही है। परंपरागत साहित्य के प्रति इस असंतोष और आक्रोश ने दलितों को अपना साहित्य स्वयं रचने के लिए प्रेरित किया और आज साहित्य की एक धारा के रूप में दलित साहित्य की अपनी पहचान, प्रतिष्ठा एवं महत्त्व है।

दलित को उनकी अस्मिता का अहसास सही मायनों में डॉ. अंबेडकर ने कराया। उन्होंने ही उनको अन्याय और शोषण के खिलाफ संघर्ष करने के लिए प्रेरित किया ताकि उनमें यह विश्वास पैदा हो कि वे किसी से कम नहीं हैं, उनमें भी ऊपर उठने तथा आगे बढ़ने की सभी योग्यताएँ हैं।

हालाँकि अंधविश्वास, आडंबर और अमानवीयता के खिलाफ मोर्चा कबीर, रैदास प्रभृति निर्गुण संतों ने भी खोला और ज्योतिबा फुले व पैरियर रामास्वामी नायकर आदि ने भी योगदान दिया किंतु दलित मानस को गहरे तक झकझोरने तथा उसकी चेतना में क्रांतिकारी बदलाव लाने का काम डॉ. अंबेडकर ने ही किया। यह अलग बात है कि अपने स्वयं के अनुभवों की आग में तपकर कुंदन बने डॉ. अंबेडकर ने संतों व अनन्य परिवर्तनकारियों से भी बहुत-कुछ ग्रहण किया। कुल मिलाकर डॉ. अंबेडकर ही दलित चेतना के सबसे बड़े संवाहक हैं तथा वही दलित साहित्य की प्रेरणा और ऊर्जा के स्रोत भी हैं। कहने की आवश्यकता नहीं है कि दलित साहित्य पर डॉ. अंबेडकर के विचारों का व्यापक प्रभाव है। इसलिए दलित साहित्य को समझने के लिए डॉ. अंबेडकर की वैचारिकता को समझा जाना आवश्यक है।

डॉ. अंबेडकर का सपना एक सुदृढ़, समुन्नत और सुखी-संपन्न राष्ट्र और समाज का सपना था जिसमें सब समान हों तथा सब परस्पर प्रेम, सहयोग और बंधुता के साथ रहें। कोई छोटा, बड़ा, ऊँचा, नीचा या सछूत-अछूत न हो। इसके लिए उन्होंने जातिविहीन और वर्गविहीन समाज की स्थापना की परिकल्पना की। इस तरह के समाज की रचना कैसे हो, यही उसके समग्र चिंतन और सृजन का मूल विषय और आधार है। समाज, राजनीति, धर्म कोई क्षेत्र ऐसा नहीं जिस पर डॉ. अंबेडकर ने विचार एवं कार्य न किया हो। वैचारिक रूप से वह राजनीतिक क्षेत्र में लोकतंत्र के, सामाजिक क्षेत्र में मानवतावाद के, आर्थिक क्षेत्र में समाजवाद के, धार्मिक क्षेत्र में बुद्धवाद के तथा दार्शनिक क्षेत्र में अनात्मवाद के पक्षधर रहे। किसी भी प्रकार की असमानता और अन्याय का उन्होंने सदैव विरोध किया। दलित लोग जुल्म और ज्यादती के शिकार हैं यह उन्होंने स्वयं देखा और भोगा था। उन पर जुल्म इसलिए होते हैं क्योंकि वे जुल्मों को सहते हैं। उनका कहना था कि अन्याय को सहना अन्याय को बढ़ावा देना है, इसलिए हर हालत में अन्याय का विरोध किया जाना चाहिए। उनका यह भी कहना था कि अधिकार कभी भी माँगने से नहीं मिलते हैं, अधिकार छीने जाते हैं। इसलिए अपने मानवीय अधिकारों की प्राप्ति के लिए संघर्ष किया जाना चाहिए। संघर्ष किए बिना दलितों को उनके अधिकार मिलने की कोई संभावना नहीं है। डॉ. अंबेडकर ने दलितों का आह्वान किया था कि वे अपनी हीनता को

त्याग दें तथा आत्म-सम्मान और स्वाभिमान के साथ जीना शुरू करें। दूसरों की दया पर जीवित रहने की बजाय वे स्वावलंबी और सक्षम बनें। उन्होंने दलितों की शिक्षा पर बहुत बल दिया। शिक्षा ही उन्नति और प्रगति का आधार है। शताब्दियों से दलितों के पिछड़ेपन का एक बड़ा कारण उनका अशिक्षित होना ही रहा और अशिक्षा के कारण वे न कभी अपने अधिकारों को समझ सके, न उनकी प्राप्ति के लिए आवाज उठा सके, न अपने शोषण के कारणों की वे पड़ताल कर सके, न उससे मुक्ति के लिए संघर्ष कर सके। शिक्षित होने के साथ-साथ उन्होंने दलितों को साफ-शुद्ध रहने, साफ कपड़े पहने, मृत पशुओं का मांस न खाने, घृणित पेशों को त्यागने तथा संगठित होकर रहने का भी आह्वान किया। उन्होंने दलितों को उनका इतिहास बताया तथा हिंदू धर्म के आत्मा-परमात्मा, अवतारवाद, भाग्यवाद, पुनर्जन्म जैसी सभी परिकल्पनाओं को वर्ण-व्यवस्था और जातिवाद पर आधारित शोषण-तंत्र के अंग बताते हुए यह समझाया कि ब्राह्मणवाद अर्थात् हिंदुत्व दलितों का सबसे बड़ा दुश्मन है और इससे मुक्ति पाए बिना दलितों का अस्तित्व और उत्थान संभव नहीं है। यह दलितों के हित में होगा कि जितना जल्दी हो सके वे हिंदुत्व के चंगुल से मुक्त हो जाएँ। हिंदुत्व के चंगुल से मुक्त हुए बिना राजनीतिक स्वतंत्रता का भी उनके लिए कोई अर्थ नहीं है। दलितों को हिंदुत्व के चंगुल से मुक्त कराने के लिए उन्होंने स्वयं बौद्ध धर्म की दीक्षा ली तथा लाखों दलितों को बौद्ध धर्म की दीक्षा दिलाकर हिंदुत्व से उनकी मुक्ति का मार्ग प्रशस्त किया। दलितों के लिए डॉ. अंबेडकर का स्पष्ट आह्वान था कि यदि आप लोग चाहते हैं कि यह प्रतिष्ठा रहित स्थिति बदले यानी कि आप लोग छुआछूत के कलंक व मनुष्यों के निम्न स्तर से मुक्ति पाना चाहते हैं तो इसके सिवाय कोई अन्य उपाय नहीं है कि आप लोग हिंदू धर्म व समाज की गुलामी से, जिसके साथ आप सदियों से चिपके हैं, संबंध तोड़ दें। इसलिए डॉ. अंबेडकर ने दलितों को कराई बाईस प्रतिज्ञाओं में हिंदू धर्म के देवी-देवताओं की पूजा, ब्राह्मणों द्वारा संस्कार कराने तथा पिंडदान, श्राद्ध आदि कर्मकांडों को त्यागने तथा केवल वैज्ञानिक और तर्क आधारित बातों को ही स्वीकार करने का निर्देश दिया।

डॉ. अंबेडकर के ये विचार और मान्यताएँ ही दलित साहित्य का आधार और प्राण हैं। कविता, कहानी, नाटक, निबंध, आत्मकथा और उपन्यास सभी विधाओं में लिखा जा रहा दलित साहित्य डॉ. अंबेडकर के इन्हीं विचारों से प्रेरित और अनुप्राणित है। उसका प्रमुख स्वर हिंदूवादी मूल्यों, मान्यताओं, विश्वासों के प्रति नकार और विद्रोह का स्वर है जिनका आधार वर्ण-जाति-व्यवस्था है। दलित साहित्य के प्रारंभिक दौर की रचनाओं में जहाँ रैदास आदि संतों तथा गांधी और आर्यसमाज आदि के सुधारवाद का प्रभाव व्याप्त था तथा अपनी यातना का बयान अर्थात् दीन-हीन अवस्था का चित्रण कर समाज की संवेदना को झकझोरने का प्रयास था वहीं आज की रचनाओं में डॉ. अंबेडकर की निर्भीकता, तार्किकता और ओज व्याप्त है। आज लिखे जा रहे दलित साहित्य का स्वर न्याय के लिए सुधार का नहीं, संविधान द्वारा प्रदत्त अपने अधिकारों को प्राप्त करने के लिए संघर्ष का स्वर है। ये रचनाएँ वास्तव में न केवल जाग्रत् करने में अलार्म का काम करती हैं बल्कि अन्याय और शोषण के खिलाफ उठ खड़ा होने का आह्वान भी करती हैं। उसे शक्ति, स्फूर्ति और विश्वास से भरती हैं।

डॉ. अंबेडकर के चिंतन पर बुद्ध, कबीर और ज्योतिबा फुले इन क्रांतिकारी महापुरुषों के विचारों का व्यापक प्रभाव था। दूसरे शब्दों में, डॉ. अंबेडकर का चिंतन बुद्ध, कबीर और फुले की जीवटता का समावेश है। स्वाभाविक है कि दलित साहित्य पर बुद्ध, कबीर और फुले के विचारों का प्रभाव गहन ही देखा जा सकता है। श्री माता प्रसाद, पारसनाथ, डॉ. सोहनपाल सुमनाक्षर,

डॉ. पुरुषोत्तम 'सत्यप्रेमी' आदि साहित्यकार जहाँ पर्याप्त रूप से कबीर तथा उनके साथ-साथ रैदास और दूसरे निर्गुण संतों से गहरे तक प्रभावित होकर सृजन कर रहे हैं, तो कँवल भारती, एन.आर. सागर, लक्ष्मीनारायण सुधाकर, डॉ. कुसुम वियोगी, मोहनदास नैमिशराय, बुद्धशरण हंस और जयप्रकाश कर्दम प्रभृति साहित्यकार बुद्धवाद से अधिक प्रभावित हैं।

दलित साहित्य में कई ऐसे लेखक हैं जो डॉ. अंबेडकर को स्वीकारते हैं किंतु बौद्ध विचारों के प्रति प्रायः उदासीन हैं। उनमें डॉ. धर्मवीर प्रकृति लेखक भी हैं जिनकी दृष्टि में डॉ. अंबेडकर द्वारा बौद्ध धर्म की दीक्षा दलितों के हित में उचित नहीं है क्योंकि बौद्ध धर्म सभी दलितों की समस्याओं को हल नहीं करता है। उनकी दृष्टि में बौद्ध धर्म जिस दुख पर आधारित है, वह दलित की पीड़ा से अलग की चीज है अर्थात् बुद्ध की समस्या एक राजकुमार की समस्या थी और उसी का समाधान बुद्ध ने खोजा किंतु दलितों की समस्याएँ अलग हैं इसलिए धार्मिक स्तर पर उनका समाधान खोजने का समुचित तरीका दलितों के अपने नए धर्म की स्थापना के अलावा और कोई नहीं है। डॉ. धर्मवीर के अनुसार डॉ. अंबेडकर को बौद्ध धर्म की दीक्षा लेने की बजाय अपना प्रथम धर्म स्थापित करना चाहिए था।

हिंदी साहित्य में मार्क्स के विचारों को लेकर सृजन करनेवाले लेखकों की एक अलग धारा है। दलित साहित्य के कुछ लेखक भी इस धारा से प्रभावित हैं। हिंदी के दलित साहित्यकारों में ओमप्रकाश वाल्मीकि, डॉ. दयानंद बटोही, डॉ. एन. सिंह और डॉ. श्यौराज सिंह 'बेचैन' आदि इस धारा से प्रभावित प्रतीत होते हैं। श्री अवन्तिका प्रसाद मरमट ऐसे लेखक हैं जो दलितों का मूल 'नागवंश' में मानते हैं और 'नाग संस्कृति' के विविध आयामों पर निरंतर शोध और सृजन कर रहे हैं।

इनके अलावा डॉ. सी.बी. भारती, मलखान सिंह, कर्मशील भारतीय, विपिन बिहारी, डॉ. ठाकुर प्रसाद राही, डॉ. कालीचरण 'स्नेही', डॉ. शत्रुघ्न कुमार, डॉ. लालचंद 'राही', बी.एल. नय्यर, अजय यतीश, प्रह्लाद चंद्र दास, सत्यप्रकाश और शेखर पवार आदि अन्य बहुत से साहित्यकार पूरी प्रतिबद्धता के साथ सृजनरत हैं।

नारी की शिक्षा और समानता पर भी डॉ. अंबेडकर ने बहुत बल दिया है। उनकी मान्यता थी कि एक स्त्री को शिक्षित करना एक परिवार को शिक्षित और संस्कारित करना है, विशेषतः दलित स्त्रियाँ जब तक शिक्षित नहीं होंगी तथा पुरुषों के साथ कंधे से कंधा मिलाकर नहीं चलेंगी तब तक हमारा सामाजिक आंदोलन सफल नहीं होगा। डॉ. अंबेडकर के इस विचार को मूर्त करते हुए न केवल डॉ. कुसुमलता मेघवाल, डॉ. सुशीला टाकभौरे, डॉ. नीरा परमार, कावेरी, डॉ. तारा परमार, रजत रानी 'मीनू' आदि कई लेखिकाएँ साहित्य सृजन के क्षेत्र में अपना योगदान दे रही हैं, बल्कि कई दलित लेखक भी नारी शिक्षा और स्वातंत्र्य को अपनी रचनाओं का प्रतिपाद्य विषय बनाकर डॉ. अंबेडकर के इस विचार को मूर्त कर रहे हैं।

दलित साहित्य का सर्वाधिक जोर वर्ण और जाति के नकार पर है। जाति का नाश हुए बिना सामाजिक समता की कोई संभावना नहीं है, 'दलित साहित्य' की यह स्पष्ट मान्यता है। डॉ. अंबेडकर ने सामाजिक समता के मार्ग में जाति को सबसे बड़ा बाधक माना था। जाति के रहते वर्ग की अवधारणा भी सफल नहीं हो सकती है। इसलिए दलित साहित्य का नकार, गुस्सा और आक्रोश जाति और उनका पोषण करनेवाली व्यवस्था पर ही सबसे अधिक है। दलित साहित्य समतामूलक समाज का पक्षधर है। इसलिए वह आग भी लगाना चाहता है तो समाज में ताकि व्यवस्था में परिवर्तन हो। राष्ट्र और संविधान की उपेक्षा, अपमान या उसके विरोध

की दलित साहित्य में कोई जगह नहीं है। आक्रोश में आकर यदि एन.आर. सागर जैसा कवि यह कह भी देता है कि 'मैं लगा दूँगा अब आग इस देश में' तो इसका संकेत भी व्यवस्था परिवर्तन की ओर होता है, न कि राष्ट्र-विरोध की ओर।

जहाँ तक दलित साहित्य में प्रयुक्त मिथकों का संबंध है रामायण, महाभारत और पौराणिक कथाओं के अनेक उपेक्षित पात्र दलित साहित्य के मिथक बने हैं। इनमें एकलव्य, कर्ण व भुवाहन, शम्बूक, शबरी, बालि, हिरण्यकशिपु आदि को मिथक बनाकर दलित साहित्यकारों ने अपनी रचनाओं के जरिए कहीं अपने जीवन की घनघोर यातनाओं को चिह्नित कर समाज की संवेदना को गहरे तक झकझोरा है तो कहीं ब्राह्मणवाद के पोषकों को कठघरे में खड़ा कर उनसे जवाब माँगा है, कहीं अपने तर्क-बाणों से पर्णवादियों को बाँधकर उन्हें धराशायी किया है तो कहीं परिवर्तनकारी चेतना को एक आयाम दिया है। दलित साहित्य में इन मिथकों का प्रयोग भी बहुत हद तक डॉ. अंबेडकर के प्रभाव का परिणाम है। उन्होंने स्वयं कई स्थानों पर सामाजिक चेतना के निमित्त इन मिथकों का प्रयोग किया है।

कुल मिलाकर दलित साहित्य का स्वर सामाजिक न्याय का स्वर है। उसका तेवर चाहे कितना ही तीखा या विद्रोही हो किंतु उसकी दृष्टि रचनात्मक है। इसलिए वह ध्वंस भी करता है तो नव-निर्माण के लिए कुरेदता भी है तो रचनात्मकता के बीच ढूँढ़ने के लिए और कहने की आवश्यकता नहीं है कि दलित साहित्य की यह रचनात्मकता निस्संदेह उस पर अंबेडकरवाद के विचार और दर्शन हैं।

बौद्ध धर्म तथा वर्ण-व्यवस्था

तुलसीराम

महामानव गौतम बुद्ध का दर्शन, जिसे सारे विश्व में बौद्ध धर्म के नाम से जाना जाता है, वास्तव में वह धर्म नहीं, बल्कि 'धम्म' यानी सिद्धांत है। यदि परंपरा के अनुसार इसे धर्म ही मान लिया जाए, तो भी इसमें ईश्वर के लिए कोई स्थान नहीं है। अपनी नास्तिकता के चलते ही बौद्ध धर्म वर्ण-व्यवस्था का प्रबल विरोधी बना क्योंकि हिंदू धर्म के सभी ग्रंथ वर्ण-व्यवस्था जनित ऊँच-नीच के हिंसक भेदभाव को ईश्वरीय देन बताते हैं और इसे माननेवाले लोग, विशेष रूप से संघ परिवार के लघुत्तम से लेकर महत्तम महापुरुष गण, वर्ण-व्यवस्था को मौलिक रूप में पुनः थोपने का अभियान चला रहे हैं। इस अभियान को सफल बनाने के लिए वे प्रलयंकारी सांप्रदायिकता का सहारा लेते हैं, ताकि हिंदू धर्म के नाम पर जातीय ध्रुवीकरण को ताकतवर बनाया जा सके। इन दोनों प्रक्रियाओं को संघ परिवार 'सांस्कृतिक राष्ट्रवाद' कहता है। इस संदर्भ में विश्व हिंदू परिषद के दो शीर्ष नेताओं के वक्तव्य अति विचारणीय हैं। इसके अध्यक्ष अशोक सिंहल का कहना है कि जिसे लोग गुजरात में सांप्रदायिकता कहते हैं, वास्तव में वही हमारा सांस्कृतिक राष्ट्रवाद है। दूसरी तरफ विहिप के उपाध्यक्ष गिरिराज किशोर का कहना है कि वर्ण-व्यवस्था पर किसी भी तरह बहस या विरोध हमारे धार्मिक अधिकारों का उल्लंघन है। वहीं, विगत आम चुनावों में हारने के बाद आक्रामक हिंदू नेता लालकृष्ण आडवाणी का वक्तव्य भी अप्रतिम है, जिसमें उन्होंने कहा कि पुनः सत्ता में आने के लिए हम सांस्कृतिक राष्ट्रवाद की विचारधारा का राष्ट्रीय अभियान चलाएँगे। उक्त वक्तव्यों में निहित प्रच्छन्न भावार्थ यह है कि वर्ण-व्यवस्था की तरह सांस्कृतिक राष्ट्रवाद भी ईश्वरीय देन है।

उपरोक्त पृष्ठभूमि में बौद्ध धर्म के विश्लेषण से पता चलता है कि वर्ण-व्यवस्था के प्रबल विरोध के कारण ही विभिन्न शताब्दियों के दौरान वेदानुयायियों ने बौद्ध-विरोधी हिंसक अभियान चलाकर अंततोगत्वा इसे भारत में लगभग नष्ट ही कर दिया। बुद्ध ने साफ शब्दों में कहा :

न जच्चा वसलोहोति, न जच्चा होति ब्राह्मणो।
कम्मना वसलो होति, कम्मना होति ब्राह्मणो॥

अर्थात् जन्म से न कोई शूद्र होता है, न जन्म से कोई ब्राह्मण। कर्म से ही शूद्र होता है और कर्म से ब्राह्मण। वैदिक ब्राह्मणों द्वारा प्रचारित इस धार्मिक अवधारणा– 'वर्ण-व्यवस्था ईश्वरीय देन है', को देखते हुए बुद्ध ने धर्म को दो-मुँहा साँप कहा था। वैदिक दर्शन मूलतः अंधविश्वासी मान्यताओं, कर्मकांडों एवं काल्पनिक आत्मा-परमात्मा की अवधारणाओं पर आधारित था, जिसे गौतम बुद्ध झूठी विद्या मानते थे। यही कारण था, जिसके चलते उन्होंने अपने अनेक उपदेशों में झूठी विद्याओं को पढ़ने, पढ़ाने, सुनने तथा सुनाने के विरुद्ध नारा बुलंद किया था। इस तरह के उपदेश बौद्धों के लिए निर्धारित नियम ग्रंथ 'विनय-पिटक' में कई स्थानों पर देखे जा सकते

हैं। बुद्ध हमेशा बुद्धिसंगत तर्कणा में विश्वास करते थे। वे भिक्षुओं से कहा करते थे कि किसी बात को इसलिए नहीं मानना चाहिए कि वह किसी धर्म-ग्रंथ में लिखी हुई है या परंपरा से प्रचलित है, बल्कि उसे तर्क की कसौटी पर परखना चाहिए, यदि सत्य खरा उतरे तो उसे मानना चाहिए, अन्यथा नहीं। अपनी इस छोटी-सी उक्ति से वर्ण-व्यवस्था पर आधारित वैदिक धर्म को बुद्ध ने जड़ से हिला दिया। आम लोग ईश्वर की सत्ता को चुनौती देने लगे। बुद्ध जो भी कहते थे, पहले स्वयं उसी मार्ग पर चलते थे, इसीलिए उन्हें तथागत कहा गया। अपने उपदेशों के बारे में भी वे तर्कसंगतता के आधार पर मानने या न मानने की सलाह दिया करते थे। बुद्ध की ऐसी जनतांत्रिक बुद्धिपरक अवधारणा का एक नमूना 'मज्झिम निकाय' में वर्णित प्रसिद्ध 'घोटमुख सूत्र' में मिलता है। एक बार बुद्ध वाराणसी में ठहरे हुए थे। उनसे मिलने एक घोटमुखी अर्थात् घोड़े के मुँह जैसे चेहरेवाला ब्राह्मण गया। उस ब्राह्मण से वार्तालाप शुरू होने से ठीक पूर्व बुद्ध ने कहा, "ब्राह्मण! हमारी तुम्हारी बातचीत इस ढंग से शुरू होनी चाहिए, मेरी जो बात तुम्हें स्वीकार्य हो उसे स्वीकार कर लेना, जो खंडनीय हो उसका खंडन कर देना; मेरे कथन का कोई तात्पर्य तुम्हें न समझ में आवे तो मुझसे ही पूछ लेना।"

वर्ण-व्यवस्था विरोध को बुद्ध ने सबसे पहले अपने भिक्षु संघ में लागू किया तथा सुनीत एवं प्रकृति जैसे अनेक दलित भिक्षु-भिक्षुणियों को संघ में शामिल किया। वे हर जाति से शिक्षा ग्रहण करते थे तथा उन्होंने भिक्षुओं को स्पष्ट नियमबद्ध निर्देश दिया था कि गाँवों में वे जाति के आधार पर किसी घर को छोड़कर भिक्षा न लें, बल्कि बिना भेदभाव के लगातार स्थित घरों से भिक्षा ग्रहण करें। 'अंगुत्तर निकाय' में एक स्थान पर भिक्षुओं से कहा कि जिस तरह गंगा, यमुना, माही आदि नदियाँ समुद्र में मिलते ही अपने नाम और अस्तित्व को खो बैठती हैं, वैसे ही ब्राह्मण, क्षत्रिय, वैश्य तथा शूद्र बौद्ध संघ में आने के बाद अपने जाति-वर्ग, गोत्र आदि को सदा के लिए खो बैठते हैं। शुरू के दिनों में बुद्ध ने भिक्षुणियों के लिए नियम बनाया था कि वे सब भिक्षुओं के सामने झुककर उनका अभिवादन करेंगी। इस पर कई विचारक बुद्ध पर यह आरोप लगाते हैं कि वे स्त्रियों को हीन समझते थे किंतु वास्तविकता यह थी कि जब शुरुआती दिनों में बुद्ध ने स्त्रियों को संघ में सर्वप्रथम शामिल करने की आज्ञा दी, तब मूलतः राज-घरानों से ही भिक्षुणियाँ आती थीं, जो पुरानी अवधारणा के अनुसार उच्च कुलीन हुआ करती थीं। जबकि भिक्षुओं में अनेक शूद्र हुआ करते थे, इसलिए बुद्ध ने जातीय अभिमान को तोड़ने के उद्देश्य से भिक्षुणियों के लिए नियम बनाया था कि वे भिक्षुओं के सामने झुकें।

बुद्ध द्वारा वर्ण-व्यवस्था का विरोध उस समय एक सशक्त सामाजिक आंदोलन का रूप ले लिया था। उनका यह विरोध अनेक रूपों में मिलता है किंतु 'मज्झिम निकाय' के 'अस्सलायन सुत्त', 'माधुरिय सुत्त', 'एसुकारि सुत्त' तथा 'बासेट्ठ सुत्त' में बुद्ध ने वर्ण-व्यवस्था के विरुद्ध अपने अद्भुत तार्किक ज्ञान की पराकाष्ठा का परिचय दिया है। 'अस्सलायन सुत्त' में श्रावस्ती के एक माणवक यानी छात्र आश्वलायन और बुद्ध के बीच वर्ण-व्यवस्था से संबंधित संपन्न शास्त्रार्थ का रोचक वर्णन मिलता है। सोलह वर्षीय आश्वलायन विभिन्न प्रदेशों के पाँच सौ ब्राह्मणों के साथ उनकी ओर से श्रावस्ती स्थित अनाथ पिंडिक द्वारा निर्मित जेतवन विहार में बुद्ध के समक्ष प्रस्तुत होकर उनसे पहला प्रश्न इस प्रकार पूछा, "भो गौतम! ब्राह्मण यों कहते हैं– ब्राह्मण वर्ण ही सर्वश्रेष्ठ है, अन्य वर्णहीन हैं। ब्राह्मण वर्ण गोरा है, अन्य वर्ण काले हैं, ब्राह्मण ही शुद्ध होते हैं, अब्राह्मण नहीं। ब्राह्मण ही ब्रह्मा के औरस यानी वैध पुत्र हैं, उनके मुख से उत्पन्न हुए हैं, अतः वे ब्रह्मज हैं, वे ही ब्रह्मा के दायाद, यानी असली उत्तराधिकारी हैं। इस विषय में आप

गौतम का क्या विचार है?" इस पर बुद्ध ने कहा, "लेकिन आश्वलायन, ब्राह्मण की ब्राह्मणियाँ ऋतुमती, गर्भवती, बच्चे पैदा करतीं तथा उन्हें दूध पिलाती देखी जा सकती हैं। इस तरह वे ब्राह्मण योनि से पैदा हुए भी कहते हैं कि ब्राह्मण ही सर्वश्रेष्ठ हैं, वे ही ब्रह्म के असली उत्तराधिकारी हैं?" इस तर्क को आगे बढ़ाते हुए बुद्ध ने कहा, "आश्वलायन, तुमने सुना है कि यवन (यूनान) और काम्बोज और दूसरे सीमांत देशों में दो वर्ण होते हैं– आर्य और दास। वहाँ भी कोई आर्य हो तो वह दास हो सकता है और दास हो तो वह भी आर्य हो सकता है।" इस पर आश्वलायन के हाँ कहने पर बुद्ध ने कहा, ''फिर ब्राह्मणों को क्या अधिकार है कि वे अपने को श्रेष्ठ बतावें?'' इतना ही नहीं, आगे बुद्ध ने तर्क दिया, ''यदि कोई किरीटधारी राजा विभिन्न जातियों के सौ पुरुषों को बुलाकर उनमें से पहले ब्राह्मण, क्षत्रिय तथा राजकुल में उत्पन्न पुरुषों से साल या चंदन या कमल की लकड़ी से आग जलाने को कहे और फिर चांडाल कुल, निषाद कुल, बढ़ई, माली आदि निम्न जातियों से उत्पन्न पुरुषों से कुत्ते के पानी पीने की कठरी, सूअर के पीने की कठरी, धोबी के कपड़ा धोने की कठरी या रेड़ की लकड़ी से आग जलाने को कहे, तो क्या ब्राह्मणों, क्षत्रियों या राजकुमारों द्वारा बनाई गई आग से ही आग का काम लिया जा सकता है और चांडालों आदि द्वारा बनाई गई आग से आग का काम नहीं लिया जा सकता?'' इस पर आश्वलायन बोला, ''सभी आग से आग का काम लिया जा सकता है।'' फिर बुद्ध ने पुनः दोहराया, ''ब्राह्मणों को क्या अधिकार है जो अपने को श्रेष्ठ बतावें।'' वर्ण-व्यवस्था के विरोध में अनेक तर्क प्रस्तुत करते हुए बुद्ध ने अंत में आश्वलायन के सामने असितदेवल ऋषि तथा अन्य सात वर्ण-व्यवस्थावादी ब्राह्मणों के बीच हुई वार्ता के हवाले से एक अद्‍भुत प्रश्न उठाया, जिसमें असितदेवल ऋषि ने वर्तमान चिकित्सा विज्ञान की एक अत्याधुनिक वैज्ञानिक खोज का उदाहरण देते हुए कहा था कि जब माता-पिता संवास करें, माता ऋतुमती हो और गंदर्भ (वीर्य) उपस्थित हो– इन तीनों के समन्वय से गर्भ ठहरता है। इस तथ्य को प्रस्तुत करते हुए उन ब्राह्मणों से पूछा गया कि क्या वे निश्चित रूप से बता सकते हैं कि उनकी माता, माता की माता, नानी आदि सात पीढ़ियों तक संतान पैदा करने के लिए ब्राह्मण के ही साथ संवास की थी, अब्राह्मण– क्षत्रिय, वैश्य या शूद्र के साथ नहीं? ऐसे अनेक प्रश्नों पर उन सात ब्राह्मणों की तरह आश्वलायन निरुत्तर होकर वर्ण-व्यवस्था पर आधारित वैदिक धर्म का परित्याग कर बुद्ध का शिष्य बन गया।

इसी तरह 'बासेट्ठ सुत्त' के अनुसार, एक बार बुद्ध कोसल के इच्छानंगल नामक गाँव के इच्छानंगल वन में ठहरे हुए थे। उसी गाँव में उस समय के प्रख्यात वैदिक ब्राह्मण चंकी, तारुक्ष, पौष्करसाति, जानुश्रोणि तथा तौदेय आदि भी ठहरे हुए थे। वहीं पौष्करसाति के शिष्य वशिष्ठ तथा तारुक्ष के शिष्य भरद्वाज नामक दो छात्रों के बीच वर्ण-व्यवस्था को लेकर बहस छिड़ गई। वशिष्ठ ब्राह्मण को कर्म से किंतु भरद्वाज उसे जन्म से बताता था। अपने तर्कों से एक-दूसरे को संतुष्ट न कर पाने के कारण वे समस्या-समाधान हेतु बुद्ध के पास गए। वशिष्ठ ने उक्त प्रश्न को बुद्ध के सामने प्रस्तुत किया। तर्कों की एक लंबी कतार खड़ा करते हुए बुद्ध ने वशिष्ठ से कहा कि अन्य प्राणियों की जातियों में तो एक-दूसरे से जातिगत भेद हैं जैसे विभिन्न कीट-पतंगों तथा चींटियों में, छोटे-बड़े पशुओं में, पेट को ही पैर मानकर चलनेवाली लंबी पीठवाले साँपों में, जलचर मछलियों में तथा गगन-विहारी पक्षियों में किंतु मनुष्यों में कोई जातिगत भेद नहीं दिखाई देता। न बालों से, न सिर से, न कानों से, न आँखों से, न मुँह से, न नाक से, न होंठों से, न आँखों की भौंहों से, न छाती से, न गुप्त स्थान से, न मैथुन से, न हाथों से, न पैरों से, न अँगुलियों से, न नखों से और न स्वर से कोई भेद मनुष्यों के शरीर में दिखाई

देता है। बुद्ध ने आगे कहा कि मनुष्यों के शरीर में कोई भेद-बोधक चिह्न नहीं दिखाई देता है। मनुष्यों में यह भेद केवल संज्ञापरक अथवा नाम का है। यदि मनुष्यों में कोई गोपालन से जीविका चलाता है, तो उसे किसान समझना चाहिए, भले ही वह जन्म से ब्राह्मण क्यों न हो? इसी तरह शिल्प से शिल्पी, व्यापार से वैश्य न कि ब्राह्मण समझना चाहिए। ऐसे ही चोरी करनेवाले को चोर न कि ब्राह्मण। कर्म से ही सब कुछ निर्धारित होता है, न कि ब्राह्मणी की योनि से उत्पन्न होने के कारण कोई ब्राह्मण होता है।

वार्ता के अंत में बुद्ध ने वशिष्ठ से कहा कि सिर्फ मूर्खों की धारणा में चिरकाल से यह घुसा हुआ है कि ब्राह्मण जन्म से होता है, जबकि वास्तविकता यह नहीं है। वास्तविकता यह है कि जैसे रथ का चक्का धुरी से फँसा हुआ सदा चलता रहता है, वैसे ही ये समग्र प्राणी भी कर्म से बँधे रहकर अपने काम में लगे रहते हैं। इस संदर्भ में ध्यान देने योग्य तथ्य यह है कि जब कर्म के आधार पर बुद्ध किसी को ब्राह्मण या अब्राह्मण होने की बात करते थे, तो इसका अर्थ कदापि यह नहीं था कि वे इस नई परिभाषा के साथ किसी न किसी रूप में वर्ण-व्यवस्था को जारी रखना चाहते थे, जैसा कि कुछ विद्वान ऐसा कुतर्क देते रहे हैं। कर्म के आधार पर बुद्ध सिर्फ किसी व्यक्ति के वैयक्तिक अस्तित्व को परिभाषित करते थे, न कि उसे किसी जाति या वर्ण समूह की एक इकाई के रूप में। उनका वर्ण-व्यवस्था विरोध उस ईश्वर की सत्ता को समूल उखाड़ फेंकना था, जिसे स्वयं वर्ण-व्यवस्था का जनक माना जाता था। यही कारण था कि बुद्ध वेद आदि जैसे तथाकथित ईश्वरीय ग्रंथों को झूठी विद्याएँ कहकर संबोधित करते थे। नियम-कानून से संबंधित बौद्ध ग्रंथ 'विनय पिटक' में बुद्ध ने भिक्षुणियों के लिए 166 पाचित्तिय (प्रायश्चित्त) दोष बताए हैं जिनमें सत्ताईसवाँ दोष इन्हीं झूठी विद्याओं को पढ़ना-पढ़ाना है। एक अन्य महत्त्वपूर्ण तथ्य यह है कि वेदों के रचयिता आर्यों के बारे में जिस तरह से बुद्ध ने अपने अनेक प्रवचनों में उल्लेख किया है, उससे साफ जाहिर होता है कि आर्य विदेशी थे। पूर्वोक्त 'अस्सलायन सुत्त' भी इसका प्रमाण है, जिसमें आर्यों को यूनान, कांबोज तथा अन्य सीमांत देशों का निवासी बताया गया है।

आर.सी. मजुमदार, रामशरन शर्मा जैसे अनेक इतिहासकारों ने इस बात का उल्लेख किया है कि असुर, दानव, राक्षस, नाग आदि आर्यों के विचित्र सांस्कृतिक विस्तार के विरोधी थे, इसलिए आर्यों ने उन्हें उक्त नामों से पुकारा जबकि वे सभी भारत के मूल निवासी मानव थे। विदेशी होने के कारण ही आर्यों ने अपने को श्रेष्ठ तथा अन्य को हीन माना। यहाँ तक कि विभिन्न शब्दकोशों में 'आर्य' का अर्थ 'श्रेष्ठ' लिखा गया है, जो सर्वथा गलत है। वास्तविकता यह है कि आर्य एक मानव-प्रजाति का नाममात्र है। इतना ही नहीं, विदेशी होने के नाते ही आर्यों ने जिस तरह के धर्म, पूजा पद्धति, कर्मकांड, संस्कृति आदि का आविष्कार किया, वे सभी अतिहिंसक एवं भेदभावपूर्ण हैं। यहाँ तक कि उनके सारे देवी-देवता भी हथियारबंद होते हैं। कोई खून टपकते नरमुंड की माला पहने तो कोई पैरों तले मानव यानी तथाकथित 'राक्षस' को कुचलते हुए दिखाया गया है। यज्ञों में हजारों गायों, घोड़ों तथा अन्य पशुओं की बलि यहाँ तक कि नरबलि भी आर्यों के लिए आम बात रही है। इन सबके ऊपर आर्य-ब्राह्मणों ने इन सभी हथियारबंद देवी-देवताओं को वर्ण-व्यवस्था की रक्षा में लगा दिया। उन्होंने तथाकथित वेद-मंत्रों को शूद्रों से दूर छिपाकर सदियों तक रखा और घनघोर अंधविश्वास के माध्यम से अपनी शोषणकारी संस्कृति को वर्ण-व्यवस्था के हवाले कर दिया, जिसकी चक्की तले आज भी करोड़ों दलित पिस रहे हैं। आर्यों की इस अत्यंत हिंसक ईश्वरीय संस्कृति का सबसे बड़ा

प्रतीक स्वयं ऋग्वेद है, जो असुर, दानव, राक्षस आदि के बहाने 'देवताओं' द्वारा मानव-विरोधी खून-खराबे की घटनाओं से भरा पड़ा है। यही कारण था कि बुद्ध ने अत्यंत तार्किक ढंग से अहिंसा, समानता, विश्व बंधुत्व तथा शांति का अनवरत प्रचार किया। वर्ण-व्यवस्था तथा ईश्वर के विरुद्ध अपने संघर्ष की प्रक्रिया में बुद्ध वेदों को झूठी विद्या इसलिए भी कहते थे, क्योंकि ब्राह्मणों ने जिन वेदों को अपौरुषेय-ईश्वरीय कहकर उनमें वर्णित तरह-तरह की हिंसक एवं अत्याचारी गतिविधियों को मंत्र का रूप दे दिया था, वे सब ईश्वर द्वारा नहीं, बल्कि बाहर से आए आर्यों द्वारा यहाँ के मूल निवासियों पर जबरन थोपने के लिए बनाई गई एक सामाजिक व्यवस्था थी। ये वैदिक व्यवस्थाएँ जिन तथाकथित असुरों, दानवों या राक्षसों के विरुद्ध निर्देशित थीं, वे कोई और नहीं, बल्कि आज के शूद्र और दलित थे। आखिर, ये 'ईश्वरीय मंत्र' क्या थे? शराब कैसे बनाई जाती है, पी जाती है, सेक्स या संभोग की वार्ताएँ कैसे होती हैं, गाय कैसे काटी जाती है तथा उसका मांस हवन कुंड में डाला जाता है, गोमांस भक्षण किया जाता है, किसकी नरबलि दी जाती है, आदि-आदि का वर्णन ऋग्वेद में मिलता है, जिसे आज भी असंख्य लोग ईश्वरीय मंत्र मानते हुए अपनी अंधविश्वासी मूर्खता का परिचय देते रहते हैं। इन मंत्रों के कुछ उदाहरण प्रस्तुत हैं। ऋग्वेद के नवें मंडल के सूक्त संख्या 79 के चौथे मंत्र में कहा गया है–

"सोम (यानी शराब) तुम्हारा परम अंश दोनों लोकों में है। वहाँ से तुम्हारे अंश धरती स्थित पर्वतों पर गिरे और वहाँ वे पेड़ बन गए। पत्थरों पर कूटे जाने के बाद तुम्हें बुद्धिमान लोग हाथों से गाय के चमड़े पर पानी में दुहते हैं।"

इसी मंडल के सूक्त संख्या 101 के चौदहवें मंत्र का एक हिस्सा ऐसे है–

"जैसे कोई दूसरे की स्त्री से प्रेम करनेवाला व्यभिचारिणी स्त्री के पास जाता है, वैसे ही हरे रंग का सोम घड़े में जाता है।"

इसी सूक्त के सोलहवें मंत्र में कहा गया है–

"सोम को घड़े में भेड़ के बालों से छाना जाता है। गाय के चमड़े पर शोर मचानेवाले तथा काम-वर्तक हरे रंग के सोम इंद्र के संस्कारित स्थान पर जाते हैं।"

सेक्स या संभोग से संबंधित वार्ता वाले ऋग्वैदिक मंत्रों में जिस तरह की भाषा का इस्तेमाल किया गया है, यदि वैसा कोई लेखक आज लिखे, तो उस पर कानूनी कार्रवाई की जा सकती है। ऋग्वेद के प्रथम मंडल के सूक्त संख्या 126 के छठे तथा सातवें मंत्र में सेक्स का वर्णन इस प्रकार है–

छठा मंत्र– "यह संभोग्य योग्य रोमशा युवती (यानी जिसके गुप्तांग पर बाल उग आए हों) अच्छी तरह आलिंगन होकर सूतवत्सा नकुली (यानी एक रथ हाँकनेवाले की बेटी, जिसका नाम नकुली था) की तरह लंबे समय तक रमण करती है। यह बहु-वीर्य संपन्न युवती मुझे अनेक बार भोग प्रदान करती है।"

सातवाँ मंत्र– "एक स्त्री पुरुष से कहती है– मेरे पास आकर मुझे अच्छी तरह स्पर्श करो। ऐसा मत समझना कि मैं कम रोएँ वाली संभोग योग्य नहीं हूँ (यानी बालिग नहीं हूँ)। मैं गांधारी भेड़ की तरह लोमपूर्णा (यानी गुप्तांगों पर घने रोंगटेवाली) तथा पूर्णावयवा, अर्थात् पूर्ण अंगों वाली हूँ।"

ऋग्वेद के दसवें मंडल के सूक्त संख्या 86 के छठे मंत्र में इंद्राणी कहती हैं–

"मुझसे बढ़कर कोई स्त्री सौभाग्यवती नहीं है। सुपुत्रवाली भी नहीं है। मुझसे बढ़कर कोई

भी स्त्री पुरुष के पास शरीर को नहीं खिला सकती और न संभोग के समय दोनों जंघों को ऊपर ही उठा सकती है।"

सोलहवें मंत्र में इंद्राणी पुनः कहती है–

"इंद्र! वह पुरुष मैथुन करने में समर्थ नहीं हो सकता, जिसका लिंग दोनों जघनों के बीच लंबा लेटा रहता है। वही समर्थ हो सकता है, जिसके बैठने पर बालों से आच्छादित लिंग फैल जाता है।"

सूक्त 86 के ही सत्रहवें मंत्र में इंद्र का तर्क इंद्राणी के उपरोक्त विचार के बिलकुल विपरीत दिया गया है।

ऋग्वेद के अंग्रेजी अनुवादक राल्फ टी.एच. ग्रीफिथ को उपरोक्त दोनों मंत्र इतने वीभत्स लगे कि इनका अनुवाद उन्होंने छोड़ दिया और वे सीधे मंत्र संख्या 15 से 18 पर पहुँच गए किंतु नीचे एक नोट में लिखा– "मैं मंत्र 16 और 17 को छोड़कर आगे बढ़ जाता हूँ क्योंकि मैं शालीन अंग्रेजी भाषा में इनका अनुवाद नहीं कर सकता।"

उक्त दोनों मंत्र मौलिक ऋग्वेद में इस प्रकार हैं–

"न सेशे यस्य रम्बते अंतरा सुक्थ्या कपृत्
सेदीशे यस्य रोमशं निषेदुषो विजृम्भते
विश्वस्मादिन्द्र उत्तरः
न सेशे यस्य रोमश निषेदुषो विजृम्भते
सेदीशे यस्त रम्बते अंतरा सक्यथा
कपृद्विश्वस्मादिन्द्र उत्तरः"

गोमांस खाने के बारे में संघ परिवार अक्सर पंगा लेता रहता है और बड़े दावे के साथ उसके नेता कहते रहते हैं कि ऋग्वेद में गोमांस खाने का कोई प्रमाण नहीं मिलता। इस संदर्भ में ऋग्वेद के कुछ मंत्र इस प्रकार हैं– ऋग्वेद के दसवें मंडल के सूक्त संख्या 86 के चौदहवें मंत्र में इंद्र कहते हैं– "मेरे लिए इंद्राणी द्वारा प्रेरित यज्ञकर्ता पंद्रह-बीस बैल मारकर पकाते हैं। उन्हें खाकर मैं मोटा होता हूँ। यज्ञकर्ता लोग मेरी दोनों कुक्षियों को सोम से भर देते हैं।"

दसवें मंडल के सूक्त संख्या 89 के चौदहवें मंत्र में गोवध-स्थल का वर्णन इस प्रकार है– "जैसे गोवध-स्थल में गाएँ काटी जाती हैं, वैसे ही इंद्र! तुम्हारे अस्त्र से निहत होकर मित्र द्वेषी राक्षस पृथ्वी पर गिरकर सदा के लिए सो जाते हैं।"

हवन कुंड में गोमांस की आहुति के बारे में दसवें मंडल के ही सूक्त संख्या 169 के तीसरे मंत्र में कहा गया है– "देवों को यज्ञ के लिए गाएँ अपने शरीर को दिया करती हैं। सोम उनकी अशेष आहुतियों को जानते हैं।"

ऋग्वेद में अनार्य लोगों को गाय के दूध पीने तक की मनाही थी। इस 'अपराध' के लिए दसवें मंडल के सूक्त संख्या 87 के अठाहरवें मंत्र में यूँ कहा गया है– "गायों के जिस दूध को राक्षस पीते हैं, वह उनके लिए विष के समान हो जाए। उन दुष्टों को काटकर अदिति के पास उनकी बलि चढ़ा दो।"

ऐसे ही मंत्रों की डफली पीटकर संघ परिवार दावा करता है कि ऋग्वेद में गोहत्या के लिए मृत्युदंड का प्रावधान किया गया है। वास्तविकता यह है कि ब्राह्मण उस समय बड़े पैमाने पर गाय का मांस खाकर स्वर्ग जाने की कल्पना करते थे, इसलिए शूद्रों को नहीं खाने देते थे, ताकि उन्हें स्वर्ग जाने से रोका जा सके। यही कारण था कि उनके लिए गाय का दूध भी पीना प्राण

दंडनीय अपराध था। विभिन्न विषयों से संबंधित थोड़े से जिन मंत्रों का उल्लेख किया गया है, ऐसे सैकड़ों मंत्रों को न सिर्फ ऋग्वेद में, बल्कि अन्य वेदों में भी देखा जा सकता है। विशेष रूप से सेक्स प्रकरण के संदर्भ में अत्यंत बीभत्स उल्लेख किए गए हैं। ऐसे ही मंत्रों के बल पर आर्य-ब्राह्मणों ने वर्ण-व्यवस्था के कठोर नियमों को लागू किया था, जिनका बुद्ध ने न सिर्फ घोर विरोध किया, बल्कि उनको जनता के बीच बेनकाब भी किया था। बुद्ध ने सभी बीभत्स मान्यताओं का विरोध किया, जिनमें सेक्स दुराचार से लेकर विभिन्न प्रकार की प्राणि हिंसाएँ भी शामिल थीं। यही कारण था कि उनकी नैतिक शिक्षाएँ बाद की सदियों में अत्यंत प्रभावशाली सिद्ध हुई थीं किंतु मौका मिलते ही ब्राह्मणों ने उन शिक्षाओं को पुनः नेस्तनाबूद कर दिया। यज्ञों में विभिन्न प्रकार की बलियों का एक रोचक प्रकरण श्रावस्ती में घटित हुआ, जिसका वर्णन बौद्ध ग्रंथ संयुक्त निकाय (भाग-1) के यज्ञ सुत्त में मिलता है। एक बार श्रावस्ती के राजा प्रसेनजित ने महायज्ञ के लिए पाँच सौ बैल, पाँच सौ बछड़े, पाँच सौ बछड़ियाँ, पाँच सौ बकरियाँ, पाँच सौ भेड़ें आदि को बलि के लिए खूटों से बँधवा रखा था। वहाँ राजा के दास-दासी दंड के भय से डरकर रोते हुए यज्ञ का काम कर रहे थे। भिक्षा माँगकर लौटे भिक्षुओं ने बुद्ध को यज्ञ के बारे में बताया। इस पर बुद्ध ने कहा, "अश्वमेध, नरमेध, सम्यकपाश, वाजपेय ऐसे महायज्ञ, जिनकी कोई सीमा नहीं है तथा जिनका आरंभ बहुत-सी हिंसाओं से होता है, ये महायज्ञ फलदायक नहीं होते हैं, इन यज्ञों के संपादन में बहुत-सी भेड़-बकरियों तथा गाय-बैलों की हत्याएँ होती हैं। सम्यक् दृष्टि महर्षि ऐसे हिंसक यज्ञों में शामिल नहीं हुआ करते।"

इस तरह वर्ण-व्यवस्था को ईश्वरीय ठहराने की प्रक्रिया में ब्राह्मणों द्वारा फर्जी रक्त-शुद्धता के तर्कों का बुद्ध ने अपनी अनेक शिक्षाओं में उपहास किया है। यहाँ तक कि बुद्ध ने स्वयं अपने शाक्य वंश की उत्पत्ति से जुड़ी रक्त-शुद्धता का एक विचित्र रहस्योद्‌घाटन किया है, जिसका पूरा विवरण 'दीर्घ निकाय' के 'अम्बट्ठ सुत्त' में मिलता है। एक बार अम्बष्ठ नाम का छात्र जातीय गौरव के मद में कोसल के इच्छानंगल नामक गाँव जहाँ बुद्ध ठहरे हुए थे, उनके पास गया। बुद्ध के ब्राह्मण-विरोधी विचारों से चिढ़कर अम्बष्ठ ने शाक्य जाति को चंड, कठोर, नीच, बकवादी आदि कह डाला। इस पर बुद्ध ने अम्बष्ठ से उसका गोत्र पूछा। उसने कार्ष्णायन बताया। इसके बाद शाक्यों की तथाकथित रक्त शुद्धता के बारे में उन्होंने एक रोचक तथ्य का रहस्य खोलते हुए अम्बष्ठ को बताया कि पूर्वकाल में राजा इक्ष्वाकु ने अपनी चहेती रानी के पुत्र को राज्य देने के लिए, उल्कामुध, करकंडु, हत्यनीक तथा श्रेणिशूर नामक चार बड़े बेटों को राज्य से निकाल दिया। वे हिमालय के पास एक तालाब के पास स्थित शाकवन यानी सागौन के जंगल में रहने लगे। इक्ष्वाकु ने सभासदों से उनके बारे में बहुत दिन बीत जाने पर जानकारी हासिल करनी चाही। राजा को सभासदों ने बताया कि उसके चारों बेटे जातीय रक्त शुद्धता की रक्षा के लिए उस शाकवन में अपनी ही बहनों के साथ संभोग करते हैं। ऐसा सुनकर इक्ष्वाकु बोल पड़े, "अरे, राजकुमार शाक्य हैं, परमशाक्य, अर्थात् समर्थ हैं, अत्यंत समर्थ हैं।" आगे बुद्ध ने अम्बष्ठ को बताया कि यहीं से वे शाक्य कहलाने लगे। स्मरण रहे कि पौराणिक राम को भी इक्ष्वाकु वंश का समझा जाता है। अम्बष्ठ के गोत्र कार्ष्णायन के बारे में बुद्ध ने कहा कि उसी राजा इक्ष्वाकु की एक दिशा नाम की दासी से कृष्ण नामक पुत्र पैदा हुआ था, जिसके कुल के लोगों को कार्ष्णायन कहा जाता है। यही कृष्ण बाद में एक ऋषि के रूप में प्रसिद्ध हुए थे। इस प्रकार अनेक बार बुद्ध जातीय रक्त शुद्धता पर प्रहार करके वैदिक मान्यताओं की धज्जियाँ उड़ाते रहते थे। यहाँ तक कि अपने ही कुल के शाक्यों का भी पर्दाफाश करने में वे नहीं हिचकते

थे, जैसा कि उक्त तथ्य से भी जाहिर होता है। इस संदर्भ में एक रोचक तथ्य यह है कि कपिलवस्तु तथा कोलिय नगर के बीच बहनेवाली ऐतिहासिक नदी रोहिणी के जल के बँटवारे को लेकर जब शाक्यों और कोलियों के बीच लड़ाई होनेवाली थी, तो उसके ठीक पहले कोलियों ने शाक्यों का उपहास करते हुए कहा था, "कपिलवस्तु वासियों (शाक्यों) को हटाओ, जिन्होंने कुत्ते, सियार की तरह अपनी ही बहनों के साथ संभोग किया था। अतः इनके हाथी, घोड़े, ढाल, हथियार हमारा क्या कर सकते हैं?" स्मरण रहे कि इस लड़ाई को बुद्ध ने मध्यस्थता करके रुकवाया था। रोहिणी नदी-विवाद का पूरा विवरण *धम्मपदं* के 'सुखबग्ग' में मिलता है।

वैदिक ब्राह्मणों ने वर्ण-व्यवस्था के षड्यंत्र के पीछे मूलतः तीन अंधविश्वासी सिद्धांतों को गढ़ा था। पहला सुख-दुख पूर्वजन्मों में किए गए कर्मों के कारण होता है, दूसरा सुख-दुख ईश्वराधीन है और तीसरा सुख-दुख अहेतुक अर्थात् उसका कोई अन्य कारण नहीं होता है। ऐसे विचार आज भी करोड़ों लोगों के दिमाग में समाए हुए हैं। किंतु बुद्ध ने 'अंगुत्तर निकाय' के 'तीत्थायतन सूत्त' (अर्थात् तीर्थ के पंडों का सूत्र) में उक्त मान्यताओं का जोरदार खंडन करते हुए उन पंडों को संबोधित करते हुए कहा, "यदि आप लोगों की यही धारणा है कि मनुष्य जो कुछ भी सुख-दुख भोग रहा है, वह सब कुछ उसके पूर्वकृत कर्मों के कारण है, तब तो आप भी इन्हीं कारणों से हिंसक, चोर, व्यभिचारी, झूठे, चुगलखोर, कटुभाषी, बकवादी, अत्यंत लोभी, द्वेषभाव रखनेवाले तथा मिथ्यादृष्टि माने जाएँगे।" सुख-दुख ईश्वराधीन हैं, इसके बारे में उन्होंने कहा कि यदि यह ईश्वराधीन वाला मतवादी ऐसा अनुसरण करता रहेगा तो उसके वर्तमान कर्तव्यों के बारे में कोई स्वतंत्र इच्छा कैसे रह जाएगी? इस तरह इन सच्चे-झूठे कर्तव्यों के विषय में लुप्त स्मृति वाले इन पंडों की व्यक्ति साधना का क्या महत्त्व रह जाएगा! बुद्ध के इसी ईश्वर विरोधी तर्क को प्रथम सदी के बौद्ध कवि अश्वघोष ने अपनी प्रख्यात रचना 'बुद्धचरित' के अठारहवें सर्ग के बीसवें श्लोक में लिखा– "यदि ईश्वर संसार को पैदा करता तो इसमें व्यवस्थित कार्यपद्धति नहीं होती और लोग भवचक्र में नहीं भटकते। जिस किसी योनि में जो जन्म लेता, वह वहीं रहता।" अट्ठाईसवें श्लोक में उन्होंने आगे कहा, "यदि ईश्वर के कार्य के अतिरिक्त कोई दूसरा कार्य है, तब इसी कारण उसके अतिरिक्त कोई दूसरा शक्तिशाली ईश्वर होगा और यह निश्चित नहीं कि उसके अतिरिक्त कोई दूसरा ईश्वर है, इसलिए जगत् का कोई ईश्वर नहीं है।" इसी तरह ईश्वर तथा जातीय कर्मकांडों के विरोध में बुद्ध द्वारा दी गई शिक्षाओं को मध्यकाल के महान बौद्ध दार्शनिक धर्मकीर्ति ने अपनी प्रसिद्ध रचना 'प्रमाणवावर्तिकम्' में इन शब्दों में समाहित किया है–

वेद प्रामाण्यम् कस्यचित कर्त्रृवादः
स्नाने धर्मेच्छा जातिवादाव लेवः
सांतापारंभः पाप हानाय चेति
ध्वस्त प्रज्ञानां पंच लिंगानि जाड्ये।

अर्थात् बुद्धि के ऊपर वेद को रखना, संसार का कर्ता ईश्वर को मानना, स्नान करने में धर्म होने की इच्छा, जन्म-जाति पर गर्व करना तथा पाप-नाश के लिए व्रत आदि द्वारा शरीर को कष्ट देना ध्वस्त बुद्धि वाले मूर्खों के ये पाँच लक्षण हैं।

बुद्ध के इन्हीं वर्ण-व्यवस्था विरोधी वैचारिक अभियानों के चलते अनेक समकालीन ब्राह्मण-गाँवों में उनका बहिष्कार किया गया था। कट्टर ब्राह्मण बौद्धों को 'मुंडक' (सिर मुड़वाया व्यक्ति) कहकर उन्हें भिक्षा देने से मना कर देते थे। उस समय 'मुंडक' शब्द

का अर्थ 'शूद्र' से लगाया जाता था। वे बुद्ध को भी मुंडक कहकर संबोधित करते थे। इस संदर्भ में 'संयुक्त निकाय' के 'धनंजनी सुत्त' में एक रोचक प्रसंग का जिक्र है। यह घटना राजगृह की है, जहाँ बुद्ध ठहरे हुए थे। वहाँ धनंजनी नामक एक ब्राह्मणी बुद्ध-भक्त थी, अपने ब्राह्मण पति को खाना परोसते समय उसके पैर लड़खड़ा गए। वह अविलंब तीन बार बोल पड़ी, "सम्यक् संबुद्ध को नमन करती हूँ।" ऐसा सुनकर वह ब्राह्मण धनंजनी से गुस्से में बोला, "यह शूद्रा इसी तरह उस मुंडक की प्रशंसा करती रहती है। क्यों न उससे चलकर वाद करूँ?" इसके बाद पत्नी से कुपित होकर वह ब्राह्मण बुद्ध के पास जाकर उनसे पूछने लगा, "मनुष्य किसका नाश कर सुख से सोता है तथा उसे शोकमग्न नहीं होना पड़ता?" बुद्ध ने इसका साधारण-सा उत्तर दिया, ''मनुष्य अपने क्रोध का नाश करके सुख से सोता है और उसे शोकमग्न नहीं होना पड़ता।'' इस तर्क पर वह ब्राह्मण बोल पड़ा, "आपने तो उलटे को सीधा कर दिया...?" वह भी बौद्ध हो गया।

इसी तरह 'सुंदरिक सुत्त' में एक घटना के अनुसार बुद्ध सुंदरिका नदी के तट पर अपना सिर ढककर बैठे हुए थे। दूर से एक कर्मकांडी ब्राह्मण उन्हें वैदिक समझकर भोजनदान देने की सोची और उनकी तरफ चल पड़ा। उसके पैरों की आहट सुनकर बुद्ध ने अपने सिर से कपड़ा हटा लिया। उनके मुंडित सिर को देखकर उस ब्राह्मण ने भोजनदान लेकर उलटे पाँव लौटना चाहा किंतु यह सोचकर वह कोई ब्राह्मण संन्यासी भी हो सकता है, वह बुद्ध के पास जाकर उनकी जाति पूछने लगा। इस वार्तालाप में हारने के बाद उस ब्राह्मण ने बुद्ध को भोजन दान करना चाहा। बुद्ध ने साफ कह दिया कि उपदेश के बदले भिक्षा कभी नहीं ग्रहण करते। स्मरण रहे कि कर्मकांडी उपदेशों के बाद दान-दक्षिणा लेना ब्राह्मण पुरोहितों की वैदिक परंपरा थी। ऐसे ही विचारों के चलते वैदिक ब्राह्मण बुद्ध के जन्मजात दुश्मन बन गए और उन्होंने नास्तिक, वेद निंदक तथा पुरानी संस्कृति एवं परंपराओं का संहारक कहकर बौद्ध धर्म के विरुद्ध हिंसक अभियान चलाया किंतु इन ब्राह्मणों ने असली तथ्यों को हमेशा छिपाने की कोशिश की, जिनके चलते बुद्ध उन वैदिक परंपराओं का विरोध करते थे। जैसे वर्ण-व्यवस्था के नाम पर ऊँच-नीच का हिंसक भेदभाव, धर्म के नाम पर अंधविश्वासों के प्रचार के माध्यम से हर वर्ग का भौतिक शोषण तथा धर्म-रक्षा के बहाने युद्धोन्माद भड़काना आदि। हिंसा वैदिक धर्म की सबसे पुख्ता नींव रही है, चाहे वह यज्ञ-बलि के नाम पर हजारों जानवरों की हो या धर्म के नाम पर वर्ण-व्यवस्था की रक्षा में मनुष्यों की। जिस किसी ने भी वर्ण-व्यवस्था का विरोध किया, उसके विरुद्ध ब्राह्मणों ने हमेशा धर्म विरोधी होने का आरोप लगाकर जानलेवा अभियान चलाया, जिसकी शुरुआत बुद्ध के जीवनकाल में ही हुई थी।

इस संदर्भ में मथुरा के पास प्राचीन वैरभ के राजा अग्निदत्त द्वारा बुद्ध को बारहवीं वर्षा बिताने के लिए निमंत्रित किए जाने के बावजूद उन्हें अपने राज्य में किसी के भी द्वारा भोजनदान पर प्रतिबंध लगाए जाने की घटना प्रसिद्ध है। जैसा कि अवगत है, बुद्ध हमेशा वर्षाकाल के तीन माह अपने शिष्यों के साथ एक ही स्थान पर बिताते थे। अग्निदत्त के निमंत्रण पर बुद्ध अपने शिष्यों के साथ वैरभ गए थे किंतु ब्राह्मण मंत्रियों ने बुद्ध के जाति विरोधी होने के कारण राजा से फरमान जारी करा दिया कि उन्हें कोई भी भिक्षा दान नहीं करेगा। अपने सिद्धांत के अनुसार बुद्ध ने वहीं बिना भोजन के ही वर्षाकाल बिताने का फैसला कर लिया। वहाँ वे कई दिनों तक भिक्षुओं के साथ भूखे जीर्ण-शीर्ण अवस्था में पड़े हुए थे। इसी बीच वहाँ से घोड़े के व्यापारियों का एक काफिला गुजरा, जिनके पास घोड़ों को खिलाने के लिए मटमैले जौ की

बोरियाँ थीं। व्यापारियों ने बुद्ध समेत भिक्षुओं की वह दशा देखकर कुछ जौ उनके पास भिक्षा दान में छोड़ दिया, जिसे साफ कर एक बुद्ध भक्त महिला थोड़ा-थोड़ा पकाकर सभी को वर्षाकाल भर खिलाती रही। बुद्ध के समय में मथुरा क्षेत्र में ऊँच-नीच की भावना का बड़ा बोलबाला था। इसीलिए एक बार बुद्ध ने मथुरा के पाँच अदीनवा अर्थात् अवगुण बताया था, वे अवगुण थे–जातीय कुल-भेद, झाड़ियाँ और काँटें, कंकड़-पत्थर, स्त्रियों की बहुलता तथा अनेक पुरुषों का रात के पिछले पहर में भोजन करना।

जहाँ तक हिंसा का सवाल है, इसकी भी शुरुआत, बुद्ध के जीवनकाल में ही हुई थी, जब उनके महापरिनिर्वाण के लगभग एक साल पहले ई.पू. 484 में बुद्ध के अति प्रिय विद्वान भिक्षु मौदगल्यायन की राजगीर के पास काल शिला में ब्राह्मणों द्वारा हत्या कर दी गई थी। ब्राह्मणों ने ठेके पर हत्या करनेवाले चोरों को एक हजार कार्षापण (मुद्रा) देकर उनकी हत्या करवाई थी। मौदगल्यायन को कट्टर वेद-विरोधी कहकर ब्राह्मणों ने उन हत्यारों से उनके सिर को पत्थरों से कूचकर चावल के छोटे-छोटे कण की तरह चूरा बनवा दिया था। उनकी इस बीभत्स हत्या का पूर्ण विवरण *धम्मपद* में 'दंडवग्ग' में मिलता है। मौदगल्यायन की हत्या के बाद बुद्ध ने भिक्षु संघ की तुलना उस खड़े वृक्ष से की थी, जिसकी शाखाएँ टूटकर गिर गई हों। यहीं से शुरू होता है वैदिक ब्राह्मणों एवं शासकों द्वारा विभिन्न स्तरों पर सदियों तक चलाया जानेवाला लाखों बौद्ध-हत्याओं का अभियान। एक तरफ पुष्यमित्र से लेकर शशांक तथा सुधन्वा जैसे शासकों ने अगणित बौद्ध-हत्याओं के साथ-साथ हजारों बौद्ध मठों को ध्वस्त करवाया तथा बोधगया के बोधि वृक्ष को भी समूल नष्ट करवाया, वहीं पतंजलि से लेकर कुमारिल भट्ट तथा आदि शंकराचार्य ने वैदिक अंधविश्वासी कर्मकांडों के माध्यम से बौद्ध-विरोधी हिंसा को दार्शनिक प्रेरणा दी। विशेष रूप से शंकराचार्य ने वैदिक वर्ण-व्यवस्था की पुनर्स्थापना के लिए बौद्ध-विरोधी अति हिंसक सांस्कृतिक विनाश की नींव डाली। उनके नेतृत्व में सभी प्रमुख देशव्यापी बौद्ध-स्थलियों को वैदिक पीठ घोषित किया गया। लाखों अमूल्य बौद्ध पांडुलिपियों को जला दिया गया तथा समानता, भाईचारा एवं शांति कामी संस्कृति को ध्वस्त कर दिया गया। शंकराचार्य का यही बौद्ध-विरोधी सांस्कृतिक-विनाश वर्तमान संघ परिवार का सांस्कृतिक-राष्ट्रवाद है। हिंदू लोग आज भी वैदिक धर्मरक्षक के रूप में शंकराचार्य की पूजा करते हैं किंतु वे यह नहीं बताते कि वास्तव में उन्होंने वर्ण-व्यवस्था के धर्म की रक्षा की।

दसवीं-ग्यारहवीं सदी के आते-आते बौद्ध धर्म और संस्कृति को लगभग नष्ट कर दिया गया था, जबकि ठीक इसी समय यह महान धर्म दुनिया के अनेक देशों में अपनी चरम सीमा पर पहुँच चुका था। इस बीच भारतीय संस्कृति तथा साहित्य में एक अत्यंत सकारात्मक विकास क्रम संत कवियों तथा भक्ति साहित्य एवं आंदोलन का अभ्युदय था। यद्यपि बौद्ध संस्कृति को लगभग नष्ट कर दिया गया था, जिसके परिणामस्वरूप वैदिक कर्मकांडों एवं जातिगत छुआछूत का बोलबाला हो गया था किंतु इस दौरान रविदास तथा कबीर जैसे अनेक संतों ने समानता, भाईचारा तथा शांति की नैतिक अवधारणा को भजनों के माध्यम से आगे बढ़ाया। इन संतों की वाणियों में बुद्ध के विचारों की गूँज साफतौर पर देखी जा सकती है। रविदास के कई पदों में बुद्ध के विचारों का ज्यों का त्यों अनुवाद पाया जाता है, जैसे–जन्म से न कोई ब्राह्मण, न कोई शूद्र, बल्कि कर्म से ही ब्राह्मण और कर्म से शूद्र आदि। इसी तरह कबीर के साहित्य में दुख की अवधारणा एवं जातिवाद-विरोध सीधे-सीधे बुद्ध से अवतरित हुआ है। यहाँ तक कि उनके नैतिक एवं शिक्षाप्रद कई दोहे सीधे-सीधे बुद्ध के विचारों के अनुवाद हैं, जैसे–

"काल करै सो आज कर, आज करै सो अब..." वाला दोहा। बुद्ध ने ऐसी शिक्षा 'मज्झिम निकाय' के 'भद्देकरत्त सुत्त' में इस प्रकार दी थी– "आज ही काम में जुड़ जाना चाहिए; कौन जानता है कल मरण हो जाए। मृत्यु का कोई समय निश्चित नहीं है।" इस तरह से अनगितन तथ्य विभिन्न संतों की वाणी में मिलते हैं किंतु आश्चर्यजनक बात यह है कि बुद्ध से सब कुछ लेने के बावजूद इनमें से किसी ने उनका उल्लेख नहीं किया। इस पृष्ठभूमि में एकमात्र कारण था ब्राह्मणों द्वारा निरंतर चलाया जा रहा बौद्ध-विरोधी हिंसक अभियान। संपूर्ण भक्ति आंदोलन के दौरान संत कवियों ने बिना उल्लेख किए बुद्ध के समानता, भाईचारा तथा जाति-विरोधी विचारों को प्रचारित तो किया किंतु बुद्ध की तरह वे सारी बुराइयों की जड़ ईश्वरीय सत्ता को चुनौती नहीं दे सके।

ब्राह्मणों ने जिस तरह नास्तिकता तथा वेद-विरोधी होने का आरोप लगाकर बुद्ध को इस देश में मटियामेट किया था, संभवतः उसी से डरकर इन संतों ने उनके द्वारा ईश्वरीय सत्ता को दी गई चुनौती को स्वीकार नहीं किया। जबकि वास्तविकता यह है कि बिना बुद्ध के प्रभाव के भक्ति आंदोलन की कल्पना नहीं की जा सकती, विशेष रूप से उनकी करुणा की छाप से कोई भी संत अछूता नहीं रहा। बुद्ध की यह करुणा ब्राह्मणों द्वारा स्थापित तथाकथित ईश्वरीय वर्ण-व्यवस्था के अत्याचारों के विरोध से उत्पन्न हुई थी जिसकी प्रतिच्छाया जीवनपर्यंत उनकी छोटी से छोटी अभिव्यक्ति में पाई जा सकती है। उदाहरणार्थ–जब बुद्ध अपने जीवन काल के अंतिम वर्ष में पहुँच चुके थे, पूर्ववर्णित मौदगल्यायन की हत्या से ठीक पंद्रह दिन पहले श्रावस्ती में उनके पास एक व्यक्ति अत्यंत विद्वान भिक्षु सारिपुत्र की मृत्यु का समाचार लेकर आया। इस समाचार से उद्विग्न होकर बुद्ध बोल पड़े, "जैसे चांडाल पुत्र नगर में प्रविष्ट हो, मन नीचा किए हुए, कपाल हाथ में लिये विचरता है, वैसे ही सारिपुत्र विचरता था। निर्वाण प्राप्त सारिपुत्र की वंदना करो।" ऐसे बुद्ध की करुणा से प्रेरित होकर सदियों पहले सम्राट अशोक ने हजारों के कत्लेआम के बाद जिस तलवार को तोड़कर फेंक दिया था, आज उसी तलवार को उठाकर संघ परिवार सांप्रदायिकता की धुन पर वर्ण-व्यवस्था का राग अलाप रहा है। विश्वविख्यात बौद्ध विद्वान रीस डेविस ने ठीक ही कहा है कि यदि आज बुद्ध के विचार विजयी बने रहते, तो भारत में जाति-व्यवस्था का निर्माण कभी भी संभव नहीं हो पाता।

मुक्ति की अवधारणा

दिनेश राम

मुक्ति का चिंतन दो रूपों में हो सकता है। पहला आध्यात्मिक और दूसरा भौतिक। पहली मुक्ति का अर्थ है– मनुष्य का जीवन और मृत्यु के बंधनों से मुक्ति और दूसरी मुक्ति का अर्थ है– मनुष्य का मनुष्य की दासता से मुक्ति पर यहाँ मुक्ति की पहली अवधारणा जिसका संबंध मोक्ष प्राप्ति से है, दलित आंदोलन की प्राथमिकताओं में नहीं। कारण, यह दलित आंदोलन की मूल प्रकृति के अनुकूल नहीं। बल्कि, जहाँ आध्यात्मिक मुक्ति का दर्शन वर्णाश्रम समाज-व्यवस्था का दर्शन है वहाँ यह उसके बरक्स खड़ा है। सच कहा जाए तो यही वह दर्शन है जिसके विरुद्ध यह आंदोलन निरंतर संघर्षरत है। अगर इस आंदोलन का सिंहावलोकन किया जाए तो यह कहा जा सकता है कि यही संघर्ष उसका कल था, यही उसका आज है और निःसंदेह यही उसका भविष्य होगा। इससे अलग उसकी कोई स्वतंत्र पहचान नहीं। इसलिए यहाँ मुक्ति की पहली अवधारणा की चर्चा का कोई औचित्य नहीं। अब आती है मुक्ति की दूसरी अवधारणा अर्थात् भौतिकवादी। मुक्ति का यह दर्शन इहलोक का दर्शन है। इसका संबंध विद्यमान सामाजिक व्यवस्था से है अर्थात् इसका विषय मनुष्य और उसका भौतिक परिवेश है। इसका उद्देश्य एक ऐसी समाज-व्यवस्था के निर्माण का है जहाँ मनुष्य और मनुष्य के बीच जातीय, प्रजातीय और धार्मिक स्तर पर कोई भेदभाव न हो। साथ ही एक ऐसे परिवेश का निर्माण भी जहाँ मानव और प्रकृति एक-दूसरे के सहयोगी हों, न कि शत्रु। मुक्ति की इसी अवधारणा से दलित आंदोलन का संबंध है। यही उसकी प्राथमिकता है। इस तरह दलित मुक्ति का यह चिंतन और संघर्ष दोनों ही ऐतिहासिक हैं। आज का दलित आंदोलन अपने हर आयामों में, चाहे वह राजनीतिक हो या ऐतिहासिक, साहित्यिक हो या कलात्मक, अपने इसी स्वरूप को अभिव्यक्ति प्रदान करता है। मुक्ति की इस सैद्धांतिक अवधारणा को और स्पष्ट ढंग से प्रस्तुत करने के लिए यहाँ कार्ल मार्क्स और फ्रेडरिक एंजिल्स के विचारों को उद्धृत करना अत्यंत समीचीन होगा। इस प्रक्रिया में लगे हाथ इनकी महत्ता भी स्पष्ट हो जाएगी।

कार्ल मार्क्स और फ्रेडरिक एंजिल्स द्वारा संयुक्त रूप से लिखा– 'द जर्मन आइडियोलॉजी' नामक एक लेख, जिसकी रचना इन द्वय मित्रों ने सन् 1845-46 के दौरान ब्रूसेल्स में की थी, के पहले खंड में उत्तर हेगेलवादी दर्शन की और दूसरे खंड में वास्तविक समाजवाद (True Socialism) की समालोचना की है। इसी लेख में इन दोनों ने इतिहास की भौतिकवादी अवधारणा को वैज्ञानिक साम्यवाद के दार्शनिक आधार के रूप में प्रस्तुत किया है। इसी लेख के पहले अध्याय में एक छोटा-सा नोट लिखा है जिसका शीर्षक है– 'मानव की वास्तविक मुक्ति की दशा' (Condition of the real liberation of man) जिसमें इन द्वय मित्रों ने मुक्ति के अपने आशय को कुछ इस प्रकार स्पष्ट किया है– "हम अपने योग्य दार्शनिकों को यह नहीं बताना चाहेंगे कि दर्शन (Philosophy), अध्यात्म (Theology), तत्त्व (Substance) आदि

की व्याख्या को 'आत्मचेतना' (Self consciousnes) की व्याख्या तक सीमित करने अथवा मानव को इन मुहावरों से मुक्त (Liberate) करने आदि से 'मानव' की 'मुक्ति' का कार्य एक कदम भी आगे नहीं बढ़ा है। सच तो यह है कि मानव की वास्तविक मुक्ति तभी संभव है जब समाज में कुछ वास्तविक साधनों (Real Means) का उपयोग, जैसे– भाप के इंजन, चरखा आदि के प्रयोग से दासता का या कृषि सुधार के माध्यम से कृषि दासता (Serfdom) का उन्मूलन किया जाए। या सामान्य रूप से यह कहा जाए कि लोगों की मुक्ति तभी संभव है जब उन्हें पर्याप्त मात्रा और गुणवत्ता में रोटी, कपड़ा और मकान मिले।"[1] वे आगे लिखते हैं– "मुक्ति का संबंध ऐतिहासिक क्रिया (Historical act) से है न कि मानसिक क्रिया (Mental Act) से। इसलिए यह इतिहास की विशेष दशाओं में परिवर्तन के द्वारा ही लाई जा सकती है...।"[2] 'जर्मन आइडियोलॉजी' नामक यह लेख उस समय लिखा गया था जब जर्मनी में यह कहा जा रहा था कि दार्शनिक चिंतन के क्षेत्र में उत्तर-हेगेलवाद का चिंतक एक क्रांतिकारी दौर से गुजर रहा है। इसी को ध्यान में रखकर मार्क्स और एंजिल्स 'जर्मन आइडियोलॉजी' पर अपने विचार प्रस्तुत कर रहे थे। उनके उपरोक्त उद्धरण से कई महत्त्वपूर्ण बातें स्पष्ट होती हैं। पहली यह कि मानव की वास्तविक मुक्ति का संबंध दार्शनिक चिंतन से नहीं अर्थात् इसका संबंध ज्ञान मीमांसा और तत्त्व मीमांसा से नहीं। मार्क्स और एंजिल्स की मानसिक क्रिया (Mental Act) का तात्पर्य चिंतन की इसी क्रिया से है। इसको और स्पष्ट किया जाए तो इसका संबंध मात्र बौद्धिक व्यायाम से ठहरता है। दूसरी यह कि मानव की मुक्ति का प्रश्न नितांत भौतिक प्रश्न है, इसलिए इसका संबंध इसी लौकिक संसार से है। तीसरी यह कि इसका संबंध समाज में कुछ आर्थिक सुधारों से न होकर, बल्कि समाज की एक विशेष अवस्था से है। कहना न होगा कि मानव मुक्ति की यह परिकल्पना मार्क्स के साम्यवादी समाज की परिकल्पना है पर इस संदर्भ में एक बात और ध्यान देने योग्य है अर्थात्, रीयल लिबरेशन एंड फिलॉसॉफिकल लिबरेशन। इसलिए यहाँ आध्यात्मिक मुक्ति का अर्थ उतना ही नहीं जितना दार्शनिक मुक्ति का है। इससे थोड़ा अधिक है। कहने का तात्पर्य यह कि वर्णाश्रम व्यवस्था के चिंतन में, जिसे हम आध्यात्मिक मुक्ति कहते हैं जिसका कि प्रयोग ऊपर किया गया है, उसका अर्थ हू-ब-हू वही नहीं है जो दार्शनिक मुक्ति का है पर भौतिक मुक्ति का संबंध वास्तविक मुक्ति से ही है। दार्शनिक मुक्ति से कार्ल मार्क्स और एंजिल्स का तात्पर्य दार्शनिक चिंतन से था जहाँ जीव की उत्पत्ति एवं आपस में उनके संबंध आदि की व्याख्या की जाती है। इसी को ध्यान में रखकर मार्क्स और एंजिल्स ने कहा था, "सवाल संसार की तरह-तरह से व्याख्या का नहीं, उसे बदलने का है।"[3] पर आध्यात्मिक मुक्ति का संबंध इसके अलावा मनुष्य के मोक्ष प्राप्त करने से भी है अर्थात् जीवन और मृत्यु के बंधनों से मुक्ति। यही वह बिंदु है जहाँ आध्यात्मिक मुक्ति का अर्थ दार्शनिक मुक्ति से व्यापक है। पाश्चात्य परंपरा में दार्शनिक चिंतन से तात्पर्य भाषा सुधार अथवा दर्शन से है। प्रथम अर्थात् भक्ति, ज्ञान और कर्म को। इसीलिए समसामयिक चिंतन में हिंदू दर्शन को धर्म दर्शन कहा जाता है और पाश्चात्य दर्शन को भाषा सुधार। दूसरा, पाश्चात्य दर्शन और पाश्चात्य समाज दर्शन में मनुष्य का लक्ष्य स्वतंत्रता है। एक में जहाँ वह परमतत्त्व की खोज करता है तो दूसरे में समाज-व्यवस्था का वैज्ञानिक अध्ययन। पर हिंदू दर्शन और समाज दर्शन में मनुष्य का लक्ष्य स्वतंत्रता नहीं, बल्कि समानता है अर्थात् मोक्ष प्राप्त करना और दोनों में ही मोक्ष प्राप्त करने के लिए विशेष प्रकार के जीवन दर्शन को अपनाया जाता है। खासतौर से ब्राह्मण दर्शन और वर्णाश्रम समाज-व्यवस्था में, जिसे हम हिंदू समाज-व्यवस्था भी कह सकते हैं। ये एक-दूसरे के

पूरक हैं अर्थात् हिंदू दर्शन, हिंदू समाज-व्यवस्था का ही दर्शन है। इसलिए आध्यात्मिक मुक्ति का दर्शन वर्णाश्रम समाज-व्यवस्था का दर्शन है। ये एक-दूसरे से अलग नहीं किए जा सकते। लिहाजा, आध्यात्मिक मुक्ति का अर्थ दार्शनिक मुक्ति से व्यापक है। इस प्रकार पाश्चात्य परंपरा में व्यक्ति दर्शन और समाज दर्शन का अध्ययन करता है पर हिंदू परंपरा में व्यक्ति दर्शन और समाज दर्शन को वरण करते हुए मोक्ष प्राप्त करता है। इसी स्तर पर दलित आंदोलन आध्यात्मिक मुक्ति के दर्शन का विरोधी है और मुक्ति की इसकी भौतिकवादी अवधारणा वर्णाश्रम समाज-व्यवस्था के बरक्स समतावादी समाज-व्यवस्था के विकल्प की अवधारणा है।

चूँकि मुक्ति की भौतिकवादी अवधारणा एक विशेष प्रकार की सामाजिक व्यवस्था के निर्माण की अवधारणा है। इसलिए यह पहले से विद्यमान सामाजिक व्यवस्था के स्थान पर एक नई समाज-व्यवस्था के निर्माण का प्रश्न है। अब सवाल यह उठता है कि किन मूल्यों पर इस नई समाज-व्यवस्था का निर्माण किया जाए? और ये मूल्य किन आधारों पर प्राप्त किए जाएँ? इन्हीं आधारों को प्रस्तुत करने के लिए मैंने तीन भौतिकवादी चिंतकों को चुना है जिन्होंने अपने चिंतन में इन आधारों को प्रस्तुत किया है। ये हैं—कार्ल मार्क्स, डॉ. बी.आर. अंबेडकर और माओत्से तुंग। ये तीनों ही चिंतक मानव मुक्ति के चिंतन और उसके संघर्ष के लिए जाने जाते हैं पर भौतिकवादी चिंतक होने के साथ-साथ इन तीनों के चुनाव के पीछे कुछ और भी महत्त्वपूर्ण सामाजिक, ऐतिहासिक और भौगोलिक कारण हैं। कार्ल मार्क्स भौतिकवादी चिंतन के अगुआ हैं। इनका संबंध उस यूरोप से था जहाँ औद्योगिक क्रांति हो चुकी थी। ये अपने समय के कई महत्त्वपूर्ण मजदूर आंदोलनों और संगठनों से जुड़े रहे। दूसरे हैं बी.आर. अंबेडकर जिन्होंने मानव मुक्ति के लिए चलाए जा रहे दलित आंदोलनों का नेतृत्व किया और आज का दलित आंदोलन इन्हीं से अपनी प्रेरणा ग्रहण करता है। ये औपनिवेशिक एशिया के चिंतक हैं। एक ऐसी समाज-व्यवस्था के चिंतक हैं जिसका आधार एक ऐसी अनोखी जाति-व्यवस्था है जो दुनिया में अकेली है। इस अर्थ में बी.आर. अंबेडकर कार्ल मार्क्स और माओत्से तुंग से अलग एक विशेष समाज-व्यवस्था के भी चिंतक हैं। तीसरे हैं, माओत्से तुंग जो औपनिवेशिक एशिया के ही चिंतक हैं जिसका चरित्र सामंतवादी है। अगर जाति-व्यवस्था को छोड़ दिया जाए तो भारतीय समाज और चीनी समाज में कोई अंतर नहीं। दोनों ही मूल रूप से औपनिवेशिक और सामंती थे और दोनों ही आपस में पड़ोसी देश भी हैं। उपरोक्त तीनों ही विचारकों ने अपने समय के राजनीतिक आंदोलनों का या तो नेतृत्व किया या उससे सक्रिय रूप से जुड़े रहे। इस प्रक्रिया में अपने आंदोलनों के लिए इन लोगों ने कुछ राजनीतिक मुद्दों का निर्माण किया जिसके आधार पर ये एक नई समाज-व्यवस्था का निर्माण करना चाहते थे जहाँ मानव की वास्तविक मुक्ति संभव हो सके। अध्ययन को आगे बढ़ाने के लिए इन तीनों विचारकों द्वारा तैयार किए गए मुद्दों को यहाँ क्रमशः पुनरुत्पादित (Reproduce) किया जा रहा है, ताकि मुक्ति की भौतिकवादी अवधारणा स्पष्ट हो सके।

सन् 1847 में मार्क्स और एंजिल्स ने संयुक्त रूप से कम्युनिस्ट लीग के लिए एक राजनीतिक घोषणा-पत्र तैयार किया जिसमें उन्होंने अपने एजेंडे को मूर्त रूप दिया। यह घोषणा-पत्र आज भी कम्युनिस्ट विश्व में एक प्रतिष्ठित दस्तावेज है। कभी इसकी प्रशंसा करते हुए लेनिन ने कहा था, "यह छोटी-सी पुस्तक मार्क्स के संपूर्ण कृतित्व से कहीं अधिक है।"[4] एजेंडे के मुख्य बिंदु निम्न हैं—

1. "भूस्वामित्व का उन्मूलन और समस्त लगान का सार्वजनिक प्रयोजन के लिए उपयोग।
2. भारी वर्द्धमान या आरोही आयकर (Progresive and Graduated)।

3. उत्तराधिकार का उन्मूलन।
4. सभी उत्प्रवासीयों विद्रोहियों की संपत्ति की जब्ती।
5. सरकारी पूँजी और पूर्ण एकाधिकार से संपन्न राष्ट्रीय बैंक द्वारा राज्य के हाथ में उधार का केंद्रीकरण।
6. संचार और यातायात के साधनों का राज्य के हाथों में केंद्रीकरण।
7. राजकीय कारखानों और उत्पादन के औजारों का विस्तार करना, एक आम योजना बनाकर परती जमीन को जोतना और खेत की मिट्टी का सामान्यतः सुधार करना।
8. हर एक के लिए काम करना सामान्य रूप से अनिवार्य किया जाना। विशेषकर कृषि के लिए औद्योगिक सेनाएँ गठित करना।
9. उद्योग और कृषि को मिलाना और धीरे-धीरे देहातों और शहरों का अंतर मिटा देना।
10. सार्वजनिक पाठशालाओं में सभी बच्चों के लिए मुफ्त शिक्षा व्यवस्था। वर्तमान रूप में बच्चों से कारखानों में काम लेना खत्म करना। शिक्षा एवं औद्योगिक उत्पादन को मिलाना आदि।"[5]

एजेंडे के ये दस बिंदु यूरोप की परिस्थितियों को ध्यान में रखकर तैयार किए गए थे। इस समय तक यूरोप पूँजीवादी क्रांति के दौर से गुजर चुका था। इसलिए मार्क्स और एंजिल्स ने इस तथ्य को ध्यान में रखते हुए कहा था, "स्थान और समय के अनुकूल उनमें परिवर्तन भी किए जा सकते हैं पर आधार के रूप में परिवर्तन के ये सूत्र महत्त्वपूर्ण हैं।" (कम्युनिस्ट पार्टी का घोषणा-पत्र)

बी.आर. अंबेडकर मुक्ति के दूसरे चिंतक हैं। इन्होंने समकालीन दलित आंदोलन का नेतृत्व किया। आर.पी.आई. नाम की एक राजनीतिक पार्टी की कल्पना की। इस प्रक्रिया में उन्होंने पार्टी के संविधान का निर्माण किया पर पार्टी घोषणा-पत्र की जानकारी नहीं। अपने जीवनकाल में ये रिपब्लिकन पार्टी ऑफ इंडिया की स्थापना नहीं कर सके। उनके मरणोपरांत उनके समर्थकों ने आर.पी.आई. की स्थापना की। वर्तमान आर.पी.आई. का घोषणा-पत्र बी.आर. अंबेडकर के महत्त्वपूर्ण दो प्रलेखों पर आधारित है। पहला है 'राज्य और अल्पसंख्यक'। यह प्रलेख अखिल भारतीय अनु. जाति परिसंघ की ओर से संविधान सभा के लिए तैयार एक ज्ञापन था। यह भारत के लिए प्रस्तुत बी.आर. अंबेडकर द्वारा एक वैकल्पिक संविधान था। यह उनके सपनों का संविधान था जैसा कि वे चाहते थे। इस संविधान में सामाजिक नवनिर्माण के आधारों को प्रस्तुत किया गया है। दूसरा प्रलेख है 'जाति का उन्मूलन' जिसमें जाति की उत्पत्ति, उसका दर्शन और उसके उन्मूलन के उपायों की विस्तृत चर्चा की गई है। इस प्रलेख की विशेषता बतलाते हुए प्रसिद्ध समाजवादी विचारक स्व. मधुलिमये ने लिखा– "मेरे विचार से यह भाषण जाति-व्यवस्था पर बी.आर. अंबेडकर की सबसे प्रभावशाली कृति है। निर्मम तर्क और युक्ति पर आधारित है, तथापि इसमें इतनी आग है कि इसकी तुलना कार्ल मार्क्स और एंजिल्स द्वारा लिखित 'कम्युनिस्ट मेनिफेस्टो' से ही की जा सकती है। हम भारतीयों के लिए तो यह कम्युनिस्ट मेनिफेस्टो से भी अधिक है।"[6] इसलिए अंबेडकर द्वारा की गई मुक्ति की परिकल्पना इन्हीं दो प्रलेखों से उद्धृत की जा रही है जिनके आधार पर अंबेडकर सामाजिक नवनिर्माण करना चाहते थे–

- वे उद्योग जो प्रमुख उद्योग हैं अथवा जिन्हें प्रमुख उद्योग घोषित किया जाए, राज्य के स्वामित्व में रहेंगे और राज्य द्वारा स्थापित निगमों द्वारा चलाए जाएँगे।
- वे उद्योग जो प्रमुख उद्योग नहीं हैं किंतु बुनियादी उद्योग हैं, राज्य के स्वामित्वाधीन रहेंगे और राज्य द्वारा स्थापित निगमों द्वारा चलाए जाएँगे।

- बीमा राज्य के अधिकार में रहेगा और राज्य हर वयस्क नागरिक को विवश करेगा कि वह अपनी आय के अनुरूप ऐसी जीवन बीमा पॉलिसी ले जो विधानमंडल द्वारा विहित की जाए।
- कृषि राज्य उद्योग होगा।
- राज्य गैर-सरकारी व्यक्तियों द्वारा नियंत्रित ऐसे उद्योगों, बीमा और कृषि भूमि में उनके जीविका संबंधी अधिकार चाहे स्वामी के नाते हों या पट्टेदार अथवा बंधकदार के नाते, अर्जित करेगा और इन्हें भूमि में उनके अधिकार के बराबर ऋण के रूप में मुआवजा अदा करेगा परंतु भूमि, संयत्र या प्रतिभूति का मूल्य निकालते समय उसमें आपातस्थिति के कारण हुई वृद्धि की किसी भी संभावना को अथवा अनुपार्जित मूल्य या अनिवार्य अर्जन के किसी भी मूल्य को हिसाब में नहीं लिया जाएगा।
- राज्य यह निर्धारित करेगा कि कब और कैसे ऋण-पत्र धारक नकद भुगतान की माँग करने के लिए हकदार होगा।
- ऋण-पत्र अंतरणीय और विरासत योग्य संपत्ति होंगे किंतु न तो ऋण-पत्र धारक और न ही मूल्य धारक का अंतरिती और न ही उसका वारिस राज्य द्वारा अर्जित किसी भी औद्योगिक संस्थान में हित या भूमि वापसी का दावा करने के लिए हकदार होगा।
- ऋण-पत्र धारक अपने ऋण-पत्र पर ऐसी दर पर, जो विधि द्वारा निश्चित की जाए, ब्याज के लिए हकदार होगा, जो राज्य द्वारा नकदी में या वस्तु रूप में जैसा वह ठीक समझे, अदा किया जाएगा।
- कृषि उद्योग निम्नलिखित आधार पर संगठित किया जाएगा–

  क. राज्य, अर्जित भूमि को मानक आकार के फार्मों में विभाजित करेगा और उन्हें गाँव के निवासियों को पट्टेदारी के रूप में (कुटुंबों के समूह से निर्मित) आगे दी गई शर्तों पर खेती करने के लिए देगा।

     I. फार्म पर खेती-बाड़ी सामूहिक रूप में की जाएगी।

     II. फार्म पर खेती-बाड़ी सरकार द्वारा जारी किए नियमों और निर्देशों के अनुसार की जाएगी।

     III. पट्टेदार फार्म पर उचित रूप से उगाही करने योग्य प्रभार अदा करने के बाद फार्म की शेष उपज को विहित रीति से बाँटेंगे।

  ख. भूमि को गाँव के लोगों में जाति या पंथ के भेदभाव के बिना पट्टे पर दी जाएगी और ऐसी रीति से पट्टे पर दी जाएगी कि कोई जमींदार न रहे, न कोई भूमिहीन मजदूर रहे।

  ग. राज्य पानी, जोतने-बोने के लिए पशु, उपकरण, बीज आदि के लिए सामूहिक फार्म की खेती के उद्देश्य से वित्तीय सहायता देने के लिए बाध्य होगा।

  घ. राज्य फार्म की उपज पर निम्नलिखित प्रभार लेने के लिए समर्थ होगा–

     I. भू राजस्व का एक अंश;

     II. ऋण-पत्र धारकों को अदा करने के लिए एक अंश;

     III. प्रदत्त पूँजीगत माल के उपयोग के लिए अदा करने के लिए एक अंश;

  ड. उन पट्टेदारों के विरुद्ध जुर्माना विहित करने के लिए हकदार होगा जो पट्टेदारी की शर्तों को तोड़े अथवा राज्य द्वारा प्रदत्त खेती-बाड़ी के साधनों का सर्वोत्तम

उपयोग करने में जान-बूझकर उपेक्षा करे या अन्यथा सामूहिक खेती की स्कीम पर प्रतिकूल प्रभाव डालनेवाले ढंग से काम करे।

योजना यथाशीघ्र लागू की जाएगी लेकिन इसे चालू किए जाने की अवधि किसी भी स्थिति में संविधान लागू होने की तारीख से दसवें वर्ष के बाद नहीं बढ़ाई जाएगी।[7]

अपने इस वैकल्पिक संविधान में बी.आर. अंबेडकर ने अल्पसंख्यक निम्न जातियों के लिए विशेष प्रकार की सुरक्षा उपायों की व्यवस्था की है। जो मुख्यतः निम्न हैं–

I. अनुसूचित जातियों एवं जनजातियों के लिए प्राथमिक शिक्षा से लेकर उच्च शिक्षा की जिम्मेदारी राज्य एवं केंद्र सरकार की होगी।

II. विधानमंडल एवं प्रशासनिक सेवाओं में उनकी जनसंख्या के अनुपात में प्रतिनिधित्व।

III. सामाजिक बहिष्कार के विरुद्ध राज्य द्वारा कठोर दंड स्थापित करने की व्यवस्था।[8]

इन विशेष सुरक्षा के उपायों की बी.आर. अंबेडकर ने कई धाराओं और उपधाराओं के अंतर्गत विस्तृत विवेचना की है पर इनका सारतत्त्व उपरोक्त मंतव्य ही है। शिक्षा व्यवस्था पर उनका अत्यधिक जोर था। इसलिए समाज के विशेष चरित्र को देखते हुए उन्होंने शिक्षा की जिम्मेदारी राज्य पर डाली। सामाजिक बहिष्कार से तात्पर्य छुआछूत से था जिसके विरुद्ध राज्य को वे अत्यधिक कारगर और शक्तिशाली बनाना चाहते थे। बी.आर. अंबेडकर के लिए सरकारी सेवाओं और विधानसभाओं में अनुसूचित जातियों और जनजातियों के लिए आरक्षण का प्रावधान इन कमजोर वर्गों का राज्य के नीति निर्माण और शासन-प्रशासन में भागीदारी का प्रश्न था। उनका यह दृष्टिकोण विभिन्न वर्गों का शासन-प्रशासन में प्रतिनिधित्व की विचारधारा पर आधारित था।

बी.आर. अंबेडकर का मानना था कि जाति-व्यवस्था पर आधारित समाज, जिसका मूल चरित्र ही भेदभाव है, में अल्पसंख्यक कमजोर वर्गों के उत्थान की जिम्मेदारी चंद उच्च जाति के लोगों के ऊपर ही नहीं छोड़ी जा सकती पर प्रतिनिधित्व का प्रश्न सैद्धांतिक प्रश्न था। वह समाज जहाँ जातीय, वर्गीय और धार्मिक आधार पर विविधता हो वहाँ राज्य को संचालित करनेवाली संस्थाओं में हर वर्गों का प्रतिनिधित्व अनिवार्य होना चाहिए। यह समाज और राज्य दोनों के लिए महत्त्वपूर्ण होगा। इस संदर्भ में मैं अमेरिकी समाज की एक महत्त्वपूर्ण घटना का उल्लेख करना चाहूँगा जो प्रतिनिधित्व के प्रश्न को बहुत वैज्ञानिक ढंग से डील करती है और प्रतिनिधित्व के सिद्धांत को पुष्ट करती है।

अमेरिका में दो महत्त्वपूर्ण संगठन हैं–एस्ने (ASNE) और आकू (AACCU)। पहला अमेरिका और कनाडा के मुख्य समाचार-पत्रों के संपादकों का महत्त्वपूर्ण संगठन है और दूसरा अमेरिकी विश्वविद्यालयों और कॉलेजों के बुद्धिजीवियों का संगठन है। इन दोनों संगठनों ने अपने-अपने क्षेत्रों, मीडिया और शिक्षण संस्थाओं में अमेरिकी अल्पसंख्यकों-अफ्रीकन-अमेरिकन, हिस्पैनिक्स और नेटिव अमेरिकंस के लिए प्रतिनिधित्व की वकालत की पर प्रतिनिधित्व संगठनों के अनुसार अगर मीडिया और शिक्षण संस्थाओं में इन अल्पसंख्यकों को प्रतिनिधित्व नहीं दिया गया तो अमेरिकी समाज को निम्न परेशानियों से गुजरना पड़ेगा–

1. अमेरिकी जनमत (Opinion) लोकतांत्रिक नहीं होगा।
2. अमेरिकी लोकतंत्र का भाग्य खतरे में पड़ जाएगा।
3. अमेरिका में ज्ञान का विकास स्थिर हो जाएगा।

यह संभव है कि मीडिया और शिक्षण संस्थाओं की गुणवत्ता गिर जाए आदि।[9] इसलिए राज्य की संस्थाओं में विविध सामाजिक समूहों का प्रतिनिधित्व आवश्यक है। यह व्यापक लोकतांत्रिक प्रक्रिया का हिस्सा होना चाहिए। इसलिए इन संगठनों ने अपने संस्थानों में अल्पसंख्यकों को उनकी जनसंख्या के अनुरूप प्रतिनिधित्व प्रदान करने के लिए अगले कुछ वर्षों तक का लक्ष्य निर्धारित किया अर्थात् एक निश्चित समय के अंदर इन वर्गों के लोगों की भर्ती करना। यह घटना 1975 की है। सन् 2005 तक अल्पसंख्यकों की जनसंख्या के अनुरूप प्रतिनिधित्व प्रदान करने का लक्ष्य रखा गया है। वहाँ आज यह लगभग पूरा हो चुका है।

अंबेडकर का जो दूसरा महत्त्वपूर्ण प्रलेख है– 'जाति का उन्मूलन', मुक्ति के संदर्भ में भारतीय समाज-व्यवस्था के लिए यह अत्यंत ही महत्त्वपूर्ण प्रलेख है। चूँकि भारतीय समाज जाति-व्यवस्था पर आधारित है और जाति-व्यवस्था का मूल आधार भेदभाव है जिसके द्वारा व्यक्तियों का शोषण होता है। इसलिए जाति-व्यवस्था से मुक्ति के लिए यह प्रलेख महत्त्वपूर्ण आधारों को प्रस्तुत करता है। यहाँ ध्यातव्य है कि न तो मार्क्स का न ही माओत्से तुंग का समाज जाति-व्यवस्था पर आधारित था। इसलिए जाति-व्यवस्था से मुक्ति का चिंतन भी उन्होंने नहीं किया पर अंबेडकर का समाज जाति-व्यवस्था पर आधारित था। इसलिए उन्होंने जाति-व्यवस्था से मुक्ति का चिंतन भी किया। यहाँ मार्क्स और माओत्से तुंग के चिंतन से अंबेडकर का यह अतिरिक्त चिंतन है। इसलिए भारतीय परिस्थितियों में अंबेडकर का मुक्ति-चिंतन समग्रता का चिंतन ठहरता है। अंबेडकर ने जाति-व्यवस्था के उन्मूलन के लिए निम्न दो उपायों को बताया है, हालाँकि पहला दूसरे से जुड़ा हुआ ही है–

1. अंतर्जातीय विवाह,
2. वेदों और शास्त्रों की सत्ता का एक सिरे से नकार।[10]

इन दो बिंदुओं के संदर्भ में अंबेडकर का मानना था कि अंतर्जातीय विवाह से खून के रिश्ते बनेंगे जिससे लोगों में सजातीयता की भावना पैदा होगी जिसके परिणामस्वरूप इस व्यवस्था का अंत हो जाएगा। दूसरे बिंदु की व्याख्या करते हुए अंबेडकर ने कहा कि जाति एक धारणा है। एक मानसिक स्थिति है। इसकी जड़ यहाँ के धर्म में है जिसकी व्याख्या हिंदू शास्त्रों में हुई है। इसलिए जिन धर्मशास्त्रों द्वारा जाति-व्यवस्था जैसी धारणा को वैध बताया गया है उसकी सत्ता को संपूर्णतः समाप्त किया जाए। इस प्रकार अंबेडकर के चिंतन में मुक्ति दो क्षेत्रों से प्राप्त होनी थी–आर्थिक और सामाजिक। ऐसा नहीं है कि मार्क्स और माओत्से तुंग के यहाँ सामाजिक मुक्ति का प्रश्न नहीं था पर उनके यहाँ सामाजिक मुक्ति का प्रश्न केवल आर्थिक मुक्ति से जुड़ा था अर्थात् आर्थिक परिवर्तन होने से सामाजिक परिवर्तन हो जाएगा। ऐसा दोनों चिंतकों का मत था पर भारत में ऐसा नहीं। यहाँ ऐसा नहीं कहा जा सकता कि आर्थिक परिवर्तन से जाति-व्यवस्था समाप्त हो जाएगी। हालाँकि यह बहस का विषय है जो विस्तृत चर्चा की माँग करता है पर इतना तो सत्य है कि किसी व्यक्ति की आर्थिक स्थिति में परिवर्तन से उसकी जाति में स्वतः परिवर्तन नहीं होता है।

अब तीसरे महत्त्वपूर्ण विचारक हैं– माओत्से तुंग। अपने विश्वप्रसिद्ध व्याख्यान 'नव लोकतंत्र' (New Democracy) में उन्होंने अपने सामाजिक नवनिर्माण की परिकल्पना प्रस्तुत की है। यहाँ संक्षेप में इसका उल्लेख किया जा रहा है–

माओत्से तुंग के लिए नए चीन के निर्माण की परिकल्पना एक नई चीनी राष्ट्रीय संस्कृति के निर्माण की परिकल्पना थी। उनका विचार था– "किसी भी प्रदत्त संस्कृति का वैचारिक स्वरूप

समाज की राजनीति और अर्थव्यवस्था का प्रतिबिंब होता है। राजनीति अर्थव्यवस्था को अत्यधिक प्रभावित करती है। अर्थव्यवस्था किसी समाज का आधार होती है और राजनीति अर्थव्यवस्था की संघटि (concentrated) अभिव्यक्ति। यही राजनीति और अर्थव्यवस्था का संस्कृति से तथा राजनीति और अर्थव्यवस्था का आपस में संबंध होता है पर जब संस्कृति का निर्माण हो जाता है तो वह राजनीति और अर्थव्यवस्था दोनों को संचालित करती है।" 'ऑन लिड डेमोक्रेसी'। माओत्से तुंग की यही मूल समझ थी। माओत्से तुंग की यह समझ मार्क्स के उस मूलभूत विचार पर आधारित है जिसमें उन्होंने कहा था, "मानव का सामाजिक अस्तित्व उसकी चेतना का निर्धारण करता है।" 'ऑन लिड डेमोक्रेसी'– माओत्से तुंग से पहले वी.आई. लेनिन ने मार्क्स के उपरोक्त विचारों की विस्तृत व्याख्या अपने एक लेख[11] में की है जिसका उल्लेख माओत्से तुंग ने अपने व्याख्यान में किया है।

माओत्से तुंग ने अपने इसी व्याख्यान में नई चीनी राष्ट्रीय संस्कृति के निर्माण के लिए 'नई अर्थव्यवस्था', 'नई राजनीतिक व्यवस्था' और 'नए लोकतंत्र' की रूपरेखा प्रस्तुत की है। चीन के लिए नई राजनीतिक व्यवस्था को उन्होंने नव लोकतांत्रिक गणराज्य (New Democratic Republic) की संज्ञा दी और इस गणराज्य के लिए उन्होंने नई अर्थव्यवस्था के रूप में समाजवादी अर्थव्यवस्था की वकालत की। चूँकि माओत्से तुंग अर्थव्यवस्था को ही किसी समाज-व्यवस्था का आधार मानते हैं। इसलिए आर्थिक परिवर्तन के लिए उन्होंने कुछ सुझाव प्रस्तुत किए जिसके आधार पर सामाजिक नवनिर्माण किया जाना था। अपने इस व्याख्यान में उन्होंने 'नई अर्थव्यवस्था' शीर्षक के अंतर्गत अपनी आर्थिक रूपरेखा प्रस्तुत की है जिसका हिंदी अनुवाद यहाँ पुनरुत्पादित किया जा रहा है–

"अगर चीन में ऐसे गणराज्य की स्थापना की जाती है तो वह अपनी राजनीतिक व्यवस्था में ही नहीं, बल्कि अपनी अर्थव्यवस्था में भी नव लोकतांत्रिक होगा।"

बड़े-बड़े बैंक, उद्योग और व्यावसायिक उद्यमों का स्वामित्व राज्य के हाथों में होगा। उद्यम, जैसे–बैंक, रेलवे, एयरलाइंस आदि चाहे वे चीन के अधीन हों या विदेश के, चाहे वे एकाधिकारी प्रकृति के हों या निजी व्यवस्थापन के लिए भारी-भरकम, राज्य द्वारा शासित और संचालित किए जाएँगे ताकि निजी पूँजी लोगों की जीविका पर हावी न हो सके। यही पूँजी के नियमन का मुख्य सिद्धांत है।

उपरोक्त विचार कुओमितांग की प्रथम राष्ट्रीय कांग्रेस, जो कुओमितांग कम्युनिस्ट को-ऑपरेशन की अवधि में हुई थी, के घोषणा-पत्र की मुख्य विशेषता है। मेरे (माओत्से तुंग) अनुसार इसी नव लोकतांत्रिक गणराज्य में राज्य के सभी उद्यम समाजवादी प्रकृति के होंगे। संपूर्ण राष्ट्रीय अर्थव्यवस्था का नेतृत्व इन्हीं के हाथों में होगा। सामान्य रूप से, गणराज्य न तो निजी संपत्ति को जब्त (Confiscate) करेगा और न ही इस प्रकार के पूँजीवादी उत्पादन के विकास को अवरुद्ध करेगा जब तक कि यह लोगों की जीविका पर हावी नहीं होते। ऐसा इसलिए कि चीन की अर्थव्यवस्था अभी पिछड़ी हुई अर्थव्यवस्था है।

गणराज्य भू-स्वामियों की जमीनों को जब्त कर भूमिहीनों में वितरित करेगा। यह कार्य डॉ. सुनयात्सेन के नारे जमीन जोतनेवालों (Land to the Tiller) के आधार पर किया जाएगा। इन ग्रामीण क्षेत्रों में सामंती संबंधों को खत्म कर भूमि का निजी स्वामित्व किसानों (Peasant) को दिया जाएगा। ग्रामीण क्षेत्रों में संपन्न कृषक अर्थव्यवस्था (Rich Peasants Economy) की अनुमति दी जाएगी। यही नीति भू-स्वामित्व के समानीकरण (Equilization of land ownership)

की नीति है। इसके लिए जमीन जोतनेवालों की नीति ही उचित नीति है। सामान्यतः अभी आरंभिक अवस्था में समाजवादी कृषि अर्थव्यवस्था (Socialistic Agriculture) नहीं स्थापित की जाएगी, यद्यपि तमाम तरह के सहकारी उद्यम जमीन जोतनेवालों की तर्ज पर विकसित किए जाएँगे जो अपने आपमें समाजवाद के तत्त्व को समाहित किए रहेंगे।

'पूँजी का नियमन' (Regulation Capital) और 'भूमि का समानीकरण' (Equilization of land ownership) इन्हीं दो रास्तों पर चीन की अर्थव्यवस्था विकसित की जाएगी, न कि कुछ लोगों के निजी स्वामित्व के आधार पर। हम कुछ पूँजीपतियों और जमींदारों को लोगों की जीविका पर हावी (Dominate) होने की आज्ञा कभी भी नहीं देंगे और न ही कभी यूरोपियन और अमेरिकन प्रकार की पूँजीवादी अर्थव्यवस्था को स्थापित करेंगे, न ही पुरानी अर्द्धसामंती समाज-व्यवस्था को पनपने देंगे। जो कोई भी इस नई व्यवस्था का विरोध करेगा, वह सफल नहीं होगा बल्कि ऐसा करते हुए वह दीवार से अपना सिर टकराएगा।

ये ही वे आंतरिक आर्थिक संबंध हैं जिसे क्रांतिकारी चीन– वह क्रांतिकारी चीन जो जापानी आक्रमण से जूझ रहा है–आवश्यक रूप से स्थापित करेगा। यही 'नव लोकतंत्र' (New Democracy) की अर्थव्यवस्था है जिस पर नव लोकतंत्र की राजनीति अपने आपको अभिव्यक्त करेगी।[12]

अगर बी.आर. अंबेडकर के जाति-व्यवस्था उन्मूलन के चिंतन को छोड़ दिया जाए तो अर्थव्यवस्था के संदर्भ में उपरोक्त तीनों चिंतकों के दृष्टिकोण में कोई अंतर नहीं। इस तरह इन लोगों द्वारा प्रस्तुत की गई मुक्ति की अवधारणाओं का सार निम्न है–

- अर्थव्यवस्था पर किसी व्यक्ति या संगठन का नियंत्रण नहीं, बल्कि राज्य का नियंत्रण होगा।
- उत्तराधिकार के नियम का उन्मूलन।
- नागरिकों के निर्माण में राज्य की सक्रिय भूमिका अर्थात् राज्य द्वारा सामाजिक लोकतंत्र की स्थापना।
- राज्य के उत्पादन में हर व्यक्ति की सहभागिता और संपत्ति के निजी स्वामित्व का उन्मूलन।

इसका आशय यह कि संपूर्ण उद्योग-धंधों का व्यवस्थापन, नियंत्रण, नियमन और संचालन राज्य द्वारा किया जाएगा। भूमि का वितरण जमीन जोतनेवालों के आधार पर किया जाएगा ताकि सामंती एवं पूँजीवादी व्यवस्था का अंत हो सके। कृषि कार्य सामूहिक पद्धति पर विकसित किया जाएगा। राज्य के हर व्यक्ति को नागरिक बनाने की प्रक्रिया में शिक्षा, स्वास्थ्य आदि की व्यवस्था राज्य की तरफ से की जाएगी। राज्य के हर नागरिक को अनिवार्य रूप से राज्य के उत्पादन से जोड़ा जाएगा। राज्य संपत्ति के व्यक्तिगत स्वामित्व और उत्तराधिकार को समाप्त करेगा आदि अर्थात् राज्य द्वारा एक ऐसे समाज का निर्माण जिसका चरित्र लोकतांत्रिक होगा और उसमें रहनेवाला हर व्यक्ति हर प्रकार के शोषण से मुक्त रहेगा।

मुक्ति की यह अवधारणा समाजवादी समाज-व्यवस्था की अवधारणा है। कार्ल मार्क्स और माओत्से तुंग के लिए इस व्यवस्था की स्थापना में मूलतः आर्थिक संबंधों में क्रांतिकारी परिवर्तन का प्रश्न था पर बी.आर. अंबेडकर के लिए यह आर्थिक संबंधों में क्रांतिकारी परिवर्तन के साथ-साथ जाति-व्यवस्था के उन्मूलन का भी प्रश्न था। चूँकि यूरोप और चीनी समाज की स्थापना पूँजी और श्रम के आपसी संबंधों पर आधारित थी इसलिए वहाँ के समाज में आर्थिक संबंधों में क्रांतिकारी परिवर्तन मात्र से ही समाजवाद की स्थापना की जा सकती थी पर भारतीय समाज

जाति-व्यवस्था पर आधारित था और यहाँ यह व्यवस्था पूँजी और श्रम के निर्धारण से अपना दखल रखती है। इसलिए भारत में बी.आर. अंबेडकर के समक्ष समाजवादी समाज की स्थापना का प्रश्न अत्यंत जटिल था। इसलिए यहाँ श्रम का ही विभाजन नहीं बल्कि श्रमिकों का विभाजन भी है जिसका जिक्र उपरोक्त समस्याओं पर विचार करते हुए बी.आर. अंबेडकर ने किया है। परिणामतः व्यवस्था के विरुद्ध संघर्ष में श्रमिकों को संगठित करना मुश्किल होता है। इस स्तर पर जाति-व्यवस्था दो रूपों में कार्य करती है। एक तो यह शोषण का आधार होती है और दूसरे यह कि समाजवादी समाज की स्थापना के लिए श्रमिकों को एकजुट करने में बाधा पहुँचाती है। इसलिए अंबेडकर के यहाँ मुक्ति की भौतिकवादी अवधारणा जातिविहीन समाजवादी समाज-व्यवस्था की अवधारणा है। अंत में मुक्ति की भौतिकवादी अवधारणा को कबीर की दो पंक्तियों में समेटा जा सकता है–

ना कुछ देखा भाव भजन में, ना कुछ देखा पोथी में।
कहैं कबीर सुनो भाई संतों, जो देखा सो रोटी में॥

संदर्भ

1. 'सलेक्टेड वर्क्स ऑफ कार्ल मार्क्स एंड फ्रेडरिक एंगिल्स', वॉल्यूम वन, पृ. 26-27
2. वही, पृ. 27
3. वही, पृ. 15
4. चंद्रभान प्रसाद, 'विश्वास घात', पृ. 194
5. मार्क्स एंड एंजिल्स, कम्युनिस्ट पार्टी का घोषणा-पत्र, पृ. 62-63
6. मधुलिमये, अंबेडकर : एक चिंतन, पृ. 18
7. बी.आर. अंबेडकर, बाबा साहेब अंबेडकर संपूर्ण वाङ्मय, खंड 2, पृ. 180-81
8. वही, पृ. 184-85
9. चंद्रभान प्रसाद, 'इंड एपार्थइड फ्रॉम इंडियन मीडिया : डेमोक्रेटाइज नेशंस ओपिनियन', पृ. 17
10. बी.आर. अंबेडकर, बाबा साहेब अंबेडकर संपूर्ण वाङ्मय, खंड 2, पृ. 89-90
11. वी.आई. लेनिन, 'सलेक्टेड वर्क्स', वॉल्यूम 9, पृ. 54
12. माओत्से तुंग, 'ऑन न्यू डेमोक्रेसी : सेलेक्टेड वर्क्स ऑफ माओत्से तुंग', वॉल्यूम 2, पृ. 353-54

दलितों का अभिजातीकरण और अधिकारी वर्ग

माता प्रसाद

हिंदू धर्म की वर्ण-व्यवस्था से उत्पन्न जातिगत भेदभाव के दंश से पीड़ित शूद्र और अति शूद्र जातियाँ, जिन्हें अनुसूचित जाति, अनुसूचित जनजातियाँ और पिछड़ी जातियाँ कहते हैं, जाति-व्यवस्था के जुल्मों से बचने के लिए मध्य काल से आधुनिक काल तक धर्म-जाति बदलकर अभिजात होने का प्रयास करती रही हैं। इस्लाम के आगमन पर इस्लाम की शरण ली, ईसाइयत के समय ईसाई बने और सिक्खिज्म के उदय पर बहुत से लोग सिक्ख बन गए और बाबा साहेब अंबेडकर के बाद बौद्ध बनने की होड़ लग गई। इस्लाम में जाने से रोकने के लिए स्वामी दयानंद सरस्वती ने वैदिक धर्म की नए सिरे से उदार व्याख्या की, जन्म के बजाय कर्म के आधार पर जाति-व्यवस्था की घोषणा की, जिससे बहुत-सी पीड़ित जातियाँ आर्यसमाजी बन गईं किंतु व्यवहार में जाति-पाँति का भेदभाव समाप्त नहीं हुआ। दलित उधर से वापस लौटे और अपने धर्म की तलाश करने लगे। स्वामी अछूतानंद हरिहर इसके सबसे बड़े उदाहरण हैं। (वे अभी भी अपने धर्म में हैं ऐसा नहीं कहा जा सकता।)

दलित बहुत पहले से जातिगत अपमान से बचने के लिए धर्म, जाति और संप्रदाय बदलते रहे हैं। अपनी 'चमार जाटव सम्राट' पुस्तक में करन सिंह दीवान ने लिखा है कि सदियों से भारत में चमार जाति का शोषण होता रहा है। इन्हीं अत्याचारों के कारण चमार समय-समय पर जाति और धर्म बदलते रहे हैं। वे चमार ब्राह्मण बने, राजपूत बने, वैश्य बने, मुसलमान बने, सिक्ख बने, ईसाई बने, बौद्ध बने, आदिधर्मी बने, अधर्मी बने, नास्तिक (कम्युनिस्ट) बने, ईश्वरवादी बने, राधा स्वामी बने, वैरागी बने, नाथपंथी बने, कबीरपंथी बने, जाटव बने, यादव बने, चंद्रवंशी राजपूत बने, सूर्यवंशी बने, नवीन शर्मा बने, शाक्य बने, ऋषिवंशी बने, आचार्य बने। जाटव जाति की जनसंख्या के संबंध में वे कहते हैं कि ऊँच-नीच की भावना से भयभीत होकर चमार छिपकर दूसरी जातियों में मिलता रहा है। भारत का 30 प्रतिशत चमार ईसाई बना, 25 प्रतिशत चमार मुस्लिम हुआ, 10 प्रतिशत ठाकुर हुआ, 25 प्रतिशत चमार जाटों में मिला हुआ है, 70 प्रतिशत चमार सिक्ख धर्म में आज भी मौजूद है। गुरुद्वारे में ग्रंथी भाई पुजारी अधिकांश चमार रहे हैं।

पिछड़ी जातियों ने भी शूद्रता से छुटकारा पाने के लिए क्षत्रिय, ब्राह्मण बनने के अभिजातीय प्रयास किए, अहीर यदुवंशी क्षत्रिय, कुर्मी कुर्मवंशी क्षत्रिय या पटेल, लोध लोधराजपूत, कुम्हार प्रजापति, लोहार विश्वकर्मा, कोइरी मौर्यवंशी या शाक्य, तमोली नाग, नाई शर्मा या न्यायी ब्राह्मण, भर राजभर, तेली साहू बने। इन्होंने अपनी जातीय संस्थाएँ रजिस्टर्ड कराईं और उनमें स्वाभिमान जाग्रत् करने का प्रयास किया। ये जातियाँ अभिजात वर्ग में अपने को खपाने के लिए अपने नाम के साथ सिंह, शर्मा, वर्मा, गौतम, चौहान और सागर आदि उपनाम जोड़ने लगीं।

100 वर्ष पूर्व उत्तर प्रदेश के पूर्वी जिलों के बहुत से चमार जाति के लोग बंबई के मिलों में काम करने गए। वहाँ जाति आधारित छुआछूत का जोर था। इन लोगों ने देखा कि वहाँ के दलितों को चाय भी शीशे के गिलास में ऊपर से दी जाती थी और उस गिलास को उन्हें धोकर वहाँ रखना पड़ता था। इसलिए इस अपमान से बचने के लिए उन्होंने अपनी एक 'जयसवाल महासभा' बनाकर रजिस्टर्ड करा लिया, इससे कुर्मी या बनिया जाति का भान होने लगा। उनमें से एक पूर्व परिचित ब्राह्मण ने जब उसको चमार कहकर पुकारा तो उसने उनके ऊपर जयसवाल महासभा की ओर से मानहानि का मुकदमा ठोक दिया। ब्राह्मण को दंडित किया गया, इससे उनका मनोबल काफी बढ़ा। उत्तर प्रदेश के पूर्वी जिलों में चमार जाति अपने को जयसवाल कहकर पुकारती है, पश्चिम के जाटवों की भी यही कथा है।

स्वतंत्रता के पूर्व तो दलित जातियाँ अपमान से बचने के लिए विभिन्न धर्मों और जातियों में जाती ही रही हैं किंतु स्वतंत्रता के बाद भी—दलितों को संविधान द्वारा स्वतंत्रता, समता, न्याय, लोकतंत्र का अधिकार मिलने पर भी—उनके अंदर से हीनता की भावना नहीं निकली है, इसलिए अपनी जाति को प्रकट करने में वह सकुचाते हैं। आरक्षण की सुविधा मिलने से बहुत से लोग आई.ए.एस., आई.पी.एस. होकर उच्च पदों पर पहुँच गए। उनमें से अधिकांश की आर्थिक स्थिति बहुत अच्छी है किंतु वे अपनी जाति को छिपाने का प्रयास करते हैं। अनेक सुशिक्षित और संपन्न दलित जाति के अधिकारी अपने परिवार के लोगों या नाते-रिश्तेदारों से मिलने से कतराते हैं। एक जाटव अधिकारी के संबंध में कहा जाता है कि जब उसके पिता गरीबी की दशा में उसके आवास पर पहुँचे तब उनसे एक ब्राह्मण अधिकारी बात कर रहा था। उस अधिकारी ने पूछा कि यह व्यक्ति कौन है? चमार अधिकारी ने कहा कि यह हमारे गाँव के घर का नौकर है। उसके पिता ने यह बात सुन ली जिसने मजदूरी करके उन्हें शिक्षित किया था। वह बड़ा दुखी हुआ और वहाँ से तुरंत घर वापस हो गया।

दलित अधिकारी अपने समाज के लोगों से मिलना नहीं चाहते। वे उनका वाजिब कार्य करने से भी कतराते हैं। उनके मन में यह हीन भावना छिपी रहती है कि दूसरी जाति के लोग मुझे पहचान जाएँगे कि मैं भी दलित वर्ग से हूँ। उच्च श्रेणी की नौकरियों में बहुत से अधिकारी-कर्मचारी ऐसे हैं जो दूसरी जाति के उपनाम शर्मा, वर्मा, गौतम आदि लगाते हैं और असली जाति नहीं बताते हैं किंतु प्रमोशन की दलित बनकर माँग करने लगते हैं। बहुत से अधिकारी जो अपने कार्यकाल में खुद दलितों की उपेक्षा करते रहे होते हैं, सेवानिवृत्त होते ही दलित समाज की संस्थाओं में जाकर अपने को सबसे बड़ा 'दलित हितैषी' सिद्ध करने का प्रयास करते हैं। चुनाव लड़ने की जुगत भिड़ाते हैं। समाज के स्वयंभू पथ-प्रदर्शक बनते हैं पर समाज भी उन्हें दो कौड़ी का नहीं समझता। वे भी दूध में से फेंकी हुई मक्खी जैसे हो जाते हैं। बहुत से दलित अधिकारी अभिजात वर्ग के अधिकारियों से ही मेल-जोल और संपर्क रखते हैं। अपने जातीय व्यवहार या विवाह समारोहों में भी वे अपने घरों में जाना पसंद नहीं करते। अपने बच्चों को वे अपने पुराने घरों में भेजना पसंद नहीं करते, समाज के लोगों से उनको दूर ही रखते हैं।

एक उदाहरण मैं देना चाहता हूँ। मेरा एक निकट का संबंधी बंबई में अच्छा व्यवसाय करता है। संपन्न है, दूसरे लोगों पर भी उसका प्रभाव है। उसने कुछ दिनों पूर्व मेरे जाने पर बताया कि उसने पूर्वी उत्तर प्रदेश के एक बहुत प्रभावशाली ब्राह्मण के लड़के का एक मेडिकल कॉलेज में प्रवेश करा दिया। मेरा यह संबंधी अपने नाम के आगे सिंह लगाता है।

दूसरे लोग भी उसे क्षत्रिय जाति का समझते हैं। मैंने उससे कहा कि क्या उक्त व्यक्ति, जिसकी तुमने सहायता की है, मेरी चुनाव में मदद कर सकता है, तो उसने कहा कि कर तो सकता है लेकिन यदि मैं आपकी सहायता के लिए कहूँगा तो वह आपके साथ-साथ मेरी भी जाति जान जाएगा और मुझे समाज में नीचा देखना पड़ेगा।

इस प्रकार दलित समाज के बहुत से लोग आजादी मिलने के बाद भी जाति छिपाते हैं जबकि इस समाज में बहुत बड़ी जागृति आ गई है। उच्च पदों पर भी लोग पहुँच गए हैं। अब भी झूठी शान के लिए अपनी जाति को छिपाकर अभिजात-वर्गीय बनने का प्रयास कर रहे हैं। यह इस समाज के लिए बड़ा ही खेदजनक है, कुछ दलित अधिकारी इसके अपवाद जरूर हैं।

दोनों गालों पर थप्पड़

मोहनदास नैमिशराय

> अस्पृश्यता को नकारनेवाली भीमस्मृति और अस्पृश्यता का पालन करनेवाली मनुस्मृति एक ही सभागृह में और एक ही घर में साथ-साथ राज करती हैं। यानी देश एक ही समय में दो स्मृतियों, दो सत्ताओं और दो जीवन-पद्धतियों में जीता है।
>
> **—बाबूराव बागुल**

बाबा साहेब अंबेडकर की मान्यता थी कि सामाजिक क्रांति में नारी को भी पुरुष वर्ग की सहयोगी बनना चाहिए।[1] बाबा साहेब ने दलितोद्धार मुहिम की शुरुआत 20 जुलाई, 1924 को बंबई में बहिष्कृत हितकारिणी सभा की स्थापना से की।[2] इस सभा का उद्देश्य अस्पृश्यता निवारण आंदोलन को आगे बढ़ाते हुए दलित बस्तियों में स्कूलों तथा छात्रालयों की स्थापना करना था। इस सभा के कार्यक्रमों में महिलाओं की हिस्सेदारी भी होती थी। इस समय तक दलित महिलाएँ साहस बटोरकर मंच से अपनी पीड़ा सुनाने लगी थीं। इनमें वेणुबाई भटकर तथा रंगूबाई शुभकर आदि के नाम विशेष रूप से उल्लेखनीय हैं। बाबा साहेब के अनेक कार्यक्रमों में ये महिलाएँ स्वागत गीत भी गाती थीं।

मंदिर-प्रवेश के लिए अमरावती में 13 नवंबर, 1927 को सम्मेलन हुआ। इसमें महिलाओं की हिस्सेदारी काफी थी। चावदार तालाब से पानी लेने के लिए किए गए महाड़ सत्याग्रह में महिलाएँ भी शामिल हुई थीं। दलितों द्वारा समाज-परिवर्तन के लिए संघर्ष के इतिहास में यह एक महत्त्वपूर्ण घटना थी। गांधी के दांडी मार्च का राजनीतिक दृष्टि से जो महत्त्व रहा है, वही सामाजिक दृष्टि से डॉ. अंबेडकर के तालाब मार्च का था। बाबा साहेब चाहते थे कि महिलाएँ स्वयं अपने पैरों पर खड़ी हों। वे किसी पर आश्रित न रहें। इसके लिए उन्होंने कई तरह के प्रयास किए। बहुत कम लोगों को मालूम है कि जनवरी 1928 में बंबई में महिला मंडल की स्थापना हुई थी जिसकी अध्यक्ष स्वयं डॉ. अंबेडकर की पत्नी रमाबाई थीं। 1930 में नागपुर में 'डिप्रेस्ड क्लासेस सम्मेलन'[3] के कार्यक्रम में भी बहुत-सी महिलाएँ आई थीं।

बाद में बाबा साहेब ने धर्म-परिवर्तन के समर्थन में 16 जून, 1936 को बंबई में वेश्याओं की एक सभा को संबोधित किया। इस सभा में देवदासी पत्राजे, भूते, आराधी एवं जोगति पंथ के स्त्री-पुरुषों ने भारी संख्या में भाग लिया था। इस अवसर पर बंबई की वेश्याओं को सलाह देते हुए बाबा साहेब ने कहा था, "आप हमारे साथ धर्म-परिवर्तन करें अथवा न करें, यह मेरे लिए अधिक महत्त्व की बात नहीं है परंतु मैं आग्रह करता हूँ यदि आप हमारे साथ आना चाहती हैं तो आपको अपना यह अपमानजनक जीवन त्यागना होगा। कमाठीपुरा की महार स्त्री जाति के लिए यह कलंक है। जब तक तुम अपना रास्ता बदलने को तैयार नहीं होंगी, हम तुम्हारे लिए कुछ नहीं कर पाएँगे।"[4] एक अन्य अवसर पर उन्होंने कहा था, "आप मुझसे पूछेंगी कि

जीविका कैसे चलेगी? मैं आपको यह नहीं बताना चाहता। इसके लिए सैकड़ों रास्ते हैं लेकिन मैं आग्रह करता हूँ कि आपको इस अपमानित जीवन को त्यागना चाहिए। आपको चाहिए कि अन्य महिलाओं की तरह शादी कर सामान्य जीवन बिताएँ।"[5] बाबा साहेब के आग्रह का बंबई की वेश्याओं पर तत्काल असर पड़ा। उनमें से कई इस पेशे को छोड़कर सामाजिक संघर्ष में उतरीं। उस समय उनके बीच एक संगठन की भी स्थापना की गई जिसका मूल उद्देश्य ऐसी महिलाओं को वेश्यावृत्ति से निकालना था।[6]

जुलाई 1942 में नागपुर में ऑल इंडिया शेड्यूल्ड कास्ट्स फेडरेशन की स्थापना के समय ही अखिल भारतीय दलित महिला सम्मेलन भी आयोजित हुआ जिसमें लगभग दस हजार महिलाओं ने भाग लिया। कार्यक्रम की अध्यक्ष थीं सुलोचना डोगरे। स्वागत अध्यक्ष कीर्ति पटेल तथा मुख्य सचिव इंदिरा पाटिल थीं। महिलाओं की यह परिषद बहुत सफल रही।

6 जनवरी, 1945 को बंबई में तीसरा भारतीय अस्पृश्य महिला सम्मेलन हुआ, जिसमें बड़ी संख्या में दलित और पिछड़ी जाति की महिलाएँ आईं। सभा की अध्यक्षता तत्कालीन मद्रास प्रांत की प्रमुख कार्यकर्ता मीनांबल शिवराम ने की थी। उनके पति शेड्यूल्ड कास्ट्स फेडरेशन के अध्यक्ष थे।

सामाजिक आंदोलन के साथ शिक्षा पर भी जोर दिया गया। ऐसी बहुत-सी महिलाओं के विवरण मिल जाएँगे, जिन्होंने गृहस्थी के कामों को निपटाने के साथ-साथ पति के संघर्ष में सहयोग दिया। 1924 में जायबाई चौधरी ने नागपुर में चोखामेला कन्या पाठशाला आरंभ की। शुरू में उसमें चार लड़कियाँ ही पढ़ती थीं। धीरे-धीरे संख्या बढ़ी। बाद में वही स्कूल जायबाई चौधरी ज्ञानपीठ[7] में रूपांतरित हुआ। इसी तरह से एक अन्य दलित महिला तुलसीबाई बनसोडे ने पति के साथ 'चोखामेला' नामक पत्र के प्रकाशन तथा प्रचार-प्रसार में महत्त्वपूर्ण भूमिका निभाई। मुक्ता सर्वगौड़[8] का नाम कौन नहीं जानता। उनकी आत्मकथा 'मिटलेली कवाड़े' बहुचर्चित रही। बाद में उनकी बेटी राजश्री सर्वगौड़[9] ने बाबा साहेब के जीवन-संघर्ष पर तीन घंटे की फिल्म भी बनाई। शांताबाई दाणी ने भी शरणार्थियों के बीच अभूतपूर्व कार्य किया। आजकल वे नासिक में स्कूल चलाती हैं। यही नहीं, दलित महिलाओं ने 'समता सैनिक दल' में भी भूमिका निभाई।[10] बाबा साहेब के आंदोलन से प्रेरित होकर सैकड़ों महिलाओं ने संघर्ष में भाग लिया जिसका पूर्ण विवरण मीनाक्षी मून ने अपने शोध 'आम्हीही इतिहास घडवला'[11] में दिया।

दुहरा शोषण और दमन

बाबा साहेब के कृतित्व के अनुशीलन से स्पष्ट हो जाता है कि वे दलित समाज में महिलाओं की स्थिति को लेकर बेहद चिंतित थे। वैसे तो पूरे भारतीय समाज की स्त्रियाँ पितृसत्ता के बोझ के नीचे कराह रही थीं लेकिन दलित स्त्रियों को न केवल अपने समाज की पितृसत्ता को झेलना पड़ता था बल्कि सवर्ण समाज की पितृसत्ता भी उनका शोषण और दमन करती थी। इतिहास पर एक नजर डालने से यह तथ्य प्रमाणित हो जाता है।

रेवरेंड डब्ल्यू. जानसन के अनुसार केरल की पुलिया जाति के पुरुष और महिला दोनों ही घास के बनाए कपड़े पहनते थे।[12] ट्रावनकोर के पूर्वी जिलों में दलितों की स्थिति और भी खराब थी। उन्हें सड़कों पर आने-जाने की मनाही थी। बाजार में प्रवेश निषेध था।[13] कहीं-कहीं महिलाओं को ऊपरी वस्त्र पहनने की इजाजत नहीं थी। पुरुष लगभग अर्धनग्न रहते थे। वे बेहद गरीब और अभावग्रस्त होते थे। स्त्रियों पर सामाजिक बंधन थे। हटन ने रामनाड जिले की एक प्रभु जाति कल्लर और दलितों के बीच संघर्ष का वर्णन किया है।[14] दिसंबर 1930

वहीं अपने ही समाज के पितृसत्तात्मक चरित्र पर भी आघात करते हुए लिखा। इसलिए उसके लेखन में दुहरी तिलमिलाहट पाई जाती है। दलित समाज के ताने-बाने के बीच उसे अपने वजूद की तलाश रही। उसी कोशिश में वह लेखिका के साथ समाज-सेविका और राजनीतिज्ञ भी बनी।

कौसल्या बैसंत्री की आत्मकथा 'दोहरा अभिशाप' के शब्दों की आँच के साथ एक दलित महिला के भीतर से उभरते आक्रोश और अस्मिता को भी महसूस किया जा सकता है। अपनी इसी आत्मकथा की भूमिका में वे लिखती हैं–

"मेरे उच्च शिक्षित पति, लेखक और भारत सरकार में उच्च पद पर सेवारत रहे। उन्हें ताम्रपत्र भी मिला है और स्वतंत्रता सेनानी की पेंशन भी। पति ने कभी मेरी कदर ही नहीं की, बल्कि रोज-रोज के झगड़े, गालियों से मुझे मजबूरन घर छोड़ना पड़ा और कोर्ट केस करना पड़ा। उस घर में मैं चालीस वर्ष रही। घर छोड़ने के बिखरे दिनों में मेरी लड़की सुजाता ने मुझे सहारा दिया। बेटी के घर रहते-रहते ही मुझे लिखने की सुविधाएँ और नैतिक बल मिला।"[32]

हिंदी में दलित महिलाओं के आत्मकथा साहित्य का अभाव रहा। जिसकी शुरुआत में हिस्सेदारी निभाई स्वयं कौसल्या बैसंत्री ने। भूमिका के अंतिम अध्याय में वे बेबाकी से लिखती हैं–

"पुरुषप्रधान समाज औरतों का खुलापन बर्दाश्त नहीं करता। पति तो इस ताक में रहता है कि पत्नी पर अपने पक्ष को उजागर करने के लिए चरित्रहीनता का ठप्पा लगा दे। पुत्र, भाई, पति सब मुझ पर नाराज हो सकते हैं परंतु मुझे भी तो स्वतंत्रता चाहिए कि मैं अपनी बात समाज के सामने रख सकूँ। मेरे जैसे अनुभव और भी महिलाओं को हुए होंगे परंतु वे समाज और परिवार के भय से अपने अनुभव समाज के सामने उजागर करने से डरतीं और जीवन-भर घुटन में जीती हैं। समाज की आँखें खोलने के लिए ऐसे अनुभव सामने आने की जरूरत है।"[33]

इसी आत्मकथा में उन्होंने लिखा है–

"मेरी और देवेंद्र कुमार की नहीं बनी। देवेंद्र कुमार सिर्फ अपने ही घेरे में रहनेवाला आदमी है। गरम मिजाज और जिद्दी। अपने मुँह से कहता है कि मैं बहुत शैतान आदमी हूँ। उसने मेरी इच्छा, भावना, खुशी की कभी कद्र नहीं की। बात-बात पर गाली, वह भी गंदी-गंदी और हाथ उठाना। मारता भी बहुत क्रूर तरीके से। उसकी बहनों ने मुझे बताया था कि वह माँ-बाप, पहली पत्नी को भी पीटता था।...देवेंद्र कुमार को पत्नी सिर्फ खाना बनाने और उसकी शारीरिक भूख मिटाने के लिए चाहिए थी। दफ्तर के काम और लिखना यही उसकी चिंता थी।...पैसे वह अपनी अलमारी में ताले में बंद रखता और रोज दूध और सब्जी के पैसे देता था गिनकर। कभी-कभी देना भूल जाता था। उसे याद दिलानी पड़ती थी।[34]

"बहुत अत्याचार होने पर मैंने कोर्ट में देवेंद्र कुमार पर केस दायर किया। आज दस वर्ष से कोर्ट में केस अटका पड़ा है। मुझे हर माह 500 रुपए मेंटेनेंस के मिलते हैं। देवेंद्र कुमार इसे देने में भी देर लगाता है, चार-चार महीने नहीं भेजता। न्यायपालिका भी लगता है स्त्री के लिए ज्यादा फिक्र नहीं करती। मैं अपने छोटे लड़के के पास रह रही हूँ।"[35]

'दलित स्त्री का शाप'[36] लेख में रजत रानी मीनू लिखती हैं कि ऐसा नहीं है कि वे निरी घरेलू महिला रही हैं। वे अपनी 70 साल की उम्र में भी दलित महिलाओं को संगठित होने, दलित पुरुषों के साथ कंधे से कंधा मिलाकर सामाजिक आंदोलन चलाने को प्रेरित करती रही हैं।

मराठी दलित साहित्य में इस तरह के आक्रोशमय स्वर बहुत पहले उभर चुके थे। उनमें कुमुद पाँवडे से लेकर मीनाक्षी मून तक हैं। बेबी कांबले की आत्मकथा पिछले दिनों मराठी से अनुवाद होकर हिंदी में आई है। प्रसिद्ध मराठी दलित कथाकार नामदेव ढसाल की पत्नी

मल्लिका अमरशेख की आपबीती 'मैं खाक में मिल जाना चाहती हूँ'[37] पढ़ने पर हैरतअंगेज सच उभरकर आता है। हालाँकि मल्लिका ने दलित समाज में जन्म नहीं लिया, लेकिन दलित जीवन से रू-ब-रू हुए बिना वे न रह सकीं–

"फरवरी 1974 में दलित पेंथर नामक नवोदित राजनीतिक संगठन की सभा थी। चुनावों का बाजार भी गरम था। नामदेव ढसाल जीजाजी (अनिल बर्वे) का अच्छा दोस्त था। दलित पेंथर नामक संगठन उसी के दिमाग की उपज था। गले में मणिमालाएँ पहनकर वह दर-दर की खाक छानता था। उसकी पैंट में चार-छह रंगों के पैबंद लगे होते थे। इसकी प्रेरणा उसे अमेरिका से मिली थी। उन दिनों अमेरिका में नीग्रो कृष्णवर्णियों के 'ब्लैक पेंथर' का काफी बोलबाला था। धीरे-धीरे गरम खून के और भी कई दलित युवक उसके संगठन में शामिल हुए और संगठन की गतिविधियाँ बढ़ती गईं।

नामदेव ढसाल खुरदरा, साँवला, छरहरा किंतु लंबा-तगड़ा, उद्दंड, खुद्दार और हरफनमौला शख्स था। उसकी आँखों से प्यार झरता था तथा व्यवहार से ऐंठन और रोब-दाब। उस दिन उसे देखा भर और उसने मुझे प्रभावित किया। उसका काव्य-संग्रह 'गोलपीठा' भी पढ़ा।[38]

बाद का दौर अधिक भयानक था। क्लिष्टता के बावजूद उसकी हर कविता में मानो एक खूँखार पशु घात लगाकर बैठा था और अनायास खरोंच मार रहा था। उन दिनों बंबई में 'उषा किरण' ही सबसे ऊँची बिल्डिंग थी। इसी की तलहटी में बसी झोंपड़ी में रहनेवाला नामदेव वेश्याओं की बस्ती की खाक छानने लगा। रेडलाइट एरिया की जिंदगी को जहर की तरह पीकर उसने हजम कर लिया था। बस, वही जिंदगी उसकी कविताओं में बसती रही।

दिन बीतते रहे। नामदेव शादी के लिए आतुर था। अब तक कई मुलाकातें हो चुकी थीं। एक दिन वह घर आया। आते ही पूछा, 'विवाह से पहले मैं शारीरिक फासलों को खत्म कर देना चाहता हूँ। तुम क्या सोचती हो?'[39]

मैं तो सिर्फ उसे देखती रही। मेरी हाँ या न का इंतजार किए बिना उसने पहल की और मुझे बाँहों में भर लिया। बाद में विवाह भी हो गया। हम दोनों के बीच का स्वप्निल संसार जैसे ध्वस्त हो गया था। रह गया था कोरा यथार्थ।

उसकी राजनीति मुझे रास नहीं आती थी और मैं उसके विचारों से और आचरण से कुछ दूरी बनाए हुए थी। फिर भी घर के लोगों की धारणा यही थी कि उसकी पत्नी होने के नाते मैं पूर्णतः उसके साथ हूँ। मुझे यही बात अधिक सालती थी। पति के अलावा भी पत्नी का कोई अस्तित्व होता है, उसका अलग व्यक्तित्व होता है– इस तथ्य को कोई स्वीकार नहीं करता।

किसी एक नामदेव ढसाल के लिए मेरी समूची जिंदगी नहीं हो सकती। हर सफल मर्द की जड़ में एक औरत होती है– इस धारणा को मैं पूरी शिद्दत के साथ झुठलाना चाहती हूँ। मर्द-औरत प्रवृत्ति के दो रूप हैं– अपूर्ण फिर भी समर्थ। अलग दिमाग, अलग मन और अलग मेधा होने के बावजूद पुरुष प्रधानता को भला औरत क्यों स्वीकार करे?[40]

रंजना[41] के भीतर कसक है न केवल पूर्व पतियों के प्रति, बल्कि दलित आंदोलन के सूत्रधारों के खिलाफ भी अच्छा-खासा आक्रोश है। उसने कई पतियों से वह सब झेला। वह स्वयं अपने आपसे सवाल-दर-सवाल करती है कि आखिर मैं ही क्यों यह सब झेलती रही, क्या इसलिए कि वह सिर्फ औरत है? कई बार वह दलित आंदोलन के प्रणेता और पूर्व सांसद प्रो. जोगेंद्र कवाड़े से भी मिल चुकी है पर निराशा के अलावा कुछ नहीं मिला पर इन सबके बावजूद उसने टूटकर बिखरना नहीं सीखा। अपने आपको सँजोकर अपनी दोनों बेटियों को पालने, उन्हें अच्छी शिक्षा दिलाने के लिए लगी रही। डॉ. अंबेडकर पर पुस्तकें पढ़ने के साथ आंदोलन में भी शामिल

रही पर इन सबके बीच शिद्दत से महसूस किया कि पुरुष सत्तात्मक दलित समाज में औरत का अपना स्वतंत्र अस्तित्व बनाना अगर मुश्किल नहीं तो आसान भी कहाँ है!

इसके इतर कुछ दलित लेखिकाओं की रचनाधर्मिता सकारात्मक रूप में भी रही। उन्होंने बाबा साहेब अंबेडकर के संदेश को आम महिला तक पहुँचाने के साथ बच्चों की अच्छी परवरिश तथा शिक्षा की तरफ ध्यान दिया। अपने लेखन से उन्हें भले ही प्रसिद्धि प्राप्त न हुई हो, पर दलित समाज में चेतना जगाने के हर संभव प्रयास उनकी तरफ से हुए। उनमें कुसुम मेघवाल (राजस्थान), मीनाक्षी मून (महाराष्ट्र), वीणा हजारिया (कानपुर), जमना बारुपाल (राजस्थान से सांसद), सुलेखा कुमारे (नागपुर से विधायक तथा महाराष्ट्र सरकार में मंत्री), रजनी और हीरा निमगड़े (दिल्ली), मधुमाया जयंत (आगरा) आदि रही हैं।

बकौल चल्लापल्ली स्वरूप रानी[42] दलित नारी के हाथ में अस्त्र बन रहा है अक्षर। सेंट्रल यूनिवर्सिटी के छात्रों द्वारा प्रकाशित 'गुंडे डप्पु' कदिल की डफलीज में पहली बार दलित स्त्री-कवियों की दो कविताएँ संकलित की गईं।

तेलुगु दलित नारीवादी कविता में जाति, लिंग और वर्ग-दमन के विरोध में शक्तिशाली अभिव्यक्ति दिखाई देती है। दलित स्त्री पर उच्च जाति के लोगों से लेकर स्वयं उनके पति तक, सब किसी न किसी रूप में अधिकार जताते हैं। इसी का वर्णन 'दलितरालु' (दलित स्त्री) में इस प्रकार हुआ है–

कहते हैं कोई
मुझे बनाकर पीढ़ा
खींच-खींचकर बैठेंगे
डालकर नकेल
मुझे हाँकेंगे-नचाएँगे। —शशि निर्मला

दलित स्त्री दैनंदिन जीवन में अनेक प्रकार से दमन की शिकार हो रही है। लड़की के रूप में पैदा होने के कारण घर में, अस्पृश्य जाति में बड़े होने के कारण गली में, वह कदम-कदम पर अपमानित होती है।[43]

अरे हाँ...अपनी जिंदगी को मैंने जिया कब?
घर में पुरुषाहंकार एक गाल पर थप्पड़
मारता है तो
गली में वर्ण आधिपत्य दूसरे गाल पर चोट करता है। —स्वरूप रानी

साधारणतः हम उच्च जाति की स्त्रियों के साथ दलित पुरुषों को विवाह करते देखते हैं लेकिन दलित स्त्री के साथ सवर्ण पुरुष के विवाह करने से 'सांस्कृतिक रूप से पिछड़ी' होने के पत्नी को ताने मिलते हैं। 'पंचायती' कविता देखिए[44]–

क्या अब पता चला कि मैं चमारिन हूँ,
मुझे राम-कीर्तन न आने पर
कहता है मुझसे अच्छी भैंस है
संस्कृत में गाली देता है
मैं नीची जात की हूँ। --विजयश्री

कवयित्री मानती है कि 'ऐम' और 'ओम' ही दलित स्त्री के नामवाचक सर्वनाम हैं।[45] खेतों और घरों में दलित स्त्री पर होनेवाले अत्याचारों का विरोध करते हुए कई कविताएँ लिखी गई

हैं। निश्चित ही ऐसी कविताएँ आंदोलन बन करके जन-जन में फैली हैं जिससे अँधेरे से उजाले की ओर दलित महिलाओं के कदम बढ़े हैं।

मराठी के यशस्वी दलित कथाकार बाबूराव बागुल की लेख के शुरू में दी गई उक्ति भारतीय समाज में न सिर्फ द्विज पर बल्कि दलित समाज के सतही अंबेडकरवादियों पर भी सटीक बैठती है। ये अंबेडकरवादी एक तरफ नारेबाजी के बीच मनुस्मृति का दहन करने के साथ हिंदू देवी-देवताओं को गालियाँ देते हैं, दूसरी तरफ अपने ही घर में अपनी ही पत्नियों के साथ और अपने ही श्रद्धा-पुरुष अंबेडकर के चित्र की छाया में मनु की आचार-संहिता का पूरा-पूरा पालन करते हैं। दलित नारी अभी भी ऐसे कथित दलित क्रांतिकारियों के बीच पिस रही है। लंबे समय तक दलित महिलाओं को एकजुट करने के प्रयास में लगी राजस्थान की कुसुम मेघवाल की मान्यता है कि कोई हमारा मसीहा बनकर आनेवाला नहीं है। 'जाके पैर ना फटी बिवाई वो क्या जाने पीर पराई!' इसलिए कमजोर वर्ग की महिलाओं को ही अपने उत्थान के लिए स्वयं आगे आना होगा। दलित महिलाओं के भविष्य के लिए आशा रखते हुए वे लिखती हैं, "आज उनमें विश्वास जागा है। वे अपनी सहायता स्वयं करने में विश्वास करने लगी हैं। वे भाग्य और भगवान के भरोसे नहीं हैं।"[46] दलित आंदोलन की एक और हमसफर रमणिका गुप्ता का एक कथन भी उल्लेखनीय है, "इस बात का जिक्र करना चाहूँगी कि दलित मुक्ति के झंडाबरदारों को अधिक उदार और सहनशील होना होगा और अपनी कमियों को स्वीकारना होगा।...अन्यथा वे भी ब्राह्मणवादी परंपरा के अनुयायी बनकर गार्गी द्वारा सवाल पूछे जाने पर उसका सिर धड़ से अलग करने की धमकी देकर अपने आंदोलन को संकुचित कर लेंगे। कौन नहीं जानता कि भारत तो क्या, विश्व-भर में औरत के प्रति पुरुषों का रुख पुरुष-दंभ से ओत-प्रोत है यानी मेल शावनिस्ट। वे सवर्ण हों या अवर्ण, गोरे हों या काले, ब्राह्मण हों या शूद्र, औरत के मामले में कुछ अपवादों के साथ लगभग सभी दृष्टिकोण और व्यवहार में समान होते हैं।"[47]

इसी संदर्भ में सुशीला टाकभौरे की चिंता यह है, "दलित आंदोलन से जुड़ी महिलाओं के समक्ष यह बहुत बड़ा प्रश्न है कि 'समाज में महिलाओं के प्रति मानसिकता को कैसे बदला जाए' क्योंकि समाज की इसी मानसिकता के कारण संपूर्ण दलित महिलाएँ नारी-मुक्ति आंदोलनों से जुड़ नहीं पाती हैं। आज भी वे अपने घर के पुरुषों की अनुमति के बिमा नारी विकास संबंधी कार्यक्रमों में जा नहीं पातीं।"[48] उनका कहना है कि नारी के प्रति पुरुषों की मानसिकता बदली जाए तभी दलित महिलाओं के प्रश्नों और समस्याओं का समाधान हो सकेगा।

यूँ दलित आंदोलन से जुड़ी महिलाओं के पारिवारिक सवाल भी अनेक हैं। पुरुष-प्रधान समाज में परिवार का मुखिया पुरुष होता है लेकिन परिवार की संपूर्ण जिम्मेवारी स्त्रियों पर होती है। उनका अपना विकास इसलिए नहीं हो पाता क्योंकि सभी के विकास करने का उत्तरदायित्व उनका होता है।[49] सुशीला टाकभौरे ने इसे नैतिक दबाव की संज्ञा दी है। दलित महिलाओं में स्वावलंबी न होने की समस्या भी है। हालाँकि जो स्वावलंबी हैं, उनके ऊपर नई आर्थिक नीति का भी प्रभाव पड़ा है। नई आर्थिक नीति का मतलब है–निजी क्षेत्रों का विस्तार और सार्वजनिक क्षेत्रों का संकुचन।[50]

शहरों में दलित औरतें असंगठित क्षेत्रों में जुटी हैं, जैसे–अखबार, धूपबत्ती, कपड़े-लत्ते की फेरी कर बिक्री करना, कबाड़ चुनना, कागज बीनना, कोयला, लोहा बीनना, चौका-बर्तन साफ करना जैसे असंगठित और उत्पादन क्षेत्र हैं, जो अस्वच्छ और न्यूनतम मूल्य तथा कठोर परिश्रम पर आधारित हैं। दूसरा निर्माण-कार्य, सड़क बनाना, ईंट-भट्ठों पर कार्य करना, बीड़ी या खिलौने

बनाना सभी कड़ी मेहनत के कार्य हैं। वहाँ भी मशीनीकरण होने से छँटनी होती है। इसलिए दलित महिलाओं को अधिक भाग-दौड़, अधिक मेहनत करनी पड़ती है। उनके लिए रोटी-रोजी जुटाना पहाड़ खोदने से कम नहीं है। ऊपर से यौन शोषण की समस्या अलग। ऐसी विपरीत परिस्थितियों में वे आंदोलन से जुड़ नहीं पातीं।[51]

चल्लापल्ली स्वरूप रानी इस बात पर असंतोष प्रकट करते हुए लिखती हैं, "उच्च जाति की स्त्रियों द्वारा चलाए जानेवाले आंदोलन को मिलनेवाली पब्लिसिटी में और दलित स्त्रियों द्वारा चलाए जानेवाले आंदोलन को मिलनेवाली पब्लिसिटी में अंतर है। जो पब्लिसिटी मेधा पाटकर द्वारा चलाए गए पर्यावरण आंदोलन को मिली वैसी पब्लिसिटी आंध्र में साधारण स्त्रियों द्वारा चलाए गए शराब-विरोधी आंदोलन को नहीं मिली।"[52]

उनका यह भी मानना रहा है कि अब तक नारीवादी आंदोलनों ने और नारीवादी साहित्य ने उच्च जाति की स्त्रियों की समस्याओं का ही प्रतिनिधित्व किया है। दलित कवयित्रियों को यह शिकायत है कि दलित स्त्रियों की समस्याओं के प्रति किसी ने ध्यान नहीं दिया।

संदर्भ

1. बाबा साहेब ने कहा था, आनंद साहित्य सदन, अलीगढ़, पाँचवाँ संस्करण, 2001, पृ. 59
2. डॉ. अंबेडकर जन्मशताब्दी स्मारिका, 1992, झाँसी, पृ. 77
3. स्मारिका, वही, पृ. 78
4. बाबा साहेब ने कहा था, पृ. 62
5. दस स्पोक अंबेडकर, खंड-3, संपादन : भगवान दास (1979), नई दिल्ली
6. स्मारिका, 1992, पृ. 78
7. स्मारिका, पृ. 79
8. वे आदर्श समाज-सेविका मानी जाती हैं और बाबा आम्टे के कुष्ठधाम में काम करती हैं।
9. माहिम (बंबई) स्थित उनके निवास पर हुई बातचीत के आधार पर।
10. स्मारिका, 1992, पृ. 79
11. मीनाक्षी मून, आम्ही इतिहास घडवला, स्त्री-उवाच 7-8, बंबई, 1989
12. नेटिव लाइफ इन ट्रावनकोर, पृ. 36
13. ट्रावनकोर डिस्ट्रिक्ट गजट, अप्रैल 1882
14. एम.एम. श्रीनिवास, आधुनिक भारत में सामाजिक परिवर्तन, राजकमल प्रकाशन, नई दिल्ली, 1996 (पुनर्मुद्रित), पृ. 28
15. वही, पृ. 29
16. दलित मूवमेंट इन इंडिया एंड इट्स लीडर्स, पृ. 170
17. डॉ. विक्रम सिंह राठौड़, राजस्थान की संस्कृति में नारी, राजस्थानी ग्रंथागार, जोधपुर, 1994, पृ. 55
18. मुँहता नैरासी दी ख्यात, भाग-1, पृ. 80
19. मारवाड़ के ताऊसर गाँव के माली ने ढेंढ़ जाति की स्त्री को अपने घर में डाल लिया, इस कारण न्यान (पंचायत) द्वारा उस पर जुर्माना लगाया गया। (जोधपुर सनद परवाना बही नं. 3, वि.सं. 1822, पृ. 32 रा.रा. अ., बीकानेर, भैरुंदा गाँव के बढ़ई ने जब ढेढ़ जाति की स्त्री को अपने घर डाला तो जातीय पंचायत द्वारा उस पर न्यात-भोजन का दंड लगाया गया। जोधपुर सनद परवाना बही नं. 13, वि.स. 1830, पृ. 36, रा.रा.अ. बीकानेर)
20. बलात्कार : हम ही शिकार, हम ही दोषी? मानुषी, नई दिल्ली, 1980, पृ. 42

21. 'प्रगति के अंतिम छोर पर खड़ी दलित महिला', आम्ही मैतरणी, मराठी मासिकी, बंबई, अप्रैल-सितंबर, 1998, पृ. 40
22. मीना बाग (नई दिल्ली) स्थित प्रतिमाजी निवास पर 1991 में लिये गए साक्षात्कार के आधार पर।
23. संडे मेल, हिंदी साप्ताहिक, नई दिल्ली, 17-23 मई, 1992
24. औरतों के भी दो संसार हैं, जनसत्ता, नई दिल्ली, 20 अक्टूबर, 1995
25. दलित महिलाओं का उत्थान : एक विश्लेषण, दलित साहित्य 2000, नई दिल्ली, पृ. 166
26. राजस्थान के दलितों का मुक्ति संघर्ष, भारतीय सामाजिक संस्थान, नई दिल्ली, 2001, पृ. 162
27. दलितों को मालूम नहीं कि उनके अधिकार क्या हैं?, हम दलित, नवंबर 1999, नई दिल्ली
28. वही, पृ. 163
29. मणिमाला, एक सफर : बसमतिया से भँवरीबाई तक, हंस, नई दिल्ली, नवंबर-दिसंबर 1994, पृ. 175
30. वही, पृ. 179
31. बजरंग बिहारी तिवारी, तिहरा अभिशाप अर्थात् दलित-अस्मिता विमर्श में स्त्री, हंस, नई दिल्ली, जुलाई 2000, पृ. 89
32. कौसल्या बैसंत्री, दलित महिला की पहली आत्मकथा : दोहरा अभिशाप, हंस, नई दिल्ली, 1999, पृ. 84
33. दोहरा अभिशाप, परमेश्वरी प्रकाशन, दिल्ली, 1999, पृ. 7
34. वही, पृ. 8
35. वही, पृ. 104
36. वही, पृ. 105
37. दलित साहित्य, 1999, दिल्ली, पृ. 319
38. औरत : उत्तरकथा, हंस, नवंबर-दिसंबर, 1994, पृ. 103
39. वही, पृ. 104
40. वही, पृ. 105
41. वही, पृ. 108
42. एक कामकाजी दलित महिला, मंगोलपुरी स्थित निवास पर बातचीत के आधार पर।
43. तेलुगु साहित्य में दलित दस्तक, संपादक : रमणिका गुप्ता और डॉ. वी. कृष्ण, नवलेखन प्रकाशन, हजारीबाग, 2001, पृष्ठ 165
44. वही, पृ. 166
45. वही, पृ. 167
46. वही, पृ. 168
47. दलित साहित्य 2000, दिल्ली, पृ. 166
48. युद्धरत आम आदमी (दलित-चेतना अंक), नवलेखन प्रकाशन, मेन रोड, हजारीबाग, अप्रैल-सितंबर 1996, पृ. 9
49. दलित साहित्य 1999, नई दिल्ली, पृ. 114
50. वही, पृ. 115
51. रजनी, 'नई आर्थिक नीति और दलित महिला', दलित साहित्य 2001, नई दिल्ली, पृ. 235
52. तेलुगु साहित्य में दलित दस्तक, वही, पृ. 168

❑❑❑